독자의 1초를 아껴주는 정성!

세상이 아무리 바쁘게 돌아가더라도
책까지 아무렇게나 빨리 만들 수는 없습니다.
인스턴트 식품 같은 책보다는
오래 익힌 술이나 장맛이 밴 책을 만들고 싶습니다.

길벗이지톡은 독자 여러분이
우리를 믿는다고 할 때 가장 행복합니다.
나를 아껴주는 어학도서,
길벗이지톡의 책을 만나보십시오.

독자의 1초를 아껴주는
정성을 만나보십시오.

미리 책을 읽고 따라해본 2만 베타테스터 여러분과
무따기 체험단, 길벗스쿨 엄마 2% 기획단,
시나공 평가단, 토익 배틀, 대학생 기자단까지!
믿을 수 있는 책을 함께 만들어주신 독자 여러분께 감사드립니다.

(주)도서출판 길벗 www.gilbut.co.kr
길벗이지톡 www.gilbut.co.kr
길벗스쿨 www.gilbutschool.co.kr

≪시나공 일본어능력시험 N1 문자·어휘≫ 학습계획표

본 책 ≪시나공 일본어능력시험 N1 문자·어휘≫를 학습하시는 독자분들을 위해 2개월(8주) 완성으로 학습계획표를 짜보았습니다. 개인별 학습 시간과 학습 수준에 따라 다르니 자신에게 맞는 학습 방법을 만들어서 공부하시는 것도 좋습니다. 여덟째주 총복습 시간에는 부록 소책자를 충분히 활용해보세요.

첫째주	1일차	2일차	3일차	4일차	5일차	6일차	7일차
학습 내용	| 첫째마당 | 시나공법 01	| 첫째마당 | 시나공법 01 적중예상문제	| 첫째마당 | 시나공법 02	| 첫째마당 | 시나공법 02 적중예상문제	| 첫째마당 | 시나공법 03	| 첫째마당 | 시나공법 03 적중예상문제	복습

둘째주	8일차	9일차	10일차	11일차	12일차	13일차	14일차
학습 내용	| 첫째마당 | 시나공법 04	| 첫째마당 | 시나공법 04 적중예상문제	| 둘째마당 | 시나공법 05	| 둘째마당 | 시나공법 05 적중예상문제	| 둘째마당 | 시나공법 06	| 둘째마당 | 시나공법 06 적중예상문제	복습

셋째주	15일차	16일차	17일차	18일차	19일차	20일차	21일차
학습 내용	| 둘째마당 | 시나공법 07	| 둘째마당 | 시나공법 07 적중예상문제	| 셋째마당 | 시나공법 08	| 셋째마당 | 시나공법 08 적중예상문제	| 셋째마당 | 시나공법 09	| 셋째마당 | 시나공법 09 적중예상문제	복습

넷째주	22일차	23일차	24일차	25일차	26일차	27일차	28일차
학습 내용	| 셋째마당 | 시나공법 10	| 셋째마당 | 시나공법 10 적중예상문제	| 셋째마당 | 시나공법 11	| 셋째마당 | 시나공법 11 적중예상문제	| 넷째마당 | 시나공법 12	| 넷째마당 | 시나공법 12 적중예상문제	복습

《시나공 일본어능력시험 N1 문자·어휘》 200% 활용법

무엇이든 물어보세요! www.gilbut.co.kr
이지톡 홈페이지에 회원으로 가입하세요! 그리고 이 책에 관한 궁금 사항은 언제든지 질문하세요. 선생님이 직접 답변해 드립니다.

다섯째주	29일차	30일차	31일차	32일차	33일차	34일차	35일차
학습 내용	| 넷째마당 | 시나공법 13	| 넷째마당 | 시나공법 13 적중예상문제	| 넷째마당 | 시나공법 14	| 넷째마당 | 시나공법 14 적중예상문제	| 넷째마당 | 시나공법 15	| 넷째마당 | 시나공법 15 적중예상문제	복습
여섯째주	36일차	37일차	38일차	39일차	40일차	41일차	42일차
학습 내용	| 다섯째마당 | 시나공법 16	| 다섯째마당 | 시나공법 16 적중예상문제	| 다섯째마당 | 시나공법 17	| 다섯째마당 | 시나공법 17 적중예상문제	| 다섯째마당 | 시나공법 18	| 다섯째마당 | 시나공법 18 적중예상문제	복습
일곱째주	43일차	44일차	45일차	46일차	47일차	48일차	49일차
학습 내용	| 다섯째마당 | 시나공법 19	| 다섯째마당 | 시나공법 19 적중예상문제	| 첫째마당 | 총정리문제	| 둘째마당 | 총정리문제	| 셋째마당 | 총정리문제	| 넷째마당 | 총정리문제	복습
여덟째주	50일차	51일차	52일차	53일차	54일차	55일차	56일차
학습 내용	| 다섯째마당 | 총정리문제	실전모의고사 제1회	실전모의고사 제2회	총복습	총복습	총복습	총복습

일본어능력시험
N1 문자·어휘

인현진 지음

시나공 JLPT 일본어능력시험 감수 (가나다순)

김정은
전 민병철어학원 강사
　 한겨레신문사 교육문화센터 강사

남득현
현 명지전문대학 교수

성중경
현 YBM 일어전문학원 강사

스미유리카
현 한국외국어대학교 연수원 강사

신선화
전 YBM 일어전문학원 강사

오자키다쓰지
현 명지전문대학 전임 강사

이신혜
현 한국외국어대학교 강사

이우제
현 백석예술대학 교수

시나공 일본어능력시험 N1 문자·어휘
Crack the Exam! – JLPT N1 Vocabulary

초판 발행 · 2010년 5월 20일
초판 11쇄 발행 · 2021년 12월 30일

지은이 · 인현진
기획 · 북스코어
발행인 · 이종원
발행처 · (주)도서출판 길벗
브랜드 · 길벗이지톡
출판사 등록일 · 1990년 12월 24일
주소 · 서울시 마포구 월드컵로 10길 56(서교동)
대표 전화 · 02)332-0931 | **팩스** · 02)323-0586
홈페이지 · www.gilbut.co.kr | **이메일** · eztok@gilbut.co.kr

담당 편집 · 오윤희(tahiti01@gilbut.co.kr) | **기획** · 최준란 | **디자인** · 강은경 | **제작** · 이준호, 손일순, 이진혁
마케팅 · 이수미, 장봉석, 최소영 | **영업관리** · 심선숙 | **독자지원** · 송혜란, 윤정아

편집 진행 · 정보경 | **교정교열** · 정선영, 김지연, 장민규 | **일러스트** · 김학수
전산편집 · 수(秀) 디자인 | **인쇄** · 예림인쇄 | **제본** · 예림바인딩

· 잘못 만든 책은 구입한 서점에서 바꿔 드립니다.
· 이 책은 저작권법에 따라 보호받는 저작물이므로 무단전재와 무단복제를 금합니다.
　이 책의 전부 또는 일부를 이용하려면 반드시 사전에 저작권자와 (주)도서출판 길벗의 서면 동의를 받아야 합니다.
· 책 내용에 대한 문의는 길벗 홈페이지(www.gilbut.co.kr) 고객센터에 올려 주세요.

ISBN 978-89-6047-216-7 04730
ISBN 978-89-6047-212-9 04730(set)
(길벗 도서번호 300420)

ⓒ 인현진, 2010

정가 · 15,800원

독자의 1초를 아껴주는 정성 길벗출판사

길벗 | IT실용서, IT/일반 수험서, IT전문서, 경제경영서, 취미실용서, 건강실용서, 자녀교육서
더퀘스트 | 인문교양서, 비즈니스서
길벗이지톡 | 어학단행본, 어학수험서
길벗스쿨 | 국어학습서, 수학학습서, 유아학습서, 어학학습서, 어린이교양서, 교과서

페이스북 · www.facebook.com/gilbuteztok
네이버 포스트 · http://post.naver.com/gilbuteztok
유튜브 · https://www.youtube.com/gilbuteztok

머리말

'333 자린고비 암기법'으로 공부하세요.

1/3의 노력과 시간으로 효과를 경험할 수 있는 '333 자린고비 암기법'을 소개하겠습니다. 우리가 처음 만난 사람의 얼굴과 이름을 외워가는 과정을 잘 생각해보세요. 처음부터 얼굴을 하나하나 주의 깊게 뜯어보며 관찰하나요? 그렇지는 않을 겁니다. 우선 특징을 파악합니다. 머리가 길다, 얼굴에 점이 있다, 안경을 썼다, 코가 크다, 눈에 쌍꺼풀이 있다 등의 특징으로 얼굴을 기억한 다음 그 사람의 특징과 이름과 매치시켜 'A는 B다'라는 식으로 얼굴과 이름을 외웁니다. 한자 암기도 마찬가지입니다. 다음과 같이 암기해봅시다.

첫째, 한자를 보고 자신이 아는 부분이 있나 살펴봅니다.
예를 들어 '選ぶ(えらぶ) 고르다' 라는 한자를 외울 때를 생각해볼까요? 책받침 부분은 많이 보셨죠? 違(ちが)う에서도 봤고 近(ちか)い에서도 봤습니다. 책받침 부분을 먼저 머릿속으로 기억해두는 겁니다. 그 다음에 책받침 위에 있는 부분을 주의 깊게 뚫어져라 봅니다. 이 과정은 3초 동안 봅니다.

둘째, 한자를 보면서 3초 동안 소리 내어 읽습니다.
단어도 많이 알고 작문도 잘하는데 회화는 영 안 되는 분들이 많습니다. 이유는 단 하나! 소리 내어 읽기를 게을리했기 때문입니다. 아기가 말을 배울 때 공책에 연필로 쓰면서 하는 것 보셨나요? 전부 듣고 따라하면서 단어 하나하나를 배워가는 것입니다. 히라가나를 외우든, N1의 어휘를 외우든 방식은 똑같아야 합니다. 아셨죠? 한자를 뚫어지게 보면서 えらぶ, えらぶ, えらぶ 3초간 소리 내어 읽으세요.

셋째, 다시 한 번 한자를 보면서 3초 동안 우리말 뜻을 마음속으로 되뇌입니다.
일반적으로 독해는 머릿속으로 생각하면서 되는 경우가 많고, 입을 통해 회화로 말을 하기 전까지는 머릿속으로 작문이 되어야 하므로 뜻을 속으로 되뇌이는 동안 한자가 외워지게 됩니다.

여러분 자린고비 아시죠? 자린고비는 천장에 매달아 둔 조기를 반찬삼아 밥을 입에 넣고 씹으면서 조기를 뚫어지게 쳐다보고는 머릿속으로 '짭쪼름한 조기'를 수없이 되뇌이며 먹었다고 합니다. 여러분도 그렇게 한자를 씹어 먹어보는 겁니다. 3초간 한자를 보면서 특징을 파악하고, 3초간 소리 내어 읽고, 3초간 머릿속으로 뜻을 외운다.
그럼, 한자쓰기 연습은? '333 자린고비 암기법'으로 한자를 숙지하고 나중에 한 번만 써보세요. 이미 눈, 머리로 완전히 암기했기 때문에 수월하게 쓸 수 있습니다.
333 자린고비 암기법을 적극 활용해서 본 책의 어휘를 모두 암기하고 좋은 결과 얻으시길 바랍니다.

2010년 5월
인현진

차례

머리말 ·· 3
이 책의 구성 및 활용법 ·· 6
新 일본어능력시험 알아보기 ··· 8
학습계획표 ·· 14

| 첫째마당 | 시험에 꼭 나오는 형용사와 동사

시나공법 01　い형용사 ·· 18
　　　　　　적중 예상 문제 ··· 26
시나공법 02　な형용사 ·· 30
　　　　　　적중 예상 문제 ··· 38
시나공법 03　동사 ·· 42
　　　　　　적중 예상 문제 ··· 58
시나공법 04　복합동사 ·· 62
　　　　　　적중 예상 문제 ··· 68
　　　　　　총정리 적중 예상 문제 ··· 70

| 둘째마당 | 합격을 위한 훈독명사와 가타카나어

시나공법 05　훈독명사 ·· 76
　　　　　　적중 예상 문제 ··· 86
시나공법 06　고유명사와 복합명사 ·· 88
　　　　　　적중 예상 문제 ··· 97
시나공법 07　가타카나어 ·· 98
　　　　　　적중 예상 문제 ··· 106
　　　　　　총정리 적중 예상 문제 ··· 110

| 셋째마당 | 고득점을 위한 음독명사

시나공법 08　음독한자 ··· 116
　　　　　　적중 예상 문제 ··· 122
시나공법 09　촉음한자 ··· 124
　　　　　　적중 예상 문제 ··· 130

시나공법 10	청음한자와 탁음한자	132
	적중 예상 문제	140
시나공법 11	장음한자와 단음한자	142
	적중 예상 문제	150
	총정리 적중 예상 문제	152

| 넷째마당 | 알아두면 든든한 음독명사

시나공법 12	두 가지 이상으로 읽는 한자	158
	적중 예상 문제	164
시나공법 13	모양이 비슷한 한자	166
	적중 예상 문제	172
시나공법 14	동음이의어 한자	174
	적중 예상 문제	180
시나공법 15	읽기가 까다로운 한자	182
	적중 예상 문제	190
	총정리 적중 예상 문제	192

| 다섯째마당 | 만점을 위한 부사, 의태어, 관용표현

시나공법 16	부사	198
	적중 예상 문제	212
시나공법 17	의태어	216
	적중 예상 문제	222
시나공법 18	신체와 관련된 관용표현	226
	적중 예상 문제	232
시나공법 19	생활과 관련된 관용표현	234
	적중 예상 문제	240
	총정리 적중 예상 문제	242

실전 모의고사	244
적중 예상 문제 정답과 해설	252
실전 모의고사 정답과 해설	336

이 책의 구성 및 활용법

이 책은 19개의 시나공법이 들어 있는 다섯 마당으로 짜여 있습니다. 각 시나공 주제에 맞추어 자신이 취약한 부분의 학습이 가능하며, 자신의 학습 가능한 시간에 맞게 선택하여 공부할 수 있게 편성되어 있습니다.

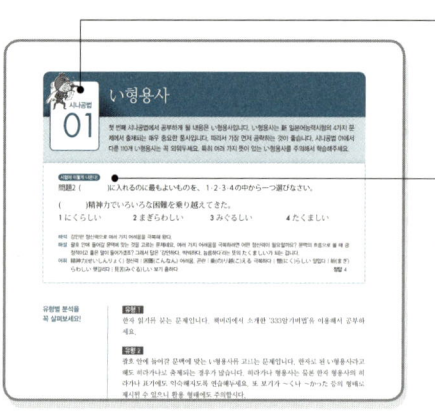

❶ 시나공법 소개
이 책은 시나공법 01에서 시나공법 19까지 총 19개의 시나공법으로 구성되어 있습니다. 각 시나공법에서 배울 학습 내용을 간단하게 요약 정리해두었습니다.

❷ 시험에 이렇게 나온다!
N1 문자·어휘 문제 유형을 학습에 앞서 살펴볼 수 있으며, 선생님의 명쾌한 해설을 통해 정답 찾기 요령을 익힐 수 있습니다.

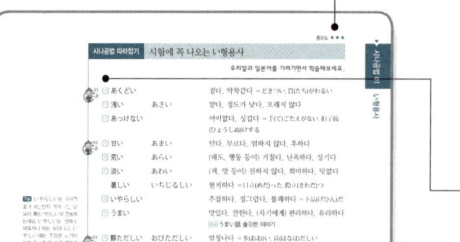

❸ 문자·어휘 설명
N1 문자·어휘를 19개의 시나공법으로 구성한 후 3단계의 중요도 순으로 실었습니다.

❹ 기출 문제
출제된 적이 있는 어휘는 기로 표시하여 제시했습니다.

❺ 강의실 생중계!
현장 경험을 토대로 선생님만의 강의 내용을 실었습니다. 시험에 출제되는 형태, 학습 시 주의할 점, 정답을 찾는 포인트 등 강의실에서만 들을 수 있는 내용을 생생하게 공개합니다!

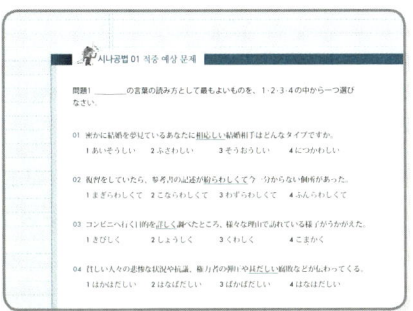

❻ 시나공법 적중 예상 문제
실전에 강해지려면 실제 시험과 같은 형식의 문제를 풀어보는 것이 가장 좋습니다. 문제를 푼 다음에는 예문을 통째로 암기해버리세요. 학습 효과 100%입니다.

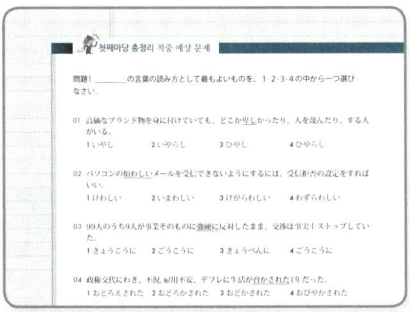

❼ 총정리 적중 예상 문제
각 마당 학습이 끝난 후에 다시 한번 총정리하기 위한 문제입니다. 모의고사 전 단계의 확인 학습 과정이라고 생각하시고 집중해서 풀어보시기 바랍니다.

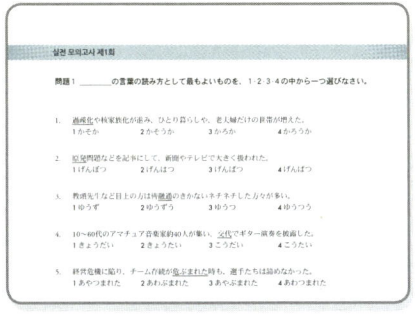

❽ 실전 모의고사 2회분
실전과 똑같은 형태의 실전 모의고사 2회분을 실었습니다. 시간을 재면서 실전처럼 풀어보세요.

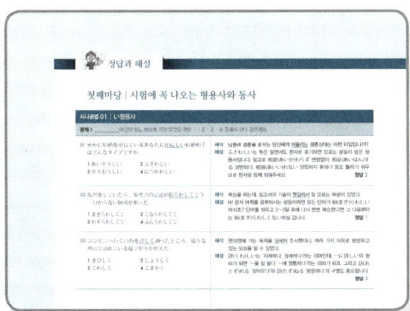

❾ 정답과 해설
문제를 한 번 더 풀어볼 수 있도록 정답과 해설집에도 문제를 실었습니다. 왜 답이 되는지, 왜 답이 될 수 없는지, 상세한 해설을 통해 문제 풀이 요령을 터득할 수 있습니다.

新 일본어능력시험

일본어능력시험은 1984년부터 재단법인 일본국제교육지원협회(JEES)와 국제교류기금의 주최로 시행된 시험으로서 일본 정부가 공인하는 유일한 일본어 시험이다. 1984년 처음 시행될 당시에는 15개 국가에서 7천 명 정도가 응시했으나 이후 점점 응시자가 증가하여 2008년에는 52개 국가, 약 56만 명이 응시하였다. 또한 이 시험의 수험자 및 일본어 학습자의 수는 전 세계 300만 명 이상으로 추정된다. 이처럼 수험자가 계속 증가함에 따라 연 1회 실시가 아닌 연간 복수 실시의 요망이 국내외에서 높아져 왔으며 이에 일본 국제교육지원협회와 국제교류기금은 2010년부터 연 2회 실시를 결정했으며 일본어능력시험을 새롭게 바꾸었다.

실용적인 능력 측정 및 활용을 위한 제도 도입

과제 수행을 위한 언어 커뮤니케이션 능력 측정

새롭게 실시되는 2010년 시험부터는 일본어와 관련된 지식과 더불어, 실제로 사용 가능한 일본어 능력을 중시한다. 때문에 문자·어휘·문법과 같은 언어 지식을 활용한 커뮤니케이션 상의 과제 수행능력을 측정한다.
⊙ 해답 방식은 기존 시험과 같은 OMR 카드 마킹 형식이며, 직접 말하거나 쓰는 능력을 측정하는 과목은 없다.

난이도를 4단계에서 5단계로

그동안의 일본어능력시험에는 많은 수험자들이 지적했던 대표적인 문제점이 있었는데 그것은 바로 2급과 3급의 난이도 격차가 심한 것과 기존 1급 수준 이상의 문제가 없는 것이었다. 때문에 2010년부터 개정되는 新 일본어 능력시험은 기존 1급, 2급, 3급, 4급의 4단계였던 난이도를 N1, N2, N3, N4, N5의 5단계로 세분화하여 보다 정밀하게 수험자의 능력을 측정할 수 있게 하였다. 新 일본어 능력시험 각 단계의 난이도는 다음과 같다.

N1*	기존 시험의 1급보다 높은 수준의 일본어 능력을 측정, 합격 기준은 기존 시험과 거의 같다
N2	기존 시험의 2급에 해당하는 난이도
N3	기존 시험의 2급과 3급 사이 수준의 난이도(신설)
N4	기존 시험의 3급에 해당하는 난이도
N5	기존 시험의 4급에 해당하는 난이도

*「N」은 「Nihongo(일본어)」와 「New(새롭다)」를 의미한다.

상대평가 방식을 통한 점수 비교 가능

2010년부터 연 2회 시험이 실시되면서 시기마다 출제되는 문제가 다르기 때문에 아무리 신중하게 문제를 만든다 해도 매회 시험의 난이도는 다소 차이를 보일 수밖에 없다.

이에 이번 新 일본어능력시험에는 '득점등화(得点等化)'라는 상대평가 방식을 도입하였는데 이는 TOEFL(영어), TCF(불어), HSK(중국어) 등 세계의 대규모 언어 테스트에서는 이미 일본어능력시험보다 먼저 사용하고 있는 방식이기도 하다.

득점등화란 통계분석을 통해 척도상의 득점(평균을 중간점수로 환산한 점수)을 표시하는 방식으로 이전 시험에 비해 난이도가 다소 오르더라도 높아진 난이도가 취득점수에 반영되어 합격·불합격 판정에 불이익이 최소화할 전망이다.

득점등화의 장점은 다음과 같다.
- 시험의 득점이 다음 시험의 난이도에 영향을 끼치지 않기 때문에 합격과 불합격 판정 기준이 일정하여 공평성을 유지할 수 있다.
- 같은 레벨의 시험이라면 언제든 공통적인 척도상에서 자신의 득점을 상호 비교할 수 있게 되어 자신의 실력 파악 및 차후 학습 목표를 세우는 데 도움이 된다.

예) A씨가 당해 7월과 12월 두 번 모두 N1을 응시했는데 7월보다 12월 시험이 더 어려웠다고 한다. 하지만 A씨는 7월에도 N1 청해 20문제 중 10문제, 50%의 정답률을 보였고 12월 시험에서도 역시 20문제 중 10문제, 같은 50%의 정답률을 보였다. 현재, 이 수치만으로는 A씨의 청해 능력은 변화가 없는 것으로 보인다. 하지만 이번에 도입되는 득점등화라는 상대평가 방식을 도입해 계산하면 7월 시험은 30점, 12월 시험은 35점으로 12월 시험의 점수가 더 높은 것을 알 수 있다. 이처럼 시험의 난이도에 관계 없이 척도득점 점수로 나타나기 때문에 자신의 실력을 정확히 파악할 수 있다.

	7월	12월
정답 수	20문제 중 10문제	20문제 중 10문제
득점등화 후의 점수	30점	35점

일본어능력시험 Can-do 리스트 제공

N1부터 N5의 각 합격자가 일본어를 사용하여 실제로 어떻게 활용할 수 있는가를 고려하여 조사한 일본어능력시험 Can-do 리스트를 제공한다. 이 Can-do 리스트를 통해 합격자 본인 및 주위 사람들이 시험 결과를 보다 구체적으로 이해할 수 있게 하는 것을 목표로 하고 있다. 즉, 자신이 실생활에서 어느 정도로 일본어를 구사하고 활용할 수 있는가를 알기 쉽게 예를 들어 풀이해주는 것이라 볼 수 있다. 다음은 현재 작성 중인 리스트의 일부이며 이러한 방식으로 기술된다.

일본어능력시험 Can-do 리스트

듣기	학교나 직장, 공공장소의 안내 방송을 듣고 대략적인 내용의 이해가 가능
말하기	아르바이트나 취업 면접 자리에서 자신의 꿈, 경험을 상세히 표현 가능
읽기	관심 분야와 관련된 신문, 잡지의 기사를 읽고 내용의 이해가 가능
쓰기	감사 및 사죄 등 감정을 전하는 편지나 이메일 작성 가능

기준점수제도 도입

기준점수제도란 이번 新 일본어능력시험부터 적용되는 일종의 과락제도의 한 방식으로 각 과목마다 시험에서 요구하는 기준 점수를 넘어야 하는 제도이다. 이 기준점수제도란 예를 들어 설명하면, N1 시험 청해의 경우 기준 점수가 70점(/100점)이라면 적어도 그 점수 이상을 득점해야 청해 시험을 통과했다고 보는 것이다. 기존에는 총점만으로 합격과 불합격을 정하였기 때문에 어느 한 과목의 점수가 좋지 않더라도 다른 과목에서 점수를 채우는 것이 가능했지만 이번 新 일본어능력시험부터는 이 기준점수제도에 따라 단 한 과목이라도 기준점에 도달하지 못하면 총점이 합격 기준을 통과했더라도 불합격으로 처리된다. 이는 학습자의 일본어 능력을 보다 세밀하고 종합적으로 평가하기 위함이며 또한 수험자에게 보다 균형 잡힌 학습을 요구하기 위함이다.

참고 정보 제공

시험 결과 통지서에 기존에 있던 ①**득점 구분별 점수**와 이를 합산한 ②**종합 득점**뿐 아니라 새로이 ③**참고 정보**를 기재한다. 이 참고 정보는 합격, 불합격과는 관련이 없으나 수험자의 추후 일본어 학습에 도움을 주기 위한 참고 자료로서 제공된다.

득점 구분별 점수 ①			종합 득점 ②
언어 지식(문자·어휘·문법)	독해	청해	종합
50/60	30/60	40/60	120/180

참고 정보 ③	
문자·어휘	문법
A	C

A 양호(정답률 67% 이상)
B 보통(정답률 34% 이상 67% 미만)
C 부족(정답률 34% 미만)

시험 과목과 시험 시간, 인정 기준

각 레벨의 인정 기준을 '읽기', '듣기'의 언어 행동으로 표시한 것으로, 新 일본어능력시험 합격 및 실생활에서의 일본어 구사, 활용을 위해서 각 레벨마다 기준에 맞는 언어지식을 지녀야 한다.

레벨	구성(항목/시간)		인정 기준
N1	언어지식(문자·어휘·문법)·독해	110분	**폭넓은 분야의 일본어를 이해할 수 있는 수준** **읽기** • 폭넓은 화제에 대하여 쓰인 신문 논설, 논평 등과 같이 논리적으로 약간 복잡한 문장이나 추상적인 문장을 읽고, 문장의 구성과 내용을 이해하는 것이 가능하다. • 다양한 화제의 심도 있는 내용의 글을 읽고, 글의 흐름이나 상세한 표현 의도를 파악하는 것이 가능하다. **듣기** • 폭넓은 분야의 자연스러운 속도로 정돈된 대화나 뉴스, 강의를 듣고, 이야기의 흐름과 내용, 등장인물 간의 관계나 내용의 구성을 상세히 이해하고 요점을 파악할 수 있다.
	청해	60분	
	계	170분	
N2	언어지식(문자·어휘·문법)·독해	105분	**생활일본어의 이해가 가능하며 폭넓은 분야의 일본어를 어느 정도 이해할 수 있는 수준** **읽기** • 폭넓은 화제에 대하여 쓰인 신문이나 잡지의 기사·해설, 평이한 논평 등의 요점이 명쾌한 글을 읽고 내용을 이해하는 것이 가능하다. • 일반적인 화제에 대하여 쓰인 글을 읽고, 글의 흐름이나 표현 의도를 파악하는 것이 가능하다. **듣기** • 일상적인 분야 및 폭넓은 분야에 있어, 이야기의 흐름과 내용, 등장 인물 간의 관계를 이해하고 요점을 파악할 수 있다.
	청해	50분	
	계	155분	
N3	언어지식(문자·어휘)	100분	**생활일본어를 어느 정도 이해할 수 있는 수준** **읽기** • 일상적인 화제에 대하여 쓰인 구체적인 내용이 표면적으로 드러난 문장을 읽고 이해하는 것이 가능하다. • 신문의 표제어를 보고 대략적인 정보를 유추할 수 있다. • 일상적으로 접하는 다소 난이도가 있는 글의 경우, 다른 표현이 주어졌을 때는 요점을 파악하는 것이 가능하다. **듣기** • 일상에서 비교적 자연스러운 속도의 정돈된 대화를 듣고, 이야기의 구체적인 내용을 등장인물과 대조하여 이해가 가능하다.
	언어지식(문법)·독해		
	청해	40분	
	계	140분	
N4	언어지식(문자·어휘)	90분	**기본적인 일본어를 이해할 수 있는 수준** **읽기** • 일상생활 중에서도 특히 접하기 용이한 주제와 기본적인 어휘나 한자로 쓰인 글을 읽고 이해가 가능하다. **듣기** • 일상에서 비교적 느린 속도의 대화일 경우 내용을 거의 이해할 수 있다.
	언어지식(문법)·독해		
	청해	35분	
	계	125분	

			기본적인 일본어를 어느 정도 이해할 수 있는 수준
N5	언어지식(문자 · 어휘)	75분	**읽기** • 히라가나나 가타카나, 일상생활에서 쓰이는 기본 한자로 쓰인 형식적인 어구나 글, 문장을 읽고 이해하는 것이 가능하다.
	언어지식(문법) · 독해		
	청해	30분	**듣기** • 교실이나 신변 등 일상생활 중에서도 특히 많이 접하게 되는 분야에 있어 느린 속도의 짧은 대화일 경우 필요한 정보를 파악하는 것이 가능하다.
	계	105분	

※ 시험 시간은 변경될 수 있으며 청해의 경우 녹음된 분량에 따라 다소 시간의 변동이 있을 수 있다.

N1과 N2는 '언어지식(문자·어휘·문법)·독해'와 '청해'의 두 과목이며 N3, N4, N5는 '언어지식(문자·어휘)', '언어지식(문법)·독해', '청해'의 세 과목으로 나누어진다. 이렇게 나누는 이유는 N3, N4, N5의 경우 시험에 출제할 수 있는 어휘나 문법이 N1, N2에 비해 한정되어 있기 때문에 언어지식과 독해를 한 과목으로 할 경우, 다른 문제의 힌트가 될 수 있기 때문이다.

레벨	득점구분	득점범위
N1	언어지식(문자·어휘·문법)	0~60
	독해	0~60
	청해	0~60
	총점	0~180
N2	언어지식(문자·어휘·문법)	0~60
	독해	0~60
	청해	0~60
	총점	0~180
N3	언어지식(문자·어휘·문법)	0~60
	독해	0~60
	청해	0~60
	총점	0~180
N4	언어지식(문자·어휘·문법)·독해	0~120
	청해	0~60
	총점	0~180
N5	언어지식(문자·어휘·문법)·독해	0~120
	청해	0~60
	총점	0~180

新 일본어능력시험 N1 문제 구성 보기

시험과목 (시험시간)		문제 구성			
		유형 구분		문항수	개요
언어지식 · 독해 (110분)	문자 · 어휘	1	한자 읽기 ◉	6	주어진 한자의 올바른 읽기 찾기
		2	문맥 규정 ○	7	문맥에 맞는 적절한 어휘 찾기
		3	유의어 ○	6	주어진 어휘와 비슷한 의미의 대체어 찾기
		4	용법 ○	6	주어진 문장에서 어휘가 올바르게 쓰였는가를 묻는 문제
	문법	5	문법 형식 ○	10	글의 내용에 맞는 문법 형식을 찾는 문제
		6	문맥 배열 ●	5	나열된 단어를 문법적으로나 의미적으로 올바르게 배열하기
		7	문장 흐름 ●	5	글의 흐름에 맞는 문법 표현 찾기
	독해	8	단문 이해 ○	4	200자 내외의 글 이해 (설명문, 지시문의 내용 이해 등)
		9	중문 이해 ○	9	500자 내외의 글 이해 (평론, 해설의 인과 관계 등)
		10	장문 이해 ○	4	1000자 내외의 글 이해 (수필, 소설 저자의 의도 파악 등)
		11	통합 이해 ●	3	복수의 글을 읽고 비교 분석하며 이해
		12	주장 이해 ◉	4	1000자 내외의 사설, 논평 등을 읽고 글의 의도 · 주장 파악
		13	정보 검색 ●	2	700자 내외의 글을 읽고 필요한 정보 찾아내기
청해 (60분)		1	과제 이해 ◉	6	내용을 듣고 과제 해결에 필요한 구체적인 정보 찾아내기
		2	요지 이해 ◉	7	내용을 듣고 대화의 요지 이해
		3	개요 이해 ◉	6	내용을 듣고 화자의 의도와 주장 이해
		4	즉각 응답 ●	14	짧은 문장을 듣고 알맞은 답 찾아내기
		5	통합 이해 ◉	4	비교적 긴 내용을 듣고 여러 정보를 비교 · 분석하여 이해

문항수는 실제 시험에서는 달라질 수 있으며, 독해의 경우 하나의 글(본문)에 복수의 문제가 출제되는 경우가 있다. 부분적인 변경 유형과 새로운 문제 유형을 합치면 60% 이상이 변경되었다고 볼 수 있다.

◉ 기존 시험에서 출제된 문제 유형이지만 부분적인 변경이 있는 유형
● 기존 시험에서 출제된 적이 없는 새로운 문제 유형
○ 기존 시험에서 출제된 문제 유형

8주 완성 프로그램

본 교재의 가장 이상적인 학습 일자입니다. 시험 8주 전에 시작해서 2일에 1개의 시나공법을 학습하도록 설계한 학습 프로그램입니다. 16주 전에 시작하시는 분은 8주 완성 프로그램을 2회 반복하시는 것이 효과적입니다. 개인별 수준에 따라 날짜의 가감은 가능합니다. 각자 자신만의 학습방법을 세워 보세요.

첫째주	1일차	2일차	3일차	4일차	5일차	6일차	7일차
학습 내용	|첫째마당| 시나공법 01	|첫째마당| 시나공법 01 적중예상문제	|첫째마당| 시나공법 02	|첫째마당| 시나공법 02 적중예상문제	|첫째마당| 시나공법 03	|첫째마당| 시나공법 03 적중예상문제	복습
둘째주	8일차	9일차	10일차	11일차	12일차	13일차	14일차
학습 내용	|첫째마당| 시나공법 04	|첫째마당| 시나공법 04 적중예상문제	|둘째마당| 시나공법 05	|둘째마당| 시나공법 05 적중예상문제	|둘째마당| 시나공법 06	|둘째마당| 시나공법 06 적중예상문제	복습
셋째주	15일차	16일차	17일차	18일차	19일차	20일차	21일차
학습 내용	|둘째마당| 시나공법 07	|둘째마당| 시나공법 07 적중예상문제	|셋째마당| 시나공법 08	|셋째마당| 시나공법 08 적중예상문제	|셋째마당| 시나공법 09	|셋째마당| 시나공법 09 적중예상문제	복습
넷째주	22일차	23일차	24일차	25일차	26일차	27일차	28일차
학습 내용	|셋째마당| 시나공법 10	|셋째마당| 시나공법 10 적중예상문제	|셋째마당| 시나공법 11	|셋째마당| 시나공법 11 적중예상문제	|넷째마당| 시나공법 12	|넷째마당| 시나공법 12 적중예상문제	복습
다섯째주	29일차	30일차	31일차	32일차	33일차	34일차	35일차
학습 내용	|넷째마당| 시나공법 13	|넷째마당| 시나공법 13 적중예상문제	|넷째마당| 시나공법 14	|넷째마당| 시나공법 14 적중예상문제	|넷째마당| 시나공법 15	|넷째마당| 시나공법 15 적중예상문제	복습
여섯째주	36일차	37일차	38일차	39일차	40일차	41일차	42일차
학습 내용	|다섯째마당| 시나공법 16	|다섯째마당| 시나공법 16 적중예상문제	|다섯째마당| 시나공법 17	|다섯째마당| 시나공법 17 적중예상문제	|다섯째마당| 시나공법 18	|다섯째마당| 시나공법 18 적중예상문제	복습
일곱째주	43일차	44일차	45일차	46일차	47일차	48일차	49일차
학습 내용	|다섯째마당| 시나공법 19	|다섯째마당| 시나공법 19 적중예상문제	|첫째마당| 총정리문제	|둘째마당| 총정리문제	|셋째마당| 총정리문제	|넷째마당| 총정리문제	복습
여덟째주	50일차	51일차	52일차	53일차	54일차	55일차	56일차
학습 내용	|다섯째마당| 총정리문제	실전모의고사 제1회	실전모의고사 제2회	총복습	총복습	총복습	총복습

4주 완성 프로그램

본 교재의 최단기 학습 일자입니다. 시험 4주 전에 시작해서 하루에 1개의 시나공법을 학습하도록 설계한 것으로 단기 학습 효과를 보려는 분들에게 적합한 학습 스케줄입니다.

첫째주	1일차	2일차	3일차	4일차	5일차	6일차	7일차
학습 내용	|첫째마당| 시나공법 01	|첫째마당| 시나공법 02	|첫째마당| 시나공법 03	|첫째마당| 시나공법 04	|첫째마당| 적중예상문제	|둘째마당| 시나공법 05	|둘째마당| 시나공법 06
둘째주	8일차	9일차	10일차	11일차	12일차	13일차	14일차
학습 내용	|둘째마당| 시나공법 07	|둘째마당| 적중예상문제	|셋째마당| 시나공법 08	|셋째마당| 시나공법 09	|셋째마당| 시나공법 10	|셋째마당| 시나공법 11	|셋째마당| 적중예상문제
셋째주	15일차	16일차	17일차	18일차	19일차	20일차	21일차
학습 내용	|넷째마당| 시나공법 12	|넷째마당| 시나공법 13	|넷째마당| 시나공법 14	|넷째마당| 시나공법 15	|넷째마당| 적중예상문제	|다섯째마당| 시나공법 16	|다섯째마당| 시나공법 17
넷째주	22일차	23일차	24일차	25일차	26일차	27일차	28일차
학습 내용	|다섯째마당| 시나공법 18	|다섯째마당| 시나공법 19	|다섯째마당| 적중예상문제	첫째~셋째마당 총정리문제	넷째, 다섯째마당 총정리문제	실전모의고사 제1회	실전모의고사 제2회

첫째마당

시험에 꼭 나오는 형용사와 동사

시나공법 01 い형용사
시나공법 02 な형용사
시나공법 03 동사
시나공법 04 복합동사

시나공법 01

い形容詞

첫 번째 시나공법에서 공부하게 될 내용은 い형용사입니다. い형용사는 新 일본어능력시험의 4가지 문제에서 출제되는 매우 중요한 품사입니다. 따라서 가장 먼저 공략하는 것이 좋습니다. 시나공법 01에서 다룬 110개 い형용사는 꼭 외워두세요. 특히 여러 가지 뜻이 있는 い형용사를 주의해서 학습해주세요.

시험에 이렇게 나온다!

問題2 (　　　　)に入れるのに最もよいものを、1·2·3·4の中から一つ選びなさい。

(　　　　)精神力でいろいろな困難を乗り越えてきた。

1 にくらしい　　　2 まぎらわしい　　　3 みぐるしい　　　4 たくましい

해석　강인한 정신력으로 여러 가지 어려움을 극복해 왔다.
해설　괄호 안에 들어갈 문맥에 맞는 것을 고르는 문제네요. 여러 가지 어려움을 극복하려면 어떤 정신력이 필요할까요? 문맥의 흐름으로 볼 때 긍정적이고 좋은 말이 들어가겠죠? 그래서 답은 '강인하다, 씩씩하다, 늠름하다'라는 뜻의 たくましい가 되는 겁니다.
어휘　精神力(せいしんりょく) 정신력 | 困難(こんなん) 어려움, 곤란 | 乗(の)り越(こ)える 극복하다 | 憎(にく)らしい 얄밉다 | 紛(まぎ)らわしい 헷갈리다 | 見苦(みぐる)しい 보기 흉하다
정답 4

유형별 분석을 꼭 살펴보세요!

유형 1
한자 읽기를 묻는 문제입니다. 책머리에서 소개한 '333 자린고비 암기법'을 이용해서 공부하세요.

유형 2
괄호 안에 들어갈 문맥에 맞는 い형용사를 고르는 문제입니다. 한자로 된 い형용사라고 해도 히라가나로 출제되는 경우가 많습니다. 히라가나 형용사는 물론 한자 형용사의 히라가나 표기에도 익숙해지도록 연습해두세요. 또 보기가 ～くな ～かった 등의 형태로 제시될 수 있으니 활용 형태에도 주의합시다.

유형 3
주어진 い형용사의 유의어를 찾는 문제입니다. 문제로 출제된 い형용사가 비교적 쉬울 경우, 보기로 제시된 い형용사는 다소 어렵고, 문제로 출제된 い형용사가 비교적 어려울 경우에는 보기의 い형용사가 다소 쉬울 수 있습니다. 모든 단어의 뜻을 다 모른다 하더라도 절~대 긴장하지 마시고, 문맥을 찬찬히 살펴서 흐름을 잡으세요.

유형 4
용법 문제로 제시된 い형용사의 올바른 쓰임을 묻는 문제입니다. 우선, 출제된 단어의 정확한 뜻을 생각합니다. 그리고 그 단어와 음절수가 같다던가 동일한 자음이 들어가는 단어를 머릿속으로 연상합니다. 보기를 읽으면서 이 문장이 맞는지 틀린지를 따져보고, 애매할 경우는 비슷한 다른 단어를 넣어보며 문맥이 자연스러운지를 판단하세요. 그래도 알맞은 답이 없다고 생각되면 주어진 단어가 문법적으로 올바른 활용을 하고 있는지를 따져보세요. 그러면 답이 나옵니다.

중요도 ★★★

시나공법 따라잡기 | 시험에 꼭 나오는 い형용사

우리말과 일본어를 가려가면서 학습해보세요.

기	あくどい		짙다, 악착같다 =どきつい, 質(たち)がわるい
기	浅い	あさい	얕다, 정도가 낮다, 오래지 않다
기	あっけない		어이없다, 싱겁다 =手(て)ごたえがない, 拍子抜(ひょうしぬ)けする

기	甘い	あまい	달다, 무르다, 엄하지 않다, 후하다
기	荒い	あらい	(태도, 행동 등이) 거칠다, 난폭하다, 성기다
기	淡い	あわい	(색, 맛 등이) 진하지 않다, 희미하다, 덧없다
	著しい	いちじるしい	현저하다 =目立(めだ)った, 際立(きわだ)つ
기	いやらしい		추잡하다, 징그럽다, 불쾌하다 =下品(げひん)だ
기	うまい		맛있다, 잘한다, (자기에게) 편리하다, 유리하다 참고 うまい話 솔깃한 이야기

Tip いやらしい는 시각적 효과 때문인지 거의 모든 분들이 卑(いや)しい와 혼동하는데요. いやしい는 '천하다, 비열하다'라는 뜻입니다. いやしい에는 추잡한 느낌이 들어 징그럽다는 뜻은 없으므로 주의하세요. 잘못 쓰면 코미디 아닌 코미디가 연출되거든요.

기	夥ただしい	おびただしい	엄청나다 =多(おお)い, 甚(はなは)だしい
기	堅い	かたい	단단하다, 확실하다, 견실하다 =確実(かくじつ)だ, 堅実(けんじつ)だ

かたい는 한자에 따라 3가지로 분류됩니다. 비슷비슷한 단어는 반대말을 알면, 구별이 쉽습니다. 그럼, 그 구별법을 알아볼까요?

堅(かた)い는 もろい(약하다, 무르다)의 반대말입니다. 즉 堅い는 '단단하다'라는 의미 외에도 사람이나 사물의 성질을 나타내어 '(속이) 알차다, 꽉 차다'라는 의미를 갖습니다. 따라서 '견실하다, 확실하다, 믿음이 간다' 등으로 해석해주세요. 예 合格は堅い　　志が堅い　　堅い話はやめにしよう

硬(かた)い는 軟(やわ)らかい(부드럽다)의 반대말입니다. 그야말로 '단단하다'라는 의미로 쓰입니다. 다이아몬드나 돌은 정말 硬い하겠죠? 이런 사물뿐만 아니라 사람의 태도도 硬い로 표현할 수 있습니다. 긴장 등으로 몸이 딱딱해질 때 硬くなる라고 합니다.

固(かた)い는 緩(ゆる)い(느슨하다, 헐렁하다, 완만하다)의 반대말입니다. 우리가 끈으로 짐을 묶을 때는 헐렁하지 않게 固く 묶는다고 하죠. 기분이나 마음이 변덕스럽지 않은 固い한 사람이 인정을 받겠죠? 중요한 관용 표현인 頭(あたま)が固い(융통성이 없다)도 함께 기억해주세요.

기	きたない		더럽다, 인색하다　참고 金にきたない 째째하다

강의실 생중계!

01 あくどい처럼 하나의 단어가 전혀 다른 2가지의 뜻을 갖고 있으면 시험에 자주 출제됩니다. あくどい는 다음 2가지 예문만 암기해두면 만사 형통입니다. 꼭 외워두세요.
　예 あくどい化粧(けしょう) 짙은 화장
　　 あくどい商法(しょうほう) 악랄한 상술

02 あまい는 반드시 예문으로 뜻을 확인해두어야 하는 단어입니다. 아래 예문을 해석해보세요.
　① あまい親　② 人があまい　③ あまい点数　④ あまいみそしる　⑤ あまく見る
　이제 뜻을 확인해보도록 하죠.
　① 엄하지 않은 부모　② 사람이 야무지지 못하다　③ 후한 점수　④ 싱거운 된장국　⑤ 만만하게 보다

03 おびただしい와 はなはだしい는 모두 '엄청나다'라는 뜻이지만 상황에 맞게 구별해서 써야 합니다. おびただしい는 수량이나 정보가 굉장히 많고 심함을 나타내지만, はなはだしい는 좋지 않은 일이 엄청나고 막대한 경우에 씁니다.

	기	きつい	심하다, 고되다, 꽉 끼다, 빽빽하다, 드세다 참고 きついことを言う 심한 말을 하다
	기	厳しい　きびしい	혹독하다, 힘겹다, 엄격하다 참고 生活がきびしい 생활이 힘겹다
	기	苦しい　くるしい	괴롭다, 경제적으로 어렵다 참고 苦しい生活 궁색한 생활
	기	詳しい　くわしい	상세하다
	기	煙たい　けむたい	냅다, 거북하다, 어렵다 =けむい
	기	心強い　こころづよい	든든하다 =頼(たの)もしい, 大船(おおぶね)に乗(の)ったようだ
	기	心細い　こころぼそい	불안하다, 허전하다 =不安(ふあん)だ, 心(こころ)もとない, 頼(たよ)りない
01	기	快い　こころよい	기분 좋다, 유쾌하다 =気持(きも)ちいい, 愉快(ゆかい)だ
	기	寂しい　さびしい	외롭다, 허전하다 참고 懐(ふところ)が寂しい 주머니 사정이 좋지 않다
02	기	しぶい	떫다, 못마땅해 하다, 수수하다, 돈에 궁색하다
	기	しぶとい	끈질기다 =粘(ねば)り強(づよ)い, したたかだ, くじけない
	기	すがすがしい	상쾌하다 =爽(さわ)やかだ, さっぱりした
	기	すばしこい	재빠르다 =素早(すばや)い, 敏捷(びんしょう)だ
03	기	鋭い　するどい	날카롭다 =鋭利(えいり)だ, 勘(かん)がいい
	기	切ない　せつない	애절하다 =つらい, 胸苦(むなぐる)しい
	기	素っ気ない　そっけない	쌀쌀맞다 =冷淡(れいたん)だ, とげとげしい
	기	たくましい	늠름하다, 씩씩하다
04	기	たりない	부족하다, ~할 가치가 없다

강의실 생중계!

01 快(こころよ)い를 비롯하여 동사 滞(とどこお)る, 承(うけたまわ)る나 명사 趣(おもむき), 礎(いしずえ) 등 한자 1자에 4음절 이상의 후리가나가 달렸을 때는 무조건 암기하셔야 합니다. 여러분이 문제 출제위원이라고 해도 이런 단어를 시험에 내고 싶어지겠죠?

02 しぶい는 원래 '맛이 떫다'라는 뜻입니다. 하지만 표정 등이 떨떠름할 때도 사용되어 しぶい顔는 '언짢은 표정'을 말합니다. 또 '수수하면서도 깊은 맛이 있다, 차분하다'라는 뜻도 있어서 しぶい文章(ぶんしょう)는 '깊은 맛이 있는 문장'이라는 뜻이 됩니다. 그럼 다음 문장에서는 어떤 의미로 쓰였을까요? 金にしぶい '돈 씀씀이가 쩨쩨하다'라는 뜻이 됩니다.

03 鋭(するど)い의 구체적인 뜻을 다양한 유의어를 통해 외워봅시다.
칼 등이 날카로울 때 – 切(き)れ味(あじ)がいい, シャープな, キザキザの, とがった
감각이나 센스가 예리할 때 – 敏感(びんかん)な, 勘(かん)がいい, 頭が切れる, 頭が冴(さ)える

04 동사 원형이나 명사 + にたりない의 형태로 ~할 만한 가치가 없이라는 뜻으로 쓰입니다. 그래서 考えるにたりないくだらない問題라고 하면 '생각해볼 가치가 없는 시시한 문제'라는 뜻이 됩니다. 그밖에 もの足りない라는 형용사도 있는데, '뭔가 부족하다'라는 뜻으로 흔히 말하는 2% 부족하다는 의미가 되겠네요.

기	だるい		나른하다 =元気(げんき)のない
기	乏しい	とぼしい	가난하다, 부족하다
기	何気ない	なにげない	아무렇지도 않다, 태연하다 =さりげない
기	なれなれしい		친한 척하다 =親(した)しげだ, 無礼(ぶれい)だ
기	望ましい	のぞましい	바람직하다 =適切(てきせつ)だ, うってつけの
기	相応しい	ふさわしい	걸맞다 =相応(そうおう)の, 似合(にあ)う
기	紛らわしい	まぎらわしい	헷갈리다 =間違(まちが)いやすい, 似(に)たり寄(よ)ったりの
기	見苦しい	みぐるしい	흉하다, 꼴사납다
기	むなしい		허무하다, 부질없다 =はかない

시험에는 むなしい와 はかない의 뉘앙스를 구별해야만 풀 수 있는 문제들도 출제됩니다. 두 단어의 쓰임을 구별해볼까요?
むなしい – '결과가 아무것도 남지 않는다'라는 의미가 강해서, 정말 열심히 노력했는데 결국 시험에 떨어졌을 때 むなしい努力라고 할 수 있습니다.
はかない – '사라져서 없어지기 쉽고 오래 지속되지 않는다'라는 의미가 강합니다. 그래서 はかない命라고 하면 '덧없고 짧은 목숨'이라는 뜻이 됩니다.

기	もろい		깨지기 쉽다, 무르다, 약하다 =壊(こわ)れやすい, かよわい

弱(よわ)い와 もろい의 뉘앙스를 구별해볼까요?
弱い – 힘이나 의지가 부족하고 능력이나 기능이 뒤떨어질 때
　　예) 体が弱い 몸이 약하다　　酒に弱い 술에 약하다
もろい – 외부의 힘과 작용에 대한 저항력이 없어서 깨지기 쉽고 동요되기 쉬울 때
　　예) もろい壁(かべ) 부서지기 쉬운 벽　　涙もろい 눈물을 잘 흘린다

기	ややこしい		복잡하다, 까다롭다 =複雑(ふくざつ)だ, やっかいだ
기	緩い	ゆるい	느슨하다, 엄하지 않다, 완만하다, 느리다 =だぶだぶ, ルーズだ, なだらかだ
기	煩わしい	わずらわしい	성가시다 =面倒(めんどう)だ, やっかいだ

01 여러분들이 매우 어렵게 생각하는 것이 なにげない와 さりげない의 구별입니다. 비슷하게 쓰이지만 구별이 필요한 단어입니다. 실전 문제에 대비하기 위해 부사의 형태로 만들어 외웁시다.
　さりげなく – 넌지시, 아무 일 없는 듯이 (그런 티를 내지 않는다는 의미)　　　なにげなく – 아무 생각 없이

02 なれなれしい를 '매우 친하다'의 뜻으로 잘못 알고 있어서 작문이나 회화를 할 때 실수를 많이 하게 됩니다. 예를 들어, 자신은 별로 친하다고 생각하지 않는데 상대가 무슨 의도에서인지 친한 척하면서 다가올 때가 있죠? 조심스러워 하는 기색도 없이 말이죠. 이럴 경우에 쓰는 것이 なれなれしい입니다. 약간은 부정적인 의미가 있다는 것 꼭 기억해두세요.

03 緩(ゆる)い는 쉬운 단어이면서도 정작 뜻을 정확히 알고 있는 사람은 드문 단어입니다. 가장 확실히 외울 수 있는 방법은 역시 예문! 예문을 통째로 외워두세요.
　예) 緩く結(むす)ぶ 느슨하게 묶다　　緩い坂(さか) 완만한 비탈길　　流れが緩い 흐름이 느리다
또 한 가지! 緩やかだ는 같은 뜻이라 해도 정도가 심하지 않아서 좋다는 의미가 강하고, '느긋하다'라는 뜻이 있다는 사실도 기억해두어야 합니다.
　예) 緩(ゆる)やかな気分 느긋한 기분

중요도 ★★

시나공법 따라잡기 | 합격을 위한 い형용사

厚かましい	あつかましい	뻔뻔하다 =恥(はじ)知らず, ずうずうしい, ふてぶてしい
いたましい		가엾다 =かわいそうだ, 痛々(いたいた)しい
卑しい	いやしい	천하다, 비열하다, 저속하다
うっとうしい		지겹다, 짜증나다 =憂鬱(ゆううつ)だ, うんざりする

おしつけがましい		강요하는 듯하다= 無理強(むりじ)いする, 遠慮(えんりょ)がない
決まり悪い	きまりわるい	쑥스럽다 =恥(は)ずかしい, 照(て)れくさい
くどい		지겹도록 장황하다, 집요하다 =しつこい
好ましい	このましい	호감가다, 바람직하다 =好意(こうい)のもてる, 有利(ゆうり)だ
しかたがない		달리 방법이 없다, ~하는 수밖에 없다
しつこい		끈질기다, 집요하다 =くどい, 執念深(しゅうねんぶか)い, しぶとい
素早い	すばやい	재빠르다 =手早(てばや)い, スピードが速(はや)い
容易い	たやすい	쉽다 =簡単(かんたん)だ
貴い	とうとい, たっとい	귀중하다 =大事(だいじ)だ, 大切(たいせつ)だ
途方もない	とほうもない	터무니없다 =とんでもない, 法外(ほうがい)だ

情けない	なさけない	한심하다 =頼(たよ)りない, 意気地(いくじ)ない
情け深い	なさけぶかい	인정이 많다, 정이 깊다
名高い	なだかい	유명하다 =有名(ゆうめい)だ, 評判(ひょうばん)だ
なまぬるい		미지근하다, 흐리멍덩하다

Tip 명사에서 공부한 바와 같이 素의 발음은 다양합니다. '매정하다, 쌀쌀맞다'라는 뜻의 素(そ)っ気(け)ない와 '재빠르다'라는 뜻의 素早(すばや)い의 素 발음이 다르므로 주의하세요.

01 유사어인 恥(はじ)知(し)らず에서 知らず는 명사에 붙어서 명사와 な형용사를 만듭니다. 知らず가 붙은 대표적인 단어를 알아볼까요!
 怖(こわ)い物(もの)知らず 무서움을 모름   命(いのち)知らず 목숨이 아까운 줄 모름
 恩(おん)知らず 은혜를 모름   身(み)の程(ほど)知らず 분수를 모르는 사람
 하지만 親(おや)知らず는 '사랑니'라는 뜻이므로 해석에 주의하세요.

02 ~がましい는 명사나 동사 ます형에 붙어서 형용사를 만드는 접미어입니다. '~하는 경향이 있다, ~같아 보인다'라는 뜻인데, 부정적인 의미가 강하죠. 押し付ける 밀어붙이다의 ます형에 붙어서 押し付けがましい가 되었습니다. 弁解(べんかい)がましい 변명 같아 보이다, 催促(さいそく)がましい 재촉하는 듯하다, 差(さ)し出(で)がましい 주제넘다도 함께 외워두세요.

03 ~悪(わる)い가 붙은 형용사를 더 살펴볼까요?
 意地悪(いじわる)い 심술궂다   気持(きも)ち悪(わる)い 울렁거린다, 징그럽다
 気味悪(きみわる)い 으스스하다   お行儀悪(ぎょうぎわる)い 버릇없다

04 情(なさ)けない에는 '한심하다'라는 뜻 외에도 본래 情(なさ)け '정'에서 온 '인정머리 없음'의 뜻도 있으니 함께 외워두세요. 이 경우에는 つれない와 같은 뜻이 됩니다. 의외로 간단하죠? 확실히 외워두면 청해나 독해에서 전체 문맥을 파악할 때 많은 도움이 됩니다.

悩ましい	なやましい	괴롭다, 관능적이다 =複雑(ふくざつ)だ, 刺激的(しげきてき)だ
はかない		허무하다, 부질없다 =むなしい, 無常(むじょう)だ, あえない
捗々しい	はかばかしい	순조롭게 진행되다 =期待(きたい)どおりにいく, 思(おも)わしい
ばかばかしい		바보 같다
甚だしい	はなはだしい	심하다 =ひどい, きわまりない
華々しい	はなばなしい	화려하다, 눈부시다, 훌륭하다
久しい	ひさしい	오래다, 오래 되다
平たい	ひらたい	편평하다 =平(たい)らだ, 平面的(へいめんてき)だ
待ち遠しい	まちどおしい	몹시 기다려지다
まぶしい		눈부시다
真ん丸い	まんまるい	아주 둥글다, 똥그랗다
みっともない		꼴불견이다 =見苦(みぐる)しい
目覚しい	めざましい	눈부시다
物足りない	ものたりない	뭔가 아쉽다, 무언지 미흡하다
やかましい		시끄럽다
やりきれない		안타깝다 견딜 수 없다 =満(み)たされない, いたたまれない
わけない		쉽다 =簡単(かんたん)だ, 朝飯前(あさめしまえ)だ, 容易(たやす)い

Tip 平たい에는 '알기 쉽다'라는 의미도 있습니다. 어려운 표현 등을 알기 쉽게 설명할 때에 '간단히 말하면'이라는 의미로 쓰이는 거죠. 이 경우에는 '편평하다'라는 뜻이 아닙니다. 꼭 기억하세요.

01 가장 적은 노력으로 단어를 외우는 방법 중 하나는 공통점을 찾아서 외우는 것입니다. はかばかしい를 외우는 김에 ばかばかしい(바보 같다)도 같이 외워둡시다 ばか(바보)가 2번 겹쳐 있으니 쉽게 외워지죠. ばかばかしい는 일능시에 출제된 적이 있는 전혀 바보 같지 않은 형용사랍니다.

02 はなはだしい는 굉장히 특이한 형용사입니다. しい를 빼면 はなはだ '매우'라는 부사가 됩니다. 꼭 기억해주세요. 비슷하게 생긴 華々(はなばな)しい '화려하다'도 함께 암기합시다. 한자로 쓰면 華々しい라서 한자로 보면 뜻을 알기 쉽지만 히라가나로 출제될 경우 혼동되기 쉬운 단어이므로 조심하세요.

03 わけない를 わけが 들어간 N2 문법과 혼동하는 분이 많습니다. わけが 들어간 N2 문법을 살펴볼까요?
~わけにはいかない(~할 수는 없다), ~わけがない(~일 리가 없다), ~わけではない(~인 것은 아니다), ~わけだ(~인 것이 당연하다). 이 중에서 わけがない와 わけない는 확실히 구별합시다. 간혹 わけがない에서 が가 생략되어 わけない(~일 리 없다)로 쓰이는 경우도 있지만, 이런 경우에는 문맥을 통해 구별이 가능합니다.

시나공법 따라잡기 — 고득점을 위한 い형용사

중요도 ★

浅ましい	あさましい	비참하다, 비열하다 =情(なさ)けない, 卑(いや)しい
あどけない		천진난만하다
荒っぽい	あらっぽい	거칠다 =乱暴(らんぼう)だ, 腕(うで)ずくの
いぶかしい		의심스럽다 =不審(ふしん)だ, 疑(うたが)わしい
いまいましい		분하다, 화가 나다
遠慮深い	えんりょぶかい	매우 조심스럽다 =控(ひか)え目(め)だ
おっかない		무섭다 =恐(おそ)ろしい, 怖(こわ)い
おぼつかない		미덥지 못하다, 불안하다 =頼(たよ)りない, 当(あ)てにならない
かいがいしい		부지런하다 =まめまめしい, てきぱきと
くすぐったい		간지럽다, 쑥스럽다 =かゆい, 恥(は)ずかしい
屈託ない	くったくない	명랑하다 =明(あか)るい, 陽気(ようき)だ
気高い	けだかい	고상하다, 고귀하다 =上品(じょうひん)だ, 貴(とうと)い
けちくさい		쩨쩨하다 =金(かね)にきたない, せこい
こころもとない		불안하다 =心細(こころぼそ)い, 不安(ふあん)だ
じれったい		감질나다 =いらだたしい, もどかしい
是非も無い	ぜひもない	어쩔 수 없다 =しかたがない, やむをえない
つれない		매정하다 =ぶっきらぼうだ, そっけない
照れくさい	てれくさい	쑥스럽다 =恥(は)ずかしい, 決(き)まりわるい
とめどない		끝이 없다 =限(かぎ)りない, きりがない
なまぐさい		비린내 나다
深い	ふかい	(색깔, 농도가) 짙다 =濃(こ)い, コクがある
ふがいない		한심스럽다 =情(なさ)けない, 頼(たよ)りない
ふてぶてしい		넉살 좋다 =ずうずうしい, 厚(あつ)かましい
まめまめしい		부지런하다 =細(こま)やかだ, かいがいしい

 **Tip** きだかい로 읽지 않도록 주의하세요.

강의실 생중계!

01 忌(いまいま)しい는 우리가 자주 쓰는 '약이 오른다'입니다.
같은 한자를 사용하는 忌(い)まわしい는 '꺼림직하다, 불길하다'라는 뜻이므로 혼동하시면 안 됩니다.
예) 忌(い)まわしい夢 불길한 꿈

02 臭(くさ)い가 접미어로 쓰이면 '~하다'의 의미가 됩니다. けちくさい와 함께 외워두세요.
예) 照(て)れくさい 쑥스럽다   水くさい 서먹하다   面倒(めんどう)くさい 귀찮다

みずくさい		서먹하다, 남남 같다 =よそよそしい, 他人行儀(たにんぎょうぎ)だ
みすぼらしい		초라하다, 빈약하다, 궁상맞다 =古(ふる)ぼける, 貧相(ひんそう)だ
むさくるしい		누추하다 =汚(きた)ない, みすぼらしい
申し分ない	もうしぶんない	더할 나위 없다 =けっこうだ, うってつけだ
もどかしい		안타깝다 =ものたりない, じれったい, 不満(ふまん)が残(のこ)る
よそよそしい		냉담하다, 쌀쌀맞다 =冷(つめ)たい, ぎくしゃくする
喜ばしい	よろこばしい	기쁘다, 경사스럽다 =嬉(うれ)しい, めでたい

 강의실 생중계!

01 みずくさい는 언제 쓰는지 알아볼까요? '서먹하다'라고 하면 서로 싸워서 사이가 서먹하다라고 생각하기 쉽습니다. 예를 들어, 나는 친한 사이라고 믿고 부탁도 들어주려고 하는데 막상 상대는 자신의 어려운 일을 내가 아닌 다른 사람에게 부탁했다고 칩시다. 그럼 내 심정은 어떨까요? 섭섭함을 느끼겠죠? 바로 그런 감정입니다.
   예 水臭(みずくさ)いこと言わないで。 섭섭한 소리 하지 마세요.

02 언제 어떤 상황에서 쓰이는 단어인지 모르면 뜻을 알아도 말짱 헛것입니다. 예를 들어 내가 동료의 험담을 했다고 합시다. 그 사실을 알게 된 당사자는 나에게 어떤 태도를 취할까요? 이제까지와는 달리 나에게 쌀쌀맞게 대하겠죠? 꽁해 있을 테니까요. 이런 것이 바로 よそよそしい한 태도입니다.

시나공법 01 적중 예상 문제

問題1 ＿＿＿＿＿＿の言葉の読み方として最もよいものを、1・2・3・4の中から一つ選びなさい。

01 密かに結婚を夢見ているあなたに<u>相応しい</u>結婚相手はどんなタイプですか。
　　1 あいそうしい　　2 ふさわしい　　3 そうおうしい　　4 につかわしい

02 復習をしていたら、参考書の記述が<u>紛らわしくて</u>今一分からない個所があった。
　　1 まぎらわしくて　2 こならわしくて　3 わずらわしくて　4 ふんらわしくて

03 コンビニへ行く目的を<u>詳しく</u>調べたところ、様々な理由で訪れている様子がうかがえた。
　　1 きびしく　　　2 しょうしく　　3 くわしく　　　4 こまかく

04 貧しい人々の悲惨な状況や抗議、権力者の弾圧や<u>甚だしい</u>腐敗などが伝わってくる。
　　1 はかはだしい　2 はなばだしい　3 ばかばだしい　4 はなはだしい

05 救助活動に携わっていた彼は、患者からの個人的な感謝を期待しないという<u>気高い</u>精神の持ち主だった。
　　1 きとうい　　　2 きこうい　　　3 けだかい　　　4 きだかい

06 震災の記憶があるものにとって、華やかなものが<u>寂しく</u>見えるのは心の問題なのだろう。
　　1 むなしく　　　2 さびしく　　　3 こいしく　　　4 わびしく

07 かたくなったモチを<u>素早く</u>軟らかくする方法はありませんか。
　　1 すばやく　　　2 そばやく　　　3 すばしこく　　4 てばやく

08 膨大な作品の中から我が子にふさわしい絵本を選ぶことも<u>容易く</u>はない。
　　1 てあつくは　　2 やさしくは　　3 よういくは　　4 たやすくは

問題2 (　　　)に入れるのに最もよいものを、1・2・3・4の中から一つ選びなさい。

01 (　　　)躍進を続けている中国だが、他方では深刻な環境汚染やエイズなどの問題を抱えている。
　　1 目覚ましい　　　2 すこやかな　　　3 悩ましい　　　4 しなやかな

02 減少し始めた病気に対して、社会が関心を持ち続けることは(　　　)ことではないからです。
　　1 ややこしい　　　2 なやましい　　　3 もどかしい　　　4 たやすい

03 甲子園で注目された木村投手は決して(　　　)経歴を歩んできたわけではない。
　　1 はかばかしい　　2 はなばなしい　　3 なれなれしい　　4 かいがいしい

04 最近だんなの着ている服があまりにも(　　　)ので、新しい服を買ってあげた。
　　1 みすぼらしかった　2 むさくるしかった　3 なにげなかった　4 あらっぽかった

05 (　　　)立ち寄った飲み屋で、ばったり昔の恋人に会った。
　　1 さりげなく　　　2 あっけなく　　　3 なにげなく　　　4 もったいなく

06 「協調性と忍耐力」、「善と悪のけじめ」、「(　　　)人間関係」を身につける人物を育てたい。
　　1 めざましい　　　2 ふさわしい　　　3 のぞましい　　　4 よそよそしい

07 先生がいろんな競技や活動を取り入れてくれたので、体育は生徒たちにとって(　　　)。
　　1 ふさわしかった　2 めざましかった　3 いちじるしかった　4 まちどおしかった

08 昨日けんかをしたばかりなので、今日すぐ会うのはお互いに(　　　)でしょう。
　　1 こころづよい　　2 たやすい　　　　3 きまりわるい　　4 いやらしい

시나공법 01 적중 예상 문제

問題3 ＿＿＿＿＿の言葉に意味が最も近いものを、1・2・3・4の中から一つ選びなさい。

01　この本にはしつこいセールス電話を断る１７の撃退法が書かれている。
　　　1 くどい　　　　2 にぶい　　　　3 かたい　　　　4 きつい

02　「二度と戦争を起こしてはいけない」と語る彼女の言葉はためらいがなく真っすぐで、まぶしかった。
　　　1 強烈だった　　2 まばゆかった　3 派手だった　　4 うつくしかった

03　おごったり、おごられたりすることをわずらわしく思う人たちもいる。
　　　1 そうぞうしく　2 さわがしく　　3 うっとうしく　4 やかましく

04　活発なキャラだけを演じてきただけに、今回のようなあくどい役柄を演じることには悩んだ。
　　　1 シャイな　　　2 大人しい　　　3 法外な　　　　4 どきつい

05　東京を舞台に、みすぼらしいアパートで暮らす若い男女の不器用な恋愛を描いた物語だ。
　　　1 古ぼけた　　　2 貧相な　　　　3 こぢんまりした　4 下品な

06　すがすがしい朝を迎えるために、起きたらすぐ窓を開ける。
　　　1 きれいな　　　2 さわやかな　　3 あかるい　　　4 たのもしい

07　うちの部長は初対面でもタメ口をきく横柄な人で、仕事ぶりも荒っぽい。
　　　1 強引な　　　　2 丁重な　　　　3 慎重な　　　　4 物騒な

08　日本は途方もない金を出しておきながら感謝されるどころか、世界から馬鹿にされ、憎まれている。
　　　1 抜群の　　　　2 巨額の　　　　3 抜本な　　　　4 巨大な

問題4 次の言葉の使い方として最もよいものを、1·2·3·4の中から一つ選びなさい。

01 むなしい
　1 世の中にむなしい職業はないというのはきれいごとにすぎない。
　2 だまされて事業に失敗した。むなしくて眠れない日々だ。
　3 人生をお酒にすがって生きるのはどう考えてもむなしいことだ。
　4 こんなやさしい問題も解けないなんて、むなしい。

02 もろい
　1 地元の事情にもろいまま当選した議員もいる。
　2 ここ数年でもっとももろいと言われるチームと対戦した。
　3 最近、涙もろいので、悲しいドラマは一人で見ている。
　4 エネルギー資源にもろいことから原発の建設に力を入れた。

03 素っ気ない
　1 素っ気なく話すので、まるで怒っているようだ。
　2 素っ気なく自分の誤りを認めるところは尊敬できる。
　3 よく寝て、よく食べて、よく笑う子は素っ気ない。
　4 見るからに素っ気ない料理だった。

04 なれなれしい
　1 なれなれしい友人なので、何でも話せる。
　2 お客さんにあまりなれなれしくしてはいけない。
　3 彼はなれなれしい手付きでナイフとフォークを操った。
　4 あのおしどり夫婦は本当になれなれしい。

05 申し分ない
　1 あの店は味はもちろん、駐車場も十分にあって申し分ない。
　2 手紙の返事が遅れて申し分なく思います。
　3 普段あまり話したがらない申し分ない子だ。
　4 水をそんなに流しては申し分ないんじゃない?

06 おぼつかない
　1 まだ時間があるから、おぼつかないといけない。
　2 犬にほえられておぼつかなかった。
　3 この作戦では成功はおぼつかない。
　4 昨日から頭が痛くておぼつかない。

な형용사

시나공법 02

왜 일본어에는 형용사가 두 가지씩이나 있냐는 불평이 어디선가 들려오는 듯 하네요. 일본어 자체가 섬세하고 표현이 다양한 언어이다 보니 한 가지 형용사로는 부족해서 그렇다고 생각하시고, 하나하나 외워갑시다. '1박 2일'에는 끝까지 포기하지 않는다는 '버라이어티 정신'이 있죠? 우리에게는 최소한의 노력으로 합격을 가능하게 하는 '시나공 정신'이 있으니까 걱정마세요.

시험에 이렇게 나온다!

問題 2 (　　　)に入れるのに最もよいものを、1·2·3·4の中から一つ選びなさい。

雇用対策や中小企業対策など、(　　　)目的を定めてから具体的な作業に入る。

1 きちょうめんな　　2 びんかんな　　3 すみやかな　　4 おおまかな

해석 고용 대책이나 중소기업 대책 등, 대략적인 목적을 정하고 나서 구체적인 작업에 들어간다.

해설 문장 후반부의 '~하고 나서 구체적 작업'이 문제의 답을 찾아내는 열쇠가 됩니다. 구체적 작업 전에는 대략적인 결정이 오는 것이 자연스러울 것입니다. 문장의 키워드를 찾아내서 전체적 흐름을 파악하는 훈련은 많은 문제를 풀어봄으로써 익힐 수 있습니다. 보기로 제시된 な형용사들이 모두 히라가나로 표기되어 있어서 뜻이 바로바로 생각나지 않을 수도 있지만 히라가나 표기에도 익숙해져야 합니다.

어휘 几帳面(きちょうめん)だ 꼼꼼하다 | 敏感(びんかん)だ 민감하다 | 速(すみ)やかだ 신속하다 | 大(おお)まかだ 대략적이다　　**정답 4**

유형별 분석을 꼭 살펴보세요!

유형 1
한자 읽기 문제입니다. 기출어를 중심으로 공부하면 짧은 시간에 고득점이 가능합니다.

유형 2
괄호 안에 들어가는 문맥에 맞는 어휘를 선택하는 문제입니다. 한자로 된 な형용사를 히라가나로 표기하여 현혹시키곤 합니다. 한자로는 잘 읽혀지는 な형용사가 히라가나로 제시되면 갑자기 뜻이 생각나지 않는 경우를 많이 경험하셨죠? 히라가나 표기에 익숙해지도록 연습해두세요.

유형 3
평소에 유의어까지 꼼꼼하게 학습해두면 알고 있는 어휘의 폭이 상당히 넓어집니다. 단, 주의할 점은 유의어라 할지라도 그 문맥에서의 유의어가 되어야 한다는 것입니다. 해당 단어만의 유의어를 찾는 것이 아니라, 문맥 속에서의 유의어를 찾아낼 수 있어야 합니다. 보기로 제시된 단어를 문장에 대입해보면서 자연스러운가를 꼭 체크해주세요. 한자 형용사보다 和語(わご) 형용사의 의미 구별이 힘들 수 있으므로 꼼꼼한 대비가 필요합니다.

유형 4
제시된 な형용사의 올바른 쓰임을 묻는 용법 문제입니다. 2자 한자로 된 な형용사가 주로 출제됩니다. 우선 해석을 해보고 자연스럽지 못한 것을 걸러낸 후, 문법적 쓰임이 맞는지를 체크해보세요. 예를 들어, 有名(ゆうめい)だ는 な형용사라서 반대말인 無名(むめい)도 な형용사로 착각하는 경우가 많습니다. 그래서 無名가 문제로 출제되면 無名な 사람이라는 표현이 맞다고 생각하기 쉽습니다. 하지만 無名는 な형용사가 아니라 無名の 사람이라고 해야 맞는 표현이 됩니다. 명사형과 な형용사의 어간이 같은 경우가 많아서 생기는 문법적 오용에 속지 않으려면 사전을 찾아볼 때 품사도 함께 확인하는 습관을 들이는 것이 좋습니다.

중요도 ★★★

시나공법 따라잡기 시험에 꼭 나오는 な형용사

우리말과 일본어를 가려가면서 학습해보세요.

기 鮮やかだ	あざやかだ	선명하다, 훌륭하다 =鮮明(せんめい)だ
기 あやふやだ		애매하다 =あいまいだ, どっちつかずの
기 新ただ	あらただ	새롭다, 생생하다
기 円滑だ	えんかつだ	원활하다
기 円満だ	えんまんだ	원만하다
기 おおげさだ		과장되다, 야단스럽다 =オーバーだ
기 おおまかだ		대범하다, 대략적이다 =おおざっぱだ
기 愚かだ	おろかだ	어리석다
기 疎かだ	おろそかだ	소홀하다 =粗末(そまつ)だ, いい加減(かげん)だ
기 穏やかだ	おだやかだ	온화하다 =기 和(なご)やかだ
기 簡潔だ	かんけつだ	간결하다
기 頑固だ	がんこだ	완고하다, 끈질기다
기 肝心だ	かんじんだ	중요하다 =要(かなめ)だ
기 完璧だ	かんぺきだ	완벽하다
기 寛容だ	かんようだ	너그럽다
기 気軽だ	きがるだ	부담없다
기 気障だ	きざだ	아니꼽다, 비위에 거슬리다
기 貴重だ	きちょうだ	귀중하다
기 窮屈だ	きゅうくつだ	답답하다 =きつい, 息苦(いきぐる)しい

강의실 생중계!

01 あやふやは 본인 자신이 말이나 태도를 확실히 할 수 없는 상황에서 쓰는 경우가 많고, あいまい는 의식적으로 확실히 해두지 않는다는 뉘앙스가 강합니다.
예) あやふやな気持(きも)ち。애매한 기분. あやふやな答弁(とうべん)。애매모호한 답변.
責任をあいまいにする。책임을 분명히 하지 않다. あいまいな説明でごまかす。애매모호한 설명으로 얼버무리다.

02 거의 모든 학생이 헷갈리는 な형용사 3종 세트가 おろそかだ, おごそかだ, おろかだ입니다.
かだ는 '엄숙하다'라는 뜻으로, 重々(おもおも)しい, しめやかだ와 동의어입니다.
愚(おろ)かだ는 '어리석다'라는 의미입니다. 이 3가지 な형용사가 헷갈리지 않으려면 다음 예문을 각각 10번 씩만 읽어주세요. 여러분의 목소리로 뇌에 각인시킬 때 암기 효과가 가장 큽니다.
예) 勉強を疎(おろそ)かにする。공부를 소홀히 하다.
厳(おごそ)かな雰囲気。엄숙한 분위기.
愚(おろ)かな者よ！어리석은 자여!

03 穏(おだ)やか는 '날씨나 성격이 온화하다'는 뜻이지만 和(なご)やか는 '분위기나 기색이 온화하다'라는 뜻입니다.
예) 穏(おだ)やかな性格。온화한 성격.
和(なご)やかな雰囲気(ふんいき)。부드러운 분위기.

Tip 같은 발음인 懸命(けんめい)だ는 목숨을 걸다시피 하여 힘껏 노력하는 모양을 나타냅니다.

01			
기	極端だ	きょくたんだ	극단적이다 =法外(ほうがい)だ, 偏(かたよ)る
기	賢明だ	けんめいだ	현명하다
기	厳密だ	げんみつだ	엄밀하다
기	高尚だ	こうしょうだ	고상하다
기	細やかだ	こまやかだ	자상하다, 세밀하다 =優(やさ)しい, きめ細(こま)かい
기	盛んだ	さかんだ	번창하다, 왕성하다
기	しなやかだ		부드럽다 =기 やわらかい, 柔軟(じゅうなん)だ, なめらかだ
기	柔軟だ	じゅうなんだ	유연하다
기	迅速だ	じんそくだ	신속하다
기	速やかだ	すみやかだ	빠르다 =すばやい, 迅速(じんそく)だ
기	盛大だ	せいだいだ	성대하다
기	切実だ	せつじつだ	절실하다
02			
기	ぞんざいだ		아무렇게나 하다 =丁寧(ていねい)でない
기	著名だ	ちょめいだ	저명(유명)하다
03			
기	適当だ	てきとうだ	적당(적절)하다, 대강대강 하다
기	特殊だ	とくしゅだ	특수하다
기	のどかだ		한가롭다, 화창하다 =のんびり, うららかだ
기	派手だ	はでだ	화려하다, 야단스럽다
기	華やかだ	はなやかだ	화려하다 =カラフルだ, 鮮(あざ)やかだ
04			
기	悲惨だ	ひさんだ	비참하다
기	頻繁だ	ひんぱんだ	빈번하다

 강의실 생중계!

01 極端(きょくたん)だ는 2000년 일능시 용법 문제로 출제되었던 な형용사입니다. あの人は中間(ちゅうかん)がない, 極端的(きょくたんてき)だ라는 문장이 맞을까요? 틀릴까요? 정답은 ×입니다. 우리말 해석으로는 자연스럽기 때문에 맞다고 착각하기 쉽지만 極端 그 자체가 な형용사이므로, 추상적인 한자 명사를 형용사로 만들어주는 的(てき)를 붙일 수 없는 것입니다.

02 ぞんざい는 부사 형태로 많이 씁니다. 글씨를 아무렇게나 막 쓸 때 字をぞんざいに書く라고 합니다. ぞんざいだ에는 '말이나 행동이 거칠고 무례하다'라는 의미도 있기 때문에 손님에게 함부로 대할 때 お客をぞんざいに扱(あつか)う라고 합니다.

03 適当(てきとう)는 모순되는 두 가지 의미를 함께 갖고 있는 な형용사입니다. '적당함'이란 의미와 '요령을 부려 대강 하다, 눈가림으로 하다'라는 의미가 있습니다. 그래서 面倒(めんどう)なので適当なことを言う라고 하면 후자의 뜻이 되는 것입니다. 용법 문제로 출제될 수 있으니 조심하세요.

04 悲惨(ひさん)だ는 차마 보고 듣고 하기 힘들 정도로 '슬프고 참혹하다'라는 의미로, 유의어로는 '불쌍해서 차마 볼 수 없다'는 의미의 惨(みじ)めだ가 있습니다. 이밖에도 むごい '끔찍하다', いたましい '가엾다, 애처롭다', 目も当てられない '차마 눈뜨고 볼 수 없다'도 함께 외워두세요.

기	敏感だ	びんかんだ	민감하다 =デリケートだ
기	無難	ぶなん	무난하다
	ぶしつけだ		버릇없다 =無礼(ぶれい)だ, 無作法(ぶさほう)だ
기	不平等だ	ふびょうどうだ	불평등하다
기	朗らかだ	ほがらかだ	명랑하다, 날씨가 쾌청한 모양
기	膨大だ	ぼうだいだ	방대하다
기	明白だ	めいはくだ	명백하다
기	猛烈だ	もうれつだ	맹렬하다
기	露骨だ	ろこつだ	노골적이다 =むき出(だ)しだ, ストレートだ

중요도 ★★

시나공법 따라잡기 합격을 위한 な형용사

あべこべだ		반대다, 거꾸로다 =逆(ぎゃく)だ, 逆(さか)さまだ
安易だ	あんいだ	안이하다
いい加減だ	いいかげんだ	적당하다, 무책임하다
臆病だ	おくびょうだ	겁이 많다 =気(き)が小(ちい)さい
微かだ	かすかだ	희미하다, 어렴풋하다 =ほんのり, うすうす
活発だ	かっぱつだ	활발하다 =いきいき, エネルギーあふれる
頑丈だ	がんじょうだ	튼튼하다 =しっかりした, がっちりした
几帳面だ	きちょうめんだ	꼼꼼하다
気まぐれだ	きまぐれだ	변덕스럽다 =変(か)わりやすい, お天気屋(てんきや)だ, 頼(たよ)りにならない
生真面目だ	きまじめだ	고지식하다, 착실하다
強硬だ	きょうこうだ	강경하다 =手(て)ごわい, 強気(つよき)だ

Tip 겁 먹은 모양을 나타내는 의태어 おどおど, びくびく도 함께 알아두세요.

강의실 생중계!

01 無가 나오면 일단은 'む'인지 'ぶ'인지 발음을 확인한 다음에 의미를 살펴보세요. 無難(ぶなん)은 우리말 발음과 비슷한 탓에 틀리기 쉬운 단어이므로 한자 읽기에 주의하세요.
　無茶(むちゃ)だ 도리에 어긋나다, 난폭하다, 터무니없다　　無邪気(むじゃき)だ 천진난만하다
　無作法(ぶさほう)だ 버릇없다　　　　　　　　　　　　　 無礼(ぶれい)だ 무례하다

02 あべこべ를 가장 많이 쓰게 되는 경우는 신발을 좌우 바꾸어 신었다고 할 때의 문장입니다. 靴をあべこべにはいた라고 표현하고 이것은 靴が右左(みぎひだり)だ, 靴を逆(ぎゃく)にはいている, 靴を左右(さゆう)取り違(ちが)える 등으로 바꾸어 표현할 수 있습니다. あやふやだ '모호하다', あいまいだ '애매하다' 등의 형용사와 운율이 비슷하여 보기에 함께 제시되는 경우가 많으므로 같은 음절, 같은 운율의 단어는 주의 깊게 체크하세요.

気楽だ	きらくだ	속 편하다 =リラックスする, 遠慮(えんりょ)がない
軽快だ	けいかいだ	경쾌하다 =明(あか)るい, 軽(かろ)やかだ
謙虚だ	けんきょだ	겸허하다
健全だ	けんぜんだ	건전하다
さわやかだ		상큼하다, 상쾌하다
残酷だ	ざんこくだ	잔혹하다
質素だ	しっそだ	검소하다 =つましい, 倹約(けんやく)する
純粋だ	じゅんすいだ	순수하다
順調だ	じゅんちょうだ	순조롭다
心外だ	しんがいだ	뜻밖이다, 의외다 =思(おも)いがけない
健やかだ	すこやかだ	건강하다 =元気(げんき)だ, 健康(けんこう)だ, すくすくと育(そだ)つ
清純だ	せいじゅんだ	청순하다 =ういういしい, ピュアーだ
正当だ	せいとうだ	정당하다 =妥当(だとう)だ, まともだ
大胆だ	だいたんだ	대담하다 =向(む)こう見(み)ずだ
巧みだ	たくみだ	교묘하다 =巧妙(こうみょう)だ, 手際(てぎわ)がいい, 見事(みごと)だ
達者だ	たっしゃだ	건강하다, 능숙하다 =元気(げんき)だ, 器用(きよう)だ
痛切だ	つうせつだ	절실하다 =切実(せつじつ)だ, 思(おも)い知(し)る, 痛感(つうかん)する, 身(み)にしみる
月並みだ	つきなみだ	평범하다, 진부하다 =平凡(へいぼん)だ, 代(か)わり映(ば)えのしない
つぶらだ		동그랗다

01 気楽(きらく)だ와 気軽(きがる)だ는 혼동하기 쉬워 뉘앙스 구별 문제로 많이 나옵니다. 気楽(きらく)는 '어려움함이나 걱정 없이'라는 의미이고, 気軽(きがる)는 깊이 생각하지 않고 가볍게 행동한다는 의미로 '선뜻, 간편하게'라는 뜻입니다. 참고로, 手軽(てがる)는 '손쉽고 간단하다'라는 의미입니다.
  예 気楽に暮らす。속 편하게 살다.
   気軽に引き受ける。가볍게 떠맡다.
   持ち歩きに手軽だ。갖고 다니기 편하다

02 順調(じゅんちょう)だ의 유의어를 익혀봅시다. 한자 읽기에 자주 출제되는 滞(とどこお)りない '지체됨이 없다', 의미 파악에서 중요한 首尾(しゅび)よく '순조롭게', 회화에서 많이 쓰는 スムーズだ '순조롭다', 관용표현으로 자주 출제되는 波(なみ)に乗る '흐름을 타다' 등을 꼭 외워주세요.

03 月並(つきなみ)는 원래 매월 한자리에 모여 일본 전통 노래나 시조 등을 읊는 것을 말하는데, 그래서 지금도 '월례회'를 月並みの会(かい)라고 합니다. '매월 하는 똑같은 일이다'라는 의미에서 '진부한'이란 뜻으로 쓰이게 되었죠. 月並みな表現 '상투적인 표현'으로 기억해두세요. 그리고 軒並(のきなみ) '집집마다, 일제히'와 헷갈릴 수 있으니 조심하세요.

丁重だ	ていちょうだ	정중하다 ＝丁寧(ていねい)だ, 礼儀正(れいぎただ)しい, うやうやしい
手薄だ	てうすだ	허술하다, 불충분하다
手頃だ	てごろだ	적합하다, 저렴한 듯하다 ＝ほどよい, 割安(わりやす)だ, リーズナブルだ
鈍感だ	どんかんだ	둔감하다
薄情だ	はくじょうだ	박정하다
莫大だ	ばくだいだ	막대하다
はるかだ		아득하다
半端だ	はんぱだ	어중간하다 ＝不完全(ふかんぜん)だ
悲観的だ	ひかんてきだ	비관적이다 ＝ネガティブだ
不審だ	ふしんだ	수상하다, 의심스럽다
未熟だ	みじゅくだ	미숙하다 ＝慣(な)れない, たどたどしい, つたない
ものずきだ		별나다 ＝ユニークだ, 変(か)わっている, 好事家(こうずか)だ
緩やかだ	ゆるやかだ	완만하다, 느긋하다 ＝なだらかだ, 緩(ゆる)い, ゆっくりだ, 厳(きび)しくない

중요도 ★

시나공법 따라잡기 고득점을 위한 な형용사

艶やかだ	あでやかだ	(여성이) 화려하고 아리땁다, 요염하다
あらわだ		노골적이다 ＝露骨(ろこつ)だ
粋だ	いきだ	세련되다, 때를 벗다 ＝おしゃれだ
うつろだ		멍청하다, 공허하다
横柄だ	おうへいだ	거만하다 ＝偉(えら)そうだ, 傲慢(ごうまん)だ
おおらかだ		대범하고 느긋하다

강의실 생중계!

01 丁重(ていちょう)와 丁寧(ていねい)의 차이를 알아볼까요? 丁重는 외관 상에 초점을 두는 말이고 丁寧는 마음이 담긴 상태에 초점을 두어 '정중하고 공손하다'라는 의미입니다. 그래서 丁重에 断(ことわ)る '정중하게 거절하다'라는 말은 할 수 있어도, 丁寧에 断る '마음을 담아 거절하다'라고 하면 어색합니다.

02 ～やかだ의 형태가 되는 な형용사를 복습해볼까요?
鮮(あざ)やかだ 선명하다　　　　穏(おだ)やかだ 온화하다　　　　細(こま)やかだ 자상하다, 세밀하다
華(はな)やかだ 화려하다　　　　健(すこ)やかだ 건강하다　　　　緩(ゆる)やかだ 완만하다, 느긋하다

厳かだ	おごそかだ	엄숙하다
おざなりだ		무성의하다 =いい加減(かげん)だ, 投(な)げやりだ
気さくだ	きさくだ	싹싹하다 =愛想(あいそ)がいい, 人当(ひとあ)たりがいい
気丈だ	きじょうだ	당차다 =たくましい, 勝(か)ち気(き)だ
きゃしゃだ		가냘프다, 날씬하다
清らかだ	きよらかだ	깨끗하다, 맑다, 청순하다
きらびやかだ		현란하다 =華(はな)やかだ, 色鮮(いろあざ)やかだ
結構だ	けっこうだ	훌륭하다 =見事(みごと)だ
健気だ	けなげだ	씩씩하다, 기특하다
こっけいだ		우스꽝스럽다 =ひょうきんだ
雑だ	ざつだ	조잡하다 =無造作(むぞうさ)だ, ずさんだ
しとやかだ		정숙하다 =上品(じょうひん)だ, 優雅(ゆうが)だ, エレガントだ, 大人(おとな)しい
壮大だ	そうだいだ	장대하다, 웅대하다
大層だ	たいそうだ	훌륭하다 =立派(りっぱ)だ, 豪勢(ごうせい)だ
怠慢だ	たいまんだ	태만하다
短気だ	たんきだ	성급하다
丹念だ	たんねんだ	공들이다 =念入(ねんい)りだ, 手(て)の込(こ)んだ
堪能だ	たんのうだ	뛰어나다 =優(すぐ)れる, 上手(じょうず)だ
的確だ	てきかくだ	정확하다 =正確(せいかく)だ, 確(たし)かだ
なめらかだ		매끈매끈하다, 거침없다 =つるつるする
卑劣だ	ひれつだ	비열하다
密かだ	ひそかだ	은밀하다

강의실 생중계!

01 おざなりは 일을 적당히, 건성으로 무성의하게 하는 모양을 나타냅니다. 비슷한 단어로는 なおざり가 있습니다. '아무것도 안 하고 그대로 내버려두다' 즉 '등한시 하다'라는 뜻입니다. '임시방편으로 하는 것'이 おざなり이고 '어중간하게 그만두는 것'이 なおざり라고 보면 됩니다.
  예) おざなりな計画。임시 방편의 계획.
  　　勉強をなおざりにする。공부를 등한시 하다.

02 健気(けなげ)だは 어리거나 약한 사람들이 곤란한 일에 정면으로 맞서는 씩씩하고 당찬 모습을 나타내는 말입니다. 감탄하고 칭찬하는 경우에 쓰지만 손윗사람에게 쓰면 곤란하겠죠?
  예) 家を支(ささ)えた健気な少年。집을 뒷바라지한 기특한 소년.
  고득점을 목표로 하는 분들은 健気だ와 같은 뜻인 殊勝(しゅしょう)だ '기특하다'도 기억해두세요.

不可欠だ	ふかけつだ	불가결하다 ＝欠(か)かせない, 必須(ひっす)だ
疎らだ	まばらだ	드문드문하다
稀だ	まれだ	드물다
憂鬱だ	ゆううつだ	우울하다
冷淡だ	れいたんだ	냉담하다
僅かだ	わずかだ	조금이다

강의실 생중계!

01 不로 시작되는 な형용사를 정리해볼까요?
不吉(ふきつ)だ 불길하다　　　　　　不謹慎(ふきんしん)だ 조심성이 없다
不細工(ぶさいく)だ 서투르다, 못생기다　　不器用(ぶきよう)だ 서투르다　　不気味(ぶきみ)だ 어쩐지 무섭다

02 疎가 '드문드문하다'의 뜻으로 쓰일 때는 疎(まば)らだ로 표현하고 '소홀하다'의 뜻으로 쓰일 때는 疎(おろそ)かだ로 표현합니다. 함께 알아두세요.

問題1 ＿＿＿＿＿の言葉の読み方として最もよいものを、1・2・3・4の中から一つ選びなさい。

01　荒々しい風が吹きつける直前の不吉な状態を「暴風前夜」という。
　　　1 ふきちな　　　2 ふよしな　　　3 ふきつな　　　4 ひきつな

02　姉は鮮やかな赤のスカートを買ったが、私は落ち着いた色が好きなのでシックな赤を選んだ。
　　　1 あざやかな　　2 あでやかな　　3 ひそやかな　　4 ゆるやかな

03　さらに柔軟な発想力を身に付けるためのトレーニング方法などを紹介する。
　　　1 しゅうけつな　2 じゅうけつな　3 しゅうなんな　4 じゅうなんな

04　二階に快適な寝室をつくり、階段の両側に頑丈な手すりを付けた。
　　　1 けんこな　　　2 けんじょうな　3 がんじょうな　4 がんこな

05　子どもたちの無邪気でかわいい寝顔を見ると、なんだかほっとする。
　　　1 ふがきで　　　2 むじゃきで　　3 むがきで　　　4 ぶじゃきで

06　限られた人数で事件や事故に備え、迅速に対応できるよう、つとめている。
　　　1 さっそくに　　2 じんそくに　　3 せっそくに　　4 しんそくに

07　誰にも何も頼まないで、一人必死に解決しようとしてる姿は実に健気だった。
　　　1 かすかだった　2 すこきだった　3 けんこだった　4 けなげだった

08　盛大な結婚式をする人もいれば、式をしない人、親族だけで質素に行う人もいる。
　　　1 そうだいな　　2 じょうだいな　3 せいだいな　　4 さいだいな

問題2 (　　　)に入れるのに最もよいものを、1・2・3・4の中から一つ選びなさい。

01　窓の外には(　　　)田園風景が広がっていて、故郷に帰ってきたようだった。
　　1 のどかな　　　2 あざやかな　　　3 あらたな　　　4 きゅうくつな

02　「小さな気配り」というのは、小さな事を(　　　)にするなという意味だろう。
　　1 おごそか　　　2 おろそか　　　3 おおまか　　　4 おおらか

03　被害者の母が(　　　)さを訴えたときには涙が出そうになったが、ぐっとこらえた。
　　1 無茶　　　2 無駄　　　3 無理　　　4 無念

04　被災地の(　　　)な状況が生中継で伝えられた。
　　1 おごそか　　　2 悲惨　　　3 しなやか　　　4 極端

05　生きる目的を失い、怒りや悲しみの感情が凍りついて、(　　　)日々を送る。
　　1 かすかな　　　2 うつろな　　　3 けなげな　　　4 けんきょな

06　事務所では(　　　)電話が鳴り、女性従業員が忙しく注文に対応していた。
　　1 活発に　　　2 自在に　　　3 頻繁に　　　4 丁寧に

07　優しくてきれいな上に、英語も(　　　)とあっては、もてもてなのも納得がいく。
　　1 おうへい　　　2 たっしゃ　　　3 きざ　　　4 きゃしゃ

08　高校を対象に学力調査をしたが、いまだに九九が(　　　)、全然漢字が書けない生徒もいた。
　　1 あやふやで　　　2 ぶしつけで　　　3 まろやかで　　　4 ぶきみで

39

시나공법 02 적중 예상 문제

問題3 ＿＿＿＿＿の言葉に意味が最も近いものを、1・2・3・4の中から一つ選びなさい。

01 言葉の使い分けや意味があやふやでわからないので教えてください。
　　1 にくらしくて　　2 たよりなくて　　3 あいまいで　　4 どっちつかずで

02 諦めが肝心とわかっていても諦めがつかなくて、気持ちの切り替えができない。
　　1 とうとい　　2 大事　　3 取られる　　4 急がれる

03 次から次へと気に入ったものを求める気まぐれな女性を描いた物語だ。
　　1 老衰した　　2 移り気の　　3 かわいらしい　　4 慎重な

04 口達者で行動しない部下を動かすコツを考えておくことだ。
　　1 利口で　　2 気が短くて　　3 元気で　　4 立て板に水

05 身に覚えのないことでいろいろと詮索され、心外だった。
　　1 意外だった　　2 いたましかった　　3 奇抜だった　　4 いまわしかった

06 場所をとらず価格も手頃で、しかもデザイン性も高いので、インテリアに凝りたい人にもおすすめだ。
　　1 割合で　　2 割愛で　　3 割安で　　4 割低で

07 ペットと快適に暮らすための細やかな工夫が施されている。
　　1 あらたな　　2 しぶとい　　3 きがるな　　4 こまかい

08 志望動機を考えていますが、月並みな言葉しか浮かびません。
　　1 びくびくする　　2 ありきたりの　　3 おどおどする　　4 うってつけの

問題4 次の言葉の使い方として最もよいものを、1・2・3・4の中から一つ選びなさい。

01 質素
　1 億万長者なのに生活ぶりはきわめて質素だった。
　2 利益のためではなく、質素に社会に貢献したいだけだ。
　3 昨日と全然変わらない質素な人生も悪くない。
　4 この詩には子供の質素な感想が込められている。

02 軽率
　1 考えもせず、すぐに流行に飛び付く軽率な男は嫌いだ。
　2 私の軽率の行動でみんなが迷惑したので、解雇されてもしかたない。
　3 人の命を軽率に扱った企業の対応に腹を立てずにはいられない。
　4 深く考えないで軽率してはいけないと思う。

03 不謹慎
　1 仕事をはやく片付けたので、先に不謹慎いたします。
　2 時間がなかったので、不謹慎なままスピーチを始めた。
　3 不謹慎でも同時多発テロのことをお笑いのネタにした。
　4 葬式の時に笑ったりするなんて不謹慎きわまりない

04 厳重
　1 景気が著しく低迷する中、資金繰りが厳重になっている。
　2 安全性に問題がないか厳重にチェックしてください。
　3 父はとても厳重な人で、門限は夜7時に決めていた。
　4 今回の判決を厳重に受け止めたいと存じます。

05 しんがい
　1 信じていた先生もが反対なさるとはしんがいだ。
　2 一応認めることは認めるが、しんがいの部分もある。
　3 支えてくれる人がいるから、しんがいのも我慢できた。
　4 機能性や使いしんがいはもちろん、値段もやすかった。

06 なめらか
　1 後ろからも見やすいようになめらかに傾斜している。
　2 10年も住んでいただけあって、日本語がなめらかだった。
　3 雪が降るとなめらかになるので、気をつけてください。
　4 敵をつくらないなめらかな人柄だと言われている。

동사

시나공법 03

동사는 크게 히라가나 동사와 한자 동사로 나뉩니다. 한자 동사는 다시 2자 한자어+する 동사와 순수 일본어 동사로 나뉩니다. 2자 한자어+する 동사는 시나공법 08~15를 통해 학습하도록 하시고, 이번 시나공법에서는 히라가나 동사와 순수 일본어 한자 동사를 마스터해보겠습니다. 이밖에도 ~じる(=~ずる)동사가 있지만 갯수가 적기 때문에 크게 걱정하지는 않아도 됩니다.

시험에 이렇게 나온다!

問題 2 (　　　)に入れるのに最もよいものを、1・2・3・4の中から一つ選びなさい。

かぜの治療の基本は、かぜの症状を軽くすることと、かぜが(　　　)のを防ぐことだ

1 こじれる　　　　2 ねじれる　　　　3 みだれる　　　　4 はずれる

해석　감기 치료의 기본은 감기의 증상을 가볍게 하는 것과, 감기가 악화되는 것을 막는 일이다.
해설　보기로 제시된 동사가 모두 히라가나 표기로 되어 있죠? 乱(みだ)れる나 外(はず)れる는 한자로도 알아야 하는 단어이지만 일단 히라가나로 표기되어 있으면 전혀 다른 동사처럼 느껴지는 경우도 있습니다. 단어를 외울 때 한자에만 치중해서 눈으로 외우면 안 되고요, 항상 소리내어 소리로 외우는 노력을 게을리 하지 마세요. こじれる는 '병이 악화되거나, 이야기가 꼬이다'의 의미로 사용되는 동사인데, 한자를 외울 필요는 전혀 없습니다. 유형4 문제로도 나올 수 있으므로 꼭 암기해주세요.
어휘　治療(ちりょう) 치료 | 基本(きほん) 기본 | 症状(しょうじょう) 증상 | 軽(かる)くする 가볍게 하다 | 防(ふせ)ぐ 막다 | こじれる 악화되다 | 捻(ね)じれる 꼬이다 | 乱(みだ)れる 문란해지다 | はずれる 빠지다
　　정답 1

유형별 분석을 꼭 살펴보세요!

유형 1
한자 동사를 읽는 문제가 출제됩니다. 襲(おそ)う, 綴(と)じる와 같이 획순이 많은 한자나 免(まぬか)れる, 脅(おびや)かす와 같이 한자 1개가 여러 음절로 발음되는 동사에 주목해주세요.

유형 2
한자를 잘 쓰지 않는 순수 일본어 동사가 출제될 가능성이 높을 것으로 예상되며, 한자가 있는 동사라 할지라도 보기가 히라가나로 제시되기 때문에 히라가나 표기에 익숙해질 필요가 있습니다.

유형 3
품사를 막론하고 유의어를 통해서 그 단어의 뜻을 외우는 것은 가장 좋은 학습법입니다. 유의어를 달아놓은 동사는 유의어도 함께 학습하세요.

유형 4
용법 문제에서는 히라가나 동사의 알맞은 쓰임을 묻는 문제가 출제될 가능성이 높습니다. 동사의 의미뿐만이 아니라 자·타동사의 구별과 같은 문법적 지식과 뉘앙스 구별을 묻는 문제가 출제됩니다. N1의 난이도가 높아질 경우, 동사의 뜻을 한 가지만 알고 있어서는 대응하기 힘든 문제도 많습니다. 동사의 다양한 의미, 문법적 특성과 뉘앙스에 대해 부가 설명을 한 동사를 반드시 체크하고, 연습문제를 꼭 풀어보세요!

중요도 ★★★

시나공법 따라잡기 | 시험에 꼭 나오는 동사

우리말과 일본어를 가려가면서 학습해보세요.

기 相次ぐ	あいつぐ	잇달다 =続(つづ)く, 続発(ぞくはつ)する
기 明かす	あかす	밝히다
기 空く	あく	쓰이지 않다, 놀다
기 当たる	あたる	상당하다, 들어맞다
기 危ぶむ	あやぶむ	위태로워하다, 걱정하다 =懸念(けねん)する, 気(き)を揉(も)む, はらはらする
기 誤る	あやまる	실패하다, 실수하다
기 改める	あらためる	고치다, 변경하다, 개혁하다
기 生かす	いかす	살리다, (특성을) 발휘시키다, 활용하다
기 いじる		만지작거리다, (취미삼아) 손대다
기 映る	うつる	비치다, 어울리다
기 うぬぼれる		자만하다 =思(おも)い上(あ)がる, 自慢(じまん)する, 天狗(てんぐ)になる
기 負う	おう	(책임을) 지다, (혜택을) 입다
기 侵す	おかす	침범하다
기 怠る	おこたる	게을리 하다, 소홀히 하다 =おろそかにする, なおざりにする, 怠(なま)ける, サボる
기 おごる		한턱내다 =ごちそうする, もてなす, 自腹(じばら)を切(き)る
기 収まる	おさまる	알맞게 들어앉다, 진정되다

Tip 같은 음이지만 '사죄하다'라는 뜻으로 쓰이는 謝(あやま)る도 있습니다.

Tip 負(まか)す는 '지게 하다, 이기다'라는 뜻입니다.

강의실 생중계!

01 空(あ)くは 여러가지 뜻이 있는 다의어입니다.
　예) 手(て)が空く 짬이 나다　　　　　部屋(へや)が空く 방이 나다
　　　席(せき)が空く 자리가 비다　　　穴(あな)が空く 구멍이 나다

02 おかす로 발음되는 동사에는 3가지가 있습니다. 犯(おか)す는 '저지르다'이고, 冒(おか)す는 '무릅쓰다'입니다. 특히 冒(おか)す는 '무릅쓰다' 이외에 '병에 걸리게 하다'라는 중요한 뜻도 있습니다. 그래서 '병에 걸리다'는 수동태로 病(やまい)に冒(おか)される라고 표현합니다. 문장 해석에 꼭 필요한 Tip이니까 외워둡시다.

03 おさまる는 한자에 따라 의미가 달라집니다.
　収(おさ)まる - (어떤 범위 안에) 알맞게 들어앉다, 보기 좋게 들어가다, 성과를 거두다
　　　　예) 押(お)し入れに収まらない。장에 들어가지 않다.
　納(おさ)まる - 납입되다
　治(おさ)まる - (혼란이) 진정되다, (통증 등이) 가라앉다
　修(おさ)まる - 품행이나 행실이 바로잡혀지다
　　　　예) 品行(ひんこう)が修まらない。품행이 고쳐지지 않다.

기	惜しむ	おしむ	아끼다
기	帯びる	おびる	지니다, 띠다 =身(み)につける, 示(しめ)す
기	及ぶ	およぶ	이르다 =至(いた)る, 達(たっ)する
기	稼ぐ	かせぐ	(일하여) 벌다 =もうける
기	傾ける	かたむける	기울이다
기	固める	かためる	다지다, 굳히다 =踏(ふ)みしめる
기	敵う	かなう	대적하다, 당해내다 =匹敵(ひってき)する, 太刀打(たちう)ちする
기	きしむ		삐걱거리다 =みしみし言(い)う
기	興じる	きょうじる	흥겨워하다

〜じる와 〜ずる는 같다고 보면 됩니다. 모아서 정리해보죠.
案(あん)じる 걱정하다   報(ほう)じる 보도하다
演(えん)じる 연기하다   重(おも)んじる 중시하다
軽(かろ)んじる 가볍게 보다, 경시하다   甘(あま)んずる 만족해하다, 감수하다

기	準ずる	じゅんずる	~에 준하다
기	下す	くだす	내리다 [참고] 決断(けつだん)を下す 결단을 내리다
기	覆す	くつがえす	뒤집어 엎다 =ひっくりがえす, 逆転(ぎゃくてん)させる, 打(う)ち倒(たお)す
기	曇る	くもる	우울하다 [참고] 顔(かお)が曇る 표정이 어둡다
기	貶す	けなす	헐뜯다 =悪口(わるくち)を言う, けちをつける, 批判(ひはん)する
기	志す	こころざす	목표로 삼다
기	試みる	こころみる	시도하다
기	こじれる		악화되다 =悪化(あっか)する, もつれる
기	こだわる		구애되다, 연연하다

강의실 생중계!

01 かなう는 3가지 한자가 있어서 한자를 잘 보고 의미를 구별해서 써야 합니다.
우선 敵(かな)う는 敵わない 형태로 쓰이며 '당해낼 수 없다', '견딜 수 없다'는 뜻입니다.
◎ 彼(かれ)には敵わない。당해낼 수 없다.
　こう暑くては敵わない。이렇게 더워서는 참을 수 없다.
適(かな)う는 '조건이나 기준에 맞다'는 뜻입니다.
◎ 理(り)に適う。이치에 맞다.
끝으로 叶(かな)う는 '이루어지다'라는 뜻입니다.
◎ 願(ねが)いが叶う。소원이 이루어지다.

02 こじれる와 ねじれる의 차이에 대해 알아볼까요?
こじれる는 상황이 복잡해지고 악화되는 것을 주로 의미하며, ねじれる는 물리적으로 꼬여버린다던가 비뚤어진 것에 대해 써서 심성이 비뚤어진다는 의미도 있습니다.
◎ ネクタイがねじれている。넥타이가 비뚤어지다.
　心がねじれている。심성이 비뚤어지다.

기	込める	こめる	채우다, (마음을) 담다
기	さえる		맑아지다, 선명해지다 =はっきりする, 頭(あたま)がきれる
기	裂く	さく	찢다 [참고] 裂(さ)ける 찢어지다
기	察する	さっする	헤아리다, 추측하다 [참고] [기] 脱(だっ)する 벗어나다

1자 한자 + する 동사를 정리해볼까요?
称(しょう)する 칭하다, 칭송하다   面(めん)する 직면하다 =向(む)き合(お)う
臆(おく)する 주눅이 들다, 겁먹다   欲(ほっ)する 원하다
徹(てっ)する 철저하다, 투철하다   制(せい)する 제지하다
即(そく)する ~에 들어맞다

기	悟る	さとる	깨닫다
기	慕う	したう	사모하다, 따르다 [참고] 慕(した)われる 우러름을 받다
기	従う	したがう	따르다, 복종하다
기	締める	しめる	(끈 등을) 매다, 잠그다
기	勧める	すすめる	권하다
기	澄む	すむ	맑다 [주의] 済(す)む 끝나다
01 기	迫る	せまる	다가오다, 다그치다 =近(ちか)づく, 突(つ)きつける
기	添える	そえる	첨부하다, 곁들이다
기	備わる	そなわる	갖추어지다, 구비되다
기	そらす		(뒤로) 젖히다, 놓치다, (딴 데로) 돌리다
기	漂う	ただよう	감돌다, 떠돌다, 방황하다
기	保つ	たもつ	유지하다 =保持(ほじ)する, 維持(いじ)する
기	通じる	つうじる	정통하다
기	尽くす	つくす	다하다 =なくなる, 底(そこ)をつく, 切(き)れる [참고] 尽(つ)きる 다하다
기	努める	つとめる	힘쓰다 =頑張(がんば)る, 励(はげ)む, いそしむ
02 기	募る	つのる	모집하다, 심해지다 =募集(ぼしゅう)する, 増(ま)す, 込(こ)み上(あ)げる

 강의실 생중계!

01 보통은 자동사와 타동사의 형태가 다르지만 迫(せま)る는 특이하게도 자동사와 타동사의 형태가 같습니다. 그래서 시험에 자주 출제됩니다. 迫る가 자동사로 쓰이면 '때가 다가오다', '다가서다'라는 뜻이 되고 타동사로 쓰이면 '강요하다'라는 뜻이 됩니다. 참고로 迫られる의 형태로 많이 출제됩니다.
   예 締(し)め切(き)りが迫ってきた。 마감일이 다가왔다.   交際(こうさい)を迫ってきた。 교제를 강요해 왔다.
02 募(つの)る는 다음 2가지 뜻이 모두 중요하므로 반드시 외워두세요.
   예 メンバーを募る。 멤버를 모집하다.   寂(さび)しさが募る。 외로움이 심해지다.
   그리고 비슷하게 생겨서 혼동하기 쉬운 慕(した)う는 '사모하다, 따르다'라는 뜻이므로 혼동하지 않도록 주의하세요.
   예 故郷(ふるさと)を慕う。 고향을 그리다.

기	つぶやく		속삭이다 =ささやく, ぼそぼそ言(い)う, 小声(こごえ)で言(い)う
01 기	詰める	つめる	결말을 내다 =掘(ほ)り下(さ)げる, 考(かんが)え抜(ぬ)く
기	貫く	つらぬく	꿰뚫다, 가로지르다, 관철하다
기	釣る	つる	낚시하다
02 기	解く	とく	해제하다 [참고] 기 説(と)く 설명하다, 설득하다
기	研ぐ	とぐ	(칼을) 갈다, 윤을 내다, 곡식을 씻다
기	遂げる	とげる	이루다, 달성하다
기	唱える	となえる	주장하다, 외치다, 읊다
기	とぼける		얼빠지다, 시치미 떼다
기	眺める	ながめる	바라보다, 응시하다, 방관하다
기	流れる	ながれる	흐르다, 경과하다, 취소되다 =中止(ちゅうし)される, 取(と)りやめになる, パーになる
기	嘆く	なげく	한탄하다 =ため息(いき)をつく, 悲(かな)しむ, 憤慨(ふんがい)する
기	投げる	なげる	던지다, 단념하다
기	倣う	ならう	모방하다, 따르다 =まねる, 従(したが)う, 追随(ついずい)する
03 기	にじむ		번지다, 스미다
기	にらむ		노려보다, 짐작하다
기	縫う	ぬう	바느질하다, 꿰매다
기	ぬける		(박힌 물건이) 빠지다, 이탈하다
기	練る	ねる	반죽하다, 단련하다 =こねる, 磨(みが)く, 鍛(きた)える

01 詰(つ)める의 기본 뜻은 '채우다, 좁히다'입니다. 그런데 일능시에 출제되었던 뜻은 問題点を詰(つ)めてから, ご連絡します와 같이 '매듭짓다'라는 뜻으로 쓰인 문장이었습니다. 그리고 '대기하다, 절약하다, 꾸준히 계속하다'라는 뜻도 있으니, 꼭 외워두세요.

02 解(と)く도 의미가 여러 개가 있는 어휘로, 해석에서 막히면 문맥 파악이 힘들어집니다. 여러 문장을 접하면서 자연스럽게 익혀봅시다.
  예) 帯(おび)をとく 허리띠를 풀다   交通規制(こうつうきせい)が解かれる 교통규제가 풀리다
      誤解(ごかい)をとく 오해를 풀다   なぞをとく 수수께끼를 풀다
  자동사인 解(と)ける '풀리다'도 기출 동사입니다.

03 にじむ와 しみる를 비교해 보겠습니다. 汗のにじんだ(しみた)シャツ에서처럼 '젖어서 범위가 퍼진다'는 의미는 비슷합니다. 하지만 しみる는 액체, 기체, 냄새, 맛, 외부로부터의 자극 등이 '내부에까지 스며든다'라는 뜻인 반면, にじむ는 그 부분에서 주위로 확산되거나 내부로부터 '표면으로 배어나온다'라는 의미입니다.
  예) 寒さが身(み)にしみる。 추위가 몸에 스며든다.
      口紅(くちべに)がにじむ。 립스틱이 번진다.

기	臨む	のぞむ	면하다, 향하다, 임하다
기	ののしる		큰소리로 비난하다, 욕하다
기	延びる	のびる	연장되다, 연기되다
기	図る	はかる	도모하다 ＝計画(けいかく)する, 企(くわだ)てる
기	はじく		튀기다, 튀겨내다, (악기를) 타다
기	はずれる		빗나가다
기	はねる		튀기다, 제거하다 ＝はじく, 取(と)り除(のぞ)く, 選別(せんべつ)する
기	貼る	はる	붙이다
기	ばらまく		흩뿌리다 ＝まく, 配(くば)る, 気前良(きまえよ)く与(あた)える
기	率いる	ひきいる	거느리다, 인솔하다
기	響く	ひびく	울리다, 영향을 주다
기	深まる	ふかまる	깊어지다
기	ふく		뿜다, 솟아나다 참고 突然(とつぜん)火(ひ)をふく 갑자기 불을 뿜다
기	塞がる	ふさがる	막히다, 가득차다 ＝詰(つ)まる, つかえる, いっぱいになる
기	触れる	ふれる	닿다, 언급하다 ＝触(さわ)る
기	へりくだる		겸양하다 ＝謙遜(けんそん)する, かしこまる
기	経る	へる	(때가) 흐르다, (단계, 과정을) 거치다, (어떤 곳을) 통과하다, 지나다
기	施す	ほどこす	베풀다, 시행하다 ＝恵(めぐ)む, 行(おこな)う, 実施(じっし)する
기	ぼやける		흐릿해지다 참고 焦点(しょうてん)がぼやけている 초점이 맞지 않다
기	賄う	まかなう	꾸리다, 조달하다 ＝やりくりする, 工面(くめん)する, 調達(ちょうたつ)する

강의실 생중계!

01 동음이의어인 はかる는 여러 가지 한자로 쓰이는 어휘라서 구별이 필요합니다.
　　測(はか)る (길이, 면적을) 재다　　量(はか)る (체중, 분량을) 재다　　計(はか)る (수량, 시간을) 재다
　　謀(はか)る (나쁜 일을) 꾀하다　　諮(はか)る 자문하다

02 触(ふ)れる에는 '닿다'의 뜻 외에도 많은 뜻이 있습니다.
　　예 頬(ほお)に触れる。 뺨에 닿다.
　　　核心(かくしん)に触れる。 핵심을 언급하다.
　　　法(ほう)に触れる。 법에 저촉되다.
　　　怒(いか)りに触れる。 노여움을 사다.
　　触れる 앞에는 조사 'に'를 써야 한다는 점을 기억해야 하며, '기회 있을 때마다'라는 뜻의 관용표현 折(おり)に触れて도 알아두세요.

[기] 交わる	まじわる	교제하다, 교차하다
[기] 免れる	まぬがれる, まぬかれる	면하다 =回避(かいひ)する, 逃(のが)れる
[기] 潜る	もぐる	잠수하다, 잠입하다 [참고] 潜(ひそ)む 잠입하다
[기] もてなす		대접하다 =ごちそうする, 接待(せったい)する, 振(ふ)る舞(ま)う
[기] もれる		새다 =流出(りゅうしゅつ)される, リークされる
[기] 破る	やぶる	찢다, 깨다 [참고] 砕(くだ)く 부수다, 깨뜨리다
[기] 和らげる	やわらげる	누그러뜨리다, 완화하다
[기] 許す	ゆるす	인정하다, 허락하다, 용서하다
[기] 緩める	ゆるめる	느슨하게 하다 =和(やわ)らげる, 緊張(きんちょう)をとる
01 [기] 寄せる	よせる	(편지 등을) 보내다
[기] 蘇る	よみがえる	되살아나다
02 [기] 湧く	わく	발생하다, 솟다
[기] 分ける	わける	나누다, 분할하다

01 よせる는 뜻이 많기 때문에 번갈아가며 출제되고 있습니다. よせる가 특이한 것은 자·타동사의 형태가 같다는 점입니다. 자동사로는 '밀려오다'라는 뜻이 됩니다.
  @ 波(なみ)がよせる。 파도가 밀려오다.
  타동사로는 뜻이 좀 많은데요. 모두 중요하므로 정리해보겠습니다.
  ① 가까이 대다   @ 隅(すみ)によせる。 구석에 대다.
  ② (마음을) 기울이다 @ 心をよせる。 연모하다.
  ③ 의탁하다   @ 身(み)をよせる。 몸을 의탁하다.
  ④ 비유하다   @ 花によせる。 꽃에 비유하다.
  특히 ④의 뜻은 문제의 보기로 출제된 적이 있으니 반드시 암기하기 바랍니다.

02 わく는 2가지 한자 표기가 있는 동사입니다.
  湧(わ)く는 물이나 감정이 샘솟거나 벌레가 생겨나는 경우를 말합니다.
  @ 温泉(おんせん)が湧く。 온천이 나오다.
    興味(きょうみ)が湧く。 흥미가 생기다.
    うじが湧く。 구더기가 꾀다.
  沸(わ)く는 물이 끓거나 흥분 상태가 되는 것을 말합니다.
  @ 風呂(ふろ)が沸く。 물이 끓다.
    議論(ぎろん)が沸く。 논의가 들끓다.
  즉, 湧くと 새롭게 나오는 이미지이고, 沸くと 이미 있는 것이 왕성해지는 이미지라고 보면 됩니다.

중요도 ★★

시나공법 따라잡기 — 합격을 위한 동사

	あきれる		어이가 없어 놀라다, 기가 막히다
	欺く	あざむく	속이다 =騙(だま)す, ごまかす, 偽(いつわ)る
01	焦る	あせる	초조하게 굴다
	暴れる	あばれる	날뛰다, 난폭하게 굴다
기	余る	あまる	남다
	怪しむ	あやしむ	수상해 하다, 의심하다
	操る	あやつる	조종하다, 구사하다 =操縦(そうじゅう)する, 駆使(くし)する, 使(つか)いこなす
	ありふれる		흔하다 =よくある, めずらしくない, 変哲(へんてつ)もない
02	痛む	いたむ	아프다, 괴롭다
	いたわる		위로하다 =大事(だいじ)にする, 慰(なぐさ)める
	偽る	いつわる	거짓을 말하다, 속이다
기	挑む	いどむ	도전하다 =挑戦(ちょうせん)する, 立(た)ち向(む)かう, チャレンジする
	うつむく		머리(고개)를 숙이다
기	訴える	うったえる	호소하다, 고소하다
	促す	うながす	재촉하다, 촉구하다 =働(はたら)きかける, 呼(よ)びかける, 求(もと)める
	敬う	うやまう	존경하다, 숭배하다
	潤う	うるおう	촉촉해지다, 넉넉해지다 =湿(しめ)る, 豊(ゆた)かになる, 恵(めぐ)まれる, 繁盛(はんじょう)する
	拝む	おがむ	배례하다, (허리를 굽혀) 절하다
기	襲う	おそう	덮치다 =襲撃(しゅうげき)する, 踏(ふ)み込(こ)む

강의실 생중계!

01 일본어에는 한자는 똑같지만 의미가 다른 쌍둥이 동사들이 많습니다.
　焦(あせ)る 조바심 내다 ↔ 焦(こ)げる 눋다, 타다　　染(し)みる 스며들다 ↔ 染(そ)める 염색하다
　盛(も)る 담다 ↔ 盛(さか)る 번창하다　　　　　　　　触(さわ)る 만지다 ↔ 触(ふ)れる 닿다
　省(はぶ)く 생략하다 ↔ 省(かえり)みる 돌아보다　　覆(おお)う 덮다 ↔ 覆(くつがえ)す 뒤집어 엎다
　剥(は)ぐ 박탈하다 ↔ 剥(む)く (껍질 등) 벗기다　　勝(まさ)る 능가하다 ↔ 勝(か)つ 이기다
　笑(わら)う 웃다 ↔ 笑(え)む 미소짓다

02 동음이의어인 いたむ의 여러 가지 뜻을 알아봅시다.
　悼(いた)む – (남의 죽음 등을) 애도하다, 슬퍼하다　　예) 友人の死(し)を悼む。친구의 죽음을 애도하다.
　傷(いた)む – 고장나다, 파손되다, 음식이 상하다　　　예) 屋根(やね)が傷む。지붕이 손상되다.

	おだてる		치켜세우다, 선동하다 =ちやほやする, 取(と)り入(い)る, そそのかす
[기]	訪れる	おとずれる	방문하다
[기]	衰える	おとろえる	쇠약해지다 =弱(よわ)くなる, 下火(したび)になる, 後退(こうたい)する
01 [기]	脅かす	おびやかす	위태롭게 하다
	赴く	おもむく	향해가다 =行(い)く, 出向(でむ)く, 訪(おとず)れる
02 [기]	顧みる	かえりみる	돌아보다 =振(ふ)り返(かえ)る, 気(き)にかける
	掲げる	かかげる	(높이) 달다, (신문 잡지에) 싣다, 내세우다
[기]	輝く	かがやく	빛나다
	かさばる		부피가 커지다(늘다)
	霞む	かすむ	흐리게 보이다 =よく見えない, おぼろげに見(み)える, もやがかかる, 曇(くも)る
[기]	偏る	かたよる	치우치다
	叶う	かなう	이루어지다 =実現(じつげん)する, 成就(じょうじゅ)する, 正夢(まさゆめ)になる
[기]	兼ねる	かねる	겸하다
	かばう		감싸다, 두둔하다 =肩(かた)を持(も)つ, 味方(みかた)する, ひいきする
	構える	かまえる	자세를 취하다, 준비하다 =態勢(たいせい)をととのえる, 用意(ようい)する
[기]	絡む	からむ	휘감기다, 시비 걸다 =巻(ま)きつく, 言(い)い掛(が)かりをつける, 難癖(なんくせ)をつける
03 [기]	かれる		마르다 =しおれる, 乾(かわ)く, アクが抜(ぬ)ける
	砕く	くだく	부수다
	刻む	きざむ	새기다, 잘게 썰다
	鍛える	きたえる	단련하다, 훈련하다

강의실 생중계!

01 脅(おど)す, 脅(おど)かす, 脅(おびや)かす는 읽기도 힘들고 뉘앙스 차이도 있어서 어려운 단어들이지만, 이번에 확실히 알아둡시다. 脅(おど)す는 '위험하거나 협박하는 것'을 말합니다. 脅(おど)かす도 위험하다라는 의미가 없는 것은 아니지만 주로 '놀라게 하다'라는 의미로 통용됩니다. 그에 비해 脅(おびや)かす는 지위나 신분 등을 '위태롭게 하다, 상황을 위태롭게 하다'라는 뜻입니다.

02 顧(かえり)みる와 省(かえり)みる 모두 기출 동사입니다. 顧(かえり)みる는 '뒤돌아보다'라는 뜻 외에도 '회고하다, 돌보다'라는 뜻이 있습니다. 하지만 省(かえり)みる는 '돌이켜보다, 반성하다'라는 뜻만 있습니다. 따라서 家庭(かてい)を顧みる(가정을 돌보다)라고만 할 수 있습니다.

03 한 단어에 전혀 다른 뜻이 있는 かれる는 눈여겨보아야 합니다. 하나를 알고 둘을 모르면 N1에서는 고득점을 얻을 수 없습니다. 花(はな)がかれる는 '꽃이 시들다'라는 뜻입니다. 그럼, かれた人柄(ひとがら)는 무슨 뜻일까요? '원숙한 인품'이라는 뜻입니다. 마를 정도로 오래되면 그만큼 원숙해지고 깊은 맛이 우러나오는 법이니까요.

기	崩す	くずす	부수다, 붕괴하다
	悔やむ	くやむ	후회하다, 애도하다 =悔(く)いる, 後悔(こうかい)する, 悼(いた)む
	異なる	ことなる	다르다
	こもる		틀어박히다, 자욱하다, 담기다 =出(で)ない, 立(た)て込(こ)める, あふれる
	ごまかす		속이다 =隠(かく)す, 紛(まぎ)らわす, はぐらかす
	懲りる	こりる	질리다 =ひどい目(め)にあう, こりごりだ

발음이 유사한 관계로 懲(こ)りる와 凝(こ)る를 혼동하여 실수하는 경우가 많습니다. 특히 凝る는 뜻이 많아서 꼼꼼히 체크해두어야 합니다. '어깨가 뻐근하다'는 肩(かた)が 凝る라고 하고, '낚시에 열중하다'는 釣(つ)りに 凝る라고 합니다. 그리고 ~た의 형태로 쓰여 '공들인, 정교한'이라는 뜻이 되는데 시험에 자주 출제됩니다. 凝(こ)った細工(さいく) '공들인 세공'과 같이 사용합니다.

기	遮る	さえぎる	차단하다 =じゃまする, 阻(はば)む, 防(ふせ)ぐ
	避ける	さける	피하다
기	支える	ささえる	떠받치다, 지탱하다
	妨げる	さまたげる	방해하다, 지장을 주다
	沿う	そう	따르다

沿(そ)う는 길이나 강, 철로 등을 평행하게 따라간다는 기본적 의미를 갖고 있습니다. 이 의미로부터 기준이나 방침에 따라 일을 진행시킨다는 뜻이 생겨났습니다. 그러므로 '~에 입각하다, ~에 따르다'라고 해석하면 됩니다. 또 접미어로 쓰여서 '~가'라는 뜻으로 쓰기도 합니다.
線路沿(せんろぞ)い 선로가   川沿(かわぞ)い 강가   道路沿(どうろぞ)い 도로가

기	損なう	そこなう	(건강, 기분, 성질 등을) 상하게 하다
	背く	そむく	등지다, 거역하다 =裏切(うらぎ)る, さからう
	耐える	たえる	참다, 견디다

강의실 생중계!

01 悔(く)やむ와 悔(く)いる의 차이를 아십니까? 같은 한자를 쓰기 때문에 더욱 헷갈리죠? '애도하다, 문상하다'라는 뜻으로 많이 사용하는 것은 悔(く)やむ이고 주로 悔(く)やまれる의 형태로 쓰입니다. 悔(く)いる도 뉘우치다, 후회하다라는 의미는 있지만, '애도하다, 문상하다'의 뜻은 없습니다.

02 避ける는 さける, よける 두 가지로 발음됩니다. 避(よ)ける는 옆으로 몸을 비킨다든지 멀리 떨어진다든지 하는 '구체적인 동작'에 중점을 둔 말이고, 避(さ)ける는 다가가지 말자라고 하는 '의식'에 중점을 둔 표현입니다. 따라서 다음과 같은 경우에는 避(よ)ける로 바꾸어 말할 수 없습니다.
   예 人目(ひとめ)を避(さ)ける。 남의 눈을 피하다.
       これは避(さ)けては通(とお)れない問題だ。 이것은 피할 수 없는 문제이다.

03 たえる의 한자를 열거해볼까요?
   耐(た)える는 ~に耐(た)える의 형태로 '견디다, 감당하다'라는 뜻입니다.
   堪(た)える는 '~할 만하다'라는 뜻으로 ~に堪える '~할만하다', ~に堪えない '차마 ~할 수 없다'의 형태로 쓰입니다.
   絶(た)える는 '끊어지다, 그치다'라는 뜻입니다.
   예 痛(いた)みに耐(た)える。 고통을 참다.   見るに堪(た)えない。 차마 눈 뜨고 볼 수 없다.
       供給(きょうきゅう)が絶(た)える。 공급이 끊기다.
   참고로, 堪(た)える는 堪(こた)える '견디다', 堪(こら)える '참다, (감정을) 억누르다'라고도 읽힙니다.

携わる	たずさわる	종사하다 =従事(じゅうじ)する, 取(と)り組(く)む, かかわる
束ねる	たばねる	묶다, 통솔하다 =ひとまとめにする, まとめる, 率(ひき)いる
[기] 縮まる	ちぢまる	줄어들다
費やす	ついやす	소비하다, 낭비하다 =使う, つぎ込(こ)む, 浪費(ろうひ)する
繕う	つくろう	수선하다, 둘러대다 =直(なお)す, 装(よそお)う, ごまかす
[기] 告げる	つげる	알리다
慎む 01	つつしむ	조심하다, 삼가다
とがめる		나무라다, 비난하다 =非難(ひなん)する, 追求(ついきゅう)する, 責(せ)める, 問(と)いただす
整える	ととのえる	가지런하게 하다, 정돈(정비)하다, 갖추다
滞る	とどこおる	밀리다, 정체되다 =(家賃(やちん)が)溜(た)まる, 渋滞(じゅうたい)する
唱える	となえる	주창하다 =主張(しゅちょう)する, 訴(うった)える 提唱(ていしょう)する
[기] 飛ばす	とばす	건너뛰다, (차 등을) 빨리 몰다
とまどう 02		망설이다, 당황하다 =迷(まよ)う, うろたえる, 慌(あわ)てる
担う	になう	짊어지다 [참고]担(かつ)ぐ 짊어지다, 메다
はかどる		진척되다 =スムーズにいく, どんどん進(すす)む
履く	はく	(신발 등을) 신다
掃く	はく	쓸다
吐く	はく	토하다
[기] 励ます	はげます	격려하다 =力付(ちからづ)ける, 激励(げきれい)する, ハッパをかける

강의실 생중계!

01 慎(つつし)む는 주로 '언동을 조심하다'라는 의미로 쓰이지만, '(술 등을) 삼가다'라는 뜻도 있습니다. 이때는 控(ひか)える와 같은 뜻이 됩니다.
   예) 酒を慎む。술을 삼가다.
   일본어로 つつしんで〜する라는 말을 자주 접하게 되는데, '삼가 〜하다'의 뜻입니다. 이때는 주로 謹(つつし)む로 표기합니다.

02 '당황하다'는 뜻의 일본어 동사는 꽤 많습니다. 해야 할 일은 정해져 있지만 과정 상에서 허둥댈 때 慌(あわ)てる를 쓰고, うろたえる는 어찌할지 몰라 판단을 못할 때 씁니다. とまどう와 迷(まよ)う도 うろたえる와 비슷한 뜻입니다. 참고로 迷(まよ)う에는 '길을 헤매다'라는 의미도 있다는 것 알고 있죠?

挟む	はさむ	끼우다, 집다
弾む	はずむ	튀다
阻む	はばむ	저지하다, 막다 =阻止(そし)する, じゃまする
기 生やす	はやす	기르다, 자라게 하다
率いる	ひきいる	거느리다, 인솔하다, 통솔하다
浸す	ひたす	(액체에) 담그다, 적시다, 물에 비추다 [참고] 浸(ひた)る (액체에) 잠기다
含める	ふくめる	포함시키다, 포함하다
ふざける		장난치다, 놀리다
隔てる	へだてる	사이에 두다, 떼어놓다 =間(あいだ)に置(お)く, 離(はな)す, 遠(とお)ざける
기 葬る	ほうむる	묻다, 매장하다
기 誇る	ほこる	자랑하다, 자만하다
ぼやく		불평하다 =文句(もんく)をいう, ぐちる, 嘆(なげ)く
기 滅びる	ほろびる	멸망하다
まとめる		한데 모으다, 정리하다
導く	みちびく	이끌다 =誘導(ゆうどう)する, 手引(てび)きをする, 案内(あんない)する
기 巡る	めぐる	돌다
もがく		발버둥치다 =もだえる, じたばたする, 苦悩(くのう)する
もたらす		초래하다 =引(ひ)き起(お)こす, 招(まね)く
もてる		인기가 있다 =人気(にんき)がある, 好(す)かれる, もてはやされる
もまれる		시달리다

강의실 생중계!

01 はずむ는 외부의 탄력으로 인해 튀어오르는 것을 말합니다. 그 자체가 튀는 경우는 跳(は)ねる를 씁니다. はずむ에는 '기분이 들뜨거나 신이 나다'라는 뜻도 있습니다.
예 胸(むね)がはずむ。가슴이 뛰다.
또 はずむ가 타동사로 쓰이면 '돈을 팍팍 쓰다'라는 뜻이 됩니다.
예 チップをはずんであげた。팁을 듬뿍 주었다.

02 阻(はば)む는 같은 글자수와 음절이라서 拒(こば)む와 혼동해서 답을 놓치는 경우가 많습니다. 拒(こば)む는 '저지하다'의 뜻과 함께 '거절하다, 거부하다'라는 뜻도 있지만, 阻(はば)む에는 '거절하다, 거부하다'의 뜻이 없다는 것 잊지 마세요.
예 申(もう)し出(で)を拒(こば)みかねる。요청을 거절하기 어렵다.

03 含(ふく)める와 含(ふく)む의 차이는 무엇일까요? 둘 다 '포함하다'라서 작문이나 회화에서 고민한 적이 많았을 겁니다. 含(ふく)む는 사람이 아니라 물건이 주어가 됩니다. 이에 비해 含(ふく)める는 사람이 주어가 될 수 있고, 말하는 사람의 의지가 들어있습니다.
예 この値段(ねだん)には税金(ぜいきん)が含まれる。이 가격에는 세금이 포함된다.
　値段に税金を含める。가격에 세금을 포함시키다.

	もめる		옥신각신하다, 조바심 나다 =言(い)い争(あらそ)う, 衝突(しょうとつ)する, やきもきする, いらいらする
01 기	催す	もよおす	자아내다, 개최하다, 재촉하다 =引(ひ)き起(お)こす, 開催(かいさい)する, 促(うなが)す
02	揺らぐ	ゆらぐ	흔들리다, 불안정해지다
기	装う	よそおう	치장하다, 가장하다 =おしゃれする, 見(み)せかける, ふりをする

중요도 ★

시나공법 따라잡기 고득점을 위한 동사

	仰ぐ	あおぐ	우러러보다 =見上(みあ)げる, 敬(うやま)う, あがめる
기	値する	あたいする	가치가 있다 =価値(かち)がある, 匹敵(ひってき)する, ふさわしい
	炒める	いためる	(기름에) 볶다

요리 관련 용어를 정리해볼까요?
煮(に)る 끓이다, 졸이다   煮込(にこ)む 삶다, 고다   蒸(む)す 찌다
沸(わ)かす (물을) 끓이다   ゆでる 삶다, 데치다   和(あ)える 버무리다, 무치다
揚(あ)げる 튀기다   焼(や)く 굽다   煎(い)る (기름 없이) 볶다
下(した)ごしらえする (재료 등을) 준비하다

承る	うけたまわる	삼가 받다 ('받다'의 겸사말)

承(うけたまわ)る와 賜(たまわ)る의 차이에 대해 알아봅시다.
承(うけたまわ)る는 상대의 말을 듣는 것이나 용건, 부탁을 받는 것을 의미하며, 賜(たまわ)る는 뭔가 물품을 받거나 상대의 후의를 받는 것을 의미합니다.
例 この度は、大変温かいお心遣(こころづか)いを賜りまして誠(まこと)にありがとうございます。
　　이번에 너무나 따뜻하게 마음을 써주셔서 감사합니다.
　　承りました。必ずご伝言(でんごん)いたします。
　　알겠습니다. 반드시 말씀을 전달하겠습니다. (전화 등에서 전언을 부탁 받았을 때)

강의실 생중계!

01 催(もよお)す는 예문을 꼭 외워두어야 하는 단어입니다.
　例 食欲(しょくよく)をもよおす。식욕을 불러 일으키다.
　　送別会(そうべつかい)をもよおす。송별회를 열다.
　　返事(へんじ)をもよおす。대답을 재촉하다.

02 揺(ゆ)らぐ는 揺(ゆ)れる와 같이 '흔들리다'라는 뜻입니다. 그러나 揺れる가 좀 더 크게, 지속적으로 흔들리는 경우에 씁니다.
　例 地震で揺れる。지진으로 흔들리다.　　　風に揺らぐ。바람에 흔들리다.
　　타동사는 揺(ゆ)さぶる라고 하며 '흔들다, 동요시키다'라는 뜻입니다.

01	老いる	おいる	늙다 =年(とし)をとる, 老(ふ)ける
	劣る	おとる	뒤지다 [참고] 주로 これに劣(おと)らず의 형태로 출제됨.
02	こらえる		참다 =我慢(がまん)する, 耐(た)える, 辛抱(しんぼう)する
	遡る	さかのぼる	(흐르는 물을) 거슬러 올라가다, (과거, 근본으로) 되돌아가다
	さしかかる		(바로 앞까지) 다다르다, (그 시기 등에) 접어들다, 내리덮다
	授ける	さずける	수여하다, 전수하다 =与(あた)える, 伝授(でんじゅ)する
	定める	さだめる	결정하다, 다스리다
	強いる	しいる	강요하다 =強制(きょうせい)する, 無理強(むりじ)いする, 迫(せま)る
	しくじる		실수하다 =失敗(しっぱい)する, 誤(あやま)る
	退く	しりぞく	물러나다

쉬워 보이면서도 의외로 뜻이 어려운 단어입니다.
예 一歩(いっぽ)退く。한발 물러나다.
　　現役(げんえき)を退く。현역에서 물러나다.
타동사는 退(しりぞ)ける로 '물리치다, 거절하다, 물러나게 하다'라는 뜻입니다.
예 提案(ていあん)は退けられた。제안은 거절당했다.
　　会長を退ける。회장을 그만두게 하다.
그밖에 退(ど)ける라고도 하는데 이때는 '치우다'라는 뜻이 됩니다.
예 石を退ける。돌을 치우다.

廃れる	すたれる	한물가다, 쇠퇴하다 =下火(したび)になる, ほろびる, 衰(おとろ)える
そびえる		높이 솟다, 치솟다
託す	たくす	맡기다, 의탁하다
騙す	だます	속이다, 달래다
賜る	たまわる	받다, 주시다 =いただく, 与(あた)えられる

강의실 생중계!

01 老(お)いる도 老(ふ)ける도 '늙다'라는 뜻이지만, 老(お)いる는 '나이 먹어서 쇠약해지다'라는 뜻이고, 老(ふ)ける는 늙어서 '나이가 들어 보인다'라는 뜻입니다. 만약에 年のわりには老(ふ)けて見える(나이에 비해서는 늙어 보인다)라는 문장에서 老(お)いて를 쓰면 아~주 이상해지니까 주의하세요.

02 '참다'를 나타내는 일본어로는 여러 가지가 있습니다. 耐(た)える는 고통스러운 일을 참을 때 사용하고, こらえる는 주로 감정이나 눈물과 같은 생리적 현상을 억제할 때 많이 씁니다. 또 忍(しの)ぶ는 배가 고픈 것이나 통증, 부자유, 가난 등 내적인 것에 대해 주로 사용하고, 我慢(がまん)する는 가장 일반적이면서 耐(た)える와 같이 고통스러운 일을 참을 때 사용합니다.

| たるむ | | 느슨해지다, 처지다, 풀리다, 해이해지다 |
| つつく | | (가볍게) 쿡쿡 찌르다, 쪼아 먹다, 흠을 들추어 책망(비난)하다, 부추기다, 음식을 집적거리다 |

つつく는 비둘기가 먹이를 쪼아대는 모습을 연상하면 쉽게 외워지는 단어입니다. 그런 기본적인 의미에서 출발하여 팔꿈치로 쿡쿡 찌른다든지 젓가락으로 음식을 집적거리면서 먹는다는 뜻도 있습니다. 특히 すきやき를 みんなでつつく(전골을 함께 먹다)는 많이 쓰는 표현입니다. 집적거리면서라는 의미에는 부적정인 의미는 없으니까 오해하지는 마세요.

連なる	つらなる	늘어서 있다
尊ぶ	とうとぶ	존중하다 = 尊重(そんちょう)する, 仰(あお)ぐ, あがめる
途切れる	とぎれる	(중도에서) 끊어지다, 중단되다 = 途絶(とだ)える
とぼける		얼빠지다, 멍청하다, 시치미 떼다, 딴청 부리다
妬む	ねたむ	질투하다 = 嫉妬(しっと)する, うらやむ, やく
ねだる		조르다 = せがむ, せびる

ねだる, せがむ, せびる의 차이를 알아두어야 합니다. 뉘앙스 구별은 N1에서 피해갈 수 없는 관문인 거 아시죠? ねだる와 せがむ는 물건이나 돈 이외의 경우에도 사용할 수 있지만, せびる는 돈 이외에는 거의 사용하지 않습니다. ねだる와 せがむ를 비교하면, ねだる에는 응석 부린다는 어감이 있지만, せがむ는 응석 부린다는 뉘앙스는 거의 없습니다.

예) 子供が母親におこづかいをねだる。 아이가 엄마에게 용돈을 조르다. (せびる는 어색함)

粘る	ねばる	끈적거리다, 끈덕지게 버티다
憚る	はばかる	꺼리다, 삼가다, 사양하다, 주저하다
はまる		꼭 맞다, 빠지다 = かみ合(あ)う, 夢中(むちゅう)になる, うつつを抜(ぬ)かす
腫れる	はれる	붓다
冷やかす	ひやかす	놀리다, 구경하고 값만 물어보다 = からかう, 茶化(ちゃか)す
更ける	ふける	(밤, 계절 등이) 깊어지다

강의실 생중계!

01 たるむ는 화장품 선전에서 많이 들을 수 있는 단어입니다. 나이를 먹을수록 늘어가는 것은 주름과 피부 처짐이겠죠? 일본어로는 顔のシワやたるみが気になる '얼굴의 주름과 처짐이 신경 쓰이다'라고 합니다. 간혹 緩(ゆる)み와 혼동하기도 하는데, たるみ는 팽팽하게 당겨져 있던 것이 풀리거나 처지는 현상을 말하고, 緩(ゆる)み는 단지 느슨해지고 이완되는 현상을 말합니다.

예) ズボンのすそが少したるむ。 바지자락이 조금 풀리다.
　　ネジが緩む。 나사가 풀리다.

02 한 줄로 줄지어 이어져 있는 모습이 連(つら)なる입니다. 타동사는 連(つら)ねる '늘어놓다'입니다. 여기서 나온 관용표현인 軒(のき)を連(つら)ねる는 '집이나 가게가 쭉 늘어서 있다'라는 뜻으로 자·타동사를 잘못 사용하는 실수를 하기 쉬우니까 주의하세요.

01	ふくれる		부풀다, 뾰로통해지다 =膨(ふく)らむ, むくれる
	勝る	まさる	능가하다 =すぐれる, 優位(ゆうい)にある, 水(みず)をあける
	みなす		간주하다
02	漏らす	もらす	새게 하다, 누설하다, (오줌을) 지리다
	養う	やしなう	기르다 =育(そだ)てる, 養育(よういく)する, 鍛(きた)える
03	歪む	ゆがむ	비뚤어지다 =いびつになる, ねじれる
	患う	わずらう	병이 나다, 앓다

강의실 생중계!

01 膨(ふく)らむ라는 동사를 배우셨죠? 사실은 膨(ふく)れる도 같은 한자를 사용합니다. 膨(ふく)らむ는 전체 부피가 부풀어 오르는 느낌을 주고, 膨(ふく)れる는 한쪽 면이 불룩해지는 느낌을 줍니다. 그리고 膨(ふく)らむ에는 '토라지다'라는 뜻은 없습니다.
   예 お腹(なか)がふくれる。배가 나오다.
   ふくれた顔。토라진 얼굴.

02 漏(も)らす는 타동사이고, 자동사에는 漏(も)る와 漏(も)れる가 있습니다. 漏(も)る는 주로 액체가 새는 경우에 쓰고, 漏(も)れる는 정보나 빛, 소리, 가스, 비밀 등이 새는 경우에 씁니다.
   예 雨が漏る。비가 새다.
   名前が漏れる。이름이 누락되다.

03 歪(ゆが)む는 歪(ひず)む라고도 읽습니다. 두 단어 모두 '비뚤어지다, 일그러지다'라는 뜻이 있지만, '(성격이나 정신이) 비뚤어지다'라는 뜻일 때는 歪(ゆが)む로만 씁니다. 청해에도 많이 나오는 단어니까 꼭 외워두세요.
   예 顔が歪む。얼굴이 일그러지다.
   歪んだ性格。비뚤어진 성격.

시나공법 03 적중 예상 문제

問題1 ＿＿＿＿の言葉の読み方として最もよいものを、1・2・3・4の中から一つ選びなさい。

01　歴史を見るとひとつの国が滅んでまた新たな国が起こるというのは、常識だ。
　　1 およんで　　　2 ゆるんで　　　3 いたんで　　　4 ほろんで

02　日中の気温が40度を超える猛暑だが、観客席には日差しを遮る屋根がない。
　　1 さえぎる　　　2 さまたげる　　3 ゆるめる　　　4 へだてる

03　キャラクターを募ったところ、44都道府県と海外から計977点が寄せられたという。
　　1 したった　　　2 つのった　　　3 やとった　　　4 きどった

04　イベントは夜を徹して7日の昼ごろまで催され、20万人の人出が見込まれる。
　　1 もよおされ　　2 もらされ　　　3 もたされ　　　4 もてなされ

05　やや冷めてから細く裂いて、酒を振り、ラップをして電子レンジで加熱します。
　　1 あがいて　　　2 ついて　　　　3 さいて　　　　4 やぶいて

06　薬物犯罪で逮捕され、罪を償ったのちに復帰した芸能人は少なくない。
　　1 あてがった　　2 あらそった　　3 つぐなった　　4 あつかった

07　現地にはバイクや徒歩でしか向かえないため、被災者への援助は滞っている。
　　1 とどこおって　2 たずさわって　3 おぎなって　　4 はじらって

08　息子を装う振り込め詐欺の相談をしてきた女性に、だまされたふりを続けてもらった。
　　1 おそう　　　　2 よそおう　　　3 さらう　　　　4 やしなう

問題2 (　　　)に入れるのに最もよいものを、1・2・3・4の中から一つ選びなさい。

01 これは信長(のぶなが)の戦いに関する通説の数々を、根底から(　　　)衝撃の1冊です。
　　1 繕う　　　　2 断つ　　　　3 覆す　　　　4 反る

02 知事は7年半の政府運営で大きな成果を(　　　)。
　　1 もらした　　2 もたらした　3 もがいた　　4 もよおした

03 大雪の影響で新幹線の到着が遅れ、開放された新幹線の車内で夜を(　　　)。
　　1 あかした　　2 はたした　　3 すました　　4 おどした

04 新型インフルエンザは、免疫がなく、集団生活を送る子どもたちを中心に急速に(　　　)いる。
　　1 深まって　　2 広まって　　3 早まって　　4 弱まって

05 いうまでもなく、わが国の経済力の強さは、中小企業の活動に(　　　)ところが大きい。
　　1 脅す　　　　2 負う　　　　3 被る　　　　4 及ぶ

06 通気性を高めた特殊な加工を(　　　)、内側には吸水性の高い素材を使いました。
　　1 与え　　　　2 もうけ　　　3 ほどこし　　4 構え

07 この花は覆い隠すような背丈の草が生い茂ると、光を(　　　)自生できなくなる。
　　1 あやしまれて　2 おいこまれて　3 あやつられて　4 さえぎられて

08 森氏は取材に応じ、「さんざんマスコミに振り回された選挙になった」と(　　　)。
　　1 とぼけた　　2 相次いだ　　3 ぼやいた　　4 促した

시나공법 03 적중 예상 문제

問題3 ＿＿＿＿の言葉に意味が最も近いものを、1·2·3·4の中から一つ選びなさい。

01 彼は何も言わず、最後は空を仰いで、満面の笑みを見せた。
　　1 みくびって　　2 みくだして　　3 みさげて　　4 みあげて

02 家は通りに面しているので、騒音がひどくてなかなか眠れない。
　　1 向いて　　2 へだてて　　3 退いて　　4 おちいって

03 中学に入ると文法や単語の暗記など苦しい作業も増えるので、とまどう生徒も多い。
　　1 慕う　　2 養う　　3 困る　　4 襲う

04 もっと優しくしてあげたいのに、おとなげなくののしったり、叩いたりしてしまいます。
　　1 つくしたり　　2 どなったり　　3 あわてたり　　4 とぼけたり

05 自分の土地だからとしても、通行を阻むことはできるのでしょうか。
　　1 すずしむ　　2 じゃまする　　3 ふさがる　　4 しりごみする

06 お見舞いを添えて数年ぶりに手紙を出そうと思っている。
　　1 ならって　　2 ためて　　3 ぬいて　　4 つけて

07 いびきに潜む怖い病気を見逃してはいけません。
　　1 つくろう　　2 ひってきする　　3 くわわる　　4 かくれる

08 ストーリーが二転、三転し、はらはら、どきどきが最後まで続くような凝った連続サスペンスドラマが見たい。
　　1 手の込んだ　　2 気の重い　　3 手塩にかけた　　4 気にさわる

問題4 次の言葉の使い方として最もよいものを、1・2・3・4の中から一つ選びなさい。

01 とぐ
　1 うちの包丁は父がいつもといでいるからよく切れる。
　2 記者会見をしていた彼はハンカチで涙をといだ。
　3 わが校では剣道で学生をといでいる。
　4 体がなまらないように、いつもといでおく必要がある。

02 ののしる
　1 勉強ができなかったことで、子供はお母さんにののしられた。
　2 きたない言葉でののしるなど口論に発展してしまった。
　3 彼は図書館で眠っていた学生をやさしくののしったという。
　4 お正月になると、玄関の前に門松をののしる。

03 おごる
　1 試合で頑張っている息子にエールをおごった。
　2 手作りの料理をおごってくださって恐縮です。
　3 ただで食事をおごるのはなんらかの下心があるということだ。
　4 先輩に車でおごってもらって助かった。

04 にじむ
　1 鼻水がにじんでいると、耳が聞こえにくくなる。
　2 選手たちに声がにじむまで応援した。
　3 味がよくにじむように、長く煮込んだ。
　4 声が上ずり、額には汗がにじんでいた。

05 重ねる
　1 事務員と観光ガイドを重ねてやっている。
　2 苦労に苦労を重ねて財産を築いた。
　3 このチームには経験豊富な選手を重ねる必要がある。
　4 個別の相談ブースを二つ重ねる。

06 みなす
　1 あなたはさすがに私がみなしただけのことはある。
　2 景色にみなして下車しそこなった。
　3 核兵器は人類を滅亡させるものとみなされている。
　4 母は私が外泊するのをみなしてくれなかった。

시나공법 04 복합동사

복합동사란 동사와 동사가 합쳐져서 하나의 새로운 동사가 되는 것을 말합니다. 예를 들어 走(はし)り 出(だ)す와 같은 복합동사는 走(はし)る '달리다'와 〜出(だ)す '〜하기 시작하다'라는 두 동사가 합쳐 진 것으로 의미를 유추하는 것이 어렵지 않습니다. 하지만 落(お)ち込(こ)む '침울해지다'와 같은 동사 는 본래의 동사들과는 전혀 다른 뜻의 동사가 되는데, 이런 복합동사들은 의미를 묻는 문제로 출제될 가 능성이 큽니다. 다시 말하면 유형 2, 3, 4의 문제로 출제된다는 것입니다.
그럼 복합동사는 어떻게 외워야 할까요? 복합동사를 보면 같은 음절의 한자가 들어가는 경우가 많습니 다. 言(い)い, 取(と)り, 引(ひ)き, 打(う)ち, 立(た)て, 見(み), 受(う)け, 思(おも)い, 追(お)い 등으로 시작되는 복합동사를 묶어서 외우면 그 차이를 명확히 알 수 있어서 도움이 됩니다. 특히 본래 동사들과 전혀 다른 뜻이 된 동사를 우선적으로 외워주세요.
이 장에서는 단순동사로 이루어진 복합동사 이외에 명사나 い・な형용사 어간 + 동사로 이루어진 복 합동사도 함께 실었습니다.

시험에 이렇게 나온다!

問題4 次の言葉の使い方として最もよいものを、1・2・3・4の中から一つ選びなさい。

見舞う
1 仕事に見舞う給料を出してもらわないと困る。
2 リズムに合わせて見舞うのがけっこう難しい。
3 あなたはさすがに私が見舞っただけのことはある。
4 撮影のためフィリピンに向かったが、台風に見舞われた。

해석 1 일에 (   ) 월급을 받지 못하면 곤란하다.
　　 2 리듬에 맞추어 (   ) 것이 매우 어렵다.
　　 3 당신은 과연 내가 문병 (   ) 가치가 있다.
　　 4 촬영 때문에 필리핀으로 향했지만, 태풍을 (   ).

해설 밑줄친 곳의 해석은 일부러 넣지 않았습니다. 어떤 단어가 들어가야 문맥이 자연스러운지를 여러분이 직접 (   ) 안에 알맞은 표현을 넣어 볼까요? 1번 문장에는 적합하다, 맞다라는 의미를 가진 見合(みあ)う가 들어가야 맞습니다. 2번에는 리듬이라는 말로 보아 '춤추다'가 좋겠 죠? 그러므로 踊(おど)る. 3번에는 だけのことがある라는 N2 문형을 기억하시나요? '〜할 만한 가치가 있다'라는 뜻입니다. 보통 문병할 가치가 있다고는 말하지 않으므로 '기대하다'라는 見込(みこ)む가 들어가야 맞습니다. 4번에는 見舞(みま)う가 '(달갑지 않은 것이) 찾아오 다'라는 뜻이 있음을 알고 있어야 하고, 특히 수동형으로 쓰인다는 문법적인 지식도 있어야 맞출 수 있는 문제입니다. 주로 〜に見舞(みま) われる의 형태로 '(달갑지 않은) 일등을 당하다, 만나다'라는 뜻이 된다는 것 잊지 마세요.

어휘 見舞(みま)う 문병하다. (달갑지 않은 것이) 찾아오다 | 給料(きゅうりょう) 월급 | 困(こま)る 곤란하다 | リズム 리듬 | 撮影(さつえ い) 촬영 | フィリピン 필리핀 | 台風(たいふう) 태풍

정답 4

문제 유형 분석을 꼭 살펴보세요!

복합동사는 문제유형 2, 3, 4에 출제됩니다.
유형 2, 3, 4 문제의 정답을 고를 때 가장 중요한 것이 의미 파악입니다. 본래 동사와 전 혀 다른 뜻으로 바뀐 복합동사의 의미 파악을 잘 하여 우선적으로 외워주세요.

중요도 ★★★

시나공법 따라잡기 | 시험에 꼭 나오는 복합동사

우리말과 일본어를 가려가면서 학습해보세요.

打ち明ける	うちあける	털어놓다 =告白(こくはく)する, さらけ出(だ)す, 隠(かく)さない
打ち切る	うちきる	중단하다 =終(お)わらせる, 取(と)り消(け)す, ピリオドにする
打ち込む	うちこむ	열중하다 =夢中(むちゅう)になる, 没頭(ぼっとう)する, 我(われ)を忘(わす)れる
落ち込む	おちこむ	침울해지다 =元気(げんき)がなくなる, ふさぎこむ, 打(う)ちのめされる
01 落ち着く	おちつく	안정되다, 차분해지다
食い違う	くいちがう	어긋나다 =ずれる, かみ合(あ)わない, ギャップがある, 一致(いっち)しない
기 朽ち果てる	くちはてる	완전히 썩다
기 心掛ける	こころがける	유념하다, 명심하다
기 込み上げる	こみあげる	(감정이) 복받치다
기 仕上げる	しあげる	완성하다 =完成(かんせい)させる, 成(な)し遂(と)げる
仕切る	しきる	구분하다, 일을 맡아 처리하다 =区切(くぎ)る, まとめる, 指揮(しき)する, 牛耳(ぎゅうじ)る
기 使いこなす	つかいこなす	구사하다 =駆使(くし)する
使い込む	つかいこむ	횡령하다 =横領(おうりょう)する, つまみ食(ぐ)いする
釣り合う	つりあう	균형이 잡히다, 어울리다 =バランスがとれる, 似合(にあ)う, マッチする
問い合わせる	といあわせる	문의하다
기 取り扱う	とりあつかう	취급하다
取り組む	とりくむ	몰두하다, 맞닥뜨리다 =取(と)りかかる, 臨(のぞ)む, 手掛(てが)ける
기 取り締まる	とりしまる	단속하다 =監視(かんし)する, 規制(きせい)する

강의실 생중계!

01 다음 문장의 해석이 가능하면 落(お)ち着(つ)く는 여러분 손 안에 있습니다.
① 落ち着いて眠(ねむ)れない　② 落ち着いた態度　③ 話が落ち着いた　④ 落ち着いた色
자, 이제 해석을 알아볼까요?
① 마음 놓고 잘 수가 없다　② 차분한(침착한) 태도　③ 이야기가 결말났다　④ 차분한(점잖은) 색깔

	取り立てる	とりたてる	거두다, 거론하다 =徴収(ちょうしゅう)する, 取(と)り上(あ)げる
기	取り次ぐ	とりつぐ	중개하다 =取(と)り持(も)つ, 仲介(ちゅうかい)する
기	取り除く	とりのぞく	제외하다
	似通う	にかよう	비슷하다 =似(に)る, 類似(るいじ)する
	乗り出す	のりだす	적극적으로 나서다, 착수하다
	巻き返す	まきかえす	반격하다, 역전시키다
기	見合わせる	みあわせる	연기하다, 보류하다 =延期(えんき)する, 見送(みおく)る, とりやめる
	見入る	みいる	열심히 보다 =凝視(ぎょうし)する, じっと見る
	見込む	みこむ	기대하다, 예상하다 =期待(きたい)する
	見せ付ける	みせつける	과시하다 =誇示(こじ)する
	見立てる	みたてる	보고 고르다, 비유하다
기	見積もる	みつもる	어림잡다, 견적하다
	見とれる	みとれる	넋을 잃고 보다 =見入(みい)る
	見逃す	みのがす	못 보고 넘기다, 눈감아주다 =見落(みお)とす, 黙認(もくにん)する, 目(め)をつぶる
	見計らう	みはからう	가늠하다 =見当(けんとう)をつける
	見舞う	みまう	문안하다, 문병하다, (달갑지 않은 것이) 찾아오다
기	割り込む	わりこむ	끼어들다

 강의실 생중계!

01 유의어로 소개된 取(と)り上(あ)げる는 독해에서 상당히 중요한 단어입니다. 가장 기본적인 뜻은 '집어 올리다'(取る 집다, 上げる 올리다)인데요, 여기에서 출발하여 '채택하다, 징수하다, 빼앗다, 문제 삼다'라는 뜻을 외워두면 문맥 파악이 상당히 쉬워집니다.
　飲酒運転(いんしゅうんてん)は一生免許(めんきょ)を取り上げるべきだ。 음주 운전은 평생 면허를 빼앗아야 한다.
　罰金(ばっきん)を取り上げられた。 벌금을 징수당했다.

02 出(だ)す, 出(で)る가 붙은 복합동사는 많습니다. 出す가 붙으면 '개시, (밖으로의) 이동, 제시'라는 의미가 추가되고 出る가 붙으면 '공개적으로'라는 의미가 추가됩니다. 문장 해석에 도움이 되는 복합동사를 소개합니다.

　打(う)ち出す (주장 등을) 내세우다　　生(う)み出す 창출하다　　売(う)り出す 대대적으로 팔다
　差(さ)し出す 내밀다　　はみ出す 불거져 나오다　　投(な)げ出す 포기하다
　届(とど)け出る 신고하다　　申(もう)し出る (자진해서) 말하다, 신청하다　　名乗(なの)り出る 이름을 대다
　突(つ)き出る 튀어나오다

03 見와 합쳐진 N2 복합동사도 복습해볼까요?
　見合(みあ)う 어울리다　　見当(みあ)たる 발견되다　　見送(みおく)る 보류하다
　見積(みつ)もる 견적을 내다　　見直(みなお)す 재검토하다　　見通(みとお)す 전망하다
　見習(みなら)う 견습하다　　見落(みお)とす 간과하다　　見過(みす)ごす 간과하다

중요도 ★★

시나공법 따라잡기 | 합격을 위한 복합동사

言いつける	いいつける	고자질하다 =告(つ)げ口(ぐち)をする, チクる
意気込む	いきごむ	단단히 마음먹다, 벼르다
入り交じる	いりまじる	뒤섞이다 =混(ま)ざる, ごちゃごちゃになる
受け入れる [기]	うけいれる	받아들이다
受け継ぐ	うけつぐ	이어받다
受け持つ	うけもつ	담당하다, 맡다 =担当(たんとう)する, 引(ひ)き受(う)ける, 担(にな)う
押し切る	おしきる	강행하다 =強行(きょうこう)する, 押(お)し通(とお)す
押し付ける	おしつける	강요하다, 떠맡기다 =強(し)いる, 押(お)しきる
切り替える	きりかえる	교체하다
口ずさむ	くちずさむ	흥얼거리다
差し支える	さしつかえる	지장이 있다, 지장을 주다
立ち去る [기]	たちさる	떠나다
立ち寄る	たちよる	들르다
立て替える	たてかえる	대신 지급하다 =用立(ようだ)てる, 代(か)わりに払(はら)う
立て込む	たてこむ	붐비다 =込(こ)み合(あ)う, ごった返(がえ)す, ばたばたする
出直す	でなおす	다시 시작하다 =やり直(なお)す, 振出(ふりだ)しに戻(もど)る
成り立つ	なりたつ	성립하다 =成立(せいりつ)する

강의실 생중계!

01 入(い)り로 시작하는 동사를 더 알아봅시다. 入(い)り乱(みだ)れる는 '헝클어지다, 혼잡해지다'라는 뜻으로 둘 이상이 난잡한 상태로 움직이고 있는 것을 나타낼 때 주로 사용합니다.
　　◎ 書類(しょるい)が入り乱れていた。 서류가 뒤섞여 있었다.
　　入(い)り組(く)む는 '뒤얽히다, 복잡해지다'라는 뜻으로 어떤 한 가지가 복잡하게 뒤얽혀있는 것을 나타냅니다. 주로 入り組んだ~라든지 入り組んでいる의 형태로 쓰입니다.
　　◎ 入り組んだ路地(ろじ)。 복잡한 골목길.

02 受(う)け持(も)つ의 명사형 受(う)け持(も)ち는 '담당'이라는 뜻으로 기출 명사입니다. 유의어로는 担当(たんとう) 담당, 所轄(しょかつ) 관할, 持(も)ち場(ば) 담당부서, 縄張(なわば)り 세력권 등이 있습니다.

03 立(た)て込(こ)む는 사람이 많이 모여 복잡한 것 외에 건물이 가득 들어선 것이나 일이 바쁜 상태를 나타냅니다.
　　◎ 場内(じょうない)が立て込んでいる。 장내가 북적거린다.
　　　日程(にってい)が立て込む。 일정이 겹치다.
　　　家(いえ)の立て込んだ町(まち)。 집이 빽빽이 들어선 동네.

乗り越える	のりこえる	이겨내다, 극복하다 =打(う)ち勝(か)つ, 克服(こくふく)する, クリアする
張り合う	はりあう	경쟁하다, 겨루다 =競(きそ)う, 対抗(たいこう)する
引き受ける	ひきうける	인수하다
振り出す	ふりだす	(어음, 수표를) 발행하다 =出(だ)す, 発行(はっこう)する
結び付く	むすびつく	결부하다, 연결시키다
持ち越す	もちこす	넘기다, 미루다, 이월시키다
持ち直す	もちなおす	회복하다, 개선되다 =回復(かいふく)する, 改善(かいぜん)される, 好転(こうてん)する
盛り上がる	もりあがる	높아지다, 고조(高潮)되다 참고 盛(も)り上(あ)げる 고조시키다
やり遂げる	やりとげる	완수하다 =やり通(とお)す, 全(まっと)うする, 達成(たっせい)する, 仕上(しあ)げる
割り切る	わりきる	단순, 명쾌하게 결론을 짓다 =うじうじしない, 踏(ふ)ん切(ぎ)りをつける

중요도 ★

시나공법 따라잡기   고득점을 위한 복합동사

明け暮れる	あけくれる	몰두하다, 세월이 흐르다
追い出す	おいだす	내쫓다 =追(お)い払(はら)う
追い求める	おいもとめる	추구하다
思い余る	おもいあまる	어찌해야 좋을지 몰라서 갈팡질팡하다
思い止まる	おもいとどまる	단념하다, 포기하다 =諦(あきら)める

01 越(こ)える 와 超(こ)える의 차이에 대해서는 N2에서 다루지만 다시 한번 설명하겠습니다.
　　超(こ)える는 '(양이나 기준, 한도가) 넘다'.
　　⑳ 一万円を超える。 만 엔을 넘기다.
　　그에 비해 越(こ)える는 '(장소나 시간, 점수, 산을) 넘다'.
　　⑳ 山を越える。 산을 넘다.

02 振(ふ)り出(だ)す의 명사형인 振出(ふりだ)し에 대해 알아봅시다. '(어음, 수표의) 발행'이란 뜻이 있지만 꼭 외워야 하는 또 다른 뜻은 '출발점, 시발점'입니다. 振出しに戻(もど)る '원점으로 되돌아오다'는 자주 쓰이는 관용표현입니다.

03 持(も)ち直(なお)す는 경제 기사에 상당히 많이 나오는 동사입니다. '다른 손에 바꾸어 들다'라는 뜻이 있지만 그보다는 '(병세·날씨·경기 등이) 회복되다'라는 뜻으로 쓰이는 경우가 많습니다. 희망을 담아서 景気(けいき)が持ち直す '경기가 회복되다'를 외쳐봅시다.

折り合う	おりあう	타협하다 =歩(あゆ)み寄(よ)る, 妥協(だきょう)する
かけ離れる	かけはなれる	동떨어지다
気負う	きおう	분발하다 =張(は)り切(き)る, 意気込(いきご)む
食い止める	くいとめる	저지하다, 막다
差し引く	さしひく	공제하다
備え付ける	そなえつける	비치하다, 설치하다
突き止める	つきとめる	규명하다, 밝혀내다 =浮彫(うきぼ)りにする, 明(あき)らかにする
並外れる	なみはずれる	월등하다, 유별나다 =抜群(ばつぐん)だ, 並大抵(なみたいてい)ではない
引き返す	ひきかえす	되돌아가다
引き止める	ひきとめる	만류하다
開き直る	ひらきなおる	정색하다, 태도를 갑자기 바꾸다
踏み切る	ふみきる	결단하다, 단행하다
踏み倒す	ふみたおす	(대금, 빚 등을) 떼어먹다
振り返る	ふりかえる	뒤돌아보다, 되돌아보다
振り替える	ふりかえる	대체하다
巻き込む	まきこむ	휘말리게 하다, 말려들게 하다

Tip 명사형인 踏切(ふみきり)는 '건널목'이라는 뜻입니다.

강의실 생중계!

01 동사 ます형에 合(あ)う를 결합하면 '서로 ~하다, 함께 ~하다'의 뜻이 됩니다. '서로 돕다'는 助(たす)け合う가 되고 '(약속 장소에서) 함께 만나다'는 落ち合う가 됩니다. '접다'의 뜻을 가진 折(お)る와 복합동사를 이루면 양쪽 끝이 맞물리도록 접는다는 뜻이 되므로 '타협하다'가 되는 것입니다.
折(お)り合う와 관련된 중요 관용표현까지, 꼭 암기해주세요.
折り合いがつく。 타협을 이루다.   折り合いが悪い。 사이가 나쁘다.

02 並(なみ)는 '중간, 보통'을 의미합니다. 보통에서 外(はず)れる 즉 벗어나 있으니까 '월등하다'라는 뜻이 되는 겁니다.
並(なみ)는 명사 뒤에 붙어 접미어의 역할을 하기도 합니다. 例年並(れいねんなみ)のボーナス에서처럼 '~와 같은 수준'이라는 의미의 並(なみ)가 붙어 '예년 수준의 보너스'라는 뜻이 됩니다.
並(なみ)와 관련된 중요 표현으로는 並大抵(なみたいてい)じゃない (여간아니다, 보통이 아니다)가 있습니다.

03 振(ふ)り替(か)える의 명사형인 振(ふ)り替(か)え와 振(ふ)り込(こ)み는 청해문제로 나와도 상당히 헷갈리고 어휘 문제의 보기로 나와도 순간 당황하게 됩니다.
振(ふ)り替(か)え는 '자동이체', 振(ふ)り込(こ)み는 '송금'을 뜻합니다. 그밖에 振(ふ)り替(か)え休日(きゅうじつ)라는 단어도 신문에 자주 등장하는데, '대체 휴일'을 뜻합니다.

시나공법 04 적중 예상 문제

問題2 (　　　)に入れるのに最もよいものを、1・2・3・4の中から一つ選びなさい。

01　円高がもう一段進むようなことがあれば、(　　　)政策を打つ必要がある。
　　1 わりこんだ　　2 ふみこんだ　　3 のりこんだ　　4 おりこんだ

02　この記事では、企業の人事・賃金制度等を詳細に(　　　)いる。
　　1 取り消して　　2 取り除いて　　3 取り上げて　　4 取り組んで

03　商店に立ち寄った日本人の買い物客らは、ふと足を止めて置物に(　　　)いた。
　　1 見立てて　　2 見込んで　　3 見逃して　　4 見入って

04　これはアメリカの本土から(　　　)貴重なものだ。
　　1 取り次いだ　　2 取りつけた　　3 取り寄せた　　4 取り立てた

05　一人だけ正直にやって割りを食ったので、商売が(　　　)。
　　1 仕切らない　　2 立て込まない　　3 成り立たない　　4 受け継がない

06　合コンで雰囲気を(　　　)ゲームをいろいろ考えて行った。
　　1 盛り上げる　　2 言い付ける　　3 打ち明ける　　4 取り次ぐ

問題3 ＿＿＿＿の言葉に意味が最も近いものを、1・2・3・4の中から一つ選びなさい。

01　この年になると、取り立てて食べたいものもなくなる。
　　1 いちがいに　　2 べつに　　3 ときに　　4 いっこうに

02　部下と張り合うなんて、上司として失格じゃない。
　　1 群がる　　2 勝る　　3 逆らう　　4 競う

03　大学に入ったら、はじけて勉強もせず遊びに明け暮れる学生がいる。
　　1 みたてる　　2 うちこむ　　3 たてこむ　　4 ふみきる

04 「自分の信念を通す」ことと「自分の考えを押し付ける」ことは違う。
   1 しいる　　　　2 かわす　　　　3 なげる　　　　4 くくる

問題4 次の言葉の使い方として最もよいものを、1・2・3・4の中から一つ選びなさい。

01 みのがす
   1 今度だけどうぞみのがしてくれませんか。
   2 どろぼうは大慌てでみのがした。
   3 地震で崩壊をみのがした家は村に1軒もなかった。
   4 看板は都市の美観をみのがすと言える。

02 見合わせる
   1 彼女はうちの子にいいおもちゃを見合わせてくれた。
   2 経済的地位に見合わせるほど成長したのかどうかは疑問だ。
   3 各企業でもメキシコ出張を見合わせるよう指示を下した。
   4 勝負がつかなかったために、見合わせて試合を続けた。

03 取り組む
   1 MP3ファイルを直接携帯電話に取り組んで鑑賞できる。
   2 カンボジアの貧しい人を対象にしたボランティア活動に取り組んでいる。
   3 ローンを取り組んで念願の我が家を手に入れた。
   4 少数派の意見を取り組むこともリーダーのすることだ。

04 押しきる
   1 押しきってだめなら、引いてみなさい。
   2 あの車が押しきって入ろうとしたので、クラクションをならした。
   3 自分の仕事を人に押しきっておいて遊んでいる。
   4 親の反対を押しきって画家の道に進んだ。

첫째마당 총정리 적중 예상 문제

問題1 ＿＿＿＿＿の言葉の読み方として最もよいものを、1・2・3・4の中から一つ選びなさい。

01 高価なブランド物を身に付けていても、どこか卑しかったり、人を蔑んだり、する人がいる。
　　1 いやし　　　2 いやらし　　　3 ひやし　　　4 ひやらし

02 パソコンの煩わしいメールを受信できないようにするには、受信拒否の設定をすればいい。
　　1 けわしい　　2 いまわしい　　3 けがらわしい　4 わずらわしい

03 99人のうち9人が事業そのものに強硬に反対したまま、交渉は事実上ストップしていた。
　　1 きょうこうに　2 ごうこうに　　3 きょうべんに　4 ごうこうに

04 政権交代にわき、不況、雇用不安、デフレに生活が脅かされた1年だった。
　　1 おとろえされた　2 おどろかされた　3 おどかされた　4 おびやかされた

問題2 （　　）に入れるのに最もよいものを、1・2・3・4の中から一つ選びなさい。

01 （　　　）が、少ないチャンスをものにして得点もできるようになった。
　　1 ものものしい　2 やかましい　　3 ものたりない　4 いやらしい

02 オーディションで演じる時は、身ぶりも手ぶりも（　　　）した方がいい。
　　1 大いに　　　2 穏やかに　　　3 大げさに　　　4 和やかに

03 今時の若者にとって、父親は（　　　）存在になってしまった。
　　1 けむたい　　2 おだやかな　　3 はかない　　　4 さわやかな

04 春先に退職を考えていたのだが、上司に続けてほしいと(　　　)いる。
　　1 ひきとめられて　　2 みあわせられて　　3 ひきとられて　　4 みはからわれて

05 「休みは取れているのか」と、私の身を(　　　)言葉をかけてもらうなど、彼らの温かさにも触れた。
　　1 案じる　　　　2 興じる　　　　3 演じる　　　　4 配じる

06 今年の後半あたりから業績が(　　　)との見方が増えている。
　　1 もちかえる　　2 もちなおす　　3 もちこす　　4 もちなおる

問題3 ＿＿＿＿の言葉に意味が最も近いものを、1・2・3・4の中から一つ選びなさい。

01 水面上は涼しい顔をして優雅に泳いでいるが、水中では足をバタバタさせている。
　　1 スリムな顔　　2 クールな顔　　3 平気な顔　　4 冷静な顔

02 近所の女の子は、臆病さをみじんも感じさせず軽やかに木に登った。
　　1 痛さ　　　　2 病弱さ　　　　3 怖さ　　　　4 窮乏さ

03 おごそかな雰囲気のなか、遺族らが次々と花を手向け、祈りをささげた。
　　1 重々しい　　2 しとやかな　　3 たどたどしい　　4 浅はかな

04 動画で学ぶパソコン講座を聞きたいのですが、音声がとぎれて聞くことができません。
　　1 きれて　　　2 かばって　　　3 からんで　　　4 きずいて

05 並外れた業績を立てた人でも会ってみると、意外と普通の人だったりする。
　　1 にかよった　　2 見込んだ　　3 すぐれた　　4 劣った

06 毎日を大切にしたいから、くやまないで、うらやまないで、無理しないで生きたいと思う。
　　1 恨まないで　　2 憎まないで　　3 後悔しないで　　4 乱暴しないで

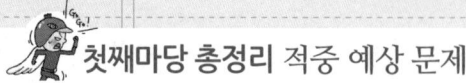

問題4 次の言葉の使い方として最もよいものを、1・2・3・4の中から一つ選びなさい。

01 ひらたい
1 今回ひらたく第100回を迎えました。
2 父が死んでからひらたくなります。
3 ひらたく言えば世の中の役に立つ記事を書きたかった。
4 彼の頼みは脅迫にひらたかった。

02 このましい
1 人間なら誰でも負ければ多少はこのましいと思うものだ。
2 アフリカ生活を楽しんでいる姿がこのましいかぎりだ。
3 このましい図柄のシャツを売っている店がある。
4 彼は学校であまりこのましい成績ではなかった。

03 喜ばしい
1 喜ばしくお手伝いいたします。
2 今日はお目にかかれて、とても喜ばしいです。
3 試験に全員合格とは実に喜ばしいことだ。
4 あのお笑い番組は喜ばしいので、いつも見ている。

04 余分
1 イベントに直接参加することで、余分に愛着を感じる。
2 趣味ならともかく、仕事でなら余分に苦しかっただろう。
3 ずっと走ってきたこともあって、余分に苦しそうに話した。
4 料理の余分な油をカットすることで、カロリーは減らせる。

05 かんぺき
1 あの女優のかんぺきな演技にはみんなが舌を巻いた。
2 彼はいつも任された仕事をかんぺきする人だ。
3 困っている方にかんぺき役立っているかどうかが問題だ。
4 結果を出すにはすべてがかんぺき的でなければならない。

06 あざやか
1 ゆずのあざやかな香りが食欲をそそる。
2 目の前に広がる風景があまりにもあざやかでなつかしかった。
3 出された漬けたてのキムチは、歯応えがあざやかだった。
4 客を招くときは、あざやかな心づかいでもてなすものだ。

07 気楽
1 初対面の人にも笑顔ですぐ話しかける気楽な人だ。
2 一人だけの講演ではないので気楽の気持ちもあった。
3 ウォーキングなどの気楽な運動をするだけでもきっとやせられる。
4 先頭についていけばいいんだから、2位以下は気楽だ。

08 たてかえる
1 友人の借金を私がたてかえる必要はない。
2 これは壁にたてかえて置くだけでインテリアになる。
3 仕事がたてかえていて、てんてこまいです。
4 上司の顔をたてかえてあげるのも大事だ。

09 そらす
1 テレビ画面から思わず目をそらしてしまった。
2 脚の部分をそらすと持ち運びやすくなる。
3 ダイエットといって食事をそらす人も多い。
4 たまが左右にそらすため、打たれやすい。

10 つぶやく
1 子供たちがつぶやきながら、元気に遊んでいた。
2 彼はうらめしげに私を見て何かつぶやいた。
3 ねこたちがつぶやく様子を写真に収めた。
4 大声で名前をつぶやいても何の返事がない。

11 へりくだる
1 船はゆるやかに川をへりくだって行った。
2 球場には5万をへりくだらない観衆が詰めかけた。
3 彼女はへりくだった物の言い方をする。
4 秘伝は父から子へと代々へりくだった。

12 まかなう
1 コンテストにまかなって毎晩スピーチの練習をしている。
2 山小屋に電灯とガス、電話をまかなう。
3 欲求がまかなわないと暴れる行動をする者がいる。
4 この店は毎日約2000人分の食事をまかなう。

둘째마당

합격을 위한 훈독명사와 가타카나어

시나공법 05 훈독명사

시나공법 06 고유명사와 복합명사

시나공법 07 가타카나어

훈독명사

시나공법 05

花火, 青空, 愛情, 天使는 어떻게 읽을까요? 花火(はなび), 青空(あおぞら)는 '훈독 + 훈독'으로, 愛情(あいじょう), 天使(てんし)는 '음독 + 음독'으로 읽습니다. 한자 읽기는 이렇게 훈독만으로 읽거나 음독만으로 읽는 것이 기본적인 규칙입니다.

하지만 이런 예는 어떨까요? 場所(ばショ), 見本(みホン)은 '훈독 + 음독'으로 읽고, 職場(ショクば), 本箱(ホンばこ)는 '음독 + 훈독'으로 읽습니다. 음독과 훈독이 섞여있네요. 이와 같이 '훈독 + 음독'으로 읽는 것을 湯桶読(ゆとうよ)み라고 하고, '음독 + 훈독'으로 읽는 것을 重箱読(じゅうばこよ)み라고 합니다. N3, N4에서 배웠던 番組(ばんぐみ) TV 프로, 本棚(ほんだな) 책장, 台所(だいどころ) 부엌, N2 단어인 手帳(てちょう) 수첩, 夕刊(ゆうかん) 석간, N1 단어이기는 하지만 너무나 친숙한 残高(ざんだか) 잔고 등도 이에 해당됩니다.

시나공법 05에서는 '훈독 + 훈독' 한자와 湯桶読(ゆとうよ)み, 重箱読(じゅうばこよ)み 한자를 다루고 있습니다. 일반적인 한자 읽기 법칙의 단어에 비해 출제 가능성이 높으니까 신경 써서 외워야 하겠죠? 특히 1자 한자의 한자 읽기 문제는 자주 출제되므로 꼭 외워주세요.

시험에 이렇게 나온다!

問題1 _____ の言葉の読み方として最もよいものを、1·2·3·4の中から一つ選びなさい。

表紙を見るだけでは何も伝わらなかったが、粗筋を読んでやっとわかった。

1 そきん　　　　2 そすじ　　　　3 あらきん　　　　4 あらすじ

해석　표지를 보는 것만으로는 아무것도 전달되지 않았지만, 대강의 줄거리를 읽고서 겨우 알 수 있었다.
해설　'훈독 + 훈독'인 한자읽기 문제입니다. 粗(あら)い '성기다, 조잡하다, 엉성하다'라는 い형용사에 筋(すじ)라는 한자가 만나 새로운 명사가 되었습니다. 筋(すじ)는 '힘줄, 조리, 줄거리'의 뜻이 있어서 粗筋(あらすじ)는 '대강의 줄거리'라는 뜻이 됩니다.
어휘　表紙(ひょうし) 표지 | 伝(つた)わる 전해지다 | 粗筋(あらすじ) 대강의 줄거리

정답 4

중요도 ★★★

시나공법 따라잡기　시험에 꼭 나오는 훈독명사

우리말과 일본어를 가려가면서 학습해보세요.

1자 훈독명사

証	あかし	증거, 증표
網	あみ	그물
礎	いしずえ	초석, 주춧돌
기 渦	うず	소용돌이, (비유적으로) 혼란한 상태
기 器	うつわ	그릇, 인물
기 丘	おか	언덕
기 沖	おき	앞바다

기	趣	おもむき	풍취, 분위기, 취지, 요지
	茎	くき	줄기, 대
	潮	しお	바닷물, 조수
기	霜	しも	서리
기	巣	す	(새, 짐승, 벌레 등의) 둥지, 집
기	魂	たましい	영혼, 정신 =霊魂(れいこん)
기	翼	つばさ	(새, 항공기의) 날개
기	隣	となり	이웃, 옆
기	苗	なえ	모종, 볏모
기	端	はし	가장자리 [참고] 端数(はすう) 끝수, 우수리
기	裸	はだか	알몸, 나체
기	鉢	はち	화분, 대접
기	僕	ぼく	(남자) 나 [참고] 俺(おれ) (남자) 나
기	源	みなもと	(물이 흘러나오는) 수원, (변하여) 근원
	群	むれ	떼, 무리
기	芽	め	(초목의) 싹, 새로 생겨서 앞으로 발전하려는 것(싹) [참고] 芽を出(だ)す 싹을 내다
기	枠	わく	테두리, 제한 범위(제약)
기	技	わざ	기술, 기예

2자 훈독명사

間柄	あいだがら	사이, 관계 =仲(なか), 関係(かんけい)

> **강의실 생중계!**
>
> 01 시나공법 13 모양이 비슷한 한자에서도 소개했는데요. 날씨와 관계된 다음 한자들은 읽기가 상당히 까다로운 한자이므로 반복해서 공부해주세요.
> 雷(かみなり) 천둥   雹(ひょう) 우박   霞(かすみ) 봄 안개   霧(きり) 가을 안개
>
> 02 端(はし)는 2007년에 기출된 단어인데요. 建物(たてもの)の端(はし)の部屋 '건물의 맨 끝방'이라는 문장이었습니다. 문맥상 위치를 나타내고 있음을 알 수 있네요. '가장자리, 끝'이라는 의미로 쓰일 때는 'はし'로 읽지만, 端から見(み)れば '옆에서 보면'과 같이 '옆, 곁'의 뜻으로 쓰일 때는 'はた'라고 읽습니다. 端(はし)からやり直(なお)す에서는 '(시간상의) 처음, 시초'라는 의미로 쓰여서 '처음부터 다시 시작하다'라는 뜻이 됩니다.
>
> 03 わざ라고 읽는 한자로는 技와 業가 있습니다. 차이는 무엇일까요?
> 技는 주로 '기술, 능력'을 말합니다. 그래서 '기술이나 기예를 연마한다'라고 할 때는 技(わざ)を磨(みが)く라고 해야 맞습니다.
> 이에 비해서 業는 주로 '행위, 짓'이나 '일, 직업'을 나타내는 추상적인 의미입니다. 보통 나쁜 행위를 일컫는 仕業(しわざ)라는 말도 여기서 나왔습니다. 物書(ものか)きを業(わざ)とする에서는 '직업'이란 의미로 쓰여서 '글쓰기를 직업으로 하다'라는 뜻입니다.

01 [기]	合間	あいま	틈, 사이, 짬
	雨具	あまぐ	우비 [참고] 雨雲(あまぐも) 비구름
[기]	田舎	いなか	시골
	内訳	うちわけ	내역, 명세
	腕前	うでまえ	실력 =実力(じつりょく), 手腕(しゅわん), 手際(てぎわ)
02	大手	おおて	큰 거래처, 큰 회사, 대기업
03 [기]	大幅	おおはば	대폭, 큰 폭
[기]	貝殻	かいがら	조개껍데기
[기]	垣根	かきね	울타리
[기]	箇条書	かじょうがき	조항별(조목별)로 씀, 또는 그렇게 쓴 것
[기]	草花	くさばな	꽃이 피는 풀, 풀에 핀 꽃, (관상용) 화초
04 [기]	口先	くちさき	입에 발린 말 =口(くち)ぶり, 口調(くちょう), リップサービス
	心地	ここち	기분, 느낌
	心得	こころえ	마음가짐, 소양, 수칙 =心構(こころがま)え, たしなみ, エチケット
05	小手先	こてさき	손재주, 잔꾀 =才知(さいち), その場(ば)しのぎ
[기]	献立	こんだて	식단, 메뉴
[기]	指図	さしず	지시, 사주 =指示(しじ), 申(もう)し付(つ)け, 差(さ)し金(がね)

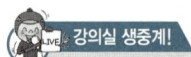
강의실 생중계!

01 合間(あいま)는 '훈독 + 훈독'의 형태입니다. 合鍵(あいかぎ) 여벌 열쇠, 合言葉(あいことば) 표어, 모토도 같은 형식입니다. 그 밖에 '훈독 + 음독' 형태인 合図(あいず) 신호, 合気道(あいきどう) 합기도도 틀리기 쉬운 단어니까 유의하세요.
間는 'ま', 'あいだ'의 2가지 발음으로 읽는데 주로 짧은 시간일 때는 'ま'로 읽고 어느 정도의 폭을 가진 시간일 때는 'あいだ'라고 읽는 경향이 있습니다. 하지만 예외가 많기 때문에 다음과 같은 명사구나 관용구의 형태로 외워야 합니다. 間(ま)に合(あ)わせ 임시변통, いつの間(ま)にか 어느 새인가, 束(つか)の間(ま) 아주 잠깐 사이, 間際(まぎわ) 직전

02 大手(おおで)라고 읽을 수도 있습니다. 우리말로는 '활개를 펴다'의 '활개'에 해당됩니다. 그래서 大手(おおで)を振(ふ)る라고 하면 '활개치다, 의기양양하게 걷다'의 의미가 됩니다. 정확하게 발음해주세요.

03 항상 大의 발음이 문제가 됩니다. 大幅(おおはば)는 잘 읽지만 小幅(こはば)를 'しょうはば'라고 읽는 사람이 많습니다. おお(大)의 반대 발음은 こ(小)라고 기억하세요. 大型(おおがた) 대형, 小型(こがた) 소형도 마찬가지죠.
大(おお)로 읽는 훈독 발음을 더 소개합니다.
大物(おおもの) 거물　　　　大空(おおぞら) 넓은 하늘　　　　大柄(おおがら) 큰 몸집
大水(おおみず) 홍수　　　　大筋(おおすじ) 대강의 줄거리(=あらすじ, あらまし)　　大方(おおかた) 대개

04 口(くち)로 훈독하는 단어를 정리해봅시다.
[기] 甘口(あまくち) 단맛　　　　[기] 無口(むくち) 과묵　　　　[기] 口癖(くちぐせ) 말버릇
[기] 口髭(くちひげ) 콧수염　　　[기] 口笛(くちぶえ) 휘파람　　　[기] 口紅(くちべに) 립스틱

05 왜소한 몸집을 뜻하는 小柄(こがら)를 비롯하여 小銭(こぜに) 잔돈, 小雨(こさめ) 가랑비, 小石(こいし) 작은 돌, 小舟(こぶね) 작은 배도 함께 외워주세요.

下心	したごころ	저의, 꿍꿍이
津波	つなみ	해일
手軽	てがる	간편함
手際	てぎわ	솜씨
手順	てじゅん	순서
手本	てほん	모범, 본보기 ≒ 見本(みほん), サンプル
凸凹	でこぼこ	울퉁불퉁, 들쭉날쭉
泥沼	どろぬま	수렁, 진창, (비유적으로) 헤어나기 힘든 나쁜 환경이나 상태
問屋	とんや	도매상
名残	なごり	여운, 자취, 흔적
雪崩	なだれ	눈사태
墓場	はかば	묘지
浜辺	はまべ	바닷가, 해변
日頃	ひごろ	평소
人影	ひとかげ	(사람의) 그림자, 모습
二言	ふたこと	두 마디 말
再び	ふたたび	다시, 재차
本場	ほんば	본고장

강의실 생중계!

01 手(て)로 훈독하는 단어는 상당히 많고 또 중요합니다. 소리 내어 크게 읽으면서 외웁시다.
　手足(てあし) 손발　　　手形(てがた) 어음　　　手頃(てごろ) 저렴함
　手錠(てじょう) 수갑　　手数(てすう) 수고　　　手狭(てぜま) 비좁음
　手相(てそう) 손금　　　手近(てぢか) 주변　　　手配(てはい) 준비, 수배
　手筈(てはず) 절차, 준비　手元(てもと) 자기 앞

02 手本(てほん)은 본받아야 하는 모범적인 예를 말하고 見本(みほん)은 견본, 샘플의 의미가 강합니다.
　예를 들어 선생님이 글자 쓰기의 예를 칠판에 쓰셨다면 그것은 見本이 아니라 따라야 하는 본보기가 되므로 手本이라고 해야 합니다.
　문제유형4, 용법 문제로 출제될 가능성이 있으므로 외워두세요.

03 日(ひ)로 훈독하는 단어를 모아서 소개합니다.
　日付(ひづけ) 날짜　　　月日(つきひ) 세월　　　日和(ひより) 좋은 날씨
　日陰(ひかげ) 그늘　　　日向(ひなた) 양지

04 人(ひと)로 훈독하는 명사가 자주 출제되고 있습니다. 人柄(ひとがら)와 人質(ひとじち)도 기출 한자어이니까 꼭 암기해주세요.
　그밖에 人手(ひとで) 일손, 人気(ひとけ) 인기척도 함께 외워둡시다.

05 二言은 발음이 2가지 입니다. 二言(ふたこと)로 읽는 경우는 二言目(ふたことめ)에는 '두 마디째는, 말을 꺼냈다 하면 반드시, 툭하면'이라는 관용구를 꼭 기억해주세요. 시험뿐만 아니라 회화에서도 자주 쓰는 표현입니다.
　二言(にごん)이라고 읽으면 '고쳐서 두 번 말함' 이라는 의미가 됩니다.
　 二言はありません。번복하지 않겠습니다.
　이 밖에 片言(かたこと) 서툰 말도 외워두면 좋겠네요. 'たどたどしい言葉' 즉 '더듬거리는 말'이라는 뜻입니다.

기	街角	まちかど	길거리, 모퉁이 =街頭(がいとう), 曲(ま)がり角(かど)
기	身近	みぢか	신변
기	目下	めした	손아랫 사람
	元金	もときん	자본금, 밑천 =資金(しきん), 元手(もとで)
기	物事	ものごと	세상사, 매사 =事柄(ことがら), 出来事(できごと)
기	夕闇	ゆうやみ	땅거미
기	枠内	わくない	테두리, (한도, 범위) 안

중요도 ★★

시나공법 따라잡기 　합격을 위한 훈독명사

1자 훈독명사

値	あたい	값, 가치
泉	いずみ	샘(물)
稲	いね	벼
襟	えり	옷깃, 목덜미
公	おおやけ	정부, 국가, 공공, 공중
崖	がけ	벼랑, 절벽
柄	がら	몸집, 품격, 분수, (옷감 등의) 무늬 주의 柄(え) 자루, 손잡이
岸	きし	물가, 벼랑, 낭떠러지
絹	きぬ	비단, 실크
癖	くせ	버릇
唇	くちびる	입술
獣	けもの	짐승 =けだもの
暦	こよみ	달력 =カレンダー
杯	さかずき	술잔　참고 杯をかわす 술잔을 주고받다
裾	すそ	옷자락

01 目下(もっか)로 읽으면 '현재'란 의미가 되므로 주의해야 합니다. 또 目方(めかた)는 뜻을 묻는 문제로 많이 출제됩니다. 한자 읽기로 출제될 경우는 탁음으로 발음하지 않으므로 주의하세요. 관련 어휘로는 目元(めもと) 눈매, 눈언저리, 目処(めど) 예상, 目印(めじるし) 표시, 目当(めあ)て 목적, 目障(めざわ)り 눈에 거슬림을 꼭 알아두시고, 특히 目(ま)の当(あ)たり '직접, 눈앞'은 발음을 실수하기 쉬우므로 따로 암기해두세요.

袖	そで	소매, 옷자락
滝	たき	폭포
類	たぐい	종류 =種類(しゅるい), グループ
丈	たけ	길이, 기장
杖	つえ	지팡이, 의지하는 것
扉	とびら	문
主	ぬし	주인 =あるじ
恥	はじ	수치, 창피
羽	はね	새털, (새, 비행기의) 날개 [참고] 羽根(はね) (기계, 기구 등에 붙인) 날개 모양의 것, 羽根布団(はねぶとん) 새털 이불
札	ふだ	표찰, 팻말 [참고] 花札(はなふだ) 화투, 切札(きりふだ) 비장의 수단
麓	ふもと	산기슭
誠	まこと	진심, 성의
的	まと	과녁, 표적
眉	まゆ	눈썹
紫	むらさき	보라색
基	もと	처음, 원인, 근본
矢	や	화살
闇	やみ	어둠
世	よ	세상, 사회

2자 훈독명사

赤字	あかじ	적자 [반] 黒字(くろじ) 흑자
油絵	あぶらえ	유화, 서양화
雨風	あめかぜ	비바람, (비유적으로) 괴로운 일
粗筋	あらすじ	대강의 줄거리
家出	いえで	가출
幾多	いくた	많음, 다수
稲光	いなびかり	번개 =稲妻(いなずま)

 강의실 생중계!

01 主는 '소유자', '당사자'의 의미로 쓰일 때는 'ぬし'라고 읽습니다. 家主(やぬし) 집주인, 地主(じぬし) 땅주인이 여기에 해당됩니다. 하지만 '중심이 된다'는 의미로 쓰일 때는 'おも'라고 읽는 경향이 있습니다. 기억해야 할 관련 어휘를 살펴볼까요? 主(おも)に 주로, 主(しゅ)として 주로 등의 부사를 기억해두시고, 특이한 음독 발음으로서는 坊主(ぼうず) 중의 속칭이 있습니다.

浮気	うわき	바람을 피움
得体	えたい	정체 =正体(しょうたい), 素姓(すじょう)
獲物	えもの	사냥감
織物	おりもの	직물
金槌	かなづち	쇠망치 참고 金具(かなぐ) (가구 등에 붙이는) 쇠장식
川底	かわぞこ	강바닥
玄人	くろうと	(기예 등에) 숙달한 사람, 숙련자, 전문가
消印	けしいん	소인
頃合	ころあい	적당한 시기 =いい時期(じき), 絶好(ぜっこう)のタイミング 참고 一頃(ひところ) 한때
逆手	さかて	(칼 등을) 날이 자기 쪽을 향하게 쥠 주의 逆手(ぎゃくて) (비유적으로) 상대의 공격을 비키고는 그것을 역이용하여 반격함
下心	したごころ	속셈 =本心(ほんしん), 手(て)の内(うち), 思惑(おもわく)
品薄	しなうす	(수요에 대하여) 상품이 모자람
白黒	しろくろ	흑백, 시비
政府筋	せいふすじ	정부 소식통 참고 一筋(ひとすじ) 한 줄기, 외곬
相場	そうば	시세 =時価(じか), 値(ね)
雑木	ぞうき	잡목 참고 雑木林(ぞうきばやし) 잡목림, お雑煮(ぞうに) 신년 축하 요리의 하나
建前	たてまえ	행상이나 노점상이 물건을 팔 때 하는 말, (표면상의) 방침, 원칙
長年	ながねん	오랜 세월, 다년간 참고 長丁場(ながちょうば) 어떤 일이 일단락되기까지 오랜 시간이 걸림
仲人	なこうど	중매인
名札	なふだ	명찰, 이름표
生身	なまみ	살아 있는 몸뚱이, 날고기

강의실 생중계!

01 下(した)로 훈독하는 명사 중에서 출제 가능성이 높은 단어는 下地(したじ) 소질, 바탕과 下火(したび) 기세가 약해짐입니다. 특히 下火(したび)는 衰(おとろ)え나 弱(よわ)まり의 뜻으로 下火(したび)になる '기세가 약해진다' 즉, '한물가다'라는 관용표현을 꼭 기억하시기 바랍니다. 그리고 下(しも)라고 읽기도 하는데, 대표적인 단어로 下半期(しもはんき) 하반기가 있습니다.

02 '흑백사진'은 일본어로 白黒写真(しろくろしゃしん), モノクロ写真(しゃしん)이라고 합니다. 또 白黒(しろくろ)はっきりさせる '시비를 확실히 가리다'와 目(め)を白黒(しろくろ)させる '놀라거나 어리둥절해서 눈을 희번덕거리다'라는 표현도 함께 외워주세요.

03 生은 여러 가지 발음으로 읽지만, '익히지 않았거나 불충분하거나 가공하지 않은 자연 상태'라는 의미로 쓰일때는 'なま'로 읽습니다. 여기에서부터 生卵(なまたまご) 날달걀, 生半可(なまはんか) 어정쩡함, 生中継(なまちゅうけい) 생중계, 生水(なまみず) 생수라는 단어가 나왔습니다.

偽札	にせさつ	위조 지폐 [참고] 偽物(にせもの) 위조품, 偽(にせ)ブランド 위조 브랜드
軒並	のきなみ	처마가 잇달아 늘어서 있음
肌着	はだぎ	속옷 [참고] 水着(みずぎ) 수영복
裸足	はだし	맨 발 [참고] 裸馬(はだかうま) 안장을 얹지 않은 말, 野次馬(やじうま) 구경꾼
蜂蜜	はちみつ	벌꿀
鼻毛	はなげ	코털
刃物	はもの	(칼, 낫 등) 날이 서있는 연장
原宿	はらじゅく	하라주쿠(지명)
真心	まごころ	진심
港町	みなとまち	항구 도시
見物	みもの	볼거리
役目	やくめ	임무, 직책 [참고] 役場(やくば) 지방 공무원이 사무를 보는 곳, 사무소
山場	やまば	절정, 고비 =勝負(しょうぶ)どころ, クライマックス, ピーク
悪者	わるもの	나쁜 놈, 악인 [참고] 悪気(わるぎ) 악의, 나쁜 뜻

중요도 ★

시나공법 따라잡기 고득점을 위한 훈독명사

1자 훈독명사

己	おのれ	자기 자신, (화가 나서 부르는 소리) 이놈
舵	かじ	(배의 방향을 조절하는) 키, (비행기의) 조종
殻	から	(빈) 껍데기
釘	くぎ	못
鎖	くさり	쇠사슬

강의실 생중계!

01 真(ま)는 명사, 형용사에 붙어서 접두어의 역할을 하는데 '진실함'이라는 뜻 이외에 '정확함, 순수함'이란 의미도 있습니다. 真上(まうえ) 바로 위, 真下(ました) 바로 밑, 真夏(まなつ) 한여름, 真冬(まふゆ) 한겨울, 真夜中(まよなか) 한밤중 등의 단어가 이에 해당됩니다.

02 見物(みもの)는 실수하기 쉬운 한자입니다. けんぶつ라고 읽는 분이 많은데요. 동사형으로 쓰였을 경우에는 見物(けんぶつ)する가 맞지만 명사로 쓰이는 경우는 みもの라고 읽어야 합니다. この試合(しあい)は見物(みもの)だ 이 경기는 볼만하다와 같이 씁니다. 이제는 절대 실수하지 마세요.

蔵	くら	곳간, 창고
筋	すじ	조리, 소질, 줄거리 =つじつま, 素質(そしつ), あらすじ
雀	すずめ	참새
盾	たて	방패
筒	つつ	통
鉛	なまり	납
溝	みぞ	도랑, (의견, 감정 등의) 틈, 간격

Tip 筒抜(つつぬ)け는 '(밑이 없는 통에 물건을 넣으면 그대로 빠져나가듯) 말소리가 남들에게 들림, 비밀이 곧바로 새어나감'이라는 뜻입니다.

2자 훈독명사

頭金	あたまきん	계약금 =手付金(てつけきん)
甘党	あまとう	단것을 좋아하는 사람
今風	いまふう	현재의 풍속
内輪	うちわ	집안 내부사람
裏腹	うらはら	등과 배, 겉과 속(표리)
上辺	うわべ	겉표면, 외관
縁側	えんがわ	마루, 툇마루
置物	おきもの	장식품
砂地	すなち, すなじ	모래땅 [참고] 砂浜(すなはま) 모래사장
瀬戸際	せとぎわ	고비, 운명의 갈림길 =分(わ)かれ目(め)
外面	そとづら	(물건의) 외양, 남을 응대할 때의 태도

Tip 반대말은 辛党(からとう) 매운 것을 좋아하는 사람입니다.

강의실 생중계!

01 도쿄 거리에서 자주 볼 수 있는 '까마귀'를 일본어로는 烏(からす)라고 합니다. 새를 나타내는 단어들은 1자로 된 한자가 많습니다. 이번 기회에 다른 것들도 알아볼까요.
　燕(つばめ) 제비　　鵲(かささぎ) 까치　　鳩(はと) 비둘기　　雁(がん) 기러기　　鷲(わし) 독수리

02 頭의 다양한 발음을 마스터합시다. 우선 훈독하는 단어입니다.
　頭(あたま) 머리, 우두머리, 꼭대기　　頭(あたま)ごなしに 무조건　　頭打(あたまう)ち 더 이상 진전이 없는 상태, 한계점
　頭(かしら) 머리, 우두머리　　頭文字(かしらもじ) 머리글자　　頭(かぶり) 머리, 고개
　다음은 음독하는 단어입니다.
　頭角(とうかく) 두각　　頭髪(とうはつ) 머리카락　　頭取(とうどり) 은행장
　頭脳(ずのう) 두뇌　　頭上(ずじょう) 머리 위　　饅頭(まんじゅう) 만두
　音頭(おんど) 선창　　船頭(せんどう) 뱃사공

03 瀬戸際(せとぎわ)는 독해에서 상당한 비중을 차지하는 중요한 단어이기 때문에 어휘 문제로도 출제될 가능성이 높습니다. 고득점을 목표로 한다면 꼭 암기해야 합니다. 비슷한 뜻을 가진 '가장 중요한 순간'이라는 뜻의 正念場(しょうねんば)도 함께 기억하세요.

04 外面(そとづら)がいい는 '남에게는 상냥하다'라는 관용표현입니다. 하지만 外面(がいめん)이라고 읽으면 한자 그대로 '겉표면'이란 뜻이 되므로 주의하세요. 面을 'つら'라고 읽으면 얼굴의 속어입니다. 仏頂面(ぶっちょうづら) '무뚝뚝한 얼굴'을 기억해두고, 'おも'라고 읽는 面影(おもかげ) '모습'도 외워주세요.

辻褄	つじつま	사리, 조리 =筋(すじ), 論理(ろんり), 整合性(せいごうせい)
出来高	できだか	제품의 총계, 농작물의 수확량 참고 出所(でどころ) 출처, 출구
吐息	といき	한숨
灯火	ともしび	등불
野原	のはら	들(판) 참고 野山(のやま) 들과 산, 野宿(のじゅく) 노숙
博打	ばくち	도박, 노름, 모험
不得手	ふえて	서툼, 즐기지 않음
船出	ふなで	출항, (비유적으로) 사회에 첫 발을 들여놓음 참고 船便(ふなびん) 선편, 배편
丸太	まるた	통나무
身代金	みのしろきん	인질의 몸값
保合	もちあい	보합상태
湯煎	ゆせん	중탕
横綱	よこづな	일본 씨름인 '스모'에서의 최고 지위, (비유적으로) 1인자

시나공법 05 적중 예상 문제

問題1 ＿＿＿＿の言葉の読み方として最もよいものを、1・2・3・4の中から一つ選びなさい。

01 とてつもなく豪華な花火、大衆スターたちが動員された<u>大型</u>ビッグイベントが開かれた。
　　1 おおかた　　　2 だいけい　　　3 おおがた　　　4 たいけい

02 彼は<u>夕闇</u>を背にして、ため息ばかりついていた。
　　1 ゆうもん　　　2 ゆうやみ　　　3 せきもん　　　4 せきやみ

03 全然手入れができず、<u>石垣</u>もひどい状態でとうとう苦情が来てしまいました。
　　1 せきね　　　　2 いしだん　　　3 せきがき　　　4 いしがき

04 ギョウザの皮の<u>端</u>に水をつけ、具を包んで蒸します。
　　1 おく　　　　　2 たん　　　　　3 はし　　　　　4 すみ

05 彼は今季5度目の完投で連敗の<u>泥沼</u>からチームを救った。
　　1 どうしょう　　2 どろぬま　　　3 どうぬま　　　4 でしょう

06 いくつかの項目を読みやすくするために<u>箇条書</u>を用いる。
　　1 こじょうがき　2 かじょうがき　3 こじょうしょ　4 かじょうしょ

問題3 ＿＿＿＿の言葉に意味が最も近いものを、1・2・3・4・の中から一つ選びなさい。

01 政府は思いきった改革と言いながら、<u>小手先</u>のことしかしない。
　　1 融通がきく　　2 あやつり人形の　3 手下の人の　　4 その場しのぎの

02 ほかの問題も絡んだりして、<u>月日</u>だけが経ってしまった。
　　1 年月　　　　　2 タイミング　　3 歴史　　　　　4 トラブル

03 世の中の話題に便乗しようとする下心を目の当たりにした。
　1 見識　　　　　2 思惑　　　　　3 意見　　　　　4 誘惑

04 別れそうになるような山場を迎えても2人3脚で乗り越えてきた。
　1 とうげ　　　　2 かなめ　　　　3 あたい　　　　4 ひなた

問題4　次の言葉の使い方として最もよいものを、1・2・3・4の中から一つ選びなさい。

01 指図
　1 お正月にお雑煮を食べる家庭がすくないという指図もある。
　2 彼は写真の男を指図して、「この人だ」と言った。
　3 患者は医者の指図通りに薬を飲んだ。
　4 いちいち指図してくる社長に息苦しさを覚えた。

02 手際
　1 仕事ぶりを見させてもらうと、確かに手際がよかった。
　2 お国のために手際を立てたということで表彰された。
　3 不景気のあおりを受けて、手際に現金がない。
　4 材料費は安いけど、手際がかかります。

03 日頃
　1 日頃に眠くて夜に目がさえるので困る。
　2 おばあさんに日頃な感謝を込めてプレゼントを送った。
　3 日頃の念願がかなって、ようやく庭付きの家が手に入った。
　4 予算に余裕がないので、日頃な値段のものがいい。

04 見本
　1 見本としての採用が決まった友人は喜んだ。
　2 その小説に出てくる医者は彼の父が見本になっている。
　3 彼女の字は全くお見本の通りだ。
　4 送ってきた品は見本通りでなかったの。

고유명사와 복합명사

시나공법 06

일본어 명사는 크게 한자로 이루어진 漢語(かんご)와 히라가나나 '히라가나 + 한자'의 형태인 和語(わご)로 나눌 수 있습니다. 잘 모르겠다고요? 예를 들어 夕闇(ゆうやみ)라는 단어는 한자로만 이루어진 漢語(かんご)이고, 味わい, 言い訳처럼 한자와 히라가나가 섞인 것은 和語(わご)입니다.
한 단어에서 히라가나 부분을 '送(おく)り仮名(がな)'라고 하는데요. 이런 히라가나가 또는 히라가나와 한자가 섞인 어휘를 和語(わご)라고 하는 것입니다. 순수 고유명사라고 이해하면 좋겠네요.
고유명사의 경우에는 한자 읽기 문제뿐만 아니라 문제 유형2 어휘 선택, 문맥 규정 문제로도 출제될 수 있고, 명사의 적절한 쓰임을 묻는 문제 유형4, 용법 문제로도 출제될 수 있습니다. 한자만으로는 뜻을 알기 어려운 단어들이 그 대상이 되는 경우가 많습니다. 그럼 이제부터 고유 명사와 복합명사를 공부해보겠습니다.

시험에 이렇게 나온다!

問題1 ＿＿＿＿の言葉の読み方として最もよいものを、1・2・3・4の中から一つ選びなさい。

現役で東大を狙う一か八かの賭けに出た。

1 つけ　　　　2 とけ　　　　3 こけ　　　　4 かけ

해석 현역으로 도쿄대학을 노리는 죽기 아니면 까무러치기의 모험에 나섰다.
해설 賭(도박 도)의 한자를 아는 사람이면 의미파악에는 크게 어려움이 없을 것 같습니다. かけ라고 하면 여러 가지 단어가 있습니다. 欠(か)ける는 '부족함, 결여', 駆(か)ける는 '달리기', 掛(か)ける는 '~걸이' 등입니다. 본문에서는 '모험에 나서다'의 뜻이므로 4번의 'かけ'가 답이 됩니다. 참고로, 賭(か)け의 동사형인 賭(か)ける는 '도박하다, 내기하다, 내걸다'인데, 命(いのち)を賭(か)ける '목숨을 걸다'는 꼭 기억해두어야 할 관용표현입니다.
어휘 現役(げんえき) 현역 | 東大(とうだい) 도쿄대학 | 狙(ねら)う 노리다 | 一(いち)か八(ばち)か 죽기 아니면 까무러치기 | 賭(か)け 도박, 모험
정답 4

중요도 ★★★

시나공법 따라잡기 | 시험에 꼭 나오는 고유명사와 복합명사

우리말과 일본어를 가려가면서 학습해보세요.

味わい	あじわい	맛, 멋 =味覚(みかく), 風味(ふうみ), 趣(おもむき)
[가] 頭打ち	あたまうち	한계점
当たり	あたり	명중, 당첨, ~당 =命中(めいちゅう), 単位(たんい), 成功(せいこう), レート
言い逃れ	いいのがれ	발뺌, 핑계 =言い訳(わけ), その場(ば)しのぎ, 言い分(ぶん)
言い訳	いいわけ	변명, 핑계 =弁解(べんかい), 言い逃(のが)れ, 言い分(ぶん)

行き違い	いきちがい	엇갈림, 착오 =手違(てちが)い, すれ違(ちが)い, 食(く)い違(ちが)い
訴え	うったえ	호소, 소송 =呼(よ)び掛(か)け, 申(もう)し立(た)て, 訴訟(そしょう)
恐れ	おそれ	두려움, 우려 =恐怖(きょうふ), 心配(しんぱい)
お互い	おたがい	서로
落とし穴	おとしあな	함정 =わな, 仕掛(しか)け, トラップ
訪れ	おとずれ	방문
衰え	おとろえ	쇠약
思いつき	おもいつき	아이디어, 착상 =アイデア, 妙案(みょうあん)
表向き	おもてむき	표면 =うわべ, 見(み)せかけ, 表面的(ひょうめんてき)
掛け声	かけごえ	격려, 구호 =応援(おうえん), 励(はげ)まし, エール
偏り	かたより	편중
傍	かたわら	곁, 옆
気兼ね	きがね	어려워함 =遠慮(えんりょ), 気(き)づかい

문제 유형2(어휘 선택, 문맥 규정 문제)로 출제되었습니다. '(남의 사정이나 성질·속마음 등을 생각하여) 마음을 쓴다'는 의미입니다. 気兼(きが)ねをせず '어려워하지 않고'라는 표현을 외워두면 좋습니다.
이 밖에도 気立(きだ)て '타고난 마음씨'가 있는데 気立(きだ)てがいい '마음씨가 곱다'라는 관용표현으로 외워두고 気(き) 관련 표현인 気障(きざわ)り '못마땅함', 気まぐれ '변덕'도 함께 외워둡시다.

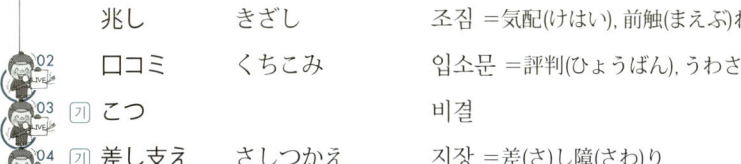

兆し	きざし	조짐 =気配(けはい), 前触(まえぶ)れ
口コミ	くちこみ	입소문 =評判(ひょうばん), うわさ
こつ		비결
差し支え	さしつかえ	지장 =差(さ)し障(さわ)り

강의실 생중계!

01 N1의 문법 중 '~하는 한편'이라는 뜻인 ~かたわら가 있습니다. 이 かたわら가 명사로 쓰일 때는 한자로 표기해서 道(みち)の傍(かたわ)ら 길 옆, 机(つくえ)の傍(かたわ)ら '책상 옆'과 같이 공간상의 의미를 갖습니다.
참고로 傍目(はため)처럼 'はた'의 발음도 있는데 '남의 눈, 이목'을 뜻합니다.
예 傍目(はため)を気にする。 남의 눈을 신경쓰다.

02 口(くち)로 시작되는 和語 명사들이 많이 있는데, 口げんか 말다툼, 口出(くちだ)し 말참견, 口直(くちなお)し 입가심 등이 중요합니다.

03 가타카나로 표현하는 경우도 많지만 외래어라서가 아닙니다. 骨을 ほね라고 읽으면 '뼈'가 되고 コツ(こつ)라고 읽으면 '비결, 요령'이라는 뜻이 됩니다.

04 差(さ)し支(つか)えなければ '지장이 없으시면'으로 쓰여 남에게 양해를 구하거나 부탁을 할 때 자주 씁니다. 그리고 さしつかえ와 발음이 비슷해서 의미 파악이 힘든 단어들이 있습니다. さしかえ, さしひかえ, さしおさえ가 히라가나로 표기되어 보기로 제시되면 구별 가능한가요?
さしかえ는 '바꿈', さしひかえ는 '삼감', さしおさえ는 '차압'입니다.

01	しかけ		장치
	すれ違い	すれちがい	어긋남
	償い	つぐない	보상, 속죄
02	手遅れ	ておくれ	늦음, 때를 놓침
	手掛かり	てがかり	실마리
	出直し	でなおし	다시 시작 =やり直(なお)し, 立(た)て直(なお)し
	戸締まり	とじまり	문단속
	戸惑い	とまどい	당황함, 망설임 =当惑(とうわく), まごつき
	取り扱い	とりあつかい	취급
	取り替え	とりかえ	교체 =交換(こうかん)
	取り締まり	とりしまり	단속
	取り柄	とりえ	장점 =強(つよ)み, 長所(ちょうしょ), いいところ
	粘り	ねばり	찰기, 끈기 =粘性(ねんせい), 我慢強(がまんづよ)さ
	値引き	ねびき	가격 할인
	狙い	ねらい	목표, 과녁
	励み	はげみ	격려
03	弾み	はずみ	탄력
04	控え目	ひかえめ	조심스러움, 약간 줄여서 함
	ひび		금, 균열 =亀裂(きれつ), 裂(さ)け目(め), 不和(ふわ)
	踏み場	ふみば	기반, 토대
	振り出し	ふりだし	출발점 =はじめ, スタートライン, 皮切(かわき)り

강의실 생중계!

01 しかけ는 문제유형2(어휘 선택문제)로 출제되었는데, 여러 가지로 궁리한 '장치, 조작, 속임수'를 말합니다. 예를 들어 自然(しぜん)に 止(と)まるしかけ라고 하면 '자연히 멎도록 설계되고 조작된 장치'를 말하는 것입니다.
　しかけ는 음절수와 운율이 비슷한 しあげ, しつけ, しわけ, しくみ 등의 단어와 같이 출제될 경우, 헷갈리기 쉽습니다. 仕上(しあ)げ 완성, しつけ 가정교육, 仕分(しわ)け 분류, 仕組(しく)み 구조의 뜻을 확실히 구별해주세요.

02 手(て)와 관련이 깊은 어휘를 중심으로 살펴봅시다. 手引(てび)き 길잡이, 안내는 案内(あんない), 導(みちび)き와 같은 의미입니다. 또 '손질'이란 의미의 手入(てい)れ에는 '(경찰의) 단속'이라는 의미도 있다는 것을 알아두세요. 그래서 世話(せわ), メンテナンス, 検挙(けんきょ)로 바꾸어 쓸 수 있습니다. 手振(てぶ)り 손짓, 手回(てまわ)し 준비, 手当(てあ)て 응급처치, 수당도 함께 외워둡시다.

03 弾(はず)み는 문장 해석을 할 때 꼭 외워두어야 할 표현입니다. ~弾(はず)みで의 형태로 쓰여 '우연한 계기로, 어쩌다가 그만, ~한 순간에'라는 의미가 됩니다. ものの弾(はず)みで 우연하게로 외워두세요.
　예 飛(と)び降(お)りた弾(はず)みで 倒(たお)れる。뛰어내린 순간 쓰러지다.
　이와 비슷한 표현으로 ~拍子(ひょうし)で가 있는데요. ~した拍子(ひょうし)で의 형태로 '~하는 바람에'라는 뜻이 됩니다.
　예 転(ころ)んだ拍子(ひょうし)にけがをした。넘어지는 바람에 다쳤다.

04 동사 控(ひか)える의 꼭 외워두어야 하는 뜻은 4가지입니다. ①대기하다 ②삼가다 ③가까이 있다 ④메모하다 인데, 控(ひか)え目(め)는 동사 ます형에 붙어, '그 상태에 있음'을 나타내는 접미어 目(め)가 붙은 것으로 ②번의 뜻입니다.
　예 控え目な態度(たいど)。소극적인 태도.
　　控え目に見積(みつ)もる。약간 줄여서 어림하다.

기	誇り	ほこり	자랑, 긍지 ＝プライド, 自負心(じふしん)
	瞬き	まばたき	(눈을) 깜빡거림
01 기	見込み	みこみ	예상, 전망 ＝見通(みとお)し, 将来性(しょうらいせい)
기	自ら	みずから	스스로
	見せかけ	みせかけ	겉치레 ＝うわべ, 格好(かっこう), カモフラージュ
	見せ場	みせば	볼만한 장면 ＝ハイライト, 見(み)どころ
	みどころ		볼만한 장면 ＝クライマックス, 見(み)せ場(ば)
02	身の回り	みのまわり	신변
	結び付き	むすびつき	연결, 유대 ＝関係(かんけい), つながり, きずな
기	めど		목표, 전망 ＝目当(めあ)て, 目標(もくひょう), 目安(めやす)
	もてなし		대접 ＝接待(せったい), ごちそう, ふるまい
	夕暮れ	ゆうぐれ	해질녘, 황혼 참고 夕焼け(ゆうやけ) 노을
	ゆとり		여유 ＝余裕(よゆう), リラックス, 落(お)ち着(つ)き
	災い	わざわい	재난, 재해

01 見込(みこ)み와 見通(みとお)し는 같이 쓸 수 있는 경우도 있고 그렇지 않은 경우도 있는데요. 시험에 잘 나오는 표현 3가지만 외우고 있으면 어떤 문제가 나와도 당황하지 않을 겁니다.
　예 見通しが立(た)たない。전망이 안 서다. ＝先(さき)が読(よ)めない, めどが立(た)たない
　　　見通しが明(あか)るい。전망이 밝다.
　　　見込みのある青年(せいねん)。장래성이 있는 청년.

02 의미 파악이 중요한 단어입니다. '신변의 일을 깨끗이 해두다'는 身(み)の回(まわ)り의 것을 깨끗이 해두다가 됩니다.
　비슷하게 생긴 身(み)の上(うえ)는 '신세, 처지'라는 뜻으로 身(み)の上(うえ)話(ばなし) '신상 이야기'는 꼭 외워두어야 합니다.
　그리고 身振(みぶ)り 몸짓, 身(み)なり 옷차림도 함께 기억해주세요.

중요도 ★★

시나공법 따라잡기 | 합격을 위한 고유명사와 복합명사

諦め	あきらめ	체념, 포기
憧れ	あこがれ	동경
歩み	あゆみ	걸음, (일의) 진행
ありさま		모양, 형편, 상태 =実態(じったい)
怒り	いかり	분노
受け身	うけみ	수동적 자세 =後(うし)ろ向(む)き, 消極的(しょうきょくてき)
裏返し	うらがえし	뒤집기, 반대
幼なじみ	おさななじみ	소꿉친구
お手上げ	おてあげ	속수무책, 항복 =さじ投(な)げ, ギブアップ
おまけ		덤 =サービス品(ひん), 付録(ふろく)
思い上がり	おもいあがり	자만, 교만 =うぬぼれ, おごり, 傲慢(ごうまん)
顔付き	かおつき	얼굴 생김새
顔負け	かおまけ	~가 무색할 정도, ~뺨침
掛け値	かけね	에누리(실제 값보다 더 얹어 매긴 값), 과장
構え	かまえ	태세, 자세 =態勢(たいせい), 姿勢(しせい)
切れ目	きれめ	틈, 일단락 =裂(さ)け目(め), 節目(ふしめ)
心当たり	こころあたり	짐작, 예상 =見当(けんとう), 思(おも)い当(あ)たり
逆立ち	さかだち	물구나무 서기
下調べ	したしらべ	사전조사
揃い	そろい	갖추어짐, 페어

 강의실 생중계!

01 ありさま와 혼동하기 쉬운 것이 あり方(かた)입니다. あり方는 '(마땅히 그래야 할) 상태나 자세, 태도'를 말하므로, '참모습'이라고 해석하면 딱 맞습니다. 이에 비해 ありさま는 '그 자체의 단순한 상태'를 말할 뿐입니다. 예문을 통해 확인해보세요.
예 情(なさ)けないありさま. 한심스러운 꼴.
指導者(しどうしゃ)としてのあり方. 지도자로서의 참 모습.

02 틀리기 쉬운 한자입니다. 동사의 경우에는 怒(おこ)る, 怒(いか)る 모두 읽을 수 있지만, 명사가 되면 怒(いか)り라고 읽는 것이 지배적입니다. 중요한 관용구인 怒(いか)りを禁(きん)じ得(え)ない에서도 怒(いか)り라고 읽어야 합니다. 하지만 怒りっぽい는 怒(おこ)る의 ます형이 접속한 것이므로 怒(おこ)りっぽい라고 읽어야 맞습니다.

03 つき가 명사에 붙어 접미어적으로 쓰이면 '~모양'의 의미가 됩니다. 그래서 体(からだ)つき는 '몸집'이고 目付(めつ)き는 '눈짓', 手(て)つき는 '손짓'이 됩니다. 또한 つき가 '~가 달린'이란 의미의 접미어로도 자주 쓰여서 条件(じょうけん)つき 조건부, バスつきの部屋 욕실탕이 딸린 방과 같이 사용됩니다.

04 下(した)가 명사 앞에 붙어 '미리 함, 준비'의 뜻을 나타내는 접미어로 쓰였네요. 下絵(したえ) 밑그림, 下書(したが)き 초안, 下仕事(したしごと) 준비 작업, 下取(したど)り 보상 판매를 함께 외워주세요.

台無し	だいなし	엉망, 쓸모없음 =めちゃくちゃ, ふい, パー
堂々巡り	どうどうめぐり	겉돌기
値打ち	ねうち	가치 =真価(しんか), 価値(かち)
根回し	ねまわし	사전공작 =下準備(したじゅんび), 裏工作(うらこうさく)
延べ	のべ	합계, 총계 =合計(ごうけい)
励み	はげみ	격려 =後押(あとお)し, 支(ささ)え
貼り紙	はりがみ	포스터
日取り	ひどり	택일 [참고] 日焼(ひや)け 썬탠
誉れ	ほまれ	명예, 좋은 평판
恵み	めぐみ	은혜, 혜택 =恩恵(おんけい), 救(すく)い
横ばい	よこばい	보합, 정체 =頭打(あたまう)ち, 足踏(あしぶ)み, 低迷(ていめい)
夜更かし	よふかし	철야 [참고] 夜更(よふ)け 심야 =深夜(しんや), 真夜中(まよなか)
割り当て	わりあて	할당 =取(と)り分(ぶん), ノルマ

중요도 ★

시나공법 따라잡기 | 고득점을 위한 고유명사와 복합명사

当たり障り	あたりさわり	지장 =支障(ししょう), 不都合(ふつごう)
一文無し	いちもんなし	빈털터리 =金欠(きんけつ), 無一文(むいちもん), すっからかん
うさ晴らし	うさばらし	기분전환 =気晴(きば)らし, 息抜(いきぬ)き
うろ覚え	うろおぼえ	희미한 기억
大詰め	おおづめ	대단원, 막판 =土壇場(どたんば), 追(お)い込(こ)み, 仕上(しあ)げ

 강의실 생중계!

01 원래는 신도나 승려가 소원을 빌면서 탑 주위를 도는 모습에서 기인하여 '똑같은 일을 반복해서 계속하는 것'을 뜻하게 되었습니다. 우리말로는 '다람쥐 쳇바퀴 돌 듯하다'에 해당됩니다. 사고(思考)나 토론 등이 겉돌기만 할뿐 조금도 진전이 없다는 의미로 자주 쓰입니다.

02 일능시에서 출제되었던 頭打(あたまう)ち와 같은 뜻이라서 출제가능성이 높습니다. '시세가 크게 변동하지 않고 있는 상태'를 나타내는 말로, 조금 어려운 말로는 保(も)ち合(あ)い '보합'이라고 합니다. 경제 이야기를 할 때 자주 등장하는 3가지 표현을 꼭 기억해둡시다. 横(よこ)ばい状態(じょうたい)=頭打(あたまう)ち状態=足踏(あしぶ)み状態

及び腰	およびごし	엉거주춤한 자세
御の字	おんのじ	감지덕지 =結構(けっこう), ありがたいこと
買い被り	かいかぶり	과대 평가 =過大評価(かだいひょうか)
駆け落ち	かけおち	도피 행각 =逃(に)げること, 家出(いえで)
肝いり	きもいり	주선 =斡旋(あっせん)
草分け	くさわけ	개척자, 창시자 =元祖(がんそ), 先駆(さきが)け, パイオニア
子供だまし	こどもだまし	뻔한 속임수 =見(み)えすいた手(て), こけおとし
筋合い	すじあい	도리, 관계
すったもんだ		옥신각신, 분규 =騒(さわ)ぎ, もめごと, ごたごた
高望み	たかのぞみ	분에 넘치는 소망
たるみ		쳐짐, 해이해짐 =ゆるみ, 怠惰(たいだ), マンネリ化(か)
宙返り	ちゅうがえり	공중제비
てんてこまい		정신없이 바쁨, 눈코뜰새 없이 바쁨 =大(おお)いそがし
二の次	にのつぎ	나중, 두 번째 =二番目(にばんめ), 後回(あとまわ)し
畑違い	はたけちがい	문외한 =専門外(せんもんがい), 素人同然(しろうとどうぜん)
早引き	はやびき	조퇴
張り合い	はりあい	경쟁, 의욕
秒読み	びょうよみ	초읽기, 최종국면 =最終段階(さいしゅうだんかい), カウントダウン
胸騒ぎ	むなさわぎ	(걱정이나 불길한 예감 등으로) 가슴이 두근거림
目盛り	めもり	눈금 =表示(ひょうじ), メーター
申し込み	もうしこみ	신청
もくろみ		계획, 의도 =計画(けいかく), たくらみ

강의실 생중계!

01 의미 파악에 상당히 애를 먹는 단어입니다. 의미 파악이 어려운 단어는 예문과 함께 기억하지 않으면 절대 외워지지 않습니다. 筋合(すじあ)い는 '도리'라는 의미보다는 '확실한 이유나 근거가 있는 관계'라는 뜻으로 더 많이 쓰입니다. 이 예문 하나만 기억하세요.
ᅠ예 頼(たの)まれる筋合いはない (부탁을 들어줄 관계가 아니라는 의미에서) 부탁을 들어줄 이유는 없다.

02 申(もう)し込(こ)み, 申(もう)し出(で), 申(もう)し分(ぶん)의 의미 구별을 해볼까요? 같은 어간을 가진 단어들은 따로따로 외우면 암기 효과가 떨어집니다. 비교해서 외워봅시다. 申(もう)し込(こ)み는 '(예약이나 가입, 등록, 결혼 등의) 신청'을 말하며, 申(もう)し出(で)는 '(의견·희망 등을) 자청하여 말하는 것이나 그 내용'을 가리키므로 보통 '제의'라고 해석하는 경우가 많습니다. 申(もう)し分(ぶん)은 '할말, 주장'의 뜻으로 言い分(ぶん), 不満(ふまん), 文句(もんく)와 같습니다. 申(もう)し分(ぶん)のない는 '나무랄데 없다'라는 뜻의 중요한 관용표현이니까 꼭 외워주세요.

持ち味	もちあじ	제맛, 독특한 취향 =趣(おもむき), 個性(こせい)
持ち切り	もちきり	자자함 =大評判(だいひょうばん), 大騒(おおさわ)ぎ
物入り	ものいり	돈, 비용이 많이 듦 =出費(しゅっぴ), コスト
やせ我慢	やせがまん	오기, 점잔 =意地(いじ), 強(つよ)がり
焼き物	やきもの	도자기
行く末	ゆくすえ	장래 =将来(しょうらい), 先行(さきゆき)
善し悪し	よしあし	좋고 나쁨
詫び	わび	사죄 =謝罪(しゃざい), 謝(あやま)り

강의실 생중계!

01 将来(しょうらい)와 未来(みらい)의 차이를 알아볼까요? 将来는 '10~20년 정도의 앞날'을 가리키는 말로, 자신의 노후 생활 등 신변적이고 개인적이며 구체적인 느낌을 줍니다. 未来는 지구의 미래처럼 좀 더 넓은 시야로 문제를 추상적으로 파악하는 경우에 사용됩니다. 그럼, 勉強しないと、(   )ろくな人間になれないよ에는 무엇이 들어갈까요? '공부 안 하면 앞으로 제대로 된 인간이 될 수 없다'는 뜻이니까 将来를 써야 맞습니다.

시나공법 06 적중 예상 문제

問題1 ＿＿＿＿の言葉の読み方として最もよいものを、1・2・3・4の中から一つ選びなさい。

01 幸いにも人員削減の勢いは下半期には衰えを見せた。
　　1 かまえ　　　2 さしつかえ　　　3 おとろえ　　　4 おぼえ

02 穀物が中心であるため肥満や栄養の偏りという問題が生じることもある。
　　1 へんり　　　2 かたより　　　3 とどこおり　　　4 あたり

03 乳がんの検診は半年ごとに受けているが、幸い、再発の兆しはない。
　　1 きざし　　　2 ちょうし　　　3 とうし　　　4 おそし

04 できればおこづかい程度でも稼げたら御の字だと思う。
　　1 みのじ　　　2 このじ　　　3 おんのじ　　　4 ごのじ

05 生きていればあらぬ不意の災いが降りかかることもあります。
　　1 わかない　　　2 わざわい　　　3 あきない　　　4 あらそい

06 授業中の教室の窓越しに火事を見つけた時は、胸騒ぎを覚えた。
　　1 むねさわぎ　　　2 むなさわぎ　　　3 ぎょうそうぎ　　　4 きょうそうぎ

問題2 （　　）に入れるのに最もよいものを、1・2・3・4・の中から一つ選びなさい。

01 医療を提供する側と受ける側が一緒に、コミュニケーションの（　　）を考える。
　　1 対応　　　2 あり方　　　3 対決　　　4 やり方

02 （　　）でものを言う気まぐれな上司に振り回されるのもこりごりだ。
　　1 思いつき　　　2 思いやり　　　3 思い上がり　　　4 思いあたり

03 今日の公開授業のため、入念な(　　　)をした。
　　1 申し出　　　　2 見通し　　　　3 手がかり　　　　4 下調べ

04 マラソンでは特に勝ちをあきらめない(　　　)が大事になる。
　　1 むすび　　　　2 ねばり　　　　3 はげみ　　　　4 はずみ

問題4 次の言葉の使い方として最もよいものを、1・2・3・4の中から一つ選びなさい。

01 言い訳
　　1 私は、過去の発言に対して言い訳をするつもりはない。
　　2 足がつる言い訳について先生に教えてもらった。
　　3 今に至った言い訳を詳しく調べる方針だ。
　　4 どんな言い訳の手紙かによって書き方が違う。

02 顔負け
　　1 試合ごとに、顔負けに一喜一憂していたら体がもたない。
　　2 片足で立ったりするそのロボットは人間顔負けの動きを見せた。
　　3 この犬は一見顔負けだが、見れば見るほどかわいくなる。
　　4 緊張で全身がこわばり、顔負けが怖い。

03 言い分
　　1 上司に対する言い分が生意気だということで、指摘された。
　　2 公正に判断するために、両者に言い分させた。
　　3 彼はまったく言い分な人なので、好感が持てない。
　　4 約束を守らなかったことについてどんな言い分があるのか。

04 取り柄
　　1 わたしにはこれといった取り柄もない。
　　2 政府と野党が取り柄して、法案を通すことにした。
　　3 現金の取り柄には細心の注意を払うように。
　　4 学内での暴力に対して取り柄が強化された。

가타카나어

시나공법 07

가타카나어는, 2003년부터 문제 유형2, 문맥 규정 문제에서 2문제 이상 출제되고, 문제 유형4의 용법 문제에도 난이도 있는 문제가 출제되고 있을 정도로 주목받고 있습니다. 실제 생활에서 자주 사용하는 말이 출제되므로, 커뮤니케이션 과제 수행에 있어서 소홀히 해서는 안 됩니다.

기존의 일능시 출제 기준의 가타카나들은 너무 쉬웠기 때문에 특별히 공부할 필요가 없다는 인식이 지배적이었지만, 새로운 일능시의 N1의 난이도가 높아지면 가타카나어도 상당부분 어려운 단어들이 출제될 것으로 예상됩니다.

시험에 이렇게 나온다!

問題4 次の言葉の使い方として最もよいものを、1・2・3・4の中から一つ選びなさい。

フィット
1 お客さんが来るので、テーブルのフィットをした。
2 それは裁判官にフィットしない行いだと思う。
3 水着をお考えなら、フィットするものをご購入ください。
4 彼女はすぐ環境にフィットしたようだ。

해석 몸에 꼭 맞음
 1 손님이 오기 때문에 테이블의 フィット를 했다.
 2 그것은 재판관에게 フィット하지 않는 행위라고 생각한다.
 3 수영복을 생각하신다면, フィット하는 것을 구입해주세요.
 4 그녀는 금방 환경에 フィット한 것 같다.

해설 フィット는 '몸에 꼭 맞음, 몸에 딱 어울림'이라는 의미입니다. 3번을 제외하고는 해석에서 우선 자연스럽지 못합니다. 그럼 1, 2, 4번의 フィット 부분에는 어떤 단어들이 들어가야 할까요? フィット가 아니라면 어떤 단어가 맞는지 찾아가는 과정을 통해서 실력이 향상됩니다.
1번은 セッティング '셋팅'이 들어가야 합니다.
2번은 '~에게 있어서는 안 되는'이란 N1 문형인 ~あるまじき가 적합합니다.
4번의 경우에는 문맥상 '환경에 적응했다, 융화되었다'가 자연스럽기 때문에 溶(と)け込(こ)んだ, 適応(てきおう)した 등이 어울립니다.
이렇게 답만 고르는 것이 아니라 답이 아닌 문항에 맞는 단어를 찾아내는 연습도 꾸준히 해야 합니다!

어휘 お客(きゃく)さん 손님 | 裁判官(さいばんかん) 재판관 | 水着(みずぎ) 수영복 | 購入(こうにゅう) 구입 | 環境(かんきょう) 환경

정답 3

문제 유형 분석을 꼭 살펴보세요!

가타카나어는 문제 유형 2, 3, 4에 출제됩니다.

특히 단어의 올바른 쓰임을 묻는 용법 문제의 경우, 출제 단어의 정확한 해석에 근거하여 품사가 무엇인지도 생각하는 여유를 가지기 바랍니다. する를 붙인다고 해서 모두 동사가 되고, な를 붙인다고 해서 전부 な형용사로 활용되는 것은 아닙니다. 또 가타카나어도 다른 일반 명사처럼 한 가지의 의미만 있는 것이 아닙니다. 예를 들어, クール의 경우에도 '차갑다' 이외에 '냉철하다, 연연하지 않는다' 등의 다양한 의미로 사용됩니다. 따라서 항상 예문을 통해 어휘마다 갖고 있는 다양한 의미를 주의 깊게 살펴보는 습관이 필요합니다.

중요도 ★★★

시나공법 따라잡기 — 시험에 꼭 나오는 가타카나어

우리말과 일본어를 가려가면서 학습해보세요.

기	ウイルス	바이러스
	エアコン	에어컨 =クーラー
기	エレガント	우아한 =優雅(ゆうが)な, 上品(じょうひん)な
기	オーバー	외투, 과장 =コート, 大(おお)げさ
	オープン	오픈
기	ガレージ	차고 =車庫(しゃこ)
기	カンニング	커닝(시험 때의 부정 행위)
기	キャリア	경력, 경험 =経歴(けいれき), 経験(けいけん)
	ケア	보살핌 =手当(てあ)て, 介護(かいご)
	ケース	용기, 경우 =入(い)れ物(もの), 場合(ばあい)
01	コーナー	코너
기	コミュニケーション	의사소통
기	サイズ	사이즈, 크기
기	ジャンル	장르
02 기	ショック	충격 =衝撃(しょうげき), ダメージ
기	スタイル	스타일
기	スペース	공간 =空間(くうかん), 余地(よち)
03 기	セレモニー	의식 =儀式(ぎしき), 式典(しきてん)
	センス	센스 =感覚(かんかく), 素質(そしつ)
	ソフト	부드러움 =柔(やわ)らかい, マイルドな
	タイトル	제목, 타이틀 =外題(げだい)
	タイミング	타이밍 =瞬間(しゅんかん), 頃合(ころあ)い
	チャンス	기회 =機会(きかい), 好機(こうき)

 강의실 생중계!

01 일능시에서는 출제되지 않지만 JPT를 준비하는 분들이라면 어디에 장음이 들어가는지도 꼼꼼히 공부해야 합니다. 장음이 들어가는지 안 들어가는지는 영어 원음에 의해 결정되는 경우가 많기 때문에 'er'이 장음임을 기억하셔야 합니다.

02 2001년에 용법 문제로 출제되었던 단어입니다. 보기 중에서 집에 도둑이 들어왔다는 것을 알고 ショックした라는 문장이 있었습니다. 어디가 틀렸을까요? ショック는 ~する를 붙여 동사가 될 수 없습니다. ショックを受(う)ける라고 표현해야 맞습니다.
또, 근처에 벼락이 떨어져서 엘리베이터가 ショック中(ちゅう)라고 표현한 문장도 있었습니다. 사물이 충격을 받을 때는 ショック를 쓰지 않습니다. 故障中(こしょうちゅう)라고 해야 맞습니다. 활용면에서 실수하지 않도록 조심하세요.

03 문제 유형2 즉 어휘 선택, 문맥 규정 문제로 출제되었습니다. 創立(そうりつ)50周年を祝(いわ)う記念(きねん)の(　　)が行われた라는 문장의 괄호 안에 들어갈 어휘를 고르는 문제였습니다. '창립 50주년을 축하하는 기념 (　　)이 열렸다'에서 괄호 안에는 '의식, 식전'이란 의미의 セレモニー가 들어가야 맞습니다.

[기] データ	데이터	
[기] デザート	디저트	
[기] デザイン	디자인	
01 トラブル	문제 =問題(もんだい), 不都合(ふつごう), いざこざ	
[기] ナンセンス	넌센스	
バランス	균형 =均衡(きんこう), 釣(つ)り合(あ)い	
02 ファイト	투쟁심, 투지	
[기] ファッション	패션	
[기] フォーム	폼, 형식, 양식	
フロント	프론트 =受付(うけつけ)	
ベスト	최선, 최상급 =最善(さいぜん), この上(うえ)ない	
ベテラン	베테랑 =強者(つわもの), 職人(しょくにん)	
03 [기] ボイコット	보이콧	
ポイント	지점, 득점, 요점 =地点(ちてん), 要点(ようてん)	
04 マスコミ	매스컴	
マナー	매너 =エチケット	
[기] ムード	무드, 분위기	
メーカー	메이커, 제조업자 =製造会社(せいぞうがいしゃ), 生産会社(せいさんがいしゃ)	
メロディー	멜로디 =旋律(せんりつ), 調(しら)べ(가락)	
モラル	도덕, 윤리 =道徳(どうとく), 良識(りょうしき)	
[기] ユーモア	유머	
ユニーク	특이함, 독특함 =独特(どくとく)	
ライバル	라이벌, 경쟁자	

 강의실 생중계!

01 형태적인 특징 때문에 トラブル, トラベル, トラウマ가 보기로 같이 제시되는 경우가 많습니다. 비슷하게 생겨서 착각을 일으킬 수 있으니 조심해야 합니다. トラブル는 '문제', トラベル는 '여행', トラウマ는 '정신적 외상'을 의미하니까 혼동하지 마세요.

02 ファイト는 적극적으로 싸우려고 하는 마음자세나 투지를 뜻합니다. 그래서 ファイトのあるよい選手(せんしゅ)라고 하면 '투지가 있는 좋은 선수'라는 의미가 됩니다. 주요 표현으로는 ファイトが湧(わ)く 투지가 솟아나다, ファイトを燃(も)やす 투지를 불태우다가 있습니다.

03 2004년에 용법 문제로 출제되었습니다. ボイコット의 정확한 의미를 알아야 풀 수 있는 문제였는데요. ボイコット라는 것은 불매운동이나 일정 목적을 위해 특정 사람이나 모임의 참가를 공동으로 배척하거나 거부하는 일을 말합니다. 따라서 자신이 바쁘기 때문에 건강검진을 ボイコット하거나, 감기에 걸려서 회사를 ボイコット한다는 것은 잘못된 표현입니다. 예를 들어, 교사에게 불만이 있어서 학생들이 뜻을 모아 수업을 거부하는 경우에 수업을 ボイコット하다라고 표현할 수 있습니다.

04 マスコミ와 メディア는 혼동하기 쉽습니다. 해석할 때 マスコミ는 매스컴, メディア는 미디어라고 하면 됩니다. 좀 더 구체적으로 설명해보면, メディア는 신문, 잡지, 라디오 등 대중에게 정보나 지식을 전달하는 매체를 말합니다. 그런 メディア를 수단으로 대중에게 전달하는 일을 マスコミ라고 하는 것입니다.

기	リード	리드
기	ルーズ	느슨함, 애매함 =いい加減(かげん), 無責任(むせきにん)
	レッスン	레슨 =教(おし)え, おけいこ
기	レベル	레벨
기	ロマンチック	로맨틱

중요도 ★★

시나공법 따라잡기 — 합격을 위한 가타카나어

アクセス	접속, 교통수단 =利便性(りべんせい), 交通手段(こうつうしゅだん)
アピール	어필, 호소 =訴(うった)える, 売(う)り込(こ)む
アマチュア	아마추어
アレルギー	알레르기
インフレ	인플레이션 =景気(けいき)の加熱(かねつ), バブル
エスカレート	에스컬레이터, 격화
カルテ	진료기록
ガイドブック	가이드북 =案内書(あんないしょ), 手引書(てびきしょ)
クール	차가움, 냉철함 =冷(つめ)たいこと, 冷静(れいせい)
グッズ	상품
クリア	뚜렷함, 명석함, 어떤 일을 끝냄 =明瞭(めいりょう), 解決(かいけつ)
クレジット	크레디트, 신용

강의실 생중계!

01 영어의 loose에서 온 가타카나어입니다. 예전에 ルーズソックス가 유행했었는데, 헐렁하게 늘어져 보이는 긴 양말을 일컫는 말이었습니다. 요즘 자주 쓰이는 ルーズ는 '칠칠치 못하고 느슨하다'라는 의미입니다. 꼭 기억해야 할 것은 な형용사로 활용한다는 점입니다.
  예 ルーズな生活。 느슨한 생활.
     時間にルーズな人。 시간개념이 없는 사람.

02 '에스컬레이터'의 의미 이외에 '(어떤 일의 규모나 정도가) 단계를 거쳐 확대되거나 격화되는 것'을 의미하는 경우가 있습니다. 이때는 する를 붙인 동사형으로 활용되는 경우가 많습니다. 회화에서도 상당히 많이 쓰는 표현이니까 꼭 기억해두세요.
  예 争(あらそ)いがエスカレートする。 분쟁이 격화되다.

03 시원할 때와 차가운 느낌을 주는 인상을 표현할 때, 또는 '멋있다'는 의미로 사용됩니다. 그리고 '냉정한 반응을 보이다'는 クールな반응(はんのう)を見せる로 표현할 수 있습니다. クールな反応이란 구체적으로 어떤 것일까요? 일본어로 표현하면 事(こと)も無(な)げに思う 아무렇지 않게 생각하다, 動揺(どうよう)しない 동요하지 않는다, こだわらない 연연하지 않는다가 됩니다.

コメント	견해, 의견 =発表(はっぴょう), 見解(けんかい)	
コンタクト	접촉, 콘택트렌즈	
コンテスト	콘테스트, 경기 =競技(きょうぎ), コンクール	
コントロール	조정 =制御(せいぎょ), 統率(とうそつ),	
スキル	스킬, 기술 =能力(のうりょく), 技術(ぎじゅつ)	
スケジュール	스케줄, 일정 =日程(にってい), 計画(けいかく)	
ステージ	무대 =舞台(ぶたい)	
シェア	점유율, 공유 =市場(しじょう), 占有率(せんゆうりつ), 共有(きょうゆう)	
シック	멋지다, 세련되다 =上品(じょうひん)だ, 粋(いき)だ	
スト(ストライキ)	파업 =労使紛争(ろうしふんそう)	
セクハラ	성추행	
ターゲット	타겟, 표적, 목표 =的(まと), 狙(ねら)い	
タイムリー	때맞춤, 시기적절함 =的確(てきかく)な	
チャンネル	채널	
ツアー	투어, 여행	
デフレ	디플레이션 =不況(ふきょう), 不景気(ふけいき)	
01 デリケート	섬세함, 민감함 =繊細(せんさい), 微妙(びみょう)	
トーン	(목소리의) 톤 =語調(ごちょう), 口調(くちょう)	
02 トレンド	트렌드, 유행	
ドライ	무미건조한 =味(あじ)わいのない, クールな	
ドリル	드릴, 반복 연습	
ニュアンス	뉘앙스 =意味合(いみあ)い, あや	
ノルマ	할당량	
バッジ	배지	
ピンチ	위기 =危機(きき), 瀬戸際(せとぎわ), 絶体絶命(ぜったいぜつめい)	

 강의실 생중계!

01 デリケート는 '감정이 섬세하고 예민하다'라는 뜻입니다. デリケートな問題라고 하면, 경우에 따라 일촉즉발의 상황이 될 수도 있는 '민감한 문제'라는 의미가 되고, デリケートな性格라고 하면 '섬세해서 상처받기 쉬운 성격'이라는 뜻이 됩니다. 유의어인 微妙(びみょう)는 微妙な問題는 맞는 표현이지만 微妙な性格는 틀린 표현입니다.

02 トレンド는 복장이나 말, 사상 등 어떤 양식이나 풍속이 일시적으로 붐을 일으켜 세상에 널리 퍼지는 유행을 뜻합니다. 하지만 トレンド에는 질병 등이 급속한 기세로 퍼지는 유행의 의미도 있습니다. 또 トレンド는 する를 붙여서 동사로 활용할 수 있다는 것도 잊지 마세요.
예) ミニスカートがトレンドする。 미니스커트가 유행하다.

フォロー	지원, 도움 (~する의 형태로 쓰임)
ブーム	붐 =すごい人気(にんき), 流行(りゅうこう)
プライバシー	프라이버시
ポジティブ	긍정적임 =肯定的(こうていてき), 積極的(せっきょくてき), 前向(まえむ)き
マニュアル	매뉴얼, 사용(취급) 설명서 =説明書(せつめいしょ), 取扱書(とりあつかいしょ)
マンネリ	매너리즘 =ワンパターンの, 代(か)わり映(ば)えしない
メッセージ	메시지
レート	레이트, 비율 =率(りつ), 歩合(ぶあい)
レシート	영수증
ローン	대출 =貸(か)し付(つ)け

중요도 ★

시나공법 따라잡기 고득점을 위한 가타카나어

アイドル	아이돌 =スター, ヒーロー, 人気者(にんきもの)
アンカー	닻, 릴레이의 마지막 주자, 앵커
アンコール	앵콜
インターン	인턴, 실습생 =医者(いしゃ)の卵(たまご), 見習(みなら)い
インチキ	속임, 사기, 가짜 =偽(いつわ)り, 詐欺(さぎ)
インフルエンザ	인플루엔자
カテゴリー	카테고리, 범위 =範囲(はんい), 部門(ぶもん)
カリスマ	카리스마 =権威(けんい), 存在感(そんざいかん)
キャスター	조그만 바퀴, 뉴스 진행자
キャッシュ	현금
キャッチ	잡음, 포착함 =受(う)け取(と)り, つかみ

01 レシート와 領収書(りょうしゅうしょ) 모두 '영수증'이라는 뜻인데, レシート는 주로 편의점이나 슈퍼에서 계산하고 나서 받게 되는 품목이 적인 하얀 종이를 가리키고, 領収書(りょうしゅうしょ)는 회사 등의 회계 처리를 위해 필요한 영수증 양식으로 끊는 종이를 말합니다.

02 얼마 전 세계적으로 대유행한 '신종 플루'는 일본어로 新型(しんがた)インフルエンザ라고 합니다. 참고로 알아두세요.

キャンセル	취소 =取(と)り消(け)し, 見合(みあ)わせ
クライアント	고객 =顧客(こきゃく), ひいき, 得意先(とくいさき)
ゲレンデ	스키 연습장, 암벽타기 연습장
コマーシャル	(상업) 광고
コンセプト	기본 개념 =中心(ちゅうしん)テーマ, 方針(ほうしん)
コンテンツ	콘텐츠, 내용 =中身(なかみ), 内容(ないよう)
コントラスト	대조, 대비 =違(ちが)い, 対比(たいひ), 対照(たいしょう)
コンパクト	간편하고 알참
シニカル	냉소적인 =皮肉(ひにく)な, 冷(ひ)ややかな
シフト	(위치의)이동, (근무체제 등의)변경, 전환
ソース	소스, 근원, 출처 =出(で)どころ, 情報源(じょうほうげん)
デコレーション	장식

デマ	헛소문, 유언비어 =中傷(ちゅうしょう), でっち上(あ)げ
デリバリー	배달 =出前(でまえ)
トレーニング	훈련 =訓練(くんれん), 練習(れんしゅう)
ナイーブ	순진하다, 천진난만하다 =無邪気(むじゃき)だ, 純粋(じゅんすい)だ
ナンセンス	넌센스 =不合理(ふごうり), へりくつ, ばかばかしい
ネガティブ	부정적인 =否定的(ひていてき), 消極的(しょうきょくてき)
ネック	목, 난관 =首(くび), 障害(しょうがい)
ビジョン	비전 =未来像(みらいぞう), 青写真(あおじゃしん)
ピリオド	종지부 =終(お)わり, 終止符(しゅうしふ)
バッテリー	배터리, (야구에서) 한 팀의 투수와 포수
パニック	패닉, 공황 =動転(どうてん), 動揺(どうよう)

강의실 생중계!

01 ドタキャン라는 말이 있습니다. 土壇場(どたんば) 막바지, 막판과 キャンセル 취소의 합성어로, 약속이나 신청, 계약 등을 직전에 취소하는 일을 말합니다. 이 말은 갑자기 취소하는 쪽에서 쓰는 것이 아니라 취소를 당하는 쪽에서 원망을 담아 쓰는 말입니다. ドタキャン을 해서 남을 곤란하게 만드는 일은 하지 말아야겠죠?

02 보통 소문이라고 하면 うわさ를 떠올리게 됩니다. うわさ는 좋은 소문과 나쁜 소문을 모두 말하지만, デマ는 주로 나쁜 소문이나 유언비어를 뜻합니다. 비슷한 발음인 デモ 데모는 항의 집회나 시위를 의미하니까 혼동하지 마세요.

バリアフリー　　　　　　　장벽이 없음 ＝障壁(しょうへき)なし
プレッシャー　　　　　　　압박, 부담 ＝ストレス, 圧力(あつりょく)
ポーズ　　　　　　　　　　자세
ポジション　　　　　　　　위치, (직무상의) 지위, 부서
リアルタイム　　　　　　　실시간 ＝実時間(じつじかん), 即時(そくじ)
 リコール　　　　　　　　　리콜
リサーチ　　　　　　　　　리서치
リリース　　　　　　　　　신발매 ＝新発売(しんはつばい), 売(う)り出(だ)し
レギュラー　　　　　　　　정규 선수, 고정 출연자

01 バリア一는 '장벽, 방벽'의 의미입니다. 그런 장벽으로부터 자유로워진다는 것이 バリアフリー입니다. 우리말 사전에는 설명이 없지만 너무나 많이 쓰이는 단어입니다. 즉 장애우나 고령자가 생활함에 있어서 불편함이 없도록 상품을 만들거나 공간을 설계하는 것인데, 임산부나 아이를 데리고 외출하는 사람들에게도 편리함을 줍니다.

02 신문에 상당히 자주 나오는 외래어입니다. 결함이 있는 제품을 제조업자가 회수해서 무상으로 고쳐주는 것을 가리키는 말이고, 정치적 용어로 쓰일 경우에는 '국민 소환제'의 의미입니다.

시나공법 07 적중 예상 문제

問題2 (　　　)に入れるのに最もよいものを、1・2・3・4の中から一つ選びなさい。

01　最近の(　　　)は車を入れるだけでなくアトリエや工房としても使われている。
　　1 ガレージ　　　2 ステージ　　　3 スチーム　　　4 スペース

02　安いブランドでありながらも品のいい(　　　)な服はいくらでもある。
　　1 ナンセンス　　2 エレガント　　3 センシティブ　　4 デコレーション

03　オープン以来、入館50万人を達成し、記念(　　　)が行われました。
　　1 トレーニング　2 タイミング　　3 セレモニー　　4 キャンセル

04　太鼓の音で祭りの(　　　)が一層盛り上がると、血が騒ぎだした。
　　1 チーム　　　　2 ポーズ　　　　3 リード　　　　4 ムード

05　新型(　　　)の初期症状としては頭痛、高熱、悪寒、筋肉痛などが挙げられる。
　　1 インフルエンザ　2 ドライブイン　3 サプリメント　4 セキュリティ

06　制限速度を5キロ(　　　)して走行していたことによる事故だった。
　　1 インパクト　　2 アップ　　　　3 オーバー　　　4 ジャンプ

07　お互いの理解の足りなさが交渉の(　　　)になっていて、うまく事が運ばない。
　　1 バランス　　　2 ネック　　　　3 トラウマ　　　4 トラベル

08　全く新しいコンセプトにもとづいて開発された(　　　)で独創的なモデルの自動車が展示された。
　　1 フリー　　　　2 レギュラー　　3 ユニーク　　　4 ジャンル

問題3 ＿＿＿＿の言葉に意味が最も近いものを、1・2・3・4の中から一つ選びなさい。

01　業界をリードする企業は、失敗することを決しておそれない。
　　　1 おもんじる　　　2 いたわる　　　3 さきがける　　　4 ひきつける

02　製品にトラブルがあった場合は、なるべくすみやかに対応すること。
　　　1 なぞなぞ　　　2 不具合　　　3 いざこざ　　　4 不器用

03　指先のコントロールを支えているのは、実は肩や背中の筋肉である。
　　　1 調節　　　2 運営　　　3 指揮　　　4 抑制

04　自分が準備を整えていることを監督にアピールしないといけない。
　　　1 施さないと　　　2 責めないと　　　3 訴えないと　　　4 促さないと

05　付き合っている彼女はとてもナイーブな人で、ことあることに傷付いてしまう。
　　　1 まえむき　　　2 繊細　　　3 したたか　　　4 内気

06　お年寄りやケアをする人たちからは手間を省ける品が喜ばれる。
　　　1 介護　　　2 ふざけ　　　3 冒険　　　4 きがね

07　時間にルーズな彼女には待ち合わせ時間を1時間前にしておく。
　　　1 あかるい　　　2 のうてんきな　　　3 こまかい　　　4 いいかげんな

08　仕事上の情報をタイムリーに漏れなく収集できれば助かるのに。
　　　1 当面　　　2 的確　　　3 適当　　　4 即座

問題4 次の言葉の使い方として最もよいものを、1・2・3・4の中から一つ選びなさい。

01　ショック
　1 オイルショックの影響で業績が下がった。
　2 あの人は美人だが、声が悪いのが玉にショックだ。
　3 息子の死は彼にとってひどいショックした。
　4 客が多くて仕事にショックを来した。

02　ボイコット
　1 手紙の返事を書くのを数日ボイコットした。
　2 その会社の製品をボイコットするつもりだ。
　3 ボイコットな女の子って中身は正反対の場合が多い。
　4 天気がとてもよかったので、授業をボイコットした。

03　デリケート
　1 デリケートしたとき、お金を払ってください。
　2 患者は痛みのせいで、デリケートになったりする。
　3 彼女はデリケートな神経の持ち主だ。
　4 芸術的なデリケートがいい学生だ。

04　コンパクト
　1 読みやすくするためにレポートをコンパクトしてあります。
　2 今年もっともコンパクトのあった本を紹介する。
　3 彼らとコンパクトをとろうとしているのだ。
　4 いつでも取り出して使えるコンパクトなカメラがほしい。

05 シック
1 ずいぶんシックな人だと冷笑された。
2 彼女は服をシックに着こなしている。
3 今日はいかにもシックな天気に恵まれた。
4 シックなもので、彼を見ると急に元気が出た。

06 クリア
1 時間がなくて朝ごはんは軽くクリアした。
2 地震で崩壊をクリアした家は村に1軒もなかった。
3 権利問題などクリアしなければならないことがある。
4 私のステレオはクリアの音質で録音できる。

07 トレンド
1 どうかトレンドを起こさないように学生に注意した。
2 彼は歌がトレンドで、一人で毎週カラオケに行くそうだ。
3 好きなように書けばいい、というのが最近のトレンドだ。
4 彼女は大げさに言うトレンドがある。

08 ナンセンス
1 税金をまじめに納める人がナンセンスを見る。
2 彼が急用で来られないというナンセンスがあった。
3 要求されている金額はナンセンスしている。
4 職員を減らすだけではナンセンスだ。

둘째마당 총정리 적중 예상 문제

問題1 ＿＿＿＿の言葉の読み方として最もよいものを、1・2・3・4の中から一つ選びなさい。

01 旬の野菜を使った献立を工夫して、風邪にも負けない体づくりを目指す。
　　1 こんだて　　2 けんりつ　　3 こんりつ　　4 けんだて

02 この大木の幹にさわると、家内円満や子宝に恵まれると地元では言われている。
　　1 たき　　2 のき　　3 かき　　4 みき

03 本場の職人と試行錯誤を重ねて完成させたという自慢の逸品だ。
　　1 もとじょう　　2 ほんじょう　　3 ほんば　　4 もとば

04 いずれにせよ、放送法の枠内で、NHKが国の予算を使えるように定められている。
　　1 わくない　　2 すいない　　3 わくうち　　4 いきうち

05 生活費に困り、知人のすすめで水商売へ。未知の世界に戸惑いを感じた。
　　1 とうわくい　　2 とまどい　　3 ためらい　　4 あてがい

06 この賞を励みに焦らないで、謙虚に修行していきたい。
　　1 このみ　　2 みこみ　　3 りきみ　　4 はげみ

07 年末年始に限り、夕暮れから明け方まで点灯する。
　　1 たぐれ　　2 たくれ　　3 ゆうぐれ　　4 ゆうくれ

08 汚れ防止のために、脱いだコートを裏返しにたたんで手にかけて持っている。
　　1 うらがえし　　2 うらかえし　　3 あとがえし　　4 あとかえし

問題2 （　　　）に入れるのに最もよいものを、1・2・3・4の中から一つ選びなさい。

01　あの画家は最後の(　　　)に2、3箇所手を入れて完成した。
　　1 しつけ　　　　2 しくみ　　　　3 仕上げ　　　　4 下取り

02　病院の協力を得て(　　　)や検査データなどを綿密にチェックしたそうだ。
　　1 ギブス　　　　2 カット　　　　3 トラウマ　　　4 カルテ

03　苦労は多いけれど、地域起こしのためを思うと、(　　　)がわいてくる。
　　1 ファイト　　　2 ベスト　　　　3 ポジション　　4 ショック

04　私は字が汚いので、文字をきれいに書く(　　　)があれば教えてほしい。
　　1 こっつ　　　　2 こつ　　　　　3 ばっつ　　　　4 ばつ

05　一人でも(　　　)なく入れる感じの雰囲気のお店を紹介してもらった。
　　1 気乗り　　　　2 気立て　　　　3 気付き　　　　4 気兼ね

06　付き合って半年の彼は喧嘩をすると、(　　　)目には別れるを連発する。
　　1 二言　　　　　2 小言　　　　　3 他言　　　　　4 伝言

問題3 ＿＿＿＿の言葉に意味が最も近いものを、1・2・3・4の中から一つ選びなさい。

01　人柄は正直よく分からないけれど、調理の腕前だけ見込んで採用した。
　　1 可能性　　　　2 二の次　　　　3 実力　　　　　4 二の腕

02　ライバル会社との競争に勝つために、部下にノルマを課す上司が多い。
　　1 打ち込み　　　2 受け入れ　　　3 持ち込み　　　4 割り当て

둘째마당 총정리 적중 예상 문제

03 自分が受け持った<u>クライアント</u>に会う時はいつも緊張する。
　　1 お惣菜　　　2 やまば　　　3 お得意　　　4 かたき

04 家族に引退の話を切り出す<u>頃合い</u>を見ているが、なかなか難しい。
　　1 期間　　　　2 度胸　　　　3 潮時　　　　4 相性

05 父の容態が悪くなってきたとのことで急いで駆けつけたら、今夜が<u>山場</u>だと言われた。
　　1 正念場　　　2 ピーク　　　3 大詰め　　　4 峠

06 ちょっとした言葉の<u>行き違い</u>から先生との関係がこじれてしまった。
　　1 交流　　　　2 やり取り　　3 誤解　　　　4 段取り

問題4 次の言葉の使い方として最もよいものを、1・2・3・4の中から一つ選びなさい。

01 品薄
　　1 なぜかあの女の人は全体的に<u>品薄</u>な気がする。
　　2 <u>品薄</u>な洋服でも工夫一つでいくらでもかわいく見せられる。
　　3 毎日行列が出来ていて、<u>品薄</u>な状態だという。
　　4 たくさん使うと<u>品薄</u>に見える言葉がある。

02 みどころ
　　1 手続きにかかる2週間以内を<u>みどころ</u>にしている。
　　2 この芝居は内容も舞台装置も<u>みどころ</u>いっぱいです。
　　3 ひっこし費用の<u>みどころ</u>をしてもらった。
　　4 笑っていても<u>みどころ</u>によらず深刻な状況だ。

03 モラル
1 人としてのモラルや愛情のかけらも見えない。
2 世界で最もモラルな企業に選ばれました。
3 問題の処理の仕方はモラルの余地がなかった。
4 その小説に出てくる医者は彼の父がモラルになっている。

04 クール
1 彼は作品の書き方も考え方もクールしていた。
2 人には言わせておいて自分は言わないなんて、クールだ。
3 悩みがあってもクールにふるまうことができますか。
4 思いのほか、彼はクール的な反応を見せた。

05 合間
1 どうしてもドアの合間から光が漏れてしまう。
2 今、大学の願書を出しても合間そうにない。
3 育児や家事の合間をぬって趣味の時間にしたりする。
4 磨きすぎると、歯の合間がだんだん大きくなる。

06 手入れ
1 詐欺などの犯罪で手入れたお金でおごるなんて。
2 行方不明の父をさがす手入れがほしいですが。
3 手入れに作れておいしいインスタント料理を教えて。
4 芝生の手入れをする時間もなく、雑草もはえ放題だ。

셋째마당

고득점을 위한 음독명사

시나공법 08 음독한자

시나공법 09 촉음한자

시나공법 10 청음한자와 탁음한자

시나공법 11 장음한자와 단음한자

음독한자

시나공법 08

한자의 음독을 확실히 알아두면 그 한자가 다른 한자와 합쳐져서 새로운 한자 어휘가 되어도 읽을 수 있는 응용력이 생깁니다. 예를 들어 抗争(こうそう) 항쟁이라는 한자의 음독을 알면, 다음에 抗議라는 단어의 한자 읽기 문제를 풀 때 도움이 됩니다. 抗争(こうそう)의 こう와 기초 명사인 会議(かいぎ)의 ぎ를 연결해서 こうぎ라고 읽게 되는 것입니다. 抗議(こうぎ)라는 한자를 몰랐다 하더라도 이미 알고 있는 음독을 이용해서 새로운 단어를 공짜로 알게 되는 셈이죠. 일본어 한자 읽기의 뼈대를 공부한다는 각오로 음독 한자를 마스터해 볼까요?

시험에 이렇게 나온다!

問題1 ＿＿＿＿＿の言葉の読み方として最もよいものを、1・2・3・4の中から一つ選びなさい。

風邪で、のどの奥のヒリヒリ感が取れなくて、結局耳鼻科に行った。

1 じひか　　　　2 じびか　　　　3 いひか　　　　4 いび

해석 감기로 목 안쪽의 따끔거림이 가시지 않아서 결국 이비인후과에 갔다.

해설 3글자로 된 한자의 음독 문제네요. 문맥에서 이비인후과를 유추할 수 있었을 텐데 과연 耳鼻의 발음은 무엇일까 고민되셨죠? 耳(みみ)의 음독은 'じ'입니다. 耳目(じもく) 이목, 주목도 함께 외워주세요. 鼻炎(びえん)에서처럼 鼻(はな)의 음독 발음은 'び'입니다. 그리고 원래 이비인후과의 정식 명칭은 耳鼻咽喉科(じびいんこうか)이지만 보통 耳鼻科(じびか)라고 줄여서 말합니다.

어휘 風邪(かぜ) 감기 | のど 목 | 奥(おく) 안, 구석 | ヒリヒリ感(かん) 따끔거림 | 結局(けっきょく) 결국

정답 2

중요도 ★★★

시나공법 따라잡기 | 시험에 꼭 나오는 음독한자

우리말과 일본어를 가려가면서 학습해보세요.

01

愛想	あいそ	붙임성
[기] 悪癖	あくへき	나쁜 습관
印鑑	いんかん	인감 (도장)
映像	えいぞう	영상
沿線	えんせん	연선
勘弁	かんべん	용서
驚異	きょうい	경이 =不思議(ふしぎ), ファンタジー

강의실 생중계!

01　愛想(あいそ)는 행동에 있어서 '붙임성'을 일컫는 말이며, '정나미'라는 의미도 있어서 愛想がつきる라고 하면 '정나미가 떨어졌다'는 뜻입니다. 비슷한 단어인 愛敬(あいきょう)는 애교를 의미합니다.

[기]	郷里	きょうり	고향 =故郷(ふるさと)
	降水	こうすい	강수
	荒廃	こうはい	황폐
01	告白	こくはく	고백
	巧妙	こうみょう	교묘
02	始末	しまつ	(나쁜) 결과, 자초지종, (뒷)처리
[기]	斜面	しゃめん	사면
	手芸	しゅげい	수예
	収益	しゅうえき	수익
03 [기]	充実	じゅうじつ	알참
	庶民	しょみん	서민
[기]	奨励	しょうれい	장려
	侵略	しんりゃく	침략
	診療	しんりょう	진료
	情熱	じょうねつ	정열
[기]	推進	すいしん	추진
	精巧	せいこう	정교
	整然	せいぜん	정연(가지런함)
[기]	繊維	せんい	섬유
	騒動	そうどう	소동
[기]	遭難	そうなん	조난

강의실 생중계!

01 告(こく)와 관련된 어휘를 알아봅시다.
告別式(こくべつしき) 고별식　　告訴(こくそ) 고소　　告発(こくはつ) 고발.
告白(こくはく)する '고백하다'라는 뜻인 告(こく)る라는 동사도 있는데, 주로 사랑을 고백하는 경우나 숨기고 있던 사실을 고백하는 경우에만 쓰는 속어입니다. 그밖에 告(つ)げる는 '알리다, 고하다'라는 뜻이므로 뉘앙스에 차이가 있습니다. 수사 드라마 등에 자주 등장하는 白状(はくじょう)는 '자백'이란 의미로 널리 사용됩니다.

02 始末(しまつ)는 갑자기 물어보면 잘 떠오르지 않는 단어입니다. 예문으로 알아볼까요?
　　甘(あま)やかすからあの始末だ。응석을 받아 주니까 저 모양(꼴)이다.
　　始末に負(お)えない子。다루기 힘든 아이.
이 두 가지 예문만 기억하면 만사형통입니다. '허술'이란 뜻의 不始末(ふしまつ)도 함께 알아둡시다.

03 한자 음을 그대로 읽어서 '충실'이라고 해석해 버리면, 의미에 혼동이 올 수 있습니다. 忠実(ちゅうじつ)도 '충실'이기 때문이죠. 充実(じゅうじつ)란 '(내용물이) 꽉 참, (내용이) 알차고 풍부함'이라는 의미입니다. 그래서 充実した日々는 '알찬 나날'이 되고, メンバーが充実する라고 하면 '멤버가 고루 갖추어지다'라는 의미가 됩니다. 이에 비해 忠実(ちゅうじつ)는 '(주어진 일에) 성실함'을 의미하거나 '(허위나 틀림이 없이) 정확함'을 뜻합니다.
　　忠実な部下(ぶか)。 성실한 부하.
　　忠実に再現(さいげん)する。 똑같이 재현하다.

기	秩序	ちつじょ	질서
	適宜	てきぎ	적당
기	反射	はんしゃ	반사
	封鎖	ふうさ	봉쇄
기	腐敗	ふはい	부패
	弁護	べんご	변호
기	変遷	へんせん	변천
기	有望	ゆうぼう	유망 참고 欲望(よくぼう) 욕망
	類似	るいじ	유사 참고 類推(るいすい) 유추, 衣類(いるい) 의류
	連中	れんちゅう	한패, 동료들 ＝顔触(かおぶ)れ, 一行(いっこう), 仲間(なかま)

중요도 ★★

시나공법 따라잡기 　합격을 위한 음독한자

階級	かいきゅう	계급
改良	かいりょう	개량
加勢	かせい	가세
化石	かせき	화석
刊行	かんこう	간행
危害	きがい	위해
給食	きゅうしょく	급식
脅迫	きょうはく	협박
傾斜	けいしゃ	경사
口述	こうじゅつ	구술
購読	こうどく	구독
根気	こんき	끈기

강의실 생중계!

01 우리는 직업을 나타내는 말로서 '사'를 붙입니다. 그럼 '士'와 '師'는 어떻게 가려서 붙여야 할까요? '士'는 학문이나 도덕 등을 겸비한 존경할 만한 인물에게 붙이기 시작했는데, 지금은 '전문적인 기술을 가진 사람'에게 붙입니다. 保育士(ほいくし) 보육사, 栄養士(えいようし) 영양사, 弁護士(べんごし) 변호사, 行政書士(ぎょうせいしょし) 행정서사처럼 말입니다.
그에 비해서 '師'는 '집단을 이끄는 사람'이나 '학문, 기예 등을 가르쳐 주고 통달한 사람'에게 붙입니다. 그래서 牧師(ぼくし) 목사, 宣教師(せんきょうし) 선교사, 教師(きょうし) 교사, 医師(いし) 의사에 사용됩니다. 하지만 '師'는 가끔 나쁜 사람에게도 사용되는데, 詐欺師(さぎし) 사기꾼이 그 예가 됩니다.

歯科	しか	치과
指揮	しき	지휘
修学	しゅうがく	학문을 닦음
消息	しょうそく	소식 =便(たよ)り, 知(し)らせ, 安否(あんぴ)
所持	しょじ	소지
新築	しんちく	신축
成熟	せいじゅく	성숙
青春	せいしゅん	청춘
聖書	せいしょ	성서
勢力	せいりょく	세력
促進	そくしん	촉진
損失	そんしつ	손실
団結	だんけつ	단결
着目	ちゃくもく	착목　[참고] 着陸(ちゃくりく) 착륙
中継	ちゅうけい	중계
抽選	ちゅうせん	추천
痛切	つうせつ	통절, 간절
転回	てんかい	회전　[참고] 転換(てんかん) 전환
同等	どうとう	동등　[참고] 同盟(どうめい) 동맹
冬眠	とうみん	동면, 겨울잠
念願	ねんがん	염원
敗戦	はいせん	패전

破棄	はき	파기　[참고] 破裂(はれつ) 파열, 放棄(ほうき) 포기
平常	へいじょう	평상
弁解	べんかい	해명
返還	へんかん	반환

 강의실 생중계!

01 치과 의사는 歯医者(はいしゃ)라고 하고, 외과의사는 外科医(げかい)라고 합니다. 진료 과목에 관련된 어휘를 알아볼까요?
整形外科(せいけいげか) 정형외과　　　形成外科(けいせいげか) 성형외과　　　皮膚科(ひふか) 피부과
眼科(がんか) 안과　　　放射線科(ほうしゃせんか) 방사선과　　　麻酔科(ますいか) 마취과

02 破棄(はき)와 廃棄(はいき)의 차이를 알아봅시다. '버리다'라는 의미는 비슷하지만, 破棄(はき)는 '찢어서 버린다'라는 의미이고, 廃棄(はいき)는 '무용지물로 만든다'는 뜻입니다. 즉 불필요한 것을 버린다는 뜻이죠. 또한 破棄(はき)에는 '(약속 등을) 깨다'라는 뜻도 있어서 契約(けいやく)을 破棄する와 같이 쓸 수 있습니다.
　예) 書類(しょるい)を破棄する。 서류를 찢어서 버리다.
　　　書類(しょるい)を廃棄する。 필요없어진 서류를 버리다.

崩壊	ほうかい	붕괴
未婚	みこん	미혼
理屈	りくつ	이치, 억지
利子	りし	이자 =利息(りそく)
旅客	りょかく	여객 참고 旅券(りょけん) 여권

중요도 ★

시나공법 따라잡기 | 고득점을 위한 음독한자

英字	えいじ	영자 (영어)
岩石	がんせき	암석
飢饉	ききん	기근
議題	ぎだい	의제
懸賞	けんしょう	현상
語彙	ごい	어휘
飼育	しいく	사육
刺繍	ししゅう	자수
質疑	しつぎ	질의
忍耐	にんたい	인내
談話	だんわ	담화
放心	ほうしん	(딴 일에 정신이 팔려) 멍함
夢想	むそう	몽상
唯一	ゆいいつ	유일

 강의실 생중계!

01 접두어 未는 동사적인 의미를 나타내는 한자에 붙어서 '아직 그것이 실현되지 못했다'라는 의미가 됩니다. 관련 어휘를 알아볼까요?
　　未知(みち) 미지　　　　　　未婚(みこん) 미혼　　　　　　未納(みのう) 미납
　　未定(みてい) 미정　　　　　未満(みまん) 미만　　　　　　未来(みらい) 미래
　　未確認(みかくにん) 미확인　未経験(みけいけん) 미경험　未発表(みはっぴょう) 미발표
　　未公開(みこうかい) 미공개　未完成(みかんせい) 미완성　未成熟(みせいじゅく) 미성숙
　　未成年(みせいねん) 미성년

02 한자음 그대로 '방심'으로 해석하면 곤란한 경우가 생깁니다. 우리가 흔히 말하는 '방심'은 油断(ゆだん)이라고 하기 때문이죠. 放心(ほうしん)은 반드시 예문을 통해서 그 쓰임을 익혀두어야 하는 한자입니다.
　　예 放心したように、外(そと)を眺(なが)める。 멍하니 밖을 바라보다.
　　또한 放心에는 '안심'이라는 뜻이 있다는 것을 기억해두면 좋습니다.
　　예 なにとぞご放心ください。 부디 안심해주세요.

留年	りゅうねん	낙제, 유급
良識	りょうしき	양식(건전한 판단력) =分別(ふんべつ), 常識(じょうしき)
惑星	わくせい	행성

3자로 된 음독한자

英語圏	えいごけん	영어권
感無量	かんむりょう	감개무량
議事堂	ぎじどう	의사당
香辛料	こうしんりょう	향신료
光熱費	こうねつひ	광열비
小切手	こぎって	수표
座談会	ざだんかい	좌담회
参議院	さんぎいん	참의원 (상원) [참고] 衆議院(しゅうぎいん) 중의원 (하원)
実業家	じつぎょうか	실업가
三味線	しゃみせん	샤미센 (일본 전통 악기)
従業員	じゅうぎょういん	종업원
助動詞	じょどうし	조동사
税務署	ぜいむしょ	세무서
多数決	たすうけつ	다수결
配偶者	はいぐうしゃ	배우자
蛋白質	たんぱくしつ	단백질
文化財	ぶんかざい	문화재
封建制	ほうけんせい	봉건제

강의실 생중계!

01 접미어는 단어와 함께 외워야 기억이 오~래 갑니다.
　　穏健派(おんけんは) 온건파　　情報網(じょうほうもう) 정보망　　芸能界(げいのうかい) 연예계
　　多様化(たようか) 다양화　　亜熱帯(あねったい) 아열대　　認定証(にんていしょう) 인정증
　　繁華街(はんかがい) 번화가　　人間味(にんげんみ) 인간미　　第二次(だいにじ) 제 2차

시나공법 08 적중 예상 문제

問題1 _____の言葉の読み方として最もよいものを、1·2·3·4の中から一つ選びなさい。

01 刺繍とは、布地に特定のパターンや図柄、文字などを縫いこむことをいう。
　　1 ししゅう　　　2 ざしゅう　　　3 しそう　　　4 ざそう

02 彼は老衰のために余生を送っていた長野県の牧場で亡くなった。
　　1 おいすい　　　2 ろうすい　　　3 ろうあい　　　4 おいあい

03 これまでの慣行を捨て去り、新たな秩序を形成しなければいけない。
　　1 てつしょ　　　2 ちつしょ　　　3 てつじょ　　　4 ちつじょ

04 父が消息不明になったので、捜索願を出そうと考えております。
　　1 しょうそく　　　2 しょうしょく　　　3 そうそく　　　4 そうしょく

05 熊は冬眠する前にいっぱい食べてエネルギーを保存するようだ。
　　1 とうめん　　　2 とうみん　　　3 ふゆね　　　4 ふゆみん

06 厳しい練習で養われた体力や忍耐力で逆境を乗り切れた。
　　1 じんないりょく　2 じんたいりょく　3 にんないりょく　4 にんたいりょく

問題2 (　　)に入れるのに最もよいものを、1·2·3·4の中から一つ選びなさい。

01 両者の話し合いは(　　)に終わったようだ。
　　1 円満　　　2 健全　　　3 寛容　　　4 緩慢

02 数学においては、日下(くさか)さんがクラスの中で(　　)優秀だった。
　　1 断然　　　2 依然　　　3 漠然　　　4 呆然

03 不用品などを無料で(　　)してくれるところがあると聞いた。
　　1 徴収　　　2 領収　　　3 没収　　　4 回収

04 人口の(　　　)と過疎について、学校の社会科で発表をしようと思っている。
　1 過密　　　　　2 窮屈　　　　　3 過度　　　　　4 窮乏

問題4 次の言葉の使い方として最もよいものを、1・2・3・4の中から一つ選びなさい。

01 不満
　1 今回の人事異動には少なからず不満が残る。
　2 不満ばかりしていてはいけないと思って、自ら行動を起こした。
　3 会社側の対応を聞いて彼はいかにも不満な表情をしていた。
　4 現在の収入に不満して、ほかの仕事を探してみることにした。

02 普段
　1 ネット取引の普段で、個人情報がもれる恐れが出てきた。
　2 ほかのところでも応用できる普段的なノウハウを聞かせてほしい。
　3 クリスマスシーズンは誰もが普段以上に幸せになるようだ。
　4 この学校は普段の高校とカリキュラムがかなり違っている。

03 契機
　1 平和を契機に、戦争をするとは矛盾している。
　2 仕事柄、外国人と会う契機も多くなった。
　3 労働契機についての基本ルールがわからない。
　4 空港建設を契機に国内線を増やすことになった。

04 本気
　1 映画作りに本気で取り組んだ。
　2 本気を言うならば、実は全然分からない。
　3 みんなが笑ってくれたら本気だ。
　4 その土地ならではの本気の料理を味わってみたい。

촉음한자

시나공법 09

「っ」「ッ」로 표기하는 촉음을 모르는 분은 안 계시죠? 촉음이란 か, さ, た, ぱ행 앞에서 k, s, t, p음으로 발음되는 것을 말합니다. 간단히 말해서, 촉음 뒤에 오는 자음으로 발음하면 되는 것입니다. 예를 들어 みっか라고 하면 か[ka]의 자음 k발음으로 っ를 읽어 '믹카'로 발음하는 것입니다. 의외로 촉음때문에 힘들어하는 사람이 많은데, 이제 확실히 알겠죠?

중국어를 제외한 언어 중에서 일본어만큼 촉음을 좋아하며 즐겨 쓰는 언어는 없다고 합니다. 영어나 독일어에도 촉음은 있지만 일본어만큼 강한 촉음은 사용하지 않거든요. 현대 일본어에서는, 젊은이들 사이에서 더욱더 촉음을 편하게 사용하기 때문에 고상하지 못하게 들린다는 지적도 나오고 있습니다.

한자 읽기 문제에서 촉음인지 아닌지 고민된다면, か, さ, た, ぱ행 앞에서 촉음이 많이 난다는 것을 기억하여 답을 골라주세요. 물론 直通(ちょくつう) 직통, 曲線(きょくせん) 곡선에서처럼 예외도 있으니까 따로 기억해주시고요.

시험에 이렇게 나온다!

問題1 _____の言葉の読み方として最もよいものを、1・2・3・4の中から一つ選びなさい。

<u>筆者</u>が引率したツアー参加者を最も感動させたのは、澄んだ空気とおいしい水でした。

1 ひつしゃ　　　　2 ひっしゃ　　　　3 ぴつしゃ　　　　4 ぴっしゃ

해석 필자가 인솔했던 여행 참가자를 가장 감동시킨 것은, 맑은 공기와 맛있는 물이었습니다.

해설 筆의 발음은 'ひつ'이고, 者는 음독해서 'しゃ'입니다. 이 두 한자가 만나면 ひつしゃ가 될까요? 한번 발음해보세요. 너무 힘듭니다. 우리가 언어를 공부할 때, 항상 생각해야 할 것은 말이 먼저 있고 글자가 나중에 생겼다는 사실입니다. ひつしゃ와 ひっしゃ 중에서 어느 쪽이 더 편하게 발음되나요? 편하게 발음할 수 있는 것, 그것이 답이 됩니다. 단어를 외울 때 여러 번 읽으면서 일본어 센스를 키워보세요. 효과 만점입니다~

어휘 引率(いんそつ)する 인솔하다 | ツアー参加者(さんかしゃ) 여행 참가자 | 感動(かんどう)する 감동하다 | 澄(す)む (공기, 물 등이) 맑다

정답 2

중요도 ★★★

시나공법 따라잡기　시험에 꼭 나오는 촉음한자

우리말과 일본어를 가려가면서 학습해보세요.

01	기 合併	がっぺい	합병 =統合(とうごう), 買収(ばいしゅう)
	기 欠陥	けっかん	결함
	기 結束	けっそく	결속
02	国交	こっこう	국교
	雑草	ざっそう	잡초
	기 質素	しっそ	검소
03	実家	じっか	태어난 집

기 実費	じっぴ	실비
執行	しっこう	집행
接触	せっしょく	접촉
기 設置	せっち	설치
기 折衷	せっちゅう	절충
設定	せってい	설정
絶好	ぜっこう	절호
絶版	ぜっぱん	절판
기 率先	そっせん	솔선
達者	たっしゃ	능숙함
脱出	だっしゅつ	탈출
徹底	てってい	철저
特許	とっきょ	특허
04 熱狂	ねっきょう	열광
기 発刊	はっかん	발간
05 기 発揮	はっき	발휘
기 発掘	はっくつ	발굴
罰金	ばっきん	벌금 [참고] 刑罰(けいばつ) 형벌

강의실 생중계!

01 合의 발음을 정리해봅시다. 合唱(がっしょう) 합창, 合掌(がっしょう) 합장, 合戦(がっせん, かっせん) 싸움, 合致(がっち) 합치, 合算(がっさん) 합산, 合宿(がっしゅく) 합숙, 合羽(かっぱ) 비옷, 合点(がってん) 납득 등이 있습니다.
그럼 다음 단어들은 어떻게 발음할까요? 合否(ごうひ) 합격 여부, 結合(けつごう) 결합, 合意(ごうい) 합의, 合成(ごうせい) 합성, 照合(しょうごう) 조회입니다.

02 結로 시작하는 촉음 한자를 살펴봅시다. 結核(けっかく) 결핵, 結構(けっこう) 훌륭함, 結晶(けっしょう) 결정, 結成(けっせい) 결성 등이 있습니다. 하지만 結合(けつごう) 결합은 촉음 한자가 아니므로 주의하세요.

03 実의 발음이 'じつ'이다 보니 발음 실수가 많습니다. 実質(じっしつ) 실질, 実践(じっせん) 실천, 実態(じったい) 실태 등의 단어도 같이 외워주세요. 참고로 実家(じっか)는 자신이 태어난 곳을 의미하는데, 결혼을 하게 되면 実家(じっか)는 '친정'이 됩니다.

04 熱(ねっ) 관련 어휘를 함께 살펴볼까요? 熱心(ねっしん) 열심, 熱湯(ねっとう) 열탕, 亜熱帯(あねったい) 아열대, 熱血(ねっけつ) 열혈 등을 외워두세요.
또 한 가지 'ねっ'의 발음과 'れっ'을 혼동하는 경우가 많습니다. 劣勢(れっせい) 열세, 劣等感(れっとうかん) 열등감, 列島(れっとう) 열도 등의 단어와 함께 비교하면서 암기바랍니다.

05 촉음 한자 읽기 문제의 단골손님입니다. 発声(はっせい) 발성, 発作(ほっさ) 발작, 発足(ほっそく) 발족, 発祥(はっしょう) 발상. 이 단어 등을 외워두면 OK입니다.
이번엔 揮라는 한자에 주목합시다. N2에서 배운 輝(かがや)く 빛나다와는 왼쪽 변이 다르므로 구분해주세요. 指揮(しき) 지휘와 揮発(きはつ) 휘발도 함께 외워둡시다.

必死	ひっし	필사
復興	ふっこう	부흥 =復旧(ふっきゅう), 復活(ふっかつ)
別荘	べっそう	별장
没収	ぼっしゅう	몰수

중요도 ★★

시나공법 따라잡기 | 합격을 위한 촉음한자

悪化	あっか	악화
斡旋	あっせん	알선, 주선 =仲立(なかだ)ち, 仲介(ちゅうかい), 取(と)り持(も)ち
圧迫	あっぱく	압박
一行	いっこう	일행

'いっ'으로 발음되는 단어를 총출동시켰습니다. 한꺼번에 외워봅시다.

一切(いっさい) 일체　　　　　　　　　一匹(いっぴき) 한 마리
一括(いっかつ) 일괄　　　　　　　　　一気(いっき) 단숨
一心(いっしん) 일심, 한마음　　　　　一帯(いったい) 일대
一寸(いっすん) 한 치 (아주 짧은 거리, 시간, 길이)　一環(いっかん) 일환
一挙(いっきょ) 일거　　　　　　　　　一睡(いっすい) 한잠
一掃(いっそう) 일소 (한번에 싹 쓸어버림)　一点(いってん) 일점
一服(いっぷく) 차, 담배를 하면서 잠시 쉼　一変(いっぺん) 일변 (완전히 바뀜)
一報(いっぽう) 일보

여기서 一行는 'いちぎょう'라고도 읽을 수 있는데, 그러면 '한 줄'이라는 의미가 되므로 주의하세요. 이외에도 一同(いちどう) 일동, 一堂(いちどう) 같은 건물, 一別(いちべつ) 작별, 一概(いちがい) 일률적, 一様(いちよう) 한결 같음 등은 촉음 발음이 아닙니다.

| 画期 | かっき | 획기 |
| 格好 | かっこう | 모양, 모습 |

01 必死(ひっし)는 문제 유형4, 용법 문제로도 나올 수 있습니다. 우리말로는 '필사적으로'라고 쓰기 때문에 '必死的(ひっしてき)に'가 맞다고 착각할 수 있는데요. 일본어로는 '必死(ひっし)に'라고 해야 합니다. 더불어 必至(ひっし) 필연, 불가피, 必修(ひっしゅう) 필수, 必須(ひっす) 필수도 함께 외워두세요.
여기서 잠깐! 必修(ひっしゅう)는 '(학교 등에서) 반드시 이수해야 하는'이라는 의미이고, 必須(ひっす)는 '(일반적으로) 절대로 필요한'이라는 의미니까 구분해주세요.

02 우리말을 그대로 일본어로 옮기면 안 되는 말들이 있습니다. 작문과 회화에서 많이 틀리는 부분이니까 이번 기회에 확실히 마스터해봅시다. '악화되다'는 일본어로 悪化(あっか)する라고 해야 합니다. 이렇게 される를 붙여서는 안 되는 동사는 묶어서 외워두세요.

悪化(あっか)する 악화되다　　　安定(あんてい)する 안정되다　　　感染(かんせん)する 감염되다
共通(きょうつう)する 공통되다　　判明(はんめい)する 판명되다　　　矛盾(むじゅん)する 모순되다
一致(いっち)する 일치하다(되다)　変化(へんか)する 변화하다(되다)

合唱	がっしょう	합창
合併	がっぺい	합병
客観	きゃっかん	객관
屈折	くっせつ	굴절
血管	けっかん	혈관
月給	げっきゅう	월급
決算	けっさん	결산
国境	こっきょう	국경
骨折	こっせつ	골절
雑貨	ざっか	잡화
錯覚	さっかく	착각
失格	しっかく	실격
失脚	しっきゃく	실각
湿気	しっけ	습기
実践	じっせん	실천
失敗	しっぱい	실패
出勤	しゅっきん	출근
出産	しゅっさん	출산
出血	しゅっけつ	출혈
切開	せっかい	절개
設計	せっけい	설계
脱線	だっせん	탈선
着工	ちゃっこう	착공
直感	ちょっかん	직감
直径	ちょっけい	직경
突破	とっぱ	돌파
日課	にっか	일과
日直	にっちょく	일직

강의실 생중계!

01 失脚(しっきゃく) 실각, 失調(しっちょう) 실조, 失策(しっさく) 실책도 함께 외워주세요.
02 동음이의어로 出欠(しゅっけつ) 출결이 있으니 주의하세요. 出(しゅつ)는 음독의 경우 촉음으로 읽는 것이 압도적으로 많습니다. 出産(しゅっさん) 출산, 出品(しゅっぴん) 출품, 出家(しゅっけ) 출가, 出頭(しゅっとう) 출두, 出荷(しゅっか) 출하 등을 외워주세요. 出現(しゅつげん) 출현, 出題(しゅつだい) 출제는 촉음 한자가 아니므로 조심하세요.

発射	はっしゃ	발사
発想	はっそう	발상
必修	ひっしゅう	필수
匹敵	ひってき	필적
沸騰	ふっとう	비등, 끓어오름
落下	らっか	낙하
立体	りったい	입체

중요도 ★

시나공법 따라잡기 고득점을 위한 촉음한자

逸品	いっぴん	일품
閣下	かっか	각하
滑走路	かっそうろ	활주로
吉凶	きっきょう	길흉 [참고] 不吉(ふきつ) 불길, 凶作(きょうさく) 흉작
生粋	きっすい	순수
傑作	けっさく	걸작
潔白	けっぱく	결백
月賦	げっぷ	월부
刷新	さっしん	쇄신
疾走	しっそう	질주 [참고] 疾病(しっぺい) 질병
若干	じゃっかん	약간
嫉妬	しっと	질투
執筆	しっぴつ	집필
石鹸	せっけん	비누
拙速	せっそく	졸속
絶版	ぜっぱん	절판
即刻	そっこく	즉각
窒息	ちっそく	질식
鉄砲	てっぽう	총
伐採	ばっさい	벌채
法度	はっと	법률, 금지조항
八方	はっぽう	모든 방면
抜粋	ばっすい	발췌

払拭	ふっしょく	불식
物体	ぶったい	물체
勃発	ぼっぱつ	발발
末期	まっき	말기
厄介	やっかい	성가심

01 末期는 읽는 방법에 따라 다른 뜻이 될 수 있으므로 주의해야 하는 단어입니다. 末期(まっき)라고 읽으면 '인생의 최후'라는 의미, 末期(まつご)라고 읽으면 '일생의 종말, 임종'이라는 의미입니다. 死際(しにぎわ)라고도 하죠.

시나공법 09 적중 예상 문제

問題1 ＿＿＿＿の言葉の読み方として最もよいものを、1・2・3・4の中から一つ選びなさい。

01 「気のせい」は「錯覚」を意味する慣用語ですが、知らない人も多いです。
　　1 さくかく　　　2 さっかく　　　3 ちゃくかく　　　4 ちゃっかく

02 私の案と彼の案を折衷して、最終的な提案を決めた。
　　1 ありあい　　　2 せっすい　　　3 せっちゅう　　　4 せきちゅう

03 この大会は内戦からの復興を世界に示す狙いがある。
　　1 ふっこう　　　2 ふくこう　　　3 ふっきょう　　　4 ふくきょう

04 発掘調査が各地で行われて、約470点の出土品を集めました。
　　1 ほっくつ　　　2 ほってつ　　　3 はっくつ　　　4 はっかく

05 英語が必修科目にあったので、結局留年することになった。
　　1 ひっす　　　2 ひっしゅう　　　3 ひっこ　　　4 ひっこう

06 市販の問題集から適当に抜粋して、授業に使ったりテストを作ったりした。
　　1 はっき　　　2 はっすい　　　3 ばっき　　　4 ばっすい

問題3 ＿＿＿＿の言葉に意味が最も近いものを、1・2・3・4の中から一つ選びなさい。

01 求職者と企業の間に立って、人材の斡旋やその雇用条件の交渉などをしている。
　　1 照会　　　2 迎合　　　3 紹介　　　4 所在

02 トイレは共同で、つくえやテレビがあるだけの質素な部屋構えになっている。
　　1 手狭　　　2 地味　　　3 卑劣　　　4 けち

03 買い物のついでに商店街のベンチで一服し、顔見知りと言葉を交わすのが楽しみだった。
　　1 休憩　　　　　2 静養　　　　　3 停滞　　　　　4 下落

04 隣の席の二人連れのご婦人は生粋の関西弁を使っていた。
　　1 半端な　　　　2 未熟な　　　　3 純粋な　　　　4 下手な

問題4　次の言葉の使い方として最もよいものを、1・2・3・4の中から一つ選びなさい。

01 悪化
　1 治療後に明らかに症状が悪化されている。
　2 自動車の冷房は燃費悪化の原因になる。
　3 環境問題が悪化的になって心配だ。
　4 過去の恋愛の話など、悪化した話をした。

02 沸騰
　1 山の頂上などでは100℃より低い温度で沸騰する。
　2 ゆで卵は沸騰になってから10分待つ。
　3 毎年この時期になると、石油が沸騰するようだ。
　4 パスタを沸騰する時には塩をたくさん入れる。

03 合点
　1 やってみると、なるほど合点がいった。
　2 英検4級を受けたが、不合点で悲しかった。
　3 質問した人が直接合点をつけた。
　4 私は何だか合点に落ちない気分です。

04 厄介
　1 友達も呆れるような本当に厄介した人でした。
　2 日本に就職したら、母の厄介を見ることができない。
　3 電話の応対では、「お厄介になっております」というものだ。
　4 厄介な事がつぎつぎと起きて頭をかかえる。

청음한자와 탁음한자

시나공법 10

청음, 탁음, 반탁음 한자들을 공부해봅시다. 우선 탁음은 にごり라고 하는 탁음 부호(゛)가 カ, サ, タ, ハ행에 붙어 ガ, ザ, ダ, バ행 음이 되는 것을 말합니다. 또 반탁음이란 ハ행에 반탁음부호(゜)가 붙어 パ행 음이 되는 것을 말하죠. 청음이란 말 그대로 맑게 나는 음을 말합니다.

여기서 한 가지 주목해야 하는 것이 '연탁현상'입니다. 원래는 청음이었는데 2개 이상의 단어가 만나 후속 단어가 탁음화되는 현상을 말합니다. 연탁현상은 시험에도 자주 출제되므로 주의 깊게 살펴보아야 합니다. 餅米(もちごめ) 찹쌀, 恋文(こいぶみ) 러브 레터, 王者(おうじゃ) 왕자와 같이 탁음으로 변하는 단어도 있고, 三位一体(さんみいったい) 삼위일체, 天皇(てんのう) 천황, 反応(はんのう) 반응에서처럼 후속 단어의 음이 완전히 바뀌는 예도 있습니다. 다만, 의태어·의성어 , 値札(ねふだ) 가격표와 같이 후속 단어에 탁음이 있는 경우는 연탁현상이 일어나지 않는 경우가 많다는 것에 주의하세요. 더불어 ん 뒤에서는 연탁현상이 많이 일어난다는 점을 알면 한자 읽기 문제도 쉽게 맞출 수 있습니다.

시험에 이렇게 나온다!

問題1 _____の言葉の読み方として最もよいものを、1·2·3·4の中から一つ選びなさい。

リストラされた人に職業訓練を義務づけし、技能を高めてもらう。

1 きたい　　　　2 ぎたい　　　　3 きのう　　　　4 ぎのう

해석 정리해고된 사람에게 직업훈련을 의무화시켜서, 기능을 향상시키게 한다.
해설 技能(ぎのう)를 機能(きのう)와 혼동하여 3번으로 고르기 쉽습니다. 技能는 '(기술상의) 재능'을 뜻하고 機能는 '역할과 작용'을 뜻합니다. き와 ぎ 발음을 정확히 구별하세요. 그다음으로는 能(のう)와 態(たい)의 구별입니다. 그래서 답은 4번 技能가 됩니다. 큰소리로 한번 읽어보세요. 머리에 쏘~옥 들어오시죠? 큰소리로 읽으면서 암기하시는 것 잊지 마세요.
어휘 職業訓練(しょくぎょうくんれん) 직업 훈련
정답 4

중요도 ★★★

시나공법 따라잡기 시험에 꼭 나오는 청음한자와 탁음한자

우리말과 일본어를 가려가면서 학습해보세요.

暗算	あんざん	암산　참고 換算(かんさん) 환산, 精算(せいさん) 정산
暗示	あんじ	암시
기 依然	いぜん	의연
기 一概	いちがい	일률
기 一般	いっぱん	일반
運搬	うんぱん	운반 ＝運(はこ)ぶ　참고 運賃(うんちん) 운임
遠方	えんぽう	먼곳
기 改善	かいぜん	개선
海抜	かいばつ	해발

기	花壇	かだん	화단
	花粉	かふん	꽃가루
기	頑丈	がんじょう	튼튼함 =丈夫(じょうぶ), がっしり, がっちり
기	幹部	かんぶ	간부
기	戯曲	ぎきょく	희곡
기	起源	きげん	기원
	記述	きじゅつ	기술
기	偽造	ぎぞう	위조
기	義務	ぎむ	의무
기	脚本	きゃくほん	각본
	下山	げざん	하산
기	吟味	ぎんみ	음미
	迎合	げいごう	영합
기	誤解	ごかい	오해
기	誤差	ごさ	오차
기	災害	さいがい	재해 =災(わざわ)い
	細胞	さいぼう	세포
기	砂漠	さばく	사막
기	山岳	さんがく	산악
기	自己	じこ	자기
기	自慢	じまん	자랑
	始終	しじゅう	시종 =明(あ)け暮(く)れ, 四六時中(しろくじちゅう)

강의실 생중계!

01 示(しめ)す라는 동사로 친숙한 示는 (보일 시)라는 한자입니다. 음독을 할 때 暗示(あんじ)처럼 'じ'로 발음하는 경우는 展示(てんじ) 전시, 指示(しじ) 지시, 誇示(こじ) 과시, 示威(じい) 시위 등이 있습니다. 하지만, 示唆(しさ) 시사처럼 'し'로 발음하는 단어도 있으니 조심하세요.

02 일본에서는, 봄에는 삼나무, 가을에는 호그위드 등의 나무에서 날리는 꽃가루가 원인이 되어 재채기, 콧물, 충혈, 가려움증 등이 일어나는 '꽃가루 알레르기'인 花粉症(かふんしょう)로 고생하는 사람들이 많습니다.

03 山이 ざん으로 발음되는 단어로는 鉱山(こうざん) 광산, 氷山(ひょうざん) 빙산, 火山(かざん) 화산 등이 있습니다. 다소 어렵지만 다음 한자에도 도전해볼까요? 山車(だし) 축제 때 쓰는 장식을 한 수레, 山羊(やぎ) 염소, 山彦(やまびこ) 메아리, 山路(やまじ) 산길입니다. 참고로 '메아리'는 こだま, '산길'은 山道(やまみち)라고도 하니까 함께 알아두세요.

04 吟味는 '일을 자세하게 조사함'. 또는 '자세하게 조사하여 고름'이라는 의미와 '죄상을 조사하여 밝힘, 시가를 읊조려 그 뜻을 맛봄'과 같이 여러 가지 뜻이 있는 단어입니다.

05 砂는 砂糖(さとう) 설탕, 砂利(じゃり) 자갈 등의 한자에 쓰입니다. 여기서 砂(すな)와 관련된 관용구를 살펴볼까요? 砂を噛(か)むような는 噛(か)む라는 동사 때문에 '억울하다, 분하다'라는 뜻으로 오해하기 쉬운데, '무미건조(無味乾燥)하다'라는 뜻입니다.
예) 砂をかむような単調(たんちょう)な日々を過(す)ごしている。 무미건조한 단조로운 나날을 보내고 있다.

기	事態	じたい	사태
	承諾	しょうだく	승낙 =受(う)け入(い)れ, 引(ひ)き受(う)け
	所属	しょぞく	소속
	真珠	しんじゅ	진주
기	迅速	じんそく	신속
기	辛抱	しんぼう	참음, 인내 =我慢(がまん)
	整備	せいび	정비
기	切実	せつじつ	절실
기	前途	ぜんと	앞날, 앞길 =行(ゆ)く末(すえ), 将来(しょうらい), 先行(さきゆき)
기	全滅	ぜんめつ	전멸
	増進	ぞうしん	증진
	創造	そうぞう	창조
	待望	たいぼう	대망
	妥協	だきょう	타협 =折(お)り合(あ)い
기	定義	ていぎ	정의
	伝達	でんたつ	전달
기	独裁	どくさい	독재
	土台	どだい	토대
기	犯罪	はんざい	범죄
	万能	ばんのう	만능
	反発	はんぱつ	반발
기	敏感	びんかん	민감 =鋭敏(えいびん), 鋭(するど)さ
기	舞台	ぶたい	무대
기	分析	ぶんせき	분석
	奉仕	ほうし	봉사

강의실 생중계!

01 土는 한자 발음이 '토'이다 보니까 'と'로 잘못 발음하는 분들이 많은데, ど라고 발음해야 맞습니다. 다음 단어를 정확히 읽어봅시다.
　郷土(きょうど) 향토　　　　国土(こくど) 국토　　　　　土足(どそく) 신을 신고 있는 발, 더러운 발
　土木(どぼく) 토목　　　　焦土化(しょうどか) 초토화　　土砂降(どしゃぶ)り 억수같은 비
　風土(ふうど) 풍토　　　　土俵(どひょう) 씨름판　　　　土手(どて) 둑
　土壇場(どたんば) 막판
　하지만 土地(とち)는 'と'로 발음되니까 주의하세요.

	方々	ほうぼう	여기저기 ＝あちこち, ところどころ
01	紡績	ぼうせき	방적
	膨張	ぼうちょう	팽창
	暴動	ぼうどう	폭동
기	墓地	ぼち	묘지
기	矛盾	むじゅん	모순 ＝食(く)い違(ちが)い, 自家撞着(じかどうちゃく)
02	目尻	めじり	눈꼬리, 눈초리
	面目	めんぼく	체면
기	類似	るいじ	유사
	連邦	れんぽう	연방

중요도 ★★

시나공법 따라잡기 | 합격을 위한 청음한자와 탁음한자

眼科	がんか	안과
完璧	かんぺき	완벽
既婚	きこん	기혼
逆転	ぎゃくてん	역전
宮殿	きゅうでん	궁전
境遇	きょうぐう	처지, 입장
享受	きょうじゅ	향유
寄贈	きぞう	기증
疑惑	ぎわく	의혹
緊迫	きんぱく	긴박
勤勉	きんべん	근면
君主	くんしゅ	군주

강의실 생중계!

01 々를 아시나요? 일본어로는 繰返(くりかえ)し記号(きごう)라고 합니다. 앞 한자를 반복해서 쓴다는 의미입니다. 이 경우 발음 편의상 연음이 되어 뒷부분이 탁음이 되는 경우가 많지만 예외도 있으니까 하나하나 체크해주세요.
　種々(しゅじゅ) 각종　　粉々(こなごな) 산산조각　　節々(ふしぶし) 마디마디
　個々(ここ) 각각　　云々(うんぬん) 운운　　我々(われわれ) 우리

02 目尻(めじり)와 같은 目 관련된 어휘를 알아봅시다. 目頭(めがしら)는 '눈시울'이고 目(め)くじら는 目尻(めじり)와 같은 뜻인 '눈꼬리'라는 뜻입니다.
　내친 김에 눈여겨봐야 할 관용표현을 소개합니다. 目頭(めがしら)が熱(あつ)くなる 눈시울이 뜨거워지다. 目頭(めがしら)を押(お)さえる 눈물을 참다. 目(め)くじらをたてる 트집을 잡다

軍服	ぐんぷく	군복　[참고] 軍勢(ぐんぜい) 군세
軽蔑	けいべつ	경멸 =蔑視(べっし), さげすみ, 侮辱(ぶじょく)
原発	げんぱつ	'원자력 발전소'의 약자
購買	こうばい	구매
挫折	ざせつ	좌절 =失敗(しっぱい), 頓挫(とんざ), 行(ゆ)き詰(づ)まり
自我	じが	자아
地獄	じごく	지옥
祝賀	しゅくが	축하 =おめでた, 祝(いわ)い事(ごと), 吉事(きちじ)
徐行	じょこう	서행
信者	しんじゃ	신자
親善	しんぜん	친선
神秘	しんぴ	신비 =霊妙(れいみょう), 不可思議(ふかしぎ)
水田	すいでん	논
随筆	ずいひつ	수필
船舶	せんぱく	선박
台頭	たいとう	대두
打開	だかい	타개
短波	たんぱ	단파
弾力	だんりょく	탄력
賃金	ちんぎん	임금
沈没	ちんぼつ	침몰
点線	てんせん	점선
逃亡	とうぼう	도망
年頃	としごろ	적령기
薄弱	はくじゃく	박약

 강의실 생중계!

01 일본에 가서 얼마 되지 않았을 때의 일인데, 남편과 택시를 탔습니다. 남편이 '저기에서 좌회전해주세요'라는 말을 あそこでザセツしてください라고 해버렸습니다. 운전 중이던 아저씨가 어리둥절한 얼굴로 저희를 쳐다보는 것이었습니다. 왜였을까요? 左折(させつ)를 挫折(ざせつ)라고 발음한 겁니다. '저기서 좌절해주세요'라고 들렸을 테니 이상했을 겁니다. 여러분은 이런 실수 안 하도록 左折(させつ)와 挫折(ざせつ)를 꼭 구별해주세요.

02 弾 관련 단어를 외워봅시다. 弾劾(だんがい) 탄핵, 弾丸(だんがん) 탄환, 弾頭(だんとう) 탄두, 弾圧(だんあつ) 탄압 등이 있습니다. 동사도 의미를 혼동하기 쉬우니까 함께 확인해둡시다. 弾(ひ)く 현악기를 연주하다, 弾(はじ)く 튀기다, (주판을) 놓다, 弾(はず)む 튀다, 들뜨다.

風俗	ふうぞく	풍속 [참고] 風俗店(ふうぞくてん) 유흥업소
不作法	ぶさほう	버릇없음 =無作法(ぶさほう)
浮力	ふりょく	부력
紛失	ふんしつ	분실
分別	ふんべつ	분별
粉末	ふんまつ	분말
妨害	ぼうがい	방해
牧師	ぼくし	목사
本国	ほんごく	본국
略奪	りゃくだつ	약탈

중요도 ★

시나공법 따라잡기 | 고득점을 위한 청음한자와 탁음한자

一存	いちぞん	자기 혼자만의 생각
縁起	えんぎ	재수, 기원
忌避	きひ	기피
戯曲	ぎきょく	희곡
虐待	ぎゃくたい	학대
給仕	きゅうじ	급사

강의실 생중계!

01 부정의 의미를 나타내는 접두어에는 不, 非, 無가 있습니다. 각각 살펴볼까요?
　　不(ふ)는 명사나 な형용사의 어간에 붙어 '그것을 부정한다'라는 뜻으로, 不規則(ふきそく) 불규칙, 不得手(ふえて) 서툼, 不本意(ふほんい) 본의가 아님 등이 있습니다.
　　非(ひ)는 명사나 な형용사의 어간에 붙어 '그 틀에는 들어가지 않는다'라는 뜻으로, 非常(ひじょう) 비상, 非公開(ひこうかい) 비공개, 非凡(ひぼん) 비범 등이 있습니다.
　　無(む)는 명사에 붙어 '그 물건이나 상태가 존재하지 않음'이라는 뜻으로 無縁(むえん) 인연이 없음, 無限(むげん) 무한, 無用(むよう) 무용, 無意識(むいしき) 무의식, 無神経(むしんけい) 무신경 등이 있습니다.

02 分別에는 2가지 발음이 있습니다.
　　分別(ふんべつ)는 사리분별의 '분별'이라는 의미로, 유사한 표현으로 わきまえ, 理性(りせい), 良識(りょうしき)가 있습니다.
　　分別(ぶんべつ)는 쓰레기 분리의 '분별, 분류, 분리'라는 의미로, 유사한 표현으로 仕分(しわ)け, 分類(ぶんるい)가 있습니다.

03 一存(いちぞん)은 우리가 이미 알고 있는 存在(そんざい), 存続(そんぞく), 現存(げんぞん), 存立(そんりつ)라는 단어들 때문에 いちそん으로 잘못 발음하기 쉽지만 ぞん으로 발음합니다. 이처럼 ぞん으로 발음되는 단어에는 存分(ぞんぶん) 실컷 마음껏, 存(ぞん)じる 알다, 存知(ぞんち) 알고 있음, 存念(ぞんねん) 늘 생각하던 바 등이 있습니다. 특히 存分(ぞんぶん)은 な형용사로서 に를 붙여 부사로 사용됩니다. 存分にこらしめた라고 하면 '실컷 혼내주었다'라는 뜻이 됩니다. 문제 유형4의 용법 문제로 나올 가능성이 크므로 어떻게 활용되는지 꼭 알아두세요.

仰天	ぎょうてん	기겁을 함, 깜짝 놀람
黒白	こくびゃく	흑백, 시비
斬新	ざんしん	참신
賛美	さんび	찬미
賛否	さんぴ	찬성과 반대
山腹	さんぷく	산중턱
三昧	ざんまい	(명사에 붙어) ~에 열중함, 삼매경
若干	じゃっかん	약간, 조금
従順	じゅうじゅん	순종
叙述	じょじゅつ	서술
神社	じんじゃ	신사
随時	ずいじ	수시, 그때그때 =不定期的(ふていきてき)に, いつでも
接尾	せつび	접미
先方	せんぽう	상대편
相好	そうごう	얼굴, 표정
大河	たいが	대하, 큰강
怠惰	たいだ	태만
探訪	たんぼう	탐방　참고 来訪(らいほう) 내방
長蛇	ちょうだ	길게 꼬리를 이은 행렬
冬至	とうじ	동지
頭取	とうどり	은행장, 대표자
燃費	ねんぴ	연비
年俸	ねんぽう	연봉
濃淡	のうたん	농담, (색의) 짙고 옅음

강의실 생중계!

01 白黒(しろくろ)는 훈독을 하고, 黒白(こくびゃく)는 음독을 합니다. 뜻은 비슷하지만 각각 쓰이는 관용표현이 따로 있기 때문에 관용표현 중심으로 외워야 합니다. 黒白の差(さ) 천양지차, 黒白を争(あらそ)う / 黒白をつける 흑백을 가리다, 黒白を弁(べん)ぜず 흑백을 가리지 못하다.

02 キリスト教(きょう) 기독교, カトリック教(きょう) 천주교, 仏教(ぶっきょう) 불교와 더불어 神道(しんとう)라는 일본의 전통 신앙이 있는데, 이것에 근거한 곳이 神社(じんじゃ)입니다. 神社(じんじゃ)와 관련된 용어를 알아볼까요? 靖国(やすくに)神社(じんじゃ) 야스쿠니 신사, 境内(けいだい) 신사의 경내, 神宮(じんぐう) 신궁(격이 높은 신사), 鳥居(とりい) 신사 입구에 세운 기둥.

03 이렇게 至는 주로 'し'로 읽습니다. 至急(しきゅう) 시급, 至極(しごく) ~하기 짝이 없음, 至難(しなん) 지극히 어려움에 쓰이죠. 至를 'じ'로 발음하는 것은 冬至(とうじ)뿐입니다. 그래서 출제 가능성이 높은 것입니다. 상대어인 夏至(げし)도 혼동하기 쉬우니까 확실히 외워주세요.

配膳	はいぜん	밥상을 차림
白馬	はくば	백마
挽回	ばんかい	만회 ＝盛(も)り返(かえ)し, 取(と)り戻(もど)し
反復	はんぷく	반복 ＝繰(く)り返(かえ)し, おうむ返(がえ)し
奮発	ふんぱつ	큰맘 먹고 돈을 냄
平生	へいぜい	평소
呆然	ぼうぜん	멍함
褒美	ほうび	포상, 상
捕鯨	ほげい	포경, 고래잡이
盆栽	ぼんさい	분재
問答	もんどう	문답, 말다툼 ＝応答(おうとう), やりとり
遊説	ゆうぜい	유세
利潤	りじゅん	이윤
離脱	りだつ	이탈

 강의실 생중계!

01 奮発(ふんぱつ)는 '분발'이라는 의미가 있기는 하지만 거의 쓰이지 않고, '후하게 돈을 씀'이라는 뜻으로 쓰입니다. 대신 한자를 뒤집은 発奮(はっぷん)이 '분발'의 의미로 쓰입니다. 일본 한자어 중에는 순서를 거꾸로 하면 의미가 달라지는 어휘가 많습니다. 예를 더 들어 볼게요.
先祖(せんぞ)는 '개인적인 가계의 조상'의 뜻인 반면, 祖先(そせん)은 개인보다는 '집단적인 의미의 조상'을 뜻합니다.
또 移転(いてん)은 구체적으로 어딘가로 옮기는 '이전'을 뜻하지만 転移(てんい)는 자리를 옮긴다거나 암세포의 '전이'와 같은 추상적인 의미로 쓰입니다.

問題1 ＿＿＿＿の言葉の読み方として最もよいものをね、1・2・3・4の中から一つ選びなさい。

01 「異邦人」はカミュの小説として人間社会に存在する不条理について書かれている。
　　1 いほうじん　　　2 いぼうにん　　　3 いぼうじん　　　4 いほうにん

02 この椅子はデザインはとてもいいが、すわり心地は今一だ。
　　1 しんち　　　　　2 ごこち　　　　　3 しんじ　　　　　4 ごごち

03 劇作家の鈴木さんが書き下ろした戯曲で、これまでに何度も上演された名作として知られる。
　　1 ききょく　　　　2 ぎきょく　　　　3 げききょく　　　4 げっきょく

04 展望台から一望できる島には緑があふれ、「緑の真珠」という愛称がある。
　　1 しんじゅ　　　　2 しんしゅ　　　　3 しんず　　　　　4 しんずう

05 製薬会社の収益が予想よりも少なくなるとの懸念が台頭している。
　　1 たいどう　　　　2 だいどう　　　　3 たいとう　　　　4 だいとう

06 2人の姉は県外の紡績工場に出稼ぎに行った。
　　1 ほうせき　　　　2 ぼうせき　　　　3 ほうぜき　　　　4 ぼうぜき

問題3 ＿＿＿＿の言葉に意味が最も近いものを、1・2・3・4の中から一つ選びなさい。

01 生ものをお贈りする場合は、先方に前もってご都合を聞いておく。
　　1 さっき　　　　　2 むかい　　　　　3 はしっこ　　　　4 むこう

02 衛生管理は用心に越したことはないけれど、そこまでするのも考えものだ。
　　1 用意　　　　　　2 つもり　　　　　3 警備　　　　　　4 つまり

03 戦争中、兵士は土足で民家に押し入った。
　　1 足袋で　　　　2 裸足で　　　　3 足下で　　　　4 泥足で

04 日本の優れた技術を学ぶため、世界の方々から来ている。
　　1 各自　　　　　2 方角　　　　　3 随所　　　　　4 人々

問題4 次の言葉の使い方として最もよいものを、1・2・3・4の中から一つ選びなさい。

01 膨張
　　1 ほとんどの物質は温度を高くすると膨張する。
　　2 数日中に膨張な動きがありそうです。
　　3 マスコミは実際より膨張してものを書く。
　　4 今年は事業膨張のためにがんばるつもりです。

02 三昧
　　1 鼻毛を抜くと、三昧が鈍くなるそうだ。
　　2 メロンを買ったが、三昧がしなかった。
　　3 まとまった休みが取れると、温泉三昧だ。
　　4 キリスト教の教えで、三昧一体というのがあるという。

03 一存
　　1 4本のマイクからの音を一存に取り込むことができる。
　　2 所長は忙しく、私に一存するといいました。
　　3 両社の合意があれば、自由に一存するようだ。
　　4 総理の一存だけで実施されるものではない。

04 存分
　　1 存分に使った後に返品や交換をしてもらうなんてできない。
　　2 日本列島はいつから存分にしていると考えられていますか。
　　3 わたしの存分では決めかねますので、時間をください。
　　4 英語を存分させる不動産会社があったら働きたい。

시나공법 11 장음한자와 단음한자

중국어가 사성 때문에 어렵다면 일본어는 길고 짧은 장단음 때문에 어렵습니다. 차라리 그 단어를 모른다면 포기하기도 쉽지만, 단어는 아는데 장단음의 구별을 제대로 못해서 어휘 문제를 틀렸다면 정말 안타깝고 억울하겠죠?

장단음 한자를 공략하는 방법은 한 가지뿐입니다. 평소에 단어를 학습할 때 과장되게 읽으면서 외우는 것입니다. 초보도 아니고 명색이 N1을 공부하는데 창피하게 어떻게 소리내며 외우냐고요? 하지만 N1을 공부하고 있는 분들 중에 故障(こしょう)라는 쉬운 한자도 제대로 발음하지 못하는 분들이 많습니다. 평소 단어를 외울 때 눈으로만 외웠기 때문입니다. 장음은 길게 단음은 짧게 자신의 입으로 직접 발음해서 암기하지 않으면 아무리 외워도 또 잊어버리게 됩니다. 단어를 외울 때는 큰소리로 과장되게 발음해서 암기할 것! 기억력의 가출을 막고, 가장 확실하게 시험에 대비하는 길입니다.

시험에 이렇게 나온다!

問題 1 の言葉の読み方として最もよいものを、1·2·3·4の中から一つ選びなさい。

出世して人に指示することが想像できない。

1 しゅつせい　　　2 しゅつせい　　　3 しゅっせ　　　4 しゅつせ

해석 출세해서 남에게 지시하는 일은 상상할 수 없다.

해설 世는 음독으로 せい와 せ, 두 가지 발음이 있어서 늘 헷갈립니다. 世紀(せいき) 세기, 世子(せいし) 세자에서는 せい로 발음하지만 世界(せかい) 세계, 世代(せだい) 세대, 世話(せわ) 보살핌, 世辞(せじ) 아첨, 世間体(せけんてい) 체면, 世間話(せけんばなし) 세상 이야기, 世知辛(せちがら)い 세상이 각박하다 등에서는 せ로 발음됩니다. '출세'라는 단어를 외울 때 'しゅっせ'의 'せ'에 힘을 실어 소리내어 외우면 뇌에 강하게 기억이 남게 됩니다. 아주 간단한 단어 암기법이면서도 가장 확실한 암기법입니다.

せ라는 발음은 아는데 しゅっ이라는 촉음을 몰라서 틀리셨다고요? 한번 しゅつせい를 발음해보세요. 아마 힘드실 겁니다. 일본어도 한글과 마찬가지로 언어입니다. 사람들이, 발음하기 편하도록 만들어져 있기 마련입니다. 발음이 편한지 아닌지는 자신의 입으로 소리내어 읽어보지 않으면 모릅니다. 아셨죠? 꼭 소리내어 읽으면서 외우세요.

어휘 出世(しゅっせ)する 출세하다 | 指示(しじ)する 지시하다 | 想像(そうぞう) 상상

정답 3

중요도 ★★★

시나공법 따라잡기 — 시험에 꼭 나오는 장음한자와 단음한자

우리말과 일본어를 가려가면서 학습해보세요.

기	影響	えいきょう	영향
기	栄養	えいよう	영양 =カロリー
기	演奏	えんそう	연주 =奏(かな)でること
기	応募	おうぼ	응모
기	海峡	かいきょう	해협
	解除	かいじょ	해제
기	回収	かいしゅう	회수

기 怪獣	かいじゅう	괴수
기 解消	かいしょう	해소
기 各種	かくしゅ	각종
隔週	かくしゅう	격주
過疎	かそ	과소
過労死	かろうし	과로사
頑固	がんこ	완고 =強情(ごうじょう), 意地(いじ)っ張(ぱ)り
勧誘	かんゆう	권유
기 企業	きぎょう	기업
기 救援	きゅうえん	구원 =救助(きゅうじょ)
기 救済	きゅうさい	구제
기 業績	ぎょうせき	업적
기 郷里	きょうり	고향
기 欠乏	けつぼう	결핍
기 検討	けんとう	검토
기 貢献	こうけん	공헌
기 興奮	こうふん	흥분
公募	こうぼ	공모
기 故障	こしょう	고장
기 雇用	こよう	고용
기 砂糖	さとう	설탕
기 事情	じじょう	사정
기 周囲	しゅうい	주위
기 終始	しゅうし	시종
기 従事	じゅうじ	종사
기 充実	じゅうじつ	충실, 알참
기 柔軟	じゅうなん	유연
기 従来	じゅうらい	종래
기 修行	しゅぎょう	수행

 강의실 생중계!

01 柔(じゅう)는 우리말 발음이 '유'이다 보니까 'ゆう'라고 잘못 발음하는 분들이 참 많습니다. 柔道(じゅうどう) 유도, 柔順(じゅうじゅん) 유순도 함께 외워두면 좋습니다.
또 柔軟(じゅうなん)에서 형용사 2개가 탄생했습니다. 柔(やわら)かい와 軟(やわら)かい인데요, 둘 다 '부드럽다, 유연하다'는 의미입니다. 원래 모습으로 되돌릴 수 있는 것은 柔(やわら)かい이고, 되돌릴 수 없는 것은 軟(やわら)かい입니다.

기	縮小	しゅくしょう	축소
기	障害	しょうがい	장애
기	症状	しょうじょう	증상
기	状態	じょうたい	상태
기	焦点	しょうてん	초점
기	譲歩	じょうほ	양보
기	証明	しょうめい	증명
기	奨励	しょうれい	장려
	除外	じょがい	제외
기	信仰	しんこう	신앙
기	真珠	しんじゅ	진주
기	侵入	しんにゅう	침입
기	辛抱	しんぼう	참음
	進路	しんろ	진로
기	崇拝	すうはい	숭배
기	成功	せいこう	성공
기	相互	そうご	상호
기	想定	そうてい	상정
기	遭難	そうなん	조난
기	阻止	そし	저지
	訴訟	そしょう	소송
기	措置	そち	조치
기	待遇	たいぐう	대우
	対処	たいしょ	대처
기	妥協	だきょう	타협
기	秩序	ちつじょ	질서
기	彫刻	ちょうこく	조각
	長寿	ちょうじゅ	장수

 강의실 생중계!

01 路(ろ)는 (길 로)입니다. 로우인지 로인지 자주 실수하게 되는 단어입니다. 路(ろ)는 짧게 발음한다는 것 꼭 기억하세요. 回路(かいろ) 회로, 路地(ろじ) 골목길, 路線(ろせん) 노선, 路上(ろじょう) 노상(길거리)도 함께 외워둡시다.

02 寿命(じゅみょう)의 (목숨 수)는 음독할 때 짧게 발음합니다. 그런데 寿를 훈독하면 寿(ことぶき)라고 읽습니다. '축하, 경사, 장수'란 뜻이죠. 寿退社(ことぶきたいしゃ)라는 말은 들어보셨나요? 여직원이 결혼과 함께 회사를 그만두는 것을 일컫는 말로 드라마에서 상당히 많이 나옵니다.

	著名	ちょめい	저명
기	抵抗	ていこう	저항
기	陶器	とうき	도자기
기	投資	とうし	투자
기	特殊	とくしゅ	특수
기	特集	とくしゅう	특집
	徒歩	とほ	도보
	都民	とみん	도민
기	内蔵	ないぞう	내장
기	濃度	のうど	농도
기	俳優	はいゆう	배우
기	拍手	はくしゅ	박수
기	万能	ばんのう	만능
기	評判	ひょうばん	평가
기	肥料	ひりょう	비료
	披露	ひろう	피로 (널리 알림)
	富豪	ふごう	부호
기	紛争	ふんそう	분쟁
기	奉仕	ほうし	봉사
기	防止	ぼうし	방지
기	報道	ほうどう	보도
기	冒頭	ぼうとう	첫머리, 서두
기	豊富	ほうふ	풍부
	抱負	ほうふ	포부
	補充	ほじゅう	보충
기	募集	ぼしゅう	모집
기	矛盾	むじゅん	모순
	名誉	めいよ	명예

강의실 생중계!

01 평상시 주의 깊게 발음하지 않으면 시험에서 실수하기 쉽습니다. 관련된 단어를 함께 외워볼까요? 徒労(とろう)라는 단어가 있는데 '헛수고'라는 의미로, 無駄(むだ), 無駄骨(むだぼね), だめ, ふい 등의 유의어가 있습니다.

02 富豪(ふごう)를 확실히 외워두면 다른 단어가 장단음 문제로 나오더라도 당황하지 않고 풀 수 있습니다. 豊富(ほうふ) 풍부, 富国(ふこく) 부국, 富士山(ふじさん) 후지산, 富裕(ふゆう) 부유, 豪華(ごうか) 호화, 豪語(ごうご) 호언장담, 豪雨(ごうう) 호우도 함께 알아두세요.

明朗	めいろう	명랑
기 勇敢	ゆうかん	용감
기 誘導	ゆうどう	유도
기 幽霊	ゆうれい	유령
愉快	ゆかい	유쾌
기 容易	ようい	용이
기 酪農	らくのう	낙농

중요도 ★★

시나공법 따라잡기 합격을 위한 장음한자와 단음한자

移住	いじゅう	이주
運輸	うんゆ	운수
英雄	えいゆう	영웅
海草	かいそう	해초
確保	かくほ	확보
過剰	かじょう	과잉
過渡期	かとき	과도기
群衆	ぐんしゅう	군중
原油	げんゆ	원유
交互	こうご	번갈아 함 =かわるがわる
故郷	こきょう	고향
誤差	ごさ	오차

 강의실 생중계!

01 '유'에 해당하는 일본 한자 발음은 거의 'ゆう'가 많습니다. 誘拐(ゆうかい) 유괴, 理由(りゆう) 이유, 悠々(ゆうゆう) 유유자적하게, 猶予(ゆうよ) 유예 등입니다. 하지만 愉快(ゆかい)의 愉는 짧게 발음된다는 사실! 잊지 마세요. 신문이나 방송에 자주 등장하는 愉快와 관련된 단어를 소개할게요. 세상이 뒤숭숭하다 보니까 남에게 상처를 입히거나, 사회를 떠들썩하게 만드는 것을 유쾌하게 생각하는 사람이 범행을 저지르기도 하는데, 그런 사람을 愉快犯(ゆかいはん)이라고 합니다.

02 '과도'에는 두 가지가 있습니다. 다음 단계로 넘어가는 도중을 나타내는 '과도기'는 過渡期(かとき)라고 하고, 정도가 지나치다는 의미의 '과도'는 過度(かど)라고 합니다. 그럼 '영양분을 지나치게 섭취시키다'를 작문하면 어떻게 될까요? 정답은 栄養(えいよう)を過度(かど)に与(あた)える 입니다.

03 交互(こうご) 자체는 명사이지만, ~に를 붙여서 부사로 사용되는 경우가 많습니다. 예문을 통해 살펴볼까요.
   예 交互に病人(びょうにん)を看護(かんご)する. 번갈아 아픈 사람을 간호하다.
   문제 유형4의 용법문제에서 예를 들어 交互なに로 제시되어 있으면 정답이 아니니까 주의하세요. な형용사가 아니기 때문입니다.
   그리고 交互는 '번갈아가며'라는 뜻이기 때문에 '서로'를 의미하는 相互(そうご)와는 의미를 확실히 구별해야 합니다.

孤独	こどく	고독
誇張	こちょう	과장 =大(おお)げさ, オーバー, 誇大(こだい)
在庫	ざいこ	재고
事項	じこう	사항
嫉妬	しっと	질투
宗教	しゅうきょう	종교
従業員	じゅうぎょういん	종업원
賞罰	しょうばつ	상벌
奨励	しょうれい	장려
走行	そうこう	주행
操縦	そうじゅう	조종
中枢	ちゅうすう	중추
度胸	どきょう	배짱
扶養	ふよう	부양
飽和	ほうわ	포화
舗装	ほうそう	포장

舗装(ほそう)와 包装(ほうそう)의 차이를 알아볼까요? 둘다 '포장'이라는 뜻이지만 차이가 있습니다.
舗装(ほそう)는 길바닥에 콘크리트나 아스팔트를 깔아서 단단히 다져 꾸미는 일을 말합니다. 흔히 '이 길은 舗装道路(ほそうどうろ) 포장도로가 아니어서 운전하기 힘들다'라고 할 때 씁니다.
包装(ほうそう)는 물건을 싸서 꾸미는 일을 말합니다. 친구에게 선물을 줄 때 包装해서 주면 좋아하겠죠?

模倣	もほう	모방 =物(もの)まね, イミテーション
油断	ゆだん	방심 =不注意(ふちゅうい), 隙(すき), 緩(ゆる)み
余暇	よか	여가
預金	よきん	예금
労力	ろうりょく	노력(일함, 수고) =働(はたら)くこと, 骨折(ほねおり)

 강의실 생중계!

01 嫉妬(しっと)는 する를 붙여서 嫉妬する라는 동사를 만들 수 있습니다. 妬(ねた)む도 妬(や)ける와 같은 뜻이 됩니다. 妬(ねた)ましい는 '샘나다, 질투심 나다'라는 뜻의 い형용사입니다. 선의의 감정을 나타내는 羨(うらや)ましい 부럽다와는 구별해야 합니다.

02 男(おとこ)は度胸(どきょう), 女(おんな)は愛嬌(あいきょう)라는 말이 있습니다. '남자에게는 배짱, 여자에게는 애교가 중요하다'라는 의미입니다. 度胸에는 '담력'이란 의미도 있기 때문에 度胸だめし는 우리가 아는 肝試(きもだめ)し와 같이 '담력시험'이라는 뜻이 됩니다. 빈출 관용표현으로는 度胸(どきょう)がすわる 배짱이 두둑하다, 度胸をつける 담력을 키우다가 있습니다. 愛嬌는 愛敬(あいきょう)라고도 쓸 수 있고, 愛敬(あいきょう)がない 붙임성이 없다, 무뚝뚝하다도 꼭 외워주세요.

03 다음과 같은 이야기가 있습니다. アメリカ人は創造(そうぞう)し, ドイツ人は計算(けいさん)し, フランス人はデザインし, 日本人は模倣(もほう)する。미국인은 창조하고, 독일인은 계산하고, 프랑스인은 디자인하고, 일본인은 모방한다. 예를 들어, 다리를 만들 때 미국인은 매뉴얼로 만들고, 독일인은 면밀한 구조의 계산부터 시작하고 프랑스인은 디자인부터 생각하고 일본인은 각 나라의 좋은 점만 골라서 만든다고 합니다. 각 국가의 특징을 잘 나타내주는 말인 것 같네요.

중요도 ★

| 시나공법 따라잡기 | 고득점을 위한 장음한자와 단음한자 |

衣装	いしょう	의상
運送	うんそう	운송
映像	えいぞう	영상
衛星	えいせい	위성
園芸	えんげい	원예
応急	おうきゅう	응급
往診	おうしん	왕진
怪獣	かいじゅう	괴물, 괴수
眼球	がんきゅう	안구 (눈동자)
玩具	がんぐ	완구
関与	かんよ	관여
旧暦	きゅうれき	음력
拒否	きょひ	거부
許容	きょよう	허용
皇居	こうきょ	황거 (천황이 사는 곳)
抗訴	こうそ	공소, 항소
構想	こうそう	구상
肯定	こうてい	긍정
呼応	こおう	호응
使途	しと	사도
銃撃	じゅうげき	총격
掌握	しょうあく	장악
諸君	しょくん	제군
崇拝	すうはい	숭배
歳暮	せいぼ	세모, 연말
粗悪	そあく	조악

01 粗(そ) 관련 어휘로는 이밖에도 粗大(そだい)ごみ 대형 쓰레기, 粗末(そまつ) 허술함, 粗野(そや) 조야(거칠고 촌스러움), 粗品(そしな, そひん)남에게 선사하는 물건의 겸양어, 粗茶(そちゃ) 남에게 차를 대접할 때 쓰는 겸양어 등이 있습니다.
  내친김에 悪(あく)가 붙은 말을 살펴볼까요? 粗悪(そあく)는 물건의 품질을 말할 때 쓰는 말입니다. 険悪(けんあく)는 분위기나 상황이 험악하다는 뜻이고, 환경이나 물질적인 것이 열악하다는 말은 劣悪(れつあく)라고 합니다.

通夜	つや	(초상집에서의) 밤샘
燃焼	ねんしょう	연소
不毛	ふもう	불모
報酬	ほうしゅう	보수
優秀	ゆうしゅう	우수
融通	ゆうずう	융통
猶予	ゆうよ	유예
様相	ようそう	양상
余興	よきょう	여흥
賄賂	わいろ	뇌물

시나공법 11 적중 예상 문제

問題1 ＿＿＿＿の言葉の読み方として最もよいものを、1・2・3・4の中から一つ選びなさい。

01 肥満の予防のためには、生活習慣を改善していくことが大切だが、それはちょっとした工夫でできる。
 1 こうふ   2 こうふう   3 くふう   4 くうふう

02 監督の新作はシンプルな分、彼の持ち味が存分に引き出され、心底楽しめる愉快な内容だった。
 1 ゆうかいな   2 ゆかいな   3 りんかいな   4 りんがいな

03 1月はあくまでも過渡期であり、上下に不安定な値動きとなるだろう。
 1 かどうき   2 かどき   3 かとうき   4 かとき

04 不毛の地を、命あふれる緑の森によみがえらせる様子を表現する。
 1 ふげい   2 ふげ   3 ふも   4 ふもう

05 優れた後輩が脚光を浴びたが、嫉妬よりは自分も頑張らなくちゃと後押しされた。
 1 しつと   2 しっと   3 しつとう   4 しっとう

06 町の路地裏にある喫茶店から心地よい音色が流れてくる。
 1 ろじり   2 ろうじり   3 ろじうら   4 ろうじうら

問題3 ＿＿＿＿の言葉に意味が最も近いものを、1・2・3・4の中から一つ選びなさい。

01 私の職場の上司は、もともと頑固なのですが、年々パワーアップしている。
 1 型破り   2 一人よがり   3 やり手   4 切れ者

02 １５０人の採用見込みに１１０３人の応募があり、倍率は７．４倍に上がった。
 1 エントリー   2 サバイバル   3 ボランティア   4 ワイルド

03 税務署に申し立てをしたところで、徒労に終わるのは目に見えている。
　　1 無事　　　　　2 無駄　　　　　3 無謀　　　　　4 無理

04 仕事一本の生活ではなく人生を楽しむ余裕のある生活がしたい。
　　1 たるみ　　　　2 すきま　　　　3 ゆとり　　　　4 おまけ

問題4 次の言葉の使い方として最もよいものを、1・2・3・4の中から一つ選びなさい。

01 措置
　1 実験室にはあらゆる器具が措置してある。
　2 歯医者に措置してもらった詰め物が取れた。
　3 警察は麻薬の密売にたいして、厳しい措置をとった。
　4 この計算が合っているかを措置してください。

02 補充
　1 字が薄くなってきたので、インクを補充した。
　2 品数が補充で、選べる楽しみがある。
　3 放課後にある補充の時間は眠気との戦いだった。
　4 作業中のけがに対し、会社に補充を請求した。

03 交互
　1 二人は交互に憎しみを抱いている。
　2 取締役の会議で役員の交互が行われた。
　3 監督はしかたなく投手を交互した。
　4 男女が交互に座るような席順にしたいのですが。

04 油断
　1 あの件については何とぞご油断ください。
　2 油断しているすきに財布をすられた。
　3 油断な人はかならず風邪をひくそうです。
　4 うちの犬はおとなしいと言うより、油断していることが多い。

셋째마당 총정리 적중 예상 문제

問題1 ＿＿＿＿の言葉の読み方として最もよいものを、1・2・3・4の中から一つ選びなさい。

01 企業にしてみたら、継続して提携している方が収益につながるはずだ。
　　1 たいけい　　　2 たいたい　　　3 ていけい　　　4 ていたい

02 なぜ地域によってごみの分別の仕方がばらばらなのでしょうか。
　　1 わけり　　　　2 ぶんべつ　　　3 わけべつ　　　4 ふんべつ

03 自分の職場や学校などで情報網を広げる様々な方法を教えてください。
　　1 じょうほうもう　2 じょうほうも　3 じょうほうこう　4 じょうほうこ

04 読書は語彙を増やすにはもってこいの方法だと思う。
　　1 ごえ　　　　　2 ごき　　　　　3 ごい　　　　　4 ごひ

05 熱湯を注ぎ、はしでこねるだけで瞬時にほかほかの餅ができる。
　　1 れっと　　　　2 れっとう　　　3 ねっと　　　　4 ねっとう

06 一段の円安に反応し、目下のところ株価が下落する感じはしない。
　　1 もっか　　　　2 めした　　　　3 もっけ　　　　4 めもと

07 いくつもの色がのった花火とかき氷は日本が発祥の地である。
　　1 はつじょう　　2 はっそ　　　　3 はっしょう　　4 はっそう

08 指導者として不適任なのではないかという意見があり、彼は失脚を余儀なくされた。
　　1 しっつい　　　2 しっきゃく　　3 しっかく　　　4 しっさく

09 戦争が長引けば、「米国は非常に悲惨な状況に陥る」との見方を示した。
　　1 ひさんな　　　2 ひざんな　　　3 ふさんな　　　4 ふざんな

10 教師になった今、妥協せずに生徒と向き合っている。
　　1 じゅきょう　　2 じゃきょう　　3 どきょう　　　4 だきょう

11 庶民の間には象の腹の下をくぐると縁起が良いという言い伝えがある。
　　1 りょっき　　　2 りょくぎ　　　3 えんぎ　　　　4 えんき

12 朝方は霜が降りるほどの寒さだったが、狙い通りの写真も撮れ、無事下山することができた。
　　1 げさん　　　　2 げざん　　　　3 かさん　　　　4 かざん

13 「世界一やさしい経済の授業」と書いてあるのが誇張ではないほど分かりやすい。
　　1 こちょう　　　2 こうちょう　　3 こちょ　　　　4 こうちょ

14 道路が舗装されたりして風景は変わっても、背景の山々は当時のままだった。
　　1 ほうそう　　　2 ほそう　　　　3 ほうしょう　　4 ほしょう

15 美と健康を同時に求めるライフスタイルに呼応してスポーツ種目の幅も広がった。
　　1 こおう　　　　2 こうおう　　　3 ほおう　　　　4 ほうおう

16 不要になったスーツケースの大半は粗大ごみとして廃棄処分され、リサイクルされた。
　　1 そうだい　　　2 そだい　　　　3 ぞうだい　　　4 ぞだい

問題2 (　　　)に入れるのに最もよいものを、1・2・3・4の中から一つ選びなさい。

01 利用者の(　　　)を図るとは言っても、法にふれてはどうにもならない。
　　1 適宜　　　　　2 有利　　　　　3 便宜　　　　　4 便利

02 彼が一部(　　　)を言ってくれないので真相究明が極めて難しい。
　　1 始終　　　　　2 ありさま　　　3 終始　　　　　4 ありかた

03 緑色のフェンスはかなり(　　　)なつくりになっているようだ。
　　1 頑固　　　　　2 大丈夫　　　　3 頑丈　　　　　4 太鼓判

04 アメリカの(　　　)物資が全然難民の方の所へ届いていないという。
　　1 救急　　　　　2 救援　　　　　3 救命　　　　　4 救済

셋째마당 총정리 적중 예상 문제

問題3 ＿＿＿＿＿の言葉に意味が最も近いものを、1・2・3・4の中から一つ選びなさい。

01 病気がちだった母が達者に暮らしているかがいつも気がかりだ。
　　1 頑固　　　　2 貧相　　　　3 病弱　　　　4 元気

02 妻に連れられて行った病院で、うつ病と診断されて仰天した。
　　1 目を細くした　2 腰を抜かした　3 目を覚ました　4 腰を入れた

03 「すべての芸術は模倣から始まる」という格言があります。
　　1 みならい　　2 なれそめ　　3 にせもの　　4 ものまね

04 今でも世界各地で小規模な紛争は頻繁に起きているそうだ。
　　1 がたがた　　2 かたこと　　3 ばたばた　　4 もめごと

問題4 次の言葉の使い方として最もよいものを、1・2・3・4の中から一つ選びなさい。

01 的確
　　1 君はリーダーとして的確だと思う。
　　2 いいかげんな答えでその場を的確にごまかす。
　　3 論理的に考え、的確に判断し、解決した。
　　4 代表選手として的確かどうかを調べる。

02 一括
　　1 玄米と一括してたくと、おいしくできあがる。
　　2 価格の推移を一括して見ることができる。
　　3 大勢が一括に集まることはあまりない。
　　4 アルコールの一括飲みは危険だからやめよう。

03 役不足
1 自分の経験があさく、役不足でした。
2 この地位は優れた彼にとっては役不足である。
3 役不足のせいか、最近集中力が落ちた。
4 あの俳優にこの役は役不足している。

04 過剰
1 カロリーを過剰的にとると太る。
2 野球試合のチケットが２枚過剰してしまった。
3 職場に着くやいなや、過剰に仕事ができる。
4 彼女は彼に過剰なほどの気遣いを見せた。

05 依然
1 中国にたいし、依然とした態度で怒るべきだ。
2 依然として日本の企業では学歴がものをいう。
3 依然に私自身が書いた記事を、読み直した。
4 いまだに核の脅威は依然に存在している。

06 勘弁
1 話し方がうまい勘弁な人になりたい。
2 彼は勘弁強い人だから信用できる。
3 ながながと書くのは勘弁してください。
4 これも一緒に買うから500円勘弁してくれ。

넷째마당

알아두면 든든한
음독명사

시나공법 12 두 가지 이상으로 읽는 음독한자
시나공법 13 모양이 비슷한 한자
시나공법 14 동음이의어 한자
시나공법 15 읽기가 까다로운 한자

두 가지 이상으로 읽는 한자

시나공법 12

일본어의 한자 읽기는 정말 다양합니다. 익히 알고 있는 음독과 훈독 이외에도 읽는 방법에 따라 뜻이 달라지기도 합니다. '가뜩이나 외울 것이 많은데, 읽는 방법까지 여러 가지라니… 이걸 언제 다 외워!'라는 짜증섞인 절규가 어디서인가 들려오는 것 같네요. 하지만 어차피 공부해야 할 거라면, 생각을 바꿔보는 건 어떨까요? '어라? 이런 발음도 있었네?'하면서 모든 호기심을 발동시켜 보는 겁니다. 우리가 한자와 친해지려고 노력하는 만큼 한자도 우리 곁으로 성큼 다가올거라 믿습니다.
한자 읽기 문제의 난이도가 높아지면 높아질수록 출제 가능성이 가장 높은 것이 '두 가지 이상으로 읽는 한자'입니다. 여러 번 반복해서 외운 한자가 바람과 함께 사라지지 않도록 확실히 자신의 단어로 만들어 봅시다.

시험에 이렇게 나온다!

問題 1 ＿＿＿＿＿ の言葉の読み方として最もよいものを、1・2・3・4の中から一つ選びなさい。

ロシア選手が披露した大胆な<u>衣装</u>が物議をかもしている。
　1 いしょう　　　　2 よしょう　　　　3 いそう　　　　4 よそう

해석 러시아 선수가 선보인 대담한 의상이 물의를 빚고 있다.
해설 装(꾸밀 장)의 발음은 두 가지가 있는데요. 출제된 예제의 衣装(いしょう) 의상에서는 'しょう'라고 읽지만 그 외의 경우에는 모두 'そう'라고 읽습니다. 몇 가지 예를 들어볼게요. 装飾(そうしょく) 장식, 装備(そうび) 장비, 包装(ほうそう) 포장, 装甲車(そうこうしゃ) 장갑차. 기억을 더듬어 보면 装(よそお)う '꾸미다, 가장하다'라는 동사가 생각날 것 입니다. 혹시 잊어버린 분이 있다면 装의 두 가지 음과 함께 다시 한번 머릿속 저장버튼을 클릭해주세요.
어휘 ロシア選手(せんしゅ) 러시아 선수 | 披露(ひろう)する 선보이다 | 大胆(だいたん)だ 대담하다 | 物議(ぶつぎ)をかもす 물의를 빚다
정답 1

중요도 ★★★

시나공법 따라잡기 | 시험에 꼭 나오는 두 가지 이상으로 읽는 한자

우리말과 일본어를 가려가면서 학습해보세요.

遺	い/ゆい	기 遺跡(いせき) 유적	遺言(ゆいごん) 유언
応	おう/のう	기 応募(おうぼ) 응모	応対(おうたい) 응대
		順応(じゅんのう) 순응	
音	おん/ね/のん	기 騒音(そうおん) 소음	音符(おんぷ) 음표
		本音(ほんね) 본심	観音(かんのん) 관음
画	かく/が	기 企画(きかく) 기획	版画(はんが) 판화
気	き/け/げ	気質(きしつ) 기질	
		기 気配(けはい) 낌새	若気(わかげ) 젊은 혈기
漁	ぎょ/りょう	기 漁船(ぎょせん) 어선	漁業(ぎょぎょう) 어업
		漁師(りょうし) 어부	

興 きょう/こう	余興(よきょう) 여흥	기 復興(ふっこう) 부흥
強 きょう/ごう	기 強硬(きょうこう) 강경	기 強調(きょうちょう) 강조
	強引(ごういん) 막무가내, 억지	
虚 きょ/こ	기 謙虚(けんきょ) 겸허	기 虚空(こくう) 허공
言 げん/ごん	기 言動(げんどう) 언동	기 助言(じょげん) 조언
	기 無言(むごん) 무언	
拠 こ/きょ	기 証拠(しょうこ) 증거	기 拠点(きょてん) 거점
行 こう/ぎょう/あん	기 試行(しこう) 시행	行動(こうどう) 행동
	기 行政(ぎょうせい) 행정	行脚(あんぎゃ) 행각
色 しき/しょく	기 色彩(しきさい) 색채	기 気色(きしょく) 기색
日 じつ/にち	기 連日(れんじつ) 연일	기 終日(しゅうじつ) 종일
	日夜(にちや) 밤낮	
柔 じゅう/にゅう	기 柔軟(じゅうなん) 유연	柔和(にゅうわ) 유화
重 じゅう/ちょう	기 重視(じゅうし) 중시	기 厳重(げんじゅう) 엄중
	기 貴重(きちょう) 귀중	重宝(ちょうほう) 애용
執 しゅう/しつ	執着(しゅうちゃく) 집착	執拗(しつよう) 집요
象 しょう/ぞう	기 印象(いんしょう) 인상	象牙(ぞうげ) 상아
神 しん/じん	기 神経(しんけい) 신경	神社(じんじゃ) 신사

 **강의실 생중계!**

01 気質에는 발음이 두 가지가 있습니다 気質(きしつ)라고 읽으면 태어나면서부터 가지고 있는 성질을 의미합니다. 하지만 気質(かたぎ)라고 읽으면 신분, 직업, 환경 등이 같은 사람들에게 공통적으로 나타나는 기풍이나 성격을 의미합니다. 후천적인 성격이라고나 할까요? 일본어로는 職人気質(しょくにんかたぎ)라고 해서 '장인기질'이란 의미로 많이 사용됩니다.

02 言(말씀 언)은 'げん'과 'ごん'의 2가지 발음이 있는데요. 먼저 'げん'으로 발음되는 단어에는 言論(げんろん) 언론, 序言(じょげん) 머리말, 狂言(きょうげん) 꾸민 짓, 言質(げんち) 언질 등이 있고, 'ごん'으로 발음되는 단어로는 遺言(ゆいごん) 유언, 他言(たごん) 다른 사람에게 말함, 伝言(でんごん) 전언, 言語道断(ごんごどうだん) 언어도단 등을 들 수 있습니다.

03 '행각'이라는 말이 생소하죠? 어떤 목적으로 여기저기를 돌아다니는 것을 뜻하는 말입니다. 우리나라 말로는 '애정행각'과 같이 다소 부정적인 의미로 사용되지만, 일본어로는 부정적인 뉘앙스가 없습니다.
예) 全国(ぜんこく)を行脚(あんぎゃ)する。 전국을 걸어서 돌아다니다.

04 日의 발음을 정리해볼까요? 期日(きじつ) 기일에서는 'じつ'로 발음되구요, 日常(にちじょう) 일상, 日時(にちじ) 일시, 日没(にちぼつ) 일몰에서는 'にち'로 발음됩니다.

05 象는 왼쪽에 사람(인)변이 있는 像와 헷갈리기 쉽습니다. 気象(きしょう) 기상, 象徴(しょうちょう) 상징은 '象', 想像(そうぞう) 상상은 '像'로 외워두세요.

人 じん/にん　　㋖ 人材(じんざい) 인재　　故人(こじん) 고인
　　　　　　　　　　万人(ばんにん) 만인

正 せい/しょう　　㋖ 是正(ぜせい) 시정　　㋖ 正当(せいとう) 정당함
　　　　　　　　　　正体(しょうたい) 정체

盛 せい/じょう　　㋖ 盛大(せいだい) 성대함　　全盛(ぜんせい) 전성
　　　　　　　　　　繁盛(はんじょう) 번성

相 そう/しょう　　㋖ 真相(しんそう) 진상　　㋖ 相互(そうご) 상호
　　　　　　　　　㋖ 様相(ようそう) 양상　　㋖ 首相(しゅしょう) 수상

率 そつ/りつ　　　㋖ 軽率(けいそつ) 경솔　　㋖ 率先(そっせん) 솔선
　　　　　　　　　　確率(かくりつ) 확률

 大 だい/たい　　㋖ 膨大(ぼうだい) 방대　　大胆(だいたん) 대담함
　　　　　　　　　　大家(たいか) 대가

地 ち/じ　　　　　見地(けんち) 관점　　地元(じもと) 고향

治 ち/じ　　　　　治安(ちあん) 치안　　退治(たいじ) 퇴치

通 つう/ずう　　　㋖ 通常(つうじょう) 통상　　融通(ゆうずう) 융통

提 てい/ちょう　　提供(ていきょう) 제공　　㋖ 提案(ていあん) 제안
　　　　　　　　　提灯(ちょうちん) 제등

万 ばん/まん　　　㋖ 万能(ばんのう) 만능
　　　　　　　　　万年床(まんねんどこ) (늘 깔아놓는) 이부자리

武 ぶ/む　　　　　武装(ぶそう) 무장　　武者(むしゃ) 무사

강의실 생중계!

01 발음이 다양해서 까다로운 한자가 人인데요. 규칙을 외워두면 상당히 도움이 됩니다.
먼저 'にん'으로 읽는 경우를 보겠습니다. 인간의 분류가 아니라 어떤 사람의 그 때의 상태를 말할 때입니다.
管理人(かんりにん) 관리인　　苦労人(くろうにん) 고생을 겪은 사람　　被告人(ひこくにん) 피고인
使用人(しようにん) 고용주　　仕事人(しごとにん) 일하는 사람　　張本人(ちょうほんにん) 장본인
他人(たにん) 타인　　当人(とうにん) 당사자
이에 비해 'じん'으로 읽는 경우는 日本人(にほんじん) 일본인, 狂人(きょうじん) 미치광이, 新人(しんじん) 신인, 人体(じんたい) 인체, 人民(じんみん) 인민, 人類(じんるい) 인류와 같이 '분류'를 뜻하며, 인간의 속성을 나타냅니다. 하지만 모든 규칙에는 예외가 있다는 것도 기억해주세요.

02 더이상 大의 발음 때문에 고민하는 일이 없도록 이번에 확실히 외워둡시다.
だい - 大臣(だいじん) 장관, 大規模(だいきぼ) 대규모, 大吉(だいきち) 대길, 大惨事(だいさんじ) 대참사
たい - 大金(たいきん) 거금, 大衆(たいしゅう) 대중, 大河(たいが) 대하
참고로 大家는 3가지로 읽습니다. 大家(たいか)라고 읽으면 '어떤 분야에 있어서의 거장'을 의미하고, 大家(おおや)로 읽으면 '집주인'을 의미하고, 大家(たいけ)라고 읽으면, '대갓집, 부잣집'을 의미합니다.

01 無 ぶ/む	기 無礼(ぶれい) 무례 無念(むねん) 원통함		無難(ぶなん) 무난
命 めい/みょう	기 使命(しめい) 사명 기 寿命(じゅみょう) 수명		革命(かくめい) 혁명
名 めい/みょう	기 名簿(めいぼ) 명부 本名(ほんみょう) 본명		기 著名(ちょめい) 저명
力 りょく/りき	기 魅力(みりょく) 매력 力量(りきりょう) 역량		기 威力(いりょく) 위력

중요도 ★★

시나공법 따라잡기 — 합격을 위한 두 가지 이상으로 읽는 한자

街 かい/がい	街道(かいどう) 가도	街路樹(がいろじゅ) 가로수
楽 がく/らく	楽譜(がくふ) 악보	楽勝(らくしょう) 낙승
却 きゃく/きゃ	기 脚本(きゃくほん) 각본 脚立(きゃたつ) (작업용) 접는 사다리	脚色(きゃくしょく) 각색
極 きょく/ごく	기 極限(きょくげん) 극한 極楽(ごくらく) 극락	極端(きょくたん) 극단
下 げ/か	下痢(げり) 설사 下降(かこう) 하강	下校(げこう) 하교
経 けい/きょう	기 経緯(けいい) 경위 読経(どきょう) 독경	経済(けいざい) 경제
戸 こ/ど	戸籍(こせき) 호적	井戸(いど) 우물
後 ご/こう	背後(はいご) 배후	後半(こうはん) 후반
口 こう/く	口頭(こうとう) 구두	口調(くちょう) 말투
02 工 こう/く	工業(こうぎょう) 공업	工夫(くふう) 궁리, 고안

강의실 생중계!

01 야자타임을 일본어로는 뭐라고 할까요? 無를 써서 無礼講(ぶれいこう)라고 합니다. 無의 발음도 항상 우리를 괴롭힙니다.
ぶ로 읽는 경우는 無愛想(ぶあいそ) 무뚝뚝함, 無精(ぶしょう) 귀찮아함 등이 있습니다.
む로 읽는 경우는 위에서 나온 無言(むごん) 무언, 無口(むくち) 과묵, 無感覚(むかんかく) 무감각, 無頓着(むとんちゃく) 무관심함, 無知(むち) 무지, 無茶(むちゃ) 터무니없음, 無用(むよう) 무용 등이 있습니다.

02 工夫(くふう)의 유사어는 いい方法(ほうほう), アイデア, 手立(てだ)て입니다.
工은 발음에 관련하여 문제별 것이 참 많습니다. 그 뜻도 한자 자체로는 알기 힘든 단어들이 많아서 항상 체크해줘야 하는데요. 工面(くめん)이란 '(금품을) 변통, 융통'이라는 의미와 '주머니 사정'이라는 뜻입니다. 그래서 金(かね)の工面(くめん)がつかない '돈 마련이 안 된다'라는 관용표현도 꼭 암기해야 합니다. 細工(さいく) 세공의 발음에도 주의하세요. 참고로 'こうふ'라고 읽으면 철도나 전기공사 등의 현장에서 일하는 '노무자'의 의미가 됩니다.

作 さく/さ	㉠ 創作(そうさく) 창작	作戦(さくせん) 작전
	作用(さよう) 작용	発作(ほっさ) 발작
惨 さん/ざん	㉠ 悲惨(ひさん) 비참	無惨(むざん) 무참
児 じ/に	孤児(こじ) 고아	小児科(しょうにか) 소아과
01 素 そ/す	㉠ 素材(そざい) 소재	㉠ 質素(しっそ) 검소함
	素姓(すじょう) 혈통, 천성	
存 そん/ぞん	㉠ 存続(そんぞく) 존속	
	依存(いぞん) 의존	共存(きょうぞん) 공존
緒 ちょ/しょ	情緒(じょうちょ) 정서	由緒(ゆいしょ) 유서
爆 ばく/ぼう	爆露(ばくろ) 폭로	爆言(ぼうげん) 폭언
02 罰 ばつ/ばち	㉠ 処罰(しょばつ) 처벌	罰当(ばちあ)たり 벌을 받음
03 貧 ひん/びん	㉠ 貧富(ひんぷ) 빈부	貧乏(びんぼう) 가난
04 風 ふう/ふ	暴風(ぼうふう) 폭풍	風情(ふぜい) 풍취, ~따위
木 もく/ぼく	樹木(じゅもく) 수목	大木(たいぼく) 대목
物 もつ/ぶつ	禁物(きんもつ) 금물	物議(ぶつぎ) 물의
役 やく/えき	㉠ 役職(やくしょく) 관리직	使役(しえき) 사역

강의실 생중계!

01 素는 す와 そ 2가지 발음을 가지고 있습니다. 기억력의 가출을 막으려면 되풀이해서 외워야 합니다.
'す'로 발음나는 경우는 대개 '있는 그대로의'라는 의미를 갖는데, 素泊(すど)まり 식사는 않고 잠만 자는 숙박, 素手(すで) 맨손, 素顔(すがお) 맨얼굴, 素直(すなお) 고분고분함 등이 있습니다.
'そ'로 발음나는 경우는 素振(そぶ)り 거동, 素質(そしつ) 소질, 素(そ)っ気(け)ない 쌀쌀맞다 등이 있습니다. 이밖에도 N2에서 배운 素人(しろうと)의 발음도 잊지 마세요.

02 罰를 ばつ라고 읽으면 법률이나 규칙에 위반했을 경우, 국가와 조직 등으로부터 부과되는 것으로, 벌을 주는 쪽이나 내용이 명확한 경우가 됩니다.
반면 ものを粗末(そまつ)にすると、罰(ばち)があたるよ에서처럼 눈에 보이지 않는 신불에 대한 경외감 같은 의식의 문제로 벌의 내용이 막연할 때는 ばち라고 읽습니다. 다시 말해서 'ばつ'는 분류적, 객관적인데 비해서, 'ばち'는 정서적이고 체감적인 것이라고 정리할 수 있습니다.

03 貧乏는 '빈약하다, 모자라다'는 뜻의 한자가 조합된 글자입니다. い형용사로는 각각 貧(まず)しい 가난하다, 乏(とぼ)しい 부족하다로 나타냅니다. 貧富 '빈부'는 びんぷ로 읽기 쉬운데 ひんぷ가 맞는 발음입니다. 貧을 'ひん'으로 읽는 다음 한자어도 함께 알아두세요.
貧弱(ひんじゃく) 빈약, 貧血(ひんけつ) 빈혈, 貧困(ひんこん) 빈곤

04 風의 발음에 대해 알아봅시다. 風雨는 어떻게 읽을까요? 風雨(ふうう)라고 읽고 '바람과 비'를 의미합니다. 그런데 재미있는 것은 같은 뜻인 雨風라는 단어는 あめかぜ라고 읽습니다. 이렇게 순서를 바꾸어서 훈독하는 단어들을 몇 가지 소개합니다.
좌우 : 左右(さゆう)=右左(みぎひだり)　　　표리, 안과 겉 : 表裏(ひょうり)=裏表(うらおもて)
산해 : 山海(さんかい)=海山(うみやま)　　　동서 : 東西(とうざい)=西東(にしひがし)
그밖에 風가 들어간 단어를 모아서 외워봅시다.
風習(ふうしゅう) 풍습　　風格(ふうかく) 풍취, 독특한 멋　　風車(ふうしゃ) 물레방아　　風車(かざぐるま) 바람개비

중요도 ★

시나공법 따라잡기 — 고득점을 위한 두 가지 이상으로 읽는 한자

御　おん/ご　　　　御社(おんしゃ) 귀사(상대편 회사를 높임)
　　　　　　　　　御覧(ごらん) 보심

宮　きゅう/く/ぐう　宮殿(きゅうでん) 궁전　　宮内庁(くないちょう) 궁내청
　　　　　　　　　宮司(ぐうじ) 신관 (신사의 우두머리)

紅　く/こう　　　　真紅(しんく) 진홍(색)　　紅葉(こうよう) 단풍

境　けい/きょう　　境内(けいだい) 경내　　境界(きょうかい) 경계

元　げん/がん　　　還元(かんげん) 환원
　　　　　　　　　元来(がんらい) 원래　　元旦(がんたん) 설날

金　ごん/きん　　　黄金(おうごん) 황금　　金銭(きんせん) 금전

殺　さい/さつ　　　相殺(そうさい) 상쇄　　殺人(さつじん) 살인

子　し/つ　　　　　子孫(しそん) 자손　　面子(めんつ) 체면

祝　しゅく/しゅう　祝賀(しゅくが) 축하　　祝儀(しゅうぎ) 축의(금)

性　じょう/しょう/せい　素性(すじょう) 혈통, 가문, 천성
　　　　　　　　　性分(しょうぶん) 성미　　性質(せいしつ) 성질

主　ず/しゅ　　　　坊主(ぼうず) 중　　主導(しゅどう) 주도

静　せい/じょう　　静養(せいよう) 요양　　静脈(じょうみゃく) 정맥

喪　そう/も　　　　喪失(そうしつ) 상실　　喪服(もふく) 상복

草　ぞう/そう　　　草履(ぞうり) 짚신　　草原(そうげん) 초원

体　てい/たい　　　体裁(ていさい) 체면　　体力(たいりょく) 체력

縁　ねん/えん　　　因縁(いんねん) 트집　　縁談(えんだん) 혼담

便　べん/びん　　　便宜(べんぎ) 편의　　便乗(びんじょう) 편승

강의실 생중계!

01 획순이 복잡해서 조금 어려운 한자지만 도전해 볼만한 가치가 있는 한자로, 보통 ご, お로 많이 읽습니다. 御免(ごめん) 용서, 질색, 御馳走(ごちそう) 진수성찬, 御曹司(おんぞうし) 후계자 등 한자어 앞에서는 ご로 읽는 경우가 많고, 御越(おこ)し처럼 일본어 명사 앞에서는 'お'로 읽는 경우가 많습니다.
그밖에 'おん'으로 발음하는 御中(おんちゅう)는 상대방의 단체, 회사명 뒤에 붙이는 '귀중'이라는 뜻입니다.
중요한 관용표현으로는 御(おん)の字(じ)가 있는데, '감지덕지'라는 뜻이 됩니다. 또 御輿(みこし) 가마라는 단어도 알아두세요.

02 体裁(ていさい)는 '겉모양, 체면'을 뜻합니다. 일본어로 표현하면 外聞(がいぶん), 面子(めんつ)라고 할 수 있겠네요. 体裁良(ていさいよ)く 모양 있게, 体裁(ていさい)を気(き)にする 체면을 신경 쓰다라는 표현도 중요하니까 꼭 기억해주세요.
体를 'てい'라고 읽는 단어로는 世間体(せけんてい)가 있습니다. 드라마에서 나이가 많은 자식이 아직 결혼을 못하는 것에 대해 부모가 世間体(せけんてい)가 悪(わる)い(창피하다, 체면이 안 서다)라고 하면서 한탄하는 장면을 보신 적이 있는지 모르겠네요.

시나공법 12 적중 예상 문제

問題1 ＿＿＿＿＿＿の言葉の読み方として最もよいものを、1·2·3·4の中から一つ選びなさい。

01 色彩の勉強を通して知識を蓄えることで、デザインのセンスとスキルを磨きたい。
　　1 しょくさい　　2 しょくざい　　3 しきさい　　4 しきざい

02 小児科の先生の話では、解熱後2日経てば幼稚園に行ってもいいとのことだった。
　　1 かいねつ　　2 げねつ　　3 かいれつ　　4 かいあつ

03 当時、韓国側の漁船9隻が操業していたが、安全な場所に移って無事だったという。
　　1 りょうせん　　2 うおせん　　3 ろせん　　4 ぎょせん

04 子どものおやつにも酒のつまみにもなる万人向けの味が受けた。
　　1 ばんにん　　2 まんびと　　3 まんじん　　4 まんにん

05 情緒ある景観と由緒ある文化を若者にも知ってもらいたい。
　　1 じょうお　　2 ぞうちょ　　3 じょうちょ　　4 ぞうしょ

06 街道の名前などが詳しく掲載されている地図が欲しいです
　　1 かいどう　　2 がいどう　　3 かいとう　　4 がいとう

問題3 ＿＿＿＿＿＿の言葉に意味が最も近いものを、1·2·3·4の中から一つ選びなさい。

01 因縁をつけられて、殴られたりけられたりして財布を奪われた。
　　1 関係　　2 由来　　3 文句　　4 運命

02 小さな神社は工事費用の工面がつかなくて困っていた。
　　1 支払　　2 都合　　3 恩恵　　4 返金

03 世間体を気にしながら成果を出すことはできない。
　1 仕上げ　　　　2 外見　　　　3 仕組み　　　　4 体裁

04 この統計の数字には明らかに細工のあとが見える。
　1 おこない　　　2 ほどこし　　3 ごまかし　　　4 うたがい

問題4　次の言葉の使い方として最もよいものを、1・2・3・4の中から一つ選びなさい。

01 単一
　1 祖父の単一の趣味は将棋だった。
　2 ヨーロッパでは単一の通貨が使用されているそうだ。
　3 このアルバイトは単一すぎてつまらない。
　4 単一に初心者向けのデジタル記事を執筆した。

02 不順
　1 車が道路を不順に進んでいる。
　2 営業マンだと、食生活が不順になりがちだ。
　3 彼は不順な性格できらわれている。
　4 天候が不順で、体調をくずす生徒が多かった。

03 無名
　1 Aさんは無名な舞台女優で、ロングヘアの釈由美子似の美人だという。
　2 普段あまり話したがらない無名で頑固なおじいさんに叱られた。
　3 大きな大会には出場したことのない無名選手だった。
　4 胸に痛みを覚えた後も、生活のため無名して仕事を続けた。

04 重宝
　1 買い置きできるダイエット食品を重宝している。
　2 いろんな種類の重宝が散りばめられている。
　3 父は私が幼いころから中国語の重宝性を話していた。
　4 時間がかからず、片手で食べれて重宝いから。

시나공법 13 : 모양이 비슷한 한자

'한자는 꼭 외워야 하나요?'라는 질문을 많이 받습니다. 정말 답을 몰라서 묻는 건 아닐 겁니다. 그만큼 한자공부가 힘들다는 호소가 아닌가 싶은데요. 맞습니다. 한자는 꼭 외우셔야 합니다. 일본어는 결국 한자어를 기초로 한 언어이기 때문에 한자를 모르고서는 까막눈이 될 수밖에 없습니다.
그런데 우리를 더욱 힘들게 하는 것은 비슷한 한자가 너무 많다는 사실입니다. 모양이 비슷한데 음이 다른 경우, 더더욱 힘드실 거예요. 그러면 효율적으로 한자를 외울 수 있는 Tip을 하나 알려 드릴게요. 바로 비슷한 한자를 바로바로 비교해 가면서 공부하는 겁니다. 그러면 그 자리에서 확인이 되기 때문에 훨씬 잘 외워집니다. 평소 한자공부에 쏟는 1/2의 노력으로 2배의 한자를 암기할 수 있는 셈이거든요.
여기서 잠깐! 한자는 눈으로 보고 정확히 읽을 수 있다면 그것으로 OK입니다. 굳이 쓸 수 있어야 한다는 강박관념 때문에 연습장 한 장 가득 쓰는데 시간을 버리지는 마세요. 늘 강조하지만 읽으면서 발음하기에 집중하세요. 비슷한 한자에 현혹되어서 잘못된 발음을 하지 않으시도록 조심하시구요~

시험에 이렇게 나온다!

問題1 _____ の言葉の読み方として最もよいものを、1・2・3・4の中から一つ選びなさい。

この見えない束縛を解くことができたら、本当の自分で生きられるのに。

1 そくこう　　　　2 そくせん　　　　3 そくぼく　　　　4 そくばく

해석　이 보이지 않는 속박을 풀 수 있다면 진정한 나 자신으로 살 수 있을텐데…
해설　참 멋있는 문장이죠? 일본어 글을 보면서 철학적인 감상을 할 수 있다는 것에 왠지 모를 뿌듯함을 느끼고 계시진 않으신가요? 縛는 (묶을 박) 입니다. 博(넓을 박) 이나, 締(맺을 체), 絞(목맬 교) 와 헷갈리면 せん, てい, こう로 잘못 발음할 수 있습니다. 따라서 束縛는 そくばく라고 읽어야 합니다.
어휘　解(ほど)く 풀다

정답 4

중요도 ★★★

시나공법 따라잡기 : 시험에 꼭 나오는 모양이 비슷한 한자

우리말과 일본어를 가려가면서 학습해보세요.

滑/骨　　　㋐ 円滑(えんかつ) 원활　　　　接骨(せっこつ) 접골
確/穫/護/獲　㋐ 確保(かくほ) 확보　　　　㋐ 収穫(しゅうかく) 수확
　　　　　　㋐ 介護(かいご) 간호　　　　獲得(かくとく) 획득
還/環　　　㋐ 還暦(かんれき) 환갑　　　　環境(かんきょう) 환경
載/栽　　　㋐ 掲載(けいさい) 게재
　　　　　　裁縫(さいほう) 재봉　　　　㋐ 栽培(さいばい) 재배
衡/衝/衛　　㋐ 均衡(きんこう) 균형　　　　㋐ 衝突(しょうとつ) 충돌
　　　　　　護衛(ごえい) 호위

共/供	共鳴(きょうめい) 공명, 동감	
	提供(ていきょう) 제공	供養(くよう) 공양
原/願	原書(げんしょ) 원서	願書(がんしょ) 원서
誤/誇	誤解(ごかい) 오해	誤差(ごさ) 오차
	誇張(こちょう) 과장	
為/偽	行為(こうい) 행위	
	偽造(ぎぞう) 위조	偽名(ぎめい) 가짜 이름
昆/混	昆虫(こんちゅう) 곤충	
	混乱(こんらん) 혼란	混血(こんけつ) 혼혈
削/消	削減(さくげん) 삭감	消化(しょうか) 소화
霞/霧	霞(かすみ) 봄 안개	霧(きり) 가을 안개
積/績	蓄積(ちくせき) 축적	
	功績(こうせき) 공적	実績(じっせき) 실적
渋/渉	渋滞(じゅうたい) 정체	
	干渉(かんしょう) 간섭	交渉(こうしょう) 교섭
陸/陵	上陸(じょうりく) 상륙	丘陵(きゅうりょう) 언덕
測/側	推測(すいそく) 추측	
	側面(そくめん) 측면	両側(りょうがわ) 양쪽
惜/借/錯	惜敗(せきはい) 아쉬운 패배	
	拝借(はいしゃく) 빌림의 겸양어	
	錯誤(さくご) 착오	
衷/束	折衷(せっちゅう) 절충	束縛(そくばく) 속박
操/燥	操縦(そうじゅう) 조종	乾燥(かんそう) 건조
概/慨	大概(たいがい) 대개	概説(がいせつ) 개설
	憤慨(ふんがい) 분개	

01 우리말로는 모두 '원서'라서 오용하는 경우가 종종 있습니다.
原書(げんしょ)는 (원래 원) 자를 쓰고 있으므로 베끼거나 번역한 책에 대하여 그 본래의 책을 말합니다.
願書(がんしょ)는 (바랄 원) 자를 쓰고 있으므로 지원하거나 청원하는 내용을 적은 서류를 말합니다.
예 小説を原書で読む。 소설을 원서로 읽는다.
入学願書を書いた。 입학원서를 썼다.

02 雨를 부수로 하는 한자를 외워봅시다. N2에서 분명히 외웠을텐데 볼 때마다 새롭죠? 쉬운 단어부터 나열해봅시다.
雲(くも) 구름　　雪(ゆき) 눈　　雷(かみなり) 천둥　　霜(しも) 서리　　雹(ひょう) 우박
이밖에도 零時(れいじ) 0시의 零(れい), 地震(じしん)의 震(しん), 幽霊(ゆうれい)의 霊(れい)도 함께 체크해 둡시다.

03 束의 한자에 주목해 봅시다. 훈독을 하면 束(つか)라고 읽고, 옛날에 화살의 길이를 재는 기준이었습니다. 여러분이 외워야 할 단어는 束(つか)の間(ま) 짧은 시간입니다. ちょっとの間(あいだ), あっという間(ま)와 같은 뜻입니다.
그리고 衷가 들어간 和洋折衷(わようせっちゅう) 일본식과 양식을 절충함도 기억해둡시다.

著/署	기 著名(ちょめい) 저명	署名(しょめい) 서명
徴/微	기 特徴(とくちょう) 특징	徴収(ちょうしゅう) 징수
	기 微妙(びみょう) 미묘	
派/波	特派員(とくはいん) 특파원	波浪(はろう) 파도
識/職	認識(にんしき) 인식	職業(しょくぎょう) 직업
焼/熱/暁	기 燃焼(ねんしょう) 연소	熱湯(ねっとう) 열탕
	暁(あかつき) 새벽	
握/屋	把握(はあく) 파악	屋上(おくじょう) 옥상
遣/遺	派遣(はけん) 파견	기 遺言(ゆいごん) 유언
普/譜	기 普及(ふきゅう) 보급	楽譜(がくふ) 악보
壊/懐	崩壊(ほうかい) 붕괴	
	懐中電灯(かいちゅうでんとう) 손전등	
飽/飾	기 飽和(ほうわ) 포화	修飾(しゅうしょく) 수식
幹/軒	幹(みき) 줄기	軒(のき) 처마
網/綱	網膜(もうまく) 망막	横綱(よこづな) 천하장사
濫/監	기 濫用(らんよう) 남용	監督(かんとく) 감독
廊/郎/浪/朗	기 廊下(ろうか) 복도	新郎(しんろう) 신랑
	浪人(ろうにん) 재수생	明朗(めいろう) 명랑
	기 朗読(ろうどく) 낭독	
衰/哀	기 老衰(ろうすい) 노쇠	哀悼(あいとう) 애도
枠/粋	枠(わく) 틀	粋(いき) 세련됨, 멋짐

중요도 ★★

시나공법 따라잡기 합격을 위한 모양이 비슷한 한자

殴/欧/枢	殴打(おうだ) 구타	欧米(おうべい) 유럽과 미국
	中枢(ちゅうすう) 중추	
憶/臆	記憶(きおく) 기억	臆病(おくびょう) 겁이 많음
剖/倍/培	解剖(かいぼう) 해부	倍率(ばいりつ) 배율, 경쟁률
	栽培(さいばい) 재배	
隔/融	隔離(かくり) 격리	融資(ゆうし) 융자
勧/権/観	勧告(かんこく) 권고	権限(けんげん) 권한
	観衆(かんしゅう) 관중	観覧(かんらん) 관람
減/滅/威	軽減(けいげん) 경감	絶滅(ぜつめつ) 절멸, 전멸
	権威(けんい) 권위	

悔/侮	後悔(こうかい) 후회	侮辱(ぶじょく) 모욕
迭/失	更迭(こうてつ) 경질	失望(しつぼう) 실망
底/邸/低	根底(こんてい) 근본	邸宅(ていたく) 저택
	高低(こうてい) 고저	
胞/抱	細胞(さいぼう) 세포	抱負(ほうふ) 포부
材/才	㉮ 人材(じんざい) 인재	才能(さいのう) 재능
提/堤	前提(ぜんてい) 전제	堤防(ていぼう) 제방
総/統	総合(そうごう) 종합	統合(とうごう) 통합
遇/偶	待遇(たいぐう) 대우	偶数(ぐうすう) 짝수
慢/漫	怠慢(たいまん) 태만	漫画(まんが) 만화
旦/担/胆	旦那(だんな) 남편	担当(たんとう) 담당
	担架(たんか) 들것	大胆(だいたん) 대담함
編/偏/遍	長編(ちょうへん) 장편	偏見(へんけん) 편견
	普遍(ふへん) 보편	
列/例	陳列(ちんれつ) 진열	例示(れいじ) 예시
源/原	電源(でんげん) 전원	語源(ごげん) 어원
	原因(げんいん) 원인	
占/点	独占(どくせん) 독점	占領(せんりょう) 점령
	得点(とくてん) 득점	盲点(もうてん) 맹점
捕/補	捕獲(ほかく) 포획	補給(ほきゅう) 보급
酔/酷/酪	麻酔(ますい) 마취	残酷(ざんこく) 잔혹함
	酪農(らくのう) 낙농	

강의실 생중계!

01 後悔(こうかい)する를 순수 일본 동사로 바꾸면 悔(く)いる '후회하다'가 됩니다. 또 侮辱(ぶじょく)する를 순수 동사로 바꾸면? 侮(あなど)る '업신여기다, 깔보다'가 됩니다. 悔(く)いる와 侮(あなど)る도 자주 출제되는 동사니까 꼭 기억해주세요. 더불어 屈辱(くつじょく) 굴욕, 雪辱(せつじょく) 설욕도 외워둡시다.

02 '귀사가 필요로 하는 훌륭한 인재가 되고 싶다'라는 말을 면접에서 자주 쓰게 될 겁니다. 이때 人才라고 잘못 쓰는 경우가 많습니다. 人材라고 써야 합니다. 素材(そざい) 소재, 材木(ざいもく) 재목과 才覚(さいかく) 재치, 天才(てんさい) 천재, 漫才(まんざい) 만담을 기억합시다. 참고로 歳(さい)의 약자로서 才를 사용하는 경우가 있어, 一才(いっさい)라고 하면 '한 살'의 의미가 됩니다.

03 遇는 만날 우입니다. 待遇(たいぐう)만 외우면 됩니다.
偶는 짝 우입니다. 偶数(ぐうすう) 짝수, 偶像(ぐうぞう) 우상, 偶然(ぐうぜん) 우연을 외우면 됩니다.
이밖에도 隅々(すみずみ) 구석구석의 隅(すみ) (모퉁이 우), 愚(おろ)か 어리석음, 愚鈍(ぐどん) 우둔의 愚(ぐう) (어리석을 우)도 비슷해서 혼동하기 쉬우니 주의하세요!

越/超	優越(ゆうえつ) 우월	超越(ちょうえつ) 초월
溶/容	溶液(ようえき) 용액	容易(ようい) 용이
緑/縁	緑茶(りょくちゃ) 녹차	血縁(けつえん) 혈연
帯/滞	連帯(れんたい) 연대	滞納(たいのう) 체납

중요도 ★

시나공법 따라잡기 고득점을 위한 모양이 비슷한 한자

隠/穏	隠居(いんきょ) 은거	穏健(おんけん) 온건
閲/閣/闇/闘	閲覧(えつらん) 열람 闇市(やみいち) 암거래시장	閣僚(かくりょう) 각료 格闘(かくとう) 격투
峡/狭	海峡(かいきょう) 해협	狭義(きょうぎ) 협의, 좁은 뜻
怪/径	怪獣(かいじゅう) 괴수	半径(はんけい) 반경
塊/魂/魅	塊(かたまり) 덩어리 魅力(みりょく) 매력	魂(たましい) 영혼
遂/墜	完遂(かんすい) 완수	墜落(ついらく) 추락
戯/劇	戯曲(ぎきょく) 희곡	演劇(えんげき) 연극
耕/耗	耕作(こうさく) 경작 消耗(しょうもう) 소모	農耕(のうこう) 농경
沢/択/掘	光沢(こうたく) 광택 採掘(さいくつ) 채굴	選択(せんたく) 선택
砂/硫	砂漠(さばく) 사막	硫黄(いおう) 유황
慈/磁	慈悲(じひ) 자비	磁石(じしゃく) 자석
騒/駄	騒動(そうどう) 소동	駄作(ださく) 졸작
縛/絞/博	束縛(そくばく) 속박 博覧(はくらん) 박람	絞殺(こうさつ) 교살
黙/墨	沈黙(ちんもく) 침묵	水墨(すいぼく) 수묵
締/諦	締結(ていけつ) 체결	諦念(ていねん) 체념

01 사람마다 유난히 안 외워지는 단어가 있기 마련입니다. 緑과 縁은 제가 학생 때 너무나 외워지지 않던 한자입니다. 緑 관련 단어로는 緑(みどり) / 緑色(りょくしょく) 녹색이 있고 縁관련 단어로는 縁(ふち) 가장자리, 縁(えん) 인연, 縁談(えんだん) 혼담이 있습니다.

臟/蔵	内臓(ないぞう) 내장	埋蔵(まいぞう) 매장
排/俳	排除(はいじょ) 배제	
	俳優(はいゆう) 배우	俳句(はいく) 하이쿠
甚/堪	甚大(じんだい) 심대	
	堪能(たんのう) 뛰어남, 충분히 만족함	
准/唯	批准(ひじゅん) 비준	唯一(ゆいいつ) 유일
虜/虛	捕虜(ほりょ) 포로	空虛(くうきょ) 공허
累/壘	累積(るいせき) 누적	満壘(まんるい) 만루

시나공법 13 모양이 비슷한 한자

01 蔵(くら)는 '창고'를 뜻합니다. 그래서 埋蔵(まいぞう) 매장, 内蔵(ないぞう) 내장, 冷蔵(れいぞう) 냉장 등에 씁니다. 하지만 臟은 '오장육부'를 가리키기 때문에 内臟(ないぞう) 내장이나 臟物(ぞうもつ) 소, 돼지, 생선 등의 내장에 쓰이는 것입니다.

02 다음 한자의 음을 맞추어보세요. 謙虛, 嘘, 虐待, 配慮. 좀 어렵나요? 정답은 謙虛(けんきょ) 겸허, 嘘(うそ) 거짓말, 虐待(ぎゃくたい) 학대, 配慮(はいりょ) 배려입니다.

問題1 _____の言葉の読み方として最もよいものを、1・2・3・4の中から一つ選びなさい。

01 私はメーカーの営業マンですが、新規開拓で困っています。
　　1 へいせき　　　2 へいたく　　　3 かいせき　　　4 かいたく

02 自分の仕事に関して赤の他人に侮辱され、落ち込んでいる。
　　1 ぶしょく　　　2 ぶじょく　　　3 かいしょく　　4 かいじょく

03 現在は周囲から隔離された施設で暮らしている。
　　1 がくり　　　　2 ゆり　　　　　3 かくり　　　　4 ゆうり

04 核家族化や価値観の変化で、葬儀や供養のあり方が変わりつつある。
　　1 くよう　　　　2 こうよう　　　3 きょうよう　　4 きょよう

05 司法解剖の結果、林さんは道路に倒れていたところをひかれたとみられる。
　　1 げぼう　　　　2 げばい　　　　3 かいぼう　　　4 かいばい

06 各教科の授業で身につけた力を総合して答える問題を出した。
　　1 とうごう　　　2 そうごう　　　3 とうご　　　　4 そうご

問題3 _____の言葉に意味が最も近いものを、1・2・3・4の中から一つ選びなさい。

01 今の子どもたちは疲労感の塊みたいになっているようだ。
　　1 グループ　　　2 誇り　　　　　3 精神　　　　　4 そのもの

02 昔ながらの年功序列で、職務の均衡がとれていない。
　　1 バランス　　　2 偏り　　　　　3 フィット　　　4 似合い

03 そのリーダーの政策にある程度は共鳴しているだろう。
　1 振動　　　　　2 同調　　　　　3 感心　　　　　4 応援

04 若い頃に金づかいが荒かったことについては後悔している。
　1 気にかけて　　2 気が引けて　　3 気にさわって　4 気が紛れて

問題4 次の言葉の使い方として最もよいものを、1・2・3・4の中から一つ選びなさい。

01 違和感
　1 雑巾の違和感を保つために殺菌した。
　2 道を歩いていると、違和感な駐車が多かった。
　3 いきなり電話番号を聞かれたら違和感した方がいい。
　4 何か入ったのか今朝から目に違和感を感じた。

02 願書
　1 受験のため、願書用に写真を撮りに行く予定です。
　2 古本屋でドイツ語の願書を手に入れたいと思った。
　3 日本で知られていないアメリカ作家の願書を読みたい。
　4 翻訳を読んだ後、願書を読んでも楽しめますか。

03 枠
　1 枠な動機からしたことなので許して。
　2 うまく着れば黒い服がむしろ枠に見える。
　3 出費が予算の枠を超えそうで、はらはらした。
　4 くつの枠が大きくて、すぐ脱げてしまう。

04 唯一
　1 今日は唯一なニュースはないみたいでつまらない。
　2 一度も負けたことがない唯一のチームだ。
　3 スタイルを唯一している方にお聞きしたい。
　4 本来ちょっと変わった考えを持った唯一な人です。

동음이의어 한자

시나공법 14

영어 청해가 어려운 이유는 단어들이 연음이 되면서 발음이 뭉개지기 때문이라고 합니다. 그에 비해 일본어 청해는 연음 때문이 아니라 동음이의어가 많아서 힘들다고 합니다. 예를 들면 じしん이라는 발음을 들었을 때 地震(じしん), 自信(じしん), 自身(じしん), 磁針(じしん) 등의 단어가 떠올라야 문맥을 이해하기 쉬워지거든요. 머리말에서도 말씀드렸지만 본 교재는 문자·어휘 문제에만 대비하는 것이 아니라 문법, 독해, 청해 공부까지 가능한 통합교재를 목표로 하고 있습니다. 동음이의어를 공부해두면 문법, 청해에 있어서의 문자·어휘 응용력이 생깁니다.

여러분은 決済(けっさい)와 決裁(けっさい)의 차이를 아시나요? 전자는 '결제하다'는 뜻이고, 후자는 '결재하다'는 뜻이지요. 이와 같은 미묘한 차이는 동음이의어 한자를 공부함으로써 어휘의 용법과 뉘앙스 구별이 가능해집니다. N1이 힘든 이유는 단순히 어휘수가 많아서가 아니라, 어휘가 가진 미묘한 의미의 차이를 알고 적용시킬 수 있는가를 묻기 때문입니다. 때로는 국어사전을 보면서 공부해야 하는 것이 N1이기도 합니다. 하지만 이러한 공부 방법이 몸에 배면, 일본어 공부를 하면서 한국어 실력도 향상됨을 몸소 확인할 수 있습니다. 일본어를 공부하면서 한국어도 달인이 된다는 것! 참 멋지지 않나요?

뜬금없는 이야기지만, 우리는 왜 패밀리 레스토랑에서 세트로 주문을 할까요? 많은 양을 먹을 수 있으면서도 가격이 상대적으로 저렴하기 때문이죠. 동음이의어도 세트로 외우면 기억의 효과가 2배가 됩니다. 중요도 순으로 공부하면서 '모아모아 외우기'의 기적을 경험해 보세요.

시험에 이렇게 나온다!

問題1 ＿＿＿＿＿＿ の言葉の読み方として最もよいものを、1·2·3·4の中から一つ選びなさい。

あなたにそんな高尚な趣味があったとは知らなかった。

1 こうしょう　　　2 こうそう　　　3 こうしょ　　　4 こうそ

해석 당신에게 그런 고상한 취미가 있었는 줄은 몰랐다.
해설 高尚(こうしょう)는 '고상'이라는 뜻을 가진 한자 명사이면서 な형용사입니다. 개정 전 일능시에서 유형4의 용법 문제로 출제된 적이 있는 단어입니다. 高尚な趣味(しゅみ)는 高尚이라는 단어로 가장 많이 쓰는 명사구라고 할 수 있습니다. 尚은 (오히려 '상')으로 음독하면 しょう가 됩니다. 그래서 '시기상조'의 '상조'를 尚早(しょうそう)라고 읽습니다. 尚만 알면 쉽게 풀 수 있는 문제입니다.
어휘 高尚(こうしょう)だ 고상하다

정답 1

중요도 ★★★

시나공법 따라잡기 | **시험에 꼭 나오는 동음이의어 한자**

우리말과 일본어를 가려가면서 학습해보세요.

기 いぎ	意義(いぎ) 의의	異議(いぎ) 이의
기 いこう	移行(いこう) 이행	意向(いこう) 의향
	以降(いこう) 이후	
기 いじ	維持(いじ) 유지	意地(いじ) 고집
기 がいとう	該当(がいとう) 해당	街頭(がいとう) 가두

기	かいほう	介抱(かいほう) 간호	解放(かいほう) 해방
		開放(かいほう) 개방	
기	かせん	河川(かせん) 하천	下線(かせん) 밑줄
		化繊(かせん) 화학섬유	
	かてい	過程(かてい) 과정	課程(かてい) 과정
기	かんせい	歓声(かんせい) 환성	喚声(かんせい) 환성
기	かんせん	感染(かんせん) 감염	幹線(かんせん) 간선
기	かんわ	緩和(かんわ) 완화	漢和(かんわ) 중국어와 일본어
기	きけん	棄権(きけん) 기권	危険(きけん) 위험
기	きしょう	気象(きしょう) 기상	起床(きしょう) 기상 (일어남)
	きょうじゅ	享受(きょうじゅ) 향유	教授(きょうじゅ) 교수
기	きんこう	均衡(きんこう) 균형	近郊(きんこう) 근교
기	けいい	経緯(けいい) 경위	敬意(けいい) 경의
기	けいかい	軽快(けいかい) 경쾌	警戒(けいかい) 경계
기	けいたい	携帯(けいたい) 휴대	形態(けいたい) 형태
	けんめい	賢明(けんめい) 현명	懸命(けんめい) 열심임
	こうかい	後悔(こうかい) 후회	航海(こうかい) 항해
기	こうたい	交代(こうたい) 교대	交替(こうたい) 교체
		後退(こうたい) 후퇴	抗体(こうたい) 항체

交代(こうたい)는 世代交代(せだいこうたい) 세대교체에서처럼, 역할이 한 번만 바뀔 때, 다시 말하면 A에서 B로 바뀌었는데 그 다음에 다시 B에서 A로는 바뀔 수 없는 경우에 쓰입니다.
반대로 交替(こうたい)는 교대되는 일이 여러 번 되풀이될 때 즉, A에서 B로 바뀌어도 다시 B에서 A로 바뀔 수 있는 경우에 쓰입니다. 交替勤務(こうたいきんむ) 교대근무와 같이 사용합니다. 우리말 한자 발음과 반대라서 혼동하기 쉬우니 조심하세요!

| 기 | こうふく | 降伏(こうふく) 항복 | 幸福(こうふく) 행복 |

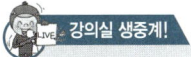

강의실 생중계!

01 '하천'을 河川(かせん)이라고 하고, '하천부지'를 河川敷(かせんしき)라고 합니다. 연음해서 かせんじき라고 읽지 않는다는 것 함께 알아두세요.

02 課程(かてい)는 학교 등에서 이수해야 하는 범위나 기간을 말하는 것이며, 過程(かてい)는 일의 진행이나 진화, 성장 단계를 말합니다. 교육단계를 나타내는 教育課程(きょういくかてい) 교육과정, 専攻課程(せんこうかてい) 전공과정, 修士課程(しゅうしかてい) 석사과정, 博士課程(はくしかてい) 박사과정을 제외한 나머지는 모두 過程(かてい)입니다.

03 두 단어 모두 '환성'이라고 해석되기 때문에 의미 파악이 힘듭니다. 喚声(かんせい)는 주로 놀라거나 흥분해서 크게 외치는 소리를 말합니다.
예 一斉(いっせい)に喚声を上げる。 일제히 환성을 지르다.
이에 비해서 歓声(かんせい)는 '환호성'을 뜻하는 말로 기뻐서 외치는 소리를 뜻합니다.
예 勝利(しょうり)の知らせに歓声を上げる。 승리 소식에 환호성을 지르다.
이밖에도 상용한자는 아니지만 '여럿이 함께 지르는 고함소리'를 뜻하는 喊声(かんせい) 함성도 있으니 참고하세요.

기	さんか	酸化(さんか) 산화	参加(さんか) 참가
기	しこう	施行(しこう) 시행	思考(しこう) 사고
		嗜好(しこう) 취향, 기호	志向(しこう) 지향
기	しぼう	脂肪(しぼう) 지방	死亡(しぼう) 사망
		志望(しぼう) 지망	
기	しゅうし	終始(しゅうし) 시종, 항상	終止(しゅうし) 종지
		修士(しゅうし) 석사	収支(しゅうし) 수지
기	しゅし	趣旨(しゅし) 취지	種子(しゅし) 종자
기	しょうがい	生涯(しょうがい) 생애	障害(しょうがい) 장애
	しょうめい	証明(しょうめい) 증명	照明(しょうめい) 조명
	じょし	女史(じょし) 여사	助詞(じょし) 조사
기	しんこう	新興(しんこう) 신흥	振興(しんこう) 진흥
		進行(しんこう) 진행	信仰(しんこう) 신앙
기	しんせい	申請(しんせい) 신청	神聖(しんせい) 신성
기	せいき	正規(せいき) 정규	世紀(せいき) 세기
	せいこう	精巧(せいこう) 정예	成功(せいこう) 성공
01 기	せいさく	政策(せいさく) 정책	製作(せいさく) 제작
		制作(せいさく) 제작	
	せいふく	制服(せいふく) 제복	征服(せいふく) 정복
02 기	たいせい	態勢(たいせい) 태세	体制(たいせい) 체제
		耐性(たいせい) 내성	
기	ちゅうしょう	抽象(ちゅうしょう) 추상	
		中傷(ちゅうしょう) 중상, 비방 ＝悪口(わるくち), 批判(ひはん), デマ	
기	どうよう	動揺(どうよう) 동요	同様(どうよう) 같음
		童謡(どうよう) 동요	
기	はいけい	背景(はいけい) 배경	
		拝啓(はいけい) 배계 (편지 첫머리에 쓰는 말)	
		참고 敬具(けいぐ) 경구 (편지 끝머리에 쓰는 말)	

 강의실 생중계!

01 우리나라 발음으로도 '제작'이라서 구별이 힘든 단어 制作(せいさく)와 製作(せいさく)의 차이는 무엇일까요?
制作(せいさく)는 주로 '영화나 예술작품의 제작'에 쓰입니다. 그에 비해서 製作(せいさく)는 '물건을 만들어내는 제조'의 의미로 쓰입니다. 製의 한자를 잘 보시면 밑부분에 衣 (옷 의)자가 들어있습니다. 옷을 만드는 것을 연상하시면서 물건을 만드는 것은 製作(せいさく)라고 외우면 쉽게 외워질 것입니다.

02 態勢(たいせい)와 体制(たいせい)를 구별해봅시다.
우선 態勢(たいせい)는 그때그때 상황에 대한 '자세'를 의미합니다. 수용태세, 출동태세 등에 씁니다. 体制(たいせい)는 '시스템이나 조직'을 뜻합니다. 예를 들면 자본주의 체제, 지배체제와 같이 조직이나 제도를 말할 때 씁니다. '조직'이나 '자세'냐로 판단해주세요.

	はいふ	配付(はいふ) 배부	配布(はいふ) 배포
기	はんえい	繁栄(はんえい) 번영	反映(はんえい) 반영
	ひなん	非難(ひなん) 비난	避難(ひなん) 피난
기	ひろう	披露(ひろう) 피로 (보여줌)	疲労(ひろう) 피로
기	ほうさく	豊作(ほうさく) 풍작	方策(ほうさく) 방책
기	ほしょう	保障(ほしょう) 보장	補償(ほしょう) 보상
		保証(ほしょう) 보증	
기	ゆうかん	勇敢(ゆうかん) 용감	夕刊(ゆうかん) 석간

중요도 ★★

시나공법 따라잡기 합격을 위한 동음이의어 한자

기	かいそう	階層(かいそう) 계층	回送(かいそう) 회송
		改装(かいそう) 개장	
	かいてい	改定(かいてい) 개정	改訂(かいてい) 개정

두 한자의 의미가 애매모호하죠?
改定(かいてい)는 이미 정한 것을 고쳐 다시 정하는 것을 말합니다. 예를 들면 철도 운임이라든가, 국민 연금 등은 改定하는 것입니다.
改訂(かいてい)은 글자나 글의 틀린 곳을 고쳐서 바로잡는 것을 말하죠. 예를 들어 사전이나 잘못된 글자 등은 改訂하는 것입니다.

	かん	勘(かん) 감	感(かん) 감
		観(かん) 관	

勘(かん)은 직감적으로 느끼거나 판단하는 심적 작용을 뜻합니다. 한마디로 '육감, 직감'에 해당합니다.
⑩ 勘がいい。육감(직감)이 빠르다.
感(かん)은 어떤 종류의 판단을 동반한 인상, 느낌, 감동, 감탄을 뜻합니다.
満足感(まんぞくかん) 만족감   解放感(かいほうかん) 해방감   悲壮感(ひそうかん) 비장함
観(かん)은 외부에서 본 느낌이나 '~에 대한 사고방식, 견해'를 뜻합니다.
景観(けいかん) 경관   人生観(じんせいかん) 인생관   芸術観(げいじゅつかん) 예술관
각 단어는 접미어적 용법으로 문제유형 2(문맥 규정 문제)로 출제될 가능성이 있으므로 각각의 차이를 확실히 구별해주세요!

 강의실 생중계!

01 配付(はいふ)는 관계자 즉, 특정한 사람들 각각에게 나누어 주는 것을 말하고, 配布(はいふ)는 불특정 다수의 사람들에게 나누어 주는 것을 말합니다. 어떤 시험을 보려고 하는 사람들에게 필요한 '원서'는 配付해야 하고, '전단지'는 配布하는 것입니다.
⑩ 願書(がんしょ)を配付する。원서를 배부하다.
  ビラを配布する。전단지를 배포하다.
참고로, 配가 들어있는 N1 한자를 소개합니다. 勾配(こうばい) 경사, 기울기, 配給(はいきゅう) 배급

02 保障(ほしょう)는 그것이 지켜지도록 수단을 강구한다는 의미로 안전보장은 安全保障(あんぜんほしょう)라고 합니다. 補償(ほしょう)는 손해를 끼친 것에 대해 보상한다는 뜻으로 보상금 지불은 補償金(ほしょうきん)の支払(しはらい)라고 합니다.
끝으로 保証(ほしょう)는 틀림없다고 책임지는 것을 말합니다. 간혹 '맛은 내가 보장한다'라고 말을 잘못하는 경우가 있는데, '맛은 내가 보증한다'라고 해야 맞습니다. 일본어로도 味は私が保証する가 맞는 표현이 됩니다.

기	かんしょう	干渉(かんしょう) 간섭	感傷(かんしょう) 감상
기	きかん	季刊(きかん) 계간	器官(きかん) (인체의) 기관
		機関(きかん) (조직체의) 기관	
01	げんけい	原型(げんけい) 원형	原形(げんけい) 원형
	こうぎょう	興行(こうぎょう) 흥행	鉱業(こうぎょう) 광업
	こうさく	耕作(こうさく) 경작	工作(こうさく) 공작
		交錯(こうさく) 교착	
기	こうそう	抗争(こうそう) 항쟁	構想(こうそう) 구상
		高層(こうそう) 고층	
기	じき	磁気(じき) 자기(장)	磁器(じき) (도)자기
02	じったい	実態(じったい) 실태	実体(じったい) 실체
	しゅうしゅう	収集(しゅうしゅう) 수집	収拾(しゅうしゅう) 수습
	しんし	紳士(しんし) 신사	真摯(しんし) 진지
	たいこう	対抗(たいこう) 대항	大綱(たいこう) 개요, 골자
		対向(たいこう) 대향 (마주 봄)	
03	ついきゅう	追求(ついきゅう) 추구	追及(ついきゅう) 추궁
		追究(ついきゅう) 추구	
	はんらん	反乱(はんらん) 반란	氾濫(はんらん) 범람
	ひけつ	否決(ひけつ) 부결	秘訣(ひけつ) 비결
04	ひょうじ	表示(ひょうじ) 표시	標示(ひょうじ) 표시
기	へいこう	並行(へいこう) 병행	閉口(へいこう) 난처함, 질림
기	りょうかい	了解(りょうかい) 양해	領海(りょうかい) 영해

 강의실 생중계!

01 原形(げんけい)라고 하면 수정되거나 파괴되거나 하기 전의 형태 즉 '원래의 모습'을 의미해서 原形を保(たも)つ 원형을 보전하다 등으로 표현합니다. 이에 비해 原型(げんけい)는 제작물의 근본이 되는 틀, 즉 흔히 이야기하는 '거푸집'을 의미합니다. 그래서 洋裁(ようさい)の原型をとる는 '양재의 본을 뜨다'라는 뜻이 됩니다.

02 実態(じったい)란 있는 그대로의 모습, 즉 '현실의 모습'을 뜻합니다.
   예 市民(しみん)の実態を調(しら)べる。 시민의 실태를 조사하다.
   実体(じったい)는 '세상 일의 근본에 있는 본질적인 것'이라는 의미인 '실체'라는 뜻입니다.
   예 あの組織(そしき)の実体がわからない。 그 조직의 실체를 모르겠다.

03 追求(ついきゅう)는 목적 달성을 위해서 모든 수단을 다한다는 '추구'입니다. 利潤(りじゅん)の追求는 '이윤 추구'라는 뜻이 됩니다.
   追及(ついきゅう)는 의미 파악 문제로 가장 많이 출제되는데, 책임 등을 캐물어서 '추궁하다'는 뜻입니다. 責任(せきにん)を追及する는 '책임을 추궁한다'는 의미죠.
   追究(ついきゅう)는 '명확히 한다'라는 뜻으로 규명, 추구라고 해석합니다. 真理(しんり)を追究する '진리를 추구하다'라는 뜻입니다.

04 表示(ひょうじ)는 확실히 나타내서 표현하는 것을 말합니다. '의사 표시'는 意思表示(いしひょうじ)라고 합니다.
   標示(ひょうじ)는 표식이나 표시로 나타내는 것을 말합니다. 禁煙(きんえん)の標示 금연 표시(딱지)와 같이 사용합니다.

중요도 ★

시나공법 따라잡기 — 고득점을 위한 동음이의어 한자

시나공법 14 동음이의어 한자

かんがい	感慨(かんがい) 감개	灌漑(かんがい) 관개
きょうがく	共学(きょうがく) 공학	驚愕(きょうがく) 경악
けっさい	決済(けっさい) 결제	決裁(けっさい) 결재
せいそう	盛装(せいそう) 성장 (옷을 화려하게 차려 입음)	
	正装(せいそう) 정장	清掃(せいそう) 청소
ぜったい	絶対(ぜったい) 절대	絶体(ぜったい) 절체
だいべん	代弁(だいべん) 대변	大便(だいべん) 대변
たんか	短歌(たんか) 단가 (일본 문학의 한 종류)	
	担架(たんか) 들것	
ちょうこう	聴講(ちょうこう) 청강	兆候(ちょうこう) 징후
はいすい	排水(はいすい) 배수	廃水(はいすい) 폐수
ふだん	普段(ふだん) 보통	不断(ふだん) 부단

강의실 생중계!

01 '결제'와 '결재'는 우리말로도 구분이 힘들죠?
　決済(けっさい)는 대금 지불을 마치고 거래를 끝내는 것을 뜻합니다.
　예 現金(げんきん)で決済する。현금으로 결제하다.
　決裁(けっさい)는 권한을 가진 사람이 결정하는 일을 말합니다.
　예 大臣(だいじん)の決裁を仰(あお)ぐ。장관의 결재를 청하다.

02 絶対(ぜったい)는 달리 대립하는 것이 없는 것, 즉 우리가 흔히 절대 안 돼(絶対だめ), 절대 안정(絶対安静(ぜったいあんせい))와 같이 사용합니다. 여러분은 '절체절명의 위기에 빠졌다'라는 말을 들어본 적이 있나요? '몸도 목숨도 다 되었다'는 뜻으로, 어찌할 수 없는 긴박한 경우를 비유적으로 말하는 것입니다. 이것을 일본어로는 絶体絶命(ぜったいぜつめい)라고 하고, 막다른 곳에 몰린 상황을 뜻합니다. 絶体絶命都市(ぜったいぜつめいとし)라는 게임 소프트도 상당히 유명합니다.

03 不断(ふだん)은 끊임없이 계속되는 모습을 말합니다. 不断の努力(どりょく) 부단한 노력과 같이 不断은 な형용사가 아니라 명사이므로 不断なと와 같이 쓸 수는 없습니다. 문제 유형4의 용법 문제에 나올 수 있으므로 주의하세요. 또한 不断에는 '결단력이 없다'는 의미도 있는데, 그 예로 優柔不断(ゆうじゅうふだん) 우유부단을 들 수 있습니다.
　普段(ふだん)은 부사적으로 쓰여서 '평소, 일상'의 뜻을 나타냅니다. 예문으로 외워볼까요?
　예 普段通(どお)りの服装(ふくそう) 평상시대로의 복장　　普段の心掛(こころが)け 평소의 마음가짐
　참고로 평상복을 일본어로 普段着(ふだんぎ)라고 합니다.

시나공법 14 적중 예상 문제

問題1 ＿＿＿＿＿の言葉の読み方として最もよいものを、1・2・3・4の中から一つ選びなさい。

01 睡眠時間を削って作った私の作品に意地悪くケチをつける。
　　1 いくじ　　　　2 いじ　　　　3 いくち　　　　4 いち

02 この薬を飲むと頭痛が緩和され、大分楽になります。
　　1 かんわ　　　　2 だんわ　　　　3 かんか　　　　4 だんか

03 その盆地はゆるやかな丘陵で囲まれている。
　　1 こうりょう　　2 こうりゅう　　3 きゅうりょう　4 きゅうりゅう

04 均衡がとれた持続的な成長を目指さねばならない。
　　1 きんけい　　　2 きんどう　　　3 きんとう　　　4 きんこう

05 怒りとか悔しさとかの感情が交錯して、家に帰ってから壁を蹴ったりする。
　　1 こうさ　　　　2 こうさく　　　3 きょうさ　　　4 きょうさく

06 例えば「とても」で修飾できたら、それは名詞ではなく、形容動詞ということになる。
　　1 しゅせき　　　2 しゅうせき　　3 しゅしょく　　4 しゅうしょく

07 ホームページに知人を中傷する書き込みをしたとして逮捕された。
　　1 じゅうしょう　2 ちゅうしょう　3 じゅうじょう　4 ちゅうじょう

08 他の会員のマナーの悪さと職員の対応の悪さに閉口しています。
　　1 へいく　　　　2 かいく　　　　3 へいこう　　　4 かいこう

問題4 次の言葉の使い方として最もよいものを、1・2・3・4の中から一つ選びなさい。

01 過程
　　1 結果より問題を解く過程が大事だ。
　　2 博士過程に行くことのメリットは何なのか。
　　3 若いうちからけっこう過程に筋トレを続けている。
　　4 立て替えするはめになり、過程的に損をした。

▶정답＆해설은 310쪽

02 配付
1 2010年元旦に年賀状が配付される。
2 街頭で道を行く人にチラシを配付している。
3 各部署宛てに資料が配付された。
4 投資したお金に対する配付金が出た。

03 勘
1 悪くはないけど、大きな満足勘も得られないのです。
2 勉強という一つの価値勘で子供を評価する。
3 鈴木さんは地元出身なので、土地勘も人脈もある。
4 人間には第六勘というものがあるみたいだ。

04 意志
1 最近はアメリカ行きを意志している学生が減ったそうだ。
2 何事にも負けない強い意志と精神力が必要だ。
3 もともと私は先生になる意志はぜんぜんない。
4 ずるいと思いながら、意志的に本当のことを隠した。

05 追及
1 従来のカリキュラムにとらわれず、独自性を追及する。
2 料理とは何かをひたすら追及する日々だ。
3 警察は４日にわたって容疑者を厳しく追及した。
4 企業が利益を追及するのは当たり前のことだ。

06 保証
1 ほかの国から攻撃をうけないように安全を保証する。
2 頭がいいからと言って出世するという保証はない。
3 作業中のけがに対し、会社に保証を請求した。
4 航路の安全を保証することはできない。

181

시나공법 15 — 읽기가 까다로운 한자

新 일본어능력시험의 가이드라인을 보면, '실제 과제수행을 위한 커뮤니케이션 능력'의 측정이 기본 취지라고 밝히고 있습니다. 실제로 일본에서 또는 외국에서 일본어로 과제를 수행함에 있어서 문제가 없도록 어휘를 선별하겠다는 뜻입니다. 어떻게 문자·어휘 학습을 해나가야 할까요?

뉴스를 알아듣거나 신문을 읽을 수 있으려면 다소 어려운 어휘에도 익숙해져야 하고 4자 한자도 무리없이 읽을 수 있어야 합니다. 4자 한자라고 무조건 어렵다고 생각하지 마세요. 뜯어보면 2자 한자의 결합인 경우가 많아서 수준있는 2자 한자의 학습만 잘해두면 됩니다.

시험에 이렇게 나온다!

問題1 ＿＿＿＿の言葉の読み方として最もよいものを、1·2·3·4の中から一つ選びなさい。

私は現在に至るまで紆余曲折を経ております。

1 かんよ　　　　2 かんじょ　　　　3 うよ　　　　4 うじょ

해석 저는 현재에 이르기까지 우여곡절을 거쳤습니다.

해설 무시무시한(?) 4자 한자네요. 단순하게 2자 한자를 2개 공부한다고 생각해봅시다. 예제로 제시된 한자는 '우여곡절'입니다. 겁먹지 말고 하나하나 한자를 '해체'해 봅시다. 우선 曲折(きょくせつ)는 作曲(さっきょく)라든지 骨折(こっせつ)의 단어를 통해 한자읽기의 유추가 가능할 것 같네요. '余'는 余暇(よか) 여가, 余分(よぶん) 여분에서 본 적이 있을 겁니다. 문제는 紆인데요. (굽을 '우'라고 해서, 일본어 발음으로도 'う'가 됩니다. N1 한자인만큼 약간 어려웠나요? 역시 정답을 맞추려면 紆余曲折(うよきょくせつ)를 거쳐야 하네요.

어휘 至(いた)る 이르다 | 紆余曲折(うよきょくせつ) 우여곡절 | 経(へ)る 통과하다, 지나오다

정답 3

중요도 ★★★

시나공법 따라잡기 — 시험에 꼭 나오는 읽기가 까다로운 한자

우리말과 일본어를 가려가면서 학습해보세요.

一途	いちず	외곬 =ひたむき, ひとすじ
会釈	えしゃく	가벼운 인사
会得	えとく	터득
婉曲	えんきょく	완곡　[반] 露骨(ろこつ) 노골
危惧	きぐ	기우 =心配(しんぱい), 懸念(けねん), 気(き)がかり
嗅覚	きゅうかく	후각
駆使	くし	구사 =コントロール, 使(つか)いこなし

01 '인사' 3종 세트를 알아볼까요? 挨拶(あいさつ)는 말로 주고받는 인사를 말하고, お辞儀(じぎ)는 몸을 구부려 하는 인사입니다. 이에 비해서 会釈(えしゃく)는 목례에 해당하는 인사로, 머리만 숙여 가볍게 말없이 하는 인사를 말합니다.

01	下戸	げこ	술을 못마시는 사람 [반] 上戸(じょうご) 술을 잘마시는 사람
02	化身	けしん	화신
	諮問	しもん	자문 =顧問(こもん), 相談(そうだん)
	順守	じゅんしゅ	준수
	出納	すいとう	출납
03	寸断	すんだん	토막토막 자름
	松明	たいまつ	횃불
	団塊	だんかい	단괴 [참고] 団塊世代(だんかいせだい) 1947~1949년 무렵의 베이비붐 시대에 태어난 세대
	聴聞会	ちょうもんかい	청문회
	投函	とうかん	투함
	渚	なぎさ	물가, 둔치 =波打(なみう)ち際(ぎわ)
	新妻	にいづま	새댁
	敗北	はいぼく	패배 =負(ま)け, 惜敗(せきはい), 惨敗(ざんぱい)
	早合点	はやがてん	지레짐작 =早呑(はやの)み込(こ)み
	敷設	ふせつ	부설
	麻痺	まひ	마비
	未曾有	みぞう	미증유 =前代未聞(ぜんだいみもん)
	嶺	みね	봉우리
	遊説	ゆうぜい	유세
	老朽	ろうきゅう	노후
	歪曲	わいきょく	왜곡 =インチキ, でっちあげ, ねつ造(ぞう)
04	湾岸	わんがん	페르시아만 연안

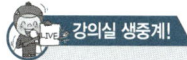 강의실 생중계!

01 戸의 발음이 문제네요. 'こ'로 발음되는 경우는 戸籍(こせき) 호적, 戸主(こしゅ) 호주 등이 있고, 'ご'로 발음되는 경우는 上戸(じょうご) 술꾼입니다. 이외에 井戸(いど) 우물은 앞에서 이미 학습한 단어입니다.
下가 'げ'로 발음되는 단어를 복습해볼까요? 下校(げこう) 하교, 下段(げだん) 하단, 下落(げらく) 하락, 下馬評(げばひょう) 하마평, 下山(げざん) 하산, 下水(げすい) 하수, 下宿(げしゅく) 하숙, 下旬(げじゅん) 하순, 下車(げしゃ) 하차 등입니다.

02 化를 마스터합시다. 우선 동사형으로는 化(ば)ける '둔갑하다'를 꼭 알아두어야 합니다. 'け'라는 음독 발음의 단어는 드문 편입니다. 그래서 시험에 출제될 가능성이 높은 거죠. 化粧(けしょう) 화장도 알아두세요. 化身(けしん)과 같은 뜻으로 権化(ごんげ)가 있습니다. 탁음에 주의해주세요.

03 지진이 발생하면 뉴스에 반드시 나오는 단어입니다. 道路(どうろ)가 寸断(すんだん)되었다라고 하면, 도로가 엿가락 휘듯 휘어져서 끊어진 것을 말하는 것이죠. 寸(すん)이 들어간 단어에서는 寸法(すんぽう) 치수, 寸前(すんぜん) 직전 등이 있습니다.

04 '걸프전쟁'을 일본어로 湾岸戦争(わんがんせんそう)라고 합니다. 페르시아만 연안에서 일어난 전쟁이라서 붙은 말입니다.

4자 한자

安全神話	あんぜんしんわ	안전신화
育児休暇	いくじきゅうか	육아휴가
異口同音	いくどうおん	이구동성
以心伝心	いしんでんしん	이심전심
一期一会	いちごいちえ	일생에 한 번뿐인 만남, 일생에 한 번뿐임
一切合切	いっさいがっさい	남김 없이, 모조리
一石二鳥	いっせきにちょう	일석이조
一朝一夕	いっちょういっせき	일조일석
紆余曲折	うよきょくせつ	우여곡절
危機一髪	ききいっぱつ	위기일발
規制緩和	きせいかんわ	규제완화
言語道断	ごんごどうだん	언어도단
四苦八苦	しくはっく	심한 고통, 온갖 고생
試行錯誤	しこうさくご	시행착오
自業自得	じごうじとく	자업자득
四捨五入	ししゃごにゅう	사사오입
杓子定規	しゃくしじょうぎ	획일적임, 융통성이 없음
十人十色	じゅうにんといろ	십인십색, 각양각색
取捨選択	しゅしゃせんたく	취사선택
自信満々	じしんまんまん	자신만만
時代錯誤	じだいさくご	시대착오 =時代遅(じだいおく)れ
指名手配	しめいてはい	지명수배
人事異動	じんじいどう	인사이동
正々堂々	せいせいどうどう	정정당당

강의실 생중계!

01 口 발음에 주목하세요. 口説(くど)き 설득, 口調(くちょう) 말투, 口伝(くでん) 구전도 함께 알아둡시다.
口가 들어가면서 뜻을 조심해야 하는 단어는 口外(こうがい)입니다. 한자만 보고는 뜻을 유추하기가 상당히 힘들죠. '(비밀 따위를) 발설함'이라는 뜻입니다.

02 業 발음을 'ぎょう'라고 하지 않도록 조심하세요. 같은 발음의 業(ごう)を煮(に)やす라는 관용어는 '(일이 뜻대로 되지 않아) 애를 태우다'라는 뜻의 표현입니다. 自業自得(じごうじとく)와 같은 뜻의 관용표현으로는 身(み)から出(で)たさび가 있습니다. 관리를 제대로 하지 않으면 칼이 녹 슬어 칼집에서 뽑을 수 없다는 의미에서 나왔다고 합니다.

03 異動(いどう)에 주목하세요. 移動(いどう)가 아닙니다. 일본어로 移動은 '위치가 바뀌는 것'을 의미하고, '지위, 근무, 상태가 바뀌는 것'은 異動이라고 합니다. 교직원이나 회사 직원의 인원 배치를 바꾸는 일도 일본어로는 定期異動(ていきいどう)라고 해야 합니다. JPT의 오문 정정 문제로도 자주 출제되니까 꼭 외워둡시다.

第一人者	だいいちにんしゃ	제1인자 =大家(たいか), 実力者(じつりょくしゃ)
中途半端	ちゅうとはんぱ	어중간함
発展途上	はってんとじょう	발전도상
反面教師	はんめんきょうし	반면교사
物々交換	ぶつぶつこうかん	물물교환
平均寿命	へいきんじゅみょう	평균수명
母子家庭 01	ぼしかてい	한 부모 가정
満場一致	まんじょういっち	만장일치 =全会一致(ぜんかいいっち)
三日坊主	みっかぼうず	작심삼일
無我夢中	むがむちゅう	무아몽중
免疫機能	めんえききのう	면역기능
油断大敵	ゆだんたいてき	방심은 금물
老若男女 02	ろうにゃくなんにょ	남녀노소

중요도 ★★

시나공법 따라잡기 합격을 위한 읽기가 까다로운 한자

商い	あきない	장사
恐縮	きょうしゅく	황송
更迭	こうてつ	경질
子煩悩	こぼんのう	자기 자식을 끔찍이 아끼고 사랑함. 또는 그러한 사람 =親(おや)ばか
性	さが	본성, 관습
五月雨	さみだれ	(음력 5월 경의) 장맛비
潮時 03	しおどき	(적당한) 때, 기회 =好機(こうき), チャンス, ころあい

강의실 생중계!

01 일본어에는 放送禁止用語(ほうそうきんしようご)라는 것이 있어서 '차별 용어' 등이 이에 해당합니다. 원래는 片親(かたおや)라는 말이 있었는데 차별 용어가 되므로 母子家庭(ぼしかてい), 父子家庭(ふしかてい)로 표현하게 되었습니다. 우리나라에서도 '편부모 가정, 모자 가정' 등으로 부르다가 '한 부모 가정'으로 바뀌었습니다.

02 우리말과 순서를 반대로 써야 하는 단어가 몇 가지 있습니다. 제시어도 우리말과는 반대로 '노소남녀'의 형태입니다. 비슷한 예로 良妻賢母(りょうさいけんぼ) 현모양처를 들 수 있습니다. 순서에 유의하세요.

03 潮(しお)는 '조수' 즉 '밀물과 썰물'을 말합니다. 바닷물이 때가 되면 들어오고 나가듯 모든 일에도 적당한 때가 있음을 의미합니다.
   ◎ この辺(へん)が引退(いんたい)の潮時(しおどき)だ。 지금이 은퇴할 적기다.
   潮時(しおどき)を待(ま)つ。 때를 기다리다.

老舗	しにせ	(대대로 이어 온, 전통, 격식, 신용이 있는) 오래된 점포
代物	しろもの	물건
醍醐味	だいごみ	참맛 ＝妙味(みょうみ), 面白味(おもしろみ)
千鳥足	ちどりあし	술 취한 사람의 갈지자 걸음
匿名	とくめい	익명
土下座	どげざ	땅에 엎드려 조아림
破綻	はたん	파탄 ＝決裂(けつれつ), 挫折(ざせつ)
伴侶	はんりょ	반려
日和	ひより	(좋은) 날씨 ＝晴(は)れ, 天気(てんき)
吹聴	ふいちょう	말을 퍼트림 ＝いいふらすこと
覆水	ふくすい	엎지러진 물
付随	ふずい	부수
風情	ふぜい	～따위 (겸손)
奔走	ほんそう	분주
容赦	ようしゃ	용서
隆盛	りゅうせい	융성

4자 한자

一触即発	いっしょくそくはつ	일촉즉발 ＝危機一髪(ききいっぱつ)
架空口座	かくうこうざ	가공계좌
為替相場	かわせそうば	환율시세

강의실 생중계!

01 代物(しろもの)는 단순한 사물의 의미만 있는 것이 아닙니다. 어떤 평가의 대상이 되는 사람이나 물건을 표현할 때도 쓰는데, 예문에서와 같이 가치를 높이 인정하기도 하고 비꼬기도 할 때 씁니다.
　困(こま)った代物だ。 골치 아픈 물건이다.　　あの男はなかなかの代物だ。 저 남자는 상당한 인물이다.

02 日和(ひより)자체는 '날씨'라는 뜻이지만, 명사에 붙어 접미어로 쓰이는 경우가 많습니다. '～하기에 안성맞춤인 날씨'라는 의미로 사용됩니다. 洗濯(せんたく)日和(びより) 빨래하기 좋은 날, 行楽(こうらく)日和(びより) 놀러 가기 좋은 날 등으로 쓰죠. 그리고 날씨를 보고 행동을 결정한다는 뜻에서 日和見主義(ひよりみしゅぎ)라는 말이 생겼습니다. 이것은 형세를 보고 유리한 쪽으로 붙으려고 한다는 의미로 '기회주의'라고 번역합니다.

03 吹와 관련해서 꼭 기억해야 할 한자는 다음과 같습니다. 吹雪(ふぶき) 눈보라, 息吹(いぶき) 숨결, 吹奏(すいそう) 취주(피리나 관악기를 입으로 불어 연주하는 것). 그밖에 의미가 중요한 어휘로는 吹(ふ)き替(か)え가 있습니다. 의외로 모르는 분이 많은데, 영화 등의 '더빙'을 말합니다. 일본에서 吹き替え된 비디오를 빌리면 일본인 성우의 목소리로 더빙한 외화를 즐기실 수 있습니다.

04 '일촉즉발'은 닿기만 해도 금방 폭발해 버릴 정도로 매우 절박한 상황을 뜻합니다. 一触即発(いっしょくそくはつ)の状態(じょうたい)와 같은 형태로 신문에 많이 등장하는 4자 한자입니다.
　クーデターが起こりそうな一触即発の状態にある。 쿠데타가 일어날 듯한 일촉즉발의 상황에 있다.

完全無欠	かんぜんむけつ	완전무결
拒絶反応	きょぜつはんのう	거부반응
勤務怠慢	きんむたいまん	근무태만
近隣諸国	きんりんしょこく	근린제국 (여러 이웃나라)
言行一致	げんこういっち	언행일치
公明正大	こうめいせいだい	공명정대
才色兼備	さいしょくけんび	재색겸비
十中八九	じゅうちゅうはっく	십중팔구
新婚早々	しんこんそうそう	신혼초
人身事故	じんしんじこ	인명사고
大義名分	たいぎめいぶん	대의명분 =名目(めいもく)
日常茶飯事	にちじょうさはんじ	일상다반사 =頻繁(ひんぱん)
薄利多売	はくりたばい	박리다매
八方美人	はっぽうびじん	누구에게나 기분 좋게 대하는 사람
不法投棄	ふほうとうき	불법투기
面会謝絶	めんかいしゃぜつ	면회사절
容易周到	よういしゅうとう	용의주도
臨機応変	りんきおうへん	임기응변 =自由自在(じゆうじざい)

강의실 생중계!

01 早々(そうそう)는 早々(そうそう)に의 형태로 쓰이면 '총총히, 서둘러'의 뜻이지만, 자주 쓰이는 표현으로는 다른 말 뒤에 쓰여 '~하자마자'의 문형적인 용법도 있습니다.
  예 新年早々(しんねんそうそう)の出来事(できごと) 새해가 되자마자 일어난 사건
     入社早々(にゅうしゃそうそう) 입사한 지 얼마 안됨

02 우리나라에서는 '팔방미인'이라고 하면 여러 방면에 능통한 사람을 말합니다. 하지만 일본어로 쓸 때는 부정적인 뉘앙스가 강하기 때문에 조심해야 합니다. 누구한테나 인기를 끌 수 있도록 요령 있게 또는 절조 없이 남을 대하는 사람을 뜻하며, 여러 사람의 기분에 장단을 맞추는 타입의 사람을 일컫는 말로 절대 칭찬은 아닙니다.

중요도 ★

시나공법 따라잡기   고득점을 위한 읽기가 까다로운 한자

隘路	あいろ	애로 ＝支障(ししょう), 障害(しょうがい)
苦渋	くじゅう	괴로워함 ＝苦(くる)しみ, ジレンマ
建立	こんりゅう	건립
数珠	じゅず	염주　[참고] 数珠繋(じゅずつな)ぎに 줄줄이
刹那	せつな	찰나 ＝瞬間(しゅんかん)
繊細	せんさい	섬세
漸次	ぜんじ	점차
扇子	せんす	부채
痴呆	ちほう	치매
鎮火	ちんか	진화
珍味	ちんみ	진미
溺死	できし	익사
弟子	でし	제자 ＝教(おし)え子(ご)
淘汰	とうた	도태
粘性	ねんせい	점성
悲哀	ひあい	비애
憤怒	ふんぬ	분노 ＝憤(いきどお)り, 激怒(げきど)
猛者	もさ	강자, 고수
文盲	もんもう	문맹

강의실 생중계!

01   일반적인 '건축'은 建築(けんちく) 건축, 建造(けんぞう) 건조 등으로 표현합니다. 하지만 절이나 탑 등을 세울 때는 '건립'의 의미로 특별히 建立(こんりゅう)라고 합니다. 건축, 토목공사나 그 작업을 뜻하는 말로 普請(ふしん)이 있습니다. 그래서 道路普請(どうろふしん)하면 '도로공사'의 뜻이 됩니다. 외워야 하는 표현으로는 安普請(やすぶしん)인데요, '날림공사'를 뜻하는 말로, 한자 읽기 문제로 나올 수 있습니다.

02   우리나라에도 방송금지용어가 있겠지만 일본어에도 '차별 용어'라고 해서 되도록 사용하면 안 되는 단어가 있습니다. 痴呆症(ちほうしょう)도 '치매증'으로 많이 쓰이다가 근래 들어 認知症(にんちしょう)로 바꾸어 쓰도록 권장하고 있습니다. 우리가 자주 쓰는 サラ金(きん)도 사실은 방송금지용어이기 때문에 消費者金融(しょうひしゃきんゆう) '소비자 금융'이라고 해야 합니다. 또 학생들이 잘못 사용하는 어휘 중에 外人(がいじん) 외국인이 있는데, 외국인을 무시하는 말이므로 外国人(がいこくじん)이나 外国(がいこく)의 方(かた)로 바꿔서 말해야 합니다.

03   者(もの)의 발음이 정말 특이하죠? 이런 발음은 나만 알고 있을 것 같은 느낌에 절로 뿌듯해지지 않나요? 고득점에 점점 가까워지고 있습니다. 관련어휘로서 ~者(もの)로 끝나는 표현을 배워봅시다.

裏切(うらぎ)り者(もの) 배신자	無精者(ぶしょうもの) 게으름뱅이	変(か)わり者(もの) 괴짜
悪者(わるもの) 나쁜 놈	正直者(しょうじきもの) 정직한 사람	慌(あわ)て者(もの) 덜렁이

4자 한자

暗中模索	あんちゅうもさく	암중모색
一攫千金	いっかくせんきん	일확천금
音信不通	おんしんふつう	소식불통
疑心暗鬼	ぎしんあんき	한번 의심하게 되면 공연한 것을 상상하여 더욱 의심이 들고 두려워짐
供給過多	きょうきゅうかた	공급과다
興味津々	きょうみしんしん	흥미진진
五分五分	ごぶごぶ	반반임, 엇비슷함
自画自賛	じがじさん	자화자찬
時期尚早	じきしょうそう	시기상조
自問自答	じもんじとう	자문자답
商売繁盛	しょうばいはんじょう	장사번창
支離滅裂	しりめつれつ	지리멸렬 =ちんぷんかんぷん
四六時中	しろくじちゅう	24시간, 하루 종일
腎臓移植	じんぞういしょく	신장이식
前途多難	ぜんとたなん	앞날이 험난함
大器晩成	たいきばんせい	대기만성
大同小異	だいどうしょうい	대동소이
直射日光	ちょくしゃにっこう	직사광선
停滞気味	ていたいぎみ	정체경향
適材適所	てきざいてきしょ	적재적소
年中無休	ねんじゅうむきゅう	연중무휴
馬耳東風	ばじとうふう	마이동풍
無理難題	むりなんだい	생트집
優柔不断	ゆうじゅうふだん	우유부단

강의실 생중계!

01 分은 언제 'ぶ'라고 읽는 것일까요? 우열의 정도를 나타낼 때 'ぶ'라고 읽습니다. 그래서 分(ぶ)가 있는 '승산이 있다'라는 중요한 관용어가 됩니다. 또 10분의 1을 나타내는 조수사로 쓰일 때도 'ぶ'라고 읽습니다. 그래서 五分五分(ごぶごぶ)는 '우열이 없이 엇비슷함'을 나타내는 것입니다.

02 四六時中(しろくじちゅう)가 왜 24시간, 즉 하루 종일을 의미할까요? 4 x 6 = 24, 그래서 24시간, 하루 종일이 되었답니다. 정말 재미있는 단어죠? 단어를 가지고 遊(あそ)ぶ하는데 있어 일본은 탁월하지 않나 싶습니다.

問題1 ＿＿＿＿＿の言葉の読み方として最もよいものを、1・2・3・4の中から一つ選びなさい。

01　旅の醍醐味は、現地の人とのコミュニケーションだと思っている。
　　1 ていごみ　　　2 ていこみ　　　3 だいごみ　　　4 だいこみ

02　露骨に言うと角がたつので、婉曲に表現せざるをえなかった。
　　1 わんきょく　　2 えんきょく　　3 おんきょく　　4 かんきょく

03　サッカーの監督って、すぐ更迭されるが、なぜ他のスポーツに比べて更迭の判断が早いのか。
　　1 こうしつ　　　2 べんしつ　　　3 こうてつ　　　4 べんてつ

04　千葉県も下の方まで行けばすごく風情のある田舎町を見る事ができる。
　　1 ふうじょう　　2 ふうぜい　　　3 ふじょう　　　4 ふぜい

05　タレントやモデルなどの芸能人ブログから前代未聞の情報漏えいが発生した。
　　1 ぜんだいみもん　2 ぜんだいみぶん　3 ぜんだいまつもん　4 ぜんだいまつぶん

06　杓子定規とは、ある決まり事を何にでも当てはめ、融通の利かない様をいう。
　　1 こうしていき　2 こうしじょうぎ　3 しゃくしていき　4 しゃくしじょうぎ

07　角も曲がっているので人を突くことはないといっても、油断大敵！
　　1 ゆだんたいてき　2 ゆうだんたいてき　3 ゆだんだいてき　4 ゆうだんだいてき

08　赤字国債で日本の財政は破綻するのかについては、経済学者でも意見が割れている。
　　1 はてい　　　　2 はたん　　　　3 はじょう　　　4 はじゅう

問題2 (　　　)に入れるのに最もよいものを、1・2・3・4の中から一つ選びなさい。

01 大臣の(　　　)機関として、意見を出したり政策を検討したりする。
　1 拷問　　　　　2 会合　　　　　3 諮問　　　　　4 照会

02 会員が(　　　)しなければならない事項が細かく書いてある。
　1 順守　　　　　2 仕分け　　　　3 尊重　　　　　4 根回し

問題3 ＿＿＿＿の言葉に意味が最も近いものを、1・2・3・4の中から一つ選びなさい。

01 最新のデジタル技術を駆使して映画をつくった。
　1 なおざりに　　2 活用　　　　　3 置き去りに　　4 放置

02 そろそろ第一線から身を引く潮時ではないかという気がする。
　1 セレモニー　　2 キャリア　　　3 ミスマッチ　　4 タイミング

問題4 次の言葉の使い方として最もよいものを、1・2・3・4の中から一つ選びなさい。

01 寸断
　1 大雪で列車が止まってしまい、運行が寸断になった。
　2 中国への会社移転も寸断される可能性がある。
　3 あらかじめ決められた寸断通りに制作された。
　4 この前に起きた地震で、国道が寸断された。

02 一途
　1 資格の試験に一途して受かった。
　2 ものごとに取り組む人々の一途な生き方をえがく。
　3 一途な生活を送る人をなまけ者という。
　4 親の言うことを聞かない一途な少年だった。

넷째마당 총정리 적중 예상 문제

問題1 ＿＿＿＿＿の言葉の読み方として最もよいものを、1・2・3・4の中から一つ選びなさい。

01 神社で無病息災や商売繁盛を祈る人が多い。
　　1 はんせい　　2 はんじょう　　3 かんせい　　4 かんしょう

02 石鹸をよく泡立てて洗い、手についたウイルスを退治しましょう。
　　1 どきじ　　2 どきち　　3 たいじ　　4 たいち

03 他のユーザーにとっても、大変参考になる情報として重宝されている。
　　1 じゅうほう　　2 ちょうほう　　3 じゅうこ　　4 じゅうこう

04 警官にわいろを渡さなかった運転手が武装した人に殺された。
　　1 むそう　　2 むしょう　　3 ぶそう　　4 ぶしょう

05 山頂にいたたくさんの登山者は深い霧に遮られ、進めなかった。
　　1 しも　　2 かすみ　　3 ひょう　　4 きり

06 転倒した弾みで道路に頭を強く打つケースもある。
　　1 てんとう　　2 てんどう　　3 でんとう　　4 でんどう

07 自分の死後は家と美術品をすべて処分するよう長男に遺言する。
　　1 けんげん　　2 ゆいごん　　3 けんごん　　4 ゆいげん

08 レバノンの首都の空港を離陸した直後に地中海に墜落した。
　　1 すいらく　　2 ついとう　　3 すいとう　　4 ついらく

09 最終回になって、主人公は自分の正体を明かして去っていった。
　　1 しょうてい　　2 せいてい　　3 しょうたい　　4 せいたい

10 障害者の皆様の意見を真摯に聴いて新しい制度をつくっていきたい。
　　1 しんし　　2 しんげき　　3 じんし　　4 じんげき

11 実家が老朽化し、建て替えを検討しています。
　　1 ろきゅうか　　2 ろちくか　　3 ろうきゅうか　　4 ろうこうか

12 「世界的な大流行の終息を宣言するのは時期尚早だ」との見解を示した。
　　1 じきそうしょう　2 じきそうじょう　3 じきしょうそう　4 じきしょうぞう

問題2 （　　　）に入れるのに最もよいものを、1・2・3・4の中から一つ選びなさい。

01 不法行為にたいしては、法律の（　　　）な適用が求められる。
　　1 精密　　　　2 親密　　　　3 過密　　　　4 厳密

02 高い金利で資金を上手に（　　　）してくれるところを探している。
　　1 運行　　　　2 運営　　　　3 運用　　　　4 運搬

03 バスで気分が悪くなった私を、親切な人が（　　　）してくれた。
　　1 介抱　　　　2 救済　　　　3 養護　　　　4 奨励

04 資格を取得すれば、経験のない中高年でもほぼ（　　　）に就職できる。
　　1 確実　　　　2 的確　　　　3 確保　　　　4 正確

05 どうしてもとれない（　　　）な汚れはプロに任せるしかない。
　　1 強行　　　　2 堅実　　　　3 頑固　　　　4 頑丈

06 国会でもめている中継を見ていて、いつも（　　　）した。
　　1 おどおど　　2 めいわく　　3 わくわく　　4 へきえき

問題3 ＿＿＿＿＿の言葉に意味が最も近いものを、1・2・3・4の中から一つ選びなさい。

01 10年ぶりの決勝を迎える口調は誰よりも落ち着いていた。
　　1 もの言い　　2 様子　　　　3 そぶり　　　4 面子

넷째마당 총정리 적중 예상 문제

02 二人で並んで静かにベッドの縁に腰掛ける。
　　1 裾　　　　　2 フレーム　　　3 端　　　　　4 周囲

03 この条件に該当する人をさがすのはけっこう難しい。
　　1 ととのう　　2 とけこむ　　　3 あてはまる　　4 うけもつ

04 日本が官僚国家と呼ばれるようになった経緯を教えてください。
　　1 始末　　　　2 事情　　　　　3 関係　　　　4 傾向

05 何があったかは知らないけれど、終始重い空気が漂った。
　　1 しばらく　　2 とっさに　　　3 いきなり　　4 ずっと

06 練習だけでなく、生活全般の一切合切の世話を引き受けた。
　　1 すべての　　2 なけなしの　　3 絶えない　　4 決まった

07 速いペースで円高が進んでいる状況に危惧の念をいだく。
　　1 無力　　　　2 興奮　　　　　3 心配　　　　4 幸福

08 正確さを優先する記事は歪曲した部分があってはならない。
　　1 いいのがれ　2 もってこい　　3 うらがえし　　4 でっちあげ

問題4 次の言葉の使い方として最もよいものを、1・2・3・4の中から一つ選びなさい。

01 無念
　　1 無念で人見知りをする性格を直したいです。
　　2 何もしないで過ごしてしまった3年間をとても無念している。
　　3 こっちだけ泣き寝入りするのはあまりにも無念だからです。
　　4 面接の時のスーツは黒がいちばん無念な色だと思う。

02 内蔵
　1 テレビ機能が内蔵なパソコンを買いたいと思う。
　2 サンマの頭と内蔵は捨てていたが、少しもったいない。
　3 運動すると内蔵が強くなると母に言われた。
　4 無線LANが内蔵されているかどうかを調べたいのですが。

03 交付
　1 不景気で税金を交付しない自営業者が多い。
　2 国から地方自治体に補助金が交付された。
　3 このご時世にボーナスが交付されただけでもありがたい。
　4 お世話になった方々にお土産を交付した。

04 因縁
　1 母は、21歳で父と因縁的な出会いをした。
　2 ひとめぼれして、彼女と因縁することになった。
　3 この会社と地域は因縁な関係にあるそうだ。
　4 不良少年に因縁をつけられて怖かった。

05 不断
　1 不断の努力が彼の成功をもたらした。
　2 娘には不断と変わったところがなかった。
　3 ここでは速度違反が不断茶飯事だから。
　4 不断的にがんばっている人が勝つものだ。

06 介抱
　1 入院してくる患者を介抱するのが私の仕事だ。
　2 車よいで気分が悪くなった私を介抱してくれた。
　3 この施設は老人や障碍者の介抱において一番だ。
　4 けが人を介抱するベテラン医師の姿はかっこういい。

다섯째마당

만점을 위한
부사, 의태어, 관용표현

시나공법 16 부사

시나공법 17 의태어

시나공법 18 신체와 관련된 관용표현

시나공법 19 생활과 관련된 관용표현

시나공법 16 부사

한자 울렁증을 어느 정도 극복한 분들에게 가장 외우기 어려운 어휘가 뭐냐고 물으면, 부사와 의태어라고 대답하는 분들이 많습니다. 한자를 가진 부사는 별로 없기 때문에 맨땅에 헤딩하는 기분으로 외우고 있지 않을까 싶네요. 저도 학생 때 제일 힘들고 싫었던 품사가 부사였습니다. 외우다 외우다 지쳐서 책을 집어던지고 싶었던 적이 한두번이 아니었습니다.

부사의 효율적인 암기를 위해서 몇 가지 요령을 알려드릴게요.

우선, 부사의 꼬리와 형태에 주목하십시오. 부사를 살펴보면 ~に나 ~と, ~て, ~り 등으로 끝나는 어휘가 많습니다. 또 まるまる와 같이 ○×○× 형태의 부사가 많습니다. 헷갈리는 부사일수록 꼬리나 형태가 같은 것끼리 모아서 외우면 효율적입니다.

두 번째로 부사는 혼자서는 외로워서 못 삽니다. 항상 동사와 같이 다니고 싶어 하죠. '동사와 함께 춤을'이라는 영화도 찍었을 정도입니다^^ 물론 부사는 형용사나 다른 부사를 꾸미기도 합니다만, 부사의 암기를 위해서는 함께 쓰이는 동사를 같이 외워야 합니다. 그래야 잊어버리지 않고 오래 기억하겠죠.

마지막으로 의문사가 들어간 부사는 특히 신경써야 합니다. 의문사가 들어간 부사들은 따로 정리해서 비슷한 것끼리 비교해서 외워두지 않으면 의미파악이 어렵습니다.

부사는 문제 유형4의 용법 문제에도 반드시 한 문제 이상 출제되는데요. 명사에 비해서 출제율은 낮지만 정답율은 가장 낮은 것이 부사입니다. 진정한 실력은 바로 부사에서 드러난다고 보아도 과언이 아닐 것입니다. 그럼, 예제를 풀어볼까요?

시험에 이렇게 나온다!

問題4 次の言葉の使い方として最もよいものを、1・2・3・4の中から一つ選びなさい。

まず

1 飲み屋で、日本人は決まって「まず、ビール」と言う。
2 聞くところによると、まずお金に困っているそうです。
3 今から頑張ってみたところで、合格の見込みはまずない。
4 こぼれないようにふたをまず締めた。

해석 우선, 거의
　　　1 술집에서 일본인은 으레 '우선, 맥주'라고 말한다.
　　　2 들은 바에 의하면 우선 돈 문제로 힘들다고 합니다.
　　　3 지금부터 열심히 해봤자, 합격할 가능성은 거의 없다.
　　　4 흘러넘치지 않도록 뚜껑을 우선 잠갔다.

해설 まず를 누가 몰라? 하면서 문제를 풀기 시작한 분들은 순간 당황하셨을 겁니다. 문제 유형4는 원래 단어의 의미, 문법적 쓰임까지 생각해야 하기 때문에 어려운데다가 뜻이 한 가지가 아닐 경우에는 더욱 어려워집니다. 하지만 아무리 어려운 문제라도 피하지 말고 도전하십시오. 시나공이 함께 하니까요.

해석만으로 1번이 답이라고 생각하면 안 됩니다. 정형화된 표현이죠. '맥주부터 먼저 달라고' 하는 표현은 とりあえず、ビール입니다. 2번에는 まず 대신 '매우'라는 의미로 相当(そうとう), かなり 등의 부사가 들어가야 합니다. 3번이 문제인데요. 해석이 이상하다고 처음부터 답에서 제외하지는 않았나요? まずに는 부정어와 함께 쓰이는 '거의'라는 뜻이 있습니다. 그럼 딱 맞죠? 그래서 3번이 답이 됩니다. 4번의 경우는 '꽉, 꼭'이란 의미의 きっちり, しっかり 등의 부사가 들어가야 자연스럽습니다.

어휘 飲(の)み屋(や) 술집 | 困(こま)る 곤란하다, 힘들다 | 合格(ごうかく) 합격 | 見込(みこ)み 가능성 | こぼれる 흘러넘치다 | ふた 뚜껑 | 締(し)める 잠그다

정답 3

중요도 ★★★

시나공법 따라잡기 — 시험에 꼭 나오는 부사

우리말과 일본어를 가려가면서 학습해보세요.

기 あえて	감히, 군이, 억지로 =기 しいて, 強引(ごういん)に
기 あっさり	산뜻하게, 깨끗이 =淡白(たんぱく)に, さっぱり
기 あらかじめ	미리 =まえもって, かねがね
기 案の定　あんのじょう	아니나 다를까
기 いかにも	자못　예 いかにも困った顔 자못 난처한 얼굴
기 いっそ	차라리 =むしろ, かえって
	예 いっそ会社をやめたい。 차라리 회사를 그만두고 싶다.
未だに　いまだに	아직까지　예 未だに返事をくれないなんて。 아직까지 답장을 해주지 않다니.

| 기 いやに | 몹시 |
| 기 うっかり | 그만 =つい, 思わず |

うっかり, つい, 思わず의 뉘앙스를 구별해봅시다. 먼저 つい는 습관적인 본능적 부주의나 실수를 말할 때 씁니다. 나쁜 줄 알면서도 나도 모르게 해버리는 일 등이 이에 해당되므로 반복되는 경우가 많죠.
예 つい夜遅く食べてしまう。 나도 모르게 저녁 늦게 먹게 된다.
うっかり도 실수나 부주의라는 점에서는 비슷하지만, 우연하게 일어난 일에만 사용되며 반복되는 경우에는 사용할 수 없습니다.
예 うっかりして財布を落とした。 실수로 지갑을 잃어버렸다.
思わず는 거의 무의식적으로 그 일을 해버리는 경우에 씁니다. 이는 무조건 반사처럼 순간적으로 나타납니다.
예 思わず泣き出した。 나도 모르게 울어버렸다.

기 大方　おおかた	대략, 대체로 =ほぼ, あらまし, おおよそ
기 おろか	~하기는커녕　예 歩くことはおろか 걷기는커녕
かえって	오히려
かねて	이전부터, 진작부터

かねて만 써도 '이전부터'라는 의미이지만, かねてから, かねてより의 형태로 많이 쓰이고 있습니다.
예 かねてより申(もう)し上げましたように。 전부터 말씀드린 바와 같이.
이에 비해 かつて는 주로 과거의 어느 한 때를 일컬어 '일찍이, 이전에'라는 뜻입니다.
예 かつて読んだ本。 예전에 읽은 책.
또 かつて는 ない형과 호응하여 '이제껏 ~없는'이란 뜻도 있다는 것, 잊지 마세요.
예 いまだかつて例(れい)のない出来事。 아직껏 예가 없는 사건.

01　いやに는 2가지 의미가 있는데요. 우선 '상태가 이상하다'라는 의미입니다. '평소와는 달리 이상하게'라고 해석됩니다.
　　예 今年の夏はいやに暑い。 올해 여름은 평소와는 달리 이상하게 덥다.
또 '정도가 심하다'는 의미로 '몹시, 심하게'라고 해석됩니다.
　　예 この本はいやに難しい。 이 책은 매우 어렵다.

02　아직도 むしろ와 かえって의 구별이 안 되는 분들이 있습니다. 더 이상 뒤로 미루지 말고 이번 기회에 확실히 암기합시다. むしろ는 A와 B를 비교해서 보다 적절한 쪽을 선택하는 부사입니다. 그에 비해서 かえって는 예상과 반대되는 마이너스 결과가 될 때 쓰는 부사입니다. 예를 들어 '이 일은 너보다 동생이 오히려(차라리) 낫다'에서는 むしろ이고, 피로를 풀 목적으로 목욕을 했는데 물이 너무 미지근해서 오히려 감기에 걸려 버렸을 경우에는 かえって가 됩니다. いっそ는 むしろ에 가깝다고 보시면 됩니다. 참고로 いっそう(一層)는 '한층 더'라는 의미이므로 구별해주세요!

[기]	仮に	かりに	① 만약, 만일 =もし(も), たとえ 예 仮に失敗したらどうしよう。 만약 실패하면 어쩌지? ② 임시로, 시험 삼아 =とりあえず 예 仮にこれを着てください。 임시로 이걸 입으세요. 참고 仮にも 적어도, 어떤 일이 있어도 =間違(まちが)っても
[기]	きっちり		꼭 예 蓋(ふた)をきっちりしめる。 뚜껑을 꼭 닫다.
[기]	きっぱり		단호히 예 きっぱり(と)断(ことわ)られた。 단호히 거절당했다.
[기]	ぐっすり		푹 예 ぐっすり眠れた。 푹 잘 수 있었다.
[기]	ことごとく		모조리 예 ことごとく失敗に終わる。 모조리 실패로 끝나다.
[기]	ことによると		어쩌면 예 ことによると優勝できるかもしれない。 어쩌면 우승할지도 모른다.
[기]	さっぱり		전혀, 도통 예 さっぱりわからない。 도통 모르겠다.
[기]	さも		정말로 예 さもうれしそうに笑う。 정말로 기쁜 듯이 웃는다.
01	しっかり		단단히, 확실히
	すっかり		완전히, 싹 =完全に, きれいさっぱり
	ずっと		훨씬 =はるかに, 格段(かくだん)に, 一層(いっそう)
[기]	ずらっと		죽 예 ずらっと並んでいる。 죽 늘어서 있다.
02	つくづく		절실히
[기]	てっきり		틀림없이, 덮어놓고 =きっと, 間違いなく, 頭から
[기]	とっさに		순간적으로, 즉시
[기]	突如	とつじょ	갑자기
[기]	とりあえず		우선
[기]	のきなみに		모두, 다같이 =すべて, 例外(れいがい)なく, ことごとく, おしなべて

 강의실 생중계!

01 しっかり는 자주 쓰이는데 막상 해석할 때 자연스럽게 문맥이 이어지지 않는 부사입니다. 예문으로 기억하세요.
예 しっかり握る。 꽉 쥐다.
　　しっかりしろ。 정신차려!
　　若いが、しっかりした人だ。 젊지만 견실한 사람이다.
이와 같이 しっかり는 '충분히, 확실히'라는 의미와 '견고한 모습, 견실한 태도' 등을 나타낼 때 쓰는 부사입니다.

02 하나의 뜻만 외워도 모든 문장에서 자연스럽게 해석된다면 참 좋을 텐데요. つくづく는 좀 더 세심히 뜻을 외워두어야 합니다. 연장을 1개 보다는 여러 개 갖고 있는 편이 유용한 것과 마찬가지죠. 예문을 통해 암기를 돕도록 하겠습니다.
예 つくづく考える。 곰곰히 생각하다.
　　つくづく眺める。 주의 깊게 바라보다.
　　つくづく嫌になった。 정말 싫어졌다.

기 ひいては		(더) 나아가서는 예 ひいては大きな犯罪を減らすことにつながる。더 나아가서는 커다란 범죄를 줄이는 일로 연결된다.
기 自ら	みずから	스스로
기 もろに		정면으로, 직접 =正面(しょうめん)から, ストレートに, まともに
기 よほど		① 상당히, 무척 =ずいぶん, 相当(そうとう) ② 하마터면, 정말이지 =すんでのところで
기 ろくに		제대로 예 ろくに食べられなかった。제대로 먹을 수 없었다.
기 わざわざ		일부러

의문사가 들어간 부사

何しろ	なにしろ	아무튼, 워낙에 =とにかく, なにせ
기 何とぞ	なにとぞ	제발, 아무쪼록
기 何より	なにより	무엇보다도, 더없이
何も	なにも	① 조금도+(부정) ② 특별히, 유달리
기 何だか	なんだか	왠지 =何(なん)となく(분명한 이유는 없지만) 어쩐지, 어딘지 모르게, 왠지
何でも	なんでも	① 무엇이든지 ② 기어이 ③ 확실히는 모르지만, 들건대

강의실 생중계!

01 自(みずか)ら는 自(おの)ずから와 비슷하게 생겼기 때문에 혼동하기 쉽습니다. 한자 읽기 문제에 출제될 가능성도 높고 의미 구별이 확실하지 못하면 풀기 힘든 어휘 선택 문제나 용법 문제로도 출제됩니다. 自(みずか)ら는 '스스로(적극적인 의지를 갖고)'라는 의미인 반면, 自(おの)ずから는 '저절로'라는 뜻입니다.

02 よほど에는 비교의 대상이 있는 경우가 많습니다. 특히 '양쪽 모두 나쁘지만 어느 한 쪽이 그나마 낫다'라고 할 때 많이 쓰입니다. よほどのことがないかぎり '여간한 일이 없는 한'이라는 관용표현을 자주 쓰게 되는데요. 이 경우 역시 '보통에 비해서'라는 의미가 함축되어 있습니다.

03 제가 무슨 이야기를 할지 벌써 감 잡으셨죠? 그렇습니다. わざわざ와 せっかく를 비교해 보겠습니다. 너무나 자주 출제되는 부사이거든요. わざわざ는 그럴 필요가 없는데도 자신의 시간이나 금전을 들여 뭔가를 할 때를 뜻하는 '일부러'입니다.
예 わざわざ迎えに行く。일부러 맞이하러 가다.
せっかく는 화자에게는 가치 있는 어떤 상황이나 기회를 버리고 싶지 않다는 의지를 담아서 쓰는 '모처럼, 일부러'입니다.
예 せっかく来たのに、留守だった。모처럼(일부러) 왔는데 아무도 없었다.

04 먼저 何もない '아무것도 없다'와 何でもない '아무것도 아니다'를 확실히 구별할 수 있어야 합니다. 그 다음으로 중요한 것이 何も의 두 번째 뜻인 '특별히, 유달리'인데, 何も私だけが悪いのではない '특별히 나만 나쁜 것은 아니다'라는 예문 하나만 외워두면 여러모로 유용합니다.

05 何(なん)でも의 ③번 뜻을 몰라서 낭패를 본 적은 없지요? 어떤 학생 분이 너무 자신 있게 오타라고 하던 기억이 생생합니다.
예 何でも東京に住んでいるそうだ。확실히는 모르지만 도쿄에 살고 있다고 한다.

何と	なんと	세상에 어쩌면 그렇게, 이 얼마나
		예 何と美しい人! 얼마나 아름다운 사람인가!
기 何とか	なんとか	① 그럭저럭 ② 어떻게든 =기출 どうにか
何なりと	なんなりと	무엇이든지
何ら	なんら	조금도+(부정)
どうか		부디, 제발
どうにかこうにか		그럭저럭
どうしても		① 어떤 일이 있어도 ② 아무리 해도, 도저히 (+부정)
どうも		아무리 해도, 어쩐지
どことなく		어딘지 모르게

중요도 ★★

시나공법 따라잡기 | 합격을 위한 부사

あくまで		어디까지나 =とことん, どこまでも
改めて	あらためて	재차, 새삼스럽게
いきなり		갑자기 =突然(とつぜん), 出(だ)し抜(ぬ)けに
いざ		막상 =ここぞという時, 万一(まんいち)の時に
一概に	いちがいに	일괄적으로 =必(かなら)ずしも, あながち
一途に	いちずに	오로지, 외곬으로 =ひたすら, むしょうに
一向に	いっこうに	조금도+(부정) =まるきり, ちっとも
いまさら		새삼, 이제와서

01 どうぞ와 どうか가 많이 혼동되죠? どうぞ는 2인칭인 상대에게 어떤 행위를 요구할 때 주로 사용되며 '허락, 권유, 부탁'에 사용됩니다. 쉽게 말해서 상대에게 득이 되는 일을 권할 때 쓴다고 보면 됩니다. 이에 비해 どうか는 자신을 위해 어떤 유리한 상황이 실현되는 것을 희망하는 말이며 2인칭의 상대에 대해 사용하면 どうぞ와 의미가 같아집니다. 좀 더 간단히 설명하면 다음과 같습니다.
 どうか : 정중한 의뢰, 희망, 소망을 나타낼 때
 どうぞ : 권유, 허락, 의뢰

02 あくまで와 最後までと는 서로 바꾸어 쓸 수 없는 경우가 많으니까 주의해야 합니다. あくまで의 あく는 飽(あ)く(=飽(あ)きる)에서 왔습니다. '(질릴 때 까지) 철저하게 완전히, 어디까지나'의 뜻입니다. 最後まで는 '마지막까지'라는 의미이므로 다음 예문에서는 바꾸어 사용할 수 없습니다.
 예 あくまでもプライバシーな問題だ。 어디까지나 개인적인 문제이다.

03 一途(いちず)로 읽으면 '외곬, 한가지에만 정신을 쏟음'이라는 의미이지만 一途(いっと)라고 읽으면 '일로(오직 한 방향)'란 의미랍니다.
 예 悪化の一途(いっと)をたどる。 악화 일로를 걷다.

01	いわゆる		속된 말로, 흔히들 말하길
			참고 いわば 비유해서 말하자면
	おまけに		게다가 =その上(うえ), さらに
	かろうじて		겨우 =ようやく, やっとのことで
	きまって		으레, 반드시 =必(かなら)ず
	きわめて		극히 =この上なく, 非常(ひじょう)に
	くっきり		뚜렷하게, 선명하게 =はっきり, あざやかに
	ぐっと		쑥　예 成績がぐっと上がった。 성적이 쑥 올랐다.
	ことのほか		의외로, 특히 =案外(あんがい), 意外(いがい)にも
02	さぞ		아마, 필시
			예 さぞびっくりしたことだろう。 아마 깜짝 놀랐을 것이다.
03	さっそく		당장 =すぐさま, 即座(そくざ)に, 即刻(そっこく), ただちに
	ざっと		대강, 쫙, 휙 =おおよそ, 一通(ひととお)り
	直に	じかに	직접　예 じかに手渡す。 직접 전달하다.
	しょせん		어차피, 결국 =どうせ
	せめて		하다못해 =少(すく)なくとも
04	そもそも		도대체, 처음, 애초
	ただでさえ		그렇지 않아도 =そうでなくても
	度々	たびたび	자주 =しばしば, しげしげと, 次々(つぎつぎ)と
	つとめて		애써, 힘써 =意識的(いしきてき)に
	常に	つねに	항상 =いつも, 事あるごとに

 강의실 생중계!

01 いわゆる와 いわば의 차이에 대해 공부해봅시다. いわゆる는 '세상에서 일반적으로 말하는, 속된 말로'라는 의미입니다. 이에 비해서 いわば는 '예를 들어 말하면'이라는 의미로 비유를 예시하는 부사입니다. 간혹 ~ようなものだ '~와 같은 것이다'라는 말과 같이 쓰이기도 합니다. 독해문 괄호 넣기 문제에도 출제될 가능성이 높습니다.

02 남한테 전해들은 말에 공감할 때 '분명히 ~겠죠, 필시 ~겠죠'라고 말합니다. 그래서 さぞ 뒤에는 추측표현의 ~でしょう, ~だろう가 옵니다. さぞ가 나오면 꼬랑지를 보세요.

03 さっそく에는 '어떤 목적을 위해서 바로 실행에 옮긴다'라는 의미가 포함되어 있습니다. 즉 말하는 사람이 적극적으로 다음 행동을 하겠다고 생각하는 경우에 쓰죠. 따라서 さっそく의 뒤에는 의지적인 동작이나 행위가 뒤따라오는 경우가 많고, 어쩔 수 없이 하는 행위에는 사용하지 않습니다.
　예 新しい単語を勉強したので、さっそく使ってみました。 새로운 단어를 공부했기 때문에, 당장 사용해보았습니다.

04 そもそも는 명사, 부사이면서 동시에 접속사로 쓰이기도 합니다. 명사나 부사로 쓰이면 '처음'이라는 뜻이 됩니다.
　예 そもそもの理由は 첫째 이유는
접속사로 쓰이면 '무릇', 특히 의문문에서는 '도대체'라는 뜻이 됩니다.
　예 そもそも人間というものは 무릇 인간이라는 것은

どっと		우르르, 일제히	=一斉(いっせい)に, いっぺんに
とりわけ		특히	=特に, 格別に
はなはだ		매우, 대단히	=大(おお)いに, 大変(たいへん)
ひとりでに		저절로	=自(おの)ずから, 自然(しぜん)に
ふと		문득	=不意(ふい)に
別に	べつに	특별히	=とりたてて, 特別(とくべつ)に
正に	まさに	정말로	=本当(ほんとう)に, 確(たし)かに
まして		하물며	=なおさら
全く	まったく	① (+긍정) 정말 ② (+부정) 전혀	
まるで		① 마치 =さながら, あたかも ② 전혀 =まったく, まるっきり, からきし, 皆目(かいもく)	
まるっきり		전혀	=ぜんぜん
むやみに		무턱대고, 함부로	
目下	もっか	당장, 현재	
		예) 目下(もっか)調査中です。 현재 조사 중입니다.	
もっぱら		오로지	=一途(いちず)に, ひたすら

강의실 생중계!

01 ひとりでに와 おのずから를 구별해봅시다. 두 단어 모두 '저절로, 자연히'의 의미를 가지고 있지만 ひとりでに는 자연현상이나 물리현상, 생리현상에 쓸 수 있는 반면, おのずから는 자연현상과 생리현상에는 사용할 수 없습니다. 즉 '문이 저절로 열렸다'와 같은 문장에서는 ひとりでに는 쓸 수 있지만 おのずから는 쓸 수 없습니다.

중요도 ★

시나공법 따라잡기 : 고득점을 위한 부사

01	あやうく	가까스로, 하마터면 = かろうじて, もう少しで, あわや
02	あらかた	대체로, 대부분 = 大方(おおかた), 大概(たいがい), だいたい, たいてい
03	がむしゃらに	앞뒤 생각 없이 무턱대고 = 後先考(あとさきかん)えず
	くまなく	구석구석 = すみずみまで, まんべんなく
	くれぐれも	아무쪼록, 제발 = よくよく, 切(せつ)に
	ことに	특히 ◎ ことにすっぱいものが好きだ。특히 단것을 좋아한다.
	さっと	민첩하게, 순식간에 = ぱっと, すばやく
	さほど	그다지 = それほど, あまり
	しっくり	딱 들어맞는 모양 = 相応(ふさわ)しい, ぴったりの
	しょっちゅう	늘, 항상 ◎ しょっちゅうけんかをする。맨날 싸운다.
	先だって　せんだって	일전에
04	大体　だいたい	대체로 = おおよそ
	たかだか	고작 = せいぜい
	だしぬけに	갑자기, 느닷없이 = いきなり, 急(きゅう)に
	直(ただ)ちに	당장 = 早速(さっそく), すぐさま

01 危(あや)うくは 주로 ~するところだった, ~しそうになった와 함께 쓰여 '하마터면 ~할 뻔했다'라는 뜻으로 그렇게 되기 직전이었다는 의미를 나타냅니다.

02 あらかた와 あながち는 형태가 비슷해서 혼동하는 분들이 많습니다. あらかた는 '대체로, 대충', あながち는 '반드시'입니다. 예문으로 확실히 구별해서 외웁시다.
◎ あらかた完成した。대충 완성되었다.
　あながち悪いとは言えない。반드시 나쁘다고는 할 수 없다.

03 소위 '죽자사자'라는 뜻인 がむしゃら의 유의어를 살펴볼까요? 모두 활용빈도가 높은 표현들이니 암기해둡시다.
狂(くる)ったように 미친 듯이　　必死(ひっし)に 필사적으로　　やっきになって 기를 쓰고
エネルギッシュに 열정적으로　　無鉄砲(むてっぽう)に 무모하게　　向(む)こう見ずに 앞뒤 생각 없이
馬車馬(ばしゃうま)のように 한눈 팔지 않고　いのしし武者(むしゃ)のように 저돌적으로　しゃにむに 무턱대고

04 大体(だいたい)와 大抵(たいてい)에 대해서 살펴봅시다. 大体는 전체, 전부에 대한 대부분, 대다수를 의미합니다. 그밖에 '애당초, 도대체'의 뜻도 있습니다.
◎ メンバーの大体が賛成した。멤버의 대부분이 찬성했다.
　大体親が間違ってるんだ。애시당초 부모가 틀려먹었다.
大抵는 '대개, 대체로'의 의미가 됩니다. 또 '아마, 틀림없이'라는 뜻도 있습니다.
◎ 日曜日には大抵家にいる。일요일에는 대체로 집에 있다.
　大抵晴れるだろう。아마 (날씨가) 개이겠지.

	てんで	전혀, 아예 예 てんで役に立たない。아예(전혀) 도움이 안된다.
	なお	① 여전히, 아직 ② 더욱, 한층
	ひたすら	오로지, 그저 =一途(いちず)に, もっぱら
	ひときわ	한층 더, 유달리 =一層(いっそう), とりわけ
	ひょっとすると	어쩌면, 혹시 =もしかしたら
	ほどほど	적당히, 정도껏 =それなりに, いい加減(かげん)に
	まんざら	반드시, 전혀 =必(かなら)ずしも, 全(まった)く
	むしょうに	무턱대고, 공연히, 한없이
	やけに	몹시, 무척 =ひどく, いやに, いつになく, 非常(ひじょう)に, はなはだ
	ゆめゆめ	결코, 절대로+(부정) =決(け)っして, 少(すこ)しも

01 ひときわ(一際)는 겉으로 드러나 보이는 것이 '눈에 뜨일 정도로'라는 의미입니다.
  예 ひときわ目立(めだ)つ。유달리 눈에 띄다. ひとしお도 부사로 쓰여 '한층 더, 특히'의 뜻이 있습니다만, 주로 감정을 나타내는 경우에 쓰입니다. ひとしお는 원래 목면을 남색 염료에 한번 담그는 행위를 말했는데요. 사람이 기쁨이나 감개에 젖어있는 모습을, 천이 아름답고 깊은 남색으로 물들어가는 것에 비유한 말이라고 하네요. 예문으로 익혀볼까요?
  예 父の喜びもひとしおだった。아버지의 기쁨도 각별했다.

02 비슷해서 죄송합니다! ほどほど와 비슷한 ほとほと의 이야기인데요. ほとほと는 정나미가 떨어진 모양을 나타내서, '아주, 정말이지' 란 의미입니다.

03 まんざら는 ない형과 함께 쓰여 '반드시 ~인 것은 아니다'라는 의미가 됩니다.
  まんざらでもない는 '반드시 나쁜 것만도 아니다'라는 의미에서 '그런대로 괜찮다'로 외워두세요. 말로는 소개팅하기 싫다고 하면서 얼굴 표정은 전혀 그렇지 않을 때 'まんざらでもなさそうだ'라고 말할 수 있겠죠? 또한, 유의어는 悪(わる)くない, まずまずだ, まあまあだ가 있습니다.

시나공법 따라잡기 　접속사

순접

かくて		이리하여, 그리하여
		かくて、事件(じけん)は終わった。 그리하여 사건은 끝났다.
したがって		따라서, 그러므로
		本日は講師が休みだ。したがって、休講になった。
		오늘은 강사가 쉬는 날이다. 따라서 휴강이 되었다.
すると		그러자
		カーテンを開けた。すると、外は雪が降っていた。
		커튼을 열었다. 그러자 밖은 눈이 내리고 있었다.
そこで (01)		그래서
		玄関のベルが鳴った。そこで、私はドアを開けた。
		현관 벨이 울렸다. 그래서 나는 문을 열었다.
その結果		그 결과
		毎日練習した。その結果、スキーが上手になった。
		매일 연습했다. 그 결과 스키를 잘 타게 되었다.
そのために		그래서
		JRで事故があった。そのために、電車が遅れている。
		JR에서 사고가 있었다. 그래서 전철이 늦고 있다.
それから (02)		그리고 나서
		お風呂に入った。それから、寝た。
		목욕을 했다. 그리고 나서 잤다.
それで (03)		그래서
		昨日は飲みすぎた。それで、今日は二日酔(ふつかよ)いだ。
		어제는 너무 많이 마셨다. 그래서 오늘 숙취가 남아 있다.
それなら		그러면, 그렇다면
		道路が渋滞(じゅうたい)だそうだ。 도로가 정체되고 있다고 한다.
		それなら、電車で行こう。 그러면 전철로 가자.

강의실 생중계!

01 そこでと '~일이 있어서 ~하게 되었다'라는 상황에서 사용하므로 보통은 そこで 뒤에 た형이 오는 경우가 많습니다.

02 そして와 それから는 행위를 열거할 때는 모두 사용가능하지만 사물을 열거할 경우에는 それから만 사용할 수 있습니다. りんごと オレンジとそれからいちごは 맞지만 りんごとオレンジと、そしていちごは 어색합니다. 또 そして 뒤에는 희망과 의지를 나 타낼 수 없지만, それから 뒤에는 ~たい, ~てください와 같이 의지를 나타내는 말도 올 수 있습니다. 그리고 それから에도 남의 말을 이끌어낼 때 쓰는 접속사적 용법이 있답니다.
　예 ね、それから、どうしたの？ 있잖아. 그래서 어떻게 했어?

03 それで 뒤에는 ~しましょうらんとか ~なさいとらんか ~てはいけません 등의 상대에게 호소하는 문장은 오지 않습니다. 이런 경우 에는 だから를 써야 맞습니다. 이밖에도 それで에는 상대의 이야기를 이끌어낼 때 쓰는 접속사적 용법도 있습니다.
　예 A: 昨日が合格発表の日だったんだ。 어제가 합격 발표일이었어.　　B: それで、どうだった？ 그래서 어떻게 됐어?

だから	그러니까	

午後から雨らしい。だから、傘を持って行った方がいいよ。
오후부터 비가 온다더라. 그러니까 우산 가지고 가는 편이 좋아.

だったら 그렇다면
食べないの？だったら、僕がもらうよ。
안 먹을 거야? 그렇다면 내가 먹을게.

では(じゃ) 그럼
では、私はこれで失礼します。
그럼, 저는 여기서 그만 실례하겠습니다.

[기] **ゆえに** 그러므로 [참고] 문어적 표현임.
我思(われおも)う。ゆえに、我(われ)あり。
나는 생각한다. 고로 나는 존재한다.

よって 그러므로, 따라서
優秀な成績だった。よって、これを賞(しょう)する。
우수한 성적이었다. 그러므로 이것을 수여한다.

역접

けれど(も) 하지만
この製品は安い。けれども、品質が悪い。
이 제품은 싸다. 하지만 품질이 나쁘다.

さもないと 그렇지 않으면
謝りなさい。さもないと、許しません。
사과하세요. 그렇지 않으면 용서치 않을 겁니다.

されど 그렇기는 하지만
たかが10円、されど、10円。
고작 10엔이지만, 그래도 10엔

しかし 그러나
勉強はできる。しかし、スポーツは全然駄目だ。
공부는 잘 한다. 그러나 스포츠는 전혀 못한다.

02 [기] **しかしながら** 그렇지만
愛している。しかしながら別れよう。
사랑해. 그렇지만 헤어지자.

しかるに 그런데도
待っている。しかるに、来ない。
기다리고 있다. 그런데도 오지 않는다.

 강의실 생중계!

01 だから는 의지나 판단을 강조하는 문맥에서 쓰이기 때문에 이미 일어난 일을 객관적으로 말할 때는 사용하기 어렵습니다. 그에 비해서 そこで는 '전에 일어난 일이 원인, 전제가 되어'라는 의미이므로 それで와 마찬가지로 사태의 객관적 설명에 많이 사용됩니다.

02 '～대로, ～하면서'의 뜻을 가진 ながら에는 존재나 상태를 나타내는 동사의 ます형이나 い·な형용사의 어간에 붙어서 내용이 모순되는 2가지 사항을 연결하는 '～면서도, ～지만'이라는 뜻도 있습니다. 명사나 부사에 붙어서 같은 의미의 접미어처럼 쓰이기도 합니다.

	そのくせ	그런데도, 그럼에도 불구하고 ダイエットをしている。そのくせ、よく食べる。 다이어트를 하고 있다. 그런데도 잘 먹는다.
기	それでも	그런데도, 그렇더라도 そこは非常に危険な場所です。それでも、行くんですか。 그곳은 매우 위험한 장소입니다. 그런데도 가는 겁니까?
	それなのに	그런데도 もう4月だ。それなのに、まるで冬のような寒さだ。 벌써 4월이다. 그런데도 마치 겨울 같은 추위다.
	それにしては	그렇긴 해도, 그런 것 치고는 大学生だそうだ。それにしては、漢字を知らない。 대학생이라고 한다. 그런 것 치고는 한자를 (잘) 모른다.
	それにしても	그건 그렇다 하더라도 遅れると言ってたけど、それにしても、遅すぎる。 늦는다고 했지만, 그렇다 하더라도 너무 늦는다.
	それにもかかわらず	그럼에도 불구하고 肝臓(かんぞう)が悪い。それにもかかわらず、毎日酒を飲んでいる。 간이 나쁘다. 그럼에도 불구하고 매일 술을 마시고 있다.
	だが	하지만 10時に会う約束をした。だが、来なかった。 10시에 만날 약속을 했다. 하지만 오지 않았다.
	だけど	하지만 パソコンがほしい。だけど、金がない。 컴퓨터를 갖고 싶다. 하지만 돈이 없다.
	でも	하지만 和食は好きです。でも、納豆は食べられません。 일식은 좋아합니다. 하지만 낫토는 못 먹습니다.
	ところが	그런데, 그러나 (예상 외의 결과) 夕立(ゆうだち)が降った。ところが、全然涼(すず)しくならない。 소나기가 내렸다. 그러나 전혀 선선(시원)해지지 않는다.
	とはいうものの	~라고는 해도 試験に受かったとはいうものの、自信がない。 시험에 합격했다고는 해도 자신이 없다.
	とはいえ	그렇다 하더라도 近いとはいえ、歩いて10分だ。 가깝다고는 해도 걸어서 10분이다.

01 それなのに와 それでも를 혼동하는 분들이 많습니다. それなのに는 '그것은 이상하다, 왜 그런 일을 하는 걸까, 그것은 좋지 않다'라는 등의 자신의 뜻에 반대된다는 뉘앙스를 줍니다. 하지만 それでも는 앞문장의 내용에 반대된다는 것은 알고 있지만 '그럼에도 불구하고'라는 사실을 나타내기 때문에 말하는 사람의 의심이라든가 부정적인 감정은 들어 있지 않습니다.
예) 雨が降っている。それなのに、私はサッカーをする。(×) 비가 오고 있다. 그런데도 나는 축구를 한다.
　　雨が降っている。それでも、私はサッカーをする。(○) 비가 오고 있다. 그럼에도 불구하고 나는 축구를 한다.

병렬, 첨가

	おまけに	게다가
	および	및 =ならびに
		アメリカおよびドイツ 미국 및 독일
		참고 氏名(しめい)、ならびに電話番号 성명 및 전화번호
01	かつ	게다가, 그 위에
		迅速(じんそく)かつ正確に 신속하고 (그 위에) 정확하게
	そして	그리고
		とてもきれいで、そして、賢(かしこ)い女性だった。
		매우 예쁘고, 그리고 현명한 여성이었다.
	それから	그리고, 또
		車がほしい。それから、家もほしい。
		차를 갖고 싶다. 그리고 집도 갖고 싶다.
	また	또
		詩人(しじん)であり、また社長さんだ。 시인이며, 또한 사장이다.

선택

	あるいは	또는 =または、もしくは
		コーラあるいはジュース 콜라 또는 쥬스
	それとも	그렇지 않으면
		コーヒーにしますか。それとも、紅茶にしますか。
		커피로 하시겠습니까? 그렇지 않으면 홍차로 하시겠습니까?
	ないしは	내지는
		家庭ないしは学校。 가정 내지는 학교.

보충설명

02	すなわち	즉, 곧, 말하자면
	ただし	단
		ただし、子供は入れません。 단, 어린이는 들어갈 수 없습니다.
	だって	왜냐하면, 하지만
		どうして来なかったの? 왜 안왔어?
		だって、痛かったんだもん。 왜냐하면 아팠단 말야.

01 　かつ는 문어체 표현입니다. 그에 비해서 しかも, そのうえ, それに, なお, そればかりか는 회화에서도 많이 쓰는 구어체 표현으로, '게다가, 더구나'라는 뜻입니다.
　　예 安くて、しかも質がいい。 싸고, 게다가 질이 좋다.
　　　　彼は性格がいい。そのうえ、勉強もできる。 그는 성격이 좋다. 게다가 공부도 잘한다.
　　　　安いし、それにおいしい。 싸고, 더구나 맛도 있다.
　　　　利益(りえき)にならない。そればかりか、損失(そんしつ)になる。 이익이 안 된다. 게다가 손해가 된다.

02 　유의어인 つまり에는 '결국 무슨 말을 하고 싶은가 하면'이라는 뉘앙스로 결론을 이끌어낼 때 사용됩니다. 이에 반해서 すなわち는 동격을 의미하므로 '바꾸어 말해서'라는 의미입니다. 즉 내용적으로는 같은 말을 반복하는 것이지만 이해를 돕기 위해서 표현을 바꾸어 설명하는 것이라고 할 수 있습니다.

	たとえば	예를 들면
		好きな花は、たとえば、バラ。좋아하는 꽃은, 예를 들면 장미.
	ちなみに	덧붙여 이야기하면
		ちなみに、優勝はこれで5回目だ。
		참고로, 우승은 이번에 5번째다.
	なお	덧붙여
		なお、詳しいことは資料に書いてあります。
		덧붙여, 자세한 것은 자료에 쓰여 있습니다.
	なぜなら	왜냐하면
		今はできない。なぜなら、用事があるから。
		지금은 못해. 왜냐하면 볼일이 있어서.
	もっとも	하기는, 다만

화제전환

	さて	그런데, 그건 그렇고
		さて、本題に入りますが。
		그건 그렇고, 본론으로 들어가겠습니다만,
	さらば	그러면, 그렇다면
		さらば、申しましょう。그렇다면, 말씀드리지요.
	そういえば	그러고 보니
		そう言えば、林さんは今どうしているの？
		그러고 보니 하야시 씨는 요즘 뭐 하고 지내?
	それはそうと	그건 그렇고
		今年の夏は暑いですね。それはそうと、娘さんは元気ですか。
		올해 여름은 덥네요. 그건 그렇고 따님은 잘 지내는지요?
	それはさておき	그것은 차치하고 (둘째 치고)
		それはさておき、本題に入りましょう。
		그것은 둘째 치고, 본론으로 들어갑시다.
	ときに	그런데 [참고] 말머리를 바꿀 때 사용함.
		ときに、あの件はどうなった？ 그런데, 그 건은 어떻게 됐어?
	ところで	그런데
		もうすぐ今年も終わるね。ところで、正月は家にいる？
		이제 곧 올해도 끝나네. 그런데 설날에는 집에 있어?

강의실 생중계!

01 もっとも는 한자가 2가지 있습니다. 最(もっと)も라고 하면 부사로 '가장'이란 뜻입니다. 하지만 尤(もっと)も라고 하면 な형용사일 때는 '지당하다'는 뜻으로 もっともな理由는 '지당한 이유'가 됩니다. 하지만 접속사로 쓰이면, '그렇다고는 하지만, 하기는'이란 의미가 됩니다.
  예 もっとも例外(れいがい)はあるが。하기는 예외는 있지만.
  부사나 접속사 모두 히라가나로 표기되는 경우가 많아서 많이 혼동되었을 겁니다. 그럼, 어떻게 구별하냐고요? 가장 쉬운 방법은 もっとも 앞에 마침표가 있으면 접속사로 쓰인 것입니다.

시나공법 16 적중 예상 문제

問題2（　　）に入れるのに最もよいものを、1・2・3・4の中から一つ選びなさい。

01　子供たちは、（　　）楽しそうに大きな声を出して遊んでいる。
　　1 つとめて　　　2 いかにも　　　3 とかく　　　4 まるで

02　交渉には忍耐心をもって臨むものの、不当な要求は（　　）断るべきだろう。
　　1 きっぱり　　　2 がっくり　　　3 きっかり　　　4 がっしり

03　努力すれば道は（　　）開けてくるものだと信じている。
　　1 ことによると　　2 やむをえず　　3 おのずから　　4 みずから

04　大変な仕事だからといって、逃げてばかりいる自分が（　　）嫌になった。
　　1 おどおど　　　2 ぞくぞく　　　3 くれぐれ　　　4 つくづく

05　病んだ臨月の妻が（　　）治療も受けられずに死んだ。
　　1 ろくに　　　2 おろかに　　　3 やけに　　　4 いやに

06　街を（　　）埋めたろうそくの行列を見ながら、国民の願いがはっきり分かった。
　　1 こってり　　　2 びっしり　　　3 どっしり　　　4 ぼっきり

07　著作権の意識に（　　）とぼしい私たちに対し、非難の声が相次いでいる。
　　1 くまなく　　　2 おおむね　　　3 はなはだ　　　4 あながち

08　林教授は今（　　）論文の執筆に打ち込んでいるところです。
　　1 なんだか　　　2 いかにも　　　3 がむしゃらに　　4 もっぱら

問題3 ＿＿＿＿の言葉に意味が最も近いものを、1·2·3·4の中から一つ選びなさい。

01 その人のことを思い続けるのが辛くなってきた。いっそ嫌いになった方が楽なのに。
　　1 むしろ　　　　2 ますます　　　　3 さらに　　　　4 いよいよ

02 自分に合う企業から内定をもらったが、提示された給与がことのほか低くて悩んでいる。
　　1 ずっと　　　　2 案外　　　　　　3 おそらく　　　4 大体

03 生野菜が大好きで、キャベツやレタスなどを水でざっと洗って食べています。
　　1 きらくに　　　2 てごろに　　　　3 かんたんに　　4 ていねいに

04 ついに鳩山さんが率いる民主党が日本の政治を勝ち取りました。
　　1 あげくのはてに　2 どうやら　　　　3 いちずに　　　4 とうとう

05 ハムスターが逃げ出したので、ドアの隙間から廊下、冷蔵庫の裏までくまなく探した。
　　1 すみずみまで　　2 さほど　　　　　3 じかに　　　　4 ほどほどに

06 ワンルームマンションで一人暮らしをしていますが、もっか最大の悩みは換気です。
　　1 とりわけ　　　2 いま　　　　　　3 もっぱら　　　4 もしくは

07 まさか私が芸能人になるとはゆめゆめ思っていませんでした。
　　1 かならず　　　2 ひたすら　　　　3 いっこうに　　4 もっとも

08 初対面の異性にいきなり話しかけられて、引いたりしないでしょうか。
　　1 すんなり　　　2 ずばり　　　　　3 つぶさに　　　4 だしぬけに

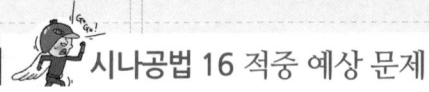

問題4 次の言葉の使い方として最もよいものを、1・2・3・4の中から一つ選びなさい。

01 よほど
1 よほどじゃないけど、私は怖くてできないよ。
2 よほどのことがない限り、彼は来るだろう。
3 貧乏な私にはこんな高級品はよほど買えない。
4 その壁紙はよほど質の高いものだった。

02 なんとか
1 団体から寄付を受け、なんとかやりくりしてきた。
2 政策の先送りはなんとか許されまい。
3 なんとかいいことがありそうな気がした。
4 暴飲暴食が続き、なんとか体が重くなる。

03 わざわざ
1 芝居中にわざわざ小物を落として、私を困らせた。
2 わざわざ一人暮らしをする理由もないので、親と暮らしている。
3 携帯がなかったので、わざわざ公衆電話で電話をかけた。
4 わざわざ近所まで来たのに、寄ってくれなかった。

04 仮に
1 仮に上場を目指している会社だから、それはありえない。
2 UN、仮に国連は世界の平和のために努力しているところだ。
3 仮に電気が止まったとしたら、大変なことになるだろう。
4 仮に説明を聞いただけでは、使い方は分からないだろう。

05 どうやら
1 どうやら痛み止めのお世話にならずに済んだ。
2 問題をどうやらして解決しなくてはいけない。
3 どうやらやるなら、得になることをやってくれ。
4 この分ではどうやら明日も大雪らしい。

09 いやに
1 彼の用事にいやに付き合わされて迷惑だった。
2 世界全体の景気がいやに上がってくれてほっとした。
3 今日はいやに元気がないね。悩みでもあるのかな。
4 頑張ったところで、いやに多くの変化はないだろう。

09 突如
1 携帯をもて遊んでいると、突如に画面がまっ黒になった。
2 首相の突如の辞任は国民に衝撃を与えた。
3 あの日の記憶が突如よみがえって頭から離れない。
4 突如して大きな注目を集めるようになった。

08 むしょうに
1 むしょうに飛行機を見たくなって、空港に向かった。
2 むしょうに入浴させることで逆効果になることもある。
3 痛いからといって、むしょうに薬を飲むのはよくない。
4 むしょうに、今年の私の役目が終わるわけではないのだが。

09 なにも
1 なにも近いうちにストを決行するということだった。
2「エコ」という文字を見ると、なにも環境にやさしい気がしてくる。
3 階段で転んだが、恥ずかしくて痛くもなにもなかった。
4 季節の移り変わりをはやく感じるのは、なにも年のせいだけではない。

10 いまさら
1 政界と財界の密接な関係はいまさら言うことでもない。
2 彼はいまさら倒れそうにふらふらと女性に近づいてきた。
3 いまさらやり方を改めないと、取り返しのつかないことになる。
4 日本に来て7年になるが、いまさら地震にだけは慣れない。

시나공법 17 의태어

많은 분들이 한자 외우기가 너무 힘들다고 하지만 모르는 말씀입니다. 한자는 어느 정도 수준에 오르면 규칙성도 보이고 응용도 가능하지만, 부사나 의태어는 의미를 유추할 수 있는 한자가 없기 때문에 의미 파악이 상당히 힘듭니다.

의태어를 외우는 가장 쉬운 방법은 일본 만화나 일본 CM을 보면서, 그림과 상황에 맞는 의태어를 함께 외워나가는 것입니다. 하지만 의태어 때문에 만화만 보고 있을 수는 없으니까 '연상'을 통해서 외우는 것이 좋습니다. 예를 들어 누군가가 꾸벅꾸벅 졸고 있는 모습을 떠올리면서, 또는 자신이 직접 졸고 있는 액션을 취하면서 うとうと라고 발음해봅니다. 이런 방법으로 외우면, 상황과 의태어가 하나로 일치되면서 잊어버리지지 않습니다.

출제빈도로 보면 문제 유형당 10~20% 정도밖에 안 되지만, 외우기만 하면 확실히 맞출 수 있는 문제가 대부분이므로, 고득점을 노리는 분들이라면 예문과 연상을 통해 꾸준히 의태어를 암기하기 바랍니다.

시험에 이렇게 나온다!

問題3 ＿＿＿＿＿の言葉に意味が最も近いものを、1・2・3・4の中から一つ選びなさい。

もともと肩幅が広いうえにパッドを入れたのでがっしりして見える。

1 うっとうしく　　　2 まんまるく　　　3 ふてぶてしく　　　4 たくましく

해석 원래 어깨 폭이 넓은데다가 패드를 넣었기 때문에 늠름해 보인다.
해설 유의어 문제를 풀 때, 만약 주어진 의태어를 모른다면 보기의 단어를 넣어 봐서 가장 자연스러운 해석이 되는 답을 고릅니다. 어깨 폭이 넓은데다가 패드를 넣었다면 결과는? 당연히 씩씩하고 늠름하게 보이겠죠? 그래서 4번의 たくましく가 정답이 됩니다. たくましい (씩씩하다, 늠름하다)는 군인 아저씨의 다부진 어깨를 연상하면서 외우면 머리에 쏙~ 들어올 겁니다.
어휘 肩幅(かたはば) 어깨 폭 | パッド 패드 | 鬱陶(うっとう)しい 답답하다 | まん丸(まる)い 아주 동그랗다 | ふてぶてしい 뻔뻔하다 | 逞(たくま)しい 씩씩하다, 늠름하다

정답 4

유형별 분석을 꼭 살펴보세요!

유형 2
출제 문장의 동사 술어 부분에 주목하면 답을 찾아내기 쉽습니다.

유형 3
출제된 의태어의 뜻을 몰라도 당황하지 마세요. 보기로 제시된 단어들을 하나하나 대입해보면서 문맥이 자연스러운가를 살펴보면 쉽게 정답에 근접할 수 있습니다.

유형 4
의태어는 문법적으로 분석했을 때, 의태어 그 자체나 ～と가 붙어 부사로서 술어를 수식합니다. 또는 する를 붙여서 동사가 되거나 ～だ, ～な, ～の의 형태로 な형용사의 역할도 합니다. 예를 들어 つるつる(매끈매끈)는 이 모든 역할이 가능하지만, おずおず(머뭇머뭇)는 ～する, ～と의 형태는 가능해도 な형용사적 용법으로는 사용할 수 없습니다. 이런 점에 유의하면서 문제에 접근해야 합니다.

중요도 ★★★

시나공법 따라잡기 — 시험에 꼭 나오는 의태어

우리말과 일본어를 가려가면서 학습해보세요.

いらいら　　　안달복달, 안절부절 ＝落(お)ち着(つ)かない, じりじり
うとうと　　　꾸벅꾸벅 ＝うつらうつら

うろうろ　　　어정어정, 우왕좌왕 ＝まごまご, うろついて
㉠ おどおど　　주저주저, 벌벌 ＝恐(おそ)れながら, びくびく
からから　　　바짝 마른, 텅텅

ぐずぐず　　　우물쭈물, 꾸물꾸물 ＝うじうじ, のろのろ, もたもた
くたくた　　　녹초가 됨 ＝疲(つか)れきる, くたびれている

녹초가 되고 기진맥진해서 축 늘어진 상태를 나타내는 의태어를 모아볼까요?
ぐったり, へとへと, だらりと, ぐにゃぐにゃした, へなへなと가 있습니다. 참고로, 완전히 지친 상태를 나타내는 관용표현으로는 顎(あご)を出(だ)す가 있는데, 너무 힘들어서 턱이 앞으로 나올 것 같다는 뜻입니다.

くよくよ　　　끙끙 ＝思(おも)い悩(なや)んで, うじうじと
こっそり　　　몰래 ＝ひそかに, そっと

こっそり와 비슷한 단어에 そっと가 있는데요. こっそり는 다른 사람 모르게 '약간의 나쁜 의도나 책략을 가지고'라는 의미가 들어 있습니다. 화자의 감정이 녹아 있는 거죠. 그에 비해서 そっと는 다른 사람은 모르게, 다른 사람이 눈치 채지 못하도록 이라는 점에서는 비슷하지만 타인이 없는 상황에서도 사용 가능하며 화자의 감정은 거의 들어 있지 않습니다. 만약에 이 세상에 나 혼자만 산다면 こっそり를 쓰는 상황은 없겠죠?

㉠ ごろごろ　　데굴데굴
㉠ さっぱり　　산뜻이, 형편없는 모양 ＝さわやか

01 いらいら는 일이 생각대로 되지 않아서 조급해지는 기분을 나타냅니다. 어떤 일의 진행이 늦어지고 있을 때의 짜증나는 기분이죠. 빨리 가야 하는데 아이가 늦장을 부리고 있다든가 하는 경우가 되겠죠?

02 うろうろ는 제3자의 입장에서 봤을 때 목표도 없이 어슬렁거리는 경우에 주로 사용합니다. 대개 여기저기 돌아다니는 경우에 사용하는데, 그 시간이 길든 짧든 상관없습니다.
　예 うろうろと歩きまわる 어슬렁어슬렁 돌아다니다
그에 비해서 まごまご(우물쭈물)는 어찌할 바를 몰라 허둥대는 모양을 나타내며, 그 시간은 대체로 짧습니다.

03 ぐずぐず는 좀처럼 행동을 개시하지 않고 우물쭈물하거나, 투덜투덜 불평을 말하는 모습을 나타냅니다.
　예 ぐずぐずしないで, 速く答(こた)えてください。 꾸물거리지 말고 빨리 대답하세요.
　　 いつまでもぐずぐず文句(もんく)を言っている。 계속 투덜투덜 불평만 하고 있다.
비슷한 표현인 もたもた도 상당히 많이 사용됩니다. 일이 진척되지 않고 지지부진한 상황, 태도나 동작이 분명하지 않고 느린 모양(우물쭈물)을 나타내죠.
　예 何をもたもたしているのか。 무엇을 우물쭈물하고 있냐?

04 2009년 12월 시험에 출제되었던 문제입니다. 大きな岩(いわ)ががけの上から(　　)転(ころ)がってきた '큰 바위가 절벽 위에서 (　　) 굴러 왔다'라는 문장의 괄호 안에 알맞은 의태어를 골라 넣는 문제였습니다. 転(ころ)がる가 정답을 찾는 힌트가 되고 있네요. 보기로는 ぞろぞろ 줄지어, どろどろ 걸죽한 모양, ぼろぼろ 너덜너덜이 제시되었습니다. 답은 데굴데굴 구르는 모습을 나타내는 ごろごろ였습니다.

しっかり	단단히, 확실히, 빈틈없이	=固(かた)く, 確実(かくじつ)に
すっきり	산뜻하고 상쾌한 모양	=すがすがしい, すっとする
すらすら	술술	=ぺらぺら, スムーズに
そわそわ	안절부절, 두리번두리번	=落(お)ち着(つ)かない, きょろきょろ
01 だぶだぶ	헐렁헐렁	=기 ぶかぶか, ゆるゆる
だらだら	장황하게, 지루하게	=ながなが, くどくど
기 はらはら	조마조마	=やきもき, ひやひや, どきどき

はらはら를 찾아보면 뜻이 많이 나오는데 다 외워야 할까요? 다른 의태어도 마찬가지지만 모든 뜻을 외울 필요는 없습니다.

はらはら는 일이 어떻게 될지 걱정되어 조바심 내는 모양을 나타냅니다. 예를 들어 잘못을 저질러 놓고 그 사실이 밝혀질까 두려워하는 경우나 시합 등에서 느끼는 조마조마함이 이에 해당합니다. はらはらする와 같은 의미의 관용어를 소개합니다. 시험에도 자주 출제되므로 꼭 암기바랍니다.

気をもむ 속 태우다, 気が気ではない 몹시 초조하다, 冷(ひ)や汗(あせ)をかく 식은땀이 나다, 手に汗を握(にぎ)る 손에 땀을 쥐다

기 ふらふら	비틀비틀	=よろよろ, ぐらぐら
02 기 ぺこぺこ	배가 고픔, 굽실굽실	
기 ぼつぼつ	슬슬	=そろそろ
ぼんやり	어렴풋이, 멍하게	=かすかに, ボーッと
03 기 まるまる	토실토실, 완전히	

Tip ぼんやり는 아무것도 생각하지 않는 멍한 상태를 나타냅니다. 또는 색, 윤곽, 의식, 기억 등이 명확하거나 명료하지 않을 경우에도 많이 쓰입니다.

중요도 ★★

시나공법 따라잡기 　합격을 위한 의태어

あたふた	허둥지둥	=慌(あわ)てる, そそくさ
いそいそ	부랴부랴, 허겁지겁	=あわただしく, せかせか
がっくり	맥이 풀리는 모양	=がっかり, 気が抜(ぬ)ける
がっしり	튼튼한, 다부진	=たくましい, がっちり, 頑丈(がんじょう)

01 だぶだぶ에는 '출렁출렁, 듬뿍'의 뜻도 있지만, '헐렁헐렁'의 뜻이 가장 많이 사용됩니다.
　　예 だぶだぶしたズボン 헐렁한 바지
　　주로 だぶだぶ, だぶだぶと와 같은 부사의 형태나 だぶだぶする, だぶだぶした와 같은 동사의 형태로 활용된다는 점도 기억하세요.

02 ぺこぺこ는 품사에 따라 의미가 달라집니다. な형용사로 쓰이면 '배가 고프다'라는 뜻이지만, 부사나 동사로 쓰이면 '굽실굽실'이라는 뜻이 됩니다. 즉, ぺこぺこだ는 '배가 고프다'이고, ぺこぺこ나 ぺこぺこする는 '굽실굽실'의 뜻입니다.

03 2005년도 시험에 용법 문제로 출제된 적이 있습니다. まるまる를 '토실토실'이라고만 알고 있었던 분들은 정답을 찾기가 힘들었을 것입니다. まるまる에는 '완전히, 전부'의 뜻도 있습니다. 그래서 せっかくのアイデアをまるまる人に使われた는 '모처럼의 아이디어를 모두 남에게 빼앗겼다'라는 뜻이 됩니다.

ぎょっと	섬뜩, 흠칫	=驚(おどろ)く, ぞっとする, どきりと
ぐんぐん	부쩍부쩍, 쑥쑥	=勢(いきお)いよく, どんどん
ごちゃごちゃ	뒤죽박죽	=まぜこぜ, めちゃくちゃ
さっさと	빨랑빨랑	=すばやく, てきぱきと
じっと	가만히, 꾹	=静(しず)かに
しみじみ	절실히	=つくづくと, しんみり, 痛切(つうせつ)に
じろじろ	빤히, 말똥말똥	=まじまじ, しげしげと
すんなり	막힘 없이, 척척	=スムーズに, 支障(ししょう)なく
せっせと	부지런히, 열심히	=こつこつ, 休(やす)みなく
てきぱき	척척, 시원시원	=すばやく, 手際(てぎわ)よく
でこぼこ	울퉁불퉁	=滑(なめ)らかでない, ごつごつ
どっと	우르르	=一斉(いっせい)に, 一気(いっき)に
のびのび	무럭무럭	=すくすくと, のびやかに
のろのろ	느릿느릿, 꾸물꾸물	=ぐずぐず, だらだら
のんびり	유유히, 한가롭게	=ゆったり, のほほんと
はきはき	시원시원, 또렷또렷	=はっきりと, きびきび
ばたばた	허둥지둥, 버둥버둥	=あわただしく, じたばた
ばったり	(뜻밖에 마주침) 딱, 뚝	=突然(とつぜん)
はっと	깜짝, 문득, 퍼뜩	
ひしひし	사무치게, 뼈저리게	=しみじみ, 激(はげ)しく
ひそひそ	소곤소곤	=ぼそぼそ, そっと
びっしり	빈틈 없이	=隙間(すきま)なく, たくさん
ひっそり	고요히, 살그머니	=静(しず)かに, しいんと

강의실 생중계!

01 유의어인 めちゃくちゃ는 '엉망진창, 뒤죽박죽, 형편없음'이라는 뜻으로, むちゃくちゃ와 같은 뜻입니다.
예 報道(ほうどう)がめちゃくちゃだ。 보도가 엉망이다.
그밖에, 운율이 비슷해서 헷갈리는 くちゃくちゃ '재잘재잘', くしゃくしゃ '구깃구깃, 울적한'도 함께 외워주세요.

02 すんなり는 일이 술술 풀리는 모양 이외에도 すんなりと, すんなりとした의 형태로 쓰여 '날씬한 모양'을 가리킵니다.
예 すんなりとした体つき 날씬한 몸매

03 ひしひし는 독해에 많이 나오는 의태어로 주로 '사무치게' 느껴지는 경우에 씁니다. 추위나 외로움에도 쓸 수 있고, 사무치게 전해오거나 느껴지는 경우에도 씁니다.
예 ひしひしと感じられる。 사무치게 느껴지다.
또한, 비슷한 발음이라서 혼동하기 쉬운 びしびし는 '엄하게'입니다. 厳(きび)しくな 容赦(ようしゃ)なく(가차 없이) 로 바꾸어 쓸 수 있습니다.

Tip わくわく를 많이 쓰는 경우는 기대하고 있는 일이 이루어지기를 흥분하면서 기다리고 있는 기분을 나타낼 때 씁니다. 정말 가고 싶었던 회사에 내일 출근하게 될 때의 기분을 연상해보세요.

| | ぴりぴり | 얼얼한, 과민한 =辛(から)い, とげとげしい |
| | わくわく | (기쁨, 기대, 걱정으로) 두근두근, 울렁울렁 =うきうき, どきどき |

중요도 ★

시나공법 따라잡기 고득점을 위한 의태어

	おずおず	머뭇머뭇, 쭈뼛쭈뼛 =びくびく, おどおど, おそるおそる
	おちおち	(+부정) 안심하고, 맘 놓고 =安心(あんしん)して, おちついて
	くねくね	구불구불 =ジグザグに, うねうねと
	げんなり	진절머리가 나는 모양, 녹초가 된 모양 =うんざり, 疲(つか)れて
	こつこつ	꾸준히 =地道(じみち)に, まじめに
	しぶしぶ	마지못해 =いやいや, 泣(な)く泣(な)く, しかたなく, 不承不承(ふしょうぶしょう)
	ずかずか	서슴치 않고, 쑥쑥 =無遠慮(むえんりょ)に
	ぞろぞろ	줄지어, 줄줄 =たくさん並(なら)んで, 引(ひ)き続(つづ)いて
	ちやほや	응석을 받아주는 모양　[참고] ちやほやする 오냐오냐하다
	ちんぷんかんぷん	횡설수설
	どしどし	거리낌 없이, 마구

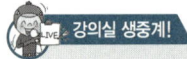 강의실 생중계!

01　진짜 헷갈리는 의태어 삼형제가 있습니다. ひりひり, びりびり, ぴりぴり입니다.
　　ひりひり는 피부 등이 따끔따끔하게 느껴지는 경우에 쓰고, びりびり는 전기에 감전된 느낌으로 '찌르르'라고 해석합니다. ぴりぴり는 몹시 맵거나 신경이 날카로워진 모양을 나타냅니다.
　　예) 肌(はだ)がひりひりする。피부가 따끔거리다.
　　　　足がびりびりとしびれる。다리가 찌르르 저리다.
　　　　辛(から)くて舌がぴりぴりする。매워서 혀가 얼얼하다.

02　관심 있는 이성에게 선물을 전달할 때 おずおず를 쓰면 좋습니다. 부끄러워서 머뭇거릴 때 많이 쓰니까요. 점원이 손님의 바지에 커피를 쏟아서 닦으려 할 때는 어떨까요? おどおど가 좋습니다. 어찌할 줄 몰라서 당혹스러워할 때는 おどおど가 무난합니다. 그럼, 영업 실적에 관한 일로 부장에게 불려갔을 때는? 올 것이 왔구나 싶어서 벌벌 떨 수밖에 없을 때는 びくびく가 딱이죠. 너무나 엄격하신 아버지에게 성적표를 보여드릴 때는 おそるおそる가 좋겠죠?

03　こつこつ는 꾸준히 노력하는 모습을 나타내는 의태어입니다. 비슷한 발음 때문에 틀리기 쉬운 ごつごつ는 만져봤을 때 부드럽지 않고 딱딱하면서 거칠며 울퉁불퉁한 경우, 예를 들면 바위나 코끼리의 피부 표면 등을 연상하시면 좋습니다. '울퉁불퉁, 거칠거칠' 정도로 해석해 주세요. 유의어로는 でこぼこ가 있습니다.

04　ちんぷんかんぷん이 일본어 맞아? 하는 분들도 계실 듯 한데요. 중국어에서 왔다는 설도 있지만, 그것보다는 에도시대 때 유학자의 난해한 말을 비꼬아서 또는 외국인이 하는 말을 흉내낸 말이라고 하네요. 어원을 아니까 정말 '횡설수설'하는 모습이 떠오르지 않나요?

どっしり	묵직한	=重々(おもおも)しい, びくともしない
なよなよ	나긋나긋	=弱々(よわよわ)しい, きゃしゃな
のこのこ	뻔뻔히, 태연히	=ずうずうしく, のんきに
べたべた	덕지덕지	=べとべと
ぽかぽか	포근한, 따끈따끈	=温(あたた)かい, うらうらと
ぽっかり	두둥실, 뻥	=ふわりと, ふんわり
めきめき	부쩍부쩍	=著(いちじる)しく, 目(め)に見(み)えて
むかむか	메슥메슥, 울컥	=吐気(はきけ)がする様子(ようす), むしゃくしゃ
むっと	불끈, 숨이 막히는	
よろよろ	비틀비틀	=たどたどしい, よたよた

 강의실 생중계!

01 ぽっかり는 가볍게 떠있는 모양을 나타내는 '두둥실'이라는 뜻과, 입을 크게 벌리거나 구멍이 뚫려있는 모양을 나타내는 '뻥'이나 '뻐끔히' 등의 뜻이 있습니다.
  예 空にぽっかり浮(う)かんでいる。하늘에 두둥실 떠있다.
     穴(あな)がぽっかりあく。구멍이 뻥 뚫리다.

02 속된 말로 마음에 안 드는 사람을 보면 '재수 없다'고 말하죠? 일본어로는 'むかつく'라고 합니다. 이렇게 むかむか는 북받쳐 오르는 분노나 불쾌감을 나타내는 표현입니다. 정말 속이 메슥거릴 때나 불쾌해서 울컥할 때 모두 사용할 수 있습니다.

03 むっと는 2가지 경우에 쓰입니다.
   화가 치밀지만 꾹 참을 때 むっとした顔(화가 난 얼굴)가 됩니다.
   열기나 냄새로 숨이 막힐 듯한 모양을 나타냅니다. 줄기차게 담배를 피우고 있는 사람이 있던 방에 들어갔을 때 숨이 컥 막히는 느낌이 바로 むっとする입니다. 동사로는 むせる라고 표현합니다.
   예 煙(けむり)でむっとする。= 煙(けむり)にむせる。연기로 숨이 막히다.

시나공법 17 적중 예상 문제

問題2 (　　　)に入れるのに最もよいものを、1・2・3・4の中から一つ選びなさい。

01　まだ英語に不慣れだった石川は、(　　　)しながら「どうしたらいいですか」と言った。
　　1 おどおど　　　2 ぐずぐず　　　3 だらだら　　　4 いやいや

02　見回り中、男子生徒が顔を赤くし、(　　　)歩いていたので、病院に連れていった。
　　1 ぶらぶら　　　2 ぺらぺら　　　3 ふらふら　　　4 べらべら

03　投票してくれた方から、抽選で毎月100名様にプレゼント！(　　　)ご応募ください！
　　1 つくづく　　　2 くれぐれも　　　3 ぐんぐん　　　4 どしどし

04　子供の頃、遠足に行く前日の夜は、わけもなく(　　　)したりしたものだ。
　　1 くよくよ　　　2 すやすや　　　3 わくわく　　　4 くらくら

05　兄のお下がりで(　　　)だったコートを着た自分の姿が哀れに見えた。
　　1 だぶだぶ　　　2 のろのろ　　　3 はらはら　　　4 だらだら

06　(　　　)している間に被害が広がったという厳しい批判を受けた。
　　1 ぺこぺこ　　　2 ごたごた　　　3 あたふた　　　4 はきはき

07　その歌手はファンから(　　　)されていい気になっていた。
　　1 あやふや　　　2 ちやほや　　　3 うかうか　　　4 むかむか

08　とにかくだるくて(　　　)していたら、もう夕方になってしまった。
　　1 でこぼこ　　　2 ぐずぐず　　　3 おちおち　　　4 てきぱき

問題3 ＿＿＿＿の言葉に意味が最も近いものを、1・2・3・4の中から一つ選びなさい。

01 締め切りが近いので、ぼつぼつ仕事モードに入らなければならない。
　　1 せっせと　　　2 さっさと　　　3 そろそろ　　　4 びしびし

02 うとうと眠っているときに、突然足や腕がビクッとなる場合があります。
　　1 船をこいで　　2 顔をふせて　　3 肩をすくめて　　4 足をくんで

03 最近の小学生の言葉使いにはぎょっとするものがある。
　　1 見込む　　　　2 驚く　　　　　3 見上げる　　　4 受ける

04 ちょっとからかわれたくらいで一日中くよくよしたりする。
　　1 うかれたり　　2 あそんだり　　3 まぜたり　　　4 なやんだり

05 喉から来る風邪がだらだらと続いています。
　　1 ごたごた　　　2 ながなが　　　3 ごつごつ　　　4 ぐずぐず

06 ただひたすら自然の中で主人と二人でのんびり大地のエネルギーを感じたい。
　　1 ゆっくり　　　2 せっせと　　　3 どっしり　　　4 けろりと

07 じたばたしても悪化するだけで、時が解決するのを待つしかない。
　　1 ひやかしても　2 まよっても　　3 あせても　　　4 せかしても

08 夜中の12時過ぎにのこのこやってくる人の心境が分からない。
　　1 くさくさして　2 すがすがしく　3 おそるおそる　4 あつかましく

問題4 次の言葉の使い方として最もよいものを、1・2・3・4の中から一つ選びなさい。

01 ぶかぶか
1 兄のぶかぶかのズボンをひきずりながら学校に行った。
2 空から大粒の雨がぶかぶかと降ってきた。
3 今日は全部忘れてぶかぶか食べて、どんどん飲もう。
4 ぶかぶかしたオムレツを作る方法を教えてくれ。

02 いそいそ
1 いそいそ映画が始まった。
2 会議があるので、横断歩道をいそいそ歩いた。
3 人のせいにするのはいそいそやめませんか。
4 日曜の公園では家族連れがいそいそ散歩していた。

03 はらはら
1 一日中仕事をして、残業までさせられてもうはらはらだ。
2 英語が下手だった彼は外国人の質問にはらはらしながら答えた。
3 息子が舞台で失敗はしないかと、はらはらしながら見ていた。
4 7時間をはらはらと居眠りするのはもったいない。

04 まじまじ
1 女の人がゆっくり立ち上がってまじまじ歩いてきた。
2 課長ときたら、いつも社長にまじまじしている。
3 大きな地震があって、部屋中がまじまじになった。
4 何も言わずにただ私をまじまじと見つめていた。

05 がっくり
1 負けが決まった瞬間、がっくりと肩を落とす人も多かった。
2 元選手だけあって、骨太でがっくりした体格だ。
3 演説ではストップウオッチを持ち、がっくり13分話してきた。
4 本物がっくりに作ったものが並んでいる。

06 すんなり
1 暑い日は冷たい飲み物がすんなりする。
2 意外にも議案はすんなりと通った。
3 早くこの仕事を仕上げてすんなりした気分になりたい。
4 自分はばかだったことが今すんなり分かった。

07 しぶしぶ
1 自分の顔が水にしぶしぶ映っているのが見えた。
2 支払う時になって、しぶしぶな顔をする。
3 妹に促されて取材をしぶしぶ引き受けた。
4 説明がしぶしぶと長い人って本当にいやだ。

08 しみじみ
1 歩くと床がしみじみ言う。
2 そんなにしみじみと人の顔を見るものではない。
3 あまりしみじみしない楽観的な性格だ。
4 父の小言がしみじみと胸にこたえた。

09 ぶらぶら
1 その辺をぶらぶら歩いてきたらどうですか。
2 子供たちは運動場で古タイヤをぶらぶら転がしていた。
3 振り替え休日だったので、2日間ぶらぶらしていた。
4 見付かってしまわないかとぶらぶらしていた。

10 くどくど
1 彼女は腰をくどくどさせながらやってきた。
2 彼の突然の死に家人はくどくどするばかりだった。
3 くどくどと同じ事を述べ立てた。
4 何年も着たので、コートがくどくどになってしまった。

신체와 관련된 관용표현

시나공법 18

気(き), 目(め), 手(て), 足(あし), 口(くち), 顔(かお), 頭(あたま), 首(くび), 身(み) 등으로 시작되는 관용어를 살펴봅시다. 신체의 일부분을 이용한 관용표현은 상당히 많지만, 일본어능력시험에서는 1990년대 초반 이후로는 직접적으로 신체와 관련된 관용표현을 묻는 문제는 출제되지 않고 있습니다. 하지만 JPT 시험에서는 출제 비중이 늘고 있는 만큼, 일본어능력시험에서도 조만간 직접적인 문제로 출제되리라 예상됩니다.

주위에서 관용어가 중요하다, 관용표현을 모르면 일본어는 꽝이다 등등의 말을 많이 들었을텐데, 과연 관용표현이란 무엇을 말하는 것일까요?

예를 들어 설명해 보겠습니다. 足下(あしもと)から鳥(とり)が立(た)つ라는 관용표현이 있습니다. '발 밑에서 새가 난다???' 직역을 해보면 허걱! 수준이죠. 왜 발밑에서 새가 난다고 했을까요? 새가 괜히 날지는 않을 것이고, 아마 무슨 일이 일어난 거겠죠? 맞습니다. 자신의 주변에서 뜻밖의 일이 일어나는 것을 나타내는 표현입니다. 이렇게 직역을 해서는 뜻을 알기 힘든 표현, 비유적 표현을 관용표현이라고 하는 것입니다. 크게 신체와 관련된 관용표현과 생활과 관련된 관용표현으로 나눌 수 있는데, 생활과 관련된 관용표현은 시나공법 19에서 따로 다루겠습니다.

시험에 이렇게 나온다!

問題2 (　　　)に入れるのに最もよいものを、1・2・3・4の中から一つ選びなさい。

買いたいけど、すぐ壊れそうな気がして二の(　　　)を踏むことがあります。

1 気　　　　2 指　　　　3 足　　　　4 耳

해석 사고 싶지만, 금방 고장날 것 같아서 주저하는 경우가 있습니다.
해설 첫발을 내딛고 그 다음 걸음을 주저한다는 의미에서, 일을 추진할 때 과감히 하지 못함을 비유한 관용표현입니다. 踏(ふ)む는 '밟다'라는 뜻의 동사입니다. 밟는 행위는 발로 하는 것이므로, 踏(ふ)む를 알았다면 쉽게 足(あし)를 정답으로 고를 수 있겠네요.
어휘 壊(こわ)れる 고장나다, 부서지다 | 気(き)がする 생각이 들다

정답 3

중요도 ★★★

시나공법 따라잡기 | 시험에 꼭 나오는 신체와 관련된 관용표현

우리말과 일본어를 가려가면서 학습해보세요.

足(あし)

足が出(で)る	예산을 초과하다 ＝予算(よさん)をオーバーする
足が棒(ぼう)になる	다리가 뻣뻣해지다 ＝足(あし)が疲(つか)れる
足が早(はや)い	걸음이 빠르다, 상하기 쉽다, 잘 팔리다 ＝速(はや)い, 腐(くさ)りやすい, 売(う)れ行(ゆ)きがいい
足並(あしな)みを揃(そろ)える	행동을 통일하다 ＝まとめる, 同(おな)じくする
足下(あしもと)にも及(およ)ばない	당해낼 수 없다 ＝とても叶(かな)わない

足を洗(あら)う	손을 씻다
足を引(ひ)っ張(ぱ)る	방해하다 = じゃまをする
二(に)の足を踏(ふ)む	주저하다 = ためらう, しり込(ご)みする

肩(かた)

肩を持(も)つ	편들다 = ひいきをする, 味方(みかた)をする
肩を並(なら)べる	어깨를 나란히 하다 = 負(ま)けず劣(おと)らず

口(くち)

開(あ)いた口がふさがらない	어이가 없다
口が重(おも)い	말수가 적다 = 無口(むくち)だ, 口数(くちかず)が少(すく)ない
口が軽(かる)い	입이 가볍다
口にする	먹다, 말하다 = 食べる, 話す
口を利(き)く	말하다 주선하다 = 話す, 斡旋(あっせん)する, とりもつ
口をすっぱくして	입에 침이 마르도록
口を揃(そろ)える	여러 사람이 말을 맞추다 = 申(もう)し合(あ)わせる
口を出(だ)す	말참견하다 = 口を挟(はさ)む, 割(わ)り込(こ)む

手(て)

手が空(あ)く	짬이 나다 = 暇(ひま)ができる

강의실 생중계!

01 정치계나 경제계 등에서 시사용어로도 자주 등장하는 표현입니다. 足並(あしな)みは 보조 즉 '여럿이 같이 걷는 발걸음'을 말합니다. 그리고 揃(そろ)える는 '맞추다, 일치시키다'라는 의미이므로, 足並(あしな)みを揃(そろ)える는 '보조를 맞추다' 다시 말하면 '행동을 통일하다'라는 뜻이 되는 것입니다. 남과 다른 행동을 하기를 꺼리거나 나중에 책임을 지는 것을 두려워하는 마음에서 남들과 똑같이 행동하려는 일본인의 심리가 잘 표현된 관용구가 아닌가 싶네요.

02 足下(あしもと)는 '발밑'입니다. 발밑에도 及(およ)ばない(이르지 못하다)라는 것이므로 '당해낼 수가 없다'라는 뜻이 됩니다. 足下(あしもと)를 이용한 관용표현을 살펴볼게요.
足下に火がつく。 발등에 불이 떨어지다.
足下を見る。 약점을 잡히다.
足下から鳥(とり)が立つ。 뜻밖의 일이 일어나다.

03 口が軽(かる)い는 직역을 해도 의미를 알 수 있지만 口が軽い의 반대말은 어떨까요? 口が重(おも)い라고 생각하기 쉽지만, 口が重い는 '과묵하다'의 뜻이므로 틀립니다. 口が堅(かた)い(비밀을 잘 지킨다)가 맞습니다. 혼동하기 쉬운 표현이니 조심하세요.

04 口にする는 일본어의 섬세한 면을 잘 보여주는 표현입니다. 단순히 食べる나 話す라고 하지 않고 관용적으로 표현합니다. 耳にする는 聞く의 관용적 표현이고, 目にする는 見る의 관용적 표현입니다.

手が込(こ)む	(세공이) 치밀하다, 정교하다 =凝(こ)る
手がつけられない	손 쓸 도리가 없다, 능력밖이다
手塩(てしお)にかける	손수 공들여 키우다 =苦労(くろう)して立派(りっぱ)に育(そだ)てる
手に入(い)れる	획득하다, 손에 넣다
手に取(と)るように	손바닥 들여다보듯이 =はっきり
手を入れる	손질하다, 미비한 점을 보완하다
手を打(う)つ	손뼉을 치다, 대책을 강구하다 =対応(たいおう)する
手を貸(か)す	일을 거들다 =手伝(てつだ)う
手を焼(や)く	애먹다, 속썩이다 =持(も)て余(あま)す

중요도 ★★

시나공법 따라잡기   합격을 위한 신체와 관련된 관용표현

気(き)

気が置(お)けない	허물없이 지내다 =親(した)しい
気が重(おも)い	마음이 무겁다
気がきく	세련되다 생각이 잘 미치다 =しゃれた、かゆいところに手が届(とど)く
気が進(すす)む	마음이 내키다 =気乗(きの)りする
気がとがめる	양심의 가책을 받다
気が抜(ぬ)ける	김빠지다 =拍子抜(ひょうしぬ)けする
気が早(はや)い	성급하다 =気が短(みじか)い (성질이 급하다)

 강의실 생중계!

01   込(こ)む의 뜻을 살펴보면 込(こ)む는 ① 들어차다 ② 붐비다 ③ 정교하다가 있습니다.
     手が込む는 ③번 뜻에서 온 표현입니다. 또 込む는 ます형＋込む의 형태로 복합동사를 이룹니다. 아래 3가지는 꼭 암기해주세요.
     ① 안으로 들어가다   ⓔ 飛込(とびこ)む 뛰어들다
     ② 어떤 상태를 계속 유지하다   ⓔ 黙(だま)り込(こ)む 계속 입을 다물다
     ③ 철저히 ~하다   ⓔ 信(しん)じ込(こ)む 굳게 믿다

02   置(お)けない를 가능형으로 해석해서 '방심할 수 없다'로 생각하면 안 됩니다. 気が置ける는 置(お)く의 가능형이 아니라 '자발'의 의미를 가진 '신경이 쓰이다'의 뜻입니다. 따라서 気が置けない는 '신경이 쓰이지 않는다', 즉 '(신경이 쓰이지 않을 정도로) 허물없이 지내다'라는 의미가 되는 것입니다. 일본 사람들도 자주 틀리는 표현이니까 여러분도 조심해주세요.

03   とがめる라는 동사에 대해 알아봅시다. とがめる는 '나무라다, 책망하다'라는 뜻입니다. 気がとがめる와 유의어인 良心(りょうしん)がとがめる는 '양심이 자기 자신을 나무라다'라는 뜻에서 '가책을 받다'라는 의미가 되는 것입니다. 조사가 を가 아니라 が임에 주의하세요.

気が紛(まぎ)れる	시름이 잠시 잊혀지다
気にさわる	불쾌하다, 마음에 거슬리다 =気に入(い)らない, しゃくに障(さわ)る
気を配(くば)る	세심한 곳까지 마음을 쓰다
気をもむ	애태우다 =心配する, やきもきする
気を引(ひ)き締(し)める	긴장하다, 마음을 다잡다 =緊張(きんちょう)する, 油断(ゆだん)しない

目(め)

目が利(き)く	안목이 있다 =目が肥(こ)える
目がない	사족을 못쓰다 =大好きだ
目に余(あま)る	눈에 거슬리다 =我慢(がまん)できない
目も当(あ)てられない	차마 눈뜨고 볼 수 없다
目を覚(さ)ます	잠을 깨다, 정신 차리다
目を三角(さんかく)にする	화내다 =怒(おこ)る
目をそらす	외면하다 =見ないようにする
目を通(とお)す	(대략적으로) 살펴보다, 훑어보다 =ざっと見る

기타

| 息(いき)を飲む | 몹시 놀라다 =腰(こし)を抜(ぬ)かす, 仰天(ぎょうてん)する |
| 後(うし)ろ指(ゆび)を指(さ)される | 손가락질 받다 =陰口(かげぐち)をたたかれる, 白い目で見られる |

강의실 생중계!

01 紛(まぎ)れる는 동사의 본래 뜻을 알아도 실제로 문장 속에서 해석하기가 정말 힘든 동사입니다. 제가 말씀드리는 예문과 그 해석만 외워두면 걱정은 끝입니다. 우선 '혼동되다, 헷갈리다'라는 뜻으로 人込(ひとご)みに紛(まぎ)れて 북새통에 섞여서와 闇(やみ)に紛(まぎ)れて 어둠을 틈타서라는 예문을 꼭 외워두세요. 조사를 포함해서 시험에 단골손님이거든요.
또 하나 '어떤 것에 마음이 팔려서 다른 것을 잠시 잊다'라는 뜻이 있습니다. 뭔 소리야? 하는 분들이 많죠? 역시 예문만 외워두면 간단합니다. 忙しさに紛(まぎ)れて悲(かな)しみを忘れる '바쁜 나머지 시름을 잊다, 너무 바빠서 슬픔을 잠시 잊다'라는 의미입니다.

02 利(き)く와 効(き)く를 구별해봅시다.
利(き)く는 '능력이나 기능이 충분히 발휘되는 경우, 뭔가를 할 수 있다'라는 의미로 쓰입니다.
効(き)く는 '효능이나 기능이 나타나다, 효력이 있다'라는 의미입니다.
간단히 말하면 '기능하다'는 利(き)く, '효과가 있다'는 効(き)く인 것입니다. 目が利(き)く는 눈의 능력이 발휘되어 '사물의 가치를 판단하는 능력이 뛰어나다'의 뜻이므로 利(き)く를 쓰는 것입니다.

03 재미있는 표현이죠? 눈을 삼각형으로 한다는 것은 몹시 화내는 모습을 가리킵니다. 目を細(ほそ)くする 흐뭇해하다, 웃다 라는 표현도 있는데 우리가 웃을 때 눈이 가늘어지는 것을 연상하면 됩니다. 그럼, 目を丸(まる)くする는 무슨 뜻일까요? 눈이 동그랗게 되면서 놀라는 모양을 나타냅니다. 이밖에도 目を白黒(しろくろ)させる가 있는데, '놀라서 눈을 희번덕거리다'라는 의미입니다. 유의어 문제로 출제될 가능성이 높으니 꼭 암기바랍니다.

首(くび)になる	해고되다 =解雇(かいこ)される
腰(こし)を折(お)る	(이야기의) 맥을 끊다, 방해하다
舌(した)を巻(ま)く	감탄하다 =感心(かんしん)する
へそを曲(ま)げる	토라지다 =ふてくされる
爪(つめ)に火をともす	몹시 가난하게 살다
歯(は)が立たない	당해낼 수 없다 =とてもかなわない
骨(ほね)が折(お)れる	힘이 들다, 고생이 되다 =困難(こんなん)だ
身(み)につまされる	남의 일 같지 않다
身を粉(こな)にする	(몸이 가루가 되도록) 열심히 일하다
胸騒(むなさわ)ぎがする	불안해지다 =悪(わる)い予感(よかん)がする

중요도 ★

시나공법 따라잡기 고득점을 위한 신체와 관련된 관용표현

顎(あご)

顎を出す	기진맥진하다 =ひどく疲(つか)れる
顎で使(つか)う	거만한 태도로 사람을 부리다

腕(うで)

腕があがる	솜씨, 기량이 늘다 =上達(じょうたつ)する
腕が鳴(な)る	기량을 발휘 못해 좀이 쑤시다 =むずむずする
腕によりをかける	솜씨를 발휘하다 =腕を振(ふ)るう
腕をこまねく	수수방관하다 =傍観(ぼうかん)する, 何もしない

頭(あたま)

頭がさえる	머리가 맑아지다
頭が下(さ)がる	감탄하다 =感服(かんぷく)する

 강의실 생중계!

01 누에고치에서 뽑은 생사는 실로 사용할 수 없습니다. 생사를 여러 겹 모아서 꼬아야 실이 됩니다. 그런 '꼬임, 꼰 것'을 より라고 합니다. 腕(실력)에 より를 걸어서 더 훌륭한 실력을 뽑아낸다는 의미에서 腕によりをかける가 '솜씨를 발휘한다'는 의미가 되었습니다. よりを戻(もど)す라는 표현도 있는데요. 꼰 것을 다시 풀다에서 '본래의 관계로 되돌리다'라는 뜻이 됩니다. 한번 헤어진 남녀가 다시 연인 사이로 돌아갈 때 쓸 수 있는 표현이죠.

頭が働(はたら)く	머리가 잘 돌아가다
頭が低(ひく)い	겸손하다 =謙虚(けんきょ)だ, 腰(こし)が低(ひく)い
頭に血(ち)が上(のぼ)る	욱하다 =逆上(ぎゃくじょう)する, かっとなる
頭を絞(しぼ)る	머리를 짜내다 =工夫(くふう)する
頭を冷(ひ)やす	머리를 식히다 =冷静(れいせい)にする

顔(かお)

顔が売(う)れる	유명해지다 =有名(ゆうめい)になる
顔が利(き)く	얼굴이 통하다 =便宜(べんぎ)をはかってもらう
顔が揃(そろ)う	면면이 모이다 =集(あつ)まる
顔が立(た)つ	체면이 서다 =面目(めんぼく)が立(た)つ
顔に泥(どろ)を塗(ぬ)る	먹칠하다 =恥(はじ)をかかせる
頭を痛(いた)める	골치를 썩이다 =悩(なや)む, 迷(まよ)う
顔を貸(か)す	(부탁을 받고) 만나다
顔を出(だ)す	출석하다 나가다 =出席(しゅっせき)する

鼻(はな)

鼻が高(たか)い	우쭐해지다, 자랑스럽게 여기다 =得意(とくい)になる, 誇(ほこ)りに思う
鼻にかける	내세우다, 자랑하다 =自慢(じまん)する
鼻につく	지겨워지다 =いやになる

耳(みみ)

耳にたこができる	귀에 못이 박히다
耳を揃(そろ)える	아귀를 맞추다
耳を貸(か)す	들어주다 =聞く
耳に挟(はさ)む	얼핏 듣다, 우연히 듣다 =偶然(ぐうぜん)聞く

01 働(はたら)く는 '일하다'는 뜻 이외에 '활동하다, 움직이다'의 뜻도 있습니다. 知恵(ちえ)が働く 지혜가 작용하다도 여기에서 나온 표현이죠.
또 '나쁜 짓을 하다'도 뜻이 있어서 盗(ぬす)みを働く 도둑질을 하다, 詐欺(さぎ)を働く 사기를 치다, 悪事(あくじ)を働く 나쁜 짓을 하다 와 같은 표현들이 생겼습니다.

02 鼻が高い의 동의어로 왜 得意(とくい)になる가 있는지 이해가 안 되죠? 得意(とくい)를 '잘하다'라고만 알고 있으면 안 됩니다. 得意(とくい)는 '자랑스러워하는 모양, 우쭐거리는 모양'을 나타내기도 합니다. 자주 쓰는 표현으로 得意(とくい)になって가 있는데, 이것은 '신이 나서, 우쭐해져서, 득의양양하게'라는 뜻입니다.

03 耳を貸(か)す는 '들어주는 일, 상담해 주는 일'을 말합니다. 耳をすます(귀를 기울이다)와는 구별해서 사용하시는 것이 좋습니다. 耳をすます는 '주의력을 집중시켜서 들으려고 하는 것'을 말하죠. 예를 들어, 고민이 있어서 선배에게 상담을 하고 싶다면 耳を貸(か)していただけませんか라고 해야 자연스럽습니다.

시나공법 18 적중 예상 문제

問題 2 (　　　)に入れるのに最もよいものを、1・2・3・4の中から一つ選びなさい。

01　会社の力になれるよう、人一倍(　　　)を粉にして働いていきたい。
　　1 身　　　　2 体　　　　3 足　　　　4 骨

02　キャリアウーマンとして男性と(　　　)を並べてバリバリ仕事をしたい。
　　1 腰　　　　2 肩　　　　3 顎　　　　4 額

03　うちの犬はひたすら手や足にかみついてくるので、(　　　)を焼いています。
　　1 かみ　　　2 あし　　　3 て　　　　4 き

04　上司から頼まれた肉体的・精神的に(　　　)の折れるつらい仕事が終わった。
　　1 首　　　　2 腕　　　　3 腰　　　　4 骨

05　今年は、どちらかと言えば、開いた(　　　)がふさがらないニュースが多かった。
　　1 口　　　　2 耳　　　　3 目　　　　4 鼻

06　給料日の食事はいつもより腕に(　　　)をかけて作っている。
　　1 ゆび　　　2 より　　　3 いと　　　4 おり

07　今の今まで受験勉強をしたことがないので、現在、目も(　　　)成績だ。
　　1 かけられない　2 張れない　3 当てられない　4 与えられない

08　「人に迷惑をかけるな」ということを親に(　　　)をすっぱくして言われた。
　　1 目　　　　2 鼻　　　　3 舌　　　　4 口

問題3 ＿＿＿＿の言葉に意味が最も近いものを、1・2・3・4の中から一つ選びなさい。

01 お母さんは日本料理、とりわけしゃぶしゃぶに目がない。
　　1 ぶしつけだ　　　2 無口だ　　　　3 大好きだ　　　　4 熱心だ

02 要求が思ったよりすんなり通って気が抜けてしまった。
　　1 舞い上がって　　2 拍子抜けして　3 ほっとして　　　4 張り切って

03 受験勉強はどこから始めればいいか分からず、手をつけられない状態だ。
　　1 立ち上げの　　　2 はね上げの　　3 お手上げの　　　4 両手上げの

04 彼の肩を持つわけではないが、彼にも言い分はあると思う。
　　1 バカにする　　　2 味方をする　　3 ゴマをする　　　4 機嫌をとる

05 味にうるさい社員たちも口をそろえてほめたたえるほどだった。
　　1 同調して　　　　2 感心して　　　3 口外して　　　　4 赤面して

06 人間の本質を描いたので、誰もが身につまされる内容が多い。
　　1 ひっかかる　　　2 振り回される　3 やられる　　　　4 泣かされる

07 人の足をひっぱって成功を収めようとするのはいやしいことだ。
　　1 ののしって　　　2 じゃまして　　3 あやつって　　　4 せわして

08 きざな話し方が鼻につくのは私だけなのかしら。
　　1 こっけいな　　　2 さえない　　　3 いやな　　　　　4 このましい

생활과 관련된 관용표현

시나공법 19

시나공법 19에서는 시나공법 18에서 살펴본 신체와 관련된 관용표현을 제외한 생활과 관련된 관용표현을 학습하도록 하겠습니다. 관용구란 두 개 이상의 단어가 연결되어 전혀 다른 의미를 가지는 복합어를 말하는 것입니다. 관용표현은 일종의 비유표현이기 때문에 외우지 않으면 정답을 고르기 힘듭니다. 직역으로는 의미가 통하지 않는 경우가 대부분이라서, 앞뒤 문맥만으로 관용표현의 의미를 유추하기란 쉽지 않습니다. 新 일본어능력시험에서는 문제 유형2 문맥 규정, 문제 유형3 유의어에서 관용표현이 출제될 것으로 보입니다. 관용표현 자체가 문제로 출제되지 않더라도 관용표현을 알면 다른 품사 문제를 맞출 확률이 높아집니다. 또 회화에 있어서도 자연스러운 일본어 구사를 위해서 반드시 익히고 넘어가야 할 표현이므로, 고득점을 목표로 하는 분들이라면 필독입니다.
여기까지 오시느라 정말 수고 많으셨습니다. 일본어능력시험 합격을 위한 완성단계라고 생각하고 조금만 더 힘을 내봅시다. 아자 아자 아자~!!

시험에 이렇게 나온다!

問題2 (　　)に入れるのに最もよいものを、1·2·3·4の中から一つ選びなさい。

融資の返済ができず、会社の台所が(　　)だ。
1 代わりばえ　　　2 火の車　　　3 もってのほか　　　4 高嶺の花

해석 융자를 갚을 수 없어서, 회사의 경제사정이 말이 아니다.
해설 台所(だいどころ)에는 '살림, 가계'의 뜻이 있습니다. 따라서 会社の台所는 '회사의 경제적 사정'을 의미하게 됩니다. 융자를 갚을 수 없다면 회사의 경제사정은 당연히 좋지 않겠죠? 경제적으로 매우 안 좋은 상태를 관용표현으로는 火(ひ)の車(くるま)라고 합니다. もってのほか나 高嶺(たかね)の花(はな)는 실생활에서도 상당히 많이 쓰는 표현이므로 반드시 암기해 주세요.
어휘 融資(ゆうし) 융자 | 返済(へんさい) 변제 | 代(か)わりばえ 바꾼 보람 | 火(ひ)の車(くるま) 살림이 매우 쪼들림 | もってのほか 당치도 않음 | 高嶺(たかね)の花(はな) 그림의 떡

정답 2

중요도 ★★★

시나공법 따라잡기 | 시험에 꼭 나오는 생활과 관련된 관용표현

우리말과 일본어를 가려가면서 학습해보세요.

기	頭打(あたまう)ちになる	한계점에 이르다 =伸(の)び悩(なや)む, 足踏(あしぶ)み状態(じょうたい)になる
	後(あと)を絶(た)たない	끊이지 않다
	油(あぶら)を売(う)る	농땡이 부리다 =道草(みちくさ)を食(く)う
	意地(いじ)を張(は)る	고집부리다 =強情(ごうじょう)だ, 突(つ)っ張(ぱ)る
	一目置(いちもくお)く	한 수 위로 보다 =感心(かんしん)する, 尊敬(そんけい)する
기	うなぎ登(のぼ)り	자꾸만 올라감 =右肩上(みぎかたあ)がり
기	馬(うま)が合(あ)う	호흡이 잘 맞다

瓜(うり)二(ふた)つ	붕어빵 =そっくり, よく似(に)る
上(うわ)の空(そら)	건성 =身(み)が入(はい)らない, 心ここにあらず
[기] 負(お)うところが大(おお)きい	힘입은 바가 크다
大目(おおめ)に見(み)る	봐주다 =寛大(かんだい)にする, 黙認(もくにん)する
かけがえのない	둘도 없는, 소중한 =この上(うえ)ない, 大事(だいじ)な
[기] 影(かげ)が薄(うす)い	존재감이 없다 =元気(げんき)がない, 存在感(そんざいかん)がない
[기] 軌道(きどう)に乗(の)る	본 궤도에 오르다
[기] 事(こと)と次第(しだい)によっては	상황에 따라서는
ぐちをこぼす	불평하다 =ぶつぶつ言(い)う, 音(ね)を上(あ)げる, 泣(な)き言(ごと)を言(い)う
小言(こごと)を言(い)う	잔소리하다 =説教(せっきょう)する, がみがみ言(い)う
[기] さじを投(な)げる	포기하다 =諦(あきら)める, 投(な)げ出(だ)す
しのぎをけずる	경쟁하다 =競(きそ)う, 張(は)り合(あ)う, 駆(か)け引(ひ)きする
白(しら)を切(き)る	시치미 떼다 =とぼける, そらぞらしい
雀(すずめ)の涙(なみだ)	쥐 꼬리 만큼(아주 적음의 비유)
隅(すみ)に置(お)けない	여간이 아니다 =侮(あなど)りがたい, 抜(ぬ)け目(め)がない
底(そこ)をつく	바닥나다 =空(から)になる, 底値(そこね)になる(바닥시세가 되다)
そっぽを向(む)く	외면하다 =目をそらす
つじつまが合(あ)う	조리에 맞다 =筋(すじ)が通(とお)る, 一貫性(いっかんせい)がある
取(と)り返(かえ)しがつかない	돌이킬 수 없다 =後(あと)の祭(まつり)だ, 手遅(ておく)れだ
願(ねが)ってもない	더할 나위 없다 =望(のぞ)ましい, 文句(もんく)なしの
猫(ねこ)を被(かぶ)る	내숭떨다

강의실 생중계!

01 負(お)う의 '짊어지다, (책임, 상처 등을)입다'라는 뜻은 많이 알고 있겠지만, 負(お)う가 자동사로 쓰이면 '(혜택, 은혜를) 입다'라는 뜻이 됩니다. 여기서 나온 관용표현이 負(お)うところが大(おお)きい입니다. 이 관용표현 앞에는 조사 に가 오니까 주의하세요.

02 乗(の)る가 들어간 관용표현을 정리해봅시다.
[기] 波(なみ)に乗(の)る 시류에 편승하다   油(あぶら)が乗(の)る 기름이 오르다 (일이나 공부가 잘 되다)
   口車(くちぐるま)に乗(の)る 감언이설에 넘어가다   調子(ちょうし)に乗(の)る 본 궤도에 오르다
   図(ず)に乗(の)る (일이 생각대로 되어) 우쭐거리다   玉(たま)の輿(こし)に乗(の)る 부잣집에 시집가다.

03 さじ는 가루약을 뜰 때 쓰는 작은 숟가락을 말합니다. 의사가 더 이상 가망이 없다고 포기하면서 さじ를 던진 것에서 유래된 표현입니다. 의사가 치료를 포기하는 일 이외에 어떤 일을 그만두고 포기하는 일에도 쓸 수 있습니다.

04 일본 사람들이 猫(ねこ)를 좋아하다 보니까 猫와 관련된 관용표현이 많습니다.
[기] 猫の額(ひたい) 아주 좁음의 비유   猫の手(て)も借(か)りたい 매우 바쁨의 비유
   猫も杓子(しゃくし)も 어중이떠중이 모두   猫に小判(こばん) 돼지 목에 진주

	控(ひか)え目(め)にする	자제하다 =ほどほどにする, ブレーキをかける
	ピリオドを打(う)つ	종지부를 찍다 =おしまいにする
	水に流(なが)す	없었던 일로 하다 =仲直(なかなお)りする, 帳消(ちょうけ)しにする
기	水をさす	훼방을 놓다 =じゃまする, 足を引(ひ)っ張(ぱ)る
	見分(みわ)けがつかない	구별이 안 가다 =区別(くべつ)がつかない
기	虫(むし)がいい	뻔뻔하다 =ずうずうしい
기	焼石(やけいし)に水	언발에 오줌 누기
기	山が外(はず)れる	예상이 빗나가다
	弱音(よわね)を吐(は)く	나약한 소리하다 =音(ね)を上(あ)げる, 泣(な)き言(ごと)を言う

중요도 ★★

시나공법 따라잡기 — 합격을 위한 생활과 관련된 관용표현

	飽(あ)きがくる	싫증나다 =うんざりする, いやになる
	一(いち)か八(ばち)か	죽기 아니면 까무러치기 =のるかそるか
	色眼鏡(いろめがね)で見る	색안경을 끼고 보다
	有頂天(うちょうてん)になる	아주 기뻐하다 =喜(よろこ)ぶ, 舞(ま)い上(あ)がる
	エンジンがかかる	궤도에 오르다.
	後(おく)れをとる	뒤지다 =劣(おと)る, 引(ひ)けを取(と)る
	お茶(ちゃ)を濁(にご)す	얼버무리다 =その場(ば)をごまかす
	大船(おおぶね)に乗ったようだ	든든하다 =安心(あんしん)できる
	恩(おん)に着(き)る	감사하다 =感謝(かんしゃ)する
	～顔負(かおま)け	～뺨치는
	格好(かっこう)をつける	폼을 재다, 체면을 차리다 =気取(きど)る
	柄(がら)にもなく	분수에 안 맞게 =ふさわしくなく
	筋(すじ)がいい	소질이 있다 =素質(そしつ)がある
	太鼓判(たいこばん)を押(お)す	보장하다, 장담하다 =保証(ほしょう)する, 言い切(き)る

강의실 생중계!

01 虫(むし)가 들어 있는 관용표현을 살펴볼까요?
　　虫の居(い)どころが悪い 기분이 안 좋다, 불쾌하다　　腹(はら)の虫がおさまらない 분이 풀리지 않다
　　虫が好(す)かない 주는 것 없이 밉다
　　一寸(いっすん)の虫にも五分(ごぶ)の魂(たましい) 지렁이도 밟으면 꿈틀한다

02 太鼓判(たいこばん)은 '큰 도장'을 의미하는 데서 도장을 찍어줄 정도의 '확실한 보증'을 뜻하게 되었습니다. 같은 뜻으로 お墨付(すみつ)き(권력과 권위 있는 사람이 주는) 보증, 折(お)り紙付(がみつ)き (품질 등이 확실하다고 보증하는) 감정 보증서가 있습니다.

たかをくくる	얕보다 =軽視(けいし)する, 甘く見る, ばかにする
棚(たな)にあげる	제쳐놓다 =放置(ほうち)する, 知らん顔をする
手のひらを返(かえ)したように	손바닥 뒤집듯이
峠(とうげ)を越(こ)す	고비를 넘기다 =ピークを過(す)ぎる, 山場(やまば)を過(す)ぎる
飛(と)ぶように売(う)れる	날개 돋친 듯이 팔리다
似(に)たり寄(よ)ったり 01	오십보백보 =五十歩百歩(ごじゅっぽひゃっぽ), 大差(たいさ)がない
根(ね)も葉(は)もない	아무런 근거가 없다 =憶測(おくそく)だ, でたらめだ
間(ま)に合(あ)わせ	임시변통 =応急処置(おうきゅうしょち), 一時(いちじ)しのぎ
年(ねん)がら年中(ねんじゅう)	항상 =いつも, 常(つね)に
念(ねん)を入(い)れる	매우 주의하다 =注意する
バカにする 02	무시하다 =見下(みさ)げる, こけにする
ひっぱりだこ 03	인기가 있는 사람이나 물건 =引(ひ)く手(て)あまた, もてもての
一肌脱(ひとはだぬ)ぐ	힘쓰다 =手助(てだす)けする, 支援(しえん)する
人見知(ひとみし)りをする	낯가림하다 =恥(は)ずかしがる, 歯(は)にかむ
火(ひ)の車(くるま)	매우 쪼들림 =赤字(あかじ), 自転車操業(じてんしゃそうぎょう)
びくともしない	꼼짝도 안 하다
二(ふた)つ返事(へんじ)	흔쾌히 =快(こころよ)く, 簡単(かんたん)に
骨身(ほねみ)を惜(お)しまない	수고를 아끼지 않다 =汗水(あせみず)たらして

강의실 생중계!

01 발음이 재미있는 관용표현이죠? 踏(ふ)んだり蹴(け)ったり 설상가상, 至(いた)れり尽(つ)くせり 극진함도 비슷한 운율로 쉽게 외워지니까 함께 암기해주세요.

02 バカ(馬鹿)는 '바보'라는 뜻입니다. バカ가 들어있는 관용표현을 정리해볼까요?
　バカを見る 손해를 보다　　　　　　　　バカになる 쓸모없게 되다
　バカにならない 무시할 수 없다　　　　　バカな目にあう 어처구니없는 꼴을 당하다
　親(おや)バカ 자식 귀여운 줄만 알고 그 결점을 모르는 부모의 어리석음 (팔불출)

03 たこ에는 '연, 문어, (손이나 발바닥에 생기는) 굳은 살'의 3가지 뜻이 있습니다. ひっぱりだこ는 引(ひ)っ張(ぱ)る(끌어당기다)라는 동사에 たこ '연'이 붙은 형태입니다. 연의 줄을 끌어당기는 모양에서 왔다는 설과 문어를 건조시킬 때 문어발을 사방으로 당겨 말린다는 데서 왔다는 설이 있다고 하네요. 어느 쪽이든 여기저기서 러브콜을 받는다는 의미라는 점을 기억하세요.

見栄(みえ)を張(は)る	허세를 부리다 =気取(きど)る, 格好(かっこう)をつける, 装(よそお)う
見応え(みごたえ)がある	볼 만한 가치가 있다 =すばらしい, 見事(みごと)だ
身(み)の程知(ほどし)らず	분수를 모르고 =身分(みぶん)をわきまえず
耳寄(みみよ)りな話(はなし)	솔깃해지는 =得(とく)になる, 役(やく)に立(た)つ, 有益(ゆうえき)な
ムキになる	정색하다 =感情的(かんじょうてき)になる, かっとなる, 逆上(ぎゃくじょう)する
もってのほか	당치 않다 =許(ゆる)されない, とんでもない
もってこいの	안성맞춤인 =うってつけの, あつらえむきの, 申(もう)し分(ぶん)のない
やっきになる	기를 쓰다

중요도 ★

시나공법 따라잡기 | 고득점을 위한 생활과 관련된 관용표현

赤(あか)の他人(たにん)	생판 남
揚(あ)げ足(あし)を取(と)る	트집을 잡다 =言いがかりをつける
当(あ)たらずと言えども遠(とお)からず	대체로 옳다
当(あ)てにする	믿다 =期待(きたい)する, 頼(たよ)りにする
居(い)ても立(た)ってもいられない	안절부절 못하다
浮(う)かぬ顔(かお)をする	시무룩한 얼굴을 하다 =不満(ふまん)な顔(かお)をする, しゃくぜんとしない
得手(えて)不得手(ふえて)がある	잘하고 못하는 것이 있다
襟(えり)を正(ただ)す	자세를 바르게 하다, 정신을 차리다
角(かど)が立(た)つ	모나다 =関係(かんけい)が穏(おだ)やかでなくなる
変(か)わり映(ば)えがしない	달라진 데가 없다
利(き)いたふうな口をきく	건방진 소리하다, 아는 체하다 =生意気(なまいき)だ, 威張(いば)る

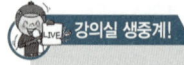

01 見栄(みえ)는 '허영, 겉치레'라는 뜻으로, 虚栄(きょえい), 気取(きど)り, 見得(みえ)와 같은 뜻입니다. 見栄(みえ)와 같은 발음을 가진 見得(みえ)는 원래 歌舞伎(かぶき)에서 배우가 감정 전달을 위해 취하는 과도한 표정이나 자세를 말합니다. 見得を切る도 꼭 암기해야 할 표현으로 '자신을 과시하다, 큰소리치다'라는 뜻입니다. 見栄を張(は)る와 見得を切る를 꼭 기억하세요.
張(は)る는 '뻗다, 펴다' 등의 다양한 뜻을 가진 동사이지만, 감정을 나타내는 단어와 숙어를 이룰 때는 주로 '고집스럽게 밀고 나간다'라는 의미가 됩니다. '고집스런 張る'라고 기억하면 좋겠죠?

	これ見(み)よがしに	여보란 듯이
	しこりを残(のこ)す	앙금을 남기다 =わだかまりが残(のこ)る
	杓子定規(しゃくしじょうぎ)	획일적임, 융통성이 없음 =融通(ゆうずう)がきかない
	三拍子(さんびょうし)揃(そろ)っている	중요조건이 구비되다 =条件(じょうけん)が揃(そろ)う, 材料(ざいりょう)が揃(そろ)う
	そうは問屋(とんや)が卸(おろ)さない	엿장사 마음대로는 안 된다
	地団駄(じだんだ)を踏(ふ)む	분해 하다 =悔(くや)しがる, 腹(はら)を立(た)てる
	だめでもともと	밑져야 본전 =恐(おそ)れることはない, 失(うしな)うものはない
	途方(とほう)にくれる	어찌할 바를 모르다 =戸惑(とまど)う, なすすべがない, どうしようもない
	途方(とほう)もない	터무니없다 =法外(ほうがい)な, とてつもない
	無(な)いものねだり	생떼를 쓰다 =無理(むり)を言う
	二枚舌(にまいじた)を使(つか)う	앞뒤가 안 맞는 말을 하다
	拍車(はくしゃ)をかける	박차를 가하다 =駆(か)り立(た)てる, 励(はげ)ます, ハッパをかける
	八方(はっぽう)手をつくす	온갖 방법을 다 쓰다
	一溜(ひとた)まりもない	잠시도 버티지 못하다 =あっけない, 弱(よわ)い
	非(ひ)の打(う)ち所(どころ)がない	완벽하다 =完璧(かんぺき)だ
	ぴんとくる	직감적으로 느끼다 =気(き)づく, 感(かん)じ取(と)る
	ふいになる	허사가 되다 =パーになる, ゼロになる
	へたをすると	까딱 잘못하면 =悪(わる)くすると
	よそ見(み)をする	한 눈 팔다 =わき見をする
	よほどのことがない限(かぎ)り	어지간한 일이 없는 한
	寄(よ)り道(みち)する	중간에 새다 =道草(みちくさ)を食(く)う
	埒(らち)が明(あ)かない	결말이 나지 않다 =はかどらない, 決着(けっちゃく)がつかない
	割(わり)に合う	수지가 맞다, 이익이 되다 =得(とく)になる, 儲(もう)かる

01 에도시대 말기에는 도매가격을 問屋(とんや) 도매상이 정했었다고 합니다. 그런데 그런 問屋에게 너무 싸게 팔라고 하면 물건을 주지 않는다는 뜻에서 '그렇게 마음대로는 안 된다'라는 뜻이 되었다고 합니다.

02 八方(はっぽう)는 '모든 방향, 모든 방면'이라는 뜻입니다. 八方가 들어간 단어 중에 八方美人(はっぽうびじん)이 있는데, 우리나라에서 쓰이는 의미와는 조금 다릅니다. 누구에게나 좋은 얼굴을 하는 부정적인 의미, 누구에게나 기분을 맞추어 주는 사람의 의미로 쓰입니다. 八方塞(はっぽうふさ)がり라는 말도 있는데, 이는 '사면초가'라는 말로 매우 곤란한 상황을 의미합니다.

03 埒(らち)라고 하는 것은 '울타리나 철책'을 말합니다. 종종 '철책이 열리지 않는다'라고 이해해서 開(あ)かない라고 착각하는 분들이 있는데, 埒(らち)를 つける로 인해서, 明(あき)らかにする(울타리를 세움으로써 분명히 하다)라는 뜻이므로 明(あ)かない가 맞습니다.

시나공법 19 적중 예상 문제

問題2（　　　）に入れるのに最もよいものを、1・2・3・4の中から一つ選びなさい。

01　新作アルバムがリリースされたり、恋人との急なお出かけがあったりして、おこづかいが（　　　）をついた。
　　1 底　　　　　　2 根　　　　　　3 床　　　　　　4 尻

02　大人顔（　　　）のパンチを繰り出す5歳のボクサーに舌を巻いた。
　　1 受け　　　　　2 負け　　　　　3 欠け　　　　　4 引け

03　手のひらを（　　　）ような報道の姿勢には、呆れてものが言えなかった。
　　1 戻した　　　　2 越した　　　　3 返した　　　　4 覆した

04　彼は（　　　）を使う男ではないはずだが、演説では前の話しと裏腹なことを言っていた。
　　1 二言目　　　　2 二枚舌　　　　3 二番煎じ　　　4 二つ返事

05　私が彼と付き合っているといううわさは当たらずと言えども（　　　）だ。
　　1 遠からず　　　2 間違わず　　　3 絶えず　　　　4 久しからず

06　失敗を無駄にしないように頑張れば、世の中に（　　　）のつかない失敗などない。
　　1 打ち明け　　　2 取り返し　　　3 見合わせ　　　4 振り替え

07　いくら教えても覚えられないので、私もとうとう（　　　）を投げた。
　　1 さば　　　　　2 そつ　　　　　3 さじ　　　　　4 こつ

08　ファンとしては（　　　）企画なので、それに選ばれて感激しました。
　　1 適ってもない　2 望んでもない　3 嫌ってもない　4 願ってもない

問題3 ＿＿＿＿の言葉に意味が最も近いものを、1・2・3・4の中から一つ選びなさい。

01　意地を張るのは得策ではない。素直になることが一番でしょう。
　　1 強情な　　　　2 やせ我慢する　　3 不機嫌な　　　　4 いじめる

02　莫大な金の支援を受けていたことについて、いつまで白を切るつもりなのか。
　　1 むくれる　　　2 とぼける　　　　3 さからう　　　　4 せめる

03　大人しそうに見えて、ふたまたをかけていたなんて、隅に置けないやつだな。
　　1 ゆうぼうな　　2 みこめない　　　3 あなどれない　　4 すてきな

04　意欲だけが目立つ政治家達はつじつまの合わない話ばかりをしていた。
　　1 重複する　　　2 きりがない　　　3 矛盾する　　　　4 ぶつかる

05　いろんなことに挑戦するのはいいけど、下手をするとあぶはち取らずになる。
　　1 あまやかすと　2 悪くすると　　　3 かしこまると　　4 バカにすると

06　初めての同窓会に有頂天になる夫の心はすっかり高校時代に戻っていた。
　　1 はしゃぐ　　　2 いつわる　　　　3 うつむく　　　　4 つぶやく

07　器用な君がやってくれると言うから、大船に乗ったような気持ちだ。
　　1 心強い　　　　2 喜ばしい　　　　3 穏やかな　　　　4 後ろめたい

08　各メーカーは様々な方式の研究にしのぎをけずっている。
　　1 こだわって　　2 尽力して　　　　3 きそいあって　　4 諦めて

다섯째마당 총정리 적중 예상 문제

問題2 (　　　)に入れるのに最もよいものを、1・2・3・4の中から一つ選びなさい。

01　きれいで、やさしく、(　　　)元気な彼女とこれからの人生を一緒に生きて行きたい。
　　1 そして　　　2 ところで　　　3 それから　　　4 ゆえに

02　明日の社会見学には全員参加してください。(　　　)病気などの場合は別ですが。
　　1 すなわち　　2 というのは　　3 それはさておき　4 もっとも

03　(　　　)頑張れば、初心者でもパソコンを使いこなせるようになる。
　　1 くよくよ　　2 こつこつ　　　3 うとうと　　　4 くどくど

04　出産で実家に戻ったり、引越しをしたりと(　　　)している。
　　1 ばたばた　　2 きちきち　　　3 のろのろ　　　4 びしびし

05　気の(　　　)仲間との飲み会だったので、楽しかった。
　　1 置ける　　　2 置けない　　　3 焼ける　　　　4 焼けない

06　(　　　)を引き締めて勉強を頑張り、親孝行したいと思っている。
　　1 歯　　　　　2 気　　　　　　3 腰　　　　　　4 腹

07　2010年には景気も成績も(　　　)になってくれることを心より願う。
　　1 右肩あがり　2 こいのぼり　　3 尻あがり　　　4 たきのぼり

08　普段一滴も飲めない私が(　　　)ワインとやらを口にしてみました。
　　1 なにげなく　2 いつともなく　3 われにもなく　4 がらにもなく

問題3 ＿＿＿＿の言葉に意味が最も近いものを、1・2・3・4の中から一つ選びなさい。

01 私のサイトに書き込みに来てくれたのは、てっきり昔の恋人だと思ってしまった。
　　1 まちがいなく　　2 まさか　　　　3 ことごとく　　　4 ひょっとすると

02 ネットをしていると、最近やたらと見たくもない広告がどんどん表示される。
　　1 しょせん　　　　2 ひどく　　　　3 たまに　　　　　4 さほど

03 毎月5万円をこつこつとりあえず3年間貯金していこうと思う。
　　1 見事に　　　　　2 地道に　　　　3 巧妙に　　　　　4 利口に

04 難問題をすらすら答えて決勝まで勝ち進んでいた。
　　1 とどこおりなく　2 うけたまわりなく　3 たずさわりなく　4 まつりごとなく

05 爪に火をともすような生活を続ける彼がいやになった。
　　1 しつこい　　　　2 バカな　　　　3 みにくい　　　　4 けちな

06 海千山千の人だから、とてもじゃないが歯が立たないよ。
　　1 敵わない　　　　2 痛む　　　　　3 弾けない　　　　4 舞い上がる

07 自分のことは棚にあげて、言いたい放題で他人の批判ばかりをする。
　　1 目を凝らして　　2 目をつぶって　3 目を覚まして　　4 目を通して

08 長梅雨で体調をくずされた方に耳寄りな情報をお伝えします。
　　1 気にする　　　　2 得になる　　　3 恩に着る　　　　4 間に合う

실전 모의고사

問題1 ＿＿＿＿の言葉の読み方として最もよいものを、1・2・3・4の中から一つ選びなさい。

1. 過疎化や核家族化が進み、ひとり暮らしや、老夫婦だけの世帯が増えた。
   1 かそか　　　　2 かそうか　　　　3 かろか　　　　4 かろうか

2. 原発問題などを記事にして、新聞やテレビで大きく扱われた。
   1 げんぽつ　　　2 げんはつ　　　　3 げんばつ　　　4 げんぱつ

3. 教頭先生など目上の方は皆融通のきかないネチネチした方々が多い。
   1 ゆうず　　　　2 ゆうずう　　　　3 ゆうつ　　　　4 ゆうつう

4. 10～60代のアマチュア音楽家約40人が集い、交代でギター演奏を披露した。
   1 きょうだい　　2 きょうたい　　　3 こうだい　　　4 こうたい

5. 経営危機に陥り、チーム存続が危ぶまれた時も、選手たちは諦めなかった。
   1 あやつまれた　2 あわぶまれた　　3 あやぶまれた　4 あわつまれた

6. 悲惨な事故や事件について話している人が、笑いながら答えるのに違和感を覚える。
   1 びざん　　　　2 びさん　　　　　3 ひざん　　　　4 ひさん

問題2 （　　　）に入れるのに最もよいものを、1・2・3・4・の中から一つ選びなさい。

1. アイデアを（　　　）に移すための資金を援助してもらった。
   1 実施　　　　　2 実行　　　　　　3 実質　　　　　4 実現

2. （　　　）になると、その都度、削ったり埋めたりして地面を平らにする。
   1 くさくさ　　　2 しみじみ　　　　3 きびきび　　　4 でこぼこ

3. 最後の仕上げに1週間は（　　　）かかると考えておく必要がある。
   1 まるまる　　　2 こっそり　　　　3 しみじみ　　　4 のんびり

4. 利用者の(　　　)を図るとは言っても、法にふれてはどうにもならない。
　　1 適宜　　　　　　2 有利　　　　　　3 便宜　　　　　　4 便利

5. お金のことしか頭にない(　　　)心の持ち主とは付き合いたくない。
　　1 いさましい　　　2 いやしい　　　　3 おとなしい　　　4 さわがしい

6. 風邪の症状を軽くすることと、風邪が(　　　)のを防ぐことが治療の基本だ。
　　1 こじれる　　　　2 ねじれる　　　　3 みだれる　　　　4 はずれる

7. やりイカは、名前の通り胴の先がとがり、(　　　)な体形をしていて泳ぐのが速い。
　　1 スタイル　　　　2 スマート　　　　3 ドライ　　　　　4 ルーズ

問題3　＿＿＿＿の言葉に意味が最も近いものを、1・2・3・4の中から一つ選びなさい。

1. 不景気ではあるが、せめて気持ちだけでもポジティブに行きたいものだ。
　　1 無茶に　　　　　2 荒っぽく　　　　3 前向きに　　　　4 快く

2. 不用心な発言に対して、国民からの批判が相次いだ。
　　1 うすらいだ　　　2 ありふれた　　　3 つづいた　　　　4 あやつった

3. 「政権を取ったからといっておごっている」と怒りをあらわにした。
　　1 むき出し　　　　2 あでやか　　　　3 ものずき　　　　4 ぶしつけ

4. その猛烈な働きぶりを評価する一方で、「ワンマンで金に渋い」といった声もつきまとっていた。
　　1 厳しい　　　　　2 深みがある　　　3 けちだ　　　　　4 風格がある

5. 最近、ライバルの小林さんに「利いたふうな口をきくな」と言われた。
　　1 気の利いたことを言う　2 開き直る　　　3 脅かす　　　　　4 生意気なことを言う

6. 仕事がきつくてわずか3日目であごを出した自分が情けない。
　　1 うぬぼれた　　　2 ダウンした　　　3 むくれた　　　　4 マスターした

問題4 次の言葉の使い方として最もよいものを、1・2・3・4の中から一つ選びなさい。

1. 強引
   1 持ち前の強引さであきらめずに目標を達成した。
   2 先輩に強引に酒をたくさん飲まされてしまった。
   3 仕事が残っているからといって残業を強引された。
   4 北朝鮮にたいして強引政策を取っている国は日本だけだ。

2. 最終
   1 会議の最終に携帯が鳴って白い目で見られた。
   2 最終の電車とバスが発車して、営業が終了した。
   3 最終にご飯をちょっとだけ残してお茶漬けにして食べた。
   4 この昆虫は最終してはならないことになっている。

3. 気立て
   1 みんなが気立てなく話せる雰囲気が気に入っている。
   2 失礼な質問に気立てするのも理解できる。
   3 気分屋の金さんに比べて、彼女は気立てがいい。
   4 気立てな人柄のおかげで、クラスの人気者になった。

4. 露骨
   1 彼は決して露骨に嫌そうな目で見たりはしない。
   2 テストの露骨な時間はもう知らせておきました。
   3 昔のことはあまり露骨に覚えていません。
   4 そんな露骨な話は子どもの前でしないでください。

5. ぺこぺこ
   1 試験の間は緊張で頭がぺこぺこになってしまった。
   2 自分のせいで損害が出たので、ひたすらぺこぺこ謝った。
   3 一日中何も食べられなかったので、お腹がぺこぺこした。
   4 夜遅く一人で帰るときは、怖くてぺこぺこしている。

6. とっさに
   1 支援をとっさに切ってしまうと、この団体はやっていけない。
   2 「あぶない！」という声に、とっさに両手で頭を抱えた。
   3 テロの影響でとっさに警戒態勢が厳しくなった。
   4 何かを始めたらとっさに収入が増えるというわけではない。

問題1 ＿＿＿＿の言葉の読み方として最もよいものを、1・2・3・4の中から一つ選びなさい。

1. 2, 3年前から不景気の影響で、文化の朗らかな世界までむしばまれた。
   1 おおらかな　　2 ほがらかな　　3 あきらかな　　4 おだやかな

2. 人の動作などを敬う表現が尊敬語で、自分の動作などをへりくだる表現が謙譲語である。
   1 つどう　　2 うやまう　　3 したう　　4 したがう

3. 長い年月に渡って放送されている番組を長寿番組という。
   1 ちょうしゅ　　2 ちょじゅう　　3 ちょうじゅ　　4 ちょしゅう

4. 生年月日と生まれた時間だけで、すべてを当てる占い師に仰天した。
   1 ごうてん　　2 ぎょうてん　　3 おうてん　　4 こうてん

5. 学校が再開すると、生徒たちに手洗いとうがいを徹底させた。
   1 たっとう　　2 てっとう　　3 たってい　　4 てってい

6. ノーベル賞はダイナマイトの発明者として知られたノーベルの遺言によって始まった賞です。
   1 ゆいごん　　2 いごん　　3 ゆいげん　　4 いげん

問題2 （　　　）に入れるのに最もよいものを、1・2・3・4の中から一つ選びなさい。

1. みんな集合しているのに、（　　　）人がまだ来ていない。
   1 格別な　　2 貴重な　　3 重大な　　4 肝心な

2. 夕べ遅くまで勉強をしていたせいか、今朝はどうも頭が（　　　）のです。
   1 たえない　　2 すえない　　3 うえない　　4 さえない

3. 6ヶ国協議のめどが立たなければ直接対話の（　　　）も辞さない構えだ。
   1 打ち上げ　　2 打ち込み　　3 打ち切り　　4 打ち出し

4. 地面に薄く雪が積もったので、仕事の(　　　)に雪だるまを作った。
　　1 仲間　　　　　2 空間　　　　　3 手間　　　　　4 合間

5. この曲を聴くと、昔のことがどっと(　　　)、居ても立ってもいられません。
　　1 押し出して　　2 押し入れて　　3 押し上げて　　4 押し寄せて

6. 最近感情の(　　　)が大きくなり、母親に当たったり、爆発したりすることも増えた。
　　1 起伏　　　　　2 高低　　　　　3 明暗　　　　　4 凸凹

7. スキー部のエースとして活躍していた20歳の時、(　　　)として病気に襲われた。
　　1 にわかに　　　2 突然　　　　　3 いきなり　　　4 突如

問題3 ＿＿＿＿の言葉に意味が最も近いものを、1・2・3・4の中から一つ選びなさい。

1. 他人の作品を自分のものとして発表するなんて、浅ましいことだ。
　　1 このましい　　2 窮乏な　　　　3 あっけない　　4 卑劣な

2. 遠い親戚にあたる人に息子の大学入学祝いをいただきました。
　　1 割り当てる　　2 遂行する　　　3 八つ当たりする　4 該当する

3. 騒ぐ子供に注意したら、その親から露骨に嫌な顔をされた。
　　1 なまなましく　2 はばかりなく　3 しどけなく　　4 とどこおりなく

4. 商品画像は、実物と色が多少異なる場合があります。あらかじめご了承ください。
　　1 まえもって　　2 あらためて　　3 まちがっても　4 なんとかして

5. アパレルや真珠、洋菓子メーカーのビルが整然と立ち並んでいる。
　　1 スムーズに　　2 ごちゃごちゃと　3 一列に　　　　4 支障なく

6. 携帯の売れ行きが頭打ちになるなか、スマートフォンは国内でも着実に伸びている。
　　1 うなされる　　2 下火になる　　3 ありふれる　　4 眉をひそめる

問題4 次の言葉の使い方として最もよいものを、1・2・3・4の中から一つ選びなさい。

1. さっそく
   1 搬送先の病院でさっそく死亡した。
   2 行きたくはなかったが、さっそく行った。
   3 入りたい会社にさっそく応募してみた。
   4 さっそく花粉が気になる季節だ。

2. おちおち
   1 私がおちおちしていると、わざときつい口調で話す人がいる。
   2 おちおち降ってくる雨を見ていると、センチになる。
   3 涙がほおをつたっておちおちこぼれた。
   4 選挙を前にして正月も休めず、夜もおちおち眠れなかった。

3. わけない
   1 初対面の人にはわけなくて何も話しかけられない。
   2 もう夕方なのに、論議はわけなく続いている。
   3 彼の作家としての生涯はわけなく終わった。
   4 こんなあさい溝を飛び越えるのはわけないことだ。

4. 気障
   1 高校時代に使っていた教科書が気障だ。
   2 大事な洋服を長く、気障なまま着たい。
   3 プリンのような気障さが味わえる。
   4 職場に高い背広ばかり着てくるとは気障な奴だ。

5. あべこべ
   1 梅雨明けがあべこべではっきりしない。
   2 おばさんはあべこべと陰口がうるさい。
   3 あなたからお礼を言われるなんて、あべこべです。
   4 あべこべにされた被害者たちのことが痛ましい。

6. めぐる
   1 コーヒーを飲み、作品アルバムをめぐるのも楽しい。
   2 海にめぐってあわびをとって生計を立てた。
   3 日本をめぐる国際状況を理解する必要がある。
   4 布団をめぐってさがしてみたが、みつからなかった。

정답과 해설

적중 예상 문제 정답과 해설
실전 모의고사 정답과 해설

정답 한눈에 보기

첫째마당 | 시험에 꼭 나오는 형용사와 동사

시나공법 01 적중 예상 문제
문제1   01 2   02 1   03 3   04 4   05 3   06 2   07 1   08 4   문제2   01 1   02 4   03 2   04 1   05 3   06 3   07 4   08 3
문제3   01 1   02 2   03 3   04 4   05 1   06 2   07 1   08 2   문제4   01 3   02 3   03 1   04 2   05 1   06 3

시나공법 02 적중 예상 문제
문제1   01 3   02 1   03 4   04 3   05 2   06 2   07 4   08 3   문제2   01 1   02 2   03 4   04 2   05 2   06 3   07 2   08 1
문제3   01 3   02 2   03 2   04 4   05 1   06 3   07 4   08 2   문제4   01 1   02 3   03 4   04 2   05 1   06 2

시나공법 03 적중 예상 문제
문제1   01 4   02 1   03 2   04 1   05 3   06 3   07 1   08 2   문제2   01 3   02 2   03 1   04 2   05 2   06 3   07 4   08 3
문제3   01 4   02 1   03 3   04 2   05 2   06 4   07 4   08 1   문제4   01 1   02 2   03 3   04 4   05 2   06 3

시나공법 04 적중 예상 문제
문제2   01 2   02 3   03 4   04 3   05 3   06 1   문제3   01 2   02 4   03 2   04 1
문제4   01 1   02 3   03 2   04 4

총정리 적중 예상 문제
문제1   01 1   02 4   03 1   04 4   문제2   01 3   02 3   03 1   04 1   05 1   06 2
문제3   01 3   02 3   03 1   04 1   05 3   06 3
문제4   01 3   02 4   03 3   04 4   05 1   06 2   07 4   08 1   09 1   10 2   11 3   12 4

둘째마당 | 합격을 위한 훈독명사와 가타카나어

시나공법 05 적중 예상 문제
문제1   01 3   02 2   03 4   04 3   05 2   06 2   문제3   01 4   02 1   03 2   04 1
문제4   01 4   02 1   03 3   04 4

시나공법 06 적중 예상 문제
문제1   01 3   02 2   03 1   04 3   05 2   06 2   문제2   01 2   02 1   03 4   04 2
문제4   01 1   02 2   03 4   04 1

시나공법 07 적중 예상 문제
문제2   01 1   02 2   03 3   04 4   05 1   06 3   07 2   08 3   문제3   01 3   02 2   03 1   04 3   05 2   06 1   07 4   08 2
문제4   01 1   02 2   03 3   04 4   05 2   06 3   07 3   08 4

총정리 적중 예상 문제
문제1   01 1   02 4   03 3   04 1   05 2   06 4   07 3   08 1   문제2   01 3   02 4   03 1   04 2   05 4   06 1
문제3   01 3   02 4   03 3   04 3   05 4   06 3   문제4   01 3   02 2   03 1   04 3   05 3   06 4

셋째마당 | 고득점을 위한 음독명사

시나공법 08 적중 예상 문제
문제1   01 1   02 2   03 4   04 1   05 2   06 4   문제2   01 1   02 1   03 4   04 1
문제4   01 1   02 3   03 4   04 1

시나공법 09 적중 예상 문제
문제1   01 2   02 3   03 1   04 3   05 2   06 4   문제3   01 3   02 2   03 1   04 3
문제4   01 2   02 1   03 1   04 4

시나공법 10 적중 예상 문제
문제1   01 1   02 2   03 2   04 1   05 3   06 2   문제3   01 4   02 1   03 4   04 3
문제4   01 1   02 3   03 4   04 1

시나공법 11 적중 예상 문제
문제1   01 3   02 2   03 4   04 4   05 2   06 3   문제3   01 2   02 1   03 2   04 3

| 문제 4 | 01 3 | 02 1 | 03 4 | 04 2 | | | | | | | | | | | |

총정리 적중 예상 문제

문제 1	01 3	02 2	03 1	04 3	05 4	06 1	07 3	08 2	09 1	10 4	11 3	12 2	13 1	14 2	15 1	16 2
문제 2	01 3	02 1	03 3	04 2			문제 3	01 4	02 2	03 4	04 4
문제 4	01 3	02 2	03 2	04 4	05 2	06 3

넷째마당 | 알아두면 든든한 음독명사

시나공법 12 적중 예상 문제

| 문제 1 | 01 3 | 02 2 | 03 4 | 04 1 | 05 3 | 06 1 | 문제 3 | 01 3 | 02 2 | 03 4 | 04 3 |
| 문제 4 | 01 2 | 02 4 | 03 3 | 04 1 |

시나공법 13 적중 예상 문제

| 문제 1 | 01 4 | 02 2 | 03 3 | 04 1 | 05 3 | 06 2 | 문제 3 | 01 4 | 02 1 | 03 2 | 04 1 |
| 문제 4 | 01 4 | 02 1 | 03 3 | 04 2 |

시나공법 14 적중 예상 문제

| 문제 1 | 01 2 | 02 1 | 03 3 | 04 4 | 05 2 | 06 4 | 07 2 | 08 3 | 문제 4 | 01 1 | 02 3 | 03 3 | 04 2 | 05 3 | 06 2 |

시나공법 15 적중 예상 문제

| 문제 1 | 01 3 | 02 2 | 03 3 | 04 4 | 05 1 | 06 4 | 07 1 | 08 2 | 문제 2 | 01 3 | 02 1 |
| 문제 3 | 01 2 | 02 4 | | | | | 문제 4 | 01 4 | 02 2 |

총정리 적중 예상 문제

문제 1	01 2	02 3	03 2	04 3	05 4	06 1	07 2	08 4	09 3	10 1	11 3	12 3
문제 2	01 4	02 3	03 1	04 1	05 3	06 4	문제 3	01 1	02 3	03 3	04 1	05 4	06 1	07 3	08 4
문제 4	01 3	02 4	03 2	04 4	05 1	06 2

다섯째마당 | 만점을 위한 부사, 의태어, 관용표현

시나공법 16 적중 예상 문제

| 문제 2 | 01 2 | 02 1 | 03 3 | 04 4 | 05 1 | 06 2 | 07 3 | 08 4 | 문제 3 | 01 1 | 02 2 | 03 3 | 04 4 | 05 1 | 06 2 | 07 3 | 08 4 |
| 문제 4 | 01 2 | 02 1 | 03 2 | 04 3 | 05 4 | 06 3 | 07 3 | 08 1 | 09 4 | 10 1 |

시나공법 17 적중 예상 문제

| 문제 2 | 01 1 | 02 3 | 03 4 | 04 3 | 05 1 | 06 3 | 07 2 | 08 2 | 문제 3 | 01 3 | 02 1 | 03 2 | 04 4 | 05 2 | 06 1 | 07 3 | 08 4 |
| 문제 4 | 01 1 | 02 2 | 03 3 | 04 4 | 05 1 | 06 2 | 07 3 | 08 4 | 09 1 | 10 3 |

시나공법 18 적중 예상 문제

| 문제 2 | 01 1 | 02 2 | 03 3 | 04 4 | 05 1 | 06 2 | 07 3 | 08 4 | 문제 3 | 01 3 | 02 2 | 03 3 | 04 2 | 05 1 | 06 4 | 07 2 | 08 3 |

시나공법 19 적중 예상 문제

| 문제 2 | 01 1 | 02 2 | 03 3 | 04 2 | 05 1 | 06 2 | 07 3 | 08 4 | 문제 3 | 01 1 | 02 2 | 03 3 | 04 3 | 05 2 | 06 1 | 07 1 | 08 3 |

총정리 적중 예상 문제

| 문제 2 | 01 1 | 02 4 | 03 2 | 04 1 | 05 2 | 06 2 | 07 1 | 08 4 | 문제 3 | 01 1 | 02 2 | 03 2 | 04 1 | 05 4 | 06 1 | 07 2 | 08 2 |

실전 모의고사

실전 모의고사 제1회

| 문제 1 | 1 1 | 2 4 | 3 2 | 4 4 | 5 3 | 6 4 | 문제 2 | 1 2 | 2 4 | 3 1 | 4 3 | 5 2 | 6 1 | 7 2 |
| 문제 3 | 1 3 | 2 3 | 3 1 | 4 3 | 5 4 | 6 2 | 문제 4 | 1 2 | 2 2 | 3 3 | 4 4 | 5 2 | 6 2 |

실전 모의고사 제2회

| 문제 1 | 1 2 | 2 2 | 3 3 | 4 2 | 5 4 | 6 1 | 문제 2 | 1 4 | 2 4 | 3 3 | 4 4 | 5 4 | 6 1 | 7 4 |
| 문제 3 | 1 4 | 2 4 | 3 2 | 4 1 | 5 3 | 6 2 | 문제 4 | 1 3 | 2 4 | 3 4 | 4 4 | 5 3 | 6 3 |

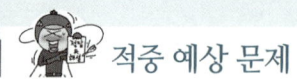

첫째마당 | 시험에 꼭 나오는 형용사와 동사

시나공법 01 | い형용사 적중 예상 문제

문제 1 _____의 단어 읽는 법으로 가장 알맞은 것을 1·2·3·4 중에서 하나 고르세요.

01 密かに結婚を夢見ているあなたに相応しい結婚相手はどんなタイプですか。
1 あいそうしい 2 ふさわしい
3 そうおうしい 4 につかわしい

해석 남몰래 결혼을 꿈꾸는 당신에게 어울리는 결혼상대는 어떤 타입입니까?
해설 ふさわしい는 뜻은 알면서도 한자로 표기하면 모르는 분들이 많은 형용사입니다. 참고로 相変(あいか)わらず 변함없이, 相反(あいはん)する 상반되다, 相容(あいい)れない 양립하지 못하다 등도 틀리기 쉬우므로 한자와 함께 외워주세요.
정답 2

02 復習をしていたら、参考書の記述が紛らわしくて今一分からない個所があった。
1 まぎらわしくて 2 こならわしくて
3 わずらわしくて 4 ふんらわしくて

해석 복습을 하는데, 참고서의 기술이 헷갈려서 잘 모르는 부분이 있었다.
해설 N1 문자 어휘를 공부하시는 분들이라면 모든 단어가 紛(まぎ)らわしい 하시죠? 단어를 외우고 2~3일 후에 다시 한번 복습한다면 그 다음부터는 紛らわしくない 하실 겁니다.
정답 1

03 コンビニへ行く目的を詳しく調べたところ、様々な理由で訪れている様子がうかがえた。
1 きびしく   2 しょうしく
3 くわしく   4 こまかく

해석 편의점에 가는 목적을 상세히 조사했더니, 여러 가지 이유로 방문하고 있는 모습을 알 수 있었다.
해설 詳(くわ)しい는 '자세하다, 상세하다'라는 의미인데, ~に詳しい의 형태가 되면 '~을 잘 알다, ~에 정통하다'라는 의미가 되죠. 그리고 訪(おとず)れる '찾아오다'와 訪(たず)ねる '방문하다'의 구별도 중요합니다.
정답 3

04 貧しい人々の悲惨な状況や抗議、権力者の弾圧や甚だしい腐敗などが伝わってくる。
1 はかだしい   2 はなばだしい
3 ばかばだしい 4 はなはだしい

해석 가난한 사람들의 비참한 상황이나 항의, 권력자의 탄압과 심한 부패 등이 전해져 온다.
해설 甚(はなは)だしい는 '매우 심하다, 대단하다'라는 뜻으로 주로 좋지 않은 의미로 사용됩니다. 華々(はなばな)しい 화려하다, バカバカしい 바보 같다 등의 형용사와 혼동하지 않도록 합시다. 甚(はなは)だ는 '매우, 심히, 몹시'라는 뜻의 부사인데 상당히 예외적인 형태이므로 반드시 외워주세요.
정답 4

05 救助活動に携わっていた彼は、患者からの個人的な感謝を期待しないという気高い精神の持ち主だった。
1 きとうい   2 きこうい
3 けだかい   4 きだかい

해석 구조 활동에 종사하고 있던 그는, 환자에게 개인적인 감사를 바라지 않는 고귀한 정신의 소유자였다.
해설 気高(けだか)い는 '고상하다, 고귀하다'라는 뜻입니다. 그리고 이와 같이 気(け)로 발음되는 단어로는 気配(けはい) 기색, 気圧(けお)される 기세에 눌리다, 압도되다, 寒気(さむけ) 한기, 健気(けなげ)だ 씩씩하다, 기특하다, 若気(わかげ) 젊은 혈기 등이 있습니다.
정답 3

06 震災の記憶があるものにとって、華やかなものが寂しく見えるのは心の問題なのだろう。
1 むなしく   2 さびしく
3 こいしく   4 わびしく

해석 지진 재해의 기억이 있는 사람에게 있어서 화려한 것이 쓸쓸하게 보이는 것은 심적인 문제일 것이다.
해설 寂(さび)しい는 '외롭다, 쓸쓸하다, 섭섭하다'라는 뜻으로 侘(わび)しい와 같은 말입니다. 寂しい와 侘しい의 한자를 확실히 구별하세요.
정답 2

07 かたくなったモチを素早く軟らかくする方法はありませんか。
1 すばやく   2 そばやく
3 すばしこく   4 てばやく

해석 딱딱하게 굳은 떡을 재빨리 부드럽게 하는 방법은 없습니까?
해설 素는 す와 そ, 두 가지로 발음되므로 혼동하기 쉬운 형용사입니다. 素早(すばや)い는 '재빠르다, 민첩하다, 날렵하다'라는 뜻입니다. 3번 すばしこい는 '잽싸다, 약삭빠르다'라는 뜻으로 다소 부정적인 표현입니다.
정답 1

08 膨大な作品の中から我が子にふさわしい絵本を選ぶ
ことも容易くはない。

1 てあつくは　　　2 やさしくは
3 よういくは　　　4 たやすくは

해석　방대한 작품 중에서 우리 아이에게 어울리는 그림책을 고르는 일도 쉽지는 않다.
해설　'용이하다, 쉽다'라는 뜻의 형용사에는 容易(たやす)い와 容易(ようい)だ가 있습니다. い형용사, な형용사의 구분에 따라 음이 달라지므로 주의해야 합니다.
정답 4

문제 2 (　　　)에 들어갈 가장 알맞은 것을 1·2·3·4 중에서 하나 고르세요.

01 (　　　)躍進を続けている中国だが、他方では深刻な環境汚染やエイズなどの問題を抱えている。

1 目覚ましい　　　2 すこやかな
3 悩ましい　　　　4 しなやかな

해석　(눈부신) 약진을 계속하고 있는 중국이지만, 한편으로는 심각한 환경오염이나 에이즈 등의 문제를 안고 있다.
1 눈부신　2 건강한　3 괴로운　4 부드러운
해설　躍進(やくしん)이 힌트가 됩니다. 특히 目覚(めざ)ましい의 뜻을 알면서도 한자를 몰라서 틀리는 일이 없도록 주의하세요. 3번 悩(なや)ましい는 '괴롭다'라는 뜻과 함께 '뇌쇄적이다, 관능적이다'라는 뜻도 있습니다.
정답 1

02 減少し始めた病気に対して、社会が関心を持ち続けることは(　　　)ことではないからです。

1 ややこしい　　　2 なやましい
3 もどかしい　　　4 たやすい

해석　감소하기 시작한 병에 대해 사회가 계속 관심을 갖는 것은 (쉬운) 일이 아니기 때문입니다.
1 까다로운　2 고민되는　3 안타까운　4 용이한
해설　어휘에 얽매이다 보면 내용이나 문맥을 놓치는 경우가 있습니다. 이미 줄기 시작한 병에 대해 사회가 관심을 가지는 것은 당연히 쉽지 않은 일이라서 4번의 容易(たやす)い가 정답이 됩니다.
정답 4

03 甲子園で注目された木村投手は決して(　　　)経歴を歩んできたわけではない。

1 はかばかしい　　2 はなばなしい
3 なれなれしい　　4 かいがいしい

해석　고시엔에서 주목받은 기무라 투수는 결코 (화려한) 경력을 쌓아온 것은 아니다.
1 바보 같은　2 화려한　3 친한 척하는　4 부지런한
해설　決(けっ)して(결코)는 부정문이 뒤따르는 부사입니다. 모든 야구인의 꿈인 고시엔에서 주목받았던 사람임에도 화려한 경력은 없다는 내용이므로 2번 華々(はなばな)しい가 정답이 됩니다.
정답 2

04 最近だんなの着ている服があまりにも(　　　)で、新しい服を買ってあげた。

1 みすぼらしかった　　2 むさくるしかった
3 なにげなかった　　　4 あらっぽかった

해석　요즘 남편이 입고 다니는 옷이 너무나도 (초라했기) 때문에 새 옷을 사주었다.
1 초라했기　2 답답했기　3 아무렇지 않았기　4 거칠었기
해설　새 옷을 사줄 정도로 옷이 초라했겠죠? 그러므로 정답은 1번 みすぼらしかった입니다. むさ苦(くる)しい、何気(なにげ)ない、荒(あら)っぽい 한자도 기억해주세요.
정답 1

05 (　　　)立ち寄った飲み屋で、ばったり昔の恋人に会った。

1 さりげなく　　　2 あっけなく
3 なにげなく　　　4 もったいなく

해석　(별 생각 없이) 들른 술집에서 우연히 옛날 연인을 만났다.
1 넌지시　2 어이 없이　3 아무렇지 않게, 별 생각 없이　4 아깝게
해설　さりげない와 何気(なにげ)ない는 비슷하면서도 다른 형용사입니다. さりげない는 '티가 나지 않도록 넌지시'라는 의미이고, なにげない는 '별 생각 없이, 아무렇지 않게, 태연하게'라는 의미이므로 정답은 3번이 됩니다.
정답 3

06 「協調性と忍耐力」、「善と悪のけじめ」、「(　　　)人間関係」を身につける人物を育てたい。

1 めざましい　　　2 ふさわしい
3 のぞましい　　　4 よそよそしい

해석　'협조성과 인내력', '선과 악의 구분', '(바람직한) 인간관계'를 습득한 인물을 키우고 싶다.
1 눈부신　2 어울리는　3 바람직한　4 서먹서먹한
해설　괄호 안에는 내용상 좋은 이야기가 들어가야 하므로 정답은 3번 望(のぞ)ましい가 됩니다. 目覚(めざ)ましい와 相応(ふさわ)しい는 한자도 함께 암기해주세요.
정답 3

07 先生がいろんな競技や活動を取り入れてくれたので、体育は生徒たちにとって(　　)。
　1 ふさわしかった　　2 めざましかった
　3 いちじるしかった　4 まちどおしかった

해석　선생님께서 다양한 경기나 활동을 도입해 주셔서, 체육은 학생들에게 있어 (기다려졌다).
　1 어울렸다　2 눈부셨다　3 현저했다　4 기다려졌다
해설　따분한 체육시간이 아니라 선생님께서 여러 가지로 신경 써 주셨으니 학생들은 체육시간이 늘 기다려지겠죠? 기대하며 기다리는 감정을 일본어로는 待(ま)ち遠(どお)しい라고 합니다. 3번 著(いちじる)しい는 반드시 한자도 외워주세요.
　　　　　　　　　　　　　　　　　　정답 4

08 昨日けんかをしたばかりなので、今日すぐ会うのはお互いに(　　)でしょう。
　1 こころづよい　2 たやすい
　3 きまりわるい　4 いやらしい

해석　불과 어제 싸웠기 때문에 오늘 바로 만나는 것은 서로 (멋쩍을) 것입니다.
　1 든든한　2 용이한　3 멋쩍은　4 징그러운
해설　決(き)まり悪(わる)い는 '어쩐지 부끄럽다, 쑥스럽다, 겸연쩍다, 멋쩍다'라는 뜻입니다. 어제 싸우고 오늘 만나면 역시 決(き)まり悪(わる)い 하겠죠?
　　　　　　　　　　　　　　　　　　정답 3

문제 3　_____의 단어와 의미가 가장 가까운 것을 1·2·3·4 중에서 하나 고르세요.

01 この本にはしつこいセールス電話を断る１７の撃退法が書かれている。
　1 くどい　2 にぶい
　3 かたい　4 きつい

해석　이 책에는 집요한 세일즈 전화를 거절하는 17가지 퇴치법이 적혀 있다.
　1 지겹도록 장황한, 집요한　2 둔한
　3 단단한, 견실한　4 심한, 꽉 낀
해설　くどい는 '집요하다, 끈질기다, 장황하다' 뜻으로 상대방이 집요하다 싶을 정도로 여러 번 이야기할 때 사용합니다.　정답 1

02 「二度と戦争を起こしてはいけない」と語る彼女の言葉はためらいがなく真っすぐで、まぶしかった。
　1 強烈だった　2 まばゆかった
　3 派手だった　4 うつくしかった

해석　'두 번 다시 전쟁을 일으켜서는 안 된다'라는 그녀의 말은 망설임이 없고 곧아서 눈부셨다.
　1 강렬했다　2 눈부셨다　3 화려했다　4 아름다웠다
해설　眩(まぶ)しい와 まばゆい는 유의어인데 발음도 상당히 비슷하죠? 회화에서는 まぶしい를 더 많이 쓴다고 보시면 됩니다.　정답 2

03 おごったり、おごられたりすることをわずらわしく思う人たちもいる。
　1 そうぞうしく　2 さわがしく
　3 うっとうしく　4 やかましく

해석　한턱 대접하거나, 반대로 대접 받는 일을 귀찮게 여기는 사람들도 있다.
　1 소란스럽게　2 소란스럽게　3 짜증나게, 귀찮게　4 시끄럽게
해설　煩(わずら)わしい는 '귀찮다, 성가시다, 번거롭다'라는 뜻입니다. 3번 うっとうしい도 '기분, 날씨 등이 울적하고 답답하다'라는 뜻 외에도 '귀찮다'라는 의미가 있습니다. 騒々(そうぞう)しい와 騒(さわ)がしい는 같은 한자를 쓰는 것을 통해 유추할 수 있듯이 '소란스럽다'라는 뜻입니다. 4번 やかましい 역시 '성가시다'라는 뜻이지만 주로 '시끄럽다, 까다롭다'라는 뜻으로 쓰이므로 가장 적절한 답은 3번이 됩니다.　정답 3

04 活発なキャラだけを演じてきただけに、今回のようなあくどい役柄を演じることには悩んだ。
　1 シャイな　2 大人しい
　3 法外な　4 どきつい

해석　활발한 캐릭터만 연기해 온 만큼, 이번처럼 악랄한 배역을 연기하는 것에는 고민했다.
　1 부끄러운　2 얌전한　3 터무니없는　4 매우 기가 센
해설　活発(かっぱつ)なキャラ라고 하면 적극적이며 밝은 배역이 연상됩니다. 반대로 あくどい는 '악랄하다, (화장 등이) 진하다'라는 뜻이죠. 유의어인 4번 どきつい는 きつい(기가 세다, 심하다, 엄하다)에 ど라는 접두어가 붙어 '한층 더, 매우 기가 세다'라는 뜻이 됩니다. 긍정적인 이미지는 없는 단어입니다.　정답 4

05 東京を舞台に、みすぼらしいアパートで暮らす若い男女の不器用な恋愛を描いた物語だ。
　1 古ぼけた　2 貧相な
　3 こぢんまりした　4 下品な

해석　도쿄를 무대로, 초라한 아파트에서 사는 젊은 남녀의 진솔한 연애를 그린 이야기다.
　1 낡아빠진　2 빈티나는　3 아담한　4 천박한
해설　1번과 2번 사이에서 고민했나요? 2번 貧相(ひんそう)는 궁상스러운 외모, 인상, 용모나 입은 옷차림이 초라할 때 쓰는 형용사입니다. 그러므로 답은 1번 古(ふる)ぼけた가 됩니다. 舞台(ぶたい), 不器用(ぶきよう), 物語(ものがたり), 下品(げひん)은 발음에 주의하세요.　정답 1

06 すがすがしい朝を迎えるために、起きたらすぐ窓を開ける。
1 きれいな　　　2 さわやかな
3 あかるい　　　4 たのもしい

해석 상쾌한 아침을 맞이하기 위해 일어나자마자 창문을 연다.
1 아름다운　2 상쾌한　3 밝은　4 믿음직스러운
해설 すがすがしい는 '상쾌하다'라는 뜻으로 爽(さわ)やかだ와 같은 뜻입니다. 明(あか)るい, 頼(たの)もしい 한자에 주의하세요. **정답 2**

07 うちの部長は初対面でもタメ口をきく横柄な人で、仕事ぶりも荒っぽい。
1 強引な　　　2 丁重な
3 慎重な　　　4 物騒な

해석 우리 부장은 첫 대면에서도 반말을 하는 거만한 사람으로 일하는 태도도 거칠다.
1 억지로 하는　2 정중한　3 신중한　4 뒤숭숭한
해설 우선 タメ口(くち)をきく는 '반말을 하다, 막말을 하다'라는 의미입니다. 荒っぽい와 가장 가까운 뜻의 단어는 1번 強引(ごういん)だ로, 반대나 장애를 무릅쓰고 억지로 밀어붙이는 모습을 나타냅니다. 横柄(おうへい)な, 丁重(ていちょう)だ, 慎重(しんちょう)だ, 物騒(ぶっそう)だ도 꼭 알아두세요. **정답 1**

08 日本は途方もない金を出しておきながら感謝されるどころか、世界から馬鹿にされ、憎まれている。
1 抜群の　　　2 巨額の
3 抜本な　　　4 巨大な

해석 일본은 터무니없는 금액을 내면서도 감사는커녕, 세계로부터 무시를 당해 미움을 받고 있다.
1 탁월한　2 거액의　3 근본적인　4 거대한
해설 途方(とほう)もない는 '터무니없는, 얼토당토 아니한'이라는 뜻이지만, 문맥의 흐름상 '엄청난 금액'임을 말하므로 2번 巨額(きょがく)の가 답이 되는 것입니다. ~どころか는 '~하기는커녕'이라는 뜻의 N2 문법입니다. 抜群(ばつぐん), 抜本(ばっぽん)은 한자 읽기에 주의하세요. **정답 2**

문제 4 다음 단어의 사용법으로 가장 알맞은 것을 1・2・3・4 중에서 하나 고르세요.

01 むなしい
1 世の中にむなしい職業はないというのはきれいごとにすぎない。
2 だまされて事業に失敗した。むなしくて眠れない日々だ。
3 人生をお酒にすがって生きるのはどう考えてもむなしいことだ。
4 こんなやさしい問題も解けないなんて、むなしい。

해석 허무하다
1 세상에 허무한 직업은 없다는 것은 입바른 소리에 지나지 않는다.
2 사기 당해 사업에 실패했다. 허무해서 잠 못드는 나날의 연속이다.
3 인생을 술에 매달려 사는 것은 아무리 생각해도 허무한 일이다.
4 이런 쉬운 문제도 못 풀다니, 허무하다.
해설 문맥상 1번은 '비천하다'라는 뜻의 いやしい가 들어가야 합니다. 2번은 억울해서 잠이 안 오는 것이므로 悔(くや)しくて를 넣어 주세요. 3번은 맞는 문장입니다. 4번은 情(なさ)けない 한심하다가 들어가면 됩니다. **정답 3**

02 もろい
1 地元の事情にもろいまま当選した議員もいる。
2 ここ数年でもっとももろいと言われるチームと対戦した。
3 最近、涙もろいので、悲しいドラマは一人で見ている。
4 エネルギー資源にもろいことから原発の建設に力を入れた。

해석 약하다, 무르다, 부서지기 쉽다
1 고향 사정에 약한 상태로 당선된 의원도 있다.
2 요 수년 동안에 가장 약하다고 하는 팀과 대전했다.
3 최근, 눈물이 많아져 슬픈 드라마는 혼자서 보고 있다.
4 에너지 자원에 약해서 원자력발전소 건설에 주력했다.
해설 もろい는 '깨지기 쉽다, 무르다, 여리다, 약하다'라는 뜻이 있습니다. 가장 자주 쓰이는 표현이 3번 涙(なみだ)もろい입니다. 1번은 사정을 잘 모른다는 말로 事情(じじょう)に疎(うと)い를 써야 합니다. 2번은 弱(よわ)い를 쓰는 것이 맞고, 4번은 자원이 부족하다는 의미로 乏(とぼ)しい를 써야 합니다. **정답 3**

03 素っ気ない
1 素っ気なく話すので、まるで怒っているようだ。
2 素っ気なく自分の誤りを認めるところは尊敬できる。
3 よく寝て、よく食べて、よく笑う子は素っ気ない。
4 見るからに素っ気ない料理だった。

해석 쌀쌀맞다, 매정하다
1 쌀쌀맞게 말하니까, 마치 화난 것 같다.
2 쌀쌀맞게 자신의 잘못을 인정하는 점은 존경할 수 있다.
3 잘 자고, 잘 먹고, 잘 웃는 아이는 쌀쌀맞다.
4 보기만 해도 쌀쌀맞은 요리였다.
해설 2번에는 素直(すなお)に 솔직하게, 3번은 育(そだ)つ가 어울리겠죠? '잘 자란다'는 의미로 よく育(そだ)つ라고 하면 오히려 어색해집니다. 育(そだ)つ 자체가 점점 자라나는 모습을 나타내고 있으므로 育(そだ)つ만 써도 됩니다. 4번은 맛없을 것 같음이 적절하겠네요. **정답 1**

04 なれなれしい

1 なれなれしい友人なので、何でも話せる。
2 お客さんにあまりなれなれしくしてはいけない。
3 彼はなれなれしい手付きでナイフとフォークを操った。
4 あのおしどり夫婦は本当になれなれしい。

해석 친한 척하다
1 친한 척하는 친구이므로 뭐든지 말할 수 있다.
2 손님에게 너무 친한 척해서는 안 된다.
3 그는 친한 척하는 손짓으로 나이프와 포크를 썼다.
4 저 잉꼬부부는 정말로 친한 척한다.

해설 なれなれしい는 약간 부정적인 의미라는 것을 숙지하고 문제에 접근해야 합니다. 1번은 정말 친하다는 말이 들어가야 하므로 親(した)しい로 바꿉니다. 3번은 手慣(てな)れた 익숙하다, 4번은 仲(なか)이 좋다가 들어가야 맞습니다. **정답 2**

05 申し分ない

1 あの店は味はもちろん、駐車場も十分にあって申し分ない。
2 手紙の返事が遅れて申し分なく思います。
3 普段あまり話したがらない申し分ない子だ。
4 水をそんなに流しては申し分ないんじゃない?

해석 더할 나위 없다
1 저 가게는 맛은 물론 주차장도 충분히 있어서 더할 나위 없다.
2 편지의 답장이 늦어서 더할 나위 없이 생각합니다.
3 평소 그다지 이야기하고 싶어 하지 않는 더할 나위 없는 아이다.
4 물을 그렇게 흘려보내서는 더할 나위 없지 않니?

해설 2번은 申(もう)し訳(わけ)なく가 들어가야 합니다. 申し分ない와 모양이 비슷해서 혼동할 수 있으니 조심하세요. 3번은 大人(おとな)しい 얌전하다 또는 内気(うちき)な 내성적인 정도면 적절하고, 4번은 もったいない 아깝다가 들어가야 합니다. **정답 1**

06 おぼつかない

1 まだ時間があるから、おぼつかないといけない。
2 犬にほえられておぼつかなかった。
3 この作戦では成功はおぼつかない。
4 昨日から頭が痛くておぼつかない。

해석 미덥지 못하다
1 아직 시간이 있으니까, 미덥지 못하면 안 된다.
2 개가 짖어서 미덥지 못했다.
3 이 작전으로는 성공은 미덥지 못하다.
4 어제부터 머리가 아파서 미덥지 못하다.

해설 おぼつかない는 '미덥지 못하다, 의심스럽다'라는 뜻이므로 3번이 정답입니다. 成功(せいこう)がおぼつかない 성공이 가망이 없다라는 표현을 통째로 암기해 둡시다. 1번은 慌(あわ)てなくてもいい 허둥대지 않아도 된다가, 2번은 怖(こわ)かった 무서웠다가 적절하겠죠? 4번은 여러 가지 답이 있을 수 있겠네요. 何(なに)もできない 아무것도 못 한다, 死(し)にそうだ 죽을 것 같다 등등 뜻이 통하도록 작문해보세요. **정답 3**

시나공법 02 | な형용사 적중 예상 문제

문제 1 _____의 단어 읽는 법으로 가장 알맞은 것을 1·2·3·4 중에서 하나 고르세요.

01 荒々しい風が吹きつける直前の不吉な状態を「暴風前夜」という。

1 ふきちな　　2 ふよしな
3 ふきつな　　4 ひきつな

해석 거친 바람이 불기 직전의 불길한 상태를 '폭풍전야'라고 한다.
해설 ふきちな라고 읽지 않도록 조심해야 합니다. 이와 관련하여 大吉(だいきち) 대길과 吉凶(きっきょう) 길흉도 함께 암기하세요. **정답 3**

02 姉は鮮やかな赤のスカートを買ったが、私は落ち着いた色が好きなのでシックな赤を選んだ。

1 あざやかな　　2 あでやかな
3 ひそやかな　　4 ゆるやかな

해석 언니는 선명한 빨간 스커트를 샀지만, 나는 차분한 색깔을 좋아해서 세련된 빨강을 골랐다.
해설 鮮(あざ)やかな는 '(색깔 등이) 선명한, (솜씨 등이) 훌륭한'이라는 뜻입니다. 하나의 단어가 전혀 다른 뜻을 여러 개 가지고 있을 경우 반드시 시험에 나오므로 예문을 통해 암기하세요. 鮮(あざ)やかな色(いろ) 선명한 색, 鮮(あざ)やかなプレー 멋진 경기. **정답 1**

03 さらに柔軟な発想力を身に付けるためのトレーニング方法などを紹介する。

1 しゅけつな　　2 じゅうけつな
3 しゅうなんな　　4 じゅうなんな

해석 더욱 유연한 발상력을 익히기 위한 훈련 방법 등을 소개한다.
해설 유도는 柔道(じゅうどう)였죠? 이것만 숙지하고 있었다면 柔軟(じゅうなん) 역시 어렵지 않게 읽을 수 있습니다. 하지만 어디나 예외는 있는 법! 柔和(にゅうわ) 유화의 발음은 따로 알아두세요. **정답 4**

04 二階に快適な寝室をつくり、階段の両側に頑丈な手すりを付けた。

1 けんこな　　2 けんじょうな
3 がんじょうな　4 がんこな

해석 2층에 쾌적한 침실을 만들고, 계단 양쪽에 튼튼한 난간을 달았다.
해설 頑丈(がんじょう)와 함께 頑(がん)として 완강하게, 막무가내로, 頑固(がんこ) 완고, 頑(かたく)な 완고한, 고집스러움도 외워두세요.
정답 3

05 子どもたちの無邪気でかわいい寝顔を見ると、なんだかほっとする。

1 ふがきで　　2 むじゃきで
3 むがきで　　4 ぶじゃきで

해석 아이들의 천진난만하고 귀여운 자는 얼굴을 보면 왠지 마음이 놓인다.
해설 無邪気(むじゃき)는 악의가 없고 천진난만한 모습을 말합니다. な형용사이기 때문에 無邪気(むじゃき)な子供(こども) 순진한 아이와 같은 형태로 활용합니다. ぶじゃき로 발음하지 않도록 조심하세요.
정답 2

06 限られた人数で事件や事故に備え、迅速に対応できるよう、つとめている。

1 さっそくに　2 じんそくに
3 せっそくに　4 しんそくに

해석 한정된 인원수로 사건과 사고에 대비하여, 신속히 대응할 수 있도록 노력하고 있다.
해설 우리말에서는 '신속'이라고 읽기 때문에 일본어로도 しんそく로 잘못 발음하기 쉽습니다.
정답 2

07 誰にも何も頼まないで、一人必死に解決しようとしてる姿は実に健気だった。

1 かすかだった　2 すこきだった
3 けんこだった　4 けなげだった

해석 누구에게도 아무런 부탁도 하지 않고, 혼자서 필사적으로 해결하려고 하는 모습은 정말로 씩씩했다.
해설 健気(けなげ)だ는 '나이나 몸집에 비해서 씩씩하고 당차다'라는 의미입니다. 발음 문제로 자주 출제되고 있으니 반드시 암기하세요. 그 외에 '기특하다'라는 의미도 있습니다.
정답 4

08 盛大な結婚式をする人もいれば、式をしない人、親族だけで質素に行う人もいる。

1 そうだいな　2 じょうだいな
3 せいだいな　4 さいだいな

해석 성대한 결혼식을 하는 사람도 있다면, 식을 올리지 않는 사람, 친지들만 모시고 검소하게 식을 올리는 사람도 있다.
해설 자연스런 해석을 위해서는 ~も~ば~も를 알아야 합니다. '~도 ~거니와 ~도 (~다)'라는 뜻으로 문장이 길어질수록 문형이 한눈에 안 들어오는 문형이라서 문장을 크게 보는 안목이 필요합니다. 盛는 2가지 발음이 있는데 盛大(せいだい) 성대, 盛装(せいそう) 성장, 盛衰(せいすい) 성쇠, 繁盛(はんじょう)번성 등의 단어를 통해 마스터합시다.
정답 3

문제 2 (　　)에 들어갈 가장 알맞은 것을 1・2・3・4 중에서 하나 고르세요.

01 窓の外には(　　)田園風景が広がっていて、故郷に帰ってきたようだった。

1 のどかな　　2 あざやかな
3 あらたな　　4 きゅうくつな

해석 창밖에는 (한가로운) 전원 풍경이 펼쳐져 있어서, 고향에 돌아온 듯했다.
　　1 한가로운　2 선명한　3 새로운　4 답답한
해설 田園風景(でんえんふうけい)와 가장 자연스럽게 어울리는 な형용사는 '한가로운'이라는 의미의 のどかな입니다. 鮮(あざ)やかな, 新(あら)たな, 窮屈(きゅうくつ)な는 한자를 꼭 암기하세요.
정답 1

02 「小さな気配り」というのは、小さな事を(　　)にするなという意味だろう。

1 おごそか　　2 おろそか
3 おおまか　　4 おおらか

해석 '작은 배려'라는 것은 작은 일을 (소홀)하게 하지 말라는 의미일 것이다.
　　1 엄숙　2 소홀　3 대범, 대략적　4 대범
해설 괄호 뒤로 이어지는 말이 ~するな(~하지 마라)이므로 괄호 안에는 '소홀'이 들어가야 맞습니다. 보기의 한자는 厳(おごそ)か, 疎(おろそ)か, 大(おお)まか, 大(おお)らか입니다.
정답 2

03 被害者の母が(　　)さを訴えたときには涙が出そうになったが、ぐっとこらえた。

1 無茶　　2 無駄
3 無理　　4 無念

해석 피해자의 어머니가 (원통)함을 호소했을 때에는 눈물이 나올 것 같았지만, 꾹 참았다.
　　1 엉터리　2 소용 없음　3 무리　4 원통
해설 피해자의 어머니가 호소했을 감정은 슬픔과 원통함이었을 것이므로 정답은 4번 無念(むねん)이 됩니다. 無念은 한자 그대로 무념(아무것도 생각하지 않음)이라는 뜻도 있지만 주로 '원통함'이라는 의미로 쓰입니다.
정답 4

04 被災地の(　　　)な状況が生中継で伝えられた。

1 おごそか　　　2 悲惨
3 しなやか　　　4 極端

해석 재해 지역의 (비참)한 상황이 생중계로 전해졌다.
　1 엄숙　2 비참　3 부드러운　4 극단
해설 被災地(ひさいち)라는 단어를 통해 2번 悲惨(ひさん)이 정답임을 유추할 수 있습니다. 1번 厳(おごそ)か는 한자에 주의해야 하고, 4번 極端(きょくたん)은 極端的(きょくたんてき)로 쓰지 않도록 합시다. 極端 자체가 な형용사이므로 的(てき)를 붙이지 않습니다.　　**정답 2**

05 生きる目的を失い、怒りや悲しみの感情が凍りついて、(　　　)日々を送る。

1 かすかな　　　2 うつろな
3 けなげな　　　4 けんきょな

해석 살아갈 목적을 잃어버리고, 분노와 슬픔의 감정마저 얼어붙어, (공허한) 나날을 보낸다.
　1 희미한, 어렴풋한　2 공허한, 멍청한　3 씩씩한　4 겸허한
해설 살아갈 목적을 잃어버렸다는 구절에서 힌트를 얻을 수 있으므로 정답은 2번 虚(うつ)ろな가 됩니다. 나머지 보기 微(かす)かな, 健気(けなげ)な, 謙虚(けんきょ)な의 한자를 익혀둡시다.　　**정답 2**

06 事務所では(　　　)電話が鳴り、女性従業員が忙しく注文に対応していた。

1 活発に　　　2 自在に
3 頻繁に　　　4 丁寧に

해석 사무소에서는 (빈번하게) 전화가 울리고, 여성 종업원이 바쁘게 주문을 받고 있었다.
　1 활발하게　2 자유자재로　3 빈번하게　4 공손하게
해설 바쁘게 주문을 받고 있다면 전화가 그만큼 빈번하게 온다는 말이겠죠? 그래서 정답은 3번 頻繁(ひんぱん)に가 됩니다. 4번 丁寧(ていねい)だ는 '공손하다, 정중하다' 외에도 '공들이다'라는 의미가 있어서 字を丁寧に書く라고 하면 '글자를 공들여 쓰다'가 되고, 丁寧に扱(あつか)う라고 하면 '소중하게 다루다'라는 뜻이 됩니다.　　**정답 3**

07 優しくてきれいな上に、英語も(　　　)とあっては、もてもてなのも納得がいく。

1 おうへい　　　2 たっしゃ
3 きざ　　　4 きゃしゃ

해석 상냥하고 예쁜데다가, 영어도 (능숙)해서, 인기가 많은 것도 납득이 간다.
　1 거만　2 건강, 능숙　3 아니꼬움　4 날씬
해설 우선 문법의 해석이 안 되면 문맥 파악이 어려울 수 있습니다. ~上(うえ)に '~인데다가'와 ~とあって '~라서'는 문맥의 흐름을 결정하는 문법이므로 반드시 외우세요. 보기 2번 達者(たっしゃ)だ는 '건강하다, 능숙하다'라는 뜻인데, 문제에서는 '능숙하다'라는 뜻으로 쓰였습니다. 1번 横柄(おうへい), 3번 気障(きざ), 4번 華奢(きゃしゃ)는 한자까지 익혀둡시다.　　**정답 2**

08 高校を対象に学力調査をしたが、いまだに九九が(　　　)、全然漢字が書けない生徒もいた。

1 あやふやで　　　2 ぶしつけで
3 まろやかで　　　4 ぶきみで

해석 고등학교를 대상으로 학력 조사를 했는데, 아직 구구단이 (모호하고), 전혀 한자를 못 쓰는 학생도 있었다.
　1 모호하고　2 버릇없고　3 부드럽고　4 어쩐지 무섭고
해설 보기의 단어들이 모두 히라가나 표기라서 의미 구별이 힘들었을 겁니다. 당황하지 말고 속으로 형용사의 발음을 되뇌이면서 기억을 더듬어보세요. 그런 과정 없이 바로 사전을 찾거나 해답을 보면 외워도 곧 잊어버립니다. 내용상 1번 あやふや가 '애매함, 모호함, 흐릿하고 불확실함'이란 뜻이므로 정답입니다.　　**정답 1**

문제 3 ＿＿＿＿의 단어와 의미가 가장 가까운 것을 1·2·3·4 중에서 하나 고르세요.

01 言葉の使い分けや意味が<u>あやふや</u>でわからないので教えてください。

1 にくらしくて　　　2 たよりなくて
3 あいまいで　　　4 どっちつかずで

해석 단어의 용법과 의미가 <u>모호해서</u> 알 수 없으므로 가르쳐주세요.
　1 얄미워서　2 믿음직하지 못해서
　3 모호해서　4 이도저도 아니어서
해설 あやふや는 '애매함, 모호함'을 뜻하는 말로, 흐릿하고, 불확실함을 나타냅니다. どっちつかず도 이도저도 아닌 모양, 애매함을 나타내지만 태도나 아직 정해지지 않은 의견에 쓰는 경우가 많아서 의미가 알쏭달쏭한 경우에는 부자연스럽습니다. 따라서 3번이 정답입니다.　　**정답 3**

02 諦めが肝心とわかっていても諦めがつかなくて、気持ちの切り替えができない。
　1 とうとい　　　2 大事
　3 取られる　　　4 急がれる

해석　단념이 중요하다는 걸 알면서도 단념이 안 되서 기분 전환을 할 수 없다.
　　1 존귀하다　2 중요하다　3 빼앗기다　4 시급하다
해설　肝心(かんじん)은 뜻도 발음도 중요한 한자입니다. 諦(あきら)めがつく '단념하다', 気持(きも)ちの切(き)り替(か)え 기분 전환도 중요한 관용표현이므로 반드시 외워주세요.
정답 2

03 次から次へと気に入ったものを求める気まぐれな女性を描いた物語だ。
　1 老衰した　　　2 移り気の
　3 かわいらしい　4 慎重な

해석　계속해서 마음에 든 것을 요구하는 변덕스러운 여성을 그린 이야기이다.
　　1 노쇠한　2 변덕스러운　3 귀여운, 사랑스러운　4 신중한
해설　気(き)まぐれ는 변덕, '변덕스러움'을 뜻합니다. 문법적으로는 명사이면서 な형용사이므로 気まぐれな天気 변덕스러운 날씨 등과 같은 형태로 쓰입니다. 2번 移(うつ)り気(き)の도 같은 뜻입니다.
정답 2

04 口達者で行動しない部下を動かすコツを考えておくことだ。
　1 利口で　　　　2 気が短くて
　3 元気で　　　　4 立て板に水で

해석　말만 잘하고 행동하지 않는 부하를 움직이게 하는 요령을 생각해 둘 필요가 있다.
　　1 영리하고　2 성급하고　3 건강하고　4 말 주변이 좋고
해설　達者(たっしゃ)는 '건강함, 잘함'이라는 뜻이기 때문에 口達者(くちだっしゃ)는 입심이 좋고 말 주변이 좋다거나 또는 그런 사람을 말합니다. 이를 관용표현으로 바꾸면 立(た)て板(いた)に水(みず)가 됩니다. 우리가 흔히 말하는 '청산유수'와 같은 뜻입니다.
정답 4

05 身に覚えのないことでいろいろと詮索され、心外だった。
　1 意外だった　　2 いたましかった
　3 奇抜だった　　4 いまわしかった

해석　기억에 없는 일로 이것저것 추궁 당해서, 너무 뜻밖이었다.
　　1 의외였다　2 마음이 아팠다　3 기발했다　4 꺼림칙했다
해설　身(み)に覚(おぼ)えがない는 '기억이 없다, 짚이는 데가 없다'라는 뜻의 관용표현입니다. 詮索(せんさく)는 '세세한 점까지 파고들다'라는 의미로 쉽게 말해 '따지는 것'을 의미합니다. 여러분이 이런 상황이라면 기가 막히고 황당해서 섭섭하기까지 할 것입니다. 그것이 바로 心外(しんがい)입니다. 意外(いがい)와 비슷하지만 너무 뜻밖이어서 유감스럽다는 마음까지 담긴 것이 心外(しんがい)라고 보면 됩니다. 3번 奇抜(きばつ)だ는 탁음 발음에 주의하세요.
정답 1

06 場所をとらず価格も手頃で、しかもデザイン性も高いので、インテリアに凝りたい人にもおすすめだ。
　1 割合で　　　　2 割愛で
　3 割安で　　　　4 割低で

해석　자리를 차지하지 않고 가격도 저렴하고, 게다가 디자인성도 높아서, 인테리어에 공을 들이고 싶은 사람에게도 추천한다.
　　1 비율이고　2 할애하고　3 비교적 싸고　4 ×
해설　手頃(てごろ)는 원래 '(크기나 굵기가) 손에 알맞음, 적합함, 또는 자신의 능력·조건에 걸맞음, 어울림'이라는 뜻입니다. 자신의 능력이나 조건에 비추어 살만한 정도의 가격이라는 데서 '비교적 싼, 저렴한'이라는 의미로도 쓰이게 되었습니다. 따라서 3번 割安(わりやす)가 답이 됩니다. 2번 割愛(かつあい)는 발음도 약간 특이하죠? 아쉬워하면서도 생략하거나 버리는 것을 말합니다.
정답 3

07 ペットと快適に暮らすための細やかな工夫が施されている。
　1 あらたな　　　2 しぶとい
　3 きがるな　　　4 こまかい

해석　애완동물과 쾌적하게 살기 위한 세세한 궁리가 시도되고 있다.
　　1 새로운　2 집요한　3 가벼운　4 자잘한
해설　細(こま)やかな와 4번 細(こま)かい는 같은 한자를 씁니다. 細(こま)かい는 '작다'라는 뜻에서부터 '자세하다, 면밀하다, 세심하다, 인색하다' 등의 많은 뜻이 있습니다. 문제의 工夫(くふう)を施(ほどこ)す는 '궁리하다, 연구하다'라는 뜻의 관용표현입니다.
정답 4

08 志望動機を考えていますが、月並みな言葉しか浮かびません。
　1 びくびくする　2 ありきたりの
　3 おどおどする　4 うってつけの

해석　지망 동기를 생각하고 있었지만, 상투적인 말밖에 떠오르지 않습니다.
　　1 벌벌 떠는　2 진부한, 매우 흔한　3 주저주저하는　4 안성맞춤인
해설　月並(つきな)み는 '평범함, 진부함, 매우 흔함'이라는 뜻입니다. 2번 ありきたり와는 동의어입니다. 이밖에도 ありふれた, 陳腐(ちんぷ), 代(か)わりばえのしない, 型(かた)にはまった 등도 같은 뜻입니다.
정답 2

문제 4 다음 단어의 사용법으로 가장 알맞은 것을 1·2·3·4 중에서 하나 고르세요.

---

01 質素

1 億万長者なのに生活ぶりはきわめて質素だった。
2 利益のためではなく、質素に社会に貢献したいだけだ。
3 昨日と全然変わらない質素な人生も悪くない。
4 この詩には子供の質素な感想が込められている。

해석 검소
1 억만장자임에도 생활 모습은 극히 검소했다.
2 이익을 위해서가 아니라, 검소하게 사회에 공헌하고 싶을 뿐이다.
3 어제와 전혀 바뀌지 않는 검소한 인생도 나쁘지 않다.
4 이 시에는 아이들의 검소한 감상이 담겨 있다.
해설 1번은 의미적으로나 문법적으로 문제가 없습니다. 2번은 아쿠마데모 어디까지나로 바꾸면 자연스러워집니다. 3번은 어제와 똑같은 평범한 인생이겠죠? 그래서 平凡(へいぼん)な가 자연스럽고, 4번은 아이들이 나오니까 당연히 素直(すなお)な 솔직한이 들어가야 합니다. **정답 1**

---

02 軽率

1 考えもせず、すぐに流行に飛び付く軽率な男は嫌いだ。
2 私の軽率の行動でみんなが迷惑したので、解雇されてもしかたない。
3 人の命を軽率に扱った企業の対応に腹を立てずにはいられない。
4 深く考えないで軽率してはいけないと思う。

해석 경솔
1 생각도 안 하고 금방 유행을 쫓는 경솔한 남자는 싫다.
2 나의 경솔한 행동으로 모두가 피해를 입었기 때문에 해고 당해도 어쩔 수 없다.
3 사람의 생명을 경솔히 다룬 기업의 대응에 화를 낼 수밖에 없다.
4 깊이 생각하지 않고 경솔해서는 안 된다고 생각한다.
해설 잘 생각하면 금방 유행을 따라가는 것을 경솔한 것이 아니라 경박한 것입니다. 그러므로 1번은 軽薄(けいはく)로 바꿉시다. 2번은 문법적으로 틀린 문장입니다. 軽率(けいそつ)는 な형용사이므로 軽率(けいそつ)な가 되어야 합니다. 3번은 맞습니다. 軽率(けいそつ)는 な형용사이므로 4번은 軽率(けいそつ)する를 軽率(けいそつ)にする로 바꾸어야 합니다. **정답 3**

---

03 不謹慎

1 仕事をはやく片付けたので、先に不謹慎いたします。
2 時間がなかったので、不謹慎なままスピーチを始めた。
3 不謹慎でも同時多発テロのことをお笑いのネタにした。
4 葬式の時に笑ったりするなんて不謹慎きわまりない。

해석 불근신 (조심스럽지 못함)
1 일을 빨리 처리했기 때문에 먼저 조심스럽지 못하겠습니다.
2 시간이 없었기 때문에 조심스럽지 못한 채로 연설을 시작했다.
3 조심스럽지 못해도 911 테러를 개그 소재로 삼았다.
4 장례식 때 웃다니 매우 조심스럽지 못하다.
해설 1번은 내용상 失礼(しつれい)를 넣어 먼저 실례하겠다는 문장이 되어야 합니다. 2번은 準備不足(じゅんびぶそく)의 준비 부족인 상태로가 맞습니다. 3번은 문법적인 사항을 잘 체크해야 합니다. 不謹慎(ふきんしん)은 な형용사이므로 '조심스럽지 못하게도'라고 말하려면 不謹慎(ふきんしん)にも로 바꾸어야 합니다. 4번에서 な형용사 어간 + きわまりない '매우 ~하다'라는 뜻인데, 不謹慎(ふきんしん)은 な형용사의 어간이므로 문법적으로나 의미적으로 4번이 정답입니다. **정답 4**

---

04 厳重

1 景気が著しく低迷する中、資金繰りが厳重になっている。
2 安全性に問題がないか厳重にチェックしてください。
3 父はとても厳重な人で、門限は夜7時に決めていた。
4 今回の判決を厳重に受け止めたいと存じます。

해석 엄중
1 경기가 현저히 침체해 있는 가운데, 자금 융통이 엄중히 되고 있다.
2 안전성에 문제가 없는지 엄중하게 체크해 주세요.
3 아버지는 매우 엄중한 사람으로, 통금시간은 밤 7시로 정하고 있었다.
4 이번 판결을 엄중히 받아들이고 싶습니다.
해설 1번은 深刻(しんこく)로 바꾸어야 문맥이 맞습니다. 2번은 맞는 문장입니다. 3번은 厳格(げんかく)な로 바꾸어야 의미가 맞습니다. 4번은 기자 회견에서 자주 듣는 말인데, 厳粛(げんしゅく)에 엄숙히로 바꿔야 합니다. 厳粛(げんしゅく)に受(う)け止(と)める로 외우세요. **정답 2**

05 しんがい
1 信じていた先生もが反対なさるとはしんがいだ。
2 一応認めることは認めるが、しんがいの部分もある。
3 支えてくれる人がいるから、しんがいのも我慢できた。
4 機能性や使いしんがいはもちろん、値段もやすかった。

해석 뜻밖, 의외
1 믿고 있었던 선생님마저도 반대하시다니 의외다.
2 일단 인정할 것은 인정하지만, 뜻밖인 부분도 있다.
3 지지해 주는 사람이 있기 때문에 의외의 것도 참을 수 있었다.
4 기능성이나 사용 의외는 물론, 가격도 저렴했다.

해설 心外(しんがい)의 알맞은 용법을 살펴봅시다. 1번은 맞는 문장입니다. 참고로 先生(せんせい)가를 강조하기 위해 も를 붙이려면 先生(せんせい)もが의 형태가 됩니다. 2번은 心外(しんがい)가 な형용사이므로 心外(しんがい)な 부분도 있다로 바꾸어야 합니다. 3번은 내용의 흐름상 しんどい 힘들다가 맞겠죠? 4번의 ます형 + 心地(ごこち)의 형태는 '~하는 기분, ~감'이라는 뜻이 되므로 使(つか)い心地(ごこち) 사용감이라고 해야 맞는 문장이 됩니다.
정답 1

06 なめらか
1 後ろからも見やすいようになめらかに傾斜している。
2 10年も住んでいただけあって、日本語がなめらかだった。
3 雪が降るとなめらかになるので、気をつけてください。
4 敵をつくらないなめらかな人柄だと言われている。

해석 부드러움
1 뒤에서부터도 잘 보이도록 부드럽게 경사져 있다.
2 10년이나 살고 있었던 만큼, 일본어가 부드러웠다.
3 눈이 내리면 부드러워지니까, 조심해 주세요.
4 적을 만들지 않는 부드러운 인품이라는 말을 듣고 있다.

해설 なめらか는 표면이 부드럽거나 말이나 일이 순조롭고 거침없을 때 쓰는 말입니다. 1번은 경사져 있다는 말에서 緩(ゆる)やかに 완만하게가 들어가야 맞습니다. 2번은 맞는 표현입니다. 3번은 조심하라는 말에서 滑(すべ)りやすい가 와야 합니다. 4번은 사람의 성격에 대한 이야기이므로 穏(おだ)やかな로 바꾸어야 합니다.
정답 2

시나공법 03 | 동사 적중 예상 문제

문제 1 ＿＿＿＿의 단어 읽는 법으로 가장 알맞은 것을 1·2·3·4 중에서 하나 고르세요.

01 歴史を見るとひとつの国が滅んでまた新たな国が起こるというのは、常識だ。

1 およんで　　2 ゆるんで
3 いたんで　　4 ほろんで

해석 역사를 보면 한 나라가 망하고 또 나라가 일어난다는 것은 상식이다.
해설 滅(ほろ)ぶ는 '멸망하다'라는 뜻입니다. 滅亡(めつぼう)する와 같은 뜻이죠. 타동사 형태인 滅(ほろ)ぼす는 '멸망시키다'라는 의미입니다.
정답 4

02 日中の気温が40度を超える猛暑だが、観客席には日差しを遮る屋根がない。

1 さえぎる　　2 さまたげる
3 ゆるめる　　4 へだてる

해석 한낮의 기온이 40도를 넘는 혹서이지만, 관객석에는 햇빛을 차단하는 지붕이 없다.
해설 遮(さえぎ)る는 '(진행을) 차단하다'라는 의미입니다. 妨(さまた)げる는 발음 문제로 자주 나오니까 주의해야 하고, 隔(へだ)てる는 '(사이를) 가로막다, 떼어놓다'라는 의미입니다.
정답 1

03 キャラクターを募ったところ、44都道府県と海外から計977点が寄せられたという。

1 したった　　2 つのった
3 やとった　　4 きどった

해석 캐릭터를 모집했더니, 44도도후켄(都道府県)과 해외로부터 총 977점이 보내졌다고 한다.
해설 募(つの)る는 '모집하다'라는 의미 외에 '(감정 등이) 격해지다, 심해지다'라는 의미도 있습니다. 1번의 慕(した)う와는 한자가 비슷해서 혼동하기 쉬우니까 조심하세요. 편의상 지역이라고 해석한 都道府県(とどうふけん)은 일본의 행정구역으로서 1개의 都와 1개의 道, 2개의 府, 43개의 県을 말합니다. 寄(よ)せる에는 '밀려오다, 옆에 대다, (마음을) 기울이다, (편지 등을) 보내다' 등의 의미가 있습니다.
정답 2

04 イベントは夜を徹して7日の昼ごろまで催され、20万人の人出が見込まれる。

1 もおされ　　2 もらされ
3 もたらされ　4 もてなされ

해석 이벤트는 밤새워 7일 점심 때까지 개최되어, 20만명의 인파가 예상된다.
해설 催(もよお)す는 '개최하다, ~기분을 자아내다'라는 뜻입니다. イベントを催す 이벤트를 개최하다, 吐気(はきけ)を催す 구역질나다 등과 같이 쓰입니다. 夜(よ)を徹(てっ)する는 '밤새우다'라는 뜻으로 夜(よ)의 발음에 주의해야 합니다.
정답 1

05 やや冷めてから細く裂いて、酒を振り、ラップをして電子レンジで加熱します。

1 あがいて　2 ついて
3 さいて　　4 やぶいて

해석　약간 식은 후에 잘게 찢어서, 술을 뿌리고 랩으로 감싼 후 전자레인지로 가열합니다.
해설　3번과 4번 사이에서 많이 고민하셨죠? 3번 裂(さ)いて가 답입니다. '찢다'라는 뜻은 같지만 4번 やぶいて는 한자로 破いて라고 쓰므로 주의해야 합니다. 출제 문장의 冷(さ)める 식다는 자동사이고, 타동사 형태는 冷(さ)ます 식히다이므로 꼭 알아두세요. **정답 3**

06 薬物犯罪で逮捕され、罪を償ったのちに復帰した芸能人は少なくない。

1 あてがった　2 あらそった
3 つぐなった　4 あつかった

해석　약물 범죄로 체포 당하며, 죄를 뉘우친 후에 복귀한 연예인은 적지 않다.
해설　償(つぐな)う는 '변상하다, (책임이나 죄과를) 보상하다, 속죄하다'라는 뜻입니다. ~た後(のち)에는 '~한 후에'라는 뜻으로 ~た後(あと)로 와 같습니다. 보기의 한자 원형을 살펴봅시다. 宛(あて)がう, 争(あらそ)う, 扱(あつか)う **정답 3**

07 現地にはバイクや徒歩でしか向かえないため、被災者への援助は滞っている。

1 とどこおって　2 たずさわって
3 おぎなって　　4 はじらって

해석　현지에는 오토바이나 도보로밖에 갈 수 없기 때문에, 재해를 입은 사람들에 대한 원조는 늦어지고 있다.
해설　滞(とどこお)る는 한자 읽기 문제의 단골손님이므로 반드시 외워야 합니다. 徒歩(とほ)도 발음 때문에 자주 출제되니 유의하세요. 보기의 동사 한자를 확실히 암기해둡시다. 携(たずさ)わって, 補(おぎな)って, 恥(は)じらって **정답 1**

08 息子を装う振り込め詐欺の相談をしてきた女性に、だまされたふりを続けてもらった。

1 おそう　2 よそおう
3 さらう　4 やしなう

해석　아들을 가장한 송금사기(보이스 피싱)의 상담을 하러 온 여성에게 계속 속은 척 하게 했다.
해설　装(よそお)う는 '치장하다, 가장하다, ~인 척하다'라는 뜻입니다. 1번 襲(おそ)う는 '습격하다, 덮치다', 3번 さらう는 '복습하다, 유괴하다, (인기 등을) 휩쓸다'라는 의미입니다. 4번 養(やしな)う는 '기르다, 양육하다, 부양하다'라는 의미입니다. **정답 2**

문제 2 (　　　)에 들어갈 가장 알맞은 것을 1·2·3·4 중에서 하나 고르세요.

01 これは信長(のぶなが)の戦いに関する通説の数々を、根底から(　　　)衝撃の1冊です。

1 繕う　2 断つ
3 覆す　4 反る

해석　이 책은 노부나가의 전투에 관한 여러 가지 통설을 근본부터 (뒤엎는) 충격의 한 권입니다.
　　　1 꾸미는　2 끊는　3 뒤엎는　4 휘는
해설　충격의 한 권이라고 하면 당연히 통설을 뒤엎는 내용이어야 할 것입니다. 따라서 3번 覆(くつがえ)す가 답이 됩니다. 繕(つくろ)う, 断(た)つ, 反(そ)る 등의 동사도 반드시 암기해 둡시다. 참고로 信長(のぶなが)는 일본 전국시대의 장군으로 豊臣秀吉(とよとみひでよし)를 길러낸 사람입니다. **정답 3**

02 知事は7年半の政府運営で大きな成果を(　　　)。

1 もらした　2 もたらした
3 もがいた　4 もよおした

해석　지사는 7년 반 동안의 정부 운영으로 커다란 성과를 (가져왔다).
　　　1 누설했다　2 가져왔다　3 발버둥쳤다　4 개최했다
해설　괄호 안에는 성과를 거두었다든지, 성과를 가져왔다는 뜻의 동사가 들어가야 합니다. 보기 동사들이 모두 히라가나 표기여서 상당히 헷갈리는데 명사를 붙여서 함께 외우면 암기에 도움이 됩니다. 情報(じょうほう)をもらす 정보를 누설하다, 繁栄(はんえい)をもたらした 번영을 가져왔다, おぼれそうでもがいた 익사할 것 같아서 발버둥쳤다, イベントを催(もよお)した 이벤트를 개최했다. **정답 2**

03 大雪の影響で新幹線の到着が遅れ、開放された新幹線の車内で夜を(　　　)。

1 あかした　2 はたした
3 すました　4 おどした

해석　폭설의 영향으로 신칸센의 도착이 늦어져, 개방된 신칸센 차내에서 밤을 (지새웠다).
　　　1 지새웠다　2 다했다　3 끝마쳤다　4 위협했다
해설　내용상 '밤을 지새우다'가 들어가야 맞습니다. '밤을 지새우다'라는 의미의 숙어는 夜(よ)を明(あ)かす입니다. **정답 1**

04 新型インフルエンザは、免疫がなく、集団生活を送る子どもたちを中心に急速に(　　)いる。
　1 深まって　　　2 広まって
　3 早まって　　　4 弱まって

해석 신종 플루는 면역력이 부족하고, 집단생활을 하는 아이들을 중심으로 급속히 (확산되고) 있다.
　1 깊어지고　2 확산되고　3 빨라지고　4 약해지고
해설 급속히 확산되고 있다는 내용이 맞겠죠? 그래서 답은 2번이 됩니다. 보기의 자동사를 타동사와 함께 외워봅시다. 深(ふか)まる↔深(ふか)める, 広(ひろ)まる↔広(ひろ)める, 早(はや)まる↔早(はや)める, 弱(よわ)まる↔弱(よわ)める
정답 2

05 いうまでもなく、わが国の経済力の強さは、中小企業の活動に(　　)ところが大きい。
　1 脅す　　　2 負う
　3 被る　　　4 及ぶ

해석 말할 필요도 없이, 우리나라의 강한 경제력은 중소기업의 활동에 (힘입은) 바가 크다.
　1 위협하는　2 힘입은　3 입은, 쓴　4 이르는
해설 ～に負(お)うところが大(おお)きい는 '～에 힘입은 바가 크다'라는 뜻으로 상당히 많이 사용되는 표현입니다. 3번 被る는 こうむる라고 읽으면 '(은혜, 피해, 손해를) 입다', かぶる라고 읽으면 '(머리 등에) 쓰다, (피해나 누명을) 뒤집어쓰다'라는 의미가 됩니다.
정답 2

06 通気性を高めた特殊な加工を(　　)、内側には吸水性の高い素材を使いました。
　1 与え　　　2 もうけ
　3 ほどこし　4 構え

해석 통기성을 높인 특수 가공을 (하고), 안쪽에는 흡수성이 높은 소재를 사용했습니다.
　1 주고　2 마련하고　3 시행하고, 쓰고　4 자세를 취하고
해설 施(ほどこ)す에는 '베풀다, 시행하다, (수단, 방법을) 쓰다'라는 의미가 있습니다. 문어체에서는 동사 ます형 뒤에 쉼표를 찍어서 동사 て형과 같이 문장을 연결합니다. 加工(かこう)を施す는 '가공하다'.
정답 3

07 この花は覆い隠すような背丈の草が生い茂ると、光を(　　)自生できなくなる。
　1 あやしまれて　　　2 おいこまれて
　3 あやつられて　　　4 さえぎられて

해석 이 꽃은 꽃이 덮혀질 만큼 높게 풀이 자라나면 빛을 (차단 당해서) 자생할 수 없게 된다.
　1 의심 받아서　2 몰려서　3 조종 당해서　4 차단 당해서
해설 자생할 수 없게 되려면 빛을 차단당해야 하므로 4번 遮(さえぎ)られて가 정답입니다. 보기 동사의 한자를 확인해 둡시다. 怪(あや)しまれて, 追(お)い込(こ)まれて, 操(あやつ)られて
정답 4

08 森氏は取材に応じ、「さんざんマスコミに振り回された選挙になった」と(　　)。
　1 とぼけた　　　2 相次いだ
　3 ぼやいた　　　4 促した

해석 모리 씨는 취재에 응해, '호되게 언론에 놀아난 선거가 되었다'라고 (투덜댔다).
　1 시치미뗐다　2 이어졌다　3 투덜댔다　4 재촉했다
해설 인터뷰 내용이 불평이기 때문에 3번 ぼやく가 답이 됩니다. 4번 促(うなが)す는 발음 문제로도 출제될 수 있으니 조심하세요.
정답 3

문제 3 ＿＿＿＿의 단어와 의미가 가장 가까운 것을 1·2·3·4 중에서 하나 고르세요.

01 彼は何も言わず、最後は空を仰いで、満面の笑みを見せた。
　1 みくびって　　　2 みくだして
　3 みさげて　　　　4 みあげて

해석 그는 아무 말 없이, 마지막에는 하늘을 올려다보고 만면의 웃음을 보여주었다.
　1 무시하고　2 깔보고　3 멸시하고　4 올려다보고
해설 見(み)くびる, 見下(みくだ)す, 見下(みさ)げる 모두 '무시하다'라는 뜻입니다. 문제의 仰(あお)ぐ는 4번 見上(みあ)げる와 동의어로서 '올려다보다, 우러러보다, 공경하다'라는 뜻입니다.
정답 4

02 家は通りに面しているので、騒音がひどくてなかなか眠れない。
　1 向いて　　　2 へだてて
　3 退いて　　　4 おちいって

해석 집은 도로에 면해 있기 때문에 소음이 심해서 좀처럼 잠들지 못한다.
　1 면하고　2 가로막고, 사이에 두고　3 물러나고　4 빠지고
해설 ～に面(めん)している를 한 세트로 외워두세요. '～에 면해 있다, 인접해 있다'라는 뜻입니다. 1번 向(む)く는 '향하다, 면하다, 가리키다' 등의 뜻이 있으므로 동의어가 됩니다. 2번 隔(へだ)てる, 3번 退(しりぞ)く, 4번 陥(おちい)る는 발음 문제로도 자주 출제되므로 반드시 암기하세요.
정답 1

03 中学に入ると文法や単語の暗記など苦しい作業も増えるので、とまどう生徒も多い。
　1 慕う　　　　2 養う
　3 困る　　　　4 襲う

해석　중학교에 들어가면 문법이나 단어 암기 등, 괴로운 일도 늘기 때문에 당황하는 학생도 많다.
　　　1 사모하는　2 기르는　3 곤란해 하는　4 습격하는
해설　戸惑(とまど)うは '당황해 하다, 망설이다'라는 뜻입니다. 따라서 가장 가까운 뜻은 3번 困(こま)る가 됩니다. 慕(した)う, 養(やしな)う, 襲(おそ)うは 한자 읽기 발음에 주의하면서 히라가나 표기에도 익숙해지도록 합시다.
　　　　　　　　　　　　　　　　　　　　　　　　정답 3

04 もっと優しくしてあげたいのに、おとなげなくののしったり、叫いたりしてしまいます。
　1 つくしたり　　2 どなったり
　3 あわてたり　　4 とぼけたり

해석　더 다정하게 해 주고 싶은데도, 어른스럽지 못하게 욕을 하거나 때리곤 합니다.
　　　1 다하거나　2 호통치거나　3 허둥대거나　4 시치미떼거나
해설　ののしる는 용법 문제로도 출제되었던 기출 동사입니다. しかる, 怒鳴(どな)る, ののしる 모두 혼내고 야단치는 것이지만, ののしる로 갈수록 그 정도가 심해집니다. ののしる는 거의 욕설을 퍼붓는 수준이거든요.
　　　　　　　　　　　　　　　　　　　　　　　　정답 2

05 自分の土地だからとしても、通行を阻むことはできるのでしょうか。
　1 すずしむ　　　2 じゃまする
　3 ふさがる　　　4 しりごみする

해석　(아무리) 자기 땅이라고 해도 통행을 막을 수 있는 것일까요?
　　　1 ×　2 방해하다　3 막히다　4 꽁무니빼다
해설　阻(はば)む는 '막다, 저지하다'라는 뜻입니다. 3번 ふさがる는 자동사로서 '막히다'라는 뜻이기 때문에 답이 될 수 없습니다. 따라서 답은 2번 邪魔(じゃま)する입니다. 4번 しりごみする는 엉덩이를 뒤로 빼고 뒷걸음질 치는 모습을 연상하면 됩니다.
　　　　　　　　　　　　　　　　　　　　　　　　정답 2

06 お見舞いを添えて数年ぶりに手紙を出そうと思っている。
　1 ならって　　　2 ためて
　3 ぬいて　　　　4 つけて

해석　병문안을 겸해서 수년 만에 편지를 부치려고 생각하고 있다.
　　　1 배워서　2 모아서　3 빼서　4 붙여서
해설　お見舞(みま)いは 문병, 그 자체의 행위뿐만 아니라 문안이나 위문을 위해 보내는 편지, 금품의 뜻도 있습니다. 添(そ)える는 '더하다, 첨부하다'라는 의미이므로 4번 つける가 가장 적합합니다. 習(なら)う, 貯(た)める, 抜(ぬ)く 모두 한자를 보면 쉬운 단어들인데 히라가나로 보면 잠시 머뭇거려지므로 히라가나 표기 동사에 주의합시다.
　　　　　　　　　　　　　　　　　　　　　　　　정답 4

07 いびきに潜む怖い病気を見逃してはいけません。
　1 つくろう　　　2 ひってきする
　3 くわわる　　　4 かくれる

해석　코골이에 숨어 있는 무서운 병을 간과해서는 안 됩니다.
　　　1 꾸미는　2 필적하는　3 더해지는　4 숨은
해설　潜(ひそ)むは '잠복하다, 숨다'라는 뜻입니다. 潜(もぐ)る로 읽으면 '잠수하다'라는 뜻이 되므로 주의하세요. 보기 동사들의 한자들을 확인해 봅시다. 繕(つくろ)う, 匹敵(ひってき)する, 加(くわ)わる, 隠(かく)れる
　　　　　　　　　　　　　　　　　　　　　　　　정답 4

08 ストーリーが二転、三転し、はらはら、どきどきが最後まで続くような凝った連続サスペンスドラマが見たい。
　1 手の込んだ　　2 気の重い
　3 手塩にかけた　4 気にさわる

해석　스토리가 반전을 거듭해 조마조마함, 두근거림이 마지막까지 계속될 듯한 정교한 연속 서스펜스 드라마를 보고 싶다.
　　　1 공들인, 정교한　2 마음이 무거운　3 공들여 키운　4 불쾌한
해설　스토리가 반전을 거듭해 조마조마함, 두근거림이 계속된다면 그만큼 치밀하고 정교한 구성의 드라마겠죠? 凝(こ)る는 '응고하다, 열중하다, 공들이다, 뻐근하다' 등의 뜻이 있습니다. 그러므로 1번의 手(て)の込(こ)んだ와 같은 뜻이 됩니다. 手塩(てしお)にかける, 気(き)にさわる는 신체어구 관용표현으로서 매우 중요하니까 꼭 암기하세요.
　　　　　　　　　　　　　　　　　　　　　　　　정답 1

문제 4 다음 단어의 사용법으로 가장 알맞은 것을 1·2·3·4 중에서 하나 고르세요.

01 とぐ

1 うちの包丁は父がいつも<u>といで</u>いるからよく切れる。
2 記者会見をしていた彼はハンカチで涙を<u>といだ</u>。
3 わが校では剣道で学生を<u>といで</u>いる。
4 体がなまらないように、いつも<u>といで</u>おく必要がある。

해석 갈다
1 우리 집 식칼은 아버지가 항상 갈고 있기 때문에 잘 든다.
2 기자회견을 하고 있던 그는 손수건으로 눈물을 갈았다.
3 우리 학교에서는 검도로 학생을 갈고 있다.
4 몸이 둔해지지 않도록, 항상 갈아 둘 필요가 있다.

해설 研(と)ぐ는 '(날붙이 등을) 갈다'라는 뜻입니다. 1번은 맞는 문장이고, 2번은 涙(なみだ)を拭(ふ)いた 눈물을 닦았다가 맞겠죠. 3번은 鍛(きた)える 단련하다가 자연스럽습니다. 4번은 運動(うんどう)するレ 鍛(きた)える 정도가 적절합니다.   **정답 1**

02 ののしる

1 勉強ができなかったことで、子供はお母さんに<u>ののしられた</u>。
2 きたない言葉での<u>ののしる</u>など口論に発展してしまった。
3 彼は図書館で眠っていた学生をやさしく<u>ののしった</u>という。
4 お正月になると、玄関の前に門松を<u>ののしる</u>。

해석 욕하다, 큰소리로 비난하다
1 공부를 못했기 때문에 아이는 어머니에게 욕을 먹었다.
2 상스러운 말로 욕을 하는 등 언쟁으로 발전해 버렸다.
3 그는 도서관에서 잠들어 있던 학생을 자상하게 욕했다고 한다.
4 설날이 되면 현관 앞에 가도마츠(소나무 장식)을 욕한다.

해설 아이가 아무리 공부를 못해도 ののしる 해서는 안되죠. 그러므로 1번은 しかられた로 바꿔야 합니다. 2번은 きたない言葉(ことば)라는 단어가 있기 때문에 맞는 문장입니다. 3번은 やさしく와 ののしる가 모순되므로 たしなめる 타이르다. 言(い)い聞(き)かせる 타이르다, 起(お)こす 깨우다가 적합합니다. 4번은 飾(かざ)る 장식하다를 넣으면 됩니다.   **정답 2**

03 おごる

1 試合で頑張っている息子にエールを<u>おごった</u>。
2 手作りの料理を<u>おごって</u>くださって恐縮です。
3 ただで食事を<u>おごる</u>のはなんらかの下心があるということだ。
4 先輩に車で<u>おごって</u>もらって助かった。

해석 한턱내다
1 시합에서 열심히 하고 있는 아들에게 응원을 한턱냈다.
2 손수 만든 요리를 한턱내 주셔서 황송합니다.
3 공짜로 식사를 한턱내는 것은 뭔가 꿍꿍이가 있다는 것이다.
4 선배가 차로 한턱내 주어서 살았다.

해설 1번은 エールを送(おく)った 응원을 보냈다로 바꿔야겠죠? 2번은 손수 만든 요리는 사는 것이 아니라 내주는 것이므로 出(だ)して나 ごちそうして로 바꿔야 합니다. 4번은 차로 바래다주었다는 의미이므로 送(おく)って가 맞습니다.   **정답 3**

04 にじむ

1 鼻水が<u>にじんで</u>いると、耳が聞こえにくくなる。
2 選手たちに声が<u>にじむ</u>まで応援した。
3 味がよく<u>にじむ</u>ように、長く煮込んだ。
4 声が上ずり、額には汗が<u>にじんで</u>いた。

해석 번지다
1 콧물이 번지고 있으면 귀가 잘 안 들리게 된다.
2 선수들에게 목소리가 번질 때까지 응원했다.
3 맛이 잘 번지도록 오랫동안 푹 끓였다.
4 목소리는 들떠 있고, 이마에는 땀이 번져(배어나와) 있었다.

해설 콧물이 계속 나오거나 코가 막혀있으면 귀가 잘 안 들리게 되므로 1번은 鼻水(はなみず)が止(と)まらない나 鼻がつまっている가 좋습니다. 2번은 '목소리가 쉴 때까지'라는 의미로 かれる(쉬다)를 넣어 주세요. 3번은 '맛이 잘 배이도록'이 되야 하므로 染(し)みる가 적합합니다. にじむ는 '번지다, 배어나오다'라는 뜻이므로 4번과 같이 땀이나 피 등에 쓸 수 있습니다. 4번이 정답입니다.   **정답 4**

05 重ねる

1 事務員と観光ガイドを<u>重ねて</u>やっている。
2 苦労に苦労を<u>重ねて</u>財産を築いた。
3 このチームには経験豊富な選手を<u>重ねる</u>必要がある。
4 個別の相談ブースを二つ<u>重ねる</u>。

해석 거듭하다, 겹치다
1 사무원과 관광 가이드를 거듭해서 하고 있다.
2 고생에 고생을 거듭하여 재산을 쌓았다.
3 이 팀에는 경험이 풍부한 선수를 거듭할 필요가 있다.
4 개별적인 상담 코너를 두 개 겹치다.

해설 重(かさ)ねる는 兼(か)ねる 겸하다와 혼동하기 쉽습니다. 1번처럼 두 가지 직업을 말할 때는 兼ねて를 씁니다. 3번은 문맥상 加(くわ)える 더하다, 추가시키다가 자연스럽겠네요. 4번은 '갖추다, 구비하다'라는 뜻인 備(そな)える나, '마련하다'라는 뜻의 設(もう)ける, 또는 作(つく)る를 써도 좋습니다.   **정답 2**

06 みなす
1 あなたはさすがに私がみなしただけのことはある。
2 景色にみなして下車しそこなった。
3 核兵器は人類を滅亡させるものとみなされている。
4 母は私が外泊するのをみなしてくれなかった。

해석 간주하다
1 당신은 과연 내가 간주한 만큼의 가치는 있다.
2 경치에 간주하여 미처내리지 못했다.
3 핵병기는 인류를 멸망시키는 것으로 간주되고 있다.
4 엄마는 내가 외박하는 것을 간주 해주지 않았다.
해설 해석상 가장 자연스러운 것은 3번이 됩니다. 1번은 '기대하다'라는 의미의 見込(みこ)む를 넣으면 완벽한 문장이 됩니다. 2번은 내용 흐름상 경치에 '넋이 빠져서'가 되어야 하므로 見(み)とれて를 넣읍시다. 4번은 내용상 許(ゆる)して가 맞습니다. **정답 3**

시나공법 04 | 복합동사 적중 예상 문제

문제 2 (   )에 들어갈 가장 알맞은 것을 1・2・3・4 중에서 하나 고르세요.

01 円高がもう一段進むようなことがあれば、(   )政策を打つ必要がある。
1 わりこんだ　　2 ふみこんだ
3 のりこんだ　　4 おりこんだ

해석 엔고가 한층 더 진행될 것 같으면, (심화된) 정책을 강구할 필요가 있다.
1 끼어든　2 파고든　3 올라탄　4 짜 넣은
해설 踏(ふ)み込(こ)む에는 '발을 내딛다'라는 뜻 외에 '(사물의 깊은 곳까지) 파고들다'라는 뜻이 있습니다. 한층 심화된 정책이 필요하다는 말입니다. 割(わ)り込(こ)む는 '새치기하다'라는 뜻으로 회화에서 자주 쓰는 동사이며, おりこむ는 한자에 따라 뜻이 달라집니다. 織(お)り込(こ)む 엮어 넣다, 짜 넣다, 折(お)り込(こ)む 접어 넣다 **정답 2**

02 この記事では、企業の人事・賃金制度等を詳細に(   )いる。
1 取り消して　　2 取り除いて
3 取り上げて　　4 取り組んで

해석 이 기사에서는 기업의 인사, 임금제도 등을 상세히 (언급하고) 있다.
1 취소하고　2 제외하고　3 채택하고　4 몰두하고
해설 보기로 제시된 복합동사들은 비슷비슷해서 늘 헷갈립니다. '혼잡해지다. 차지하다. 구슬리다'라는 뜻의 取(と)り込(こ)む까지 가세하면 머리에서 연기가 날 정도입니다. 取(と)り上(あ)げる는 잡아서 (取る) 올린다(あげる) 기본적인 의미로부터 '몰수하다. (신청, 의견 등을) 채택하다. 문제 삼다. 아기를 받다' 등의 뜻이 있습니다. **정답 3**

03 商店に立ち寄った日本人の買い物客らは、ふと足を止めて置物に(   )いた。
1 見立てて　　2 見込んで
3 見逃して　　4 見入って

해석 상점에 들른 일본인 관광객들은 문득 발을 멈추고 장식품을 (뚫어져라 쳐다보고) 있었다.
1 비유하고　2 기대하고　3 간과하고　4 지켜보고
해설 넋이 빠진 듯이 한참을 지켜보고, 열심히 바라보는 것을 見入(みい)る라고 합니다. 또는 見入(みい)られる의 꼴로 '(귀신 등이) 씌다, 홀리다'라는 뜻이 되기도 합니다. **정답 4**

04 これはアメリカの本土から(   )貴重なものだ。
1 取り次いだ　　2 取りつけた
3 取り寄せた　　4 取り立てた

해석 이것은 미국 본토로부터 (주문해 들여온) 귀중한 물건이다.
1 연결준　　2 설치한, 성립시킨
3 주문해서 가져오게 한　4 징수한, 특별히 내세운
해설 取(と)り로 시작하는 복합동사는 시험에 자주 나옵니다. 정답인 取(と)り寄(よ)せる는 상점에서 많이 쓰는 단어로 직역하면 '주문해서 가져오게 하다'라는 의미입니다. 2번 取(と)りつける는 '기계 등을 장치하거나 설치하다, 약속이나 계약을 성립시키다'라는 뜻입니다. **정답 3**

05 一人だけ正直にやって割りを食ったので、商売が(   )。
1 仕切らない　　2 立て込まない
3 成り立たない　4 受け継がない

해석 혼자서만 정직하게 해서 손해를 보았기 때문에 장사가 (유지되지 않는다).
1 맡아서 처리하지 않다　2 북적거리지 않다
3 유지되지 않다　4 계승하지 않다
해설 割(わ)りを喰(く)う라는 관용표현을 알아야 전체적 문맥을 이해할 수 있었을 것 같네요. 割りを喰う는 '손해를 보다'라는 뜻입니다. 손해를 봤기 때문에 당연히 장사는 채산이 맞지 않겠죠? 그래서 成(な)り立(た)つ가 정답이 됩니다. 성り立つ는 '(계약 등이) 성립되다, (멤버로) 구성되다, (채산이 맞아) 장사가 유지되다' 등의 뜻이 있습니다. **정답 3**

06 合コンで雰囲気を(　　)ゲームをいろいろ考えて行った。

1 盛り上げる　　2 言い付ける
3 打ち明ける　　4 取り次ぐ

해석　미팅에서 분위기를 (고조시키는) 게임을 여러 가지 생각해 갔다.
1 (분위기 등을) 고조시키는　2 분부하는　3 고백하는　4 이어주는
해설　'미팅, 게임'이란 단어가 이어지고 있습니다. 미팅이라면 역시 분위기를 띄우는 게임을 생각해야겠죠? 그래서 1번 盛(も)り上(あ)げる가 답이 되는 것입니다. 打(う)ち明(あ)ける와 取(と)り次(つ)ぐ는 회화에서도 자주 사용되는 복합동사니까 꼭 암기해 주세요.
정답 1

문제 3 _____의 단어와 의미가 가장 가까운 것을 1・2・3・4 중에서 하나 고르세요.

01 この年になると、取り立てて食べたいものもなくなる。

1 いちがいに　　2 べつに
3 ときに　　　　4 いっこうに

해석　이 나이가 되면, 딱히 먹고 싶은 것도 없어진다.
1 일률적으로　2 별도로, 특별히　3 때로　4 전혀
해설　取(と)り立(た)てる는 '강제로 징수하다, 특별히 내세우다'라는 뜻입니다. 取り立てて는 '특별히 내세워서', 즉 '특별히, 특히'라는 뜻이 되며 부사처럼 쓰입니다. 그래서 別(べつ)に와 똑같은 뜻이 되는 것입니다.
정답 2

02 部下と張り合うなんて、上司として失格じゃない。

1 群がる　　2 勝る
3 逆らう　　4 競う

해석　부하와 경쟁하다니, 상사로서 실격이 아니냐.
1 무리지어 모이다　2 능가하다
3 거스르다, 거역하다　4 경쟁하다
해설　張(は)り合(あ)う는 '맞서다, 경쟁하다'라는 뜻으로 서로 지지 않으려고 팽팽히 맞선 모습을 나타냅니다. 그래서 4번 競(きそ)う와 동의어가 됩니다. 群(むら)がる, 勝(まさ)る, 逆(さか)らう는 한자 읽기 발음 문제로도 출제될 수 있으니 주의하시기 바랍니다. 勝る는 ~に勝る의 형태로 '~보다 뛰어나다, ~을 능가하다'라는 뜻입니다.
정답 4

03 大学に入ったら、はじけて勉強もせず遊びに明け暮れる学生がいる。

1 みたてる　　2 うちこむ
3 たてこむ　　4 ふみきる

해석　대학에 가면, 구속에서 벗어나 공부도 안 하고 노는 데만 몰두하는 학생이 있다.
1 보고 판단하는, 비유하는　2 몰두하는
3 북적거리는　　　　　　4 단행하는
해설　明(あ)け暮(く)れる는 같은 일을 되풀이하며 세월을 보낸다는 의미입니다. 주로 ~に明け暮れる의 형태로 '~하기만 하다, ~하는데 정신 팔리다'라는 뜻을 나타냅니다. 打(う)ち込(こ)むと ~に打ち込む의 형태로 '~에 몰두하다'라는 뜻이 됩니다.
정답 2

04 「自分の信念を通す」ことと「自分の考えを押し付ける」ことは違う。

1 しいる　　2 かわす
3 なげる　　4 くくる

해석　'자신의 신념을 관철하는' 것과 '자신의 생각을 밀어붙이는' 것은 다르다.
1 강요하는　2 주고받는　3 던지는　4 한데 묶는
해설　보기로 제시된 동사는 한자도 중요합니다. 強(し)いる, 交(かわ)す, 投(な)げる, 括(くく)る 중에서 押(お)し付(つ)ける와 같은 뜻의 동사는 強いる가 됩니다. 참고로 押し付ける는 남에게 일이나 책임 등을 억지로 떠맡긴다는 의미도 있습니다.
정답 1

문제 4 다음 단어의 사용법으로 가장 알맞은 것을 1・2・3・4 중에서 하나 고르세요.

01 みのがす

1 今度だけどうぞみのがしてくれませんか。
2 どろぼうは大慌てでみのがした。
3 地震で崩壊をみのがした家は村に1軒もなかった。
4 看板は都市の美観をみのがすと言える。

해석　눈감아 주다, 못 보고 놓치다
1 이번만 제발 눈감아 주지 않겠어요?
2 도둑은 매우 허둥대며 눈감아 주었다.
3 지진으로 붕괴를 눈감아 준 집은 마을에 한 채도 없었다.
4 간판은 도시의 미관을 눈감아 준다고 할 수 있다.
해설　1번은 해석으로 보나 문법적으로 보나 완벽합니다. 2번에서는 逃(に)げた가 맞겠네요. 3번은 免(まぬが)れた로 바꾸어 '붕괴를 면했다, 피했다'라고 하면 됩니다. 4번은 '미관을 망친다'라고 해야 문맥이 자연스러워지므로 損(そこ)なう로 바꾸어 주세요.
정답 1

02 見合わせる

1 彼女はうちの子にいいおもちゃを見合わせてくれた。
2 経済的地位に見合わせるほど成長したのかどうかは疑問だ。
3 各企業でもメキシコ出張を見合わせるよう指示を下した。
4 勝負がつかなかったために、見合わせて試合を続けた。

해석 보류하다
1 그녀는 우리 아이에게 좋은 장난감을 보류해 주었다.
2 경제적 지위에 보류할 만큼 성장했는지 어떤지는 의문이다.
3 각 기업에서도 멕시코 출장을 보류하도록 지시를 내렸다.
4 승부가 나지 않았기 때문에, 보류해서 시합을 계속했다.

해설 1번은 見立(みた)てて로 바꾸면 됩니다. 見立てる는 '보고 고르다, 비유하다'라는 뜻을 갖고 있으므로 아이에게 좋은 장난감을 보고 골라주었다는 말이 됩니다. 2번에서는 지위에 '맞다'이라는 의미가 되어야 하므로 見合(みあ)う를 써야겠네요. 4번은 延長(えんちょう)して를 넣어 주세요.

정답 3

03 取り組む

1 MP3ファイルを直接携帯電話に取り組んで鑑賞できる。
2 カンボジアの貧しい人を対象にしたボランティア活動に取り組んでいる。
3 ローンを取り組んで念願の我が家を手に入れた。
4 少数派の意見を取り組むこともリーダーのすることだ。

해석 몰두하다
1 MP3 파일을 직접 휴대전화로 몰두해서 감상할 수 있다.
2 캄보디아의 가난한 사람을 대상으로 한 자원봉사 활동에 몰두하고 있다.
3 융자를 몰두해서 염원하던 내 집을 얻었다.
4 소수파 의견을 몰두하는 일도 리더가 하는 일이다.

해설 복합동사의 알맞은 쓰임을 묻는 난이도 있는 문제였습니다. 틀린 문장들은 어떤 동사로 바꾸어야 할까요? 1번은 휴대전화로 파일을 거두어 들여야 하므로 取(と)り込(こ)んで가 맞습니다. 2번은 완벽한 문장입니다. 3번은 ローンを組(く)む 융자를 짜다가 맞는 표현입니다. 4번은 '소수파 의견을 수렴하다'라는 의미인 取(と)り入(い)れる가 적합합니다.

정답 2

04 押しきる

1 押しきってだめなら、引いてみなさい。
2 あの車が押しきって入ろうとしたので、クラクションをならした。
3 自分の仕事を人に押しきっておいて遊んでいる。
4 親の反対を押しきって画家の道に進んだ。

해석 무릅쓰고 강행하다, 밀고 나가다
1 강행해서 안 된다면 당겨 보세요.
2 저 차가 강행해서 들어오려고 했기 때문에 경적을 울렸다.
3 자신의 일을 남에게 강행해 두고 놀고 있다.
4 부모의 반대를 무릅쓰고 화가의 길로 나아갔다.

해설 押(お)してだめなら、引(ひ)いてみる는 '밀어서 안 되면 당겨 보다'는 뜻으로 하나의 방법이 먹히지 않으면 전혀 다른 방법을 강구한다는 의미로 쓰입니다. 1번은 押(お)して로 바꾸어 주세요. 2번은 割(わ)り込(こ)んで로 바꾸면 됩니다. 3번은 '떠넘기고'라는 의미의 押(お)し付(つ)けて를 넣으면 자연스러워지네요. 4번은 '~를 무릅쓰고, ~의 말을 듣지 않고'라는 의미의 ~を押(お)しきって의 형태로 많이 활용되는 표현입니다.

정답 4

첫째마당 총정리 | 적중 예상 문제

문제 1 _____ 의 단어 읽는 법으로 가장 알맞은 것을 1·2·3·4 중에서 하나 고르세요.

01 高価なブランド物を身に付けていても、どこか卑しかったり、人を蔑んだり、する人がいる。

1 いやし　　2 いやらし
3 ひやし　　4 ひやらし

해석 고가의 명품을 입고 있어도, 어딘가 천박하거나 남을 경멸하곤 하는 사람이 있다.
해설 卑(いや)しい는 '신분이나 지위가 낮거나, 비열하다거나, 저속하다'라는 뜻입니다. 알고 있는 단어라고 긴장을 늦추다가 다른 답을 고르는 일이 없도록 히라가나를 제대로 발음하여 실수없이 답을 고르시기 바랍니다.

정답 1

02 パソコンの煩わしいメールを受信できないようにするには、受信拒否の設定をすればいい。

1 けわしい　　2 いまわしい
3 けがらわしい　　4 わずらわしい

해석 컴퓨터의 성가신 메일을 수신할 수 없도록 하려면 수신거부의 설정 하면 된다.
해설 '번거롭다, 성가시다, 까다롭다' 등의 뜻을 가진 형용사가 煩(わずら)わしい입니다. 보기로 제시된 형용사도 살펴볼까요? 険(けわ)しい 험준·험악하다, 忌(い)まわしい 불길하다, 汚(けが)らわしい 추잡하다

정답 4

03 99人のうち9人が事業そのものに強硬に反対したまま、交渉は事実上ストップしていた。
1 きょうこうに　2 ごうこうに
3 きょうべんに　4 ごうこうに

해석　99명 중 9명이 사업 자체를 강경하게 반대한 채로, 교섭은 사실상 멈추어 있었다.
해설　強硬(きょうこう)는 '강경'이라는 뜻으로 強硬路線(きょうこうろせん) 강경노선, 強硬姿勢(きょうこうしせい) 강경자세, 強硬策(きょうこうさく) 강경책 등의 복합어로도 많이 쓰입니다. 동음이의어로는 強行(きょうこう) 강행, 教皇(きょうこう) 교황이 있습니다.　정답 1

04 政権交代にわき、不況、雇用不安、デフレに生活が脅かされた1年だった。
1 おとろえされた　2 おどろかされた
3 おどかされた　4 おびやかされた

해석　정권 교체로 들끓고, 불황, 고용불안, 디플레이션에 생활이 위협을 받은 1년이었다.
1 ×　2 놀란　3 놀란　4 위협받은
해설　脅かす는 おどかす (놀라게 하다)와 おびやかす (위태롭게 하다)로 읽을 수 있습니다. 문맥으로 봤을 때 생활이 위태로워지는 것, 즉 '위협받는다'는 의미이므로 4번이 맞습니다. 2번은 驚(おどろ)かす (놀라게 하다)의 수동형입니다.　정답 4

문제 2 (　)에 들어갈 가장 알맞은 것을 1·2·3·4 중에서 하나 고르세요.

01 (　)が、少ないチャンスをものにして得点もできるようになった。
1 ものものしい　2 やかましい
3 ものたりない　4 いやらしい

해석　(부족하)지만, 적은 기회를 기회삼아 득점도 가능하게 되었다.
1 엄청나　2 시끄러　3 부족하　4 추잡하
해설　바로 뒤에 少ないチャンス가 있네요. 그러므로 괄호 안에는 物足(もの た)りない가 들어가야 문맥이 자연스럽게 이어집니다.　정답 3

02 オーディションで演じる時は、身ぶりも手ぶりも(　)した方がいい。
1 大いに　2 穏やかに
3 大げさに　4 和やかに

해석　오디션에서 연기할 때는 몸짓도 손짓도 (과장되게) 하는 편이 좋다.
1 대단히, 크게　2 온화하게　3 과장해서　4 온화하게
해설　오디션 연기에서 몸동작이 작으면 안 되겠죠? 그래서 3번이 답이 됩니다. 1번의 大(おお)いに는 몸짓 등의 동작이나 크기에 대해서는 쓸 수 없습니다. 大いに喜(よろこ)ぶ 크게 기뻐하다. 穏(おだ)やかだ는 주로 사람의 성격을 말할 때 쓰고, 和(なご)やかだ는 주로 분위기에 대해서 사용합니다.　정답 3

03 今時の若者にとって、父親は(　)存在になってしまった。
1 けむたい　2 おだやかな
3 はかない　4 さわやかな

해석　요즘 젊은이에게 있어서 아버지는 (거북한) 존재가 되어 버렸다.
1 거북한　2 온화한　3 허무한　4 상쾌한
해설　今時(いまどき)の若者(わかもの)가 힌트가 됩니다. 예전에 비해 요즘은 자식들에게 쩔쩔매는 아버지들이 많다고 하네요. 그래서 1번 煙(けむ)たい가 답이 됩니다. 穏(おだ)やかな와 爽(さわ)やかな는 한자도 같이 확인해주세요.　정답 1

04 春先に退職を考えていたのだが、上司に続けてほしいと(　)いる。
1 ひきとめられて　2 みあわせられて
3 ひきとられて　4 みはからわれて

해석　봄 즈음에 퇴직을 생각하고 있었지만, 상사가 계속해 주었으면 좋겠다며 (만류하고) 있다.
1 만류하고　2 보류하고　3 떠맡고　4 가늠하고
해설　누군가의 행동을 못하도록 만류하는 것이 引(ひ)き止(と)める입니다. 본 문장에서는 수동형으로 쓰이고 있습니다. 즉 '만류당하다'라는 뜻이 되죠. 2번 見合(みあ)わせる는 '보류하다, 연기하다'는 뜻으로 시험에 자주 출제되는 복합동사입니다.　정답 1

05 「休みは取れているのか」と、私の身を(　)言葉をかけてもらうなど、彼らの温かさにも触れた。
1 案じる　2 興じる
3 演じる　4 配じる

해석　'휴가는 얻고 있니?'라며 내 몸을 (걱정하는) 말을 걸어주는 등, 그들의 따뜻함도 접했다.
1 걱정하는　2 흥겨워 하는　3 연기하는　4 ×
해설　휴가는 제대로 챙기고 있냐고 묻는 것은 내 몸을 걱정해 주는 것이겠죠? 그래서 답은 1번 案(あん)じる입니다. ～ずる나 ～じる의 동사는 주로 앞의 한자를 음독하면 됩니다. 그래서 興(きょう)じる, 演(えん)じる라고 읽습니다. 물론 値(あたい)する '~할 만한 가치가 있다'와 같이 예외적으로 훈독을 하는 동사도 있습니다.　정답 1

06 今年の後半あたりから業績が(　　　)との見方が増えている。

1 もちかえる　　2 もちなおす
3 もちこす　　　4 もちなおる

해석 올해 후반쯤부터 실적이 (회복된다)는 견해가 늘고 있다.
1 가지고 돌아가다
2 병세, 날씨, 경기 등이 회복되다
3 끝맺지 못하고 넘기다, 미루다, 이월하다
4 ×

해설 히라가나 표기로 나오면 모든 단어의 뜻이 모호해진다고 하시는 분들이 많습니다. 무슨 일이든지 익숙해지는 것이 중요하니까 눈으로 자주 익혀 주시기 바랍니다. 持(も)ち直(なお)す와 持(も)ち越(こ)す는 의미 파악이 중요한 단어이며 4번 もちなおる는 立(た)ち直(なお)る를 살짝 바꾸어 넣은 것입니다. 立ち直る는 '(경기 등이) 회복되다'라는 의미가 있습니다.　　　　　　　　　　정답 2

문제 3　_____의 단어와 의미가 가장 가까운 것을 1·2·3·4 중에서 하나 고르세요.

01 水面上は涼しい顔をして優雅に泳いでいるが、水中では足をバタバタさせている。

1 スリムな顔　　2 クールな顔
3 平気な顔　　　4 冷静な顔

해석 수면 상으로는 아무렇지 않은 얼굴로 우아하게 헤엄치고 있지만, 물속에서는 발을 파닥거리고 있다.
1 갸름한 얼굴　　　　　　　2 냉정한 얼굴
3 아무렇지 않은 얼굴　　　4 냉정한 얼굴

해설 涼(すず)しい는 '시원하다' 뜻 이외에 '잘못했으면서도 태연하게 모르는 체하다'라는 뜻도 있습니다. 그래서 涼(すず)しい顔(かお)라고 하면 '태연한 얼굴'을 말합니다. 일본에서 스포츠센터를 다녔을 때 에어로빅을 끝낸 저를 보고 涼(すず)しい顔(かお)를 하고 있네라고 하시던 아주머니가 있었는데, 제가 너무 땀을 흘리지 않고 힘들어 하지 않기 때문인 것 같습니다.　　정답 3

02 近所の女の子は、臆病さをみじんも感じさせず軽やかに木に登った。

1 痛さ　　　　2 病弱さ
3 怖さ　　　　4 窮乏さ

해석 이웃집 여자아이는 겁내하는 기색 하나 없이 가볍게 나무에 올라갔다.
1 통증　　2 병약함　　3 무서움　　4 궁핍함

해설 우선 문장에서 みじんも + 부정 구문을 이해하셔야 합니다. みじんも는 부사로서 '조금도, 털끝만큼도'라는 뜻입니다. 일반적으로 여자 아이가 나무에 오르면 무서워하기 마련인데 그런 기색이 없었다는 의미이기 때문에 臆病(おくびょう)를 모른다고 하더라도 '무서움'을 유추할 수 있습니다. 그래서 답은 3번 怖(こわ)さ가 됩니다. 病弱(びょうじゃく)와 窮乏(きゅうぼう)는 발음에 유의하세요.　　정답 3

03 おごそかな雰囲気のなか、遺族らが次々と花を手向け、祈りをささげた。

1 重々しい　　2 しとやかな
3 たどたどしい　　4 浅はかな

해석 엄숙한 분위기 속에서 유족들이 차례로 꽃을 바치고, 기도를 드렸다.
1 중후한, 엄숙한　　2 정숙한　　3 더듬거리는　　4 천박한, 어리석은

해설 遺族(いぞく)들이 꽃을 手向(たむ)ける는 상황은 당연히 엄숙하겠죠? 厳(おごそ)かな와 의미가 가장 가까운 단어는 1번 重々(おもおも)しい입니다. 다른 보기의 형용사도 중요하니까 예문으로 기억해둡시다. 淑(しと)やかな女性(じょせい) 정숙한 여성, たどたどしい日本語(にほんご) 더듬거리는 일본어, 浅(あさ)はかな考(かんが)え 어리석은 생각　　정답 1

04 動画で学ぶパソコン講座を聞きたいのですが、音声がとぎれて聞くことができません。

1 きれて　　　2 かばって
3 からんで　　4 きずいて

해석 동영상으로 배우는 컴퓨터 강좌를 듣고 싶은데, 음성이 끊어져 들을 수가 없습니다.
1 끊어져서　　2 두둔해서　　3 얽혀서　　4 쌓아서

해설 途切(とぎ)れる는 중간 중간 끊어진다는 의미입니다. 그러므로 1번 切(き)れる가 답이 됩니다. 3번 絡(から)む는 '(관계 등이) 얽히다, 시비 걸다'라는 의미의 동사이므로 답이 아닙니다. 築(きず)く는 한자 읽기에 대비합시다.　　정답 1

05 並外れた業績を立てた人でも会ってみると、意外と普通の人だったりする。

1 にかよった　　2 見込んだ
3 すぐれた　　　4 劣った

해석　보통을 넘는 실적을 올린 사람이라도 만나보면 의외로 보통사람이거나 한다.
1 비슷한　　2 기대한　　3 뛰어난　　4 뒤떨어진
해설　並(なみ)는 '보통', 外(はず)れる는 '벗어나다, 빗나가다'라는 뜻입니다. 한마디로 '보통을 넘는, 유별나다'라는 뜻이므로 3번 優(すぐ)れた와 같은 의미가 됩니다. 似通(にかよ)う, 劣(おと)る는 한자에 유의해 주세요. **정답 3**

06 毎日を大切にしたいから、くやまないで、うらやまないで、無理しないで生きたいと思う。

1 恨まないで　　2 憎まないで
3 後悔しないで　4 乱暴しないで

해석　매일을 소중히 하고 싶기 때문에 후회하지 말고, 부러워하지 말고, 무리하지 않고 살아가려고 생각한다.
1 원망하지 말고　　　2 미워하지 말고
3 후회하지 말고　　　4 난폭한 행동을 하지 않고
해설　悔(くや)む는 '후회하다, 분하다'라는 뜻이 있습니다. 그러므로 정답은 3번 後悔(こうかい)しないで가 됩니다. 恨(うら)む, 憎(にく)む는 한자 읽기에 신경 써 주세요. **정답 3**

문제 4 다음 단어의 사용법으로 가장 알맞은 것을 1・2・3・4 중에서 하나 고르세요.

01 ひらたい

1 今回ひらたく第100回を迎えました。
2 父が死んでからひらたくなります。
3 ひらたく言えば世の中の役に立つ記事を書きたかった。
4 彼の頼みは脅迫にひらたかった。

해석　편평하다, 알기쉽다
1 이번에 편평하게 제 100회를 맞았습니다.
2 아버지가 돌아가시고 나서 편평해집니다.
3 간단히 말하면 세상에 도움이 되는 기사를 쓰고 싶었다.
4 그의 부탁은 협박에 편평했다.
해설　平(ひら)たい는 '평평하다'라는 뜻 이외에 '납작하다, 성격 따위가 모나지 않다, 알기 쉽다'라는 뜻이 있습니다. 특히 3번 平(ひら)たく言(い)えば는 중요한 표현이니 꼭 기억하셔야 합니다. 1번은 ようやく가 좋겠네요. 2번은 ~年(ねん)으로 바꿉시다. 4번은 협박에 가까웠다는 의미로 近(ちか)かった, 等(ひと)しかった를 넣어야 합니다. **정답 3**

02 このましい

1 人間なら誰でも負ければ多少はこのましいと思うものだ。
2 アフリカ生活を楽しんでいる姿がこのましいかぎりだ。
3 このましい図柄のシャツを売っている店がある。
4 彼は学校であまりこのましい成績ではなかった。

해석　바람직하다, 호감이 가다
1 인간이라면 누구라도 지면 다소는 바람직하다고 생각하는 법이다.
2 아프리카 생활을 즐기고 있는 모습이 매우 바람직하다.
3 바람직한 도안의 셔츠를 팔고 있는 가게가 있다.
4 그는 학교에서 그다지 바람직한 성적이 아니었다.
해설　1번은 くやしい로 바꾸어야 맞는 문장이 됩니다. 2번은 羨(うらや)ましい가 좋겠네요. 3번은 おもしろい를 넣으면 자연스러워집니다. 4번은 문맥적으로나 문법적으로 큰 문제가 없으므로 정답이 됩니다. **정답 4**

03 喜ばしい

1 喜ばしくお手伝いいたします。
2 今日はお目にかかれて、とても喜ばしいです。
3 試験に全員合格とは実に喜ばしいことだ。
4 あのお笑い番組は喜ばしいので、いつも見ている。

해석　기쁘다, 경사스럽다
1 기쁘게 도와드리겠습니다.
2 오늘은 만나 뵐 수 있어서 매우 기쁩니다.
3 시험에 전원 합격하다니 실로 기쁜 일이다.
4 그 코미디 프로는 기쁘기 때문에 항상 보고 있다.
해설　구체적으로 말하면 喜(よろこ)ばしい는 '기뻐할만 하다, 만족할만 하다'라는 뜻으로 평가적 요소가 포함되어 있습니다. 그러므로 1번은 '기꺼이, 기쁘게'라는 뜻의 喜んで가 맞아야 합니다. 2번은 직접적인 감정 표현이므로 嬉(うれ)しい로 바꾸어야 합니다. 전원 합격은 정말로 기뻐할만한 일이죠? 그러므로 3번은 맞는 문장입니다. 4번은 내용상 재미있기 때문에 항상 본다는 내용이 들어가야 하므로 おもしろい가 좋겠습니다. **정답 3**

04 余分

1 イベントに直接参加することで、余分に愛着を感じる。
2 趣味ならともかく、仕事でなら余分に苦しかっただろう。
3 ずっと走ってきたこともあって、余分に苦しそうに話した。
4 料理の余分な油をカットすることで、カロリーは減らせる。

해석 여분
1 이벤트에 직접 참가함으로써 여분으로 애착을 느낀다.
2 취미라면 또 모르지만, 일 때문이라면 여분으로 괴로웠겠지.
3 계속 달려와서 여분으로 괴로운 듯이 이야기했다.
4 요리의 여분의 기름을 뺌으로써 칼로리는 줄일 수 있다.

해설 1번은 もっと(더욱)이 들어가야 문맥이 통합니다. 2번은 さぞ~だろう '틀림없이 ~일 것이다'를 써서 さぞくるしかっただろう 오죽이나 힘들었을까로 바꿉니다. 3번은 さも '자못, 정말이지'를 넣으면 말이 됩니다. 4번은 맞는 문장입니다. **정답 4**

05 かんぺき

1 あの女優のかんぺきな演技にはみんなが舌を巻いた。
2 彼はいつも任された仕事をかんぺきする人だ。
3 困っている方にかんぺき役立っているかどうかが問題だ。
4 結果を出すにはすべてがかんぺき的でなければならない。

해석 완벽
1 그 여배우의 완벽한 연기에는 모두가 감탄했다.
2 그는 항상 맡겨진 일을 완벽하는 사람이다.
3 곤란해 있는 분에게 완벽 도움이 될지 어떨지가 문제다.
4 결과를 내려면 모든 것이 완벽적이 아니면 안 된다.

해설 完璧(かんぺき)는 명사이면서 な형용사인데 1번은 な형용사 활용을 하고 있으므로 맞는 문장입니다. 舌(した)を巻(ま)く는 '(혀를 내두를 정도로) 감탄하다'라는 뜻입니다. 2번의 경우 完璧する라는 말은 쓰지 않으므로 完璧な나 完璧にする로 바꾸어야 합니다. 3번은 十分(じゅうぶん) 충분히가 들어가야 맞겠네요. 4번의 경우는 完璧 자체가 な형용사이므로 的(てき)를 붙이지 말고 그냥 完璧를 넣으면 됩니다. **정답 1**

06 あざやか

1 ゆずのあざやかな香りが食欲をそそる。
2 目の前に広がる風景があまりにもあざやかでなつかしかった。
3 出された漬けたてのキムチは、歯応えがあざやかだった。
4 客を招くときは、あざやかな心づかいでもてなすものだ。

해석 선명한, 훌륭한
1 유자의 선명한 향기가 식욕을 돋군다.
2 눈앞에 펼쳐지는 풍경이 너무나도 선명해서 옛날 생각이 났다.
3 갖고 나온 막 담근 김치는 씹는 맛이 선명했다.
4 손님을 초대할 때는 선명한 마음 씀씀이로 대접하는 법이다.

해설 1번은 문맥의 흐름상 さわやか한 상쾌함이 들어가야 맞습니다. 2번은 맞는 문장이네요. 3번은 갓 담근 김치라고 했으니까 꽤 사각사각하겠죠? 그런 느낌을 歯応(はごた)えがみずみずしい '싱싱하다'라고 표현합니다. 4번은 細(こま)やか 자상한, 세세한으로 바꾸어야 합니다. 細やかな心づかい, 細やかな心配り '자상한 배려'. **정답 2**

07 気楽

1 初対面の人にも笑顔ですぐ話しかける気楽な人だ。
2 一人だけの講演ではないので、気楽の気持ちもあった。
3 ウォーキングなどの気楽な運動をするだけでもきっとやせられる。
4 先頭についていけばいいんだから、2位以下は気楽だ。

해석 속편하게, 홀가분하게, 걱정없이
1 처음 보는 사람에게도 웃는 얼굴로 금방 말을 거는 속편한 사람이다.
2 혼자서 하는 강연이 아니니까 편한 마음도 있었다.
3 워킹 등의 편한 운동을 하는 것만으로도 반드시 살을 뺄 수 있다.
4 선두를 따라가면 되니까 2등 이하는 편하다.

해설 1번처럼 웃는 얼굴로 누구에게나 말을 거는 사람을 싹싹한 사람이라고 하죠? 그러므로 気(き)さくな로 바꾸어야 합니다. 気楽(きらく)는 な형용사이므로 2번은 気楽な로 바꿉시다. 3번은 편한 운동이 아니라 가벼운 운동이라고 해야 자연스러우므로 軽(かる)い가 맞습니다. 4번은 문맥으로 보나 문법적으로 보나 맞는 문장입니다. **정답 4**

08 たてかえる

1 友人の借金を私がたてかえる必要はない。
2 これは壁にたてかえて置くだけでインテリアになる。
3 仕事がたてかえていて、てんてこまいです。
4 上司の顔をたてかえてあげるのも大事だ。

해석 돈을 대신 내다
1 친구의 빚을 내가 대신 낼 필요는 없다.
2 이것은 벽에 대신 내어 두는 것만으로 인테리어가 된다.
3 일이 대신 내어서 바빠 죽겠다.
4 상사의 얼굴을 대신 내어 주는 것도 중요하다.

해설 立(た)て替(か)える는 '대금을 대신 치르다'라는 뜻으로 나중에 다시 받거나 다시 갚을 생각으로 돈을 내어주거나 빌리는 일을 말합니다. 1번은 맞게 쓰인 문장입니다. 2번은 '벽에 걸어두거나, 기대어 두거나'라고 해야 맞기 때문에 立てかけて로 바꾸어야 합니다. JPT 청해에서 사진묘사 문제에도 출제되는 동사입니다. 3번은 立(た)て込(こ)んで (일이 한꺼번에 겹치고)가 들어가야 맞습니다. てんてこまいは 바빠서 정신없는 모습을 말합니다. 4번에서는 '체면을 살리다'라는 관용표현을 알아야 합니다. 顔(かお)を立(た)てて라고 해야 맞습니다. **정답 1**

✎ 해설을 가리고 다시 한번 풀어보세요

09 そらす

1 テレビ画面から思わず目をそらしてしまった。
2 脚の部分をそらすと持ち運びやすくなる。
3 ダイエットといって食事をそらす人も多い。
4 たまが左右にそらすため、打たれやすい。

해석 (딴 데로) 돌리다
1 텔레비전 화면으로부터 나도 모르게 눈을 돌려 버렸다.
2 다리 부분을 돌리면 들기 쉬워진다.
3 다이어트라고 해서 식사를 돌리는 사람도 많다.
4 공이 좌우로 돌리기 때문에 맞기 쉽다.
해설 1번이 바로 정답이네요. 사물의 다리를 脚(あし)라고 하는데요. 문맥상 2번은 はずす 떼어 내다가 맞겠습니다. 3번은 식사를 抜(ぬ)く 거르다가 맞겠죠? 4번은 공이 좌우로 '빗나가다'가 문법적으로 맞는 표현이므로 そらす의 자동사형 それる가 들어가야 합니다. **정답 1**

10 つぶやく

1 子供たちがつぶやきながら、元気に遊んでいた。
2 彼はうらめしげに私を見て何かつぶやいた。
3 ねこたちがつぶやく様子を写真に収めた。
4 大声で名前をつぶやいても何の返事がない。

해석 중얼거리다
1 아이들이 중얼거리면서 씩씩하게 놀고 있었다.
2 그는 원망스러운 듯이 나를 보고 뭔가 중얼거렸다.
3 고양이들이 중얼거리는 모습을 사진에 담았다.
4 큰 소리로 이름을 중얼거려도 아무런 대답이 없다.
해설 元気(げんき)가 있기 때문에 1번은 はしゃぎながら 신나게 떠들면서가 들어가야 합니다. 완벽하게 자연스러운 문장이 되어야 정답이 된다는 점 꼭 기억하세요. 2번이 정답이네요. つぶやく는 사람이 중얼거릴 때 쓰는 동사이므로 3번은 장난치다. 재롱부리다의 じゃれあう가 맞습니다. 4번은 大声(おおごえ)라는 말이 있기 때문에 つぶやく와 모순이 됩니다. 따라서 呼(よ)ぶ나 叫(さけ)ぶ를 넣어야겠네요. **정답 2**

11 へりくだる

1 船はゆるやかに川をへりくだって行った。
2 球場には5万をへりくだらない観衆が詰めかけた。
3 彼女はへりくだった物の言い方をする。
4 秘伝は父から子へと代々へりくだった。

해석 겸양하다
1 배가 천천히 강을 겸양해 갔다.
2 구장에는 5만을 겸양하지 않는 관중이 밀려들었다.
3 그녀는 겸양한(자기 자신을 낮추는) 말투를 한다.
4 전해 내려오는 비법은 아버지로부터 아들에게 대대로 겸양했다.
해설 '하류로 내려가다'라는 의미의미로 1번은 下(くだ)って가 맞습니다. 또 下(くだ)る에는 '수량이나 품질 등이 기준보다 낮아지다, 밑돌다'라는 의미가 있습니다. 주로 ~をくだらない의 형태로 '~을 넘는, ~이상이다'로 쓰입니다. 그러므로 2번은 5万をくだらない로 고쳐야 합니다. 4번은 전해졌다는 의미가 들어가야 자연스러우므로 伝(つた)えられた, 譲(ゆず)られた 등이 좋겠네요. **정답 3**

12 まかなう

1 コンテストにまかなって毎晩スピーチの練習をしている。
2 山小屋に電灯とガス、電話をまかなう。
3 欲求がまかなわないと暴れる行動をする者がいる。
4 この店は毎日約2000人分の食事をまかなう。

해석 조달하다
1 콘테스트에 조달하여 매일 밤 스피치 연습을 하고 있다.
2 산장에 전등과 가스, 전화를 조달하다.
3 욕구가 조달되지 않으면 난폭한 행동을 하는 자가 있다.
4 이 가게는 매일 약 2,000명분의 식사를 조달한다.
해설 1번은 내용상 備(そな)えて 대비하여가 자연스럽습니다. 賄(まかな)う는 물자나 인원, 비용을 조달하는 경우에 쓰므로 2번의 경우 取(と)りつける 설치하다, 引(ひ)く 끌어오다 등이 적합합니다. 3번은 満(み)たされない를 넣어 '충족되지 않는다'라는 의미로 만듭니다. 4번이 정답입니다. **정답 4**

둘째마당 | 합격을 위한 훈독명사와 가타카나어

시나공법 05 | 훈독명사 적중 예상 문제

문제 1 _____의 단어 읽는 법으로 가장 알맞은 것을 1·2·3·4 중에서 하나 고르세요.

---

01 とてつもなく豪華な花火、大衆スターたちが動員された<u>大型</u>ビッグイベントが開かれた。

1 おおかた　　2 だいけい
3 おおがた　　4 たいけい

해석　터무니없이 호화로운 불꽃놀이, 대중스타들이 동원된 대형 빅이벤트가 열렸다.
해설　大가 おお로 훈독되는 문제네요. 원래는 型(かた)이지만 탁음으로 변한 것도 잘 체크해주세요. 豪華(ごうか) 호화, 大衆(たいしゅう) 대중도 발음 문제의 빈출어휘랍니다.　**정답 3**

---

02 彼は<u>夕闇</u>を背にして、ため息ばかりついていた。

1 ゆうもん　　2 ゆうやみ
3 せきもん　　4 せきやみ

해석　그는 땅거미를 뒤로 하고 한숨만 쉬고 있었다.
해설　기출문제입니다. 夕方(ゆうがた) 저녁 무렵, 夕(ゆう)べ 어제 밤 등에서와 같은 발음이네요. 흔히 '야메로 성형수술을 했다'라는 말을 쓰기도 하는데요. 사실은 闇(やみ) 어둠, 암거래의 발음이 와전된 것입니다. 사용하지 않는 게 좋겠죠?　**정답 2**

---

03 全然手入れができず、<u>石垣</u>もひどい状態でとうとう苦情が来てしまいました。

1 せきね　　2 いしだん
3 せきがき　4 いしがき

해석　전혀 손질을 못해서, 돌담도 심한 상태라 드디어 민원이 들어와 버렸습니다.
해설　垣(かき)는 '울타리'라는 뜻으로 石垣(いしがき), 垣根(かきね) 모두 중요한 단어입니다. 참고로 垣間見(かいまみ)る는 '엿보다, 틈 사이로 보다'라는 뜻의 동사입니다. '불평'을 뜻하는 苦情(くじょう)는 クレーム로 바꾸어 쓸 수 있습니다.　**정답 4**

---

04 ギョウザの皮の<u>端</u>に水をつけ、具を包んで蒸します。

1 おく　　2 たん
3 はし　　4 すみ

해석　만두피의 끝에 물을 묻혀 건더기(속)을 싸서 찝니다.
해설　端(はし)라고 읽으면 '끝, 가장자리'라는 뜻입니다. 참고로 음독을 하면 'たん'으로 읽는 경우가 많은데요. 端末(たんまつ) 단말, 端正(たんせい) 단정 등이 있습니다.　**정답 3**

---

05 彼は今季5度目の完投で連敗の<u>泥沼</u>からチームを救った。

1 どうしょう　2 どろぬま
3 どうぬま　　4 でしょう

해석　그는 이번 시즌 5번째의 완투로 연패의 수렁에서 팀을 구해냈다.
해설　훈독+훈독의 형태입니다. 泥沼(どろぬま)는 '수렁, 진창'의 뜻으로 헤어나기 힘든 나쁜 환경이나 상태를 나타내기도 합니다.　**정답 2**

---

06 いくつかの項目を読みやすくするために<u>箇条書</u>を用いる。

1 こじょうがき　2 かじょうがき
3 こじょうしょ　4 かじょうしょ

해석　몇 개인가의 항목을 읽기 쉽게 하기 위해서 항목 쓰기를 이용한다.
해설　箇条書(かじょうがき)가 뭐지? 하시는 분들이 계시겠네요. 1,2,3...가, 나, 다...A,B,C...와 같이 모양을 매기고 글을 쓰는 경우가 많은데요. 그것을 箇条書라고 합니다. 用(もち)いる 이용하다, 인용하다도 중요한 동사이니 꼭 기억해주세요.　**정답 2**

문제 3 _____의 단어와 의미가 가장 가까운 것을 1·2·3·4 중에서 하나 고르세요.

---

01 政府は思いきった改革と言いながら、<u>小手先</u>のことしかしない。

1 融通がきく　　2 あやつり人形の
3 手下の人の　　4 その場しのぎの

해석　정부는 과감한 개혁이라고 하면서, 잔꾀를 부리는 일만 한다.
1 융통성이 있는　2 꼭두각시 인형인　3 수하 사람　4 임시변통의
해설　만만치 않은 문제죠? 우선 小手先(こてさき)는 '손재주, 잔꾀'라는 뜻입니다. 문맥상 뒷일은 생각하지 않고 그때그때 넘기고 마련는 상황임을 알 수 있습니다. 그런 상황, 즉 임시방편적인 것을 その場(ば)しのぎ라고 하는 것입니다. 融通(ゆうずう) 융통, 手下(てした) 수하 등의 발음은 중요하니까 함께 외워주세요.　**정답 4**

02 ほかの問題も絡んだりして、月日だけが経ってしまった。
1 年月　　　2 タイミング
3 歴史　　　4 トラブル

해석 다른 문제도 얽혀있거나 해서, 세월만 흘러버렸다.
1 세월　2 타이밍　3 역사　4 문제, 트러블
해설 月日(つきひ) 세월은 발음과 의미가 모두 중요한 한자어입니다. 年月(ねんげつ)도 月日와 같이 세월을 의미합니다. **정답 1**

03 世の中の話題に便乗しようとする下心を目の当たりにした。
1 見識　　　2 思惑
3 意見　　　4 誘惑

해석 세상의 화제에 편승하려는 속셈을 눈앞에 보았다.
1 견식　2 의도, 생각　3 의견　4 유혹
해설 下心(したごころ)는 발음문제로도 자주 출제됩니다. 속된 말로 '꿍꿍이'라는 뜻이 됩니다. 마이너스적인 이미지가 강한 단어입니다. 2번 思惑(おもわく)는 '생각, 의도, 평판' 등의 뜻인데, 나쁜 의도의 경우에 자주 씁니다. 따라서 정답은 2번이 됩니다. **정답 2**

04 別れそうになるような山場を迎えても2人3脚で乗り越えてきた。
1 とうげ　　2 かなめ
3 あたい　　4 ひなた

해석 헤어질 것 같은 고비를 맞이해도 2인 3각으로(힘을 모아) 극복해왔다.
1 고비　2 요점, 급소　3 가치　4 양달
해설 山場(やまば)란 진행하고 있는 상황의 '절정, 고비'를 의미하는 훈독+훈독 한자어입니다. 보기의 단어들 峠(とうげ)、要(かなめ)、値(あたい)、日向(ひなた) 모두 훈독하는 명사들로 시험에 자주 등장합니다. 특히 山場와 동의어인 峠는 일본 사람들이 만든 한자로 글자를 보시면 왜 '(산의) 고비'를 의미하는지 짐작이 가실 겁니다. 2人3脚(ににんさんきゃく)는 발음에 주의하세요! **정답 1**

문제 4 다음 단어의 사용법으로 가장 알맞은 것을 1·2·3·4 중에서 하나 고르세요.

01 指図
1 お正月にお雑煮を食べる家庭が少ないという指図もある。
2 彼は写真の男を指図して、「この人だ」と言った。
3 患者は医者の指図通りに薬を飲んだ。
4 いちいち指図してくる社長に息苦しさを覚えた。

해석 지시
1 설날에 떡국을 먹는 가정이 적다고 하는 지시도 있다.
2 그는 사진의 남자를 지시해서 '이 사람이다'라고 말했다.
3 환자는 의사의 지시대로 약을 먹었다.
4 하나하나 지시해 오는 사장에게 숨이 막혔다.
해설 指図(さしず)의 뉘앙스도 알고 있어야 풀 수 있는 문제입니다. 指図는 단순한 지시라기보다 '간섭'을 포함하고 가깝습니다. 그래서 답은 4번이 되는 것입니다. 1번은 내용상 指摘(してき) 지적이 적합하고, 2번은 '가리키다'란 뜻이 필요하므로 指(ゆび)さして가 들어가야 합니다. 3번은 순수한 의미의 '지시'인 指示(しじ)가 들어가면 됩니다. **정답 4**

02 手際
1 仕事ぶりを見させてもらうと、確かに手際がよかった。
2 お国のために手際を立てたということで表彰された。
3 不景気のあおりを受けて、手際に現金がない。
4 材料費は安いけど、手際がかかります。

해석 솜씨
1 일하는 모습을 보았더니, 확실히 솜씨가 좋았다.
2 나라를 위해서 솜씨를 세웠던 일로 표창 받았다.
3 불경기의 여파로 솜씨에 현금이 없다.
4 재료비는 싸지만, 솜씨가 듭니다.
해설 手際(てぎわ)는 '솜씨'라는 말로 발음문제로도 자주 나오는 한자입니다. 1번은 문법적, 내용적으로도 완벽하므로 답이 됩니다. 2번은 '공적'을 세워야 표창을 받겠죠? 따라서 手柄(てがら), 功績(こうせき)가 적당합니다. 3번은 '수중에 현금이 없다'가 자연스러우므로 手元(てもと)가 맞습니다. 4번은 '수고가 든다'는 의미가 되어야 하므로 手間(てま)가 かかる가 좋겠네요. **정답 1**

03 日頃
1 日頃に眠くて夜に目がさえるので困る。
2 おばあさんに日頃な感謝を込めてプレゼントを送った。
3 日頃の念願がかなって、ようやく庭付きの家が手に入った。
4 予算に余裕がないので、日頃な値段のものがいい。

해석 평소
1 평소에 졸리고 밤에 정신이 말똥해지므로 곤란하다.
2 할머니에게 평소의 감사를 담아 선물을 보냈다.
3 평소의 염원이 이루어져서 드디어 정원이 달린 집을 얻었다.
4 예산에 여유가 없기 때문에 평소의 가격의 물건이 좋다.
해설 日頃(ひごろ)는 '평소'라는 뜻으로 な형용사가 아닙니다. 따라서 2번은 日頃의로 바꾸어야 문법적으로 맞습니다. 1번은 昼間(ひるま) 낮으로 고치면 자연스러워집니다. 3번은 명사가 명사이므로 뒤에 나오는 명사를 꾸밀 때는 日頃の가 되어야 맞습니다. 정답인 문장입니다. 4번은 내용상 手頃(てごろ)な 저렴한이 들어가야 합니다. **정답 3**

04 見本

1 見本としての採用が決まった友人は喜んだ。
2 その小説に出てくる医者は彼の父が見本になっている。
3 彼女の字は全くお見本の通りだ。
4 送ってきた品は見本通りでなかったの。

해석 견본
1 견본으로서의 채용이 결정된 친구는 기뻐했다.
2 그 소설에 나오는 의사는 그의 아버지가 견본이 되고 있다.
3 그녀가 쓰는 글자는 완전히 견본대로이다.
4 보내 온 물건은 견본대로가 아니었어.

해설 1번은 여러 가지 정답이 있을 수 있는데요. モデル이 들어가면 무난할 것 같습니다. 2번은 그림이나 글의 모델이 되었다는 의미이므로 モデル라고 해야 맞습니다. 見本(みほん)은 '샘플, 견본'의 뜻이므로 3번은 手本(てほん) 모범이 되어야 합니다. 따라서 답은 샘플, 견본의 뜻으로 쓰인 4번이네요.   **정답 4**

시나공법 06 | 고유명사와 복합명사 적중 예상 문제

문제1 _____의 단어 읽는 법으로 가장 알맞은 것을 1·2·3·4 중에서 하나 고르세요.

01 幸いにも人員削減の勢いは下半期には衰えを見せた。

1 かまえ　　　　2 さしつかえ
3 おとろえ　　　4 おぼえ

해석 다행히도 인원 삭감의 기세는 하반기에는 쇠퇴를 보였다.
해설 衰(おとろ)え는 '쇠약, 쇠퇴'를 뜻합니다. 따라서 衰えを見(み)せる는 '감소추세를 보였다'는 의미가 됩니다. 제시된 문장에서 下半期(しもはんき) 하반기는 발음문제로 출제될 수 있으니 반드시 암기해주세요. 반대말은 上半期(かみはんき) 상반기 입니다.   **정답 3**

02 穀物が中心であるため肥満や栄養の偏りという問題が生じることもある。

1 へんり　　　　2 かたより
3 とどこおり　　4 あたり

해석 곡물이 중심이기 때문에 비만이나 영양의 편중이라는 문제가 생기는 경우도 있다.
해설 보기로 제시된 단어들은 같은 히라가나로 끝나거나 운율이 비슷한 단어들이 대부분입니다. 혼동하지 않도록 주의하세요. 偏(かたよ)り는 '치우침, 편중, 편향'의 뜻으로, 編(あ)み 뜨개질의 編み와 유사한 한자를 쓰므로 잘 구별해야 합니다.   **정답 2**

03 乳がんの検診は半年ごとに受けているが、幸い、再発の兆しはない。

1 きざし　　　　2 ちょうし
3 とうし　　　　4 おそし

해석 유방암의 검진은 6개월마다 받고 있지만, 다행히 재발의 조짐은 없다.
해설 兆(きざ)し는 '조짐, 기미'의 뜻으로 유의어는 前触(まえぶ)れ, 気配(けはい)가 있습니다.   **정답 1**

04 できればおこづかい程度でも稼げたら御の字だと思う。

1 みのじ　　　　2 このじ
3 おんのじ　　　4 ごのじ

해석 가능하면 용돈 정도라도 벌 수 있다면 감지덕지라고 생각한다.
해설 御(おん)の字(じ) 감지덕지는 통째가 하나의 명사입니다. 御の字의 御은 존경의 뜻을 나타내는데, 御의 글자를 붙이고 싶어질 정도로 감사하다는 의미에서 생겨난 명사라고 합니다.   **정답 3**

05 生きていればあらぬ不意の災いが降りかかることもあります。

1 わかない　　　2 わざわい
3 あきない　　　4 あらそい

해석 살다 보면 뜻밖의 재난이 닥치는 일도 있습니다.
해설 災(わざわ)い는 '재난, 재해'를 뜻합니다. 降(ふ)り掛(か)かる는 비나 눈 등이 내려와서 떨어지거나 좋지 못한 일이 몸에 닥칠 때 쓰는 동사입니다. 그래서 災いがふりかかる는 '재난이 닥치다'가 되는 것이죠. あらぬ 엉뚱한, 터무니없는, 뜻밖의는 명사를 꾸미는 연체사로만 쓰입니다. 더불어서 보기 3번 商(あきな)い는 '장사'라는 뜻으로 일본에 가보면 '商い中(ちゅう)'라는 팻말을 걸어둔 '영업 중'인 점포가 많이 있습니다.   **정답 2**

06 授業中の教室の窓越しに火事を見つけた時は、胸騒ぎを覚えた。

1 むねさわぎ　　2 むなさわぎ
3 ぎょうそうぎ　4 きょうそうぎ

해석 수업중인 교실의 창문 너머로 화재를 발견했을 때는 가슴이 두근거림을 느꼈다.
해설 胸騒(むなさわ)ぎ란 걱정이나 불길한 예감 등으로 가슴이 두근거리는 것을 말합니다. 覚(おぼ)える는 외우다 기억하다 이외에도 '느끼다'의 의미로도 많이 쓰입니다. 胸騒ぎを覚える를 하나의 숙어로 기억해주세요. 참고로 胸(むね)의 발음이 むな로 연음되는 단어로는 胸(むな)ぐら 멱살, 胸苦(むなぐる)しい 가슴이 답답하다, 胸毛(むなげ) 가슴털, 胸元(むなもと) (명치 부근의) 가슴이 있습니다.   **정답 2**

문제 2 ( )에 들어갈 가장 알맞은 것을 1·2·3·4 중에서 하나 고르세요.

01 医療を提供する側と受ける側が一緒に、コミュニケーションの( )を考える。
 1 対応　　　2 あり方
 3 対決　　　4 やり方

해석 의료를 제공하는 측과 받는 측이 함께, 커뮤니케이션의 (참모습)을 생각하다.
 1 대응　2 참모습　3 대결　4 방식
해설 1, 3, 4번을 넣어보면 문맥이 약간 어색함을 느끼실 겁니다. 아리 카타(か た)는 '본모습, 참모습'의 의미로 지향해야 하는 기본, 근본이라는 점에서 정답이 됩니다. 提供(ていきょう) 제공, 側(がわ) 측·쪽의 발음에도 유의해주세요.　　　　　　　　　　　　　　　　　　　**정답 2**

02 ( )でものを言う気まぐれな上司に振り回されるのもこりごりだ。
 1 思いつき　　2 思いやり
 3 思い上がり　4 思いあたり

해석 (순간적인 생각)으로 말을 하는 변덕스러운 상사에게 휘둘리는 것도 지긋지긋하다.
 1 아이디어, 순간적인 생각　2 배려　3 자만　4 짐작, 예상
해설 괄호에 알맞은 어휘를 선택해서 넣는 문제는 전체적인 문맥의 흐름을 잡아야만 맞출 수가 있습니다. 문맥을 파악하기 위한 핵심단어는 気(き)まぐれな 변덕스러운, 振(ふ)り回(まわ)される 휘둘리다, こりごりだ 지긋지긋하다입니다. 특히 気まぐれな의 뜻을 알면 답이 보입니다. 변덕스러운 사람은 말을 자꾸 바꾸죠? 말을 바꾸는 사람은 생각이 그때그때 다르고 생각나는 대로 말해서입니다. 그런 순간적인 생각이 思(おも)いつき입니다.　　　　　　　　　　　　　　　　　　　**정답 1**

03 今日の公開授業のため、入念な( )をした。
 1 申し出　　2 見通し
 3 手がかり　4 下調べ

해석 오늘의 공개 수업을 위해서 꼼꼼한 (사전조사)를 했다.
 1 신청　2 전망　3 실마리　4 사전조사
해설 調(しら)べ가 보여서 4번을 선택했다면, 탁월한 선택입니다. 下(した)는 명사 앞에 붙여 '미리 함' 준비'란 뜻을 나타냅니다. 그래서 下調(したしら)べ는 '사전조사'가 되는 것입니다. 下絵(したえ) 밑그림, 下書(したが)き 초안, 下相談(したそうだん) 예비상담 등의 단어가 이에 해당합니다.　　　　　　　　　　　　　　　　　　　**정답 4**

04 マラソンでは特に勝ちをあきらめない( )が大事になる。
 1 むすび　　2 ねばり
 3 はげみ　　4 はずみ

해석 마라톤에서는 특히 승리를 포기하지 않는 (끈기)가 중요하게 된다.
 1 매듭　2 끈기　3 격려, 분발　4 탄력
해설 勝(か)ちをあきらめない가 키워드 입니다. 粘(ねば)り는 원래 점성이 있는 '찰기'란 뜻에서 끝까지 포기하지 않는 '끈기'라는 의미가 되었습니다. 모두 粘り를 가지고 합격을 향해 달려갑시다!　　　　　　　　　　　　　　　　　　　**정답 2**

문제 4 다음 단어의 사용법으로 가장 알맞은 것을 1·2·3·4 중에서 하나 고르세요.

01 言い訳
 1 私は、過去の発言に対して言い訳をするつもりはない。
 2 足がつる言い訳について先生に教えてもらった。
 3 今に至った言い訳を詳しく調べる方針だ。
 4 どんな言い訳の手紙かによって書き方が違う。

해석 변명, 핑계
 1 나는, 과거의 발언에 대해서 핑계를 댈 생각은 없다.
 2 발이 저리는 핑계에 대해서 선생님이 가르쳐 주었다.
 3 지금(의 상황)에 이르게 된 변명을 자세히 조사할 방침이다.
 4 어떤 변명의 편지인가에 따라 쓰는 방법이 다르다.
해설 유형4의 용법 문제는 가장 자연스러운 것을 골라야 하기에 어렵습니다. 일본인들이 사용하고 있는 말이라고 해도, 대다수의 교양 있는 일본인이 말하는 자연스러운 문장이어야 정답이 됩니다. 1번은 맞는 문장입니다. 言(い)い訳(わけ)をする 변명하다, 핑계대다는 숙어로 기억해두세요. 2번은 理由(りゆう)가 무난하겠네요. 3번은 今(いま)に至(いた)った를 힌트로 経緯(いきさつ)를 넣어야 자연스럽습니다. 4번에서 '변명의 편지에 쓰는 법이 다르다'라는 말에는 어폐가 있습니다. 用件(ようけん), 目的(もくてき) 정도가 좋겠네요. 너무나 완벽한 1번의 답이 나온 상태이기 때문에 4번은 함정을 파기위한 문제라고 생각하시면 됩니다.　　　　　　　　　　　　　　　　　　　**정답 1**

02 顔負け

1 試合ごとに、顔負けに一喜一憂していたら体がもたない。
2 片足で立ったりするそのロボットは人間顔負けの動きを見せた。
3 この犬は一見顔負けだが、見れば見るほどかわいくなる。
4 緊張で全身がこわばり、顔負けが怖い。

해석 ~ 뺨침, ~를 무색하게 하는
1 시합마다 얼굴 뺨침으로 일희일비하고 있으면 몸이 버티지 못한다.
2 한 발로 서거나 하는 그 로봇은 인간 뺨치는 움직임을 보였다.
3 이 개는 얼핏 보면 뺨치지만, 보면 볼수록 귀여워진다.
4 긴장으로 전신이 굳어져서, 얼굴 뺨침이 무섭다.

해설 ~顔負(かおま)け의 형태로 '~를 무색케 할 정도로 잘한다'는 의미를 나타냅니다. 1번은 勝(か)ち負(ま)け 승패가 좋겠네요. 2번이 정답입니다. 3번은 뒷문장이 '귀여워지다'이므로 앞 문장은 不細工(ぶさいく) 못생김을 넣어야 합니다. 4번은 긴장하면 얼굴표정이 무서워지겠죠? 그래서 顔付(かおつ)き 얼굴 표정이 적절합니다.
정답 2

03 言い分

1 上司に対する言い分が生意気だということで、指摘された。
2 公正に判断するために、両者に言い分させた。
3 彼はまったく言い分な人なので、好感が持てない。
4 約束を守らなかったことについてどんな言い分があるのか。

해석 주장, 할 말
1 상사에 대한 주장이 건방지다고 해서, 지적당했다.
2 공정하게 판단하기 위해서, 양자에게 주장시켰다.
3 그는 정말로 주장의 사람이므로 호감을 가질 수 없다.
4 약속을 지키지 않았던 일에 대해서 어떤 할 말이 있는가.

해설 言(い)い分(ぶん)이란 '(어떤 일에 대해서 불평, 불만을 느껴) 그에 대해 주장하고 싶은 말, 할 말'을 의미합니다. 1번의 경우는 言い方(かた)가 되겠죠? 2번에서 言い分させる라는 표현은 잘 쓰지 않습니다. 言い訳(わけ)을 させた가 자연스럽습니다. 3번은 言い分이 명사이므로 틀린 문장입니다. '무책임하다'는 뜻의 無責任(むせきにん)으로 바꾸는 것이 좋을 것 같네요. 4번이 정답입니다.
정답 4

04 取り柄

1 わたしにはこれといった取り柄もない。
2 政府と野党が取り柄して、法案を通すことにした。
3 現金の取り柄には細心の注意を払うように。
4 学内での暴力に対して取り柄が強化された。

해석 장점
1 나에게는 이렇다 할 장점이 없다.
2 정부와 야당이 장점해서 법안을 통과시키기로 했다.
3 현금의 장점에는 세심한 주의를 기울이도록.
4 학교 내에서의 폭력에 대해 장점이 강화되었다.

해설 取(と)り柄(え)는 '장점, 쓸모, 좋은 점'이란 뜻입니다. 2번은 取(と)り引(ひ)き 거래가 들어가야 합니다. 3번은 현금의 '취급'이 자연스러우므로 取(と)り扱(あつか)い를 넣읍시다. 4번은 取(と)り締(し)まり 단속이 적합합니다.
정답 1

시나공법 07 | 가타카나어 적중 예상 문제

문제 2 (   )에 들어갈 가장 알맞은 것을 1·2·3·4 중에서 하나 고르세요.

01 最近の(   )は車を入れるだけでなくアトリエや工房としても使われている。

1 ガレージ　　2 ステージ
3 スチーム　　4 スペース

해석 최근의 (차고)는 차를 넣는 것뿐만 아니라 아트리에나 공방으로서도 사용되고 있다.
1 차고　2 무대　3 스팀　4 공간
해설 車(くるま)を入(い)れる가 힌트네요. 차를 넣는 공간은 당연히 차고입니다.
정답 1

02 安いブランドでありながらも品のいい(   )な服はいくらでもある。

1 ナンセンス　　2 エレガント
3 センシティブ　4 デコレーション

해석 싼 브랜드이면서도 품질이 좋은 (우아)한 옷은 얼마든지 있다.
1 넌센스　2 우아　3 민감　4 장식
해설 品(ひん)のいい 품질이 좋은에서 힌트를 얻는다면 2번의 エレガント가 답이 됩니다.
정답 2

03 オープン以来、入館50万人を達成し、記念(   )が行われました。

1 トレーニング　2 タイミング
3 セレモニー　　4 キャンセル

해석 오픈한 이래로 입장객수 50만 명을 달성하여, 기념 (식전)이 열렸습니다.
1 트레이닝　2 타이밍　3 식전　4 취소
해설 축하할 만한 중요한 일이 있을 때 기념식전을 거행합니다. 그것을 記念(きねん)セレモニー라고 하죠.
정답 3

04 太鼓の音で祭りの（　　）が一層盛り上がると、血が騒ぎだした。

1 チーム　　　　2 ポーズ
3 リード　　　　4 ムード

해석　북소리로 축제 (분위기)가 한층 더 고조되자, 피가 들끓기 시작했다.
　　1 팀　　2 포즈　　3 리드　　4 무드, 분위기
해설　분위기를 띄우기에는 太鼓(たいこ) 북이 제일 좋죠. 그런 분위기를 가타카나로는 ムード라고 합니다.
정답 4

05 新型（　　）の初期症状としては頭痛、高熱、悪寒、筋肉痛などが挙げられる。

1 インフルエンザ　　2 ドライブイン
3 サプリメント　　　4 セキュリティ

해석　신종 (인플루엔자)의 초기 증상으로서는 두통, 고열, 오한, 근육통 등을 들 수 있다.
　　1 인플루엔자　　2 드라이브 인　　3 영양보조제　　4 보안
해설　상식 차원에서 외워두시면 좋겠습니다. 신종플루를 新型(しんがた)インフルエンザ라고 합니다.
정답 1

06 制限速度を5キロ（　　）して走行していたことによる事故だった。

1 インパクト　　2 アップ
3 オーバー　　　4 ジャンプ

해석　제한속도를 5킬로미터 (초과)해서 주행하고 있던 것으로 의한 사고였다.
　　1 충격　　2 상승　　3 오버, 초과　　4 점프
해설　사고가 날 정도라면 제한 속도를 초과해서 달렸기 때문이겠죠? 그러므로 정답은 3번의 オーバー입니다.
정답 3

07 お互いの理解の足りなさが交渉の（　　）になっていて、うまく事が運ばない。

1 バランス　　2 ネック
3 トラウマ　　4 トラベル

해석　서로의 이해 부족이 교섭의 (장벽)이 되어 있어서, 원활하게 일이 진행되지 않는다.
　　1 균형　　2 애로, 장벽　　3 정신적 외상　　4 여행
해설　うまく事が運(はこ)ばない라고 했으므로 뭔가 장애요소가 있음을 알 수 있습니다. 그러한 장벽, 장애요소를 ネック라고 합니다.
정답 2

08 全く新しいコンセプトにもとづいて開発された（　　）で独創的なモデルの自動車が展示された。

1 フリー　　　2 レギュラー
3 ユニーク　　4 ジャンル

해석　완전히 새로운 콘셉트에 근거하여 개발된 (특이)하고 독창적인 모델의 자동차가 전시되었다.
　　1 프리　　2 정규　　3 특이　　4 장르
해설　全く新しいコンセプト라는 말이 힌트가 되고 있습니다. 또 뒷부분에 独創的(どくそうてき)라는 말도 나오므로 답이 확실해집니다. '특이하다, 흔하지 않다'라는 의미의 ユニーク가 답이 되네요.
정답 3

문제 3　　_____의 단어와 의미가 가장 가까운 것을 1・2・3・4 중에서 하나 고르세요.

01 業界をリードする企業は、失敗することを決しておそれない。

1 おもんじる　　2 いたわる
3 さきがける　　4 ひきつける

해석　업계를 리드하는 기업은 실패하는 일을 결코 두려워하지 않는다.
　　1 중시하다　　2 위로하다　　3 앞서가다　　4 끌어당기다
해설　リードする는 '이끌다, 선도하다'의 뜻입니다. 그러므로 先駆(さき)ける가 가장 가까운 뜻이 됩니다. 다만 先駆ける를 쓸 경우에는 ～にさきがける의 형태로 만들어 주세요.
정답 3

02 製品にトラブルがあった場合は、なるべくすみやかに対応すること。

1 なぞなぞ　　2 不具合
3 いざこざ　　4 不器用

해석　제품에 문제가 있었을 경우는, 가능한 한 신속하게 대응할 것.
　　1 수수께끼　　2 문제, 결함　　3 분쟁, 분규　　4 서툼
해설　기계에 문제가 있는 경우나 결함이나 고장사항이 있는 경우를 不具合(ふぐあい)라고 합니다. 4번의 不器用(ぶきよう)는 손재주가 없고, 솜씨가 서툰 것을 말합니다.
정답 2

03 指先のコントロールを支えているのは、実は肩や背中の筋肉である。

1 調節　　2 運営
3 指揮　　4 抑制

해석　손끝의 조절을 지지하고 있는 것은, 사실은 어깨와 등 근육이다.
　　1 조절　　2 운영　　3 지휘　　4 억제
해설　指先(ゆびさき)의 조절이 가능한 것은 어깨와 등 근육 때문이라는 말인데요. コントロール는 '조절, 조정'이라는 의미이므로 1번 調節(ちょうせつ)와 동의어가 됩니다. 다른 보기의 어휘는 한자읽기에 유의하세요.
정답 1

04 自分が準備を整えていることを監督にアピールしないといけない。

1 施さないと　　　2 責めないと
3 訴えないと　　　4 促さないと

해석 자신이 준비가 되어 있다는 사실을 감독에게 호소하지 않으면 안 된다.
1 시행하지 않으면　　2 책망하지 않으면
3 호소하지 않으면　　4 재촉하지 않으면
해설 우리도 '어필한다' 말을 자주 쓰는데요. '호소하다'는 뜻입니다. 그러므로 3번 訴(うった)える와 같은 뜻이 됩니다. **정답 3**

05 付き合っている彼女はとてもナイーブな人で、ことあることに傷付いてしまう。

1 まえむき　　　2 繊細
3 したたか　　　4 内気

해석 사귀고 있는 여자 친구는 매우 순수한 사람이어서 매사에 상처입어 버린다.
1 긍정적　2 섬세　3 강한　4 내성적
해설 ナイーブ는 순진하고 소박함을 말합니다. 繊細(せんさい) 섬세, 純粋(じゅんすい) 순수, 素直(すなお) 순진함, 無邪気(むじゃき) 순진함 등의 단어와 같습니다. 그러므로 2번이 답이 됩니다. **정답 2**

06 お年寄りやケアをする人たちからは手間を省ける品が喜ばれる。

1 介護　　　2 ふざけ
3 冒険　　　4 きがね

해석 노인이나 보살피는 사람들로부터는 수고를 덜 수 있는 물건이 인기가 있다.
1 간호　2 장난　3 모험　4 스스럼
해설 ケア는 '보살핌'의 의미가 있습니다. 그러므로 1번 介護(かいご)가 가장 가까운 뜻이 됩니다. 手間(てま)を省(はぶ)く는 '수고를 덜다'라는 의미의 관용표현입니다. 꼭 기억해주세요. **정답 1**

07 時間にルーズな彼女には待ち合わせ時間を1時間前にしておく。

1 あかるい　　　2 のうてんきな
3 こまかい　　　4 いいかげんな

해석 시간을 잘 지키지 않는 그녀에게는 약속시간을 1시간 전으로 해 둔다.
1 밝은　2 경박한　3 세밀한, 자상한　4 무책임한
해설 ルーズ란 '칠칠치 못함, 단정하지 못함, 끊고 맺는 맛이 없음'을 의미합니다. 주로 時間(じかん)にルーズだ 의 형태로 많이 쓰입니다. 그래서 4번 いい加減(かげん)과 마찬가지 의미가 되죠. 2번 能天気(のうてんき)는 속어로서 '경박하고 덜렁거림'을 나타냅니다. **정답 4**

08 仕事上の情報をタイムリーに漏れなく収集できれば助かるのに。

1 当面　　　2 的確
3 適当　　　4 即座

해석 업무 상의 정보를 시의적절하게 빠짐없이 수집할 수 있다면 도움이 될텐데……
1 당분간　2 정확　3 적당　4 즉시
해설 야구에서 적시 안타를 나타내는 タイムリーヒット라는 용어가 있습니다. 정말 필요한 때의 시의 적절한 안타라는 의미죠. な형용사인 タイムリー는 '시의 적절한, 타이밍이 좋은'이라는 뜻입니다. 그러므로 2번 的確(てきかく)가 가장 가까운 뜻이라고 할 수 있겠네요. **정답 2**

문제 4 다음 단어의 사용법으로 가장 알맞은 것을 1·2·3·4 중에서 하나 고르세요.

01 ショック

1 オイルショックの影響で業績が下がった。
2 あの人は美人だが、声が悪いのが玉にショックだ。
3 息子の死は彼にとってひどいショックした。
4 客が多くて仕事にショックを来した。

해석 쇼크
1 오일쇼크의 영향으로 실적이 내려갔다.
2 저 사람은 미인이지만 목소리가 나쁜 것이 옥에 쇼크다.
3 아들의 죽음은 그에게 있어서 상당한 쇼크했다.
4 손님이 많아서 일에 쇼크를 가져왔다.
해설 1번 オイルショック는 하나의 단어이므로 맞는 문장이 됩니다. 2번은 玉(たま)に傷(きず)옥의 티로 바꾸어 주세요. 3번은 ショック는 する를 붙여 동사로 만들 수 없으므로 ショックだった로 바꾸면 됩니다. 4번에서 '지장을 가져왔다'는 뜻으로 支障(ししょう)を来(き)たす(=来(きた)した)를 쓰면 맞습니다. **정답 1**

02 ボイコット

1 手紙の返事を書くのを数日ボイコットした。
2 その会社の製品をボイコットするつもりだ。
3 ボイコットな女の子って中身は正反対の場合が多い。
4 天気がとてもよかったので、授業をボイコットした。

해석 보이콧
1 편지의 답장을 쓰는 것을 며칠 보이콧했다.
2 그 회사 제품을 보이콧할 생각이다.
3 보이콧한 여자아이는 속은 정반대인 경우가 많다.
4 날씨가 매우 좋았기 때문에 수업을 보이콧했다.

해설 보이콧이란 원래 소비자 불매운동을 말합니다. 또는 단결하여 어떤 사람을 배척하거나 수업, 집회 등의 참석을 포기하는 일을 말합니다. 그러므로 2번이 가장 자연스럽다. 1번은 개인적인 일이므로 延期(えんき) 연기 또는 後回(あとまわ)し 미루다가 맞습니다. 3번은 ボーイッシュ 보이시 한, 소년 같은으로 고쳐야 말이 됩니다. 4번은 날씨가 좋다는 이유로 ボイコット를 할 수는 없으므로 さぼる 땡땡이치다가 맞겠네요.   **정답 2**

03 デリケート

1 デリケートしたとき、お金を払ってください。
2 患者は痛みのせいで、デリケートになったりする。
3 彼女はデリケートな神経の持ち主だ。
4 芸術的なデリケートがいい学生だ。

해석 섬세함
1 섬세했을 때 돈을 지불해 주세요.
2 환자는 통증 때문에 섬세함이 되거나 한다.
3 그녀는 섬세한 신경의 소유자이다.
4 예술적인 섬세함이 좋은 학생이다.

해설 デリケート는 する를 붙여 동사로 만들 수 없는 な형용사이므로 1번은 配達(はいたつ) 배달이나 デリバリー 배달 정도가 좋겠습니다. 2번은 통증이 있으면 섬세해지는 것이 아니라 神経質(しんけいしつ)になる가 맞겠죠? 3번이 정답입니다. 4번은 デリケート가 있다라는 말 자체가 없으므로 センスがいい 센스가 좋다가 적절합니다.   **정답 3**

04 コンパクト

1 読みやすくするためにレポートをコンパクトしてあります。
2 今年もっともコンパクトのあった本を紹介する。
3 彼らとコンパクトをとろうとしているのだ。
4 いつでも取り出して使えるコンパクトなカメラがほしい。

해석 콤팩트, 휴대가 간편함
1 읽기 쉽게 하기 위해 리포트를 콤팩트해 두었습니다.
2 올해 가장 콤팩트가 있었던 책을 소개하다.
3 그들과 콤팩트를 취하려고 하고 있는 것이다.
4 언제든지 꺼내어 쓸 수 있는 콤팩트한 카메라를 갖고 싶다.

해설 コンパクト는 명사로 쓰이면 '화장품의 콤팩트'를 말하고, な형용사로 쓰이면 '소형, 간편하면서도 알찬'이라는 뜻이 됩니다. 1번은 コンパクトする라는 표현이 없기 때문에 コンパクトにまとめた 알차게 정리했다로 바꾸어야 합니다. 2번은 インパクトのあった 충격을 준, 이슈가 된으로 해야하고, 3번은 내용 흐름상 コンタクト 연락, 접촉이 맞겠네요. 4번이 정답입니다. コンパクトなサイズ 휴대가 간편한 사이즈도 상당히 많이 쓰는 표현이므로 함께 외워둡시다.   **정답 4**

05 シック

1 ずいぶんシックな人だと冷笑された。
2 彼女は服をシックに着こなしている。
3 今日はいかにもシックな天気に恵まれた。
4 シックなもので、彼を見ると急に元気が出た。

해석 멋짐, 세련됨
1 상당히 멋있는 사람이라고 냉소 받았다.
2 그녀는 옷을 세련되게 맵시 있게 입고 있다.
3 오늘은 정말로 멋있는 날씨였다.
4 멋있는 것으로 그를 보자 갑자기 기운이 났다.

해설 シック는 프랑스어에서 온 말로, '멋진 모양, 세련된 모양'을 나타냅니다. 주로 옷이나, 옷차림에 대해서 씁니다. 1번은 冷笑(れいしょう) 냉소라는 말이 シック와 어울리지 않으므로 ユニークな가 좋겠네요. 2번은 シック의 느낌을 가장 잘 살린 문장이므로 정답입니다. 3번은 날씨에 シック를 쓰지는 않으므로 すばらしい 훌륭한으로 바꾸어야 합니다. 참고로 ~に恵(めぐ)まれる는 '~의 혜택을 받다'라는 뜻이므로 天気(てんき)に恵(めぐ)まれる라고 하면 '날씨가 좋다'라는 뜻이 됩니다. 4번은 おかしなもので 이상하게도가 맞겠네요.   **정답 2**

06 クリア

1 時間がなくて朝ごはんは軽く<u>クリア</u>した。
2 地震で崩壊を<u>クリア</u>した家は村に1軒もなかった。
3 権利問題など<u>クリア</u>しなければならないことがある。
4 私のステレオは<u>クリア</u>の音質で録音できる。

해석 분명, 명석, 해결
1 시간이 없어서 아침밥은 가볍게 해결했다.
2 지진으로 붕괴를 해결한 집은 마을에 한 채도 없었다.
3 권리문제 등 해결하지 않으면 안 되는 일이 있다.
4 내 스테레오는 분명한 음질로 녹음할 수 있다.

해설 클리어는 な형용사로 쓰이면 '분명한, 명석한'이라는 뜻이고, する를 붙인 동사로 쓰이면 '난관·난문을 헤쳐나가다, 해결하다, 잘 넘기다'는 뜻이 됩니다. 1번은 아침밥 먹기가 무슨 관문이 아닌 이상 済(す)ませた 끝마쳤다. 때웠다가 맞습니다. 2번은 免(まぬが)れた 면했다로 바꾸어야 말이 되네요. 3번은 정답입니다. 4번은 문법적으로 クリアな 분명한, 깨끗한이 되어야 합니다.

정답 3

07 トレンド

1 どうか<u>トレンド</u>を起こさないように学生に注意した。
2 彼は歌が<u>トレンド</u>で、一人で毎週カラオケに行くそうだ。
3 好きなように書けばいい、というのが最近の<u>トレンド</u>だ。
4 彼女は大げさに言う<u>トレンド</u>がある。

해석 트렌드
1 제발 트렌드를 일으키지 않도록 학생에게 주의를 주었다.
2 그는 노래가 트렌드라서 혼자서 매주 가라오케에 간다고 한다.
3 좋아하는 대로 쓰면 된다. 라고 하는 것이 요즘 트렌드이다.
4 그녀는 과장해서 말하는 트렌드가 있다.

해설 トレンド란 '시대의 동향·풍조·경향'을 말하는데, 우리도 실생활에서 은연중에 많이 사용하고 있는 용어입니다. 1번은 내용 흐름상 트러블 문제가 맞습니다. 2번은 개인적인 취미를 말하는 상황이므로 趣味(しゅみ)가 적절합니다. 3번은 문맥이나 문법이 모두 맞는 문장입니다. 4번도 2번과 같이 개인적인 성향을 의미하므로 傾向(けいこう) 경향으로 바꿉시다.

정답 3

08 ナンセンス

1 税金をまじめに納める人が<u>ナンセンス</u>を見る。
2 彼が急用で来られないという<u>ナンセンス</u>があった。
3 要求されている金額は<u>ナンセンス</u>している。
4 職員を減らすだけでは<u>ナンセンス</u>だ。

해석 넌센스, 무의미함
1 세금을 착실하게 납부하는 사람이 넌센스를 본다.
2 그가 급한 용무로 올 수 없다는 넌센스가 있었다.
3 요구받고 있는 금액은 넌센스하고 있다.
4 직원을 줄이는 것만으로는 넌센스이다.

해설 ナンセンス란 '무의미함, 바보스러움, 가소로움'을 말합니다. 따라서 가장 문제가 없는 문장은 4번입니다. 1번의 '손해를 보다'는 관용표현인 バカをみる가 들어가야 맞습니다. 2번은 連絡(れんらく) 연락으로 바꾸어야 의미가 통하겠죠? 3번은 ナンセンスする가 문법적으로 틀리기 때문에 バカげる 바보스럽게 느껴지다를 써서 バカげている로 표현해야 합니다.

정답 4

둘째마당 총정리 | 적중 예상 문제

문제 1 _____의 단어 읽는 법으로 가장 알맞은 것을 1·2·3·4 중에서 하나 고르세요.

01 旬の野菜を使った<u>献立</u>を工夫して、風邪にも負けない体づくりを目指す。

1 こんだて　　2 けんりつ
3 こんりつ　　4 けんだて

해석 제철 야채를 사용한 메뉴를 궁리해서 감기에 지지 않는 체력을 만드는 것이 목표다.

해설 献立(こんだて)에는 '메뉴'라는 뜻 이외에 비유적으로 '준비, 채비'의 뜻도 있습니다. 会議(かいぎ)の献立をする라고 하면 '회의 준비를 하다'라는 의미가 됩니다. 旬(しゅん)은 '제철'이란 뜻인데요. 上旬(じょうじゅん) 상순, 中旬(ちゅうじゅん) 중순, 下旬(げじゅん) 하순과 함께 외워주세요.

정답 1

02 この大木の<u>幹</u>にさわると、家内円満や子宝に恵まれると地元では言われている。

1 たき　　2 のき
3 かき　　4 みき

해석 이 큰 나무의 줄기를 만지면 가정이 편안하고 자손이 번창한다고 그 고장에서는 말들 한다.

해설 幹(みき)와 軒(のき) 처마를 혼동하지 않도록 하시고, 幹는 '나무의 몸통', 茎(くき)는 '작은 식물의 줄기'를 말합니다.

정답 4

03 <u>本場</u>の職人と試行錯誤を重ねて完成させたという自慢の逸品だ。

1 もとじょう　2 ほんじょう
3 ほんば　　　4 もとば

해석　본고장의 장인과 시행착오를 거듭하여 완성시켰다고 하는 자랑스러운 걸작품이다.
해설　本場(ほんば) 본고장, 土壇場(どたんば) 막판, 正念場(しょうねんば) 가장 중요한 순간, 場数(ばかず) 경험 등 場(ば)로 훈독하는 단어는 많습니다.　　　　　　　　　　　　　정답 3

04 いずれにせよ、放送法の<u>枠内</u>で、NHKが国の予算を使えるように定められている。

1 わくない　2 すいない
3 わくうち　4 いきうち

해석　어차피, 방송법의 틀 안에서 NHK가 나라의 예산을 사용할 수 있도록 정해져 있다.
해설　훈독+음독 문제네요. 더불어서 枠組(わくぐ)み 사물의 대체적인 짜임새, 구조도 알아두시면 좋겠습니다.　　　　　　　　　정답 1

05 生活費に困り、知人のすすめで水商売へ。未知の世界に<u>戸惑い</u>を感じた。

1 とうわくい　2 とまどい
3 ためらい　　4 あてがい

해석　생활비가 궁해서, 지인의 추천으로 유흥업소로. 미지의 세계에 당혹감을 느꼈다.
해설　戸惑(とまど)い는 戸惑(とまど)う 당황하다, 망설이다의 명사형으로 当惑(とうわく), まごつき와 유의어가 됩니다.　　　　　　정답 2

06 この賞を<u>励み</u>に焦らないで、謙虚に修行していきたい。

1 このみ　2 みこみ
3 りきみ　4 はげみ

해석　이 상을 격려로 삼아 초조해하지 않고 겸허하게 수행해 나가고 싶다.
해설　励(はげ)み는 '분발, 열성, 노력'이란 뜻입니다. 동사 励(はげ)む 힘쓰다, 노력하다에서 왔거든요. 또 '자극, 격려'의 의미도 있습니다. 그래서 ~を励(はげ)みに ~를 자극삼아, ~을 계기로는 하나의 문형처럼 쓰이고 있습니다.　　　　　　　　　정답 4

07 年末年始に限り、<u>夕暮れ</u>から明け方まで点灯する。

1 たぐれ　　2 たくれ
3 ゆうぐれ　4 ゆうくれ

해석　연말연시에 한해서, 해질녘부터 새벽까지 점등한다.
해설　夕(ゆう) 저녁, 暮(く)れ 저묾이 합쳐져서 夕暮(ゆうぐ)れ로 탁음화 되었습니다. 黄昏(たそがれ), 日暮(ひぐ)れ와 같은 뜻이 됩니다. ~に限(かぎ)り, ~に限(かぎ)って는 '~에 한해서'라는 뜻의 문형입니다. 明(あ)け方(がた) 새벽의 발음에도 주의해주세요.　　정답 3

08 汚れ防止のために、脱いだコートを<u>裏返し</u>にたたんで手にかけて持っている。

1 うらがえし　2 うらかえし
3 あとがえし　4 あとかえし

해석　얼룩방지를 위해서, 벗은 코트를 뒤집어 접어서 손에 걸고 기다리고 있다.
해설　裏返(うらがえ)し는 '뒤집기'라는 뜻으로 シャツを裏返しに着る라고 하면 '셔츠를 뒤집어 입다'가 됩니다. (=シャツを裏表(うらおもて)に着る)　　　　　　　　　　　정답 1

문제 2 (　　)에 들어갈 가장 알맞은 것을 1・2・3・4 중에서 하나 고르세요.

01 あの画家は最後の(　　)に2, 3箇所手を入れて完成した。

1 しつけ　2 しくみ
3 仕上げ　4 下取り

해석　저 화가는 마지막 (공정)으로 2, 3군데 손질하여 완성했다.
　　1 가정교육　2 구조, 짜임새　3 공정, 끝손질　4 보상판매
해설　仕上(しあ)げ는 그 자체만으로도 '작업의 마지막 공정, 끝손질'이라는 의미가 있습니다. 따라서 最後(さいご)の仕上げ라고 하면 '마무리 작업으로'가 되겠네요. 3箇所(かしょ)는 '3군데'라는 뜻이고, 下取(したど)り란 새 것을 살 때 그 가격의 일부를 부담하는 형식으로 헌 것을 사들이는 것, 즉 '보상판매'라는 의미로 회화에서 자주 쓰는 말입니다.　　정답 3

02 病院の協力を得て(　　)や検査データなどを綿密にチェックしたそうだ。

1 ギブス　　2 カット
3 トラウマ　4 カルテ

해석　병원의 협력을 얻어 (진료기록)과 검사 데이터 등을 면밀히 체크했다고 한다.
　　1 기브스　2 컷트　3 정신적 외상, 트라우마　4 진료기록
해설　병원의 협조를 받아 조사한다고 하면 역시 진료기록입니다. 4번 カルテ가 답이네요. 의외로 모르시는 분이 많은 가타카나어입니다.　　정답 4

03 苦労は多いけれど、地域起こしのためを思うと、
（　　）がわいてくる。
1 ファイト　　　2 ベスト
3 ポジション　　4 ショック

해석　고생은 많지만, 지역을 살리기 위한 것이라고 생각하면 (투지)가 솟아난다.
　　　1 투쟁심, 투지　2 베스트　3 지위　4 쇼크
해설　ファイトがわく는 '투지가 불타오르다, 투지가 샘솟다'의 뜻입니다. 地域起(ちいきお)こし 지역 일으키기, 지역부흥이라는 목적이 있으므로 가능한 일입니다. 따라서 답은 1번이 됩니다.
정답 1

04 私は字が汚いので、文字をきれいに書く（　　）が
あれば教えてほしい。
1 こっつ　　　2 こつ
3 ばっつ　　　4 ばつ

해석　나는 글자를 잘 못써서, 글자를 예쁘게 쓰는 (비결)이 있으면 가르쳐주었으면 좋겠다.
　　　1 ×　2 비결　3 ×　4 벌
해설　괄호 안에는 '비결, 요령'이라는 말이 들어갑니다. 여러분이 알고 있는 秘訣(ひけつ), 要領(ようりょう) 보다 일본어스러운 단어가 こつ입니다. 骨를 ほね로 읽으면 '뼈'라는 의미가 되고 こつ로 읽으면 '요령, 비결'의 의미가 됩니다. 참고로 こつ는 コツ와 같이 가타카나로 쓰는 경우도 많습니다.
정답 2

05 一人でも（　　）なく入れる感じの雰囲気のお店を
紹介してもらった。
1 気乗り　　　2 気立て
3 気付き　　　4 気兼ね

해석　혼자서도 (스스럼없이) 들어갈 수 있는 분위기의 가게를 소개 받았다.
　　　1 내킴, 솔깃해짐　　2 마음씨
　　　3 깨달음, 알아차림　4 어렵게 여김, 스스럼
해설　気로 시작하는 복합명사 관련 문제입니다. 문제에서는 入(はい)れる의 해석을 확실히 해야 정답을 맞출 수 있습니다. '혼자서도 어려움 없이, 편하게 들어갈 수 있는 분위기의 가게'라는 의미가 되어야 하므로 정답은 4번의 気兼(きが)ね입니다.
정답 4

06 付き合って半年の彼は喧嘩をすると、（　　）目に
は別れるを連発する。
1 二言　　　2 小言
3 他言　　　4 伝言

해석　교제한 지 반년이 된 그는 싸움을 하면, (툭)하면 헤어지자는 말을 연발한다.
　　　1 두 마디의 말　2 잔소리　3 다른 사람에게 말함　4 전하는 말
해설　二言目(ふたことめ)には 관용표현으로서 외워두면 독해나 회화에 도움이 됩니다. 二言(にごん)이라고 읽으면 '두 번 말함'이라는 뜻이 되므로 주의하세요. 보기의 다른 단어들도 모두 중요한 단어이므로 외워둡시다.
정답 1

문제 3 _____ 의 단어와 의미가 가장 가까운 것을 1·2·3·4 중에서 하나 고르세요.

01 人柄は正直よく分からないけれど、調理の腕前だけ
見込んで採用した。
1 可能性　　　2 二の次
3 実力　　　　4 二の腕

해석　사람 됨됨이는 솔직히 잘 모르겠지만, 조리 실력만 기대하고 채용했다.
　　　1 가능성　　　　　2 두 번째, 뒤로 미룸
　　　3 실력　　　　　　4 어깨와 팔꿈치 사이의 부분
해설　훈독+훈독 문제네요. 腕(うで)만 써도 실력의 의미가 있지만 腕前(うでまえ)도 '실력'이란 뜻입니다. 참고로 보기 2번은 二(に)の次(つぎ)에 する 미루다의 꼴로 자주 출제되는 관용표현이니 꼭 암기바랍니다.
정답 3

02 ライバル会社との競争に勝つために、部下にノルマ
を課す上司が多い。
1 打ち込み　　2 受け入れ
3 持ち込み　　4 割り当て

해석　경쟁 회사와의 경쟁에서 이기기 위해, 부하에게 노동 책임량을 부과하는 상사가 많다.
　　　1 몰두　2 수용　3 반입　4 할당
해설　打(う)ち込(こ)み, 受(う)け入(い)れ, 持(も)ち込(こ)み, 割(わ)り当(あ)て 모두 많이 쓰는 명사입니다. 한자 발음과 의미를 확실히 외워주세요. ノルマ는 각 개인에게 할당되는 노동성과를 말합니다. 회사사정이 나쁘거나 일정한 성과를 올리기 위해 사원들에게 판매 실적 등을 강요하는 과정에서 자주 사용되는 말입니다.
정답 4

03 自分が受け持った<u>クライアント</u>に会う時はいつも緊張する。

1 お惣菜　　　　2 やまば
3 お得意　　　　4 かたき

해석 자신이 담당한 고객을 만나는 시간에는 항상 긴장한다.
1 반찬　2 고비　3 특기, 단골　4 장인기질
해설 クライアント는 '고객'이라는 뜻입니다. 3번의 お得意(とくい)는 お得意さん의 형태로 '단골손님, 고객'의 뜻이 됩니다.　**정답 3**

04 家族に引退の話を切り出す<u>頃合い</u>を見ているが、なかなか難しい。

1 期間　　　　　2 度胸
3 潮時　　　　　4 相性

해석 가족에게 은퇴 이야기를 꺼낼 적당한 시기를 보고 있는데, 정말 어렵다.
1 기간　2 배짱　3 적당한 시기　4 궁합
해설 '적기'를 의미하는 頃合い(ころあい)는 潮時(しおどき)와 의미가 같습니다. 度胸(どきょう)와 相性(あいしょう)는 발음문제로도 자주 출제되니까 반드시 암기해주세요.　**정답 3**

05 父の容態が悪くなってきたとのことで急いで駆けつけたら、今夜が<u>山場</u>だと言われた。

1 正念場　　　　2 ピーク
3 大詰め　　　　4 峠

해석 아버지의 상태가 나빠졌다고 해서 서둘러 달려갔더니 오늘밤이 고비라 했다.
1 (진가를 발휘해야 할) 가장 중요한 장면　2 절정기
3 최종 단계, 종국, 막판　4 고비
해설 山場(やまば)와 유의어인 峠(とうげ)는 한자의 모양을 보면 뜻을 유추하기 쉬운 단어입니다. 보기의 正念場(しょうねんば), 大詰め(おおづめ)는 의미를 묻는 문제로 자주 출제됩니다.　**정답 4**

06 ちょっとした言葉の<u>行き違い</u>から先生との関係がこじれてしまった。

1 交流　　　　　2 やり取り
3 誤解　　　　　4 段取り

해석 별 것 아닌 말의 오해에서 선생님과의 관계가 악화되어 버렸다.
1 교류　2 주고받음　3 오해　4 순서·방법
해설 行き違い(いきちがい, ゆきちがい)는 엇갈림, 즉 뜻이 잘 통하지 않아 오해가 생긴다는 의미의 명사입니다. 그러므로 3번의 誤解(ごかい)와 가장 비슷합니다. やり取り, 段取り(だんどり)도 회화에서 상당히 많이 쓰게 되는 단어이므로 잘 알아둡시다. 手紙のやりとりをしている 편지를 주고받고 있다. 会議は月曜日に開く段取りだ 회의는 월요일에 열릴 예정이다.　**정답 3**

문제 4 다음 단어의 사용법으로 가장 알맞은 것을 1·2·3·4 중에서 하나 고르세요.

01 品薄

1 なぜかあの女の人は全体的に<u>品薄</u>な気がする。
2 <u>品薄</u>な洋服でも工夫一つでいくらでもかわいく見せられる。
3 毎日行列が出来ていて、<u>品薄</u>な状態だという。
4 たくさん使うと<u>品薄</u>に見える言葉がある。

해석 품귀, 상품이 모자람
1 왠지 저 여성은 전체적으로 상품이 모자란 느낌이 든다.
2 품귀의 양복이라도 궁리 하나로 얼마든지 귀엽게 보일 수 있다.
3 매일 행렬이 생겨서 품귀상태라고 한다.
4 많이 사용하면 품귀로 보이는 말이 있다.
해설 1번은 주어가 사람이므로 品薄(しなうす)가 들어갈 수 없습니다. 下品(げひん) 천박, 上品(じょうひん) 고상 등이 오면 됩니다. 2번은 문맥상 安(やす)い를 넣는 게 좋습니다. 4번은 軽薄(けいはく)에 경박하게로 바꾸면 말이 됩니다.　**정답 3**

02 みどころ

1 手続きにかかる2週間以内を<u>みどころ</u>にしている。
2 この芝居は内容も舞台装置も<u>みどころ</u>いっぱいです。
3 ひっこし費用の<u>みどころ</u>をしてもらった。
4 笑っていても<u>みどころ</u>によらず深刻な状況だ。

해석 볼만한 장면, 장래성
1 수속에 걸리는 2주일 이내를 장래성으로 하고 있다.
2 이 연극은 내용도 무대장치도 볼만한 장면이 가득합니다.
3 이사 비용의 볼만한 장면을 해 받았다.
4 웃고 있어도 볼만한 장면에 의하지 않고 심각한 상황이다.
해설 1번은 문맥상 '예상하고 있다'가 되어야 하므로 みどころにしている를 見込(みこ)んでいる로 바꿉니다. 3번은 見積(みつ)もり 견적이 들어가야 하고, 4번은 見(み)かけによらず 겉보기와 달리라는 숙어로 바꾸어야 합니다.　**정답 2**

03 モラル

1 人としてのモラルや愛情のかけらも見えない。
2 世界で最もモラルな企業に選ばれました。
3 問題の処理の仕方はモラルの余地がなかった。
4 その小説に出てくる医者は彼の父がモラルになっている。

해석 도덕
1 인간으로서의 손톱 만큼의 도덕과 애정도 보이지 않는다.
2 세계에서 가장 도덕적인 기업으로 선정되었습니다.
3 문제의 처리 방법은 도덕의 여지가 없었다.
4 그 소설에 나오는 의사는 그의 아버지가 도덕이 되어 있다.

해설 ~のかけらも는 '손톱만큼의~'라고 번역하고 '아주 조금의'라는 뜻을 나타냅니다. 그러므로 1번이 정답입니다. 2번에서 モラル는 な형용사가 아니므로 モラルな는 틀린 표현입니다 따라서 倫理的(りんりてき)な 윤리적인으로 바꾸어야겠네요. 3번에서 '도덕의 여지가 없다'는 말은 이상하므로 非難(ひなん)の余地(よち)가 없다 비난의 여지가 없다가 맞습니다. 4번은 내용흐름상 モデル 모델로 바꾸어야 합니다. **정답 1**

04 クール

1 彼は作品の書き方も考え方もクールしていた。
2 人には言わせておいて自分は言わないなんて、クールだ。
3 悩みがあってもクールにふるまうことができますか。
4 思いのほか、彼はクール的な反応を見せた。

해석 시원함, 냉철함
1 그는 작품의 쓰는 법도 사고방식도 냉철하고 있었다.
2 남에게는 말하게 해 놓고 자신은 말하지 않다니, 냉철하다.
3 고민이 있어도 냉철하게 행동할 수 있습니까?
4 의외로 그는 냉철적인 반응을 보였다.

해설 クール는 な형용사입니다. 따라서 1번의 クールする는 クールだった로 바꾸어야 합니다. 2번은 내용의 흐름상 ずるい 교활하다, 얌체다가 맞겠네요. 3번은 정답입니다. 4번에서 クール는 그 자체가 な형용사이므로 的(てき)를 붙여서 な형용사를 만들수 없습니다. クールな反応(はんのう)로 바꾸어주세요. **정답 3**

05 合間

1 どうしてもドアの合間から光が漏れてしまう。
2 今、大学の願書を出しても合間そうにない。
3 育児や家事の合間をぬって趣味の時間にしたりする。
4 磨きすぎると、歯の合間がだんだん大きくなる。

해석 사이, 짬
1 아무리 해도 문 틈에서 빛이 새어나가 버린다.
2 지금 대학원서를 내도 틈일것같지 않다.
3 육아와 가사일 사이사이에 취미 생활을 하거나 한다
4 너무 닦으면, 치아 사이가 점점 벌어진다

해설 合間(あいま)는 시간상의 짬,틈을 의미하므로 1번과 같이 실제 공간상의 틈을 말할 때는 隙間(すきま)로 바꾸어야 합니다. 2번에서는 문맥의 흐름상 間に合いそうにない '시간에 댈 수 없을 것 같다'가 맞겠네요. 3번이 정답입니다. 4번은 치아 사이의 벌어진 틈을 의미하므로 1번과 마찬가지로 隙間로 바꾸어주세요. **정답 3**

06 手入れ

1 詐欺などの犯罪で手入れたお金でおごるなんて。
2 行方不明の父をさがす手入れがほしいですが。
3 手入れに作れておいしいインスタント料理を教えて。
4 芝生の手入れをする時間もなく、雑草もはえ放題だ。

해석 손질, 손봄
1 사기 등의 범죄에서 손질한 돈으로 한턱내다니.
2 행방불명이 된 아버지를 찾을 손질이 필요합니다만.
3 손질에 만들 수 있고 맛있는 인스턴트 요리를 가르쳐줘.
4 잔디 손질을 할 시간도 없어서, 잡초도 무성하다.

해설 手入れ는 '손질'의 뜻 이외에도 '(수사·검거를 위해) 경찰이 현장을 덮침', '(경찰의) 단속' 등의 뜻이 있습니다. 우선 1번에서는, 학생들 중에 手にいれる '손에 넣다,획득하다'와 手入(てい)れ를 혼동하는 분들이 계시는데요, 전혀 다른 말입니다. 따라서 1번은 手に入れた로 표현해야 맞는 문장이 됩니다. 2번은 手(て)がかり, 즉 '실마리'라는 단어로 바꾸면 맞습니다. 3번은 手軽(てがる)に가 들어가야 자연스럽겠네요. 4번이 정답입니다. 참고로 放題(ほうだい)는 ます형에 붙여서 '제멋대로 함, 마음대로 함'이라는 뜻을 나타냅니다. **정답 4**

셋째마당 | 고득점을 위한 음독명사

시나공법 08 | 음독한자 적중 예상 문제

문제 1 _____의 단어 읽는 법으로 가장 알맞은 것을 1·2·3·4 중에서 하나 고르세요.

01 刺繡とは、布地に特定のパターンや図柄、文字など を縫いこむことをいう。
1 ししゅう　　2 ざしゅう
3 しそう　　　4 ざそう

해석 자수란 천에 특정한 패턴이나 도안, 문자 등을 수놓는 일을 말한다.
해설 한자는 우선 눈으로 익혀야 합니다. 布地(ぬのじ) 천, 図柄(ずがら) 도안의 무늬, 文字(もじ) 문자 등도 발음 문제로 자주 출제되므로 반드시 암기해주세요.　　정답 1

02 彼は老衰のために余生を送っていた長野県の牧場で 亡くなった。
1 おいすい　　2 ろうすい
3 ろうあい　　4 おいあい

해석 그는 노쇠로 인해 여생을 보내고 있던 나가노현(長野県)의 목장에서 돌아가셨다.
해설 老는 老人(ろうじん)에서와 같이 음독하면 'ろう', 老(お)いる 늙다와 같이 훈독하면 'おい'가 됩니다. 衰(すい)는 哀悼(あいとう) 애도의 哀(あい)와 비슷해서 혼동할 수 있으니 주의합시다.　　정답 2

03 これまでの慣行を捨て去り、新たな秩序を形成しな ければいけない。
1 てつしょ　　2 ちつしょ
3 てつじょ　　4 ちつじょ

해석 지금까지의 관행을 버리고, 새로운 질서를 형성하지 않으면 안 된다.
해설 地下鉄(ちかてつ)의 鉄(てつ)와 헷갈리지 않는다면 어렵지 않은 문제입니다. 序論(じょろん) 서론에서처럼 序(じょ)의 발음은 탁음이고 짧습니다.　　정답 4

04 父が消息不明になったので、捜索願を出そうと考え ております。
1 しょうそく　　2 しょうしょく
3 そうそく　　　4 そうしょく

해석 아버지가 소식불명이 되었기 때문에 수색의뢰서를 내려고 생각하고 있습니다.
해설 '식'의 발음이 'しょく'가 많은 탓인지 잘못 발음하시는 분이 많습니다. 息의 주요발음을 정리해볼까요? 息(いき) 숨, 息切(いきぎ)れ 숨참, 息子(むすこ) 아들, 息吹(いぶき) 호흡·숨결, 窒息(ちっそく) 질식, 休息(きゅうそく) 휴식, 利息(りそく) 이자, 口臭(こうしゅう) 구취 등의 단어를 꼭 암기바랍니다.　　정답 1

05 熊は冬眠する前にいっぱい食べてエネルギーを保存 するようだ。
1 とうめん　　2 とうみん
3 ふゆね　　　4 ふゆみん

해석 곰은 동면하기 전에 많이 먹고 에너지를 보존하는 모양이다.
해설 실수하기 쉬운 발음 중에 眠(みん)이 있습니다. 우리나라 발음이 '면'이기 때문에 'めん'으로 잘못 발음하는 것 같습니다. 睡眠(すいみん) 수면과 함께 冬眠(とうみん)도 정확히 발음해주세요.　　정답 2

06 厳しい練習で養われた体力や忍耐力で逆境を乗り切 れた。
1 じんないりょく　　2 じんたいりょく
3 にんないりょく　　4 にんたいりょく

해석 엄격한 연습으로 길러진 체력과 인내력으로 역경을 극복할 수 있었다.
해설 忍(にん) 참을 '인'을 じん으로 잘못 발음하지 않도록 하시구요. 養(やしな)う 기르다, 逆境(ぎゃっきょう) 역경, 乗(の)りきる 이겨내다, 극복하다 등도 빈출어휘들이니 암기해주세요.　　정답 4

문제 2 ( )에 들어갈 가장 알맞은 것을 1·2·3·4 중에서 하나 고르세요.

01 両者の話し合いは( )に終わったようだ。
1 円満　　2 健全
3 寛容　　4 緩慢

해석 양자의 대화는 (원만)하게 끝난 것 같다.
1 원만　2 건전　3 관용　4 완만
해설 문장의 내용을 보면 합의를 이루었거나, 결렬되었거나 둘 중의 하나가 되겠죠? 보기에 제시된 단어를 보십시오. 이야기는 완만하게 끝난다고 말하지 않습니다. '원만히 끝난다'가 자연스러우므로 1번이 정답이 됩니다.　　정답 1

02 数学においては、日下(くさか)さんがクラスの中で(　　)優秀だった。
1 断然　　　　2 依然
3 漠然　　　　4 呆然

해석　수학에 있어서는 구사카 씨가 반에서 (단연) 우수했다.
1 단연　2 여전히　3 막연히　4 멍하게
해설　断然(だんぜん)는 의미면에서 상당히 중요한 한자어입니다. 우선 월등하게 차이가 있음을 의미하는 '단연, 훨씬'의 뜻이 있어서, 주어진 문장에 넣으면 자연스럽습니다. 그밖에 '과감히, 결코(+부정)'의 뜻도 자주 사용되니 암기해주시기 바랍니다. ～において(～에 있어서)는 N2 문형으로 회화체에서는 で로 바꾸어 쓸 수 있습니다.　　정답 1

03 不用品などを無料で(　　)してくれるところがあると聞いた。
1 徴収　　　　2 領収
3 没収　　　　4 回収

해석　불필요한 물건 등을 무료로 (회수)해 주는 곳이 있다고 들었다.
1 징수　2 영수　3 몰수　4 회수
해설　가장 자연스러운 것은 4번이 되겠네요. 보기로 제시된 단어의 발음도 반드시 체크해둡시다. 徴収(ちょうしゅう), 領収(りょうしゅう), 没収(ぼっしゅう), 回収(かいしゅう)　　정답 4

04 人口の(　　)と過疎について、学校の社会科で発表をしようと思っている。
1 過密　　　　2 窮屈
3 過度　　　　4 窮乏

해석　인구의 (과밀)과 과소에 대해서, 학교 사회과에서 발표하려고 생각 중이다.
1 과밀　2 답답　3 과도　4 궁핍
해설　제시된 문장에 過疎(かそ)가 있으므로 괄호 안에는 반대의 뜻이 오리라는 예상을 하셨나요? 맞습니다. 1번이 정답입니다. 過疎, 窮屈(きゅうくつ), 窮乏(きゅうぼう)는 모두 발음문제로 나올 수 있으니 암기바랍니다.　　정답 1

문제 4 다음 단어의 사용법으로 가장 알맞은 것을 1·2·3·4 중에서 하나 고르세요.

01 不満
1 今回の人事異動には少なからず不満が残る。
2 不満ばかりしていてはいけないと思って、自ら行動を起こした。
3 会社側の対応を聞いて彼はいかにも不満な表情をしていた。
4 現在の収入に不満して、ほかの仕事を探してみることにした。

해석　불만
1 이번 인사이동에는 적잖게 불만이 남는다.
2 불만만 늘어놓고 있어서는 안 된다고 생각해서 스스로 행동을 일으켰다.
3 회사 측의 대응을 듣고 그는 너무나도 불만한 표정을 하고 있었다.
4 현재의 수입에 불만해서 다른 일을 찾아보기로 했다.
해설　1번은 완벽한 문장이네요. 2번은 不満(ふまん)する가 문제입니다. 不満を言(い)う 또는 不満を並(なら)べる로 표현해야 합니다. 3번은 いかにも 자못, 정말로 가 있기 때문에 뒤에는 ～そうだ.そうな.そうに 등이 나와야 합니다. 남의 감정에 관련된 표현에서는 단정표현을 쓸 수 없기 때문에 不満そうな가 맞습니다. 4번은 不満する를 不満を覚(おぼ)える 불만을 느끼다로 바꾸어야 합니다.　　정답 1

02 普段
1 ネット取引の普段で、個人情報がもれる恐れが出てきた。
2 ほかのところでも応用できる普段的なノウハウを聞かせてほしい。
3 クリスマスシーズンは誰もが普段以上に幸せになるようだ。
4 この学校は普段の高校とカリキュラムがかなり違っている。

해석　보통, 평소
1 인터넷 거래의 보통으로 개인정보가 누설될 우려가 나왔다.
2 다른 곳에서도 응용가능한 보통적인 노하우를 들려 주세요.
3 크리스마스 시즌은 누구나 보통 이상으로 행복해지는 것 같다.
4 이 학교는 보통 고교와 커리큘럼이 꽤 다르다.
해설　1번은 내용상 普及(ふきゅう) 보급으로 바꾸어야 합니다. 2번에서는 普段的(ふだんてき)라는 말이 없기 때문에 문법적으로만 본다면 普段の로 해야 하지만, 내용상으로 보면 普遍的(ふへんてき)な 보편적인이 좋습니다. 3번은 자연스러운 문장입니다. 4번은 普段과 普通(ふつう)는 바꾸어 쓸 수 있는 경우가 많지만, 특별·특수함의 상대어로서의 '보통'이란 뜻으로는 普通를 사용해야 합니다. 그러므로 普通の高校가 맞는 표현이 됩니다.　　정답 3

03 契機
1 平和を契機に、戦争をするとは矛盾している。
2 仕事柄、外国人と会う契機も多くなった。
3 労働契機の基本ルールがわからない。
4 空港建設を契機に国内線を増やすことになった。

해석　계기
1 평화를 계기로 전쟁을 한다는 것은 모순되어 있다.
2 직업 성격상, 외국인과 만나는 계기도 많아졌다.
3 노동 계기의 기본 룰을 모르겠다.
4 공항 시설을 계기로 국내선을 늘리게 되었다.
해설　1번은 문맥상 口実(こうじつ) 구실이 어울립니다. 2번은 機会(きかい) 기회가 맞는 표현입니다. 3번은 契約(けいやく) 계약이 들어가야 맞구요. 4번이 가장 자연스럽네요.　　정답 4

04 本気

1 映画作りに本気で取り組んだ。
2 本気を言うならば、実は全然分からない。
3 みんなが笑ってくれたら本気だ。
4 その土地ならではの本気の料理を味わってみたい。

해석 진정, 진심
1 영화 만들기에 진지하게 착수했다.
2 본심을 말한다면 사실은 전혀 모르겠다.
3 모두가 웃어준다면 진심이다.
4 그 지방에만 있는 진심의 요리를 맛보고 싶다.

해설 1번은 本気(ほんき)로 진지하게, 진심으로의 형태로 자주 쓰는 표현입니다. 2번은 해석은 그럴듯하지만 本音(ほんね)を言(い)う 본심을 말하다를 써야 합니다. 3번에 들어갈 적절한 단어는 여러 가지 있을 수 있겠지만 本望(ほんもう) 숙원, 만족, 흡족이라는 단어가 좋을듯합니다. 4번은 해석이 안 되므로 本場(ほんば) 본고장, 本物(ほんもの) 진짜, 아니면 아무것도 넣지 않는 것이 좋습니다.   정답 1

시나공법 09 | 촉음한자 적중 예상 문제

문제 1 _____의 단어 읽는 법으로 가장 알맞은 것을 1・2・3・4 중에서 하나 고르세요.

01 「気のせい」は「錯覚」を意味する慣用語ですが、知らない人も多いです。

1 さくかく　　2 さっかく
3 ちゃくかく　4 ちゃっかく

해석 '기분 탓'은 '착각'을 의미하는 관용어인데, 모르는 사람도 많습니다.
해설 錯覚(さっかく)는 촉음 발음에 유의해서 발음해야 합니다. 하지만 '착오'란 의미의 錯誤(さくご)는 촉음이 아니니 조심하세요.   정답 2

02 私の案と彼の案を折衷して、最終的な提案を決めた。

1 ありあい　　2 せっすい
3 せっちゅう　4 せきちゅう

해석 내 안과 그의 안을 절충해서 최종적인 제안을 결정했다.
해설 '절충'은 折衷(せっちゅう)와 折衝(せっしょう) 2가지가 있습니다. 두 한자 모두 촉음한자입니다. 또 衷와 盛衰(せいすい) 성하고 쇠함의 衰가 비슷하게 생겼으니 구별해주세요.   정답 3

03 この大会は内戦からの復興を世界に示す狙いがある。

1 ふっこう　　2 ふくこう
3 ふっきょう　4 ふくきょう

해석 이 대회는 내전으로부터의 부흥을 세계에 보여주는 목적이 있다.
해설 復(ふく)는 復興(ふっこう) 부흥, 復活(ふっかつ) 부활, 復帰(ふっき) 복귀, 復旧(ふっきゅう) 복구에서는 촉음으로 발음되고 復職(ふくしょく) 복직, 復習(ふくしゅう) 복습, 復讐(ふくしゅう) 복수에서는 'ふく'로 발음합니다. 興는 興味(きょうみ)에서는 'きょう'로 발음나지만 復興(ふっこう) 부흥, 興行(こうぎょう) 흥행 등에서는 'こう'로 발음됩니다.   정답 1

04 発掘調査が各地で行われて、約470点の出土品を集めました。

1 ほっくつ　　2 ほってつ
3 はっくつ　　4 はっかく

해석 발굴조사가 각지에서 이루어져 약 470점의 출토품을 모았습니다.
해설 촉음발음인 한자 発覚(はっかく) 발각, 発生(はっせい) 발생, 発進(はっしん) 발진, 発射(はっしゃ) 발사, 発散(はっさん) 발산, 촉음발음이 아닌 한자 発言(はつげん) 발언, 発芽(はつが) 발아, 発売(はつばい) 발매를 구별하여 외워둡시다. 참고로 出土品(しゅつどひん) 출토품은 촉음으로 발음하지 않도록 주의해주세요.   정답 3

05 英語が必修科目にあったので、結局留年することになった。

1 ひっす　　　2 ひっしゅう
3 ひっこ　　　4 ひっこう

해석 영어가 필수과목에 있었기 때문에, 결국 낙제하게 되었다.
해설 必修(ひっしゅう)는 '반드시 학습하거나 이수하여야 함'이란 뜻입니다. 참고로 必須(ひっす)는 '꼭 있어야 하거나 해야 함'이란 뜻입니다. 혼동할 수 있으니 조심하세요.   정답 2

06 市販の問題集から適当に抜粋して、授業に使ったりテストを作ったりした。

1 はっき　　　2 はっすい
3 ばっき　　　4 ばっすい

해석 시판되는 문제집에서 적당히 발췌하여 수업에 사용하거나 테스트를 만들거나 했다.
해설 抜粋(ばっすい)와 같은 촉음발음으로는, 抜本(ばっぽん) 발본, 抜擢(ばってき) 발탁이 있습니다. 하지만 抜群(ばつぐん) 뛰어남은 촉음발음이 아니니 주의하세요.   정답 4

문제 3 _____의 단어와 의미가 가장 가까운 것을 1·2·3·4 중에서 하나 고르세요.

01 求職者と企業の間に立って、人材の<u>斡旋</u>やその雇用条件の交渉などをしている。

1 照会　　　　　2 迎合
3 紹介　　　　　4 所在

해석　구직자와 기업 사이에 서서, 인재의 알선과 그 고용조건의 교섭 등을 하고 있다.
　　　1 조회　　2 영합　　3 소개　　4 소재
해설　斡旋(あっせん) 알선은 소개해준다는 의미이므로 紹介(しょうかい)와 동의어가 됩니다. 照会(しょうかい)와 紹介는 동음이의어이며, 迎合(げいごう)는 발음에 주의해야 하는 단어입니다. **정답 3**

02 トイレは共同で、つくえやテレビがあるだけの<u>質素</u>な部屋構えになっている。

1 手狭　　　　　2 地味
3 卑劣　　　　　4 けち

해석　화장실은 공동으로 책상과 텔레비전이 있을 뿐인 간소한 방 구조로 되어 있다.
　　　1 비좁음　　2 검소, 수수　　3 비열　　4 인색, 구두쇠
해설　質素(しっそ)는 '검소하다'의 뜻이므로 地味(じみ)와 같습니다. 手狭(てぜま), 卑劣(ひれつ)는 발음문제로도 자주 출제되니 외워두세요. 여기서 ~構(がま)え는 '~구조, 만듦새'의 뜻으로 쓰였습니다. **정답 2**

03 買い物のついでに商店街のベンチで<u>一服</u>し、顔見知りと言葉を交わすのが楽しみだった。

1 休憩　　　　　2 静養
3 停滞　　　　　4 下落

해석　쇼핑하는 김에 상점가의 벤치에서 잠시 쉬면서, 안면이 있는 사람들과 이야기를 나누는 것이 낙이었다.
　　　1 휴식　　2 요양　　3 정체　　4 하락
해설　一服(いっぷく)에는 '가루약 한 봉지, 차를 한 번 마심, 담배를 한 번 피움, 잠시 쉼, (경제) 시세 등의 소강상태' 등의 뜻이 있는데요, 그 중에서도 '잠시 쉼'의 뜻으로 가장 많이 쓰이고 있습니다. 보기에서 休憩(きゅうけい)는 잠깐 쉬는 것을 말하고 静養(せいよう)는 일정 기간 요양하는 것을 의미하므로 1번이 답이 됩니다. **정답 1**

04 隣の席の二人連れのご婦人は<u>生粋</u>の関西弁を使っていた。

1 半端な　　　　2 未熟な
3 純粋な　　　　4 下手な

해석　옆자리의 둘이서 같이 온 부인은 순수한 관서지방 사투리를 쓰고 있었다.
　　　1 어중간한　　2 미숙한　　3 순수한　　4 서투른
해설　다소 난이도가 있는 문제입니다. 生粋(きっすい)는 '순수'라는 뜻을 갖고 있습니다. 예를 들어 生粋の日本人(にほんじん)이라고 하면 '정통 일본인', 生粋の江戸(えど)っ子(こ)라고 하면 '순수 동경 토박이'라는 뜻이 됩니다. **정답 3**

문제 4 다음 단어의 사용법으로 가장 알맞은 것을 1·2·3·4 중에서 하나 고르세요.

01 悪化

1 治療後に明らかに症状が<u>悪化</u>されている。
2 自動車の冷房は燃費<u>悪化</u>の原因になる。
3 環境問題が<u>悪化</u>的になって心配だ。
4 過去の恋愛の話など、<u>悪化</u>した話をした。

해석　악화
　　　1 치료 후에 확실히 증상이 악화되고 있다.
　　　2 자동차의 냉방은 연비악화의 원인이 된다.
　　　3 환경문제가 악화적으로 되어 걱정이다.
　　　4 과거의 연애 이야기 등, 악화된 이야기를 했다.
해설　悪化(あっか)する는 그 자체로 '악화되다'의 뜻입니다. 따라서 1번 悪化される를 悪化して로 바꾸어야 합니다. 3번은 悪化的(あっかてき)라는 말은 없으므로 悪化して로 바꿔야 합니다. 4번에서는 문맥상 '악화된 이야기'가 부자연스럽기 때문에 深(ふか)い 깊은, 踏(ふ)み込(こ)んだ 파고든, 昔(むかし)の 옛날의 등이 적합합니다. **정답 2**

02 沸騰

1 山の頂上などでは100℃より低い温度で<u>沸騰</u>する。
2 ゆで卵は<u>沸騰</u>になってから10分待つ。
3 毎年この時期になると、石油が<u>沸騰</u>するようだ。
4 パスタを<u>沸騰</u>する時には塩をたくさん入れる。

해석　비등(끓어오름)
　　　1 산 정상 등에서는 100℃보다 낮은 온도에서 끓는다.
　　　2 삶은 달걀은 끓여지고 나서 10분 기다린다.
　　　3 매년 이 시기가 되면 석유가 끓는 것 같다.
　　　4 파스타를 끓일 때는 소금을 많이 넣는다.
해설　1번은 맞는 문장입니다. 2번은 문법적 오용이므로, 沸騰(ふっとう)になる를 沸騰して로 바꿔야 합니다. 3번은 물가·가격 등이 급등하는 것이므로 高騰(こうとう)라고 해야 합니다. 沸騰은 물과 같은 '액체가 끓어오르는 것'을 가리키는데 4번 문장은 파스타를 삶는다는 말이 와야 하므로 ゆでる가 적합합니다. **정답 1**

03 合点

1 やってみると、なるほど合点がいった。
2 英検4級を受けたが、不合点で悲しかった。
3 質問した人が直接合点をつけた。
4 私は何だか合点に落ちない気分です。

해석 납득, 동의
1 해 보니까 과연 납득이 갔다.
2 영어검정 4급을 봤는데, 납득 못할 점수로 슬펐다.
3 질문한 사람이 직접 납득을 매겼다
4 저는 왠지 납득이 안가는 기분입니다.

해설 合点(がってん)がいく 납득이 가다, 合点がいかない 납득이 안 가다의 숙어를 암기합시다. 2번의 不合点이란 말은 없으므로 不合格(ふごうかく)だった로 바꾸어야 합니다. 3번이 문장이 되려면 合点을 붙인 대신 点数(てんすう)를 붙인 점수를 매겼다를 넣어야 맞습니다. 4번은 '납득이 안 가다'란 뜻으로 腑(ふ)に落(お)ちない를 씁니다. 즉 合点がいかなかない=納得(なっとく)がいく=腑(ふ)に落(お)ちない가 됩니다.
정답 1

04 厄介

1 友達も呆れるような本当に厄介した人でした。
2 日本に就職したら、母の厄介を見ることができない。
3 電話の応対では、「お厄介になっております」というものだ。
4 厄介な事がつぎつぎと起きて頭をかかえる。

해석 성가심
1 친구도 질릴 것 같은 정말로 성가신 사람이었습니다.
2 일본에 취직하면 엄마의 성가심을 볼 수 없다.
3 전화 응대에서는 '성가심이 되고 있습니다'라고 하는 법이다.
4 성가신 일이 계속 일어나서 골치 아프다.

해설 1번에서 やっかい는 명사이면서도 형용사이므로 やっかいな가 맞습니다. 2번은 내용상 '어머니를 보살필 수 없다'가 맞으므로 面倒(めんどう)を見(み)る를 넣어야 합니다. 3번은 전화할 때 인사말이죠? お世話(せわ)になっております. 신세지고 있습니다가 됩니다. 4번은 문법적으로도 의미상으로도 맞습니다. 頭(あたま)を抱(かか)える는 머리를 싸매다로 '골치 아프다'는 뜻입니다.
정답 4

시나공법 10 | 청음한자와 탁음한자 적중 예상 문제

문제 1 _____의 단어 읽는 법으로 가장 알맞은 것을 1・2・3・4 중에서 하나 고르세요.

01 「異邦人」はカミュの小説として人間社会に存在する不条理について書かれている。

1 いほうじん　2 いぼうにん
3 いぼうじん　4 いほうにん

해석 '이방인'은 까뮈의 소설로서 인간사회에 존재하는 부조리에 대해 쓰여 있다.
해설 異邦人(いほうじん)은 邦(ほう)의 발음에서 많이 실수하는 단어입니다. 邦人(ほうじん) 자기나라 사람도 함께 암기해주시고, 이방인은 사람들을 '분류'한 것이므로 人를 'じん'으로 발음해야 맞습니다. **정답 1**

02 この椅子はデザインはとてもいいが、すわり心地は今一だ。

1 しんち　2 ごこち
3 しんじ　4 ごごち

해석 이 의자는 디자인은 매우 좋지만, 앉았을 때의 느낌은 조금 별로다.
해설 心地(ここち)는 훈독명사로, 동사 ます형과 접속하여 '~했을 때의 느낌'이란 뜻을 나타냅니다. 乗(の)り心地(ごこち) 승차감, 履(は)き心地 착용감 등이 있습니다. 원래의 발음은 心地(ここち)이지만 ます형과 접속되면서 心地(ごこち)로 탁음화 됩니다. 今一(いまいち)는 조금 부족한 모양을 나타내는데 발음에 주의하세요. **정답 2**

03 劇作家の鈴木さんが書き下ろした戯曲で、これまでに何度も上演された名作として知られる。

1 ききょく　2 ぎきょく
3 げききょく　4 げっきょく

해석 극작가인 스즈키 씨가 새로 쓴 희곡으로, 지금까지 몇 번이나 상연된 명작으로 알려져 있다.
해설 劇(げき)와 戯(ぎ)의 한자가 비슷해서 틀리기 쉽습니다. 演劇(えんげき) 연극과 戯曲(ぎきょく) 희곡의 단어를 확실히 암기하여 혼동하는 일이 없도록 합시다. **정답 2**

04 展望台から一望できる島には緑があふれ、「緑の真珠」という愛称がある。

1 しんじゅ　2 しんしゅ
3 しんず　4 しんずゅ

해석 전망대에서 한눈에 볼 수 있는 섬에는 녹음이 우거져, '녹색 진주'라는 애칭이 있다.
해설 珠(じゅ)의 발음에서 많이 틀립니다. 하지만 예외적으로 数珠(じゅず) 염주에서와 같이 'ず'로 발음될 때도 있습니다. 一望(いちぼう) 일망(한 번에 시원스레 바라봄)의 발음도 조심해야 합니다. 한자음이 '일망'이다 보니까 'いちもう'로 잘못 발음하기 쉽기 때문입니다. **정답 1**

05 製薬会社の収益が予想よりも少なくなるとの懸念が<u>台頭</u>している。

　1 たいどう　　　2 だいどう
　3 たいとう　　　4 だいとう

해석　제약회사의 수익이 예상보다도 적어진다는 우려가 <u>대두</u>되고 있다.
해설　一台(いちだい) 한 대, 台所(だいどころ) 부엌의 발음에 영향을 받아 だいとう로 잘못 발음하기 쉬운데요. 台頭(たいとう) 대두, 台湾(たいわん) 대만, 台風(たいふう) 폭풍에서는 모두 'たい'로 발음됩니다. 이밖에 台詞(せりふ) 대사, 台無(だいな)し 쓸모없는 모양 등도 함께 외워두세요.
　　　　　　　　　　　　　　　　　　정답 3

06 2人の姉は県外の<u>紡績</u>工場に出稼ぎに行った。

　1 ほうせき　　　2 ぼうせき
　3 ほうぜき　　　4 ぼうぜき

해석　두 명의 언니는 현 밖의 <u>방적</u>공장에 돈 벌러 갔다.
해설　ほう와 ぼう 발음은 한자를 확실히 암기해서 외워두지 않으면 늘 혼동됩니다. 'ぼう'로 발음되는 한자로는 紡績(ぼうせき) 방적, 消防(しょうぼう) 소방, 妨害(ぼうがい) 방해, 坊主(ぼうず) 중, 呆然(ぼうぜん) 멍함, 冒険(ぼうけん) 모험, 細胞(さいぼう) 세포 등이 있습니다.
　　　　　　　　　　　　　　　　　　정답 2

문제 3　_____의 단어와 의미가 가장 가까운 것을 1·2·3·4 중에서 하나 고르세요.

01 生ものをお贈りする場合は、<u>先方</u>に前もってご都合を聞いておく。

　1 さっき　　　2 むかい
　3 はしっこ　　4 むこう

해석　신선상품을 선물로 보내 드리는 경우에는, 상대방에게 미리 형편을 물어 봐 둔다.
　　　1 좀 전　2 건너편　3 끝　4 상대편
해설　先方(せんぽう)는 '상대방, 상대편'의 의미로 발음에도 주의해야 하는 단어입니다. 向(む)かい는 마주 보고 있는 '물리적 상황에서의 건너편'을 의미하고 向(む)こう는 직접 보이지 않는 상황에서도 쓸 수 있는 '상대편, 건너편'의 의미입니다. 제시된 문장의 경우는 물건이 배달되는 상대편을 의미하므로 向こう가 맞습니다.
　　　　　　　　　　　　　　　　　　정답 4

02 衛生管理は<u>用心</u>に越したことはないけれど、そこまでするのも考えものだ。

　1 用意　　　2 つもり
　3 警備　　　4 つまり

해석　위생관리는 <u>조심</u>해서 지나침이 없지만, 그렇게까지 하는 것도 생각해 볼 문제다.
　　　1 준비, 조심, 주의　2 계획　3 경비　4 즉
해설　用意(ようい)에는 '주의'의 뜻이 있으므로 用心(ようじん)과 유의어가 됩니다. ~に越(こ)したことがない는 '~해서 지나침이 없다, ~가 제일이다'라는 의미의 문형입니다. 또 考(かんが)え物(もの)는 '신중하게 잘 생각해야 할 일'을 말합니다.
　　　　　　　　　　　　　　　　　　정답 1

03 戦争中、兵士は<u>土足</u>で民家に押し入った。

　1 足袋で　　　2 裸足で
　3 足下で　　　4 泥足で

해석　전쟁 중에 병사는 <u>신발을 신고</u> 민가로 침입했다.
　　　1 버선으로　2 맨발로　3 발밑으로　4 진흙 묻은 발로
해설　土足(どそく)란 '흙이 묻은 신발을 신은 발'입니다. 보기로 제시된 단어 모두 훈독하는 명사로 발음과 뜻 모두 중요합니다. 足袋(たび) 버선, 裸足(はだし) 맨발, 足下(あしもと) 발밑, 泥足(どろあし) 진흙 묻은 발
　　　　　　　　　　　　　　　　　　정답 4

04 日本の優れた技術を学ぶため、世界の<u>方々</u>から来ている。

　1 各自　　　2 方角
　3 随所　　　4 人々

해석　일본의 뛰어난 기술을 배우기 위해서, 세계의 <u>여기저기</u>에서 오고 있다.
　　　1 각자　2 방위　3 도처, 여기저기　4 사람들
해설　方々(ほうぼう)는 '여기저기'란 의미로 随所(ずいしょ)와 같은 뜻이 됩니다. 方角(ほうがく)는 발음문제로 자주 출제되니 특히 주의하시기 바랍니다.
　　　　　　　　　　　　　　　　　　정답 3

문제 4　다음 단어의 사용법으로 가장 알맞은 것을 1·2·3·4 중에서 하나 고르세요.

01 膨張

　1 ほとんどの物質は温度を高くすると<u>膨張</u>する。
　2 数日中に<u>膨張</u>な動きがありそうです。
　3 マスコミは実際より<u>膨張</u>してものを書く。
　4 今年は事業<u>膨張</u>のためにがんばるつもりです。

해석　팽창
　1 대부분의 물질은 온도를 높이 하면 팽창한다.
　2 며칠 내에 팽창한 움직임이 있을 것 같습니다.
　3 매스컴은 실제보다 팽창해서 글을 쓴다.
　4 올해는 사업팽창을 위해서 노력할 생각입니다.

해설 2번은 문맥상 大(おお)きな 動(うご)き 큰 움직임이 되어야 자연스럽습니다. 글은 과장해서 쓰지 팽창해서 쓰는 게 아니므로 3번에서는 誇張(こちょう) 과장이라고 해야 맞겠네요. 4번은 事業拡大(じぎょうかくだい) 사업 확대라고 해야 자연스럽습니다.
정답 1

02 三昧
1 鼻毛を抜くと、三昧が鈍くなるそうだ。
2 メロンを買ったが、三昧がしなかった。
3 まとまった休みが取れると、温泉三昧だ。
4 キリスト教の教えで、三昧一体というのがあるという。

해석 ~에 열중함, 삼매경
1 코털을 뽑으면 삼미가 둔해진다고 한다.
2 메론을 샀지만 삼미가 없었다.
3 어느 정도의 휴가를 얻으면, 온천 삼매경이다.
4 기독교의 가르침으로 삼미일체라는 것이 있다고 한다.

해설 三昧(ざんまい)는 흔히, 명사에 붙어 '어떤 일에 열중함, 여념이 없음'의 의미가 됩니다. 1번은 鼻毛(はなげ)를 뽑으면 삼미가 아니라 味覚(みかく) 미각이 없어진다고 해야 맞고, 2번은 味(あじ)가 しない를 써서 '맛이 안나다, 밍밍하다'가 되어야 자연스럽습니다. 3번이 정답으로, 温泉三昧(おんせんざんまい), 読書三昧(どくしょざんまい) 독서 삼매경 등으로 씁니다. 4번은 내용상 三位一体(さんみいったい) 삼위일체가 적절합니다.
정답 3

03 一存
1 4本のマイクからの音を一存に取り込むことができる。
2 所長は忙しく、私に一存するといいました。
3 両社の合意があれば、自由に一存するようだ。
4 総理の一存だけで実施されるものではない。

해석 자기 혼자만의 생각, 판단
1 4개의 마이크로부터의 소리를 자기 생각으로 거두어들일 수 있다.
2 소장은 바빠서 나에게 자기 생각한다고 말했습니다.
3 두 회사의 합의가 있으면 자유롭게 자기 생각하는 것 같다.
4 총리 단독의 생각으로 실시되는 것이 아니다.

해설 1번은 문맥상 一挙(いっきょ)에 일거에, 한번에가 좋습니다. 2, 3번에서 一存(いちぞん)은 する를 붙여 동사로 만들 수 없으므로 2번은 一任(いちにん)する 일임하다로, 3번은 決(き)められる 결정할 수 있다로 바꿉니다. 끝으로 4번과 같이 ~の一存의 형태로 '~만의 생각, 판단'의 뜻이 됩니다.
정답 4

04 存分
1 存分に使った後に返品や交換をしてもらうなんてできない。
2 日本列島はいつから存分にしていると考えられていますか。
3 わたしの存分では決めかねますので、時間をください。
4 英語を存分させる不動産会社があったら働きたい。

해석 실컷, 마음껏, 충분히
1 마음껏 사용한 후에 반품이나 교환을 해 받다니 불가능하다.
2 일본 열도는 언제부터 마음껏 하고 있다고 생각되고 있습니까?
3 내 마음껏으로는 결정하기 힘들므로, 시간을 주세요.
4 영어를 마음껏 시키는 부동산 회사가 있다면 일하고 싶다.

해설 2번은 내용상 '존재하고 있다'가 들어가야 하므로 存分(ぞんぶん)에 している를 存在(そんざい) している로 바꿔야 합니다. 3번은 一存(いちぞん) 혼자만의 생각을 넣어야 합니다. 참고로 ~かねる는 '~하기 어렵다, 힘들다'라는 문형입니다. 4번에서 存分은 바로 する를 붙일 수 없기 때문에 存分に活(い)かせる 마음껏 살리다와 같이 활용시켜야 합니다.
정답 1

시나공법 11 | 장음한자와 단음한자 적중 예상 문제

문제 1 _____의 단어 읽는 법으로 가장 알맞은 것을 1・2・3・4 중에서 하나 고르세요.

01 肥満の予防のためには、生活習慣を改善していくことが大切だが、それはちょっとした工夫でできる。
1 こうふ 2 こうふう
3 くふう 4 くうふう

해석 비만의 예방을 위해서는 생활습관을 개선해 가는 것이 중요하지만, 그것은 약간 궁리하면 가능하다.

해설 工는 工作(こうさく) 공작에서처럼 주로 'こう'로 발음되지만 'く'로 발음되는 경우도 있습니다. 夫는 夫婦(ふうふ) 부부에서는 길게 발음되고 夫人(ふじん) 부인, 夫妻(ふさい) 부부에서는 짧게 발음됩니다. 문제의 工夫(くふう)는 '궁리, 고안, 연구'의 뜻으로 발음문제로 자주 출제됩니다.
정답 3

02 監督の新作はシンプルな分、彼の持ち味が存分に引き出され、心底楽しめる愉快な内容だった。

1 ゆうかいな　2 ゆかいな
3 りんかいな　4 りんがいな

해석　감독의 신작은 심플한 만큼, 그의 장점이 마음껏 표현되어, 정말로 즐길 수 있는 유쾌한 내용이었다.
해설　愉快(ゆかい)는 愉(ゆ)의 발음이 짧습니다. 輸出(ゆしゅつ)의 輸(ゆ)도 짧죠? 存分(ぞんぶん) 실컷, 마음껏 存(ぞん)발음에도 주의해 주세요. 心底(しんそこ)는 부사로 쓰여서 '정말로'란 뜻입니다.

정답 2

03 1月はあくまでも過渡期であり、上下に不安定な値動きとなるだろう。

1 かどうき　2 かどき
3 かとうき　4 かとき

해석　1월은 어디까지나 과도기이며, 상하로 불안정한 가격의 움직임이 될 것이다.
해설　過度(かど) 과도와 혼동할 수 있는 한자입니다. 過度는 '지나치다'의 의미이며, 過渡期(かとき) 과도기는 어떤 단계에서 다음 단계로 옮겨가는 시기라는 뜻입니다. 바다를 건너 외국에 가는 渡航(とこう) 도항도 함께 외워두세요.

정답 4

04 不毛の地を、命あふれる緑の森によみがえらせる様子を表現する。

1 ふげい　2 ふげ
3 ふも　4 ふもう

해석　불모의 땅을, 생명이 넘치는 녹색 숲으로 되살리는 모습을 표현하다.
해설　毛는 毛皮(けがわ) 털가죽, 毛糸(けいと) 털실, 毛穴(けあな) 모공에서는 'け'로, 不毛(ふもう) 불모, 毛布(もうふ) 모포, 毛頭(もうとう) 털 끝 만큼도에서는 'もう'로 발음됩니다.

정답 4

05 優れた後輩が脚光を浴びたが、嫉妬よりは自分も頑張らなくちゃと後押しされた。

1 しつと　2 しっと
3 しつとう　4 しっとう

해석　뛰어난 후배가 각광을 받았지만, 질투보다는 자신도 열심히 해야 한다고 뒤를 밀어주는 듯했다.
해설　嫉妬(しっと) 질투는, 촉음발음이면서 しっと의 と가 단음이라서 중요합니다. 참고로 脚光(きゃっこう)を浴(あ)びる 각광을 받다와 後押(あとお)しする 뒷바라지하다, 후원하다도 함께 암기해주세요.

정답 2

06 町の路地裏にある喫茶店から心地よい音色が流れてくる。

1 ろじり　2 ろうじり
3 ろじうら　4 ろうじうら

해석　마을의 뒷골목에 있는 찻집에서 기분 좋은 음색이 흘러나온다.
해설　路地(ろじ)는 음독하고, 裏(うら)는 훈독하는 음독+훈독 형태의 합성어입니다. 音色(ねいろ) 음색도 시험에 자주 나오는 단어이니까 반드시 외워주세요.

정답 3

문제 3 ＿＿＿＿의 단어와 의미가 가장 가까운 것을 1・2・3・4 중에서 하나 고르세요.

01 私の職場の上司は、もともと頑固なのですが、年々パワーアップしている。

1 型破り　2 一人よがり
3 やり手　4 切れ者

해석　우리 직장 상사는 원래 완고하지만, 매년 더 심해지고 있다.
1 파격적임, 유별남　2 독선적　3 수완가　4 수완가
해설　'완고하다'는 것은 융통성이 없이 올곧고 고집이 세다는 뜻입니다. 독선적이라는 말과 바꾸어 쓸 수 있습니다. やり手(て), 切(き)れ者(もの)는 모두 '수완가'라는 뜻이지만, やり手는 주로 행동적인 면을 이야기할 때 쓰고 切れ者는 머리가 명석하다는 것에 초점이 맞추어져 있습니다.

정답 2

02 150人の採用見込みに1103人の応募があり、倍率は7.4倍まで上がった。

1 エントリー　2 サバイバル
3 ボランティア　4 ワイルド

해석　150명의 채용전망에 1103명의 응모가 있어서, 경쟁률은 7.4배까지 올라갔다.
1 입학, 가입, 지원　2 서바이벌　3 자원봉사　4 와일드
해설　우선 応募(おうぼ)의 募(ぼ) 발음에 주의하시고, 応募는 '응모, 지망'의 뜻이므로 영어의 entry에서 온 エントリー가 유의어가 됩니다. 경쟁률은 競争率(きょうそうりつ)라는 말도 쓰지만 倍率(ばいりつ)가 일반적입니다.

정답 1

03 税務署に申し立てをしたところで、徒労に終わるのは目に見えている。

1 無事　　　　2 無駄
3 無謀　　　　4 無理

해석　세무서에 제기 신청을 해봤자, 헛수고로 끝날 것이 뻔하다.
　　1 무사　　2 허사, 헛됨　　3 무모　　4 무리
해설　徒労(とろう) 헛수고는 徒(と)의 발음 때문에 한자읽기 문제로 나올 가능성이 큽니다. 한자만으로는 뜻을 유추하기 힘들기 때문에 의미문제로도 출제될 확률이 높습니다. 生徒(せいと) 학생, 勤労(きんろう) 근로 등의 단어를 떠올리시면서 발음문제에 대비하세요. ～たところでは N2 문법으로 '～해봤자'의 뜻입니다.
정답 2

04 仕事一本の生活ではなく人生を楽しむ余裕のある生活がしたい。

1 たるみ　　　　2 すきま
3 ゆとり　　　　4 おまけ

해석　오로지 일이 중심인 생활이 아니라 인생을 즐기는 여유가 있는 생활을 하고 싶다.
　　1 처짐　　2 빈틈　　3 여유　　4 덤
해설　余裕(よゆう) 여유는 알고 있더라도 보기로 제시된 단어들이 쉽지 않았을 겁니다. 한자가 아닌 순수 명사에 익숙해지도록 노력합시다. 참고로 ゆとり教育(きょういく)라는 말이 있는데요. '여유교육'이라고 해서 학생들의 학습량을 줄여주고자 시작된 교육방침입니다.
정답 3

문제 4 다음 단어의 사용법으로 가장 알맞은 것을 1・2・3・4 중에서 하나 고르세요.

01 措置
1 実験室にはあらゆる器具が措置してある。
2 歯医者に措置してもらった詰め物が取れた。
3 警察は麻薬の密売にたいして、厳しい措置をとった。
4 この計算が合っているかを措置してください。

해석　조치
　　1 실험실에는 모든 기구가 조치되어 있다.
　　2 치과의사에게 조치해 받은 (충치 등의) 봉이 떨어졌다.
　　3 경찰은 마약의 밀매에 대해서 엄중한 조치를 취했다.
　　4 이 계산이 맞는지를 조치해 주세요.
해설　1번은 措置(そち)대신에 装置(そうち) 장치를 넣어야 맞고, 2번은 의료행위이므로 処置(しょち) 처치를 써야 맞습니다. 3번은 맞는 문장입니다. 4번은 検討(けんとう) 검토나 チェック를 써야 맞겠죠?
정답 3

02 補充
1 字が薄くなってきたので、インクを補充した。
2 品数が補充で、選べる楽しみがある。
3 放課後にある補充の時間は眠気との戦いだった。
4 作業中のけがに対し、会社に補充を請求した。

해석　보충
　　1 글자가 흐려지기 시작했기 때문에 잉크를 보충했다.
　　2 물량이 보충이어서 고르는 즐거움이 있다.
　　3 방과 후에 있는 보충시간은 졸음과의 싸움이었다.
　　4 작업 중의 상해에 대하여, 회사에게 보충을 청구했다.
해설　소모품을 보충할 때 쓰는 것이 補充(ほじゅう)이므로 1번이 정답입니다. 2번은 문맥상 豊富(ほうふ) 풍부를 넣어야 맞겠네요. 3번을 답으로 착각하기 쉬운데요. 학습상의 보충은 補習(ほしゅう) 보습이라고 합니다. 4번은 회사에 補償(ほしょう) 보상을 요구했다고 해야 맞겠죠?
정답 1

03 交互
1 二人は交互に憎しみを抱いている。
2 取締役の会議で役員の交互が行われた。
3 監督はしかたなく投手を交互した。
4 男女が交互に座るような席順にしたいのですが。

해석　번갈아
　　1 두 사람은 번갈아 증오를 안고 있다.
　　2 임원 회의에서 임원의 번갈아 함이 이루어졌다.
　　3 감독은 할 수 없이 투수를 번갈아했다.
　　4 남녀가 번갈아 앉는 식의 자리 배치로 하고 싶은데요.
해설　1번은 '서로'가 되어야 말이 되므로 相互(そうご)로 바꿔야 합니다. 2번은 임원의 交替(こうたい) 교체, 교대라고 해야 합니다. 3번도 내용상 交替를 넣어야 하고요. 참고로 交互(こうご)는 交互にする는 가능하지만 交互する는 안 됩니다.
정답 4

04 油断

1 あの件については何とぞご油断ください。
2 油断しているすきに財布をすられた。
3 油断な人はかならず風邪をひくそうです。
4 うちの犬はおとなしいというより、油断していることが多い。

해석 방심
1 그 건에 대해서는 제발 방심해 주세요.
2 방심하고 있는 사이에 지갑을 소매치기 당했다.
3 방심한 사람은 반드시 감기에 걸린다고 합니다.
4 우리집 개는 얌전하다기보다, 방심하고 있는 경우가 많다.
해설 1번은 해석 자체가 어색합니다. 安心(あんしん) 안심을 넣으면 자연스럽겠네요. 2번은 문법적, 의미적으로 완벽합니다. 3번에서 油断(ゆだん)은 な형용사로 쓰이지 못하므로 油断(ゆだん)する, 油断(ゆだん)している의 형태로 씁니다. 4번은 문맥의 흐름상 油断(ゆだん)을 멍하니 멍하니로 바꾸면 자연스럽습니다. **정답 2**

셋째마당 총정리 | 적중 예상 문제

문제 1 _____의 단어 읽는 법으로 가장 알맞은 것을 1・2・3・4 중에서 하나 고르세요.

01 企業にしてみたら、継続して提携している方が収益につながるはずだ。

1 たいけい　　2 たいたい
3 ていけい　　4 ていたい

해석 기업의 입장에서 보면 계속해서 제휴하고 있는 편이 수익으로 이어질 것임에 틀림없다.
해설 携帯(けいたい) 휴대와 前提(ぜんてい) 전제, 提供(ていきょう) 제공 등의 단어를 떠올려보면 提携(ていけい)의 발음을 유추해낼 수 있습니다. 아직도 方 발음이 헷갈리세요? '쪽, 편'의 의미일 때는 ほう로, '분'의 뜻일 때는 かた가 됩니다. **정답 3**

02 なぜ地域によってごみの分別の仕方がばらばらなのでしょうか。

1 わけり　　2 ぶんべつ
3 わけべつ　　4 ふんべつ

해석 왜 지역에 따라 쓰레기의 분별 방법이 제각각일까요?
해설 '쓰레기 분별'의 뜻이므로 分別(ぶんべつ)라고 읽어야 합니다. 分別(ふんべつ)라고 읽으면 '사리분별'의 뜻이 되므로 이 문장에 어울리지 않습니다. 地域(ちいき) 지역을 'ちえき'라고 발음하지 않도록 특히 주의하시고, ばらばら는 '따로따로 흩어지는 모양, 분해되는 모양'을 나타내는데, 여기서는 '제각각, 전부 다름'이란 뜻이 되었습니다. **정답 2**

03 自分の職場や学校などで情報網を広げる様々な方法を教えてください。

1 じょうほうもう　　2 じょうほうも
3 じょうほうこう　　4 じょうほうこ

해석 자신의 직장이나 학교 등에서 정보망을 넓히는 여러 가지 방법을 가르쳐 주세요.
해설 합성명사를 만드는 어미 網(もう)는 (그물 '망')이란 한자입니다. 綱(こう)와 흡사해서 혼동하기 쉽습니다. 아마 綱(つな) 밧줄, 横綱(よこづな) 천하장사 등의 단어에서 본 적이 있을 겁니다. 구별하는 방법은 網(もう)의 경우 오른쪽 한자부분 안에 亡(죽을 '망')이라는 한자가 있지요? 같은 '망'이므로 기억하기 쉽습니다. **정답 1**

04 読書は語彙を増やすにはもってこいの方法だと思う。

1 ごえ　　2 ごき
3 ごい　　4 ごひ

해석 독서는 어휘를 늘리기에는 안성맞춤인 방법이라고 생각한다.
해설 (구)일본어 능력시험의 1교시 과목이 기억 나십니까? 바로 '문자/어휘'였습니다. 文字(もじ)・語彙(ごい)를 꼭 기억해 주세요. **정답 3**

05 熱湯を注ぎ、はしでこねるだけで瞬時にほかほかの餅ができる。

1 れっと　　2 れっとう
3 ねっと　　4 ねっとう

해석 뜨거운 물을 부어, 젓가락으로 반죽하는 것만으로 순식간에 따끈따끈한 떡이 완성된다.
해설 熱湯(ねっとう)의 촉음발음에 조심하세요. 이밖에도 熱気(ねっき) 열기, 熱帯(ねったい) 열대, 熱心(ねっしん) 열심, 熱中(ねっちゅう) 열중도 촉음발음입니다. **정답 4**

06 一段の円安に反応し、目下のところ株価が下落する感じはしない。

1 もっか　　2 めした
3 もっけ　　4 めもと

해석 엔화의 가치가 더욱 하락함에 따라 현재 주가가 떨어질 것 같지는 않다.
해설 目下의 발음은 2가지입니다. めした로 읽으면 '손아랫사람'이란 뜻이고, もっか로 읽으면 '현재, 당장'의 뜻이 됩니다. ~のところ는 현재를 중심으로 한 비교적 짧은 시간을 가리킬 때 쓰는 표현입니다. 참고로 目下(もっか)와, 目下(もっか)のところ의 의미는 같습니다. **정답 1**

07 いくつもの色がのった花火とかき氷は日本が発祥の地である。

1 はつじょう　　2 はっそ
3 はっしょう　　4 はっそう

해석 여러 가지 색깔이 들어간 불꽃놀이와 빙수는 일본이 발상지이다.
해설 発(はつ)로 시작하는 한자는 発見(はっけん) 발견, 発火(はっか) 발화, 発足(ほっそく) 발족, 発給(はっきゅう) 발급 등과 같이 촉음발음이 지배적입니다. 祥(しょう)와 관련해서는 不祥事(ふしょうじ) 불상사를 외워두세요.
정답 3

08 指導者として不適任なのではないかという意見があり、彼は失脚を余儀なくされた。

1 しっつい　　2 しっきゃく
3 しっかく　　4 しっさく

해석 지도자로서 적합지 않은 것이 아닐까 라는 의견이 있어서, 그는 어쩔 수 없이 실각했다.
해설 失脚(しっきゃく) 실각(실패하여 지위나 설자리를 잃음)처럼 촉음발음 한자를 정리해봅시다. 失敗(しっぱい) 실패, 失格(しっかく) 실격, 失敬(しっけい) 버릇없음·무례함, 失墜(しっつい) 실추
정답 2

09 戦争が長引けば、「米国は非常に悲惨な状況に陥る」との見方を示した。

1 ひさんな　　2 ひざんな
3 ふさんな　　4 ふざんな

해석 전쟁이 길어지면 '미국은 상당히 비참한 상황에 빠진다'라는 견해를 밝혔다.
해설 悲惨(ひさん)과 惨敗(ざんぱい) 참패에서 惨의 발음이 다르므로 주의하세요. 陥(おちい)る는 ~に陥る의 꼴로 '~에 빠지다'의 뜻이며 1그룹 동사이므로 陥ります, 陥って와 같이 활용됩니다.
정답 1

10 教師になった今、妥協せずに生徒と向き合っている。

1 じゅきょう　　2 じゃきょう
3 どきょう　　4 だきょう

해석 교사가 된 지금, 타협하지 않고 학생과 마주 대하고 있다.
해설 妥当(だとう) 타당의 妥(だ)와 協力(きょうりょく) 협력의 協(きょう)가 만나 妥協(だきょう)가 되었네요. 모르는 단어가 나와도 그 한자를 어디서 보았는지 기억을 더듬어보면 반드시 실마리가 보입니다.
정답 4

11 庶民の間には象の腹の下をくぐると縁起が良いという言い伝えがある。

1 りょっき　　2 りょくぎ
3 えんぎ　　4 えんき

해석 서민들 사이에는 코끼리의 배밑을 지나가면 재수가 좋다고 하는 전설이 있다.
해설 起(き)발음이 ん발음 뒤에서 탁음화 되었습니다. 言(い)い伝(つた)え는 '전설, 구전'이란 뜻으로 伝説(でんせつ), 口伝(くでん), 言(い)い習(なら)わし와 같은 의미입니다.
정답 3

12 朝方は霜が降りるほどの寒さだったが、狙い通りの写真も撮れ、無事下山することができた。

1 げさん　　2 げざん
3 かさん　　4 かざん

해석 아침에는 서리가 내릴 정도의 추위였지만, 노리고 있던 대로 사진도 찍을 수 있었고 무사히 하산할 수 있었다.
해설 下와 山의 발음이 모두 2가지 이상의 발음을 갖고 있는 한자라서 많이 헷갈립니다. 下山(げざん) 하산, 下校(げこう) 하교, 下落(げらく) 하락과 함께 登山(とざん) 등산도 외워주세요.
정답 2

13 「世界一やさしい経済の授業」と書いてあるのが誇張ではないほど分かりやすい。

1 こちょう　　2 こうちょう
3 こちょ　　4 こうちょ

해석 '세계 제일로 쉬운 경제 수업'이라고 적힌 것이 과장이 아닐 정도로 알기 쉽다.
해설 誇張(こちょう) 과장, 誇示(こじ) 과시, 誇大(こだい) 과대 등에서 誇는 모두 짧은 발음이고 張本人(ちょうほんにん) 장본인에서 알 수 있듯이 張(ちょう)발음은 깁니다. 일본어로는 '세계 제일, 일본 제일'이라는 말을 世界一(せかいいち), 日本一(にほんいち)와 같이 표현합니다. 第一(だいいち)를 쓰지 않도록 조심하세요.
정답 1

14 道路が舗装されたりして風景は変わっても、背景の山々は当時のままだった。

1 ほうそう　　2 ほそう
3 ほうしょう　　4 ほしょう

해석 도로가 포장되거나 해서 풍경은 바뀌어도, 뒤쪽의 산들은 당시 그대로였다.
해설 '포장'에는 舗装(ほそう) 포장과 包装(ほうそう) 포장이 있습니다. 舗装는 시멘트나 아스팔트 따위로 덮어 길을 단단하게 다져 꾸미는 일을 말하고, 包装은 물건을 싸거나 그럴듯하게 꾸미는 일을 말합니다. 우리나라 음으로는 같지만 일본어로는 발음이 틀리므로 주의하세요.
정답 2

15 美と健康を同時に求めるライフスタイルに呼応して スポーツ種目の幅も広がった。

1 こおう　　2 こうおう
3 ほおう　　4 ほうおう

해석　미와 건강을 동시에 추구하는 라이프 스타일에 호응하여 스포츠 종목의 폭도 넓어졌다。
해설　呼가 들어간 한자음독 문제로는 呼吸(こきゅう) 호흡도 자주 출제됩니다. 모두 짧의 발음이 짧습니다. ~に呼応(こおう)して(~에 호응하여)의 형태로 하나의 행동에 부응하여 다른 쪽에서도 움직임이 일어난다는 뜻입니다.　　**정답 1**

16 不要になったスーツケースの大半は粗大ごみとして 廃棄処分され、リサイクルされた。

1 そうだい　　2 そだい
3 ぞうだい　　4 ぞだい

해석　불필요해진 여행 가방의 대부분은 대형 쓰레기로 폐기처분되어 재활용되었다。
해설　粗(そ)와 관련해서는 粗大(そだい) 대형, 粗末(そまつ) 조잡, 粗品(そしな) 변변치 못한 물건, 粗筋(あらすじ) 대강의 줄거리 등의 단어가 시험에 잘 나옵니다. 큰 소리로 읽어가면서 몸으로 익혀주세요.　　**정답 2**

문제 2　(　　)안에 들어갈 가장 알맞은 것을 1·2·3·4 중에서 하나 고르세요.

01 利用者の(　　)を図るとは言っても、法にふれて はどうにもならない。

1 適宜　　2 有利
3 便宜　　4 便利

해석　이용자의 (편의)를 도모한다고는 해도, 법에 저촉되어서는 아무 쓸모가 없다.
1 적당함　2 유리　3 편의　4 편리
해설　便宜(べんぎ)를 図(はか)る 편의를 도모하다를 통째로 암기해 두시면 도움이 됩니다. 法(ほう)に触(ふ)れる는 触れる의 뜻이 다양해서 문제가 되는 표현입니다. 여기서는 '저촉되다'의 뜻으로 쓰였습니다. 適宜(てきぎ)는 발음에 주의하세요.　　**정답 3**

02 彼が一部(　　)を言ってくれないので真相究明が 極めて難しい。

1 始終　　2 ありさま
3 終始　　4 ありかた

해석　그가 (자초지종)을 말해주지 않기 때문에 진상규명이 극히 어렵다.
1 처음부터 끝, 자초지종　2 모양, 형편
3 처음부터 끝까지, 항상　4 참모습
해설　始終(しじゅう)와 終始(しゅうし)는 뜻은 비슷하지만 쓰이는 곳이 다릅니다. 주로 '항상'이라는 의미로는 終始를 쓰는 것이 자연스럽습니다. 또 一部始終(いちぶしじゅう)(자초지종)과 終始一貫(しゅうしいっかん)(시종일관) 등 쓰는 말이 보통 정해져있기 때문에 그대로 암기해두시는 것이 좋습니다.　　**정답 1**

03 緑色のフェンスはかなり(　　)なつくりになって いるようだ。

1 頑固　　2 大丈夫
3 頑丈　　4 太鼓判

해석　녹색 울타리는 꽤 (튼튼한) 구조로 만들어져 있는 것 같다.
1 완고한　2 괜찮은　3 튼튼한　4 확실한 보증
해설　내용상 울타리가 튼튼하다는 말이 들어가야 하므로 3번의 頑丈(がんじょう)가 답입니다. 1번의 頑固는 '완고함, 끈질김'이라는 뜻이므로 답이 아닙니다. 4번의 太鼓判은 太鼓判(たいこばん)을 押(お)す의 형태로 '틀림없음을 보증하다' 라는 뜻의 관용표현입니다. 함께 암기하세요.　　**정답 3**

04 アメリカの(　　)物資が全然難民の方の所へ届い ていないという。

1 救急　　2 救援
3 救命　　4 救済

해석　미국의 (구원)물자가 전혀 난민들에게 전해지지 않았다고 한다.
1 구급　2 구원　3 구명　4 구제
해설　物資(ぶっし)라는 말과 함께 합성명사를 이루는 말을 고르는 문제입니다. 보기의 단어들을 모두 대입해봤을 때 2번의 救援(きゅうえん)이 가장 자연스럽죠? 평소부터 자주 쓰이는 합성명사의 형태로 기억해두시는 것이 좋습니다.　　**정답 2**

문제 3 _____의 단어와 의미가 가장 가까운 것을 1·2·3·4 중에서 하나 고르세요.

01 病気がちだった母が達者に暮らしているかがいつも気がかりだ。

1 頑固　　2 貧相
3 病弱　　4 元気

해석 병치레가 잦은 엄마가 건강하게 살고 있는지가 항상 걱정거리다.
1 완고　　2 빈상(가난한 상, 궁해 보이는 용모[인상])
3 병약　　4 건강

해설 達者(たっしゃ)에는 2가지 의미가 있습니다. '능숙하다'와 '건강하다'입니다. 따라서 4번이 답이 되네요. 頑固(がんこ)와 病弱(びょうじゃく)는 발음문제로 나올 수 있으니 암기바랍니다.　　정답 4

02 妻に連れられて行った病院で、うつ病と診断されて仰天した。

1 目を細くした　　2 腰を抜かした
3 目を覚ました　　4 腰を入れた

해석 아내가 데리고 간 병원에서 우울병으로 진단받아 깜짝 놀랐다.
1 기쁘거나 귀여워서 웃음지으며 흐뭇해했다
2 깜짝 놀랐다
3 눈을 떴다(깼다)
4 본격적으로 덤벼들었다

해설 仰天(ぎょうてん)하는 '깜짝 놀라다'는 뜻입니다. 보기로 제시된 관용표현이 만만치가 않네요. 腰(こし)를 抜(ぬ)かす는 너무 놀랐을 때 허리 힘이 빠져서 주저앉게 되는데서 온 표현입니다.　　정답 2

03 「すべての芸術は模倣から始まる」という格言があります。

1 みならい　　2 なれそめ
3 にせもの　　4 ものまね

해석 '모든 예술은 모방에서 시작된다'고 하는 격언이 있습니다.
1 견습　　2 친해진 계기　　3 가짜　　4 흉내

해설 模倣(もほう) 모방은 발음문제로도 자주 출제되는 단어입니다. 모방은 결국 흉내이므로 物(もの)まね 흉내가 답이 되겠네요. なれそめ는 특히 연인 관계가 이루어진 계기를 일컫는 경우가 많고, 格言(かくげん) 격언은 발음에 주의하세요.　　정답 4

04 今でも世界各地で小規模な紛争は頻繁に起きているそうだ。

1 がたがた　　2 かたこと
3 ばたばた　　4 もめごと

해석 지금도 세계각지에서 소규모의 분쟁은 빈번하게 일어나고 있다고 한다.
1 부들부들, 덜컹덜컹　　2 서툰말
3 펄럭펄럭, 허둥지둥　　4 다툼, 분규

해설 紛争(ふんそう)는 '분쟁'이라는 뜻의 한자어입니다. 유의어로는 もめごと, 争(あらそ)い, いざこざ, ごたごた, 騒(さわ)ぎ 등이 있습니다.　　정답 4

문제 4 다음 단어의 사용법으로 가장 알맞은 것을 1·2·3·4 중에서 하나 고르세요.

01 的確

1 君はリーダーとして的確だと思う。
2 いいかげんな答えでその場を的確にごまかす。
3 論理的に考え、的確に判断し、解決した。
4 代表選手として的確かどうかを調べる。

해석 정확
1 너는 리더로서 정확하다고 생각한다.
2 무책임한 대답으로 그 자리를 정확하게 얼버무리다.
3 논리적으로 생각해서 정확히 판단하고 해결했다.
4 대표선수로서 정확한지 어떤지를 조사하다.

해설 1번은 잘 읽어보면 어색하므로 適格(てきかく) 적격이 좋겠네요. 2번은 '대강대강'의 의미로 適当(てきとう)에 적당히 맞고, 4번은 1번과 마찬가지로 適格(てきかく)가 맞습니다.　　정답 3

02 一括

1 玄米と一括してたくと、おいしくできあがる。
2 価格の推移を一括して見ることができる。
3 大勢が一括に集まることはあまりない。
4 アルコールの一括飲みは危険だからやめよう。

해석 일괄
1 현미와 일괄해서 지으면 맛있게 완성된다.
2 가격의 추이를 일괄해서 볼 수 있다.
3 많은 사람들이 일괄로 모이는 일은 거의 없다.
4 알코올의 일괄 마심은 위험하니까 그만두자.

해설 1번은 밥을 짓는데 일괄해서 짓지는 않겠죠? いっしょに로 바꿔주세요. 2번이 정답입니다. 3번은 내용의 흐름상 '한번에 모이다'가 자연스럽기 때문에 一度(いちど)가 어울리겠네요. 4번은 一気(いっき)飲(の)み 원샷으로 바꿉니다.　　정답 2

03 役不足

1 自分の経験があさく、役不足でした。
2 この地位は優れた彼にとっては役不足である。
3 役不足のせいか、最近集中力が落ちた。
4 あの俳優にこの役は役不足している。

해석 (능력에 비해서) 직책·역할이 간단하거나 하찮음
1 자신의 경험이 얕아서 너무 간단했습니다.
2 이 지위는 뛰어난 그에게 있어서는 너무 간단하다.
3 너무 간단해서인지 최근 집중력이 떨어지고 있다.
4 그 배우에게 이 배역은 간단하고 있다.

해설 이 문제는 役不足(やくぶそく)와 力不足(ちからぶそく)의 차이를 알아야 풀 수 있습니다. 役不足란 주어진 역할이나 일이 능력에 비해서 매우 간단하거나 하찮을 때 쓰고, 力不足는 주어진 역할이나 일을 처리할 능력이 없는 경우에 씁니다. 따라서 우리말의 '역부족'을 나타낼 때는 力不足를 사용해야 합니다. 그러므로 1번은 力不足를 써야 맞고, 3번은 내용상 寝不足(ねぶそく) 수면부족이 맞습니다. 4번은 경우에 따라서 어느 쪽도 가능하겠지만 문법적 활용이 틀렸네요. 役不足だ, 力不足だ의 형태가 되어야 합니다.
정답 2

04 過剰

1 カロリーを過剰的にとると太る。
2 野球試合のチケットが2枚過剰してしまった。
3 職場に着くやいなや、過剰に仕事ができる。
4 彼女は彼に過剰なほどの気遣いを見せた。

해석 과잉
1 칼로리를 과잉적으로 취하면 살찐다.
2 야구시합 티켓이 2장 과잉해 버렸다.
3 직장에 도착하자마자, 과잉하게 일을 할 수 있다.
4 그녀는 그에게 과잉일 정도의 배려를 보였다.

해설 과연 몇 번이 답일까요? 가장 자연스러운 것은 4번이네요. 1번은 過剰(かじょう) 자체가 な형용사이므로 な형용사를 만드는 的(てき)를 붙이면 안 됩니다. 過剰に라고 하면 답이 될 수도 있습니다. 2번에서 過剰する의 형태로는 활용하지 못합니다. '남아버렸다'의 의미가 되어야 하므로 あまって를 써주세요. 3번은 의미상 어색하므로 エネルギッシュ에 적극적으로, 활동적으로를 넣어 주시면 부드럽게 이어집니다.
정답 4

05 依然

1 中国にたいし、依然とした態度で怒るべきだ。
2 依然として日本の企業では学歴がものをいう。
3 依然に私自身が書いた記事を、読み直した。
4 いまだに核の脅威は依然に存在している。

해석 여전히
1 중국에 대해, 여전한 태도로 화내야 한다.
2 여전히 일본 기업에서는 학력이 중요하다.
3 여전히 내 자신이 쓴 기사를 다시 읽었다.
4 아직도 핵의 위협은 여전히 존재하고 있다.

해설 해석만으로는 답을 찾기가 힘든 문제입니다. 1번은 해석부터가 이상하죠? 毅然(きぜん)とした로 바꾸어 '의연한 태도'라는 의미가 되면 맞습니다. 2번은 맞는 문장이구요. 3번은 내용상 以前(いぜん)으로 바꾸어야 자연스럽습니다. 4번은 문법적 형태가 틀렸네요. 여전히 라는 말은 依然(いぜん)、依然(いぜん)として、依然(いぜん)との 형태로 써야 합니다.
정답 2

06 勘弁

1 話し方がうまい勘弁な人になりたい。
2 彼は勘弁強い人だから信用できる。
3 ながながと書くのは勘弁してください。
4 これも一緒に買うから500円勘弁してくれ。

해석 용서함
1 말을 잘하는 용서하는 사람이 되고 싶다.
2 그는 용서함 강한 사람이므로 신용할 수 있다.
3 길게 쓰는 것은 용서해주세요.(그만두어주세요)
4 이것도 같이 살 테니까 500엔 용서해줘.

해설 勘弁(かんべん)은 드라마에도 꽤 자주 나오는 단어인데요. ~は勘弁(かんべん)してください의 형태로 '~은 봐달라, ~(만)은 그만두라, ~(만)은 그만두게 해달라' 등의 뜻으로 쓰입니다. 1번은 '말을 잘한다'라는 의미의 弁(べん)がたつ가 들어가야 합니다. 2번은 我慢強(がまんづよ)い를 넣어서 '참을성 있는, 잘 참는'이 되면 맞습니다. 3번이 적절한 쓰임의 勘弁(かんべん)입니다. 4번은 가격을 깎아달라고 하는 상황이므로 勉強(べんきょう)してくれ、負(ま)けてくれ를 써야 합니다.
정답 3

넷째마당 | 알아두면 든든한 음독명사

시나공법 12 | 두 가지 이상으로 읽는 한자 적중 예상 문제

문제1 _____의 단어 읽는 법으로 가장 알맞은 것을 1·2·3·4 중에서 하나 고르세요.

01 色彩の勉強を通して知識を蓄えることで、デザインのセンスとスキルを磨きたい。

1 しょくさい 2 しょくざい
3 しきさい 4 しきざい

해석 색채 공부를 통해서 지식을 축적함으로써, 디자인의 센스와 스킬을 연마하고 싶다.
해설 色는 음독했을 때 しき와 しょく의 두 가지 발음이 있습니다. 色彩(しきさい), 色感(しきかん) 색감, 色盲(しきもう) 색맹, 色素(しきそ) 색소에서는 'しき'로, 天然色(てんねんしょく) 천연색, 地方色(ちほうしょく) 지방색에서는 'しょく'로 발음합니다. **정답 3**

02 小児科の先生の話では、解熱後2日経てば幼稚園に行ってもいいとのことだった。

1 かいねつ 2 げねつ
3 かいれつ 4 かいあつ

해석 소아과 선생님 말씀으로는 해열 후 2일 지나면 유치원에 가도 된다고 했다.
해설 解決(かいけつ)에서처럼 かい가 일반적인 발음이지만 예외적으로 'げ'의 발음도 있습니다. 解熱剤(げねつざい) 해열제, 解脱(げだつ) 해탈, 解毒(げどく) 해독 등이 그 예가 됩니다. **정답 2**

03 当時、韓国側の漁船9隻が操業していたが、安全な場所に移って無事だったという。

1 りょうせん 2 うおせん
3 ろせん 4 ぎょせん

해석 당시 한국측 어선 9척이 조업하고 있었지만, 안전한 장소로 이동하여 무사했다고 한다.
해설 魚(さかな)는 음독을 했을 때 2가지 발음이 있습니다. 漁船(ぎょせん) 어선, 漁業(ぎょぎょう) 어업, 漁夫(ぎょふ) 어부, 漁獲(ぎょかく) 어획 등에서는 'ぎょ', 漁(りょう) 고기잡이, 漁師(りょうし) 어부에서는 'りょう'로 발음합니다. 隻(せき) 척은 큰 배를 세는 단위입니다. **정답 4**

04 子どものおやつにも酒のつまみにもなる万人向けの味が受けた。

1 ばんにん 2 まんびと
3 まんじん 4 まんにん

해석 아이의 간식으로도 술 안주로도 되는 만인을 위한 맛이 호평을 얻었다.
해설 万人(ばんにん)과 함께 万能(ばんのう) 만능, 万感(ばんかん) 만감, 万国(ばんこく) 만국, 万事(ばんじ) 만사, 万博(ばんぱく) 만국 박람회, 万歳(ばんざい) 만세 등의 단어들도 외워주세요. 또 여기서 受(う)ける는 '호평을 얻다'의 뜻으로 쓰였습니다. **정답 1**

05 情緒ある景観と由緒ある文化を若者にも知ってもらいたい。

1 じょうお 2 ぞうちょ
3 じょうちょ 4 ぞうしょ

해석 정취 있는 경관과 유서 깊은 문화를 젊은이들도 알아주었으면 좋겠다.
해설 情緒(정서)는 情緒(じょうしょ)라고도 읽을 수 있지만 情緒(じょうちょ)가 일반적으로 많이 읽는 발음입니다. 또 由緒(ゆいしょ) 유서도 자주 출제되는 단어입니다. **정답 3**

06 街道の名前などが詳しく掲載されている地図が欲しいです。

1 かいどう 2 がいどう
3 かいとう 4 がいとう

해석 가도의 이름 등이 자세히 게재되어 있는 지도가 갖고 싶습니다.
해설 商店街(しょうてんがい) 등의 발음 때문에 がいどう로 읽기 쉽지만 절대 속으시면 안 됩니다. 특히 街頭(がいとう) 가두의 한자와 형태적으로도 착각을 일으키기 쉬우므로 더욱 조심해야 합니다. **정답 1**

문제 3 _____의 단어와 의미가 가장 가까운 것을 1·2·3·4 중에서 하나 고르세요.

01 因縁をつけられて、殴られたりけられたりして財布を奪われた。

1 関係　　　　2 由来
3 文句　　　　4 運命

해석　시비를 걸어와서, 맞거나 채이거나 하고 지갑을 빼앗겼다.
　　　1 관계　　2 유래　　3 문구, 불평, 트집　　4 운명
해설　因縁(いんねん)은 운명, 숙명, 인연의 뜻 이외에 '트집'이나 '시비'의 뜻이 있습니다. 그래서 因縁をつける는 '트집잡다, 시비걸다'라는 뜻이 됩니다. 그러므로 정답은 '문구, 불평, 트집'의 뜻을 지닌 文句(もんく)가 됩니다. 또 다른 유의어로는 言(い)いがかり, いちゃもん, 難癖(なんくせ) 등이 있습니다.
　　　　　　　　　　　　　　　　　　　　　　　　　　　정답 3

02 小さな神社は工事費用の工面がつかなくて困っていた。

1 支払　　　　2 都合
3 恩恵　　　　4 返金

해석　작은 신사는 공사비용의 마련되지 않아 곤란한 상태였다.
　　　1 지불　　2 형편　　3 은혜　　4 반금(돈을 갚음)
해설　工面(くめん)이란 '(금품 등을) 애써 마련함, 변통, 융통'의 뜻입니다. 工面がつく나 工面がつく는 모두 '돈 마련이 되다' 뜻인데, 같은 뜻의 관용표현으로는 都合(つごう)がつく가 있습니다. 그래서 2번이 답이 됩니다.
　　　　　　　　　　　　　　　　　　　　　　　　　　　정답 2

03 世間体を気にしながら成果を出すことはできない。

1 仕上げ　　　2 外見
3 仕組み　　　4 体裁

해석　체면을 신경쓰면서 성과를 낼 수는 없다.
　　　1 완성　　2 외모, 외견　　3 구조, 짜임새　　4 체면
해설　世間体(せけんてい)는 발음과 의미 모두 중요합니다. 4번 体裁(ていさい)도 世間体와 같은 '체면'의 뜻이 됩니다. 世間体が悪い와 体裁が悪い는 모두 '창피하다, 외관이 좋지 않다'라는 뜻의 관용표현입니다.
　　　　　　　　　　　　　　　　　　　　　　　　　　　정답 4

04 この統計の数字には明らかに細工のあとが見える。

1 おこない　　2 ほどこし
3 ごまかし　　4 うたがい

해석　이 통계 숫자에는 확실히 조작한 흔적이 보인다.
　　　1 행위　　2 시술, 시행　　3 속임　　4 의심
해설　細工(さいく)는 '세공'과 '잔꾀'라는 뜻이 있습니다. 그래서 細工をする는 '조작하다'가 됩니다. ごまかし이외에도 仕掛(しか)け, インチキ 등과 바꾸어 쓸 수 있습니다. 보기 중에 行(おこな)い, 施(ほどこ)し, 疑(うたが)い는 한자도 중요하니까 꼭 기억하시구요.
　　　　　　　　　　　　　　　　　　　　　　　　　　　정답 3

문제 4 다음 단어의 사용법으로 가장 알맞은 것을 1·2·3·4 중에서 하나 고르세요.

01 単一

1 祖父の単一の趣味は将棋だった。
2 ヨーロッパでは単一の通貨が使用されているそうだ。
3 このアルバイトは単一すぎてつまらない。
4 単一に初心者向けのデジタル記事を執筆した。

해석　단일
　　　1 할아버지의 단일의 취미는 장기였다.
　　　2 유럽에서는 단일 통화가 사용되고 있다고 한다.
　　　3 이 아르바이트는 너무 단일해서 시시하다.
　　　4 단일로 초보자용 디지털 기사를 집필했다.
해설　1번에 '단일한 취미'란 말은 어색하므로 唯一(ゆいいつ) 유일로 바꾸어야 합니다. 2번은 맞는 문장이죠? 3번에서 すぎる는 형용사 어간이나 동사의 ます형에 붙여야 하므로 명사인 単一(たんいつ)에는 붙일 수가 없습니다. 単調(たんちょう)すぎる(너무 단조롭다)로 고치면 맞습니다. 4번에서 単一는 명사이므로 ~に를 붙여서 부사로 만들 수 없습니다. 내용의 흐름상 主(おも)に 주로를 넣는 것이 좋겠네요.
　　　　　　　　　　　　　　　　　　　　　　　　　　　정답 2

02 不順

1 車が道路を不順に進んでいる。
2 営業マンだと、食生活が不順になりがちだ。
3 彼は不順な性格できらわれている。
4 天候が不順で、体調をくずす生徒が多かった。

해석　불순
　　　1 차가 도로를 불순하게 나아가고 있다.
　　　2 영업사원이면 식생활이 불순하게 되기 쉽다.
　　　3 그는 불순한 성격으로 남에게 미움을 받고 있다.
　　　4 날씨가 불순해서 건강을 해치는 학생이 많았다.
해설　不順(ふじゅん)은 '순조롭지 못하다'입니다. 不純(ふじゅん) 순수하지 못하다와 혼동하지 마세요. 1번은 차가 도로를 갈지자(之)로 나아간다고 해야 자연스러우므로 ジグザグ에가 맞습니다. 2번은 '식생활이 불규칙하다'의 뜻으로 不規則(ふきそく)に로 바꿉니다. 3번은 문맥상 '비뚤어진 성격'이어야 하므로 ひねくれた 비뚤어진, 素直(すなお)じゃない 순수하지 못한, 意地(いじ)っ張(ぱ)りの 고집스런이 들어가면 좋겠네요.
　　　　　　　　　　　　　　　　　　　　　　　　　　　정답 4

03 無名

1 Aさんは無名な舞台女優で、ロングヘアの釈由美子似の美人だという。
2 普段あまり話したがらない無名で頑固なおじいさんに叱られた。
3 大きな大会には出場したことのない無名選手だった。
4 胸に痛みを覚えた後も、生活のため無名して仕事を続けた。

해석 무명
1 A씨는 무명한 무대 여배우로 긴 머리의 샤쿠 유미코를 닮은 미인이라고 한다.
2 평소 그다지 얘기하기 싫어하는 무명이며 완고한 할아버지에게 혼났다.
3 큰 대회에는 출전한 적이 없는 무명 선수였다.
4 가슴에 통증을 느낀 후에도, 생활을 위해 무명해서 일을 계속했다.

해설 1번에서 無名(むめい)는 な형용사가 아니라 명사이므로 無名の로 써야 맞습니다. 2번은 문맥의 흐름상, 말을 하기 싫어하는 '과묵한'이 와야 하므로 無口(むくち)가 적절합니다. 4번에서 無名는 する를 붙여 동사로 만들 수 없으므로 내용상 無理(むり)가 들어가면 되겠네요.
정답 3

04 重宝

1 買い置きできるダイエット食品を重宝している。
2 いろんな種類の重宝が散りばめられている。
3 父は私が幼いころから中国語の重宝性を話していた。
4 時間がかからず、片手で食べれて重宝いから。

해석 보물, 애용, 쓸모있음
1 사둘 수 있는 다이어트 식품을 애용하고 있다.
2 여러가지 종류의 보물이 박혀 있다.
3 아버지는 내가 어릴 때부터 중국어의 애용성을 이야기하고 있었다.
4 시간이 걸리지 않고 한손으로 먹을 수 있어서 애용이니까.

해설 重宝(ちょうほう)는 명사로는 '보물, 애용'의 뜻이 있고 な형용사로 쓰이면 '쓸모있다, 유용하다', 동사로 쓰이면 '애용하다'의 뜻이 됩니다. 1번의 경우 틀린 곳이 없네요. 2번에서 重宝를 보물로 생각하면 100% 틀리지는 않지만, ちりばめられる가 '조각조각이 흩어져서 박혀있다'의 뜻이므로 宝石(ほうせき)가 자연스럽습니다. 좀 더 자연스러운 것이 있으면 그것이 답이 된다는 점도 하나의 Tip으로 기억해주세요. 3번은 重要性(じゅうようせい)라고 해야 맞고, 4번에서는 重宝いから를 重宝しているら로 바꿉니다.
정답 1

시나공법 13 | 모양이 비슷한 한자 적중 예상 문제

문제 1 _____의 단어 읽는 법으로 가장 알맞은 것을 1·2·3·4 중에서 하나 고르세요.

01 私はメーカーの営業マンですが、新規開拓で困っています。

1 へいせき 2 へいたく
3 かいせき 4 かいたく

해석 나는 제조회사의 영업사원인데, 신규 개척 때문에 힘이 듭니다.
해설 開拓(かいたく)는 拓(たく)의 발음이 중요합니다. 析(せき), 石(せき), 摂(せつ), 折(せつ)등의 한자와 혼동할 수 있으니 꼼꼼히 확인하기 바랍니다.
정답 4

02 自分の仕事に関して赤の他人に侮辱され、落ち込んでいる。

1 ぶしょく 2 ぶじょく
3 かいしょく 4 かいじょく

해석 자신의 일에 관해서 생판 남에게 모욕을 당해서 우울하다.
해설 侮辱(ぶじょく)의 侮(ぶ)와 後悔(こうかい)의 悔(かい)가 비슷해서 많이 헷갈립니다. 왼쪽 변이 다름에 유의하시고 侮(あなど)る 무시하다, 悔(く)いる 후회하다의 동사형도 외워주세요. 또한 赤(あか)の他人(たにん)은 '생판 남'이라고 번역합니다.
정답 2

03 現在は周囲から隔離された施設で暮らしている。

1 がくり 2 ゆり
3 かくり 4 ゆうり

해석 현재는 주위로부터 격리된 시설에서 살고 있다.
해설 金融(きんゆう) 금융, 融通(ゆうずう) 융통, 融資(ゆうし) 융자의 融와 隔離(かくり) 격리, 遠隔(えんかく) 원격, 隔週(かくしゅう) 격주의 隔는 매우 비슷합니다. 확실한 구별이 필요합니다. 동사형 隔(へだ)てる 사이에 두다, 가로막다도 함께 외워둡시다.
정답 3

04 核家族化や価値観の変化で、葬儀や供養のあり方が変わりつつある。

1 くよう 2 こうよう
3 きょうよう 4 きょよう

해석 핵가족화와 가치관의 변화로 장례와 공양의 참모습이 바뀌고 있다.
해설 子供(こども), 供給(きょうきゅう), 公共(こうきょう) 등의 한자 발음에 유의합시다. 동사 ます형 + ~つつある는 '~하고 있는 중이다'의 뜻으로 N2 문형입니다.
정답 1

05 司法解剖の結果、林さんは道路に倒れていたところをひかれたとみられる。

1 げぼう　　　2 げばい
3 かいぼう　　4 かいばい

해석　사법 해부 결과, 하야시 씨는 도로에 쓰러져 있던 와중에 치였다고 보여진다.
해설　栽培(さいばい) 재배의 培(ばい), 部屋(へや) 방의 部(へ), 賠償(ばいしょう) 배상의 賠(ばい), 倍率(ばいりつ) 경쟁율의 倍(ばい)를 구별해 주세요. 또한 ひく(=はねる)는 '차로 치다, 들이받다'는 의미입니다.
정답 3

06 各教科の授業で身につけた力を総合して答える問題を出した。

1 とうごう　　2 そうごう
3 とうご　　　4 そうご

해석　각 교과의 수업에서 익힌 실력을 종합하여 대답하는 문제를 출제했다.
해설　総合(そうごう) 종합과 統合(とうごう) 통합을 구별할 수 있다면 쉽게 답이 나옵니다. 総務(そうむ) 총무, 総崩(そうくず)れ 완전히 무너짐·완패, 総額(そうがく) 총액 등의 단어와 統計(とうけい) 통계, 統率(とうそつ) 통솔, 統一(とういつ) 통일 등의 단어를 비교하면서 암기해주세요. 또한 身(み)につける는 '몸에 익히다, 습득하다'라는 의미입니다.
정답 2

문제 3 _____의 단어와 의미가 가장 가까운 것을 1·2·3·4 중에서 하나 고르세요.

01 今の子どもたちは疲労感の塊みたいになっているようだ。

1 グループ　　2 誇り
3 精神　　　　4 そのもの

해석　지금의 아이들은 피로함의 덩어리 같이 되어 있는 것 같다.
1 그룹　2 긍지, 자랑　3 정신　4 그 자체
해설　우선 塊(かたまり) 덩어리, 鬼(おに) 귀신, 魅力(みりょく) 매력 등의 한자를 구별해주세요. 이 문제는 단어자체의 유의어를 찾기 보다는, 전체 문맥 속에서 같은 의미를 나타내는 단어를 골라야 하는 문제입니다. 명사 + ~そのもの는 '~그 자체'라는 의미로 자주 쓰는 표현인데요. 塊는 '덩어리'란 뜻이므로 疲労感(ひろうかん)의 塊는 곧 疲労感(ひろうかん)そのもの가 되는 겁니다.
정답 4

02 昔ながらの年功序列で、職務の均衡がとれていない。

1 バランス　　2 偏り
3 フィット　　4 似合い

해석　옛날 그대로의 연공서열로 직무의 균형이 잡혀져 있지 않다.
1 균형　2 편중, 치중　3 몸에 꼭 맞음, 몸에 딱 어울림　4 어울림
해설　均衡(きんこう)がとれる는 '균형이 잡히다'란 의미로 バランスがとれる와 같은 뜻이 됩니다. ~ながら는 명사·부사·형용사의 어간/동사 ます형에 접속하여 '~그대로, ~대로'의 뜻이 됩니다. 昔(むかし)ながら 이외에도 生(う)まれながらの 타고난, 居(い)ながらにして 가만히 있는 채로, いつもながらの 평소대로도 함께 기억합시다.
정답 1

03 そのリーダーの政策にある程度は共鳴しているだろう。

1 振動　　　　2 同調
3 感心　　　　4 応援

해석　그 리더의 정책에 어느 정도는 공감하고 있을 것이다.
1 진동　2 동조　3 감탄, 기특　4 응원
해설　共鳴(きょうめい)는 원래 '함께 울림'의 뜻인데, 비유적으로 '동감, 공감'의 의미가 됩니다. 그래서 답이 2번의 同調(どうちょう)가 되는 겁니다. 感心(かんしん)은 동사형으로 쓰이면 '감탄하다', な형용사가 되면 '기특하다'가 됩니다.
정답 2

04 若い頃に金づかいが荒かったことについては後悔している。

1 気にかけて　　2 気が引けて
3 気にさわって　4 気が紛れて

해석　젊었을 때 돈 씀씀이가 헤펐던 일에 대해서는 후회하고 있다.
1 걱정하고, 신경 쓰고　2 주눅들고
3 거슬리고　4 시름이 잠시 잊혀지고
해설　後悔(こうかい)する 후회하다는 뭔가 '신경을 쓴다'는 의미로 이어집니다. 気(き)にかける를 '걱정하다'로만 외우지 마시고 '뭔가 찜찜하다, 신경이 쓰이다'의 뜻으로도 외워두세요. 더불어 金(かね)づかいが荒(あら)い는 '씀씀이가 헤프다'라는 뜻의 관용표현입니다.
정답 1

문제 4 다음 단어의 사용법으로 가장 알맞은 것을 1·2·3·4 중에서 하나 고르세요.

01 違和感

1 雑巾の違和感を保つために殺菌した。
2 道を歩いていると、違和感の駐車が多かった。
3 いきなり電話番号を聞かれたら違和感した方がいい。
4 何か入ったのか今朝から目に違和感を感じた。

해석 위화감
1 걸레의 위화감을 유지하기 위해 살균했다.
2 길을 걷고 있었더니, 위화감한 주차가 많았다.
3 갑자기 전화번호를 물어오면 위화감하는 편이 좋다.
4 뭔가 들어간 것인지 아침부터 눈에 위화감을 느꼈다.

해설 일본인들은 違和感(いわかん)이란 단어를 참 많이 사용합니다. 뭔가 편치 않은 기분이 들 때 違和感があるみ라고 합니다. '위화감' 또는 '이질감'이라고 번역하면 좋을 것 같네요. 1번은 違和感を를 衛生的(えいせいてき)로 바꾸면 됩니다. 2번에서 違和感은 な형용사가 아니므로 迷惑(めいわく)なる로 바꿔봅시다. 3번에 違和感은 する를 붙여서 동사형을 만들지 못하므로 拒(こば)んだ(거절하는)이 좋겠네요. 違和感がある, 違和感を感じる, 違和感を覚える의 형태로 많이 쓰이므로 4번이 정답입니다.

정답 4

02 願書

1 受験のため、願書用に写真を撮りに行く予定です。
2 古本屋でドイツ語の願書を手に入れたいと思った。
3 日本で知られていないアメリカ作家の願書を読みたい。
4 翻訳を読んだ後、願書を読んでも楽しめますか。

해석 원서
1 입시를 위해, 원서용으로 사진을 찍으러 갈 예정입니다.
2 헌책방에서 독일어 원서를 손에 넣고 싶다고 생각했다.
3 일본에서 알려져 있지 않은 미국 작가의 원서를 읽고 싶다.
4 번역을 읽은 후에 원서를 읽어도 재미있나요?

해설 願書(がんしょ)는 '지원서', 原書(げんしょ)는 '원본'을 의미합니다. 따라서 2, 3, 4번은 모두 原書(げんしょ)로 바꾸어야 말이 됩니다.

정답 1

03 枠

1 枠な動機からしたことなので許して。
2 うまく着れば黒い服がむしろ枠に見える。
3 出費が予算の枠を超えそうで、はらはらした。
4 くつの枠が大きくて、すぐ脱げてしまう。

해석 틀, 범위
1 틀의 동기로부터 한 것이니까 용서해 줘.
2 잘 입으면 검은색 옷이 오히려 틀로 보인다.
3 지출이 예산 범위를 넘을 것 같아서 조마조마했다.
4 신발의 틀이 커서 금방 벗겨져 버린다.

해설 枠(わく)는 粋(いき) 멋있는과 헷갈리기 쉽습니다. 1번은 純粋(じゅんすい)な 순수한이 자연스럽겠네요. 2번은 粋に見(み)える를 써서 '멋있게 보인다', 3번에서 枠는 제한범위, 제약, 한계의 뜻도 있기 때문에 맞는 문장이 됩니다. 4번은 くつのサイズ 치수, 크기라고 해야 맞겠죠?

정답 3

04 唯一

1 今日は唯一なニュースはないみたいでつまらない。
2 一度も負けたことがない唯一のチームだ。
3 スタイルを唯一している方にお聞きしたい。
4 本来ちょっと変わった考えを持った唯一な人です。

해석 유일
1 오늘은 유일한 뉴스는 없는 것 같아서 따분하다.
2 한 번도 진 적이 없는 유일한 팀이다.
3 스타일을 유일하고 있는 분에게 묻고 싶다.
4 본래 좀 특이한 생각을 가진 유일한 사람입니다.

해설 우선 唯一(ゆいいつ), 維新(いしん) 유신, 批准(ひじゅん) 비준의 唯, 維, 准 한자를 구별해 주시구요. 1번에서 唯一는 な형용사가 아니므로 부적합니다. 내용상 特別(とくべつ)な가 들어가면 무난하겠네요. 3번은 維持(いじ) 유지로 바꾸면 자연스럽습니다. 4번은 1번과 마찬가지로 な형용사 활용이 안 되기 때문에 ユニークな 특이한으로 바꾸어야 합니다.

정답 2

시나공법 14 | 동음이의어 한자 적중 예상 문제

문제 1 _____의 단어 읽는 법으로 가장 알맞은 것을 1・2・3・4 중에서 하나 고르세요.

01 睡眠時間を削って作った私の作品に意地悪くケチをつける。

1 いくじ　　　2 いじ
3 いくち　　　4 いち

해석　수면시간을 줄여서 만든 내 작문에 심술궂게 트집을 잡는다.
해설　いじ라고 하면 意地(いじ) 고집, 維持(いじ) 유지, 遺児(いじ) 고아가 있습니다.　　　**정답 2**

02 この薬を飲むと頭痛が緩和され、大分楽になります。

1 かんわ　　　2 だんわ
3 かんか　　　4 だんか

해석　이 약을 먹으면 두통이 완화되어, 상당히 편안해집니다.
해설　緩和(かんわ) 완화의 동음이의어로는 漢和(かんわ) 한화(한자와 일본어)가 있습니다.　　　**정답 1**

03 その盆地はゆるやかな丘陵で囲まれている。

1 こうりょう　　　2 こうりゅう
3 きゅうりょう　　4 きゅうりゅう

해석　이 분지는 완만한 구릉지로 둘러싸여 있다.
해설　丘陵(きゅうりょう)와 給料(きゅうりょう)는 동음이의어입니다. 다른 어휘를 살펴보면 盆地(ぼんち) 분지, 緩(ゆる)やかな 완만한, 囲(かこ)む 둘러싸다　　　**정답 3**

04 均衡がとれた持続的な成長を目指さねばならない。

1 きんけい　　　2 きんどう
3 きんとう　　　4 きんこう

해석　균형이 잡힌 지속적인 성장을 목표로 하지 않으면 안된다.
해설　均衡(きんこう) 균형, 近郊(きんこう) 근교, 金鉱(きんこう) 금광은 모두 동음이의어입니다. 그리고 均衡의 衡와 衝突(しょうとつ)의 衝는 비슷해서 혼동하기 쉬우므로 확실히 구별하여 암기합시다. 持続(じぞく)지속은 한국어 발음 때문에 じそく로 발음하지 않도록 주위하세요.　　　**정답 4**

05 怒りとか悔しさとかの感情が交錯して、家に帰ってから壁を蹴ったりする。

1 こうさ　　　2 こうさく
3 きょうさ　　4 きょうさく

해석　분노라든가 원통함이라든가 하는 감정이 뒤얽혀서, 집에 돌아가 벽을 차거나 한다.
해설　交錯(こうさく)의 동음이의어로는 工作(こうさく), 耕作(こうさく)를 들 수 있습니다. 交錯란 '교착'의 뜻으로 '뒤얽힘'을 의미합니다. 다른 어휘를 살펴보면 錯誤(さくご) 착오, 錯覚(さっかく) 착각, 怒(いか)り 분노, 悔(くや)しさ 원통함, 蹴(け)る 차다　　　**정답 2**

06 例えば「とても」で修飾できたら、それは名詞ではなく、形容動詞ということになる。

1 しゅせき　　　2 しゅうせき
3 しゅしょく　　4 しゅうしょく

해석　예를 들면 '매우'로 수식할 수 있으면, 그것은 명사가 아니라 な형용사인 셈이 된다.
해설　修飾(しゅうしょく) 수식, 就職(しゅうしょく) 취직은 같은 발음입니다. 명사와 형용사를 구별하는 방법을 모르셨던 분들에게는 이 문장이 좋은 Tip이 되었겠네요.　　　**정답 4**

07 ホームページに知人を中傷する書き込みをしたとして逮捕された。

1 じゅうしょう　　2 ちゅうしょう
3 じゅうじょう　　4 ちゅうじょう

해석　홈페이지에 지인을 헐뜯는 글을 올렸다고 해서 체포당했다.
해설　中傷(ちゅうしょう), 抽象(ちゅうしょう) 추상, 中小(ちゅうしょう) 중소 모두 같은 발음입니다. 인터넷을 통해 글을 올리는 행위나 글 자체를 書(か)き込(こ)み라고 하고 댓글은 보통 レス라고 합니다. 知人(ちじん)은 지인, 즉 '아는 사람'이란 뜻으로 知(し)り合(あ)い와 같은 뜻이 됩니다.　　　**정답 2**

08 他の会員のマナーの悪さと職員の対応の悪さに閉口しています。

1 へいく　　　2 かいく
3 へいこう　　4 かいこう

해석　다른 회원의 나쁜 매너와 나쁜 직원은 대응에 질리고 있다.
해설　閉口(へいこう) 질림, 平行(へいこう) 평행, 並行(へいこう) 병행은 모두 발음이 같습니다. 閉口는 명사와 する를 붙인 동사형으로만 활용됩니다.　　　**정답 3**

문제 4 다음 단어의 사용법으로 가장 알맞은 것을 1・2・3・4 중에서 하나 고르세요.

01 過程

1 結果より問題を解く過程が大事だ。
2 博士過程に行くことのメリットは何なのか。
3 若いうちからけっこう過程に筋トレを続けている。
4 立て替えするはめになり、過程的に損をした。

해석 과정
1 결과보다 문제를 푸는 과정이 중요하다.
2 박사과정을 하는 것의 장점은 무엇인가.
3 젊을 때부터 꽤 과정하게 근육 트레이닝을 계속하고 있다.
4 대신 돈을 내는 처지가 되어, 과정적으로 손해를 봤다.

해설 過程(かてい)는 일반적으로 '진행되는 프로세스'를 의미하고, 동음이의어인 課程(かてい) 과정은 '교육과정이나 학습과정'을 의미합니다. 1번은 맞는 문장입니다. 2번은 교육과정에 대한 이야기이므로 課程가 맞습니다. 3번은 내용 흐름상 過度(かど)에 과도하게가 자연스럽겠네요. 4번은 結果的(けっかてき)에 결과적으로가 어울립니다. ~はめになる는 '~하는 꼴, 처지가 되다'라는 뜻입니다. **정답 1**

02 配付

1 2010年元旦に年賀状が配付される。
2 街頭で道を行く人にチラシを配付している。
3 各部署宛てに資料が配付された。
4 投資したお金に対する配付金が出た。

해석 배부
1 2010년 설날에 연하장이 배부된다.
2 가두에서 길을 가는 사람들에게 전단지를 배부하고 있다.
3 각 부처앞으로 자료가 배부되었다.
4 투자한 돈에 대한 배부금이 나왔다.

해설 1번은 내용상 配達(はいたつ) 배달이 어울립니다. 2번은 '불특정 다수에게 나누어 준다'는 내용이므로 配布(はいふ) 배포가 맞겠네요. 3번은 맞는 문장입니다. 4번은 투자금에 대한 이야기이므로 配当金(はいとうきん) 배당금이 맞는 표현입니다. **정답 3**

03 勘

1 悪くはないけど、大きな満足勘も得られないのです。
2 勉強という一つの価値勘で子供を評価する。
3 鈴木さんは地元出身なので、土地勘も人脈もある。
4 人間には第6勘というものがあるみたいだ。

해석 감
1 나쁘지는 않지만 큰 만족감도 얻을 수 없는 것입니다.
2 공부라는 하나의 가치감으로 아이를 평가하다.
3 스즈키 씨는 그 고장 출신이므로 그 지방 지리에도 밝고 인맥도 있다.
4 인간에게는 육감이라는 것이 있는 것 같다.

해설 勘(かん)이란 직감적으로 느끼거나 판단하거나 하는 마음의 작용을 말하고, 感(かん)은 어떤 종류의 판단을 동반한 인상, 감동, 감탄을 뜻합니다. 観(かん)이란 외견으로 느껴지는 모습이나 견해 등을 말합니다. 간단히 말하면 勘은 '직감・지식', 感은 '느낌', 観은 '관점'입니다. 그러므로 1번은 満足感(まんぞくかん) 2번은 価値観(かちかん), 4번은 第6感(だいろっかん)이 맞는 표현입니다. **정답 3**

04 意志

1 最近はアメリカ行きを意志している学生が減ったそうだ。
2 何事にも負けない強い意志と精神力が必要だ。
3 もともと私は先生になる意志はぜんぜんない。
4 ずるいと思いながら、意志的に本当のことを隠した。

해석 의지
1 최근에는 미국행을 의지하고 있는 학생이 줄었다고 한다.
2 무슨 일에도 지지 않는 강한 의지와 정신력이 필요하다.
3 원래 나는 선생님이 될 의지는 전혀 없다.
4 교활하다고 생각하면서도 의지적으로 진실을 감추었다.

해설 意志(いし)와 동음이의어인 意思(いし) 의사를 구별할 수 있어야 합니다. 意志는 무슨 일이 있어도 하고 싶다거나 하고 싶지 않다거나 하는 강한 기분, 생각을 나타내고, 意思는 생각, 느낌 정도라고 보시면 됩니다. 감정의 강약에서 차이가 나는 것입니다. 1번은 意志する라는 동사가 없기 때문에 志(こころざ)している 목표로 삼고 있다로 바꾸어야 합니다. 3번은 意思를 넣어야 '~할 의사가 없다'는 뜻이 됩니다. 4번은 내용상 意図的(いとてき)에 의도적으로가 어울립니다. **정답 2**

05 追及

1 従来のカリキュラムにとらわれず、独自性を追及する。
2 料理とは何かをひたすら追及する日々だ。
3 警察は4日にわたって容疑者を厳しく追及した。
4 企業が利益を追及するのは当たり前のことだ。

해석 추궁
1 종래의 커리큘럼에 얽매이지 않고 독자성을 추궁하다.
2 요리란 무엇인가를 오로지 추궁하는 나날이다.
3 경찰은 4일에 걸쳐 용의자를 엄격하게 추궁했다.
4 기업이 이익을 추궁하는 것은 당연한 일이다.
해설 해석만 해보더라도 3번이 답임을 알 수 있습니다. 1번은 내용상 追求(ついきゅう) 추구가 맞겠네요. 2번의 경우는 追究(ついきゅう)를 써서 어떤 학문이나 분야를 끝까지 탐구한다는 의미가 되어야 합니다. 4번은 '이윤이나 이익을 추구하다'가 맞는 표현이므로 追求(ついきゅう)라고 해야 합니다. 정답 3

06 保証

1 ほかの国から攻撃をうけないように安全を保証する。
2 頭がいいからと言って出世するという保証はない。
3 作業中のけがに対し、会社に保証を請求した。
4 航路の安全を保証することはできない。

해석 보증
1 다른 나라로부터 공격을 받지 않도록 안전을 보증하다.
2 머리가 좋다고 해서 출세한다는 보증은 없다.
3 작업중 상해에 대해 회사에 보증을 청구했다.
4 항로의 안전을 보증할 수는 없다.
해설 동음이어인 保証(ほしょう), 保障(ほしょう), 補償(ほしょう)을 구별해야 풀 수 있는 문제입니다. 保証(보증)은 틀림없다 '단정 짓는 것', 保障(보장)은 '지키는 것', 補償(보상)은 '보상해주는 것'을 뜻합니다. 그러므로 1번은 保障, 3번은 補償, 4번은 保障를 써야 합니다. 정답 2

시나공법 15 | 읽기가 까다로운 한자 적중 예상 문제

문제 1 _____의 단어 읽는 법으로 가장 알맞은 것을 1·2·3·4 중에서 하나 고르세요.

01 旅の醍醐味は、現地の人とのコミュニケーションだと思っている。

1 ていごみ   2 ていこみ
3 だいごみ   4 だいこみ

해석 여행의 묘미는 현지의 사람과의 커뮤니케이션이라고 생각한다.
해설 醍醐(だいご) 제호란, 우유나 양젖으로 만든 진하고 달콤한 액체를 말하는데 정말 맛있다고 합니다. 그 맛이 醍醐味(だいごみ)인데, 비유적 의미로 그것이 지닌 진정한 맛, 참다운 즐거움을 말하게 되었다고 합니다. 妙味(みょうみ) 묘미와 같은 뜻이 됩니다. 정답 3

02 露骨に言うと角がたつので、婉曲に表現せざるをえなかった。

1 わんきょく   2 えんきょく
3 おんきょく   4 かんきょく

해석 노골적으로 말하면 모가 나기 때문에, 완곡하게 표현하지 않을 수 없었다.
해설 婉曲(えんきょく)는 '완곡'이란 뜻입니다. 혼동하기 쉬운 한자어로 歪曲(わいきょく)가 있습니다. 歪曲은 '왜곡'이란 의미로 インチキ 사기, でっちあげ 엉터리, ねつ造(ぞう) 날조와 같은 뜻이 됩니다. 제시된 문장의 露骨(ろこつ) 노골은 발음을 주의해야 하는 단어입니다. 정답 2

03 サッカーの監督って、すぐ更迭されるが、なぜ他のスポーツに比べて更迭の判断が早いのか。

1 こうしつ   2 べんしつ
3 こうてつ   4 べんてつ

해석 축구의 감독은, 금방 경질되는데, 왜 다른 스포츠에 비해서 경질의 판단이 빠른 걸까?
해설 更迭(こうてつ)란 어느 지위나 역할에 있는 사람을 다른 사람으로 바꾸는 일을 말합니다. 変更(へんこう) 변경, 更生(こうせい) 갱생, 更新(こうしん) 갱신의 更(こう) 발음을 기억하고 迭(てつ)와 失(しつ), 鉄(てつ)를 구별한다면 정답이 보입니다. 정답 3

04 千葉県も下の方まで行けばすごく風情のある田舎町を見る事ができる。

1 ふうじょう   2 ふうぜい
3 ふじょう   4 ふぜい

해석 치바현도 남쪽까지 가면 매우 정취가 있는 시골 마을을 볼 수 있다.
해설 風情(ふぜい)는 '풍취, 운치, 정서'라는 뜻으로 쓰였습니다. 또한 風情는 사람을 나타내는 명사나 대명사에 붙어 '~같은 것, ~따위'라는 뜻으로 겸양표현이나 멸시의 표현으로 쓰이기도 합니다. 私(わたし)風情の出(で)る幕(まく)ではありません. 저 따위가 나설 자리가 아닙니다. 정답 4

05 タレントやモデルなどの芸能人ブログから前代未聞の情報漏えいが発生した。

1 ぜんだいみもん　　2 ぜんだいみぶん
3 ぜんだいまつもん　4 ぜんだいまつぶん

해석 탤런트나 모델 등의 연예인 블로그에서 전대미문의 정보 누설이 발생했다.
해설 前代未聞(ぜんだいみもん)이란 '이제까지 들어보지 못한'의 뜻으로 未聞의 한자음에 유의하셔야 합니다. 聴聞会(ちょうもんかい) 청문회의 聞(もん) 발음도 주의해야겠죠? 芸能人(げいのうじん) 연예인, 漏洩(ろうえい) 누설도 중요한 어휘입니다.　　정답 1

06 杓子定規とは、ある決まり事を何にでも当てはめ、融通の利かない様をいう。

1 こうしていき　　2 こうしじょうぎ
3 しゃくしていき　4 しゃくしじょうぎ

해석 획일적이라는 것은 어떤 결정사항을 무엇에든지 적용시켜, 융통성이 없는 모양을 말한다.
해설 杓子(しゃくし)란 '주걱이나 국자'를 말합니다. 국자와 같이 원래 휘어져 있는 것을 定規(じょうぎ) 자 대신으로 사용한다는 뜻으로 무리하게 적용시키려는 것을 말합니다. '획일적이거나 융통성 없음' 정도로 해석하면 무난합니다. 決(き)まり事(こと) 결정사항, 当(あ)てはめる 적용시키다.　　정답 4

07 角も曲がっているので人を突くことはないといっても、油断大敵！

1 ゆだんたいてき　　2 ゆうだんたいてき
3 ゆだんだいてき　　4 ゆうだんだいてき

해석 뿔이 휘어져 있기 때문에 사람을 찌르는 일은 없다고 해도, 방심은 금물!
해설 油断(ゆだん)은 '방심'이란 뜻입니다. 방심이란 마음의 빈틈을 의미하므로 방심 그 자체가 가장 무서운 적이라는 의미죠. 角는 이 문장에서 '뿔'이란 의미로 쓰였기 때문에 'つの'라고 발음해야 합니다. 코너의 의미라면 角(かど)가 됩니다. 또한 突(つ)く는 '들이받다, 찌르다'입니다.　　정답 1

08 赤字国債で日本の財政は破綻するのかについては、経済学者でも意見が割れている。

1 はてい　　2 はたん
3 はじょう　4 はじゅう

해석 적자국채로 일본의 재정은 파탄하는 것인가에 대해서는, 경제학자라도 의견이 분열되고 있다.
해설 破綻(はたん)은 '파탄'입니다. 綻은 생소한 한자인데요. 綻(ほころ)びる 솔기가 풀리다, 꽃봉오리가 조금 벌어지다의 동사도 있습니다. 제시된 문장의 割(わ)れる는 '깨지다, 부서지다, 금이 가다, 분열되다' 등 여러 가지 뜻이 있는 동사입니다. 赤字国債(あかじこくさい) 적자국채, 財政(ざいせい) 재정.　　정답 2

문제 2 (　　)에 들어갈 가장 알맞은 것을 1・2・3・4 중에서 하나 고르세요.

01 大臣の(　　)機関として、意見を出したり政策を検討したりする。

1 拷問　　2 会合
3 諮問　　4 照会

해석 장관의 (자문)기관으로서, 의견을 내거나 정책을 검토하거나 한다.
　　1 고문　2 회합　3 자문　4 조회
해설 장관에게 의견을 내거나 하는 것은 자문기관이죠. 그래서 3번의 諮問(しもん) 자문이 정답입니다.　　정답 3

02 会員が(　　)しなければならない事項が細かく書いてある。

1 順守　　2 仕分け
3 尊重　　4 根回し

해석 회원이 (준수)하지 않으면 안 되는 사항이 자세히 쓰여 있다.
　　1 준수　2 분류　3 존중　4 사전교섭
해설 내용상 1번 順守(じゅんしゅ) 준수가 가장 자연스럽습니다. 仕分(しわ)け, 根回(ねまわ)し는 뜻도 중요한 어휘입니다.　　정답 1

문제 3 _____의 단어와 의미가 가장 가까운 것을 1·2·3·4 중에서 하나 고르세요.

01 最新のデジタル技術を駆使して映画をつくった。

　1 なおざりに　　2 活用
　3 置き去りに　　4 放置

해석　최신의 디지털 기술을 구사하여 영화를 만들었다.
　　　1 등한히　2 활용　3 내버려두고　4 방치
해설　駆使(くし)는 발음문제로도 잘 나오는 명사입니다. 기술뿐만 아니라 언어의 구사에도 쓸 수 있습니다. 日本語(にほんご)を自由自在(じゆうじざい)に駆使する。 일본어를 자유자재로 구사하다. 보기 1, 3번의 なおざりにする 소홀히 하다·등한시하다, 置(お)き去(ざ)りにする 내버려 두고 가다의 숙어도 꼭 암기해주세요.　　　**정답 2**

02 そろそろ第一線から身を引く潮時ではないかという気がする。

　1 セレモニー　　2 キャリア
　3 ミスマッチ　　4 タイミング

해석　슬슬 제일선에서 물러설 시기가 아닌가 하는 기분이 든다.
　　　1 의식　2 캐리어, 경력　3 불일치　4 타이밍
해설　潮時(しおどき)는 원래 만조와 간조의 때를 뜻하지만, 무엇인가를 하는 알맞은 시기, 기회, 때의 의미로 많이 쓰입니다. 유의어로는 機会(きかい), チャンス, タイミング 등이 있습니다.　　　**정답 4**

문제 4 다음 단어의 사용법으로 가장 알맞은 것을 1·2·3·4 중에서 하나 고르세요.

01 寸断

　1 大雪で列車が止まってしまい、運行が寸断になった。
　2 中国への会社移転も寸断される可能性がある。
　3 あらかじめ決められた寸断通りに制作された。
　4 この前に起きた地震で、国道が寸断された。

해석　잘게 끊음, 토막토막 자름
　　　1 폭설로 열차가 멈춰 버려, 운행이 끊어졌다.
　　　2 중국으로의 회사이전도 끊어질 가능성이 있다.
　　　3 미리 결정된 끊음 대로 제작되었다.
　　　4 요전에 일어난 지진으로 국도가 끊어졌다.
해설　寸断(すんだん)은 주로 寸断される의 형태로 '토막토막 잘리다, 잘게 끊어지다'의 뜻이 됩니다. 따라서 운행에는 寸断을 쓸 수 없으므로 1번은 中止(ちゅうし) 중지라고 해야 합니다. 2번도 中断(ちゅうだん) 중단 또는 中止가 맞습니다. 3번은 문맥상 寸法(すんぽう) 치수가 자연스럽겠네요. 4번은 寸断을 쓰는 가장 전형적인 문장입니다.　　　**정답 4**

02 一途

　1 資格の試験に一途して受かった。
　2 ものごとに取り組む人々の一途な生き方をえがく。
　3 一途な生活を送る人をなまけ者という。
　4 親の言うことを聞かない一途な少年だった。

해석　외곬
　　　1 자격 시험에 외골수해서 붙었다.
　　　2 일에 몰두하는 사람들의 외골수적인 삶의 방식을 그리다.
　　　3 외골수적인 생활을 보내는 사람을 게으름뱅이라고 한다.
　　　4 부모가 말하는 것을 듣지 않는 외골수적인 소년이었다.
해설　一途(いちず)는 한 가지 일에만 정신을 쏟는 것을 의미하는 な형용사입니다. 따라서 1번의 一途する는 문법적으로 틀립니다. 내용상 専念(せんねん)して 전념해서가 맞습니다. 3번은 문맥상 怠惰(たいだ)한 게으른, 나태한이 들어가야 합니다. 4번의 부모의 말을 듣지 않는 아이는 わがままな少年(しょうねん)이라고 해야 맞습니다.　　　**정답 2**

넷째마당 총정리 | 적중 예상 문제

문제 1 _____의 단어 읽는 법으로 가장 알맞은 것을 1·2·3·4 중에서 하나 고르세요.

01 神社で無病息災や商売繁盛を祈る人が多い。

　1 はんせい　　2 はんじょう
　3 かんせい　　4 かんしょう

해석　신사에서 무병장수와 상업번성(사업번창)을 비는 사람이 많다.
해설　無病息災(むびょうそくさい) 무병식재(병이 없고 건강함), 商売繁盛(しょうばいはんじょう) 상업의 번창 등 어려운 말이 나왔네요. 繁盛는 발음 문제로 자주 나오는 어휘이니까 꼭 외워두세요.　　　**정답 2**

02 石鹸をよく泡立てて洗い、手についたウイルスを退治しましょう。

　1 どきじ　　2 どきち
　3 たいじ　　4 たいち

해석　비누를 잘 거품내서 씻어, 손에 붙은 바이러스를 퇴치합시다.
해설　治療(ちりょう) 치료, 治安(ちあん) 치안에서는 'ち'로 退治(たいじ) 퇴치, 不治(ふじ) 불치에서는 'じ'로 읽습니다. 泡立(あわだ)てる는 '거품을 내다'　　　**정답 3**

03 他のユーザーにとっても、大変参考になる情報として重宝されている。 1 じゅうほう　　2 ちょうほう 3 じゅうこ　　　4 じゅうこう	해석　다른 사용자에게 있어서도 매우 참고가 되는 정보로서 애용되고 있다. 해설　重는 ちょう와 じゅう의 두 가지 발음이 있습니다. 重大(じゅうだい) 중대, 重労働(じゅうろうどう) 중노동, 重力(じゅうりょく) 중력, 重傷(じゅうしょう) 중상, 重体(じゅうたい) 중태와 같이 대개 'じゅう'로 읽습니다. 重複(중복)은 じゅうふく라고도 읽을 수 있지만 ちょうふく가 일반적인 발음입니다. 重宝(ちょうほう)する는 애용하다, 소중히 여기다의 뜻이 됩니다.　　정답 2
04 警官にわいろを渡さなかった運転手が武装した人に殺された。 1 むそう　　2 むしょう 3 ぶそう　　4 ぶしょう	해석　경관에게 뇌물을 건네지 않았던 운전수가 무장한 사람에게 살해당했다. 해설　武는 武器(ぶき) 무기, 武道(ぶどう) 무사도, 武力(ぶりょく) 무력, 武士(ぶし) 무사에서는 'ぶ'로 읽힙니다. 하지만 예외적으로 武者(むしゃ) 무사와 같이 'む' 발음도 있으니까 따로 외워주세요.　　정답 3
05 山頂にいたたくさんの登山者は深い霧に遮られ、進めなかった。 1 しも　　2 かすみ 3 ひょう　　4 きり	해석　산 정상에 있던 많은 등산객은 짙은 안개에 가로막혀 나아가지 못했다. 해설　霧(きり) 안개, 霜(しも) 서리, 霞(かすみ) 안개, 雹(ひょう) 우박의 한자는 늘 틀리기 쉬우니 반복학습을 통해서 완벽하게 외워둡시다. 登山者(とざんしゃ) 등산객, 遮(さえぎ)る 차단하다, 등은 시험에 발음문제로 자주 출제되는 한자입니다.　　정답 4
06 転倒した弾みで道路に頭を強く打つケースもある。 1 てんとう　　2 てんどう 3 でんとう　　4 でんどう	해석　넘어진 바람에 도로에 머리를 세게 부딪치는 경우도 있다. 해설　倒(넘어질 '도')와 비슷한 到(이를 '도')는, 到着(とうちゃく) 도착, 到来(とうらい) 도래, 到達(とうたつ) 도달 등에서 쓰는 한자입니다. 또 ん발음 뒤에서는 탁음이나 반탁음으로 소리가 나는 것이 일반적이지만 예외도 많습니다. ～た弾(はず)みで는 어떤 동작에 가속도가 붙어서 갑자기 멈출 수 없는 상태를 말합니다. '～한 바람에, ～한 기세로' 정도로 의역하면 됩니다.　　정답 1
07 自分の死後は家と美術品をすべて処分するよう長男に遺言する。 1 けんげん　　2 ゆいごん 3 けんごん　　4 ゆいげん	해석　자신이 죽은 후에는 집과 미술품을 전부 처분하도록 장남에게 유언하겠다. 해설　遺(남길 유)는 遣(보낼 견)과 매우 비슷합니다. 遺憾(いかん) 유감, 遺族(いぞく) 유족, 遺産(いさん) 유산, 遺跡(いせき) 유적과 派遣(はけん) 파견 등의 단어를 구별하여 암기해주세요.　　정답 2
08 レバノンの首都の空港を離陸した直後に地中海に墜落した。 1 すいらく　　2 ついとう 3 すいとう　　4 ついらく	해석　레바논 수도의 공항을 이륙한 직후 지중해에 추락했다. 해설　墜落(ついらく)의 墜(つい)와 完遂(かんすい) 완수의 遂(すい)를 구별해야 맞출 수 있는 문제입니다. 관련해서 遂行(すいこう) 수행, 遂(と)げる 이루다도 함께 외워둡시다.　　정답 4
09 最終回になって、主人公は自分の正体を明かして去っていった。 1 しょうてい　　2 せいてい 3 しょうたい　　4 せいたい	해석　최종회가 되어, 주인공은 자신의 정체를 밝히고 떠나갔다. 해설　正体(しょうたい) 정체와 招待(しょうたい) 초대는 동음이의어입니다. 正(しょう)로 발음이 나는 명사로는 正面(しょうめん) 정면, 正午(しょうご) 정오, 正月(しょうがつ) 설날, 正直(しょうじき) 정직 등이 있고, 正(せい)로 발음이 나는 명사로는 正門(せいもん) 정문, 正方形(せいほうけい) 정사각형, 正常(せいじょう) 정상, 正義(せいぎ) 정의, 正確(せいかく) 정확 등이 있습니다.　　정답 3
10 障害者の皆様の意見を真摯に聴いて新しい制度をつくっていきたい。 1 しんし　　2 しんげき 3 じんし　　4 じんげき	해석　장애인 여러분의 의견을 진지하게 듣고 새로운 제도를 만들어 가고 싶다. 해설　真摯(しんし)의 동음이의어는 紳士(しんし) 신사가 있습니다. 真摯의 摯와 襲撃(しゅうげき) 습격의 撃를 혼동하지 않도록 주의바랍니다.　　정답 1

11 実家が老朽化し、建て替えを検討しています。

　1 ろきゅうか　　2 ろちくか
　3 ろうきゅうか　4 ろうこうか

해석　본가가 노후화되어 다시 지으려고 검토중 입니다.
해설　'불후의 명작'이라는 말이 있죠? 일본어로는 不朽(ふきゅう)의 명작(めいさく)라고 합니다. 또는 '(나무 등이)썩다'라는 뜻으로 朽(く)ちる를 쓰는데 같은 한자를 사용하는 동사가 됩니다. 또한 実家(じっか)는 '태어난 집'를 말합니다.
　　　　　　　　　　　　　　　　　　　　　정답 3

12 「世界的な大流行の終息を宣言するのは時期尚早だ」との見解を示した。

　1 じきそうしょう　2 じきそうじょう
　3 じきしょうそう　4 じきしょうぞう

해석　'세계적인 대유행의 종식을 선언하는 것은 시기상조다'라는 견해를 밝혔다.
해설　가장 많이 헷갈리는 것은 尙早의 발음이 しょうそうぞう인가, そうしょうぞう인가 하는 것 입니다. 早朝(そうちょう) 이른 아침, 早期(そうき) 조기 등의 한자를 떠올리시면 尚早(しょうそう)임을 아실 겁니다.
　　　　　　　　　　　　　　　　　　　　　정답 3

문제 2 (　　)에 들어갈 가장 알맞은 것을 1·2·3·4 중에서 하나 고르세요.

01 不法行為にたいしては、法律の(　　)な適用が求められる。

　1 精密　2 親密
　3 過密　4 厳密

해석　불법행위에 대해서는 법률의 (엄밀)한 적용이 요구된다.
　　1 정밀　2 친밀　3 과밀　4 엄밀
해설　침착하게 단어를 하나씩 대입해 보면 간단히 답이 나옵니다. 厳密(げんみつ)な適用(てきよう)가 되겠네요.
　　　　　　　　　　　　　　　　　　　　　정답 4

02 高い金利で資金を上手に(　　)してくれるところを探している。

　1 運行　2 運営
　3 運用　4 運搬

해석　높은 금리로 자금을 능숙하게 (운용)해 주는 곳을 찾고 있다.
　　1 운행　2 운영　3 운용　4 운반
해설　저도 이런 곳을 찾고 있습니다ㅎㅎ 자금은 運用(うんよう)한다고 해야 맞습니다. 2번 運営(うんえい)라고 착각할 수도 있지만 이는 상점이나 가게의 경우에 해당합니다.
　　　　　　　　　　　　　　　　　　　　　정답 3

03 バスで気分が悪くなった私を、親切な人が(　　)してくれた。

　1 介抱　2 救済
　3 養護　4 奨励

해석　버스에서 속이 안 좋아진 나를 친절한 사람이 (간호)해 주었다.
　　1 간호　2 구제　3 보호　4 장려
해설　介抱(かいほう)와 養護(ようご)가 헷갈립니다. 우리나라의 '양호실'을 생각하고 답을 고르면 안됩니다. 일본어로 養護는 '특별히 보호하면서 성장을 돕다'라는 의미이므로 養護施設(ようごしせつ)라고 하면 보육원(고아원)을 말합니다. 따라서 답은 1번의 介抱가 되는 것입니다. 救済(きゅうさい), 奨励(しょうれい)는 발음에 유의하세요.
　　　　　　　　　　　　　　　　　　　　　정답 1

04 資格を取得すれば、経験のない中高年でもほぼ(　　)に就職できる。

　1 確実　2 的確
　3 確保　4 正確

해석　자격을 취득하면 경험이 없는 중·고년층이라도 거의 (확실)히 취직할 수 있다.
　　1 확실　2 정확　3 확보　4 정확
해설　'가능성이 확실하다'는 의미이므로 確実(かくじつ)을 넣어야 합니다. 的確(てきかく)나 正確(せいかく)는 모두 '정확'의 뜻이지만 시간과 같은 1분 1초의 정확성을 말하는 경우에는 正確를 써야 하는 등, 구별해야 하는 경우가 있습니다.
　　　　　　　　　　　　　　　　　　　　　정답 1

05 どうしてもとれない(　　)な汚れはプロに任せるしかない。

　1 強行　2 堅実
　3 頑固　4 頑丈

해석　아무리 해도 빠지지 않는 (끈질긴) 얼룩은 프로에게 맡길 수밖에 없다.
　　1 강행　2 견실　3 끈질김　4 튼튼
해설　완고한 사람은 죽어도 남의 이야기를 듣지 않듯이, 頑固(がんこ)な汚(よご)れ 끈질긴 얼룩은 아무리 비벼도 빠지지 않습니다. 그래서 3번의 頑固가 정답이 됩니다. 끈질기게 낫지 않는 감기도 頑固なかぜ라고 표현할 수 있겠죠?
　　　　　　　　　　　　　　　　　　　　　정답 3

06 国会でもめている中継を見ていて、いつも（　　　）した。

1 おどおど　　　2 めいわく
3 わくわく　　　4 へきえき

해석 국회에서 싸우고 있는 중계를 보고 있으면 늘 (질려)버렸다.
1 머뭇머뭇, 주저주저　2 폐　3 두근두근　4 질림
해설 もめる라는 동사가 정답을 고르는 키워드가 됩니다. もめる는 '분규가 일어나다, 옥신각신 하다'라는 뜻입니다. 정치가들이 もめる하는 모습을 보면 기분이 좋지는 않겠죠? 그래서 4번의 辟易(へきえき) 질림이 답이 됩니다.
정답 4

문제 3 _____의 단어와 의미가 가장 가까운 것을 1·2·3·4 중에서 하나 고르세요.

01 10年ぶりの決勝を迎える口調は誰よりも落ち着いていた。

1 もの言い　　2 様子
3 そぶり　　　4 面子

해석 10년 만에 결승을 맞이하는 말투는 누구보다도 차분했다.
1 말씨, 말투　2 모습　3 표정, 동작　4 체면
해설 보통 口는 음독으로 'こう' 발음이 많습니다. 'く'로 발음나는 경우는 口調(くちょう)외에도 口説(くど)き 설득, 口伝(くでん) 구전이 있습니다. 보기 4번의 面子(めんつ) 체면은 발음과 뜻 모두 중요하니까 외워주세요.
정답 1

02 二人で並んで静かにベッドの縁に腰掛ける。

1 裾　　　　　2 フレーム
3 端　　　　　4 周囲

해석 둘이서 나란히 조용하게 침대의 가장자리에 앉는다.
1 옷자락, 기슭　2 틀, 안경테　3 끝, 가장자리　4 주위
해설 縁(ふち) 가장자리, 縁(えん) 인연, 緑(みどり) 녹색, 記録(きろく) 기록의 한자는 외워도 외워도 다시 보면 새로운 한자들입니다. 못 쓰는 종이에 매직펜을 들고 크~게 한자를 써보세요. 절대 잊어버리지 않게 된답니다^^
정답 3

03 この条件に該当する人をさがすのはけっこう難しい。

1 ととのう　　2 とけこむ
3 あてはまる　4 うけもつ

해석 이 조건에 해당하는 사람을 찾는 것은 꽤 어렵다.
1 갖추어지다　2 녹다, 융화되다　3 적용되다, 해당되다　4 담당하다
해설 街頭(がいとう), 街灯(がいとう) 등과 동음이의어인 該当(がいとう)는 '해당되다'의 뜻으로 주로 앞에는 조사 ～に가 옵니다. 탁음발음 때문에 자주 출제되고 있으니 발음에도 주의하세요.
정답 3

04 日本が官僚国家と呼ばれるようになった経緯を教えてください。

1 始末　　　　2 事情
3 関係　　　　4 傾向

해석 일본이 관료국가라고 불리우게 된 경위를 가르쳐 주세요.
1 경위, 뒤처리　2 사정　3 관계　4 경향
해설 経緯(けいい)는 経緯(いきさつ)라고도 읽을 수 있습니다. 그래서 가장 가까운 뜻은 1번의 始末(しまつ)가 됩니다. 始末에는 뜻이 많습니다. '경위, 자초지종, (나쁜)결과, 처리, 매듭' 정도는 외워둡시다. 예문으로 기억해주세요. 事(こと)の始末を話(はな)す. 일의 자초지종을 이야기하다. 甘(あま)やかすからこの始末だ. 응석을 받아주니까 이 모양이다. 始末に負(お)えない子(こ). 다루기 어려운 아이
정답 1

05 何があったかは知らないけれど、終始重い空気が漂った。

1 しばらく　　2 とっさに
3 いきなり　　4 ずっと

해석 무슨 일이 있었는지는 모르지만, 시종 무거운 분위기가 감돌았다.
1 잠깐, 당분간　2 순간적으로　3 갑자기　4 계속, 쭉
해설 終始(しゅうし)는 修士(しゅうし) 석사, 収支(しゅうし) 수지, 終止(しゅうし) 종지 등 동음이의어가 많은 한자입니다. 여기에는 부사로 쓰여서 '처음부터 끝까지, 항상, 시종'의 뜻이 되므로 4번의 ずっと가 가장 비슷한 뜻이 됩니다.
정답 4

06 練習だけでなく、生活全般の一切合切の世話を引き受けた。

1 すべての　　2 なけなしの
3 絶えない　　4 決まった

해석 연습뿐만 아니라 생활전반의 일체의 보살핌을 맡았다.
1 모든　2 거의 없는　3 끊이지 않는　4 결정된
해설 一切合切(いっさいがっさい)는 '일체, 전부, 모조리'의 뜻입니다. 그래서 답이 1번이 되는 것입니다. 2번의 なけなし는 '거의 없음'이란 의미의 명사입니다. なけなしのお金(かね)をはたく. 없는 돈을 몽땅 털다.
정답 1

07 速いペースで円高が進んでいる状況に<u>危惧の念</u>をいだく。

1 無力　　　　2 興奮
3 心配　　　　4 幸福

해석　빠른 속도로 엔고현상이 진행되고 있는 상황을 걱정하다.
1 무력　2 흥분　3 걱정　4 행복
해설　危惧(きぐ) 위구, 즉 '염려하고 두려워함'을 뜻합니다. 念(ねん)은 생각이나 심정을 의미하므로 ～の念を抱(いだ)く는 '～감정을 느끼다'가 됩니다. 그래서 危惧の念を抱く는 '걱정하다'가 되는 것이죠.　　정답 3

08 正確さを優先する記事は<u>歪曲</u>した部分があってはならない。

1 いいのがれ　　2 もってこい
3 うらがえし　　4 でっちあげ

해석　정확함을 우선하는 기사는 왜곡한 부분이 있어서는 안 된다.
1 책임회피　2 안성맞춤　3 뒤집음　4 엉터리, 가짜
해설　歪曲(わいきょく)는 '왜곡'이란 뜻으로 4번의 でっちあげ와 동의어가 됩니다.　　정답 4

문제 4 다음 단어의 사용법으로 가장 알맞은 것을 1·2·3·4 중에서 하나 고르세요.

01 無念

1 <u>無念</u>で人見知りをする性格を直したいです。
2 何もしないで過ごしてしまった3年間をとても<u>無念</u>している。
3 こっちだけ泣き寝入りするのはあまりにも<u>無念</u>だからです。
4 面接の時のスーツは黒がいちばん<u>無念</u>な色だと思う。

해석　무념, 원통함
1 무념하고 낯을 가리는 성격을 고치고 싶습니다.
2 아무것도 안 하고 지내 버린 3년간을 매우 원통하고 있다.
3 이쪽만(나만) 울며 겨자먹기로 지내는 것은 너무나도 원통하기 때문입니다.
4 면접 때의 정장은 검은색이 가장 원통한 색깔이라고 생각한다.
해설　無念(むねん)은 거의 '원통함'이란 의미로 쓰이고 있습니다. 1번에서는 고치고 싶은 성격을 이야기하고 있으므로 無愛想(ぶあいそ) 무뚝뚝함이 들어가야 합니다. 2번은 悔(くや)んで 후회하고가 맞습니다. 또 無念은 する를 붙여 동사로 만들지 못합니다. 4번은 무난한 색깔이라고 해야 자연스러우므로 無難(ぶなん)な 色(いろ)가 좋겠네요.　정답 3

02 内蔵

1 テレビ機能が<u>内蔵</u>なパソコンを買いたいと思う。
2 サンマの頭と<u>内蔵</u>は捨てていたが、少しもったいない。
3 運動すると<u>内蔵</u>が強くなると母に言われた。
4 無線LANが<u>内蔵</u>されているかどうかを調べたいのですが。

해석　내장
1 텔레비전 기능이 내장된 컴퓨터를 사고 싶다고 생각한다.
2 꽁치 대가리와 내장은 버리고 있었지만, 좀 아깝다.
3 운동하면 내장이 튼튼해진다고 엄마에게 들었다.
4 무선 랜이 내장되어 있는지 아닌지를 조사하고 싶은데요.
해설　먼저 内蔵(ないぞう)와 内臓(ないぞう)를 구별해야 합니다. 内蔵는 '안에 들어있다'는 의미이고 内臓는 '신체의 오장육부'를 말합니다. 1번은 内蔵가 な형용사가 아니므로 内蔵された로 바꾸어야 합니다. 2번, 3번은 오장육부의 뜻이므로 内臓가 맞습니다. 4번은 문법과 해석 모두 맞는 문장입니다.　정답 4

03 交付

1 不景気で税金を<u>交付</u>しない自営業者が多い。
2 国から地方自治体に補助金が<u>交付</u>された。
3 このご時世にボーナスが<u>交付</u>されただけでもありがたい。
4 お世話になった方々にお土産を<u>交付</u>した。

해석　교부
1 불경기로 세금을 교부하지 않는 자영업자가 많다.
2 국가로부터 지방 자치체에 보조금이 교부되었다.
3 이런 시대에 보너스가 교부된 것만으로도 고마운 일이다.
4 신세진 분들에게 선물을 교부했다.
해설　1번에서 세금은 납부하는 것이므로 納付(のうふ) 납부가 맞습니다. 3번은 보너스가 지급되었다가 자연스러우므로 때문에 支給(しきゅう) 지급으로, 4번은 선물을 나눠주었다의 配(くば)った로 바꿔주세요.　정답 2

04 因縁
1 母は、21歳で父と因縁的な出会いをした。
2 ひとめぼれして、彼女と因縁することになった。
3 この会社と地域は因縁な関係にあるそうだ。
4 不良少年に因縁をつけられて怖かった。

해석 인연, 트집
1 엄마는 21살 때 아버지와 인연적인 만남을 했다.
2 .첫눈에 반해서 그녀와 인연하게 되었다.
3 이 회사와 지역은 인연한 관계에 있다고 한다.
4 비행소년들이 시비를 걸어와서 무서웠다.

해설 因縁(いんねん)은 우리가 아는 '인연'이라는 뜻 이외에 '트집,시비'라는 뜻이 있어서 因縁をつける는 '시비걸다, 트집잡다' 라는 관용표현입니다. 4번이 바로 그런 뜻으로 쓰인 문장으로서 정답입니다. 1번은 運命的(うんめいてき)な로 바꾸어야합니다. 2번은 因縁する라는 말이 없으므로 내용상 つきあう를 넣어야겠네요. 3번에서는 因縁은 명사이지 な형용사가 아닙니다. 또 문맥도 이상하므로 深(ふか)い나 重要(じゅうよう)な、浅(あさ)くない 등의 표현으로 바꾸어야합니다. **정답 4**

05 不断
1 不断の努力が彼の成功をもたらした。
2 娘には不断と変わったところがなかった。
3 ここでは速度違反が不断茶飯事だから。
4 不断的にがんばっている人が勝つものだ。

해석 끊임없음
1 끊임없는 노력이 그의 성공을 가져왔다
2 딸에게는 끊임없음과 달라진 곳이 없었다.
3 여기에서는 속도위반이 부단다반사이니까.
4 끊임없이 노력하고 있는 사람이 이기는 법이다.

해설 1번이 문법, 문맥 모두 합격으로 정답입니다. 2번은 不断(ふだん)과 동음이의어인 普段(ふだん)이 들어가야 합니다. 普段(ふだん)と変(か)わったところがない '평소와 다른 곳이 없다'는 자주 쓰이는 표현입니다. 3번은 日常茶飯事(にちじょうさはんじ) '일상다반사'가 되어야겠죠? 4번에서는, 不断的(ふだんてき)に라는 표현이 없으므로 普段(ふだん) '평소'나 地道(じみち)에 '착실히' 등으로 바꾸어 표현해야 맞습니다. **정답 1**

06 介抱
1 入院してくる患者を介抱するのが私の仕事だ。
2 車よいで気分が悪くなった私を介抱してくれた。
3 この施設は老人や障碍者の介抱において一番だ。
4 けが人を介抱するベテラン医師の姿はかっこういい。

해석 돌봄, 간호
1 입원해 오는 환자를 간호하는 것이 일이다.
2 차멀미로 속이 안좋아진 나를 돌봐주었다.
3 이 시설은 노인이나 장애우의 간호에 있어서 최고다.
4 다친 사람을 간호하는 베테랑 의사의 모습은 멋었다.

해설 介抱(かいほう), 看護(かんご), 介護(かいご)의 뜻을 어느 정도 구별할 수 있어야 풀 수 있는 문제입니다. 介抱(かいほう)는 초보자나 일반인들이 다친 사람이나 상태가 안좋은 사람을 보살펴주는 것을 말합니다. 이에 비해 看護(かんご)는 의료행위로서 다친 사람이나 병든 사람을 돌봐주는 것을 말합니다. 介護(かいご)는 집이나 시설에서 신체적으로 도움이 필요한 사람들을 보살피는 비의료행위를 말합니다. 그러므로 1번은 看護(かんご)가 맞고, 3번은 介護(かいご), 4번은 治療(ちりょう)라고 해야 자연스럽습니다. 2번이 정답입니다. **정답 2**

다섯째마당 | 만점을 위한 부사, 의태어, 관용표현

시나공법 16 | 부사 적중 예상 문제

문제 2 ( )에 들어갈 가장 알맞은 것을 1·2·3·4 중에서 하나 고르세요.

---

01 子供たちは、( )楽しそうに大きな声を出して遊んでいる。

1 つとめて　　2 いかにも
3 とかく　　　4 まるで

해석 아이들은, (정말로) 즐거운 듯이 큰 목소리를 내며 놀고 있다.
1 애써　2 자못, 정말　3 어쨌든　4 마치
해설 楽(たの)しそうに의 ~そうに와 호응을 이루는 부사를 찾아야 합니다. 그것이 바로 いかにも~そうに(정말 ~인 듯이)입니다. 부사문제는 특히 호응관계를 통해 답에 접근하는 것이 빠릅니다. 그런데 왜 4번은 답이 아닐까요? まるで는 비유적의미가 강하기 때문에 추량표현인 ~ようだ와 호응을 이룹니다.　**정답 2**

---

02 交渉には忍耐心をもって臨むものの、不当な要求は( )断るべきだろう。

1 きっぱり　　2 がっくり
3 きっかり　　4 がっしり

해석 교섭에는 인내심을 가지고 임하지만, 부당한 요구는 (딱 잘라) 거절해야만 하겠지.
1 단호히, 딱 잘라　2 실망하는 모양　3 정확히　4 다부지게
해설 부사는 동사와 함께 외우면 좋습니다. きっぱり断(こと)わる 단호히 거절하다는 너무나 자주 쓰는 표현입니다. 문제의 ~ものの(~하지만)는 역접의 뜻을 가진 접속사입니다.　**정답 1**

---

03 努力すれば道は( )開けてくるものだと信じている。

1 ことによると　2 やむをえず
3 おのずから　　4 みずから

해석 노력하면 길을 (저절로) 열려오는 법이라고 믿고 있다.
1 어쩌면　2 어쩔 수 없이　3 저절로　4 스스로, 직접
해설 문장을 해석해보면 '저절로'라는 뜻이 들어가리라 예상할 수 있습니다. 하지만 自(おの)ずから와 自(みずか)ら의 뜻이 헷갈려서 답을 쉽게 고르지 못했을 것 같네요. ひとりでに도 '저절로'라는 뜻의 부사입니다. 함께 외워주세요.　**정답 3**

---

04 大変な仕事だからといって、逃げてばかりいる自分が( )嫌になった。

1 おどおど　　2 ぞくぞく
3 くれぐれ　　4 つくづく

해석 힘든 일이라고 해서 도망가기만 하는 자신이 (너무너무) 싫어졌다.
1 주저주저　2 오싹오싹　3 제발　4 곰곰이, 주의깊게, 절실히
해설 つくづく에는 다양한 뜻이 있습니다. 예문을 통해 외워볼까요? つくづく考(かんが)える 곰곰이 생각하다, つくづく眺(なが)める 주의깊게 바라보다, ありがたさがつくづく分(わ)かった 고마움을 절실히 느꼈다.　**정답 4**

---

05 病んだ臨月の妻が( )治療も受けられずに死んだ。

1 ろくに　　2 おろかに
3 やけに　　4 いやに

해석 병든 만삭의 아내가 (제대로) 치료도 받지 못하고 죽었다.
1 제대로　2 어리석게　3 몹시　4 매우, 몹시
해설 '치료를 못받고 죽었다'라는 내용이므로 ろくに가 답이 됩니다. 참고로 病(や)む 병들다, 臨月(りんげつ) 만삭입니다.　**정답 1**

---

06 街を( )埋めたろうそくの行列を見ながら、国民の願いがはっきり分かった。

1 こってり　　2 びっしり
3 どっしり　　4 ぼっきり

해석 거리를 (빽빽이) 메운 촛불 행렬을 보면서, 국민의 소원을 확실히 알 수 있었다.
1 기름진, 잔뜩　2 빽빽이　3 묵직히　4 뚝, 딱
해설 국민의 소원을 확실히 알 수 있으려면 촛불이 거리를 가득 채워야겠죠? びっしり는 빈틈없이 들어찬 모양을 나타내는 부사로 공간적으로 빽빽한 경우와 스케줄이나 예정 등이 꽉 차있는 경우에 씁니다.　**정답 2**

07 著作権の意識に(　　)とぼしい私たちに対し、非難の声が相次いでいる。
1 くまなく　　　2 おおむね
3 はなはだ　　　4 あながち

해석　저작권 의식에 (매우) 부족한 우리들에 대해서, 비난의 소리가 이어지고 있다.
1 구석구석, 샅샅이　2 대개　3 심히, 매우　4 반드시
해설　비난의 소리가 꼬리를 물고 이어질 정도이므로 상당히 의식이 부족함을 알 수 있습니다. 그러므로 3번 甚(はなは)だ가 답이 됩니다. 4번 아나가치는 부정구문과 호응을 이루면서 '반드시, 일률적으로 ~것은 아니다'라는 뜻으로 쓰입니다.
정답 3

08 林教授は今(　　)論文の執筆に打ち込んでいるところです。
1 なんだか　　　2 いかにも
3 がむしゃらに　　4 もっぱら

해석　하야시 교수님은 지금 (오로지) 논문의 집필에 몰두하는 중입니다.
1 왠지　2 정말이지　3 무턱대고　4 오로지, 한결 같이
해설　~に打(う)ち込(こ)んでいる(~에 몰두하고 있다)가 있으므로 앞에는 もっぱら가 가장 어울리겠네요. 그 밖의 부사들도 자주 출제되므로 예문으로 기억해둡시다. なんだか変(へん)だ 뭔가 이상하다, いかにも楽(たの)しそうだ 정말이지 즐거운 듯하다, がむしゃらに仕事(しごと)をする 무턱대고 (앞뒤 생각 없이) 일을 하다.
정답 4

문제 3　_____의 단어와 의미가 가장 가까운 것을 1·2·3·4 중에서 하나 고르세요.

01 その人のことを思い続けるのが辛くなってきた。いっそ嫌いになった方が楽なのに。
1 むしろ　　　2 ますます
3 さらに　　　4 いよいよ

해석　그 사람을 계속 생각하는 것이 괴로워졌다. 차라리 싫어지는 편이 편할 텐데...
1 오히려, 차라리　2 점점　3 더욱더　4 드디어
해설　우선 一層(いっそう) 더 한층과 いっそ 차라리를 확실히 구별해야 합니다. 문제는 いっそ이므로 답은 1번 むしろ가 됩니다. いっそ는 いっそのこと라고도 할 수 있으니 다른 뜻이라고 생각하면 안 됩니다
정답 1

02 自分に合う企業から内定をもらったが、提示された給与がことのほか低くて悩んでいる。
1 ずっと　　　2 案外
3 おそらく　　4 大体

해석　자신에게 맞는 기업으로부터 내정을 받았지만, 제시된 급여가 의외로 낮아서 고민 중이다.
1 계속　2 의외로　3 아마　4 대개, 대체로
해설　ことのほか는 '예상외로, 의외로, 특별히'라는 뜻의 부사입니다. 意外(いがい), 思(おも)いの外(ほか) 등이 유의어가 됩니다.
정답 2

03 生野菜が大好きで、キャベツやレタスなどを水でざっと洗って食べています。
1 きらくに　　　2 てごろに
3 かんたんに　　4 ていねいに

해석　생야채를 좋아해서 양배추나 상추 등을 물로 대충 씻어서 먹고 있습니다.
1 마음 편하게　2 저렴하게　3 간단하게　4 꼼꼼하게
해설　ざっと는 '대강, 대충, 간략하게'란 뜻입니다. 그러므로 3번 簡単(かんたん)に와 같습니다. 제시된 보기의 한자를 확인해둡시다. 気楽(きらく)に, 手頃(てごろ)に, 丁寧(ていねい)に입니다. 물론 생야채는 生野菜(なまやさい)로 읽어야겠죠?
정답 3

04 ついに鳩山さんが率いる民主党が日本の政治を勝ち取りました。
1 あげくのはてに　　2 どうやら
3 いちずに　　　　　4 とうとう

해석　드디어 하토야마 씨가 이끄는 민주당이 일본의 정치를 거머쥐었습니다.
1 결국　2 아무래도, 어쩐지　3 오로지, 한결같이　4 드디어
해설　우선 つい와 ついに는 확실히 구별해야 합니다. つい는 '그만'이지만, ついに는 '드디어, 마침내'입니다. 그러므로 4번 とうとう가 가장 가까운 뜻이 됩니다. 이외에도 結局(けっきょく), いよいよ, つまるところ, とどのつまり가 모두 '드디어'라는 뜻이 있습니다.
정답 4

05 ハムスターが逃げ出したので、ドアの隙間から廊下、冷蔵庫の裏までくまなく探した。
1 すみずみまで　　2 さほど
3 じかに　　　　　4 ほどほどに

해석　햄스터가 도망갔기 때문에 문틈에서 복도, 냉장고 뒤까지 샅샅이 찾았다.
1 구석구석까지　2 그다지　3 직접　4 적당히
해설　くまなく는 '구석구석까지, 샅샅이'라는 뜻의 부사이므로 1번 隅々(すみずみ)まで와 같습니다. さほど 뒤에는 부정어가 옵니다. 直(じか)に는 '직접'이라는 뜻으로, 直に渡(わた)す 직접 건네주다, 直に話(はな)す 직접 이야기하다와 같이 쓰입니다. ほどほどに는 마이너스적 이미지가 있습니다. 冗談(じょうだん)もほどほどにしなさい. 농담도 작작 해라.
정답 1

06 ワンルームマンションで一人暮らしをしていますが、もっか最大の悩みは換気です。

1 とりわけ　　2 いま
3 もっぱら　　4 もしくは

해석 원룸 아파트에서 혼자 살고 있습니다만, 현재 최대 고민은 환기입니다.
1 특히　2 지금　3 오로지　4 또는
해설 目下(もっか)는 부사로 '현재, 당장'이란 뜻입니다. 目下(めした)로 발음하면 '손아랫사람'이 되니 조심하세요. **정답 2**

07 まさか私が芸能人になるとはゆめゆめ思っていませんでした。

1 かならず　　2 ひたすら
3 いっこうに　　4 もっとも

해석 설마 내가 연예인이 되리라고는 조금도 생각하지 못했습니다.
1 반드시　2 오로지, 한결같이　3 전혀　4 가장, 하지만
해설 ゆめゆめ는 '결코, 절대로, 조금도'란 뜻으로 뒤에는 부정, 금지의 말이 따라 나옵니다. 3번 一向(いっこう)にも 부정구문과 함께 쓰여서 '전혀, 조금도'의 뜻이 되므로 정답이 됩니다. **정답 3**

08 初対面の異性にいきなり話しかけられて、引いたりしないでしょうか。

1 すんなり　　2 ずばり
3 つぶさに　　4 だしぬけに

해석 처음 만난 이성이 갑자기 말을 걸어와서 거부감이 들거나 하지 않을까요?
1 수월하게　2 정곡으로　3 상세하게　4 갑자기
해설 '갑자기'의 뜻을 가진 부사가 의외로 많습니다. いきなり, 突然(とつぜん), 突如(とつじょ), 急(きゅう)に, やぶから棒(ぼう)に, 出(だ)し抜(ぬ)けに, 不意(ふい)にも 함께 외워둡시다. **정답 4**

문제 4 다음 단어의 사용법으로 가장 알맞은 것을 1・2・3・4 중에서 하나 고르세요.

01 よほど

1 よほどじゃないけど、私は怖くてできないよ。
2 よほどのことがない限り、彼は来るだろう。
3 貧乏な私にこんな高級品はよほど買えない。
4 その壁紙はよほど質の高いものだった。

해석 상당히, 어지간히, 큰 맘 먹고
1 상당히는 아니지만, 나는 무서워서 할 수 없어.
2 어지간한 일이 없는 한, 그는 올 것이다.
3 가난한 나에게 이런 고급품은 상당히 살 수 없다.
4 그 벽지는 상당히 질이 좋은 것이었다.
해설 일본 사람이 자주 쓰는 표현 중에 とてもじゃないけど라는 말이 있습니다. 직역을 하면 '상당히는 아니지만'이지만, 사실은 '매우'라는 뜻입니다. 그래서 1번은 とてもじゃないけど를 씁니다. 2번은 よほどのことがない限り(かぎり)(어지간한 일이 없는 한)을 통째로 외워주세요. 3번은 문맥상 '도저히'가 들어가야 하므로 到底(とうてい)가 맞습니다. よほど는 비교대상이 있는 경우에 '상당히'라는 뜻이므로, 4번은 非常(ひじょう)に, とても 등이 맞습니다. **정답 2**

02 なんとか

1 団体から寄付を受け、なんとかやりくりしてきた。
2 政策の先送りはなんとか許されまい。
3 なんとかいいことがありそうな気がした。
4 暴飲暴食が続き、なんとか体が重くなる。

해석 어떻게든, 그럭저럭
1 단체로부터 기부를 받아 그럭저럭 꾸려왔다.
2 정책의 연기는 어떻게든 용서받지 못할 것이다.
3 어떻게든 좋은 일이 있을 것 같은 기분이 들었다.
4 폭음폭식이 계속되어, 어떻게든 몸이 무거워진다.
해설 1번은 해석, 문법 모두 문제가 없습니다. 2번은 到底(とうてい) 도저히가 들어가야 의미가 통하겠네요. ～まい는 '～하지 않을 것이다. ～하지 않겠다'라는 뜻입니다. 3번은 なんか 뭔가, なんだか 왠지가 들어가야 합니다. 4번은 だんだん 점점, なんだか 왠지 등이 좋겠네요. **정답 1**

03 わざわざ

1 芝居中にわざわざ小物を落として、私を困らせた。
2 わざわざ一人暮らしをする理由もないので、親と暮らしている。
3 携帯がなかったので、わざわざ公衆電話で電話をかけた。
4 わざわざ近所まで来たのに、寄ってくれなかった。

해석 일부러
1 연극 중에 일부러 소품을 떨어뜨려서, 나를 곤란하게 했다.
2 일부러 혼자 살 이유도 없기 때문에, 부모님과 살고 있다.
3 휴대폰이 없었기 때문에, 일부러 공중전화로 전화를 걸었다.
4 일부러 근처까지 왔는데도, 들러주지 않았다.
해설 1번은 고의성을 가진 '일부러'이므로 わざと가 되어야 합니다. 그럴 필요가 없는데도 자신의 시간이나 금전을 들여 뭔가를 한다는 것이 わざわざ이므로 2번은 맞는 문장입니다. 물론, あえて 굳이를 넣어도 좋습니다. 3번은 어쩔 수 없이 공중전화를 사용한 것이므로 しかたなく를 씁니다. わざわざ와 せっかく를 많이 비교하는데, 4번과 같이 모처럼의 기회를 살리지 못했다는 뉘앙스는 せっかく가 맞습니다. **정답 2**

04 仮に

1 仮に上場を目指している会社だから、それはありえない。
2 UN、仮に国連は世界の平和のために努力しているところだ。
3 仮に電気が止まったとしたら、大変なことになるだろう。
4 仮に説明を聞いただけでは、使い方は分からないだろう。

해석 가령, 임시로
1 가령, 상장을 목표로 하는 회사니까 그것은 있을 수 없다.
2 UN, 가령 국제연합은 세계 평화를 위해 노력하는 중이다.
3 가령 전기가 멈춘다면, 큰 일이 될 것이다.
4 가령 설명을 들은 것만으로는, 사용법은 모를 것이다.

해설 1번은 仮(かり)にも(적어도, 어떤 일이 있어도)가 들어가야 맞습니다. 2번은 すなわち 즉을 넣어야 자연스럽습니다. 3번은 맞는 문장이구요. 4번은 문맥의 흐름상 ただ 단지가 좋겠네요. **정답 3**

05 どうやら

1 どうやら痛み止めのお世話にならずに済んだ。
2 問題をどうやらして解決しなくてはいけない。
3 どうやらやるなら、得になることをやってくれ。
4 この分ではどうやら明日も大雪らしい。

해석 아무래도
1 아무래도 진통제의 신세를 지지 않아도 되었다.
2 문제를 아무래도 해서 해결하지 않으면 안 된다.
3 아무래도 할 바에는 득이 되는 일을 해 줘.
4 이 상태로는 아무래도 내일도 폭설일 것 같다.

해설 1번은 どうにか 그럭저럭, なんとか 그럭저럭으로 바꾸어야 말이 됩니다. 2번은 どうにか 어떻게든, なんとか 어떻게든을 넣으면 맞는 문장이 됩니다. 3번은 どうせ 어차피·이왕이 적합합니다. 4번은 どうやら와 ～らしい가 호응이 되어 '아무래도 ～인 것 같다'는 뜻으로 쓰이고 있네요. 정답입니다. **정답 4**

06 いやに

1 彼の用事にいやに付き合わされて迷惑だった。
2 世界全体の景気がいやに上がってくれてほっとした。
3 今日はいやに元気がないね。悩みでもあるのかな。
4 頑張ったところで、いやに多くの変化はないだろう。

해석 몹시, 매우
1 그의 용무를 몹시 함께 해야 해서 귀찮았다.
2 세계 전체의 경기가 몹시 회복해 주어서 안심했다.
3 오늘은 몹시 기운이 없네. 고민이라도 있는 걸까?
4 노력해봤자, 몹시 많은 변화는 없을 것이다.

해설 いやに는 '(평소와는 달리, 이상하게) 매우'라는 의미입니다. 1번은 싫은데 억지로 한다는 의미의 付(つ)き合(あ)わされる 즉 사역수동형이 쓰였으므로 いやいや·しぶしぶ 마지못해로 바꾸야 합니다. 2번은 좋은 상황이므로 だんだん 점점, 幸(さいわ)い 다행히도가 들어가야 합니다. 3번은 평소와 달리, 이상하게 기운이 없다는 의미이므로 いやに가 적절히 사용되었습니다. 4번은 뒤에 부정어가 있으므로 あまり가 맞습니다. **정답 3**

07 突如

1 携帯をもて遊んでいると、突如に画面がまっ黒になった。
2 首相の突如の辞任は国民に衝撃を与えた。
3 あの日の記憶が突如よみがえって頭から離れない。
4 突如して大きな注目を集めるようになった。

해석 갑자기
1 휴대폰을 가지고 노는데, 갑자기 화면이 새까맣게 되었다.
2 수상의 갑작스런 사임은 국민에게 충격을 주었다.
3 그 날의 기억이 갑자기 되살아나서 머릿속을 떠나지 않는다.
4 갑자기 큰 주목을 모으게 되었다.

해설 1번에서 突如(とつじょ)는 ～に를 붙인 형태로는 잘 쓰이지 않으므로 突然(とつぜん)가 적절합니다. 2번 역시 突如의 형태로 활용되지 않으므로 突然の가 맞습니다. 4번은 突如として의 형태로 써야 합니다. 뜻과 뉘앙스를 알아도 문법적 활용 형태를 모르면 풀 수 없는 문제였네요. **정답 3**

08 むしょうに

1 むしょうに飛行機を見たくなって、空港に向かった。
2 むしょうに入浴させることで逆効果になることもある。
3 痛いからといって、むしょうに薬を飲むのはよくない。
4 むしょうに、今年の私の役目が終わるわけではないのだが。

해석 무턱대고, 한없이
1 무턱대고 비행기가 보고 싶어져서 공항으로 향했다.
2 무턱대고 입욕시키는 일로 역효과가 나는 경우도 있다.
3 아프다고 해서 무턱대고 약을 먹는 것은 좋지 않다.
4 무턱대고 올해의 내 역할이 끝나는 것은 아니지만.

해설 むしょうに는 '무턱대고, 한없이, 공연히'라는 의미로, 어떤 감정이 한없이 밀려오는 경우에 많이 쓰입니다. 그러므로 1번은 맞는 문장이 됩니다. 2번은 문맥상 無理(むり)に 무리하게가 들어가야 맞겠지요. むしょうに는 보통 むやみに와 비교를 많이 합니다. 둘 다 '무턱대고'로 해석하지만 むやみに에는 '함부로'의 의미가 함축되어 있습니다. 그래서 3번은 むやみに가 맞습니다. 4번은 해석 자체가 이상합니다. もっとも 하기는, 하지만으로 바꿔야 하겠네요. **정답 1**

09 なにも

1 なにも近いうちにストを決行するということだった。
2 「エコ」という文字を見ると、なにも環境にやさしい気がしてくる。
3 階段で転んだが、恥ずかしくて痛くもなにもなかった。
4 季節の移り変わりをはやく感じるのは、なにも年のせいだけではない。

해석 아무것도, 특별히, 유달리
1 특별히 조만간에 파업을 결행한다는 것이었다.
2 '에코'라는 문자를 보면, 특별히 친환경적인 기분이 든다.
3 계단에서 넘어졌지만, 창피해서 아프지도 아무것도 없었다.
4 계절의 추이를 빨리 느끼는 것은, 특별히 나이 탓만은 아니다.

해설 의문사가 들어간 부사가 많아서 헷갈리기 쉽습니다. 용법 문제를 통해 차이를 명확히 구분합시다. 1번은 해석이 이상합니다. なんでも에는 '확실히는 모르나, 듣건대'라는 뜻이 있는데 이 문장에 딱 맞네요. 2번은 なんとなく 어쩐지가 좋겠네요. 3번은 ~もなんともない의 꼴로 '~고 뭐고 없었다'라는 뜻이 됩니다. 회화에서 많이 쓰는 표현이죠. 4번은 なにも의 '특별히, 유달리'란 뜻을 몰랐다면 풀 수 없는 문제입니다. 반드시 암기해주세요. **정답 4**

10 いまさら

1 政界と財界の密接な関係はいまさら言うことでもない。
2 彼はいまさら倒れそうにふらふらと女性に近づいてきた。
3 いまさらやり方を改めないと、取り返しのつかないことになる。
4 日本に来て7年になるが、いまさら地震にだけは慣れない。

해석 이제 와서
1 정계와 재계의 밀접한 관계는 이제 와서 말할 필요도 없다.
2 그는 이제 와서 쓰러질 듯이 비틀비틀 여성에게 다가왔다.
3 이제 와서 방법을 고치지 않으면, 돌이킬 수 없는 일이 된다.
4 일본에 와서 7년이 되지만, 이제 와서 지진만은 익숙해지지 않는다.

해설 1번이 정답입니다. 2번은 今(いま)にも 당장에라도를 넣어 ~そうに(~와 같이)와 호응을 이룹니다. 3번은 今こそ 지금이야말로 바꾸어야 합니다. 4번은 未(いま)だに 아직까지를 넣어야 맞는 문장이 됩니다. **정답 1**

시나공법 17 | 의태어 적중 예상 문제

문제 2 (　　　)에 들어갈 가장 알맞은 것을 1・2・3・4 중에서 하나 고르세요.

01 まだ英語に不慣れだった石川は、(　　　)しながら「どうしたらいいですか」と言った。

1 おどおど　　2 ぐずぐず
3 だらだら　　4 いやいや

해석 아직 영어에 익숙하지 않았던 이시카와는 (쭈뼛쭈뼛)하면서 '어떻게 하면 좋습니까?'라고 말했다.
1 주저주저, 쭈뼛쭈뼛　　2 우물쭈물
3 줄줄, 지루하게 이어짐　　4 마지못해

해설 おどおど와 ぐずぐず 둘 중 어느 것이 답일까요? おどおど는 공포・긴장・불안 등으로 침착하지 못한 모양을 나타내는 말입니다. ぐずぐず는 결단이나 행동이 느린 모양을 뜻하는 말로, '꾸물꾸물, 우물쭈물'이라고 해석하곤 합니다. 어떻게 하면 좋냐고 물을 정도라면 おどおど가 맞겠네요. **정답 1**

02 見回り中、男子生徒が顔を赤くし、(　　　)歩いていたので、病院に連れていった。

1 ぶらぶら　　2 ぺらぺら
3 ふらふら　　4 べらべら

해석 순찰 중에 남학생이 얼굴이 상기되어 (비틀비틀) 걷고 있었기 때문에, 병원에 데려갔다.
1 어슬렁어슬렁　　2 술술　　3 비틀비틀　　4 나불나불

해설 병원에 데려갔다고 하는 걸 봐서 상태가 안 좋음을 알 수 있습니다. 그러므로 3번 ふらふら가 정답이 됩니다. 2번의 ぺらぺら는 주로 외국어 등을 유창하게 하는 모습을 이야기하고, 4번의 べらべら는 막힘없이 또는 경망스럽게 지껄이는 모양을 말할 때 쓰는 경우가 많습니다. **정답 3**

03 投票してくれた方から、抽選で毎月100名様にプレゼント！(　　　)ご応募ください！

1 つくづく　　2 くれぐれも
3 ぐんぐん　　4 どしどし

해석 투표해 준 분 중에서, 추첨으로 매월 100께 선물! (마구) 응모해 주세요!
1 절실히　　2 제발　　3 점점　　4 거리낌 없이, 마구

해설 라디오 방송을 들으면 외우기 싫어도 외워지는 의태어가 どしどし입니다. '적극적으로, 많이많이, 어서어서' 응모해 달라고 하는 뜻으로 많이 씁니다. くれぐれも는 よろしくお願(ねが)いいたします와 늘 같이 쓰이기 때문에 많이 알려져 있습니다. **정답 4**

해설을 가리고 다시 한번 풀어보세요

04 子供の頃、遠足に行く前日の夜は、わけもなく(　　　)したりしたものだ。

1 くよくよ　　2 すやすや
3 わくわく　　4 くらくら

해석 어렸을 때, 소풍가는 전날 밤은, 이유도 없이 (두근두근)하거나 하곤 했다.
1 끙끙　2 새근새근　3 두근두근　4 어질어질
해설 의태어는 단순히 해석을 외우는 경우가 아니라 어떤 상황에 쓰이는가를 외워 두어야 합니다. 문제의 경우에는 소풍 전날의 기분을 생각하면서 わくわく를 떠올리면 됩니다. くよくよ는 고민할 때, すやすや는 아기가 잠잘 때, くらくら는 앉았다 갑자기 일어나서 어지러울 때 쓴다고 외워두면 절대 잊어버리지 않습니다.
정답 3

05 兄のお下がりで(　　　)だったコートを着た自分の姿が哀れに見えた。

1 だぶだぶ　　2 のろのろ
3 はらはら　　4 だらだら

해석 형한테 물려받은 옷으로 (헐렁헐렁)했던 코트를 입은 자신의 모습이 비참하게 보였다.
1 헐렁헐렁　2 느릿느릿　3 조마조마　4 줄줄, 지루하게 이어짐
해설 兄(あに)のお下(さ)がり라는 것이 힌트가 됩니다. 물려받은 옷 대부분 커서 거울을 보면 哀(あわ)れ에 보이기도 합니다. 그러므로 답은 だぶだぶ가 됩니다. 4번 だらだら는 땀이나 눈물이 줄줄 흘러내릴 때, 연설이나 일이 지루하게 이어질 때 씁니다.
정답 1

06 (　　　)している間に被害が広がったという厳しい批判を受けた。

1 ぺこぺこ　　2 ごたごた
3 あたふた　　4 はきはき

해석 (허둥지둥)하고 있는 사이에 피해가 확산되었다고 하는 혹독한 비판을 받았다.
1 굽실굽실, 배고픈 모양　2 어수선함
3 허둥지둥　4 시원시원, 또렷또렷
해설 피해가 확산되었다는 이야기는 신속한 대응을 하지 못하고 허둥지둥했다는 말입니다. 그러므로 3번이 정답입니다. 4번의 はきはき는 말·동작·태도가 활발하고 분명한 모양을 말합니다. 선생님이 질문을 하시면 또랑또랑하게 대답하는 것이 좋겠죠? 그것이 바로 はきはき 答(こた)える입니다.
정답 3

07 その歌手はファンから(　　　)されていい気になっていた。

1 あやふや　　2 ちやほや
3 うかうか　　4 むかむか

해석 그 가수는 팬으로부터 (떠받듦을) 받아서 우쭐해져 있었다.
1 애매모호함　2 오냐오냐　3 얼떨결에, 멍하니　4 메슥메슥
해설 우선 いい気(き)になる를 해석할 수 있어야 답에 접근하기 쉬워집니다. いい気(き)になる는 '우쭐해지다'라는 뜻이므로 2번이 답이 됩니다. ちやほやする는 '오냐오냐 하다, 떠받들다'란 뜻이므로 ちやほやされる는 '응석부리고 자라다'는 의미가 됩니다.
정답 2

08 とにかくだるくて(　　　)していたら、もう夕方になってしまった。

1 でこぼこ　　2 ぐずぐず
3 おちおち　　4 てきぱき

해석 좌우지간 나른해서 (꾸물꾸물)하고 있었더니, 벌써 저녁 무렵이 되어 버렸다.
1 울퉁불퉁　2 꾸물꾸물　3 마음 놓고　4 척척
해설 몸이 나른하면 만사가 귀찮아지고 꾸물꾸물하게 됩니다. 그러므로 ぐずぐず가 답이 됩니다. おちおち는 부정어를 데리고 다니면서 '마음 놓고, 안심하고'란 뜻을 나타냅니다. おちおち眠(ねむ)れない 마음놓고 잘 수 없다를 외워두면 되겠죠? てきぱき는 멋있는 커리어 우먼이 척척 일하는 모습을 떠올리면서 외워주세요.
정답 2

문제 3 _____의 단어와 의미가 가장 가까운 것을 1・2・3・4 중에서 하나 고르세요.

01 締め切りが近いので、ぼつぼつ仕事モードに入らなければならない。

1 せっせと　　2 さっさと
3 そろそろ　　4 びしびし

해석 마감일이 가깝기 때문에 슬슬 업무모드로 들어가지 않으면 안 된다.
1 부지런히　2 빨랑빨랑　3 슬슬　4 엄격히, 호되게
해설 ぼつぼつ는 일이 서서히 진행하는 모양 즉 '슬슬, 조금씩'입니다 (= そろそろ). 또한 작은 점이나 돌기물이 여기저기 흩어져 있는 모양을 나타내는 '점점이'라는 뜻도 있습니다.
정답 3

02 <u>うとうと</u>眠っているときに、突然足や腕がビクッとなる場合があります。

1 船をこいで　　　2 顔をふせて
3 肩をすくめて　　4 足をくんで

해석　꾸벅꾸벅 잠들어 있는 사이에, 갑자기 발과 팔에 경련이 일어나는 경우가 있습니다.
1 꾸벅꾸벅　　2 얼굴을 가리고, 엎드려서
3 어깨를 움츠리고　　4 다리를 꼬고
해설　숙면상태가 아니라 살짝 잠든 상태를 나타내는 말로는 うたたねする, 居眠(いねむ)りする, うつらうつらする, こっくりこっくりする 등이 있습니다. 관용적으로 표현하면 1번 船(ふね)をこぐ가 됩니다. 노를 젓는 모습이 마치 꾸벅꾸벅 조는 모습과 비슷하다 하여 생긴 표현입니다. 나머지 관용표현들도 중요하니까 반드시 암기해주세요.
정답 1

03 最近の小学生の言葉使いには<u>ぎょっと</u>するものがある。

1 見込む　　　2 驚く
3 見上げる　　4 受ける

해석　요즘 초등학생의 말투에는 매우 깜짝 놀랄 만한 것이 있다.
1 기대할　2 놀랄　3 올려다볼　4 받을, 호평을 얻을
해설　우선 ものがある에 대해서 살펴봅시다. ものがある는 '~할 만한 것이 있다' 즉 '매우 ~하다'란 뜻입니다. ぎょっと는 깜짝 놀라 순간적으로 마음이 흔들리는 모양을 말하는데 '섬뜩해질 정도로 놀랐다'는 말이 됩니다. 그러므로 2번이 정답입니다.
정답 2

04 ちょっとからかわれたくらいで一日中<u>くよくよした</u>りする。

1 うかれたり　　2 あそんだり
3 まぜたり　　　4 なやんだり

해석　조금 놀림을 당한 것 가지고 하루 종일 끙끙대거나 한다.
1 들뜨거나　2 놀거나　3 섞거나　4 고민하거나
해설　くよくよ하면 고민을 떠올리고 고민하면 역시 4번 悩(なや)む 고민하다가 정답이겠죠?
정답 4

05 喉から来る風邪が<u>だらだら</u>と続いています。

1 ごたごた　　2 ながなが
3 ごつごつ　　4 ぐずぐず

해석　목부터 오는 감기가 죽 계속되고 있습니다.
1 어수선하게　2 길게, 장황하게　3 울퉁불퉁하게　4 꾸물꾸물하게
해설　だらだら는 지루하게 이어지는 모양을 나타냅니다. 그러므로 2번의 長々(ながなが)와 같은 뜻이 됩니다. ごたごた는 일주일간 정리하지 않은 책상 위를 연상하면서, ごつごつ는 바위표면을 연상하면서 외워주세요.
정답 2

06 ただひたすら自然の中で主人と二人で<u>のんびり</u>大地のエネルギーを感じたい。

1 ゆっくり　　2 せっせと
3 どっしり　　4 けろりと

해석　그저 한결 같이 자연 속에서 남편과 둘이서 한가롭게 대지의 에너지를 느끼고 싶다.
1 천천히, 푹　2 부지런히　3 묵직이　4 천연덕스럽게
해설　のんびり는 한가롭고 평온한 모양, 즉 '유유히, 한가로이, 태평스레'라는 뜻입니다. 따라서 ゆっくり와 가장 가까운 뜻이 되죠. せっせと는 부지런히 일하시는 시장 아주머니를, どっしり는 책이 가득 담긴 상자를, けろりと는 방금 선생님께 혼났는데도 쉬는 시간이 되면 씩씩하게 뛰어노는 개구쟁이의 얼굴을 떠올리면서 암기해봅시다.
정답 1

07 <u>じたばた</u>しても悪化するだけで、時が解決するのを待つしかない。

1 ひやかしても　　2 まよっても
3 あせても　　　　4 せかしても

해석　발버둥쳐도 악화될 뿐으로 시간이 해결되는 것을 기다릴 수밖에 없다.
1 놀려도　2 망설여도　3 안달해도　4 재촉해도
해설　じたばた는 손발을 바둥대며 저항하는 모양을 나타내는데 그런 모습에서 어떤 일을 해결하려고 아등바등하는 모습을 비유하는 표현이 되었습니다. 따라서 3번이 정답입니다.
정답 3

08 夜中の12時過ぎに<u>のこのこ</u>やってくる人の心境が分からない。

1 くさくさして　　2 すがすがしく
3 おそるおそる　　4 あつかましく

해석　한밤중인 12시가 지나서 뻔뻔하게 찾아오는 사람의 마음을 모르겠다.
1 마음이 울적하여　2 상쾌하게　3 조심조심, 쭈뼛쭈뼛　4 뻔뻔하게
해설　のこのこ는 주위의 상황에 신경 쓰지 않고 오거나 나타나는 모양을 나타냅니다. 약속시간에 1시간이나 늦었는데도 천천히 걸어오는 친구의 모습을 연상하면 되겠죠? 그래서 厚(あつ)かましく가 정답입니다. 참고로 夜中(よなか) 한밤중, 心境(しんきょう) 심경도 외워둡시다.
정답 4

문제 4 다음 단어의 사용법으로 가장 알맞은 것을 1·2·3·4 중에서 하나 고르세요.

01 ぶかぶか

1 兄のぶかぶかのズボンをひきずりながら学校に行った。
2 空から大粒の雨がぶかぶかと降ってきた。
3 今日は全部忘れてぶかぶか食べて、どんどん飲もう。
4 ぶかぶかしたオムレツを作る方法を教えてくれ。

해석 헐렁헐렁
1 형의 헐렁헐렁한 바지를 질질 끌면서 학교에 갔다.
2 하늘에서 굵은 비가 헐렁헐렁 내려왔다.
3 오늘은 전부 잊고 헐렁헐렁 먹고, 마구 마시자.
4 헐렁헐렁한 오믈렛을 만드는 방법을 가르쳐 줘.

해설 1번이 정답입니다. 2번은 ぽつぽつ 뚝뚝이 맞겠네요. 3번은 たくさん 또는 너무 회화적이기는 하지만 がつがつ 게걸스럽게, 마구로 바꾸면 됩니다. 4번처럼 오믈렛의 부풀어 오르는 질감을 표현할 때는 ふわふわ, ふんわり라고 합니다. **정답 1**

02 いそいそ

1 いそいそ映画が始まった。
2 会議があるので、横断歩道をいそいそ歩いた。
3 人のせいにするのはいそいそやめませんか。
4 日曜の公園では家族連れがいそいそ散歩していた。

해석 부랴부랴, 서둘러서
1 부랴부랴 영화가 시작되었다.
2 9시에 회의가 있어서 횡단보도를 서둘러서 걸었다.
3 남의 탓으로 하는 것은 부랴부랴 그만두지 않을래요?
4 일요일의 공원에서는 가족 동반으로 부랴부랴 산책하고 있었다.

해설 1번은 いよいよ 드디어, やっと로 바꾸어야겠네요. 2번은 맞는 문장입니다. 3번은 そろそろ로 바꾸어야 문맥이 통합니다. 4번은 부랴부랴 산책한다는 말이 어울리지 않으므로 아예 빼거나 ぽつぽつ 점점이 정도를 넣으면 됩니다. **정답 2**

03 はらはら

1 一日中仕事をして、残業までさせられてもうはらはらだ。
2 英語が下手だった彼は外国人の質問にはらはらしながら答えた。
3 息子が舞台で失敗はしないかと、はらはらしながら見ていた。
4 7時間をはらはらと居眠りするのはもったいない。

해석 조마조마
1 하루 종일 일을 하고, 야근까지 해야 해서 이제 조마조마하다.
2 영어를 못했던 그는 외국인질문에 조마조마하면서 대답했다.
3 아들이 무대에서 실패는 안 할까 하고 조마조마하면서 보고 있었다.
4 7시간을 조마조마 조는 것은 아깝다.

해설 1번은 くたくた 녹초가 됨, こりごり 지긋지긋함으로 바꿔주세요. 2번은 はらはら와 '대답했다'가 어울리지 않으므로 おどおどしながら 쭈뼛쭈뼛하면서로 바꿔야 자연스럽니다. 3번이 정답이네요. 애태우며 조마조마하는 모습이 바로 はらはら입니다. 4번은 居眠(いねむ)り라는 단어가 있으므로 うとうと, うつらうつら 꾸벅꾸벅이 맞는 표현입니다. **정답 3**

04 まじまじ

1 女の人がゆっくり立ち上がってまじまじ歩いてきた。
2 課長ときたら、いつも社長にまじまじしている。
3 大きな地震があって、部屋中がまじまじになった。
4 何も言わずにただ私をまじまじと見つめていた。

해석 말똥말똥, 물끄러미
1 여자가 천천히 일어나서 물끄러미 걸어왔다.
2 과장으로 말할 것 같으면, 항상 사장에게 말똥말똥하고 있다.
3 큰 지진이 있어서, 온 방이 말똥말똥이 되었다.
4 아무 말도 않하고 그저 나를 물끄러미 쳐다보고 있었다.

해설 1번은 よろよろ 비틀비틀, まっすぐ 곧장 등이 오면 되겠네요. 해석이 되면 다른 단어도 OK입니다. 2번에서는 ~ときたら(~로 말할 것 같으면)를 알아야 하는데, 안 좋은 평가에 주로 씁니다. 그러므로 ぺこぺこ 굽실굽실이 좋겠네요. 3번은 めちゃくちゃ 엉망진창으로 바꾸어야 합니다. 4번은 눈을 떼지 않고 빤히 바라보는 모양을 나타내는 まじまじ가 제대로 쓰인 문장이므로 정답입니다. **정답 4**

05 がっくり

1 負けが決まった瞬間、がっくりと肩を落とす人も多かった。
2 元選手だけあって、骨太でがっくりした体格だ。
3 演説ではストップウオッチを持ち、がっくり13分話してきた。
4 本物がっくりに作ったものが並んでいる。

해석 푹, 탁, 풀썩
1 패배가 결정된 순간, 풀썩 어깨를 떨구는 사람도 많았다.
2 원래 선수였던 만큼, 뼈도 튼튼하고 늠름한 체격이다.
3 연설에서는 스톱워치를 가지고, 풀썩 13분 얘기해 왔다.
4 진짜 푹 만든 것이 늘어서 있다.

해설 맥이 빠져 갑자기 부러지거나 꺾이거나 휘는 모양을 나타내는 '푹, 탁, 축, 풀썩' 등으로 해석합니다. 비유적으로는 실망을 했을 때 쓰기도 합니다. 1번은 실망한 모습을 나타내므로 맞는 문장입니다. 2번은 がっしり 다부진으로 바꿔야겠네요. 3번은 스톱워치까지 등장한 것으로 보아 정확성이 문제가 되므로 きっかり 정확히가 들어가야 합니다. 4번은 そっくり로 바꾸어 '진짜와 똑같이 만든 것'이 되어야 문맥이 통하네요. **정답 1**

327

06 すんなり

1 暑い日は冷たい飲み物が<u>すんなり</u>する。
2 意外にも議案は<u>すんなり</u>と通った。
3 早くこの仕事を仕上げて<u>すんなり</u>した気分になりたい。
4 自分はばかだったことが今<u>すんなり</u>分かった。

해석 척척, 수월하게, 날씬하게
1 더운 날은 찬 음료수가 척척하다.
2 의외로 안건은 수월하게 통과했다.
3 빨리 이 일을 완성하여 수월한 기분이 되고 싶다.
4 자신은 바보였다는 것을 지금 수월하게 알 수 있었다.

해설 더운 날 찬 음료수라면 시원하겠죠? 1번은 すっきり 상쾌, 시원으로 바꿉시다. 2번은 맞는 문장이네요. 3번은 어떤 일을 끝내고 すっきりした 상쾌한, 시원한 기분이 되고 싶겠죠? 4번은 はっきり 확실히, 분명히가 자연스럽습니다. **정답 2**

07 しぶしぶ

1 自分の顔が水に<u>しぶしぶ</u>映っているのが見えた。
2 支払う時になって、<u>しぶしぶ</u>な顔をする。
3 妹に促されて取材を<u>しぶしぶ</u>引き受けた。
4 説明が<u>しぶしぶ</u>と長い人って本当にいやだ。

해석 마지못해
1 자신의 얼굴이 물에 마지못해 비치고 있는 것이 보였다.
2 지불할 때가 되어, 마지못한 얼굴을 하다.
3 동생이 재촉해서 취재를 마지못해 받아들였다.
4 설명이 마지못해 긴 사람은 정말 싫다.

해설 자신의 얼굴이 뚜렷이 비치고 있다고 해야 하므로 1번은 はっきり가 맞습니다. しぶしぶ는 しぶしぶ나 しぶしぶとの 꼴로만 활용되므로 2번처럼 しぶしぶな는 틀립니다. 그러므로 しぶい顔(かお) 못마땅한 얼굴, いやな顔 싫은 얼굴로 바꿉시다. 3번은 자연스러운 문장입니다. 4번은 くどくど 장황하게, 지루하게로 바꾸어야 문맥이 자연스럽습니다. **정답 3**

08 しみじみ

1 歩くと床が<u>しみじみ</u>言う。
2 そんなに<u>しみじみ</u>と人の顔を見るものではない。
3 あまり<u>しみじみ</u>しない楽観的な性格だ。
4 父の小言が<u>しみじみ</u>と胸にこたえた。

해석 절실히, 곰곰이
1 걸으면 마루가 절실히 소리가 난다.
2 그렇게 절실히 남의 얼굴을 보는 법이 아니다.
3 그다지 절실히 안 하는 낙관적인 성격이다.
4 아버지의 잔소리가 절실히 가슴에 사무쳤다.

해설 해석상 가장 자연스러운 4번이 정답입니다. 1번은 みしみし言(い)う 삐걱삐걱 하다라고 해야 맞습니다. 2번은 じろじろ 빤히, 뚫어져라로 바꾸어야 합니다. 3번은 くよくよしない 끙끙대지 않는다가 맞습니다. **정답 4**

09 ぶらぶら

1 その辺を<u>ぶらぶら</u>歩いてきたらどうですか。
2 子供たちは運動場で古タイヤを<u>ぶらぶら</u>転がしていた。
3 振り替え休日だったので、2日間<u>ぶらぶら</u>していた。
4 見付かってしまわないかと<u>ぶらぶら</u>していた。

해석 어슬렁어슬렁, 어정어정
1 그 주변을 어슬렁어슬렁 걷다 오는 것이 어떻겠습니까?
2 아이들은 운동장에서 헌 타이어를 어정어정 굴리고 있었다.
3 대체휴일이었기 때문에, 2일간 어정어정하고 있었다.
4 발견되지 않을까 어슬렁어슬렁하고 있었다.

해설 1번은 의미나 문법 모두 OK입니다. 2번은 転(ころ)がす 굴리다라는 말이 있으므로 ころころ로 바꾸어야 합니다. 3번은 집에서 빈둥거렸다고 해야 문맥이 이어지므로 ごろごろ가 맞습니다. 4번은 발견되지 않을까 조마조마해하는 상황이므로 はらはら가 적합합니다. **정답 1**

10 くどくど

1 彼女は腰を<u>くどくど</u>させながらやってきた。
2 彼の突然の死に家人は<u>くどくど</u>するばかりだった。
3 <u>くどくど</u>と同じ事を述べ立てた。
4 何年も着たので、コートが<u>くどくど</u>になってしまった。

해석 장황하게, 지루하게, 지겹게
1 그녀는 허리를 장황하게 시키면서 찾아왔다.
2 그의 갑작스런 죽음에 가족은 장황하기만 했다.
3 지겹게 같은 말만 늘어놓았다.
4 몇 년이나 입었기 때문에 코트가 장황하게 되어 버렸다.

해설 1번은 腰(こし)라는 말이 나오기 때문에 くねくね 구불구불이 맞겠네요. 腰をくねくねさせながら는 '허리를 비비꼬면서'라는 의미가 됩니다. 식구 중 누군가가 죽으면 가족은 당연히 당황하겠죠. 그래서 2번은 うろうろ 어슬렁어슬렁, 갈팡질팡이 맞습니다. 3번이 정답이구요. 4번은 ぼろぼろ 너덜너덜로 바꾸어야 합니다. **정답 3**

시나공법 18 | 신체와 관련된 관용표현 적중 예상 문제

문제 2 (　　　)안에 들어갈 가장 알맞은 것을 1·2·3·4 중에서 하나 고르세요.

---

01 会社の力になれるよう、人一倍(　　　)を粉にして働いていきたい。

1 身　　　2 体
3 足　　　4 骨

해석 회사의 힘이 될 수 있도록 남보다 갑절 (몸)이 가루가 되도록 일하고 싶다.
1 몸　2 몸　3 다리　4 뼈
해설 身(み)を粉(こな)にして는 '몸이 가루가 되도록'이라는 뜻입니다. 우리나라 말로는 '분골쇄신한다'고 하기 때문에 骨(ほね)를 고르는 실수를 하기 쉽습니다. 관용표현은 정형화된 표현이므로 여러 번 읽고 암기해주세요. 人一倍(ひといちばい)는 '남의 2배, 남보다 갑절'을 말합니다.
정답 1

---

02 キャリアウーマンとして男性と(　　　)を並べてバリバリ仕事をしたい。

1 腰　　　2 肩
3 顎　　　4 額

해석 커리어우먼으로서 남성과 (어깨)를 나란히 하고 열심히 일하고 싶다.
1 허리　2 어깨　3 턱　4 이마
해설 원래 경쟁상대라고 하면 실력이 비슷비슷한 경우가 많습니다. 실력이 비슷해서 나란히 가다보면 어깨를 견주게 됩니다. 그래서 肩(かた)を並(なら)べる 경쟁하다라는 말이 생겼습니다. 腰(こし), 顎(あご), 額(ひたい) 등 한자읽기에도 주의합시다.
정답 2

---

03 うちの犬はひたすら手や足にかみついてくるので、(　　　)を焼いています。

1 かみ　　2 あし
3 て　　　4 き

해석 우리집 개는 오로지 손과 발에 달라붙어 물기 때문에 (애)를 먹고 있습니다.
1 머리카락　2 다리, 발　3 손　4 나무
해설 문맥의 흐름상 '애를 먹다'라는 말이 들어가면 됩니다. 따라서 手(て)가 정답이네요. 焼(や)く의 자동사형인 焼(や)ける를 써서 手が焼ける라고 하면 '잔손이 많이 가서 성가시다, 시중들기에 힘이 들다'는 뜻이 됩니다.
정답 3

---

04 上司から頼まれた肉体的·精神的に(　　　)の折れるつらい仕事が終わった。

1 首　　　2 腕
3 腰　　　4 骨

해석 상사로부터 부탁받은 육체적, 정신적으로 (뼈)가 부러지는 괴로운 일이 끝났다.
1 목　2 팔　3 허리　4 뼈
해설 얼마나 힘들면 뼈가 부러질 정도일까요? 骨(ほね)が折(お)れる는 '힘들다'라는 뜻입니다. 骨を折る도 마찬가지 뜻입니다.
정답 4

---

05 今年は、どちらかと言えば、開いた(　　　)がふさがらないニュースが多かった。

1 口　　　2 耳
3 目　　　4 鼻

해석 올해는 굳이 말하자면 벌어진 (입)이 닫히지 않는 뉴스가 많았다.
1 입　2 귀　3 눈　4 코
해설 관용표현을 외울 때도 기본이 되는 것은 직역입니다. 우리가 너무 기가 막히거나 놀랐을 때, 입이 벌어져서 닫히지 않죠? 일본도 마찬가지로 開いた口が塞(ふさ)がらない 기가 막혀 말이 안 나오다가 됩니다.
정답 1

---

06 給料日の食事はいつもより腕に(　　　)をかけて作っている。

1 ゆび　　2 より
3 いと　　4 おり

해석 월급날의 식사는 평소보다 팔에 (꼬임)을 걸어서 만들고 있다.
1 손가락　2 꼼, 꼬임　3 실　4 계절, 때
해설 누에고치에서 뽑은 생사를 여러 겹 모아서 꼬아야 실이 되는데, 그런 '꼬임, 꼰 것'을 より라고 합니다. 腕(うで)에 より를 걸어서 더 훌륭한 실력을 뽑아낸다는 의미에서 腕によりをかける가 '솜씨를 발휘한다'는 의미가 되었습니다.
정답 2

---

07 今の今まで受験勉強をしたことがないので、現在、目も(　　　)成績だ。

1 かけられない　　2 張れない
3 当てられない　　4 与えられない

해석 지금 이 순간까지 입시공부를 한 적이 없기 때문에, 현재 눈도 (갖다 댈 수 없는) 성적이다.
1 걸 수 없는　2 부릴 수 없는　3 댈 수 없는　4 줄 수 없는
해설 너무 끔찍한 것을 보았을 때, 우리는 눈을 감거나 가립니다. 눈을 그 상황에 직접 갖다 댈 수 없기 때문입니다. 그렇게 생각한다면 3번 当(あ)てられない가 답이 됨을 알 수 있습니다. 참고로 다른 보기를 이용한 관용표현은, 声(こえ)をかける 말을 걸다, 意地(いじ)を張(は)る 고집부리다, ショックを与(あた)える 충격을 주다 등이 있습니다.
정답 3

08 「人に迷惑をかけるな」ということを親に(　　)をすっぱくして言われた。

1 目　　　2 鼻
3 舌　　　4 口

해석 '남에게 폐를 끼치지 말라'는 말을 부모는 (입)이 시도록 이야기했다
1 눈　2 코　3 혀　4 입
해설 우리는 어떤 말을 되풀이해서 강조하며 말할 때, '입이 아프게' 말했다고 합니다. すっぱく를 한자로 쓰면 酸(す)っぱく가 되는데요. 그렇다면 일본어로는 어디에서 신맛이 나도록 이야기한다고 할까요? 바로 口입니다. 口をすっぱくして言う 입이 아프게 말하다는 알고 보면 참 재미있는 표현이죠?
정답 4

문제 3　_____의 단어와 의미가 가장 가까운 것을 1·2·3·4 중에서 하나 고르세요

01 お母さんは日本料理、とりわけしゃぶしゃぶに<u>目がない</u>。

1 ぶしつけだ　　2 無口だ
3 大好きだ　　　4 熱心だ

해석 어머니는 일본요리, 특히 샤부샤부에 사족을 못 쓴다.
1 버릇없다　2 과묵하다　3 매우 좋아하다　4 열심이다
해설 좋아하는 것을 보면 웃게 되죠? 그러면 눈이 작아집니다. 정말 좋아하는 것이라면 눈이 없어질 정도로 웃을 겁니다. 目がない 이렇게 너무 좋아서 사족을 못 쓰는 모습을 나타내는 표현입니다. 그러므로 답은 3번 大好(だいす)きだ가 됩니다.
정답 3

02 要求が思ったよりすんなり通って<u>気が抜けて</u>しまった。

1 舞い上がって　　2 拍子抜けして
3 ほっとして　　　4 張り切って

해석 요구가 생각보다 수월하게 통과되어 김샜다.
1 날아올라가　2 김빠져　3 안심해　4 의욕이 넘쳐
해설 気(き)が抜(ぬ)ける는 '김빠지다, 김새다, 맥빠지다'의 뜻입니다. 2번의 拍子(ひょうし)는 '박자, 장단, 가락'이란 의미인데요. 拍子抜(ひょうしぬ)けする는 박자나 장단이 빠진 것이므로 '김빠지다'는 뜻이 됩니다.
정답 2

03 受験勉強はどこから始めればいいか分からず、<u>手をつけられない</u>状態だ。

1 立ち上げの　　2 はね上げの
3 お手上げの　　4 両手上げの

해석 입시공부는 어디서부터 시작하면 좋을지 몰라, 손을 댈 수 없는 상태이다.
1 (컴퓨터가) 기동하는　2 튀어오르는
3 항복하는, 속수무책의　4 두 손을 드는
해설 手(て)をつけられない는 '더 이상 방법이 없어서 손을 댈 수 없는 상황'을 말합니다. 그런 상황을 관용적 표현으로 お手上(てあ)げ라고 하는데, '항복, 속수무책인 상태'를 말합니다. 4번 両手上(りょうてあ)げ는 말 그대로 두 손을 든 상태를 말합니다. 관용표현은 아니므로 속지 마세요. 참고로 両手(もろて)を上(あ)げる라는 표현이 있는데, '쌍수를 들고, 무조건, 흔쾌히'란 뜻입니다. 찬성하거나 환영할 때 쓰는 표현이죠. 両手의 발음에 유의하세요.
정답 3

04 彼の<u>肩を持つ</u>わけではないが、彼にも言い分はあると思う。

1 バカにする　　2 味方をする
3 ゴマをする　　4 機嫌をとる

해석 그의 편을 들어주는 것은 아니지만, 그에게도 할 말은 있다고 생각한다.
1 무시하는　2 편드는　3 아부하는　4 비위를 맞추는
해설 肩(かた)を持(も)つ는 '편들다, 역성들다'라는 뜻입니다. 2번의 味方(みかた)는 원래 '내 편, 아군'의 뜻으로 する를 붙여 동사로 쓰면 '편들다'는 뜻이 됩니다. 그래서 2번이 답이 됩니다. 나머지 보기도 자주 출제되는 표현들이므로 꼭 암기해주세요.
정답 2

05 味にうるさい社員たちも<u>口をそろえて</u>ほめたたえるほどだった。

1 同調して　　2 感心して
3 口外して　　4 赤面して

해석 입맛이 까다로운 사원들도, 입을 모아 칭송할 정도였다.
1 동조해서　2 감탄해서
3 입 밖에 내서(발설해서)　4 얼굴이 빨개져서
해설 揃(そろ)える는 '가지런히 하다'라는 뜻입니다. 여러 사람이 입을 가지런히 해서, 즉 입을 모아 같은 말을 한다는 의미가 바로 口を揃える입니다. 그러므로 1번의 同調(どうちょう)する와 동의어가 됩니다.
정답 1

06 人間の本質を描いたので、誰もが<u>身につまされる</u>内容が多い。

1 ひっかかる　　2 振り回される
3 やられる　　　4 泣かされる

해석 인간의 본질을 그렸기 때문에, 누구나 남의 일 같지 않은 내용이 많다.
1 걸리는　2 휘둘리는　3 당하는　4 시달리는, 눈물겨운
해설 つまされる는 '(애정 등에) 마음이 움직이다. 정에 끌리다'란 뜻입니다. 예를 들어 悲(かな)しい話(はな)しにつまされる라고 하면 '슬픈 이야기에 감동받다'는 뜻이 됩니다. 또 身(み)につまされる의 꼴로 관용표현이 되면 남의 일 같지 않게 생각되어 측은해지는 마음을 나타냅니다. 결국 4번의 泣(な)かされる와 같은 뜻이 됩니다.
정답 4

07 人の足をひっぱって成功を収めようとするのはいや しいことだ。

1 ののしって　　2 じゃまして
3 あやつって　　4 せわして

해석 남을 방해해서 성공을 거두려고 하는 것은 비열한 일이다.
1 욕설을 퍼붓고　2 방해하고　3 조정하고　4 보살피고
해설 人(ひと)の足(あし)を引(ひ)っ張(ぱ)る를 직역하면 '남의 다리를 잡아당기다'가 됩니다. 다리를 잡아당기는 행위는 그 사람을 더 이상 못 가게 하는 일이죠. 그것을 결국 남을 방해하는 일입니다. 그래서 2번 邪魔(じゃま)する의 뜻이 되는 거죠.
정답 2

08 きざな話し方が鼻につくのは私だけなのかしら。

1 こっけいな　　2 さえない
3 いやな　　　　4 このましい

해석 아니꼬운 말투가 지겨워지는 것은 나뿐인 것일까?
1 우스운　2 신통치 않은　3 싫은　4 바람직한, 호감가는
해설 つく의 기본적인 뜻은 '붙다'입니다. 따라서 鼻(はな)につく는 '코에 붙어 냄새가 나다'라는 뜻이 됩니다. 냄새가 계속 나면 아마 어떤 향기라도 싫어지겠죠? 그래서 鼻(はな)につく는 '지겹다, 싫어지다'라는 뜻이 되는 것입니다.
정답 3

시나공법 19 │ 생활과 관련된 관용표현 적중 예상 문제

문제 2 (　　　)에 들어갈 가장 알맞은 것을 1·2·3·4 중에서 하나 고르세요.

01 新作アルバムがリリースされたり、恋人との急なお出かけがあったりして、おこづかいが(　　)をついた。

1 底　　2 根
3 床　　4 尻

해석 신작 앨범이 발매되고, 애인과의 갑작스런 외출이 있고 해서 용돈이 (바닥)났다.
1 바닥　2 뿌리　3 마루　4 엉덩이
해설 앨범사고 애인과 외출하면 당연히 용돈은 바닥나기 마련입니다. '바닥나다'라는 뜻의 관용표현이 바로 底(そこ)をつく입니다. 底をつく는 저장해 둔 것이 바닥나는 경우 외에도 '시세가 최저로 떨어지다'는 뜻이 있습니다. 그래서 株価(かぶか)が底をつく라고 하면 '주가가 최하로 떨어지다'는 뜻이 됩니다.
정답 1

02 大人顔(　　　)のパンチを繰り出す5歳のボクサー。に舌を巻いた。

1 受け　　2 負け
3 欠け　　4 引け

해석 어른 (뺨치는) 펀치를 선보이는 5살 복싱선수에게 감탄했다.
1 받음　2 짐　3 부족함　4 물러남
해설 ~顔負(かおま)け란 관용표현은 '~뺨치는'이라는 뜻입니다. 상대편의 훌륭함에 압도되어 자신은 졌다고 느끼는데서 생긴 표현이라고 생각하면 쉽게 외워지지 않을까요? 舌(した)を巻(ま)く도 '감탄하다'는 뜻의 관용어입니다. 함께 외워주세요.
정답 2

03 手のひらを(　　　)ような報道の姿勢には、呆れてものが言えなかった。

1 戻した　　2 越した
3 返した　　4 覆した

해석 손바닥을 (뒤집은) 것 같은 보도의 자세에는, 기가 막혀 말을 할 수 없었다.
1 돌린　2 넘은　3 돌려준, 뒤집은　4 뒤엎은
해설 순식간에 변하거나 노골적으로 태도를 바꾸는 모양을 일컬어 '손바닥 뒤집듯이'라는 말을 쓰는데요. 일본어로는 3번의 返(かえ)す를 써서 手(て)のひらをかえしたように라고 합니다. 返すには '빌린 돈을 돌려준다'는 뜻 이외에 '원위치로 되돌려 놓다'란 뜻이 있는데, 손바닥을 원래의 상태로 되돌리면 결국 뒤집는다는 뜻이 되기 때문에 이런 표현이 생겼습니다. 1번 戻(もど)した나, 4번 覆(くつがえ)した를 쓰지 않도록 주의합시다.
정답 3

04 彼は(　　　)を使う男ではないはずだが、演説では前の話しと裏腹なことを言っていた。

1 二言目　　2 二枚舌
3 二番煎じ　　4 二つ返事

해석 그는 (2개의 혀)를 사용하는 남자는 아님에 틀림없지만, 연설에서는 예전 이야기와 반대되는 이야기를 했다.
해설 예전 이야기와 반대되는 말을 한다는 것은 거짓말을 하거나, 앞뒤가 안 맞는 이야기를 한다는 말입니다. 이것을 일본어로는 二枚舌(にまいじた)を使(つか)う라고 합니다. 혀에 2장의 혀가 있어서 번갈아 사용하면서 말을 달리한다는 데서 생긴 표현이죠. 1번 二言目(ふたことめ)는 二言目には의 형태로 자주 쓰는데, '말을 꺼냈다하면 반드시, 툭하면'이라는 뜻입니다. 3번 二番煎(にばんせん)じ는 '재탕, 다시 되풀이함'이라는 뜻이고, 4번의 二(ふた)つ返事(へんじ)는 '두말없이 승낙하다'는 뜻입니다.
정답 2

05 私が彼と付き合っているといううわさは当たらずと言えども（　　）だ。
　1 遠からず　　　2 間違わず
　3 絶えず　　　　4 久しからず

해석 내가 그와 사귀고 있다는 소문은 (거의 맞다).
　1 멀지 않고　2 틀리지 않고　3 끊이지 않고　4 오래지 않고
해설 우선 1번과 4번의 ～からず는 い형용사의 어간에 붙어 부정의 뜻을 나타냅니다. 그래서 1번은 '멀지 않고', 4번은 '오래되지 않고'의 뜻이 되는 것입니다. 답은 1번의 遠(とお)からず인데요. 当(あ)たらずと言えども遠からず라는 관용표현으로 '정확히 적중한 것은 아니지만, 틀리지는 않다' 즉 '거의 맞다'는 의미입니다.　**정답 1**

06 失敗を無駄にしないように頑張れば、世の中に（　　）のつかない失敗などない。
　1 打ち明け　　　2 取り返し
　3 見合わせ　　　4 振り替え

해석 실패를 허사로 만들지 않도록 노력하면, 세상에 (만회)하지 못하는 실패 따위 없다.
　1 고백　2 돌이킴, 만회　3 연기　4 대체
해설 상당히 많이 쓰는 관용표현입니다. 取(と)り返(かえ)しのつかない는 '돌이킬 수 없는, 만회할 수 없는'의 뜻입니다. 取り返しのつかない失敗(しっぱい) 돌이킬 수 없는 실패를 통째로 외워둡시다.　**정답 2**

07 いくら教えても覚えられないので、私もとうとう（　　）を投げた。
　1 さば　　　　　2 そつ
　3 さじ　　　　　4 こつ

해석 아무리 가르쳐도 외우지 못하기 때문에, 나도 드디어 (포기)했다.
　1 고등어　2 실수, 부주의　3 작은 수저　4 비결, 요령
해설 의사가 약을 조제할 때 쓰는 작은 수저를 내던진다는 데서 생긴 관용표현으로 가망성이 없다고 생각하고 포기하거나, 단념하는 것을 말합니다. 1번 さば를 이용한 さばを読(よ)む 수량을 속이다라는 표현도 있는데, 옛날에 생선경매에서 생선수를 셀 때 말을 빨리 해서 수량을 속인 데서 온 표현입니다.　**정답 3**

08 ファンとしては（　　）企画なので、それに選ばれて感激しました。
　1 適ってもない　　2 望んでもない
　3 嫌ってもない　　4 願ってもない

해석 팬으로서는 (더 바랄 나위 없는) 기획이므로 그것에 선정되어 감격했습니다.
　1 대적하고도 있지 않는　2 바라지도 않는
　3 싫어하지도 않는　4 더 바랄 나위 없는
해설 왜 답이 4번일까요? 해석이 조금 어려운데요. 원래는 願(ねが)っても簡単(かんたん)には叶(かな)いそうもない(원해도 간단하게는 이루어질 것 같지도 않는)이었습니다. 이 말을 바꾸면 '이루어졌을 때는 더할 나위없는'이라는 의미가 됩니다. 이제 이해가 되시죠?　**정답 4**

문제 3　_____의 단어와 의미가 가장 가까운 것을 1·2·3·4 중에서 하나 고르세요.

01 意地を張るのは得策ではない。素直になることが一番でしょう。
　1 強情な　　　　2 やせ我慢する
　3 不機嫌な　　　4 いじめる

해석 고집을 피우는 것은 상책이 아니다. 솔직해지는 것이 제일일 것이다.
　1 고집이 센　2 오기부리는　3 기분이 안 좋은　4 괴롭히는
해설 素直(すなお)になる 솔직해지다, 고분고분해지다와 반대되는 말이 意地(いじ)を張(は)る 고집부리다입니다. 그래서 정답은 1번 強情(ごうじょう)な가 되는 것입니다. 2번 やせ我慢(がまん)은 억지로 태연한 척 하는 것을 말하므로 조금 뉘앙스가 다릅니다.　**정답 1**

02 莫大な金の支援を受けていたことについて、いつまで白を切るつもりなのか。
　1 むくれる　　　2 とぼける
　3 さからう　　　4 せめる

해석 막대한 자금의 지원을 받고 있었다는 것에 대해서 언제까지 시치미를 뗄 생각인가?
　1 뾰로통해질　2 시치미 뗄　3 거스를　4 공격할
해설 白(しら)を切(き)る가 왜 '시치미를 떼다'라는 뜻이 되었는가에 대해서는 여러 가지 가설이 있지만, 원래는 知(し)らないを言(い)い切(き)る였다고 합니다. 즉 '모른다고 잘라 말하다. 모른다고 잡아떼다'라는 말에서 白を切る라는 말로 변화했다고 하네요. 그래서 답은 2번이 됩니다.　**정답 2**

03 大人しそうに見えて、ふたまたをかけていたなんて、隅に置けないやつだな。
　1 ゆうぼうな　　2 みこめない
　3 あなどれない　4 すてきな

해석 얌전한 듯이 보이는데, 양다리를 걸치고 있었다니, 보통내기가 아닌 녀석이구나.
　1 유망한　2 기대할 수 없는　3 무시할 수 없는　4 멋있는
해설 隅(すみ)に置(お)けない는 '(뜻밖에 역량이나 재능이 있어서) 얕볼 수 없다, 여간이 아니다, 보통내기가 아니다'라는 뜻입니다. 그러므로 3번 侮(あなど)れない가 정답이 됩니다. 侮る는 '무시하다, 얕보다'란 뜻으로 한자 읽기 문제로도 자주 출제되는 동사입니다.　**정답 3**

04 意欲だけが目立つ政治家達は<u>つじつまの合わない話</u>ばかりをしていた。
　1 重視する　　　2 きりがない
　3 矛盾する　　　4 ぶつかる

해석　의욕만이 두드러지는 정치가들은 <u>이치가 안 맞는</u> 이야기만 하고 있었다.
　　1 중시하는　　2 끝이 없는　　3 모순되는　　4 부딪치는
해설　つじつま란 '조리, 이치'를 말합니다. 따라서 つじつまが合(あ)わない는 '조리가 안 맞다, 이치가 안 맞다, 앞뒤가 안 맞다'는 의미가 됩니다. 결국 간단히 말하면 矛盾(むじゅん)する가 되는 거죠. 　　　　　정답 3

05 いろんなことに挑戦するのはいいけど、<u>下手をする</u>とあぶはち取らずになる。
　1 あまやかすと　　　2 悪くすると
　3 かしこまると　　　4 バカにすると

해석　여러 가지 일에 도전하는 것은 좋지만, <u>잘못하면</u> 모두 다 놓치게 된다.
　　1 응석을 받아주면　2 잘못하면　3 황송해 하면　4 무시하면
해설　下手(へた)をする는 '대처의 방법이 적절하지 못 하면'이라는 뜻으로, 큰일을 당할지도 모른다는 의미까지 함축하고 있습니다. 그래서 悪くすると와 같은 뜻입니다. 참고로 문제에 あぶはち取(と)らず라는 표현이 나옵니다. 거미줄에 あぶ(등에)가 걸려서 거미가 다가가는데, 저쪽에 蜂(はち)(벌)이 거미줄에 걸렸습니다. 거미가 蜂 쪽으로 가려는데, あぶ가 도망가려 해서 다시 그쪽으로 갑니다. 이렇게 몇 번 왔다 갔다 하는 사이에 둘 다 날아가 버렸다는 이야기에서 두 마리의 토끼를 모두 놓쳤다는 의미로 쓰이게 되었습니다. 　　정답 2

06 初めての同窓会に<u>有頂天</u>になる夫の心はすっかり高校時代に戻っていた。
　1 はしゃぐ　　　2 いつわる
　3 うつむく　　　4 つぶやく

해석　첫 동창회에 <u>기뻐서 어찌할 줄 모르는</u> 남편의 마음은 완전히 고교시절로 돌아가 있었다.
　　1 들떠서(신나서) 떠드는　　2 거짓말하는
　　3 고개 숙이는　　4 중얼거리는
해설　有頂天(うちょうてん)은 하늘의 가장 높은 곳을 말합니다. 有頂天になる는 그 하늘까지 뛰어 오를 정도로 기쁘다는 의미입니다. 그런 기쁨이 몸으로 나타나면 はしゃぐ가 되겠죠? 　　정답 1

07 <u>器用</u>な君がやってくれると言うから、<u>大船に乗ったような気持ちだ</u>。
　1 心強い　　　2 喜ばしい
　3 穏やかな　　4 後ろめたい

해석　솜씨가 좋은 네가 해 준다고 해서, <u>마음이 든든한</u> 느낌이다.
　　1 든든한　2 기쁜, 경사스러운　3 온화한　4 떳떳하지 못한
해설　큰 배에 타고 있으면 그만큼 마음이 든든하고 안심이 됩니다. 그래서 大船(おおぶね)に乗(の)ったようだ는 '마음이 든든하다'란 뜻이 됩니다. 이를 형용사로 표현하면 心強(こころづよ)い가 됩니다. 喜(よろこ)ばしい, 穏(おだ)やかな, 後(うし)ろめたい는 한자읽기도 꼭 확인해두셔야 할 단어입니다. 　　정답 1

08 各メーカーは様々な方式の研究に<u>しのぎをけずって</u>いる。
　1 こだわって　　　2 尽力して
　3 きそいあって　　4 諦めて

해석　각 메이커는 여러 가지 방식의 연구에 격전을 벌이고 있다.
　　1 구애받고　2 힘을 다하고　3 경쟁하고　4 포기하고
해설　しのぎ는 칼날과 칼등 사이의 조금 볼록한 부분을 가리킵니다. 그 しのぎ가 깎일 정도로 맹렬히 싸우거나 격전을 벌이는 모습을 しのぎを削(けず)る라고 합니다. 결국 서로 경쟁한다는 의미가 되므로 競(きそ)い合(あ)う라는 의미가 됩니다. 　　정답 3

다섯째마당 총정리 | 적중 예상 문제

문제 2 （　　）에 들어갈 가장 알맞은 것을 1・2・3・4 중에서 하나 고르세요.

01 きれいで、やさしく、（　　）元気な彼女とこれからの人生を一緒に生きて行きたい。
　1 そして　　　2 ところで
　3 それから　　4 ゆえに

해석　예쁘고, 상냥하고, (그리고) 건강한 그녀와 앞으로의 인생을 함께 살아가고 싶다.
　　1 그리고　2 그런데　3 그리고, 그리고 나서　4 때문에
해설　하나의 화제 내에서의 병렬관계는 それから로 나타낼 수 없습니다. 문제를 보면 '그녀' 한 사람에 대한 이야기를 하는 상황입니다. 이런 경우에는 そして로 연결해야 합니다. 별개의 대상을 나열하는 경우에 それから를 쓸 수 있습니다. 예문으로 확인해보세요. りんご、オレンジ、それからなし。　　　정답 1

02 明日の社会見学には全員参加してください。（　　）病気などの場合は別ですが。
1 すなわち　　　　2 というのは
3 それはさておき　4 もっとも

해석 내일의 사회견학에는 전원 참가해 주세요. (하지만) 병 등의 경우는 제외합니다만.
1 즉　　2 왜냐하면　　3 그것은 차치하고　　4 하기는, 하지만
해설 일단 문맥을 통해 역접의 접속사가 들어가야 함을 알 수 있습니다. 하지만 もっとも를 '가장'이라는 부사로만 알고 있다면 답을 고를 수 없을 겁니다. 尤(もっと)も는 '그렇다고는 하지만, 하기는'의 뜻으로 역접 접속사입니다.
정답 4

03 （　　）頑張れば、初心者でもパソコンを使いこなせるようになる。
1 くよくよ　　2 こつこつ
3 うとうと　　4 くどくど

해석 (부지런히) 노력하면 초보자라도 컴퓨터를 잘 다룰 수 있게 된다.
1 끙끙　　2 부지런히　　3 꾸벅꾸벅　　4 장황하게, 지겹게
해설 こつこつ 꾸준히 노력하는 모습을 나타내는 의태어입니다. 우리 모두 こつこつ 노력합시다! うとうと는 책상에서 조는 모습을 연상하면서 외우시고, くどくど는 같은 말을 되풀이하여 늘어놓는 잔소리꾼을 연상해 봅시다.
정답 2

04 出産で実家に戻ったり、引越しをしたりと（　　）している。
1 ばたばた　　2 きちきち
3 のろのろ　　4 びしびし

해석 출산으로 친정에 돌아가고, 이사를 하고 하느라 (허둥지둥)하고 있다.
1 허둥지둥　　2 빽빽, 빠듯　　3 느릿느릿　　4 가차 없이
해설 출산에, 이사에 정신없겠네요. 그러니까 답은 1번 ばたばた입니다. ばたばた는 원래 손발이나 날개 등을 계속 움직이는 모양, 또는 그 소리 '푸드득'을 말합니다. 마치 그 모습이, 급해서 쩔쩔매는 모양과 비슷하다 하여 현재는 바쁘고 정신없는 상황에서 ばたばた를 많이 쓰고 있습니다.
정답 1

05 気の（　　）仲間との飲み会だったので、楽しかった。
1 置ける　　2 置けない
3 焼ける　　4 焼けない

해석 (허물 없이 지내는) 동료와의 술자리였기 때문에, 즐거웠다.
1 신경 쓰이는　　2 허물 없이 지내는　　3 타는　　4 타지 않는
해설 상당히 틀리기 쉬운 관용표현입니다. 気が置(お)ける는 置(お)く의 가능형이 아니라 '자발'의 의미로 '신경이 쓰이다'란 뜻입니다. 그러므로 気が置けない는 신경이 쓰이지 않는다 즉 '신경이 쓰이지 않을 정도로 허물 없이 지내다'의 의미가 됩니다.
정답 2

06 （　　）を引き締めて勉強を頑張り、親孝行したいと思っている。
1 歯　　2 気
3 腰　　4 腹

해석 (마음)을 다잡아서 공부를 열심히 하고, 효도하고 싶다고 생각한다.
1 치아　　2 기분, 정신, 마음　　3 허리　　4 배
해설 引(ひ)き締(し)める는 '(잡아당겨) 세게 죄다, 다잡다, 긴장시키다, 절약하다'는 뜻입니다. 공부나 효도 등은 모두 정신과 관련이 있기 때문에 気を引き締める 마음을 다잡다가 맞는 표현입니다. 親孝行(おやこうこう)는 발음에 유의하세요.
정답 2

07 2010年には景気も成績も（　　）になってくれることを心より願う。
1 右肩あがり　　2 こいのぼり
3 尻あがり　　4 たきのぼり

해석 2010년에는 경기도 성적도 (자꾸자꾸 올라가)게 되어 주기를 진심으로 바란다.
1 자꾸만 올라감　　2 잉어 모양의 깃발　　3 뒤쪽 끝으로 갈수록 올라감, 좋아짐　　4 (잉어가) 폭포를 거슬러 올라감
해설 경기도 성적도 모두 올라가면 좋겠죠? 기온·물가·평가·지위 등이 자꾸만 올라감을 뜻하는 1번 右肩上(みぎかたあ)がり가 정답입니다. 같은 뜻으로 うなぎ登(のぼ)り가 있습니다.
정답 1

08 普段一滴も飲めない私が（　　）ワインとやらを口にしてみました。
1 なにげなく　　2 いつともなく
3 われにもなく　　4 がらにもなく

해석 평소 한 모금도 마시지 못하는 내가 (분수에 맞지 않게) 와인 같은 것을 마셔 보았습니다.
1 아무렇지 않게　　2 언제랄 것도 없이, 어느덧　　3 나답지 않게, 나도 모르게　　4 분수에 맞지 않게
해설 한 모금도 못 마시던 사람이 와인을 마시는 것은 자기 자신을 모르는 바보 같은 짓일지도 모릅니다. 이렇게 '자기 격에 맞지 않게, 분수에 맞지 않게'라는 말을 柄(がら)にもなく라고 합니다. 참고로 ～とやら는 확실히 나타내지 않고 얼버무릴 때 쓰는 말로 '~라던가'입니다. 一滴(いってき) 한 모금도 알아두세요.
정답 4

문제 3 _____ 의 단어와 의미가 가장 가까운 것을 1·2·3·4 중에서 하나 고르세요.

01 私のサイトに書き込みに来てくれたのは、てっきり昔の恋人だと思ってしまった。
1 まちがいなく　　2 まさか
3 ことごとく　　　4 ひょっとすると

해석　내 사이트에 글을 쓰러 와 준 것은, 틀림없이 옛 애인이라고 생각해 버렸다.
1 틀림없이　2 설마　3 모조리　4 어쩌면
해설　てっきり는 '틀림없이 ~라고 생각했는데, (그렇지 않았다)'라는 뜻을 나타내는 부사입니다.　　　　　　　　　　　　**정답 1**

02 ネットをしていると、最近やたらと見たくもない広告がどんどん表示される。
1 しょせん　　2 ひどく
3 たまに　　　4 さほど

해석　인터넷을 하고 있으면, 요즘 툭 하면 보고 싶지도 않은 광고가 계속 화면에 뜬다.
1 어차피　2 심하게　3 가끔　4 그다지
해설　やたらと는 '함부로, 무턱대고, 마구, 몹시'의 뜻입니다. 비슷한 말로 むやみに、やみくもに、しゃにむに、ひどく、すごく、非常(ひじょう)に、とめどなく 등이 있습니다.　　　　　**정답 2**

03 毎月5万円をこつこつとりあえず3年間貯金していこうと思う。
1 見事に　　2 地道に
3 巧妙に　　4 利口に

해석　매월 5만 엔을 꾸준히 우선 3년간 저금해 가려고 생각한다.
1 훌륭하게　2 착실하게　3 교묘하게　4 영리하게
해설　こつこつ는 여러분이 일본어를 공부하는 모습을 나타내는 '꾸준히'입니다. 그러므로 2번의 地道(じみち)に와 같은 뜻입니다. 보기 단어의 한자 읽기에도 신경 씁시다. 見事(みごと)に, 地道(じみち)に, 巧妙(こうみょう)に, 利口(りこう)に　　**정답 2**

04 難問をすらすら答えて決勝まで勝ち進んでいた。
1 とどこおりなく　　2 うけたまわりなく
3 たずさわりなく　　4 まつりごとなく

해석　어려운 문제를 술술 답해서 결승까지 계속 이기고 있었다.
1 막힘없이　2 받음 없이　3 종사 없이　4 정사(政事) 없이
해설　すらすら는 거침없이 순조롭게 진행하는 모양을 나타냅니다. 1번의 滞(とどこお)りなく는 '막힘 없이, 정체 없이'라는 뜻으로 많이 쓰는 표현입니다. 承(うけたまわ)りなく, 携(たずさ)わりなく, 政(まつりごと)なく는 실제로 쓰이는 표현이 아니라 비슷한 음절로 맞춘 것이므로 한자만 참고하세요.　　　　　　　　**정답 1**

05 爪に火をともすような生活を続ける彼がいやになった。
1 しつこい　　2 バカな
3 みにくい　　4 けちな

해석　매우 인색한 생활을 계속하는 그가 싫어졌다.
1 집요하다　2 바보스런　3 추한　4 인색한
해설　爪(つめ)に火(ひ)をともす를 직역하면 '손톱에 불을 붙이다'입니다. 무슨 의미일까요? 손톱의 때에는 기름이 섞여 있으므로 촛불이나 기름 대신으로 사용해서 불을 켠다는 뜻입니다. 그 정도로 인색함을 비유해서 말한 표현이죠. 해석은 '아주 인색하다, 몹시 가난하게 살다.'　　　　　　　　**정답 4**

06 海千山千の人だから、とてもじゃないが歯が立たないよ。
1 敵わない　　2 痛む
3 弾けない　　4 舞い上がる

해석　산전수전 다 겪은 사람이니까, 정말 당해낼 수 없어.
1 대적할 수 없다　2 아프다　3 터지지 않다　4 날아오르다
해설　歯(は)が立(た)たない는 '당해내지 못하다, 대적할 수 없다'는 뜻이 됩니다. 1번의 適(かな)わない는 敵(かな)わない의 '대적하다'의 부정형으로 같은 뜻이 됩니다. 참고로 문제의 海千山千(うみせんやません)은 바다에서 천 년, 산에서 천 년 묵은 뱀은 용이 된다는 속설에서 온 말로, 산전수전을 다 겪고 온갖 물정에 환하여 교활해짐 또는 그런 사람을 뜻합니다.　**정답 1**

07 自分のことは棚にあげて、言いたい放題で他人の批判ばかりをする。
1 目を凝らして　　2 目をつぶって
3 目を覚まして　　4 目を通して

해석　자신의 일은 제쳐두고, 말하고 싶은 대로 남의 비판만 한다.
1 눈을 집중시키고　2 눈을 감고　3 잠을 깨고　4 훑어 보고
해설　棚(たな)に上(あ)げる는 선반 위에 올려놓듯, '자기에게 불리한 것은 모른 체하고 문제 삼지 않는다'라는 뜻입니다. 문제 삼지 않으려면 가장 쉬운 방법은 눈을 감는 것입니다. 흔히 '눈감아라 아웅'이라고 하잖아요? 그래서 정답은 2번 目(め)をつぶって가 됩니다.　**정답 2**

08 長梅雨で体調をくずされた方に耳寄りな情報をお伝えします。
1 気にする　　2 得になる
3 恩に着る　　4 間に合う

해석　긴 장마로 건강을 해치신 분에게 솔깃한 정보를 전해 드리겠습니다.
1 신경 쓰는　　　　　　2 득이 되는
3 은혜를 고맙게 생각하는　4 시간에 대는
해설　耳寄(みみよ)りな는 '귀(耳(みみ))가 다가갈(寄(よ)る) 정도로 귀가 솔깃해지는'이라는 뜻입니다. 그러므로 2번 得(とく)になる와 같은 뜻이라고 할 수 있습니다. 長梅雨(ながつゆ)(긴 장마)도 꼭 알아두세요.　　　　　　　　**정답 2**

335

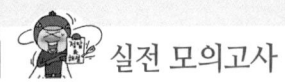 실전 모의고사

실전 모의고사 제1회

문제 1 ＿＿＿의 단어 읽는 법으로 가장 알맞은 것을 1・2・3・4 중에서 하나 고르세요.

1 過疎化や核家族化が進み、ひとり暮らしや、老夫婦だけの世帯が増えた。
   1 かそか　　2 かそうか
   3 かろか　　4 かろうか

해석 과소화와 핵가족화가 진행되어, 독신생활이나 노인 부부만의 세대가 늘어났다.
해설 過疎化(かそか)는 단음 발음에 조심해야 하는 한자입니다. 그러므로 1번이 답이 됩니다. 2번으로 발음하지 않도록 조심하세요. 나머지 어휘를 확인해봅시다. 核家族化(かくかぞくか) 핵가족화, 一人暮(ひとりぐ)らし 독신생활, 老夫婦(ろうふうふ) 노부부, 世帯(せたい) 세대.
정답 1

2 原発問題などを記事にして、新聞やテレビで大きく扱われた。
   1 げんぼつ　　2 げんはつ
   3 げんばつ　　4 げんぱつ

해석 원자력발전소 문제 등을 기사로 해서, 신문이나 텔레비전에서 대대적으로 다루어졌다.
해설 原発(げんぱつ)는 原子力発電所(げんしりょくはつでんしょ)의 약자입니다. 반탁음으로 발음되는 점에 주의하세요.
정답 4

3 教頭先生など目上の方は皆融通のきかないネチネチした方々が多い。
   1 ゆうず　　2 ゆうずう
   3 ゆうつ　　4 ゆうつう

해석 교감 선생님 등 손윗분은 모두 융통성이 없는 치근대는 분들이 많다.
해설 融通(ゆうずう)는 발음이 상당히 까다롭습니다. 融通(ゆうづう)라고 발음해도 상관없습니다. 融通(ゆうずう)がきく(융통성이 있다)는 자주 출제되는 관용표현이므로 반드시 외워주세요. ねちねち는 끈끈하게 달라붙는 모양인 '끈적끈적', 성격이나 말투 등이 끈질기고 시원스럽지 않은 모양인 '치근치근'이라는 뜻입니다.
정답 2

4 10～60代のアマチュア音楽家約40人が集い、交代でギター演奏を披露した。
   1 きょうだい　　2 きょうたい
   3 こうだい　　4 こうたい

해석 10~60대의 아마추어 음악가 약 40명이 모여, 교대로 기타 연주를 선보였다.
해설 代理(だいり) 대리, 代行(だいこう) 대행, 世代(せだい) 세대 등 代의 발음 때문에 잘못 발음하기 쉽습니다. 4번이 정답입니다. 참고로 集(つど)う 모이다, 演奏(えんそう) 연주, 披露(ひろう) 공개함, 공표함도 알아둡시다.
정답 4

5 経営危機に陥り、チーム存続が危ぶまれた時も、選手たちは諦めなかった。
   1 あやつまれた　　2 あわぶまれた
   3 あやぶまれた　　4 あわつまれた

해석 경영위기에 빠져, 팀의 존속이 위태로워졌을 때도, 선수들은 포기하지 않았다.
해설 危(あや)ぶむ는 '위태로워하다, 의심하다, 걱정하다, 불안해 하다'라는 뜻입니다. 한자 읽기 문제를 풀 때에는 침착하게 속으로 한자어의 음을 천천히 되뇌면서 답을 골라주세요. 문제에 나온 経営危機(けいえいきき)에 陥(おちい)る 경영위기에 빠지다, 存続(そんぞく) 존속, 諦(あきら)める 포기하다도 암기합시다.
정답 3

6 悲惨な事故や事件について話している人が、笑いながら答えるのに違和感を覚える。
   1 びざん　　2 びさん
   3 ひざん　　4 ひさん

해석 비참한 사고나 사건에 대해 이야기하고 있는 사람이, 웃으면서 대답하는 데에는 위화감을 느낀다.
해설 惨敗(ざんぱい) 참패의 발음에 현혹되어 ひざん으로 읽지 않도록 조심해 주세요. 悲惨(ひさん) 비참은 청음으로 발음 됩니다. 違和感(いわかん)を覚(おぼ)える 위화감(이질감)을 느끼다도 자주 사용되는 표현입니다.
정답 4

문제 2 ( )에 들어갈 가장 알맞은 것을 1·2·3·4 중에서 하나 고르세요.

1 アイデアを( )に移すための資金を援助してもらった。
　1 実施　　　2 実行
　3 実質　　　4 実現

해석 아이디어를 (실행)으로 옮기기 위한 자금을 원조해 받았다.
　1 실시　2 실행　3 실질　4 실현
해설 実施(じっし), 実行(じっこう), 実質(じっしつ), 実現(じつげん)을 모두 괄호 안에 넣어 봅시다. 가장 자연스러운 것은 역시 実行(じっこう) 실행입니다. 移(うつ)す 옮기다, 資金(しきん) 자금, 援助(えんじょ) 원조 등도 외워둡시다.
정답 2

2 ( )になると、その都度、削ったり埋めたりして地面を平らにする。
　1 くさくさ　　　2 しみじみ
　3 きびきび　　　4 でこぼこ

해석 (울퉁불퉁)해지면, 그때마다 깎거나 채우거나 해서 지면을 편평하게 만든다.
　1 울적함　2 절실히　3 활기차게　4 울퉁불퉁
해설 깎거나 채워서 지면을 편평하게 만든다는 것은 원래는 울퉁불퉁했다는 것이므로, 4번 凸凹(でこぼこ)가 답이 됩니다. その都度(つど) 그때마다, 削(けず)る 깎다, 埋(う)める 채우다, 地面(じめん) 지면, 平(たい)ら 편평함도 참고하세요.
정답 4

3 最後の仕上げに1週間は( )かかると考えておく必要がある。
　1 まるまる　　　2 こっそり
　3 しみじみ　　　4 のんびり

해석 마지막 완성작업에 1주일은 (꼬박) 걸린다고 생각해 둘 필요가 있다.
　1 토실토실, 전부　2 남몰래, 살짝　3 절실히　4 느긋하게
해설 まるまる의 2가지 뜻을 모르면 풀 수 없는 문제입니다. まるまる는 의태어로 쓰이면 '토실토실', 부사로 쓰이면 '완전히, 전부'의 뜻이 됩니다. 2가지 뜻을 예문을 통해 암기합시다. まるまるとした体(からだ)つき 토실토실한 몸매, まるまる1ヶ月(かげつ)はかかる 꼬박 1개월은 걸린다.
정답 1

4 利用者の( )を図るとは言っても、法にふれてはどうにもならない。
　1 適宜　　　2 有利
　3 便宜　　　4 便利

해석 이용자의 (편의)를 도모한다고 해도, 법에 저촉되어서는 어쩔 도리가 없다.
　1 적당함　2 유리　3 편의　4 편리
해설 適宜(てきぎ), 有利(ゆうり), 便宜(べんぎ), 便利(べんり)를 모두 대입해보면 便宜가 가장 자연스럽습니다. 한자 읽기 발음에도 주의하세요. 図(はか)る 도모하다, 法(ほう)に触(ふ)れる 법에 저촉되다도 외워둡시다.
정답 3

5 お金のことしか頭にない( )心の持ち主とは付き合いたくない。
　1 いさましい　　　2 いやしい
　3 おとなしい　　　4 さわがしい

해석 돈밖에 머리에 없는 (비열한) 마음을 지닌 사람과는 사귀고 싶지 않다.
　1 용감한, 활기찬　　　2 천한, 비열한
　3 얌전한　　　　　　4 소란스러운
해설 돈밖에 생각하지 않는 마음은 비열하고 저속한 마음입니다. 그러므로 2번의 いやしい가 정답이 됩니다.
정답 2

6 風邪の症状を軽くすることと、風邪が( )のを防ぐことが治療の基本だ。
　1 こじれる　　　2 ねじれる
　3 みだれる　　　4 はずれる

해석 감기의 증상을 가볍게 하는 것, 감기가 (악화되는) 것을 막는 일이 치료의 기본이다.
　1 악화되는, 덧나는　　　2 꼬이는, 비뚤어지는
　3 흐트러지는　　　　　4 벗어나는
해설 감기의 증상 자체를 경감시키는 일과 감기가 더 이상 악화되는 일을 막아야겠죠? 그러므로 こじれる가 들어갑니다. こじれる는 '덧나다, 악화되다, 뒤틀리다, 비뚤어지다'의 뜻이 있습니다. 症状(しょうじょう) 증상, 防(ふせ)ぐ 막다, 治療(ちりょう) 치료 등도 함께 외워주세요.
정답 1

7 やりイカは、名前の通り胴の先がとがり、（　　）な体形をしていて泳ぐのが速い。

1 スタイル　　　　2 スマート
3 ドライ　　　　　4 ルーズ

해석 화살 꼴뚜기는 이름 그대로 몸통의 끝이 뾰족하고, (날씬)한 체형을 하고 있어서 헤엄치는 것이 빠르다.
1 스타일　　　　2 날씬함, 재치있음, 멋짐
3 건조함, 인정미가 없고 현실적임　　4 느슨함, 단정치 못함

해설 N1은 2가지 이상의 뜻을 가진 단어가 많아서 외우기가 쉽지 않습니다. スマート도 3가지 정도의 뜻이 있는데, 여기에서는 '날씬하다'의 의미로 쓰이고 있습니다. 胴(どう)の先(さき) 몸통의 끝, とがる 뾰족하다, 体形(たいけい) 체형 등의 단어도 알아둡시다.　　　　정답 2

문제 3 ＿＿＿＿의 단어와 의미가 가장 가까운 것을 1·2·3·4 중에서 하나 고르세요.

1 不景気ではあるが、せめて気持ちだけでも<u>ポジティブ</u>に行きたいものだ。

1 無茶に　　　　2 荒っぽく
3 前向きに　　　4 快く

해석 불경기이긴 하지만, 적어도 마음만이라도 긍정적으로 가고 싶다.
1 터무니없이　　2 거칠게　　3 긍정적으로, 적극적으로　　4 기분좋게

해설 적극적이고 긍정적이라는 뜻의 일본어를 정리해 보면, 문제의 ポジティブ를 비롯해서, 前向(まえむ)き, 肯定的(こうていてき), 積極的(せっきょくてき), プラス思考(しこう) 등이 있습니다.　　정답 3

2 不用心な発言に対して、国民からの批判が<u>相次い</u>だ。

1 うすらいだ　　　2 ありふれた
3 つづいた　　　　4 あやつった

해석 조심성 없는 발언에 대해 국민으로부터의 비판이 이어졌다.
1 약해졌다　　2 흔해빠졌다　　3 계속되었다　　4 조종했다

해설 相次(あいつ)ぐ는 '잇달다, 이어지다, 계속되다'의 뜻입니다. 그러므로 3번 続(つづ)いた가 정답입니다. 그 외에 不用心(ふようじん)な 조심성 없는, 発言(はつげん) 발언, 批判(ひはん) 비판 등의 단어도 함께 외워두세요.　　정답 3

3 「政権を取ったからといっておごっている」と怒りを<u>あらわに</u>した。

1 むき出し　　　2 あでやか
3 ものずき　　　4 ぶしつけ

해석 '정권을 쟁취했다고 해서 우쭐해 있다'라고 분노를 드러냈다.
1 드러냄　　2 요염함　　3 특이한 것을 좋아함　　4 버릇없음

해설 露(あらわ)는 '노출'이므로 あらわにする는 '노출하다, 드러내다'라는 뜻이 됩니다. 1번 むき出(だ)し도 같은 뜻입니다. 感情(かんじょう)をむき出(だ)しにする 감정을 드러내다를 외워두세요.　　정답 1

4 その猛烈な働きぶりを評価する一方で、「ワンマンで<u>金に渋い</u>」といった声もつきまとっていた。

1 厳しい　　　　2 深みがある
3 けちだ　　　　4 風格がある

해석 그 맹렬하게 일하는 모습을 평가하는 한편으로, '독재자이고 돈에 인색하다'라는 의견도 따라다니고 있었다.
1 엄격하다　　2 깊이가 있다　　3 구두쇠이다　　4 품격이 있다

해설 渋(しぶ)い는 '떫다, 수수하다, (표정 등이) 못마땅해하다, 인색하다' 등의 여러 가지 뜻이 있는데, 문제에서는 '인색하다' 뜻으로 쓰였으므로 3번 けちだ가 정답이 됩니다. 猛烈(もうれつ)な 맹렬한, ワンマン 독재자, つきまとう 따라다니다, 붙어다니다 등도 함께 익혀둡시다.　　정답 3

5 最近、ライバルの小林さんに「<u>利いたふうな口をきくな</u>」と言われた。

1 気の利いたことを言う　2 開き直る
3 脅かす　　　　　　　　4 生意気なことを言う

해석 최근, 라이벌인 고바야시씨에게 '아는 체하지 말라'는 소리를 들었다.
1 재치 있는 말을 하다　　2 갑자기 태도를 바꾸어 정색하다
3 놀라게 하다　　　　　　4 건방진 소리를 하다

해설 利(き)いた風(ふう)の口をきく란 미숙하고 아무것도 모르는데도 정말로 많이 아는 것처럼 건방진 소리를 하는 것을 말합니다. 따라서 4번의 生意気(なまいき)なことを言う와 같은 뜻이므로 정답이 됩니다. 1번 気の利いたことを言う는 気が利く가 '눈치가 있다, 세련되다'의 뜻이므로 '재치 있고 멋있는 말을 하다'라는 뜻이 됩니다.　　정답 4

6 仕事がきつくてわずか3日目にあごを出した自分が情けない。

1 うぬぼれた　2 ダウンした
3 むくれた　4 マスターした

해석 일이 힘들어서 겨우 3일째에 기진맥진한 자신이 한심스럽다.
1 자부했던　2 녹초가 된　3 뾰로통해진　4 마스터한
해설 기진맥진하면 턱이 앞으로 나옵니다. 그런 지친 모습을 顎(あご)を出(だ)す 기진맥진하다라고 표현합니다. ダウンする 녹초가 되다도 같은 뜻이므로 답이 됩니다.
정답 2

문제 4 다음 단어의 사용법으로 가장 알맞은 것을 1·2·3·4 중에서 하나 고르세요.

1 強引

1 持ち前の強引さであきらめずに目標を達成した。
2 先輩に強引に酒をたくさん飲まされてしまった。
3 仕事が残っているからといって残業を強引された。
4 北朝鮮にたいして強引政策を取っている国は日本だけだ。

해석 억지, 막무가내
1 타고난 막무가내로 포기하지 않고 목표를 달성했다.
2 선배 때문에 억지로 술을 많이 마셔야 했다.
3 일이 남아 있다고 해서 야근을 억지로 하게 되었다.
4 북한에 대해 억지정책을 취하고 있는 나라는 일본뿐이다.
해설 強引(ごういん)은 '(반대나 장애를 무릅쓰고 하는) 억지'를 말합니다. 따라서 1번에서 부정적인 이미지로서의 強引은 적합하지 않으므로 粘(ねば)り強(づよ)さ 끈기, 根気(こんき) 끈기가 자연스럽습니다. 2번은 強引의 뉘앙스를 살린 문장이므로 정답입니다. 3번은 強引하다는 말이 없기 때문에 強要(きょうよう)된 강요받았다로 바꾸어야 합니다. 4번은 強硬政策(きょうこうせいさく) 강경정책이 맞는 표현입니다.
정답 2

2 最終

1 会議の最終に携帯が鳴って白い目で見られた。
2 最終の電車とバスが発車して、営業が終了した。
3 最終にご飯をちょっとだけ残してお茶漬けにして食べた。
4 この昆虫は最終してはならないことになっている。

해석 최종
1 회의하는 최종에 전화가 울려서 따가운 눈총을 받았다.
2 마지막 전철과 버스가 발차해서, 영업이 종료되었다.
3 최종으로 밥을 조금만 남기고 물을 말아서 먹었다.
4 이 곤충은 최종해서는 안되게 되어 있다.
해설 1번은 문맥으로 볼 때 最中(さいちゅう) 한창 ~하는 중이 맞습니다. 2번은 맞는 문장입니다. 最終(さいしゅう)는 명사이므로 다른 명사를 수식할 때는 最終の, 最終的(さいしゅうてき)な의 형태로 씁니다. 3번은 最後(さいご) 마지막, 최후로 바꾸어야 합니다. 4번은 最終와 동음이의어인 採集(さいしゅう) 채집이 들어가야 합니다.
정답 2

3 気立て

1 みんなが気立てなく話せる雰囲気が気に入っている。
2 失礼な質問に気立てるのも理解できる。
3 気分屋の金さんに比べて、彼女は気立てがいい。
4 気立てな人柄のおかげで、クラスの人気者になった。

해석 마음씨
1 모두가 마음씨 없이 말할 수 있는 분위기가 마음에 든다.
2 실례되는 질문에 마음씨는 것도 이해할 수 있다.
3 기분파인 김 씨에 비해서, 그녀는 마음씨가 곱다.
4 마음씨한 인품의 덕택으로, 반에서 인기가 있다.
해설 気立(きだ)て의 뜻이 가장 자연스럽게 쓰인 것은 3번입니다. 1번은 문맥상 気兼(きが)ね 스스럼, 遠慮(えんりょ) 사양이 들어가야 합니다. 2번은 '화를 내다'라는 뜻의 腹(はら)を立(た)てる, 立腹(りっぷく)する를 넣어야 합니다. 4번은 心優(こころやさ)しい 자상하다 정도가 들어가면 좋겠네요.
정답 3

4 露骨

1 彼は決して露骨に嫌そうな目で見たりはしない。
2 テストの露骨な時間はもう知らせておきました。
3 昔のことはあまり露骨に覚えていません。
4 そんな露骨な話は子どもの前でしないでください。

해석 노골
1 그는 결코 노골적으로 싫은 것 같은 눈으로 보거나 하지 않는다.
2 테스트의 노골적인 시간은 벌써 알려 두었습니다.
3 옛날 일은 그다지 노골적으로 기억하고 있지 않습니다.
4 그런 노골적인 이야기는 아이 앞에서 하지 말아 주세요.
해설 1번을 고르신 분들도 상당히 많을 것입니다. 하지만 露骨(ろこつ)에 와 ~そうな(~ 같은, ~해 보이는)는 모순적입니다. 따라서 露骨に嫌な 目で가 맞습니다. 2번은 正確(せいかく)な가 들어가야 말이 되고, 3번은 はっきり가 들어가야 됩니다. 4번은 문법적으로나 의미적으로 문제가 없으므로 정답입니다.
정답 4

5 ぺこぺこ

1 試験の間は緊張で頭がぺこぺこになってしまった。
2 自分のせいで損害が出たので、ひたすらぺこぺこ謝った。
3 一日中何も食べられなかったので、お腹がぺこぺこした。
4 夜遅く一人で帰るときは、怖くてぺこぺこしている。

해석 굽실굽실, 배고픔
1 시험을 보는 동안은 긴장으로 머리가 굽실굽실해져 버렸다.
2 자신의 탓으로 손해가 나왔으므로 그저 굽실굽실 사과했다.
3 하루 종일 아무것도 못 먹었기 때문에, 배가 굽실굽실했다.
4 밤늦게 혼자서 돌아갈 때는, 무서워서 굽실굽실 하고 있다.
해설 ぺこぺこ는 부사(의태어)나 동사로 쓰이면 '굽실굽실', な형용사로 쓰이면 '배고프다'라는 뜻입니다. 1번은 내용의 흐름상 がんがん 지끈지끈, 痛(いた)く 아프게가 맞습니다. 2번은 ぺこぺこ가 부사로 쓰이고 있는 맞는 문장입니다. 3번은 ぺこぺこした를 ぺこぺこだった로 바꾸어야 '배고팠다'의 뜻이 됩니다. 4번은 びくびく 벌벌을 넣어야 말이 됩니다.

정답 2

6 とっさに

1 支援をとっさに切ってしまうと、この団体はやっていけない。
2 「あぶない！」という声に、とっさに両手で頭を抱えた。
3 テロの影響でとっさに警戒態勢が厳しくなった。
4 何かを始めたらとっさに収入が増えるというわけではない。

해석 순간적으로
1 지원을 순간적으로 그만두면, 이 단체는 해 나갈 수 없다.
2 '위험해!'라는 소리에 순간적으로 양손으로 머리를 감쌌다.
3 테러의 영향으로 순간적으로 경계태세가 엄중해졌다.
4 뭔가를 시작하면 순간적으로 수입이 늘어나는 것은 아니다.
해설 1번은 急(きゅう)に 갑자기를 넣어야 합니다. 2번은 반사적인 동작을 とっさに로 표현했기 때문에 맞는 문장입니다. 3번은 一層(いっそう) 한층 더가 자연스럽겠죠? 4번은 すぐに 바로, 금방을 넣어야 의미가 통합니다.

정답 2

실전 모의고사 제2회

| 문제1 | _____의 단어 읽는 법으로 가장 알맞은 것을 1・2・3・4 중에서 하나 고르세요. |

1 2、3年前から不景気の影響で、文化の朗らかな世界までむしばまれた。

1 おおらかな　　2 ほがらかな
3 あきらかな　　4 おだやかな

해석 2, 3년 전부터 불경기의 영향으로, 문화가 밝은 세계까지 나쁜 영향을 받았다.
1 대범한　　2 밝은　　3 명백한　　4 온화한
해설 朗(ほが)らかな는 명랑하거나, 날씨가 쾌청한 모양을 나타냅니다. 여기서는 밝은 세계라는 비유적 표현으로 쓰였습니다. むしばむ는 '벌레 먹다, 해치다'의 뜻입니다. 결국 불경기의 영향으로 문화의 밝은 부분까지 어두워졌다는 의미가 됩니다.

정답 2

2 人の動作などを敬う表現が尊敬語で、自分の動作などをへりくだる表現が謙譲語である。

1 つどう　　2 うやまう
3 したう　　4 したがう

해석 사람의 동작 등을 공경하는 표현이 존경어이고, 자신의 동작 등을 낮추는 표현이 겸양어이다.
1 모이는　　2 공경하는　　3 사모하는　　4 따르는
해설 敬(うやま)う 공경하다는 尊敬(そんけい)する와 같은 말입니다. 주어진 문장의 動作(どうさ), 尊敬語(そんけいご), 謙譲語(けんじょうご)는 발음에 주의해야 하는 단어입니다. 集(つど)う, 慕(した)う, 従(したが)う는 한자 읽기 문제로도 자주 출제되므로 암기해둡시다.

정답 2

3 長い年月に渡って放送されている番組を長寿番組という。

1 ちょうしゅ　　2 ちょじゅう
3 ちょうじゅ　　4 ちょしゅう

해석 긴 세월에 걸쳐 방송되고 있는 프로그램을 장수프로그램이라고 한다.
해설 寿(じゅ)의 발음을 읽어낼 수 있는가가 관건인 문제입니다. 탁음이면서 짧게 소리납니다. 더불어 寿命(じゅみょう) 수명, 寿司(すし) 스시, 초밥, 寿(ことぶき) 축복, 경사 등의 단어도 외워둡시다.

정답 3

4 生年月日と生まれた時間だけで、すべてを当てる占い師に仰天した。
　1 ごうてん　　2 ぎょうてん
　3 おうてん　　4 こうてん

해석　생년월일과 태어난 시간만으로, 모든 것을 맞추는 점쟁이에게 깜짝 놀랐다.
해설　仰는 (우러를 '앙')이라는 한자입니다. 동사로는 仰(あお)ぐ라고 해서 '쳐다보다, 우러르다'를 뜻합니다. 仰天(ぎょうてん)은 びっくり仰天하는 매우 놀라다, 기겁을 하다의 형태로도 자주 쓰입니다. 生年月日(せいねんがっぴ)와 占(うらな)い師(し)도 발음이 틀리기 쉬우니까 조심하세요.
정답 2

5 学校が再開すると、生徒たちに手洗いとうがいを徹底させた。
　1 たっとう　　2 てっとう
　3 たってい　　4 てってい

해석　학교가 재개되자, 학생들에게 손 씻기와 양치질을 철저히 시켰다.
해설　徹底(てってい)는 촉음한자로서 자주 출제되는 명사입니다. 참고로 徹(てつ)する라는 동사가 있는데, ~に徹する의 형태로 '사무치다, 철저하다'라는 뜻입니다.
정답 4

6 ノーベル賞はダイナマイトの発明者として知られたノーベルの遺言によって始まった賞です。
　1 ゆいごん　　2 いごん
　3 ゆいげん　　4 いげん

해석　노벨상은 다이너마이트 발명자로서 알려진 노벨의 유언에 의해 시작된 상입니다.
해설　遺는 발음이 2가지가 있지요? 遺憾(いかん) 유감, 遺族(いぞく) 유족, 遺産(いさん) 유산, 遺跡(いせき) 유적, 遺伝子(いでんし) 유전자에서는 'い'로 읽히지만, 遺言(ゆいごん)에서는 'ゆい'로 읽히는 것이 일반적입니다.
정답 1

문제 2 (　)에 들어갈 가장 알맞은 것을 1・2・3・4 중에서 하나 고르세요.

1 みんな集合しているのに、(　)人がまだ来ていない。
　1 格別な　　2 貴重な
　3 重大な　　4 肝心な

해석　모두 집합해 있는데도, (중요한) 사람이 아직 오지 않았다.
　1 각별한　2 귀중한　3 중대한　4 중요한
해설　정작 중요한 사람이 오지 않았다는 의미로 肝心(かんじん)な가 와야 합니다. 2번 貴重(きちょう)な는 '귀중한'의 의미로 소중하다는 뜻은 있지만 어떤 목적에 필요한 사람이라는 의미는 없기 때문에 답이 아닙니다. 集合(しゅうごう)는 한자 읽기에 주의해주세요.
정답 4

2 夕べ遅くまで勉強をしていたせいか、今朝はどうも頭が(　)のです。
　1 たえない　　2 すえない
　3 うえない　　4 さえない

해석　어젯밤 늦게까지 공부한 탓인지, 오늘 아침은 아무래도 머리가 (맑지 않)습니다.
　1 끊이지 않는　2 설치하지 않은　3 굶주리지 않는　4 맑지 않은
해설　잠을 잘 못 자면 다음날 머리가 맑지 않죠? 頭(あたま)が冴(さ)える 머리가 맑다. 頭が冴えない 머리가 맑지(개운치 않다)는 관용표현으로 꼭 기억해 두세요. 3번은 한자에 따라 뜻이 달라질 수 있습니다. 植(う)えない는 '심지 않다'의 뜻이고 飢(う)えない는 '굶주리지 않다'의 뜻입니다.
정답 4

3 6ヶ国協議のめどが立たなければ直接対話の(　)も辞さない構えだ。
　1 打ち上げ　　2 打ち込み
　3 打ち切り　　4 打ち出し

해석　6자회담의 전망이 서지 않으면 직접 대화의 (중단)도 불사하겠다는 자세이다.
　1 쏘아올림, 뒷풀이　2 몰두함　3 중단　4 내세움, 표명
해설　우선 ~も辞(じ)さない(~도 불사하다)라는 표현을 익혀봅시다. 보기로 제시된 단어는 모두 자주 쓰이는 복합동사의 명사형입니다. 비슷비슷해서 혼동하기 쉬우니까 완전히 암기해야 합니다. 6ヶ国(かこく)協議(きょうぎ)는 시사용어로 '6자회담'을 뜻합니다. N1을 대비하시는 분들이라면 상식 차원에서 알아두는게 좋습니다.
정답 3

4 地面に薄く雪が積もったので、仕事の(　)に雪だるまを作った。
　1 仲間　　2 空間
　3 手間　　4 合間

해석　땅에 살짝 눈이 쌓였기 때문에 일하는 (틈틈이) 눈사람을 만들었다.
　1 동료　2 공간　3 수고　4 틈, 사이
해설　먼저 ~の合間(あいま)に(~하는 틈틈이, ~하는 짬짬이)라는 표현이 중요합니다. 仲間(なかま), 空間(くうかん), 手間(てま)는 발음에 주의합시다.
정답 4

5 この曲を聴くと、昔のことがどっと(　　)、居ても立ってもいられません。

1 押し出して　　2 押し入れて
3 押し上げて　　4 押し寄せて

해석 이 곡을 들으면, 옛날 일이 한꺼번에 (밀려와서), 어찌할 바를 모르겠어요.
1 내세워서　2 밀어 넣어서　3 밀어 올려서　4 몰려와서, 밀려와서
해설 복합동사의 뜻은 외워도 외워도 헷갈립니다. 복합동사는 말 그대로 2가지의 동사가 결합된 것이므로 2가지 동사의 뜻을 이어서 해석해주면 됩니다. 정답인 4번의 押し寄せる도 寄せる의 '보내다, 불러 모으다, 밀려오다'의 뜻을 알고 있다면 정답을 맞히기가 조금은 쉬우셨을 겁니다.
정답 4

6 最近感情の(　　)が大きくなり、母親に当たったり、爆発したりすることも増えた。

1 起伏　　2 高低
3 明暗　　4 凸凹

해석 최근 감정의 (기복)이 커져서, 어머니에게 화풀이하거나, 폭발하거나 하는 일도 늘었다.
1 기복　2 고저　3 명암　4 울퉁불퉁함
해설 '감정의 기복이 커지다'라고 해야 자연스러운 문장이 됩니다. 그러므로 起伏(きふく)가 정답이 됩니다. 高低(こうてい), 明暗(めいあん), 凸凹(でこぼこ) 등의 단어도 한자 읽기에 유의하면서 그 쓰임을 익혀둡시다. 문제에서 ~に当(あ)たる(~에게 화풀이하다)라는 표현도 함께 외워주세요.
정답 1

7 スキー部のエースとして活躍していた20歳の時、(　　)として病気に襲われた。

1 にわかに　　2 突然
3 いきなり　　4 突如

해석 스키부의 에이스로서 활약하고 있던 스무 살 때, (갑자기) 병마가 찾아왔다.
1 갑자기　2 갑자기　3 갑자기　4 갑자기
해설 보기의 단어들은 모두 뜻이 같습니다. 하지만 문제에서 として가 있다는 점에 주목하면 정답이 4번 突如(とつじょ)임을 알 수 있습니다. 突如는 突如、突如と、突如として의 형태로 쓰이지만 突然(とつぜん)은 突然として의 형태로는 잘 쓰이지 않기 때문입니다. いきなり는 突然의 의미이지만, 동작의 주체가 항상 사람이 되어야 하므로 자연현상에는 사용할 수 없다는 점도 함께 기억해둡시다.
정답 4

문제 3 _____의 단어와 의미가 가장 가까운 것을 1·2·3·4 중에서 하나 고르세요.

1 他人の作品を自分のものとして発表するなんて、浅ましいことだ。

1 このましい　　2 窮乏な
3 あっけない　　4 卑劣な

해석 남의 작품을 자기 것으로 발표하다니 비열한 짓이다.
1 바람직한　2 궁핍한　3 어이없는　4 비열한
해설 浅(あさ)ましい는 '한심스럽다, 비열하다'의 뜻입니다. 浅ましい姿(すがた) 비참한 몰골, 浅ましく思(おも)う 치사스럽게 생각하다와 같이 쓰입니다. 따라서 4번 卑劣(ひれつ)な가 정답입니다. 1번 好(この)ましい는 '바람직하다, 호감이 가다'라는 뜻이고, 2번 窮乏(きゅうぼう)な, 4번 卑劣(ひれつ)な는 한자에 유의하세요.
정답 4

2 遠い親戚にあたる人に息子の大学入学祝いをいただきました。

1 割り当てる　　2 遂行する
3 八つ当たりする　　4 該当する

해석 먼 친척에 해당하는 사람에게 아들의 대학 입학선물을 받았습니다.
1 할당하는　2 수행하는　3 화풀이하는　4 해당하는
해설 ~に当(あ)たる는 当たる의 뜻이 많으므로 해석에 주의해야 합니다. 여기서는 '~에 해당하다'라는 의미로 쓰였습니다. 그러므로 4번 該当(がいとう)する와 같은 뜻이 됩니다. 2번 遂行(すいこう), 3번 八(や)つ当(あ)たり는 한자 읽기에 주의하세요.
정답 4

3 騒ぐ子供に注意したら、その親から露骨に嫌な顔をされた。

1 なまなましく　　2 はばかりなく
3 しどけなく　　4 とどこおりなく

해석 소란을 피우는 아이에게 주의를 주었더니, 그 부모가 노골적으로 못마땅한 얼굴을 했다.
1 생생하게　2 거리낌 없이　3 단정하지 못하게　4 막힘없이, 지체 없이
해설 보기로 주어진 단어들이 만만치 않네요. 生々(なまなま)しく, 憚(はばか)りなく, 滞(とどこお)りなく 등의 한자도 익혀둡시다. 露骨(ろこつ)는 한자 읽기 문제로도 자주 출제되므로 발음에 조심하세요.
정답 2

4 商品画像は、実物と色が多少異なる場合があります。あらかじめご了承ください。

1 まえもって　　　2 あらためて
3 まちがっても　　4 なんとかして

해석　상품 화면은, 실물과 색깔이 다소 다를 경우가 있습니다. 미리 양해바랍니다.
1 미리, 사전에　　2 다시
3 무슨 일이 있어도　4 어떻게든 해서, 반드시
해설　부사의 유의어 문제입니다. あらかじめ, 前(まえ)もって, 事前(じぜん)に 등은 모두 같은 뜻의 부사입니다. 間違(まちが)っても, 何(なん)とかして는 회화나 독해에서 자주 나오는 표현이므로 반드시 암기해주세요. 画像(がぞう) 화상, 実物(じつぶつ) 실물, 多少(たしょう) 다소, 異(こと)なる 다르다, 了承(りょうしょう) 이해, 양해도 함께 익혀둡시다.
정답 1

5 アパレルや真珠、洋菓子メーカーのビルが<u>整然と立ち並んでいる</u>。

1 スムーズに　　　2 ごちゃごちゃと
3 一列に　　　　　4 支障なく

해석　의류나 진주, 서양과자 제조회사의 빌딩이 정연하게 늘어서 있다.
1 원활하게　2 어수선하게　3 일렬로　4 지장 없이
해설　整然(せいぜん)とは 가지런하게 줄지어 있는 모양을 나타냅니다. 문맥상 3번 一列(いちれつ)に가 가장 유사한 뜻입니다. 어휘 문제이지만 결국은 독해적인 이해력이 요구되는 문제입니다. 真珠(しんじゅ), 洋菓子(ようがし), 支障(ししょう) 등의 한자 발음에도 주의하세요.
정답 3

6 携帯の売れ行きが<u>頭打ち</u>になるなか、スマートフォンは国内でも着実に伸びている。

1 うなされる　　　2 下火になる
3 ありふれる　　　4 眉をひそめる

해석　휴대폰의 판매가 한계점에 이른 가운데, 스마트폰은 국내에서도 착실히 신장세에 있다.
1 가위에 놀리는　　2 기세가 약해지는, 시들어지는
3 흔한　　　　　　4 눈살을 찌푸리는
해설　頭打(あたまう)ちになる는 '더 진전할 가망이 없는 한계점에 이르다'는 의미의 관용표현입니다. 따라서 가장 가까운 뜻은 2번 下火(したび)になる가 됩니다. 眉(まゆ)をひそめる도 함께 외워두세요.
정답 2

문제 4　다음 단어의 사용법으로 가장 알맞은 것을 1·2·3·4 중에서 하나 고르세요.

1 さっそく

1 搬送先の病院で<u>さっそく</u>死亡した。
2 行きたくはなかったが、<u>さっそく</u>行った。
3 入りたい会社に<u>さっそく</u>応募してみた。
4 <u>さっそく</u>花粉が気になる季節だ。

해석　바로, 곧
1 실려 간 병원에서 바로 사망했다.
2 가고 싶지는 않았지만, 곧바로 갔다.
3 들어가고 싶은 회사에 바로 응모해 보았다.
4 곧 꽃가루가 걱정되는 계절이다.
해설　さっそく 뒤에는 의지적인 동작이나 행위가 뒤따라 오는 경우가 많고, 어쩔 수 없이 하는 행위에는 사용하지 않습니다. 따라서 2번에는 さっそく가 아닌 しかたなく가 적당합니다. 1번도 같은 이유에서 すぐに로 바뀌어야 합니다. 3번은 화자의 적극적인 의지를 나타내므로 맞습니다. 4번은 문맥상 まもなく가 자연스럽습니다.
정답 3

2 おちおち

1 私が<u>おちおち</u>していると、わざときつい口調で話す人がいる。
2 <u>おちおち</u>降ってくる雨を見ていると、センチになる。
3 涙がほおをつたって<u>おちおち</u>こぼれた。
4 選挙を前にして正月も休めず、夜も<u>おちおち</u>眠れなかった。

해석　안심하고, 마음놓고
1 내가 마음놓고 있으면 일부러 엄격한 말투로 이야기하는 사람이 있다.
2 안심하고 내리는 비를 보고 있으면, 감정적이 된다.
3 눈물이 뺨을 따라 안심하고 흘렀다.
4 선거를 앞두고 설도 쉬지 못하고, 밤에도 안심하고 잠들 수 없었다.
해설　おちおち는 부정표현과 함께 쓰이는 부사입니다. 1번은 문맥상 おどおど 주저주저, 벌벌이 적합합니다. 2번은 ぽつぽつ 뚝뚝이 들어가면 자연스럽습니다. 3번은 눈물이 잇달아 떨어지는 모양을 나타내는 ぽろぽろ가 맞습니다. 4번은 부정표현과 이어져서 자연스러운 문장이 되므로 정답입니다.
정답 4

3　わけない
1　初対面の人にはわけなくて何も話しかけられない。
2　もう夕方なのに、論議はわけなく続いている。
3　彼の作家としての生涯はわけなく終わった。
4　こんなあさい溝を飛び越えるのはわけないことだ。

해석　쉽다
1 첫 대면인 사람에게는 쉬워서 아무 말도 걸 수 없다.
2 벌써 저녁인데 논의는 쉽게 계속되고 있다.
3 그의 작가로서의 생애는 쉽게 끝났다.
4 이런 얕은 도랑을 뛰어넘는 것은 쉬운 일이다.

해설　1번은 내용상 恥(は)ずかしくて 창피해서가 적당합니다. 2번은 끝없이 계속되고 있다고 해야 자연스러우므로 限(かぎ)りなく로 바꾸어야 합니다. 3번은 あっけなく를 넣어 '어이없이 끝났다'라고 해야 문맥이 자연스럽습니다. 따라서 4번이 맞는 문장입니다.
　　　　　　　　　　　　　　　　　　　　　　　정답 4

4　気障
1　高校時代に使っていた教科書が気障だ。
2　大事な洋服を長く、気障なまま着たい。
3　プリンのような気障さが味わえる。
4　職場に高い背広ばかり着てくるとは気障な奴だ。

해석　아니꼬움, 비위에 거슬림
1 고등학교 시절에 사용했었던 교과서가 아니꼽다.
2 소중한 옷을 길게, 아니꼬운 채로 입고 싶다.
3 푸딩과 같은 아니꼬움을 맛볼 수 있다.
4 직장에 비싼 양복만 입고 오다니 아니꼬운 녀석이다.

해설　1번은 なつかしい 그립다, 옛 생각이 나다로 바꾸면 됩니다. 2번은 きれい 깨끗함을 넣으면 자연스럽습니다. 3번은 プリン이라는 단어의 뜻을 모르면 알맞은 단어를 찾기가 조금 어려웠을 것입니다. なめらかさ 부드러움이 좋겠습니다. 따라서 4번이 정답입니다.
　　　　　　　　　　　　　　　　　　　　　　　정답 4

5　あべこべ
1　梅雨明けがあべこべではっきりしない。
2　おばさんはあべこべと陰口がうるさい。
3　あなたからお礼を言われるなんて、あべこべです。
4　あべこべにされた被害者たちのことが痛ましい。

해석　거꾸로임, 반대임
1 장마 끝이 거꾸로여서 확실하지 않다.
2 아줌마는 거꾸로 뒷말이 많다.
3 당신으로부터 감사의 말을 듣다니 바뀌었습니다.
4 반대로 된 피해자들이 가엾다.

해설　1번은 はっきりしない라는 말이 이어지므로 あやふや 애매함, 모호함이 맞습니다. 2번은 '이러쿵 저러쿵'이란 뜻의 あれやこれや, なんだかんだ, こうだああだと 등이 적당합니다. 3번은 직역을 하면 어색한 듯이 보이지만 '감사의 말을 해야 하는 것은 자신이다'라는 의미가 되므로 맞습니다. 4번은 めちゃくちゃにされた 엉망진창이 되이 자연스럽습니다.
　　　　　　　　　　　　　　　　　　　　　　　정답 3

6　めぐる
1　コーヒーを飲み、作品アルバムをめぐるのも楽しい。
2　海にめぐってあわびをとって生計を立てた。
3　日本をめぐる国際状況を理解する必要がある。
4　布団をめぐってさがしてみたが、みつからなかった。

해석　둘러싸다
1 커피를 마시고, 작품 앨범을 둘러싸는 것도 즐겁다.
2 바다에 둘러싸서 전복을 따며 생계를 유지했다.
3 일본을 둘러싼 국제상황을 이해할 필요가 있다.
4 이불을 둘러싸고 찾아보았지만 찾을 수 없었다.

해설　1번은 발음이 비슷해서 많이 혼동할 수 있는 めくる 넘기다로 바꾸어야 합니다. 2번은 海(うみ), あわび 등의 단어가 나오므로 もぐって 잠수해서가 적합합니다. 3번은 맞는 문장입니다. 4번은 めくる를 써야 하는데, 여기서는 '(덮은 것을) 벗기다, 젖히다, 들추다'의 뜻으로 쓰였습니다.
　　　　　　　　　　　　　　　　　　　　　　　정답 3

《시나공 일본어능력시험 N1 문자·어휘》 특별부록

헷갈리기 쉬운
N1 한자어 114개

인현진 지음

시험에 꼭 나오는 한자어 36개

주어진 보기 중 첫 번째 단어가 정답입니다.
헷갈리기 쉬운 다른 보기와 함께 비교하면서 학습하세요.

☐☐ 01 (　　　)がいい好青年(こうせいねん)だ。 붙임성이 좋은 호감 가는 청년이다.

愛想(あいそ) 붙임성　　　　　愛情(あいじょう) 애정
感情(かんじょう) 감정　　　　感想(かんそう) 감상

☐☐ 02 (　　　)にわるいとは言えない。 일률적으로 나쁘다고는 할 수 없다

一概(いちがい) 일률적(으로)　　一気(いっき) 단숨(에)
一挙(いっきょ) 단번(에)　　　 一斉(いっせい) 일제(히)

☐☐ 03 そのような発言(はつげん)の(　　　)がわからない。 그와 같은 발언의 의도를 모르겠다.

意図(いと) 의도　　　　　　意欲(いよく) 의욕
意識(いしき) 의식　　　　　意志(いし) 의지

☐☐ 04 仕事に対(たい)する(　　　)を高める。 일에 대한 의욕을 높이다.

意欲(いよく) 의욕　　　　　意地(いじ) 고집
意義(いぎ) 의의　　　　　　意図(いと) 의도

☐☐ 05 気分がわるくなった私を(　　　)してくれた。 메슥거리는 나를 간호해주었다.

介抱(かいほう) 간호　　　　奨励(しょうれい) 장려
養護(ようご) 양호　　　　　救済(きゅうさい) 구제

Tip 介抱(かいほう)가 '간호'라고 하면 看護(かんご)는 뭔가 하는 의문이 생길겁니다. 看護는 상처 입은 사람이나 병자에게 의료적인 조치를 취하거나 보살피는 일을 말합니다. 이와 비슷한 단어로는 介護(かいご)와 養護(ようご)가 있는데요. 介護는 병자, 노인, 장애자를 돌보며 보살피는 일을 말하고, 養護는 기르고 보호하는 것을 의미하므로, 養護施設(ようごしせつ)라고 하면 '보육원'을 뜻하게 됩니다. 참고로 介抱는 병자나 부상자를 돌보는 것뿐만 아니라, 후견인으로서 보호하는 것도 포함됩니다.

□□ 06 **近代という( )を説明した。** 근대라는 개념을 설명했다.

概念(がいねん) 개념　　　　意識(いしき) 의식
文脈(ぶんみゃく) 문맥　　　様相(ようそう) 양상

□□ 07 **他人の意見を聞かない( )な人。** 타인의 의견을 듣지 않는 완고한 사람.

頑固(がんこ) 완고함　　　頑丈(がんじょう) 튼튼함
強行(きょうこう) 강행　　強力(きょうりょく) 강력

□□ 08 **排気ガス( )が強化された。** 배기가스 규제가 강화되었다.

規制(きせい) 규제　　　規格(きかく) 규격
規模(きぼ) 규모　　　　規約(きやく) 규약

□□ 09 **( )的な立場から見ると, その言葉遣いは正しくない。**
규범적인 입장에서 보면 그 말투는 맞지 않다.

規範(きはん) 규범　　　規定(きてい) 규정
規格(きかく) 규격　　　基準(きじゅん) 기준

□□ 10 **穏やかで( )のある話し方。** 온화하고 기품 있는 말투.

気品(きひん) 기품　　　　　気分(きぶん) 기분
気性(きしょう) 타고난 성질　気質(きしつ) 기질

> **Tip** 気品(きひん)은 고상한 느낌이나 분위기를 말합니다. 気品がある 기품이 있다, 気品が高い 기품이 있다와 같이 표현합니다. 사람뿐만 아니라 작품 등에도 사용할 수 있습니다. 気性(きしょう)란 타고난 성질을 말합니다. 몸에 배어 있어서 쉽게 바뀌지 않는 성질이겠죠. 꼭 외워두셔야 하는 표현은 気性が激(はげ)しい 성미가 괄괄하다 입니다. 気質(きしつ)도 '성미, 기질'의 의미로 気性와 비슷하다고 보면 됩니다.

□□ 11 **感情の( )がはげしい。** 감정의 기복이 심하다.

起伏(きふく) 기복　　　　高低(こうてい) 고저
明暗(めいあん) 명암　　　凸凹(でこぼこ) 요철(울퉁불퉁함)

□□ 12 　交通(　　)が解かれた。 교통규제가 풀렸다.

　　　規制(きせい) 규제　　　　　規格(きかく) 규격
　　　規約(きやく) 규약　　　　　規律(きりつ) 규율

□□ 13 　(　　)の問題を抱える村。 과소화문제를 안고 있는 마을.

　　　過疎(かそ) 과소　　　　　過密(かみつ) 과밀
　　　過失(かしつ) 과실　　　　過剰(かじょう) 과잉

□□ 14 　かぜには十分な(　　)を取ること。 감기에는 충분한 휴식을 취할 것.

　　　休養(きゅうよう) 휴양　　　休憩(きゅうけい) 휴식
　　　休業(きゅうぎょう) 휴업　　休日(きゅうじつ) 휴일

Tip 休養(きゅうよう)와 休憩(きゅうけい) 중 무엇이 정답일까요? 두 가지 다 とる라는 동사와 함께 쓰이기 때문에 형태적으로 구별하기는 힘듭니다. 休養(きゅうよう)는 어느 정도 긴 시간을 들여 쉬는 것을 말하고, 休憩(きゅうけい)는 일 사이사이에 잠시 취하는 휴식을 말합니다. 보통 병에 걸리면 '요양'이라는 말을 떠올리게 되는데요. 일본어로는 休養(きゅうよう)로 표현합니다.

□□ 15 　(　　)が一気に逆転した。 형세가 단숨에 역전되었다.

　　　形勢(けいせい) 형세　　　均衡(きんこう) 균형
　　　原形(げんけい) 원형　　　平均(へいきん) 평균

□□ 16 　差別的な表現だったので(　　)した。 차별적인 표현이었기 때문에 항의했다.

　　　抗議(こうぎ) 항의　　　　協議(きょうぎ) 협의
　　　決議(けつぎ) 결의　　　　物議(ぶつぎ) 물의

□□ 17 　賃金は会社と(　　)して決める。 임금은 회사와 교섭하여 정한다.

　　　交渉(こうしょう) 교섭　　　会見(かいけん) 회견
　　　対話(たいわ) 대화　　　　譲歩(じょうほ) 양보

Tip 왜 対話(たいわ)는 답이 아닐까요? 먼저 交渉(こうしょう)라는 것은 어떤 목적을 실현하기 위해서 밀고 당기기를 되풀이하면서 결론을 이끌어내려는 과정을 의미합니다. 이에 비해서 대화는 서로 마주대하고 이야기를 나누는 것 자체만을 말합니다. 그래서 임금이나 채용 조건 등은 '교섭'을 통해 결정되는 겁니다.

□□ 18 生(い)け花(ばな)の(　　　)がある。 꽃꽂이의 소양이 있다.

心得(こころえ) 마음가짐(소양)　　心理(しんり) 심리
心掛(こころが)け 마음가짐(준비)　心構(こころがま)え 마음가짐(각오)

Tip 心得(こころえ), 心掛(こころが)け, 心構(こころがま)え는 공통적으로 '마음가짐, 마음의 자세'란 뜻을 가지고 있습니다. 하지만 수칙이나 소양(교양이나 기술)의 뜻은 心得에만 있습니다.
  예 茶道(さどう)の心得がある。 다도에 대한 소양이 있다
　　登山(とざん)の心得 등산 수칙, 등산 중의 주의사항

□□ 19 欠点(けってん)は本人(ほんにん)が(　　　)しないと直(なお)せない。 결점은 본인이 자각하지 않으면 고칠 수 없다.

自覚(じかく) 자각　　　　　向上(こうじょう) 향상
始末(しまつ) 시말　　　　　処理(しょり) 처리

□□ 20 糖尿病(とうにょうびょう)で食べ物に(　　　)がある。 당뇨병으로 음식에 제한이 있다.

制限(せいげん) 제한　　　　束縛(そくばく) 속박
統制(とうせい) 통제　　　　拘束(こうそく) 구속

□□ 21 去年(　　　)された新しい会社。 작년 설립된 새 회사.

設立(せつりつ) 설립　　　　確率(かくりつ) 확립
自立(じりつ) 자립　　　　　樹立(じゅりつ) 수립

□□ 22 面接(めんせつ)による(　　　)の結果(けっか)。 면접에 의한 채용의 결과.

選考(せんこう) 선고　　　　採用(さいよう) 채용
採択(さいたく) 채택　　　　当選(とうせん) 당선

□□ 23 ( )な処置をとる。 대담한 조치를 취하다.

　　大胆(だいたん) 대담　　　　膨大(ぼうだい) 방대
　　大体(だいたい) 대체로, 대개　盛大(せいだい) 성대

□□ 24 ( )として不安に襲われる。 갑자기 불안이 엄습하다.

　　突如(とつじょ) 별안간　　　にわかに 갑작스럽게
　　突然(とつぜん) 돌연　　　　いきなり 갑자기

Tip 보기의 단어가 모두 '갑자기'라는 뜻이네요. 여기서는 として가 뒤에 오는 점에 주목해야 합니다. 突如(とつじょ)는 突如, 突如と, 突如としての 형태로 쓰이지만 突然(とつぜん)은 突然としての 형태로는 잘 쓰이지 않습니다. いきなり는 突然의 의미이지만, 동작의 주체는 항상 사람이 되어야하므로 자연현상에는 사용할 수 없습니다.

□□ 25 彼の意見に( )だ。 그의 의견에 동감한다.

　　同感(どうかん) 동감　　　　同情(どうじょう) 동정
　　共感(きょうかん) 공감　　　共鳴(きょうめい) 공명

Tip 共感(きょうかん)이란 명사를 알고 있다면 더욱 헷갈릴 수 있는 문제입니다. 힌트는 괄호 뒤에 나오는 だ입니다. '~에 동감이다'는 〜に同感(どうかん)だ, 아니면 〜に共感する, 〜に共感している라고 표현해야 합니다. 항상 예문을 통해 활용을 익혀야 하는 이유가 바로 이런 데에 있습니다.

□□ 26 目標は( )達成できない。 목표는 도저히 달성할 수 없다.

　　到底(とうてい) 도저히　　　大層(たいそう) 매우
　　相当(そうとう) 상당히　　　格別(かくべつ) 각별히

□□ 27 スピーチに( )してくれると話しやすい。 연설에 반응해주면 말하기 쉽다.

　　反応(はんのう) 반응　　　　対応(たいおう) 대응
　　返答(へんとう) 대답　　　　応答(おうとう) 응답

□□ 28 **昔は体が(　　　)な人が多かった。** 옛날에는 몸이 빈약한 사람이 많았다.

貧弱(ひんじゃく) 빈약　　　陰湿(いんしつ) 음습
貧乏(びんぼう) 빈궁　　　陰気(いんき) 음침

□□ 29 **図書館で借りた本を(　　　)する。** 도서관에서 빌린 책을 반납하다.

返却(へんきゃく) 반납　　　返済(へんさい) 반제
返品(へんぴん) 반품　　　返還(へんかん) 반환

Tip 책이나 물건을 돌려준다는 것을 返却(へんきゃく)라고 합니다. 📌 本(ほん)の返却 책의 반납
또 돈이나 빚을 돌려주는 것은 返済(へんさい)를 씁니다. 📌 借金(しゃっきん)の返済 빚의 변제
返品(へんぴん)은 구입한 물건을 돌려주는 것, 즉 반품이 되겠네요. 📌 不良品(ふりょうひん)の返品 불량품의 반품
끝으로 返還(へんかん)은 원래의 주인에게 돌려주는 것을 말합니다. 📌 米軍(べいぐん)基地(きち)の返還 미군 기지의 반환

□□ 30 **社員を2名(　　　)している。** 사원을 2명 모집하고 있다.

募集(ぼしゅう) 모집　　　応募(おうぼ) 응모
捜索(そうさく) 수색　　　案内(あんない) 안내

□□ 31 **用紙を(　　　)する。** 용지를 보충하다.

補充(ほじゅう) 보충　　　補足(ほそく) 보충
補助(ほじょ) 보조　　　補償(ほしょう) 보상

Tip 補充(ほじゅう)와 補足(ほそく)의 차이를 알아봅시다.
補充은 원래 있었던 것(부서의 인원이나 소모품)이 준 만큼을 채워서 원래의 상태로 돌려놓는 것을 말합니다.
📌 インクを補充する。 잉크를 보충하다.
반면, 補足은 원래부터 빠져 있는 것, 충분하지 못한 부분을 채워서 완전한 것으로 만드는 것을 말하죠. 주로 문서나 발언에 대해서 말하기 때문에 인원이나 비품 등에는 별로 사용하지 않습니다.
📌 説明を補足する。 설명을 보충하다.

□□ 32 **後輩の(　　　)を見る。** 후배를 보살피다.

面倒(めんどう) 돌봄　　　世話(せわ) 보살핌
助(たす)け 도움　　　手伝(てつだ)い 거듦

☐☐ 33 情報(　)が発達した。 정보망이 발달되었다.

　　網(もう) 망　　　　　　派(は) 파
　　帯(たい) 대　　　　　　制(せい) 제

☐☐ 33 私の(　)の関心。 나의 현재의 관심.

　　目下(もっか) 현재　　　　最中(さいちゅう) 한창
　　瞬間(しゅんかん) 순간　　今更(いまさら) 이제 새삼

☐☐ 33 病気の進行を(　)する。 병의 진행을 억제하다.

　　抑制(よくせい) 억제　　　抑圧(よくあつ) 억압
　　圧迫(あっぱく) 압박　　　迫害(はくがい) 박해

☐☐ 33 (　)を疑われる。 양식을 의심받다.

　　良識(りょうしき) 양식　　良質(りょうしつ) 양질
　　良性(りょうせい) 양성　　良好(りょうこう) 양호

합격을 위한 한자어 45개

주어진 보기 중 첫 번째 단어가 정답입니다.
헷갈리기 쉬운 다른 보기와 함께 비교하면서 학습하세요.

□□ 01 **仕事の(　　)に用事をすませる**。일하는 사이사이에 용무를 마치다.

　　合間(あいま) 틈, 사이　　　　手間(てま) 수고
　　空間(くうかん) 공간　　　　仲間(なかま) 동료

□□ 02 **彼の迫力(はくりょく)に(　　)される**。그의 박력에 압도당하다.

　　圧倒(あっとう) 압도　　　　圧縮(あっしゅく) 압축
　　抑圧(よくあつ) 억압　　　　重圧(じゅうあつ) 중압

□□ 03 **ローンが家計(かけい)を(　　)している**。융자가 가계를 압박하고 있다.

　　圧迫(あっぱく) 압박　　　　圧縮(あっしゅく) 압축
　　圧勝(あっしょう) 압승　　　圧力(あつりょく) 압력

□□ 04 **図書館の(　　)室で本を読む**。도서관 열람실에서 책을 읽다.

　　閲覧(えつらん) 열람　　　　一覧(いちらん) 일람
　　回覧(かいらん) 회람　　　　観覧(かんらん) 관람

□□ 05 **問題用紙(もんだいようし)を(　　)する**。문제 용지를 회수하다.

　　回収(かいしゅう) 회수　　　没収(ぼっしゅう) 몰수
　　領収(りょうしゅう) 영수　　徴収(ちょうしゅう) 징수

□□ 06 **当選(とうせん)するのはほぼ(　　)だろう**。당선할 것은 거의 확실하겠지.

　　確実(かくじつ) 확실　　　　的確(てきかく) 적확
　　確保(かくほ) 확보　　　　　正確(せいかく) 정확

> **Tip** 문맥을 보면 미래의 일에 대한 가능성이 확실함을 말하고 있습니다. 그래서 確実(かくじつ)가 답이 됩니다.
> 참고로 的確(てきかく)는 '매우 중요한 점을 확실히 파악하고 있다'는 뉘앙스가 강합니다. 그래서 的確な判断(はんだん) 적확한 판단, 的確な措置(そち) 적확한 조치, 要点(ようてん)を的確に示(しめ)す 요점을 정확히 보여주다 등으로 표현하게 됩니다.
> 그에 비해서 正確(せいかく)는 '정밀하다, 틀림이 없다'라는 뉘앙스가 강합니다. 그래서 正確な時刻(じこく) 정확한 시각, 正確に作る 정확히 만들다와 같이 쓰입니다.

☐☐ 07 　人材(じんざい)の(　　　)が重要だ。 인재의 확보가 중요하다.

　　確保(かくほ) 확보　　　　　　確信(かくしん) 확신
　　確率(かくりつ) 확률　　　　　確率(かくりつ) 확률

☐☐ 08 　塩(しお)の(　　　)がむずかしい。 소금 양의 조절이 어렵다.

　　加減(かげん) 조절　　　　　　都合(つごう) 사정
　　調子(ちょうし) 상태　　　　　場合(ばあい) 경우

> **Tip** いい加減(かげん)만 외웠기 때문에 加減(かげん) 자체의 뜻은 모르는 경우가 종종 있습니다.
> 加減은 가감(덧셈과 뺄셈)이란 뜻 외에 '(적절히) 조절함'이란 뜻을 가지고 있습니다. 보통은 する를 붙여서 '~을 조절하다'로 쓰입니다.
> 　**예** 温度(おんど)を加減する。 온도를 조절하다.
> 또한 '알맞은 정도'의 의미도 있습니다. 그래서 味の加減を見る라고 하면 '간을 보다'라는 뜻이 됩니다.

☐☐ 09 　人が集まりすぎて(　　　)状態(じょうたい)だ。 사람들이 너무 모여서 과밀 상태다.

　　過密(かみつ) 과밀　　　　　　窮屈(きゅうくつ) 답답함
　　不潔(ふけつ) 불결　　　　　　不服(ふふく) 불복

☐☐ 10 　まだ(　　　)な人が来ていない。 아직 중요한 사람이 오지 않았다.

　　肝心(かんじん) 중요　　　　　貴重(きちょう) 귀중
　　重大(じゅうだい) 중대　　　　格別(かくべつ) 각별

☐☐ 11 　人間に(　　　)を加(くわ)える。 인간에게 위해를 가하다.

　　危害(きがい) 위해　　　　　　災害(さいがい) 재해
　　迫害(はくがい) 박해　　　　　障害(しょうがい) 장애

□□ 12 **投票権を簡単に(　　)してはいけない**。투표권을 간단히 포기해서는 안 된다.

　　棄権(きけん) 기권　　　　　　欠席(けっせき) 결석
　　廃棄(はいき) 폐기　　　　　　放置(ほうち) 방치

> **Tip** 권리를 버리는 것, 즉 포기하는 것은 棄権(きけん)입니다. 그리고 불필요한 것을 버리는 것을 廃棄(はいき)라고 합니다.
> 시사용어로 신문에 자주 등장하는 廃絶(はいぜつ)라는 말이 있습니다. '폐절, 끊김'이라고만 나와 있는 일본어 사전도 많은데요. 일일사전을 찾아보시면 자세한 의미를 알 수 있습니다. 核兵器(かくへいき)の廃絶라고 해서 핵병기를 폐지하고 없애는 일을 말합니다.
> 그밖에 廃가 들어간 廃止(はいし) 폐지, 撤廃(てっぱい) 철폐 등의 단어도 함께 외워둡시다.

□□ 13 **アンケートに(　　)はしない**。앙케이트에 강제(강요)는 안 한다.

　　強制(きょうせい) 강제, 강요　　催促(さいそく) 재촉
　　圧迫(あっぱく) 압박　　　　　　一致(いっち) 일치

□□ 14 **法律の(　　)な適用**。법률의 엄밀한 적용.

　　厳密(げんみつ) 엄밀　　　　　　過密(かみつ) 과밀
　　親密(しんみつ) 친밀　　　　　　精密(せいみつ) 정밀

□□ 15 **見直す(　　)に来ている**。재검토할 시기에 와있다.

　　時期(じき) 시기　　　　　　　　時間(じかん) 시간
　　期限(きげん) 기한　　　　　　　期間(きかん) 기간

□□ 16 **けがをきちんと(　　)する**。상처를 제대로 처치(치료)하다.

　　処置(しょち) 처치　　　　　　　操作(そうさ) 조작
　　適用(てきよう) 적용　　　　　　加工(かこう) 가공

> **Tip** 処置(しょち)라고 하면 緊急処置(きんきゅうしょち) 긴급조치와 같이 조치나 조처만을 떠올리기 쉬운데요. 상처나 병 등을 치료하는 것도 処置입니다. 흔히 말하는 응급처치를 応急処置(おうきゅうしょち)라고 합니다.

□□ 17 **同じ英語(　　)の国**。 같은 영어권의 나라.

　　圏(けん) 권　　　　　　　産(さん) 산
　　界(かい) 계　　　　　　　派(は) 파

□□ 18 **わがままな人は回りから(　　)される**。 제멋대로인 사람은 주위로부터 고립된다.

　　孤立(こりつ) 고립　　　　孤独(こどく) 고독
　　独立(どくりつ) 독립　　　自立(じりつ) 자립

□□ 19 **説明書をご(　　)ください**。 설명서를 참조해주세요.

　　参照(さんしょう) 참조　　参考(さんこう) 참고
　　解説(かいせつ) 해설　　　解釈(かいしゃく) 해석

> **Tip** 참조와 참고는 의미 구별이 참 어렵습니다.
> 참조란 대조해가면서 보는 것을 뜻하고, '참고'란 뭔가를 하려고 할 때, 다른 사람의 의견이나 사례, 자료 등을 비추어 보고 자신의 생각을 결정짓는 근거로 삼는 것을 말합니다. '연구의 참고로 하다'라든지 '다른 판례를 참고하다'와 같이 쓰는 것입니다. 따라서 설명서 같은 것은 참조한다고 하는 것이 자연스럽습니다.

□□ 20 **ここは300人を(　　)できる**。 여기는 300명을 수용할 수 있다.

　　収容(しゅうよう) 수용　　許容(きょよう) 허용
　　収集(しゅうしゅう) 수집　占領(せんりょう) 점령

□□ 21 **(　　)を広げて自分のからに閉じこもらない**。 시야를 넓혀서 스스로의 껍질에 틀어박히지 않는다.

　　視野(しや) 시야　　　　　視点(してん) 시점
　　観点(かんてん) 관점　　　見地(けんち) 견지, 견해

□□ 22 **山々の(　　)な姿**。 산들의 웅장한 모습.

　　壮大(そうだい) 장대, 웅대　　膨大(ぼうだい) 방대
　　多大(ただい) 다대　　　　　　盛大(せいだい) 성대

23 この問題にどう(　　　)するべきか。 이 문제에 어떻게 대처해야 하는가.

対処(たいしょ) 대처　　　対面(たいめん) 대면
対比(たいひ) 대비　　　対等(たいとう) 대등

24 困難な状況を(　　　)する。 곤란한 상황을 타개하다.
こんなん

打開(だかい) 타개　　　展開(てんかい) 전개
破棄(はき) 파기　　　破裂(はれつ) 파열

25 労働時間を(　　　)しようという動き。 노동시간을 단축하려는 움직임.
ろうどう じかん

短縮(たんしゅく) 단축　　　軽減(けいげん) 경감
減量(げんりょう) 감량　　　縮小(しゅくしょう) 축소

Tip 각각의 용례를 생각해볼까요? 시간이나 조업은 短縮(たんしゅく)합니다. 줄여서 가볍게 한다는 의미인 軽減(けいげん)은 課税(かぜい)を軽減する 과세를 경감하다, 負担(ふたん)を軽減する 부담을 경감하다와 같이 사용합니다. 분량이나 중량, 몸무게는 減量(げんりょう)해야 맞구요. 크기나 규모를 줄이는 것은 縮小(しゅくしょう)라고 합니다.

26 友人の(　　　)に従う。 친구의 충고에 따르다.
したが

忠告(ちゅうこく) 충고　　　申告(しんこく) 신고
宣言(せんげん) 선언　　　証言(しょうげん) 증언

27 はじめて会った瞬間(　　　)的に思った。 처음 만났던 순간에 직감적으로 느꼈다.
しゅんかん

直感(ちょっかん) 직감　　　予感(よかん) 예감
悲観(ひかん) 비관　　　主観(しゅかん) 주관

28 部門をひとつに(　　　)する。 부문을 하나로 통합하다.
ぶもん

統合(とうごう) 통합　　　結合(けつごう) 결합
集合(しゅうごう) 집합　　　連合(れんごう) 연합

□□ 29 仕事に対する(　　)があまい。 일에 대한 인식이 안이하다.

　　認識(にんしき) 인식　　　　見識(けんしき) 견식
　　想像(そうぞう) 상상　　　　思考(しこう) 사고

□□ 30 事件の(　　)には事情がある。 사건의 배후에는 사정이 있다.

　　背景(はいけい) 배경, 배후　　配慮(はいりょ) 배려
　　配置(はいち) 배치　　　　　　分配(ぶんぱい) 분배

□□ 31 疲れたから、(　　)入れよう。 피곤하니까 잠깐 쉬자.

　　一息(ひといき) 한숨 돌림　　一括(いっかつ) 일괄
　　一気(いっき) 단숨, 단 번　　一言(ひとこと) 한마디

□□ 32 電話が(　　)にかかってくる。 전화가 빗발치다.

　　頻繁(ひんぱん) 빈번　　　　不調(ふちょう) 부조(상태가 좋지않음)
　　自在(じざい) 자재　　　　　活発(かっぱつ) 활발

□□ 33 面接にはの黒のスーツが(　　)だ。 면접에는 검정색 정장이 무난하다.

　　無難(ぶなん) 무난　　　　　非難(ひなん) 비난
　　受難(じゅなん) 수난　　　　苦難(くなん) 고난

□□ 34 利用者の(　　)をはかる。 이용자의 편의를 도모하다.

　　便宜(べんぎ) 편의　　　　　便利(べんり) 편리
　　有利(ゆうり) 유리　　　　　適宜(てきぎ) 적의(적당함)

□□ 35 漫画本を(　　)された。 만화책을 몰수당했다.

　　没収(ぼっしゅう) 몰수　　　徴収(ちょうしゅう) 징수
　　収集(しゅうしゅう) 수집　　収容(しゅうよう) 수용

□□ 36 この団体は去年(　　)した。 이 단체는 작년에 발족했다.

　　発足(ほっそく) 발족　　　　発生(はっせい) 발생
　　発作(ほっさ) 발작　　　　　発進(はっしん) 발진

□□ 37 経済的に(　　)な関係。 경제적으로 밀접한 관계.

　　密接(みっせつ) 밀접　　　　密度(みつど) 밀도
　　過密(かみつ) 과밀　　　　　精密(せいみつ) 정밀

□□ 38 (　　)な性格で好かれている。 명랑한 성격으로 인기를 끌고 있다.

　　明朗(めいろう) 명랑　　　　明白(めいはく) 명백
　　明確(めいかく) 명확　　　　明解(めいかい) 명해

> Tip 그 밖에 明로 시작하는 관련어휘를 살펴봅시다. 明瞭(めいりょう) 명료, 明朗(めいろう) 명랑, 明示(めいじ) 명시, 明細(めいさい) 명세 등이 있습니다. 또한 明(あき)らかになる 밝혀지다, 明(あか)るみに出(で)る 밝혀지다도 헷갈리기 쉬운 숙어이니까 반드시 암기하기 바랍니다.

□□ 39 事実が(　　)になった。 사실이 명백해졌다.

　　明白(めいはく) 명백　　　　詳細(しょうさい) 상세
　　正規(せいき) 정규　　　　　素朴(そぼく) 소박

□□ 40 船の(　　)が展示してある。 배의 모형이 전시되어 있다.

　　模型(もけい) 모형　　　　　模索(もさく) 모색
　　模範(もはん) 모범　　　　　模倣(もほう) 모방

□□ 41 都会の(　　)に負けない。 도회지의 유혹에 지지 않는다.

　　誘惑(ゆうわく) 유혹　　　　勧誘(かんゆう) 권유
　　作用(さよう) 작용　　　　　保養(ほよう) 보양

□□ 42 (　　　)な見通しを持つのはむずかしい。 낙관적인 전망을 갖기는 힘들다.

　　　楽観的(らっかんてき) 낙관적　　　伝統的(でんとうてき) 전통적
　　　平均的(へいきんてき) 평균적　　　間接的(かんせつてき) 간접적

□□ 43 専門(　　　)が比較的新しい。 전문 영역이 비교적 새롭다.

　　　領域(りょういき) 영역　　　領地(りょうち) 영지
　　　領事(りょうじ) 영사　　　領土(りょうど) 영토

□□ 44 漢字の意味を(　　　)する。 한자의 의미를 유추하다.

　　　類推(るいすい) 유추　　　推進(すいしん) 추진
　　　予言(よげん) 예언　　　予知(よち) 예지

□□ 45 いっしょにやると(　　　)感が生まれる。 함께 하면 연대감이 생긴다.

　　　連帯(れんたい) 연대　　　連続(れんぞく) 연속
　　　依存(いぞん) 의존　　　共存(きょうぞん) 공존

고득점을 위한 한자어 33개

주어진 보기 중 첫 번째 단어가 정답입니다.
헷갈리기 쉬운 다른 보기와 함께 비교하면서 학습하세요.

☐☐ 01 **先生にはおもしろい(　　　)がある**。 선생님에게는 재미있는 일면이 있다.

一面(いちめん) 일면　　　　　　一見(いっけん) 일견
一部(いちぶ) 일부　　　　　　　一目(いちもく) 일견(슬쩍 봄)

☐☐ 02 **燃料問題が(　　　)解決する**。 연료문제가 단번에 해결되다.
(ねんりょうもんだい)

一挙(いっきょ)に 단번에　　　　一気(いっき)に 단숨에
一心(いっしん)に 열심히　　　　一概(いちがい)に 일률적으로

☐☐ 03 **資金を(　　　)する**。 자금을 운용하다.
(しきん)

運用(うんよう) 운용　　　　　　運営(うんえい) 운영
運行(うんこう) 운행　　　　　　運搬(うんぱん) 운반

☐☐ 04 **屋根の(　　　)工事**。 지붕의 개수공사.
(やね) (こうじ)

改修(かいしゅう) 개수　　　　　改定(かいてい) 개정
改正(かいせい) 개정　　　　　　改革(かいかく) 개혁

☐☐ 05 **政府が(　　　)しすぎる**。 정부가 너무 개입하다.
(せいふ)

介入(かいにゅう) 개입　　　　　加入(かにゅう) 가입
侵入(しんにゅう) 침입　　　　　潜入(せんにゅう) 잠입

☐☐ 06 **経営を(　　　)するべきだ**。 경영을 혁신해야 한다.
(けいえい)

革新(かくしん) 혁신　　　　　　革命(かくめい) 혁명
改修(かいしゅう) 개수(수리)　　改訂(かいてい) 개정

17

□□ 07 コンピューターの発明は(　　　)な出来事だった。 컴퓨터의 발명은 획기적인 일이었다.

画期的(かっきてき) 획기적　　　周期的(しゅうきてき) 주기적
定期的(ていきてき) 정기적　　　末期的(まっきてき) 말기적

□□ 08 仕事が多くて(　　　)気味だ。 일이 많아서 과로기미다.

過労(かろう) 과로　　　過密(かみつ) 과밀
過剰(かじょう) 과잉　　　過多(かた) 과다

□□ 09 失敗から(　　　)を学んだ。 실패로부터 교훈을 배웠다.

教訓(きょうくん) 교훈　　　教科(きょうか) 교과
教材(きょうざい) 교재　　　教習(きょうしゅう) 교습

□□ 10 (　　　)事態に備える。 긴급 사태에 대비하다.

緊急(きんきゅう) 긴급　　　異常(いじょう) 이상
多忙(たぼう) 다망　　　不意(ふい) 불의, 불시

□□ 11 今一番(　　　)のある辞書だ。 지금 가장 권위 있는 사전이다.

権威(けんい) 권위　　　権限(けんげん) 권한
威力(いりょく) 위력　　　迫力(はくりょく) 박력

□□ 12 (　　　)な番組が少ない。 건전한 프로가 적다.

健全(けんぜん) 건전　　　健在(けんざい) 건재
保健(ほけん) 보건　　　壮健(そうけん) 장건(건강)

□□ 13 学力が(　　　)した。 학력이 향상되었다.

向上(こうじょう) 향상　　　偏向(へんこう) 편향(한 쪽으로 치우침)
進化(しんか) 진화　　　推進(すいしん) 추진

□□ 14 **事故の(　)を防ぐ。** 사고의 재발을 막다.

 再発(さいはつ) 재발　　　再現(さいげん) 재현
 復活(ふっかつ) 부활　　　復旧(ふっきゅう) 복구

□□ 15 **会長職を(　)する。** 회장직을 사퇴하다.

 辞退(じたい) 사퇴　　　謝絶(しゃぜつ) 사절
 否定(ひてい) 부정　　　非難(ひなん) 비난

> **Tip** 辞退(じたい)란 공손하게 권리나 지위 등을 사양하는 것을 말합니다. 가끔 脱退(だったい)와 의미를 혼동하는 경우가 있는데요, 脱退란 소속해 있던 단체나 모임 등으로부터 빠져 나오는 것을 일컫는 말입니다.

□□ 16 **意見をはっきり(　)する。** 의견을 확실히 주장하다.

 主張(しゅちょう) 주장　　　同調(どうちょう) 동조
 説得(せっとく) 설득　　　調和(ちょうわ) 조화

> **Tip** 답을 고르는 데에 큰 어려움이 없었을 겁니다. 그럼 2번째 보기인 同調(どうちょう)에 주목하면서, 同意(どうい)와의 차이를 알아봅시다. 同調란 어떤 사람의 의견이나 태도에 찬성하여 같은 행동을 취한다는 의미입니다. 同意는 상대와 똑같은 의견, 생각이란 뜻으로 똑같은 생각임을 밝히는 것을 말하기도 합니다. 그래서 彼の意見に同調する 그의 의견에 동조한다에서는 同調 대신 同意する를 써도 무방하지만, 移植(いしょく)には家族の同意が必要だ。 이식에는 가족의 동의가 필요다에서 同調는 어색합니다.

□□ 17 **野党が(　)権を握る。** 야당이 주도권을 쥐다.

 主導(しゅどう) 주도　　　優位(ゆうい) 우위
 誘導(ゆうどう) 유도　　　優勢(ゆうせい) 우세

□□ 18 **記念品を(　)致します。** 기념품을 증정합니다.

 進呈(しんてい) 진정(드림)　　　交付(こうふ) 교부
 寄付(きふ) 기부　　　配給(はいきゅう) 배급

□□ 19 **カロリーの過剰な(　　　)**。 칼로리의 과잉 섭취.

　　摂取(せっしゅ) 섭취　　　　　算出(さんしゅつ) 산출
　　略奪(りゃくだつ) 약탈　　　所持(しょじ) 소지

□□ 20 **彼は(　　　)するが、心配だ**。 그는 단언하지만 걱정이다.

　　断言(だんげん) 단언　　　　予言(よげん) 예언
　　信頼(しんらい) 신뢰　　　　信任(しんにん) 신임

□□ 21 **外国での生活に(　　　)できない**。 외국에서의 생활에 적응 못하다.

　　適応(てきおう) 적응　　　　応答(おうとう) 응답
　　反応(はんのう) 반응　　　　応用(おうよう) 응용

□□ 22 **履歴書に書けるような(　　　)がない**。 이력서에 쓸 수 있을만한 특기가 없다.

　　特技(とくぎ) 특기　　　　　特集(とくしゅう) 특집
　　特産(とくさん) 특산　　　　特権(とっけん) 특권

□□ 23 **これは雑誌の(　　　)なので買えない**。 이것은 잡지의 부록이므로 살 수 없다.

　　付録(ふろく) 부록　　　　　目録(もくろく) 목록
　　記録(きろく) 기록　　　　　登録(とうろく) 등록

□□ 24 **(　　　)一致で採択された**。 만장일치로 채택되었다.

　　満場(まんじょう) 만장　　　満員(まんいん) 만원
　　満身(まんしん) 만신　　　　満足(まんぞく) 만족

Tip 만장일치라는 말은 우리도 쓰는 말이기 때문에 무리 없이 답을 고를 수 있습니다. 満場一致(まんじょういっち)는 全会一致(ぜんかいいっち)라고도 합니다. 이 말은 우리가 쓰지 않는 말이므로 따로 외워두어야 합니다. 満員御礼(まんいんおんれい)라는 말이 있는데 '만원사례'라는 뜻입니다. 또 満身創痍(まんしんそうい)라는 어려운 말이 있는데, '만신창이'란 뜻입니다.

□□ 25 今の職場に( )がある。 지금의 직장에 미련이 있다.

　　未練(みれん) 미련　　　　　未遂(みすい) 미수
　　後悔(こうかい) 후회　　　　後退(こうたい) 후퇴

□□ 26 木を( )に切る。 나무를 무계획적으로 자르다.

　　無計画(むけいかく) 무계획　　非公開(ひこうかい) 비공개
　　不平等(ふびょうどう) 불평등　未開発(みかいはつ) 미개발

□□ 27 ( )なことを言って人を困らせる。 말도 안 되는 말을 해서 남을 곤란하게 만들다.

　　無茶(むちゃ) 터무니없음　　　無口(むくち) 과묵함
　　無効(むこう) 무효　　　　　　無念(むねん) 무념

□□ 28 大統領になるという( )を抱く。 대통령이 된다는 야심을 갖다.

　　野心(やしん) 야심　　　　　　内心(ないしん) 내심
　　関心(かんしん) 관심　　　　　一心(いっしん) 일심

□□ 29 将来( )な小説家。 장래 유망한 소설가.

　　有望(ゆうぼう) 유망　　　　　有効(ゆうこう) 유효
　　有利(ゆうり) 유리　　　　　　有益(ゆうえき) 유익

□□ 30 介護する人材の( )が急がれる。 간호할 인재의 양성이 시급하다.

　　養成(ようせい) 양성　　　　　成熟(せいじゅく) 성숙
　　生育(せいいく) 생육　　　　　成長(せいちょう) 성장

> **Tip** 인재는 養成(ようせい)양성한다거나 育成(いくせい) 육성한다고 말합니다.
> 成熟(せいじゅく)는 과일이나 곡물이 익는 것, 인간의 육체나 정신이 성장하는 것, 적당한 시기가 되는 것을 말할 때 씁니다.
> 生育(せいいく)는 주로 식물이 자라나는 것을 말할 때 쓰고, 成長(せいちょう)는 인간이나 동식물, 산업이나 경제 등의 규모가 커지는 것을 말합니다.

□□ 31 **感情的じゃない(　　)な話し合い。** 감정적이 아닌 이성적인 대화.

　　理性的(りせいてき) 이성적　　　理知的(りちてき) 이지적
　　理屈的(りくつてき) 논리적　　理解的(りかいてき) 이해적

□□ 32 **大切な時間を(　　)する。** 소중한 시간을 낭비하다.

　　浪費(ろうひ) 낭비　　　　　経費(けいひ) 경비
　　出費(しゅっぴ) 지출　　　　実費(じっぴ) 실제 비용

□□ 33 **この問題を(　　)で説得しようとする。** 이 문제를 논리로 설득하려고 하다.

　　論理(ろんり) 논리　　　　　合理(ごうり) 합리
　　異論(いろん) 이론(이의)　　無論(むろん) 물론

적중 예상 문제

정답과 해설을 보고 최종 마무리하세요.

問題2 (　　　)に入れるのに最もよいものを、1・2・3・4の中から一つ選びなさい。

01　学生が(　　　)権を握って学園祭を開いたので意味があった。
　　1 主導　　　　2 優位　　　　3 誘導　　　　4 優勢

02　私の住むマンションで大規模な(　　　)工事が行われました。
　　1 改定　　　　2 改修　　　　3 改正　　　　4 改革

03　求人サイトで正社員募集の情報を得て、さっそく(　　　)した。
　　1 応答　　　　2 応援　　　　3 応接　　　　4 応募

04　属していた学会を一度(　　　)してしまうと、再加入はできない。
　　1 脱退　　　　2 辞退　　　　3 脱線　　　　4 後退

05　国会がその議案を(　　　)採決したことで、問題になった。
　　1 強行　　　　2 強硬　　　　3 強制　　　　4 強力

06　「時間」という(　　　)を説明するのに四苦八苦していた。
　　1 意識　　　　2 文脈　　　　3 様相　　　　4 概念

07　日本政府と韓国政府は政治的に(　　　)な関係にある。
　　1 密度　　　　2 密接　　　　3 過密　　　　4 精密

08 片方が20歳を超えていた時でも未成年の方の親の(　　　)は要るんでしょうか。
　　1 同意　　　　2 協調　　　　3 同調　　　　4 合致

09 これは政治学について(　　　)した本で、とても勉強になる。
　　1 演説　　　　2 回覧　　　　3 閲覧　　　　4 概説

10 同時多発テロが世界に(　　　)を与えたのは記憶に新しい。
　　1 打撃　　　　2 撃退　　　　3 衝撃　　　　4 攻撃

11 地震による津波に備え、(　　　)会議が開かれた。
　　1 緊急　　　　2 早急　　　　3 応急　　　　4 急変

12 ドイツの車は(　　　)なつくりになっていることで評判だ。
　　1 気丈　　　　2 頑丈　　　　3 強力　　　　4 力量

13 もし漬物の塩の(　　　)を間違えたら、塩抜きはできるだろうか。
　　1 場合　　　　2 加減　　　　3 調子　　　　4 都合

14 一緒に仕事をすると、愛着と(　　　)感が高まる。
　　1 共存　　　　2 連続　　　　3 依存　　　　4 連帯

15 (　　　)の少年犯罪が社会になげかける波紋は大きいものだった。
　　1 一帯　　　　2 一連　　　　3 一括　　　　4 一同

16 このビジネスは収益性が高く、将来も(　　　)との見方がある。
　　1 有効　　　　2 有利　　　　3 有望　　　　4 有益

17 新しい協会は3月に(　　　)することになっている。
　　1 発生　　　　2 発足　　　　3 発作　　　　4 発進

18 私は入社2年目にして、新人の(　　　)を見るはめになった。
　　1 助け　　　　2 世話　　　　3 手伝い　　　4 面倒

19 (　　　)期限に遅れた場合、1日1冊あたり10円の延滞料を徴収します。
　　1 返品　　　　2 返還　　　　3 返却　　　　4 返済

20 看護婦さんは(　　　)室で注射や消毒などを行っている。
　　1 診断　　　　2 診検　　　　3 処置　　　　4 処理

21 一流大学の学生が(　　　)をかもすような動画を発信して話題になっている。
　　1 抗議　　　　2 物議　　　　3 協議　　　　4 決議

22 特徴を(　　　)して描くのはいいが、本人と似ても似つかないような絵は困る。
　　1 拡大　　　　2 膨張　　　　3 拡散　　　　4 誇張

23 環境について深く考えなければならない(　　　)に来ている。
　　1 時期　　　　2 期間　　　　3 期限　　　　4 時間

24 彼女は穏やかで誰もが認める(　　　)のある方だ。
　　1 気性　　　　2 気品　　　　3 気分　　　　4 気質

적중 예상 문제 정답과 해설

문제 2 ( )안에 들어갈 가장 알맞은 것을 1・2・3・4 중에서 하나 고르세요.

01 学生が( )を権を握って学園祭を開いたので意味があった。
　1 主導　　　2 優位
　3 誘導　　　4 優勢

해석　학생이 (주도)권을 쥐고 학교 축제를 열었기 때문에 의미가 있었다.
　1 주도　2 우위　3 유도　4 우세
해설　主導(しゅどう), 誘導(ゆうどう) 그리고 優位(ゆうい), 優勢(ゆうせい)에 같은 한자가 들어있네요. 문제유형 2에는 이런 형태의 문제가 많습니다. 여러분을 혼동시키기 위해서죠. 역시 가장 자연스러운 해석이 되는 단어를 고르면 그것이 답이 됩니다. 학교축제가 의미가 있으려면 역시 학생이 주도권을 잡아야겠죠?　　**정답 1**

02 私の住むマンションで大規模な( )工事が行われました。
　1 改定　　　2 改修
　3 改正　　　4 改革

해석　내가 사는 아파트에서 대규모의 (개수) 공사가 이루어졌다.
　1 개정　2 개수　3 개정　4 개혁
해설　改定(かいてい), 改修(かいしゅう), 改正(かいせい), 改革(かいかく) 모두 같은 한자가 들어가 있네요. 工事(こうじ) 공사라는 말을 넣었을 때 말이 되려면 改修(かいしゅう)밖에 없네요.　　**정답 2**

03 求人サイトで正社員募集の情報を得て、さっそく( )した。
　1 応答　　　2 応援
　3 応接　　　4 応募

해석　구인 사이트에서 정사원 모집 정보를 얻어, 바로 (응모)했다.
　1 응답　2 응원　3 응접　4 응모
해설　さっそく 바로라는 단어가 있는 것으로 보아, 적극적으로 応募(おうぼ)했음을 알 수 있습니다.　　**정답 4**

04 属していた学会を一度( )してしまうと、再加入はできない。
　1 脱退　　　2 辞退
　3 脱線　　　4 後退

해석　속해 있던 학회를 한 번 (탈퇴)해 버리면, 재가입은 불가능하다.
　1 탈퇴　2 사퇴　3 탈선　4 후퇴
해설　脱退(だったい), 辞退(じたい), 脱線(だっせん), 後退(こうたい) 중에서 어느 것이 답이 될까요? 지위에서 물러나는 것은 辞退이지만, 모임에서 나오는 것은 脱退가 됩니다.
　　정답 1

05 国会がその議案を( )採決したことで、問題になった。
　1 強行　　　2 強硬
　3 強制　　　4 強力

해석　국회가 그 의안을 (강행) 채결했기 때문에 문제가 되었다.
　1 강행　2 강경　3 강제　4 강력
해설　4자 한자로 기억해두면 좋은 것이 強行採決(きょうこうさいけつ)입니다. 強硬(きょうこう)는 強硬姿勢(きょうこうしせい) 강경자세, 強硬策(きょうこうさく) 강경책 등에서 쓰이는 단어입니다. 強行, 強硬와 같이 그 자체의 의미 구별이 어려울 때는 앞뒤 단어와의 연관성을 보고 답을 고르세요.　　**정답 1**

06 「時間」という(　　　)を説明するのに四苦八苦していた。
　1 意識　　　　　　2 文脈
　3 様相　　　　　　4 概念

해석　'시간'이라는 (개념)을 설명하는 것에 온갖 고생을 하고 있었다.
　　　1 의식　2 문맥　3 양상　4 개념
해설　四苦八苦(しくはっく)는 '온갖 고생'을 말합니다. 개념을 설명하기란 정말 힘든 일이죠. 그래서 답은 4번이 됩니다. 文脈(ぶんみゃく)와 様相(ようそう)는 한자 읽기에 유의하세요.　**정답** 4

---

07 日本政府と韓国政府は政治的に(　　　)な関係にある。
　1 密度　　　　　　2 密接
　3 過密　　　　　　4 精密

해석　일본 정부와 한국 정부는 정치적으로 (밀접)한 관계에 있다.
　　　1 밀도　2 밀접　3 과밀　4 정밀
해설　密度(みつど), 密接(みっせつ), 過密(かみつ), 精密(せいみつ) 모두 密(みつ)라는 한자가 쓰이고 있네요. '밀접한 관계'가 가장 자연스럽기 때문에 정답은 2번이 됩니다.　**정답** 2

---

08 片方が20歳を超えていた時でも未成年の方の親の(　　　)は要るんでしょうか。
　1 同意　　　　　　2 協調
　3 同調　　　　　　4 合致

해석　한 쪽이 20세를 넘었을 때라도 미성년인 쪽 부모의 (동의)는 필요한 것일까요?
　　　1 동의　2 협조　3 동조　4 합치
해설　1번 同意(どうい)와 3번 同調(どうちょう)에서 고민하신 분들이 많을 것 같은데요. 同調는 어떤 사람의 의견이나 태도에 찬성해서 같은 행동을 취하는 일을 말합니다. 하지만 同意에는 다른 사람의 행위에 대해 찬성 내지는 가타부타의 의사표시를 내린다는 의미가 있습니다. 그러므로 1번이 답이 됩니다. 合致(がっち)는 한자읽기에 주의하세요.
　　　　　　　　　　　　　　　　　　　정답 1

---

09 これは政治学について(　　　)した本で、とても勉強になる。
　1 演説　　　　　　2 回覧
　3 閲覧　　　　　　4 概説

해석　이것은 정치학에 대해서 (개설)한 책으로 매우 유익하다.
　　　1 연설　2 회람　3 열람　4 개설(개론적인 설명)
해설　演説(えんぜつ), 回覧(かいらん), 閲覧(えつらん), 概説(がいせつ)를 하나씩 대입해서 문맥이 자연스러운 것은 4번의 概説(がいせつ)가 됩니다.　**정답** 4

---

10 同時多発テロが世界に(　　　)を与えたのは記憶に新しい。
　1 打撃　　　　　　2 撃退
　3 衝撃　　　　　　4 攻撃

해석　9.11 테러가 세계에 (충격)을 준 일은 기억에 생생하다.
　　　1 타격　2 격퇴　3 충격　4 공격
해설　보기에 제시된 打撃(だげき), 撃退(げきたい), 衝撃(しょうげき), 攻撃(こうげき) 모두 한자 읽기 문제로도 자주 출제됩니다. 衝撃を与(あた)える는 '충격을 주다'라는 중요한 관용표현입니다. 단어 하나를 암기하는 것보다 숙어(주어+술어)의 형태로 외우는 것이 기억에 오래 남습니다.　**정답** 3

---

11 地震による津波に備え、(　　　)会議が開かれた。
　1 緊急　　　　　　2 早急
　3 応急　　　　　　4 急変

해석　지진에 따른 해일에 대비하여 (긴급)회의가 열렸다.
　　　1 긴급　2 조속　3 응급　4 갑자기 변함, 돌발
해설　지진이 일어나면 당연히 긴급회의가 열리게 되므로 会議(かいぎ)와 밀접한 연관성이 있는 단어를 골라야 합니다. 2번 早急(そうきゅう)는 早急な解決(かいけつ) 조속한 해결, 3번의 応急(おうきゅう)는 応急処置(おうきゅうしょち) 응급처치 등의 자주 쓰는 표현들이 정해져 있습니다. 그 표현들을 암기해주세요.　**정답** 1

12 ドイツの車は(　　)なつくりになっていることで評判だ。

1 気丈　　　　2 頑丈
3 強力　　　　4 力量

해석 독일차는 (견고)하게 만들어져 있는 것으로 평판이 좋다.
1 마음이 굳세고 당참　2 견고하고 튼튼함
3 강력　　4 역량
해설 気丈(きじょう), 頑丈(がんじょう), 強力(きょうりょく) 모두 '강하다'라는 의미를 갖고 있습니다. 하지만 つくり(만들기・만듦)이라는 말이 있기 때문에 頑丈가 답이 됩니다. 力量(りきりょう)는 발음이 중요하므로 꼭 외워야 하는 한자입니다.　　　　　　　　　　　　　　**정답 2**

13 もし漬物の塩の(　　)を間違えたら、塩抜きはできるだろうか。

1 場合　　　　2 加減
3 調子　　　　4 都合

해석 만약에 절인 김치의 소금의 (가감)을 잘못하면 소금기를 뺄 수는 있을까?
1 경우　2 가감　3 상태, 컨디션　4 형편, 사정
해설 소금을 넣고 빼면서 조절을 하게 됩니다. 그러므로 2번 加減(かげん)이 정답입니다. 場合(ばあい), 調子(ちょうし), 都合(つごう) 등은 발음에 유의하세요.　　**정답 2**

14 一緒に仕事をすると、愛着と(　　)感が高まる。

1 共存　　　　2 連続
3 依存　　　　4 連帯

해석 함께 일을 하면 애착과 (연대)감이 높아진다.
1 공존　2 연속　3 의존　4 연대
해설 우선 ～感(かん)을 넣었을 때 자연스러운 일본어는 2번 連続感(れんぞくかん)과 4번 連帯感(れんたいかん)입니다. 우리나라 말과 달리 '자신감, 의존감'은 일본어로 自信(じしん), 依存(いぞん)이라고 합니다. 함께 일을 하면 함께 책임지는 일도 많아지는 것은 바로 연대감이기 때문에 4번이 답이 됩니다.　　　　　　　　　　　　　　**정답 4**

15 (　　)の少年犯罪が社会になげかける波紋は大きいものだった。

1 一帯　　　　2 一連
3 一括　　　　4 一同

해석 (일련)의 소년범죄가 사회에 던지는 파문은 큰 것이었다.
1 일대　2 일련　3 일괄　4 일동
해설 사회에 파문을 던지는 것은 '계속되는 소년 범죄'이므로 2번이 답이 됩니다.　　　　　　　　　　　**정답 2**

16 このビジネスは収益性が高く、将来も(　　)との見方がある。

1 有効　　　　2 有利
3 有望　　　　4 有益

해석 이 비즈니스는 수익성이 높고 장래도 (유망)하다는 견해가 있다.
1 유효　2 유리　3 유망　4 유익
해설 有効(ゆうこう), 有利(ゆうり), 有望(ゆうぼう), 有益(ゆうえき) 중 将来(しょうらい)도 뒤에 오는 말로 자연스러운 것은 有望입니다.　　　　　　　　**정답 3**

17 新しい協会は3月に(　　)することになっている。

1 発生　　　　2 発足
3 発作　　　　4 発進

해석 새로운 협회는 3월에 (발족)하기로 되어 있다.
1 발생　2 발족　3 발작　4 발진
해설 어떤 단체나 모임 등이 새로 만들어져서 활동을 시작하는 것을 発足(ほっそく)라고 합니다. 문제의 주어가 '새로운 협회'이므로 発足가 답이 되는 것이죠. 発足와 発作는 発(はつ)의 일반적 발음에서 벗어나므로 주의해주세요. 동사 기본형 + ～ことになっている(～하기로 되어 있다)는 예정이나 규칙을 말할 때 쓰는 문형입니다.　　**정답 2**

18 私は入社2年目にして、新人の(　　)を見るはめになった。 　1 助け　　　　　2 世話 　3 手伝い　　　　4 面倒	해석　나는 입사 2년째에 신인의 (보살핌)을 보는 처지가 되었다. 　　　1 도움　2 신세, 보살핌　3 도움　4 성가심, 보살핌 해설　世話(せわ)를 보면, お世話になる 신세다. 世話를 하는 보살피다를 떠올려야 하고, 面倒(めんどう)를 보면 面倒を見(み)る 보살피다. 面倒をかける 폐를 끼치다. 面倒になる 귀찮아지다를 떠올려야 합니다. 제시된 문장의 ～にしては '～이면서, ～에, ～조차(도), ～에 와서' 등의 뜻을 가지고 있습니다. 전체의 문맥을 파악하기 위해서 반드시 암기하고 있어야 하는 중요 표현입니다.　　　　　　　정답 4
19 (　　)期限に遅れた場合、1日1冊あたり10円の延滞料を徴収します。 　1 返品　　　　　2 返還 　3 返却　　　　　4 返済	해석　(반납) 기한에 늦었을 경우, 하루 1권당 10엔의 연체료를 징수합니다. 　　　1 반품　2 반환　3 반납　4 변제 해설　返品(へんぴん), 返還(へんかん), 返却(へんきゃく), 返済(へんさい)는 확실히 구별해서 써야 하는 한자입니다. 모두 돌려준다는 공통점이 있는데요. 간단명료하게 외워볼까요? 물건은 返品(へんぴん), 땅이나 소유권은 返還(へんかん), 책은 返却(へんきゃく), 빚은 返済(へんさい)로 기억해주세요.　　　　　　　　　　　정답 3
20 看護婦さんは(　　)室で注射や消毒などを行っている。 　1 診断　　　　　2 診検 　3 処置　　　　　4 処理	해석　간호원은 (처치)실에서 주사나 소독 등을 하고 있다. 　　　1. 진단　2 ×　3 처치　4 처리 해설　간호원이 주사를 놓거나 상처의 간단한 소독, 치료를 하는 곳을 処置室(しょちしつ)라고 합니다.　정답 3
21 一流大学の学生が(　　)をかもすような動画を発信して話題になっている。 　1 抗議　　　　　2 物議 　3 協議　　　　　4 決議	해석　일류 대학의 학생이 (물의)를 빚을 듯한 동영상을 발신하여 화제가 되고 있다. 　　　1 항의　2 물의　3 협의　4 결의 해설　かもす는 '(술이나 간장 등을) 빚거나 양조하다', 또는 '(분위기, 상태 등을) 빚어내다'라는 뜻입니다. 物議(ぶつぎ)をかもす 물의를 빚다는 신문에도 자주 나오는 표현이니까 외워둡시다.　　　　　　　　　　　　정답 2
22 特徴を(　　)して描くのはいいが、本人と似ても似つかないような絵は困る。 　1 拡大　　　　　2 膨張 　3 拡散　　　　　4 誇張	해석　특징을 (과장)해서 그리는 것은 좋지만, 본인과 전혀 닮지 않은 그림은 곤란하다. 　　　1 확대　2 팽창　3 확산　4 과장 해설　拡大(かくだい)는 '크기를 넓힌다'는 의미입니다. 특징은 誇張(こちょう)한다고 해야 맞습니다. 誇張와 膨張(ぼうちょう)는 발음에 유의하세요.　　　정답 4
23 環境について深く考えなければならない(　　)に来ている。 　1 時期　　　　　2 期間 　3 期限　　　　　4 時間	해석　환경에 대해서 깊이 생각하지 않으면 안 되는 (시기)에 와 있다. 　　　1 시기　2 기간　3 기한　4 시간 해설　～時期(じき)に来(き)ている '～시기에 와 있다'라는 말은 자주 쓰는 표현입니다. 피할 수 없는 상황에 이르렀다는 뜻이죠. 時期, 期間(きかん), 期限(きげん), 時間(じかん)은 각각의 뜻보다 앞뒤 단어(구)들과 세트로 기억하는 것이 훨씬 잘 외워집니다.　　　　　　　　정답 1

24 彼女は穏やかで誰もが認める(　　)のある方だ。

1 気性　　　　2 気品
3 気分　　　　4 気質

해석　그녀는 온화하고 누구나 인정하는 (기품)이 있는 분이다.
　　　1 성질　　2 기품　　3 기분　　4 기질
해설　気性(きしょう)와 気質(きしつ)는 '타고난 성질·성격'을 말합니다. 気分(きぶん)은 한자 안에 分(나눌 '분')이 들어있는 것에서도 알 수 있듯이 여러 가지로 바뀌는 '기분'을 말합니다. 気品(きひん)은 気品がある 기품이 있다, 気品がない 기품이 없다의 형태로 정답이 됩니다.

정답 2

일본어 현지회화 무작정 따라하기

부록
휴대용 소책자

특별 서비스
음성강의 무료 제공
mp3 파일 무료 제공

후지이 아사리 지음 | 344쪽 | 16,000원

일본에 가지 않고도 일본에 있는 것처럼!

여행, 어학연수, 워홀, 유학을 앞두고 지금 당장 일본어가 필요하다면,
후지이 선생님의 소리 패턴 학습법으로 시작하세요!

난이도	첫걸음 | 초급 | **중급** | 고급	**기간**	26일
대상	본격적인 회화 연습을 시작하고 싶은 초중급 일본어 학습자	**목표**	현지 생활 일본어를 자유자재로 구사하기

JPT, JLPT, EJU 빈출 순위별로 완벽하게 정리했다!
시나공 일본어 VOCA 15000

최신 개정판

부록
mp3 파일,
한글 자음순/일본어
히라가나순 인덱스
무료 다운로드

JPT초고수위원회 지음 | 816쪽 | 20,000원

일본어 중고급자의 어휘 정복, 시나공으로 한번에 끝낸다!

시험에 많이 나오는 어휘를 1순위에서 5순위까지 체계적으로 정리했다.
관용어, 속담, 사자성어 등 **일본어 중고급 어휘까지 총망라!**

난이도	첫걸음 | 초급 | **중급** | 고급		**기간**	50일
대상	어휘력을 늘리고 싶은 일본어 중고급자, 일본어 시험을 준비하는 중급 수준의 수험자		**목표**	각종 시험에 나오는 중고급 어휘 마스터하기

JPT 탄탄한 기본기 + JPT 실전 트레이닝
두 마리 토끼를 동시에 잡는다!

시험에 나오는 것만 공부한다!

시나공 JPT 독해
JPT초고수위원회 지음 | 496쪽 | 17,000원
부록: 휴대용 소책자

시험에 나오는 것만 공부한다!

시나공 JPT 청해
JPT초고수위원회 지음 | 484쪽 | 17,000원
부록: 휴대용 소책자, mp3 파일 무료 다운로드

상위 1% JPT 초고수들의 만점 비법을 공개한다!
파트별로 완벽하게 분석하고 비법으로 정리해 초보자도 쉽게 따라 할 수 있는 JPT 기본서!

난이도	첫걸음	초급	**중급**	고급

기간 7주

대상 JPT 수험자, 일본어 중급 학습자

목표 목표 점수까지 한 방에 통과하기

시험에 나오는 것만 공부한다!

시나공
JLPT

| JLPT 종합서 |

| JLPT 영역별 기본서 |

| JLPT 실전 모의고사 |